suhrkamp taschenbuch
wissenschaft 521

Friedrich Wilhelm Joseph von Schelling

Ausgewählte Schriften

Band I

Friedrich Wilhelm Joseph von Schelling

Schriften

1794–1800

Suhrkamp

Die Textvorlage für diesen Band
wurde freundlicherweise von der
Bibliothek des Fachbereichs Philosophie
der Johann Wolfgang Goethe-Universität Frankfurt
zur Verfügung gestellt.

CIP-Kurztitelaufnahme der Deutschen Bibliothek
Schelling, Friedrich Wilhelm Joseph:
Ausgewählte Schriften : in 6 Bd. /
Friedrich Wilhelm Joseph von Schelling. –
Frankfurt am Main : Suhrkamp-Verlag
ISBN 3-518-09670-2
NE: Schelling, Friedrich Wilhelm Joseph:
[Sammlung]
Bd. 1. Schriften 1794 – 1800. –
1. Aufl. – 1985.
(Suhrkamp-Taschenbuch Wissenschaft ; 521)
ISBN 3-518-28121-6
NE: GT

suhrkamp taschenbuch wissenschaft 521
Erste Auflage 1985

Druck: Nomos Verlagsgesellschaft, Baden-Baden
Printed in Germany
Umschlag nach Entwürfen von
Willy Fleckhaus und Rolf Staudt

1 2 3 4 5 6 – 90 89 88 87 86 85

Inhalt

Vorbemerkung des Herausgebers

Die Philosophie des mittleren der drei großen idealistischen Denker erregt seit einigen Jahren das ständig wachsende Interesse der Forschung. Das war nicht immer so: Schellings Werk stand lange im Schatten desjenigen seiner Weggefährten Fichte und Hegel. Während Fichte glaubte, das Eigene des Schellingschen Philosophierens mit dem Urteil zu treffen, sein Autor habe die *Wissenschaftslehre* nicht durchdrungen, reduzierte ihn Hegel auf einen Vorläufer seines Systems, in dessen definitiver Wahrheit all das aufgehoben sei, was an Schelling nicht geradezu falsch war. Als schillernd empfand man von je sein Schaffen. Ein rechter »Proteus der Philosophie«, habe er alle paar Jahre den Standpunkt gewechselt: vom Fichteaner sei er zum Naturphilosophen, dann zum Romantiker, alsbald zum Identitätsphilosophen in enger Nachbarschaft Hegels, schließlich zum Mystiker und »Philosoph in Christo« (Engels) geworden; keines seiner Werke trage den Charakter eines abgeschlossenen Ganzen und lasse den Weltentwurf *in integro* sehen, der die große Leistung seiner Zeitgenossen Fichte und Hegel gewesen sei.

Dagegen war nie ein Zweifel an Schellings »Genialität«: ein Wunderkind, das mit zwölf Jahren seine Fremdsprachenlehrer in Verlegenheit setzt, ein revolutionär gesinnter und aufsässiger Student, ein frühreifer Jugendlicher, der mit 22 Jahren eine ruhmreiche Professur an Fichtes Seite in Jena erhält, ein von Goethe hochgeschätzter Kenner der Natur, der Bahnbrecher einer ästhetischen Theorie, der mit Abstand gelenkigste und faßlichste Schriftsteller der idealistischen Zeit, dem noch Schopenhauer eine gewisse Anmut der Darstellung nachrühmt und dessen späten Auftritt in Berlin Jaspers als das letzte europäische Universitätsereignis bezeichnet hat: unter seinen Zuhörern saßen Friedrich Engels, Michael Bakunin, Sören Kierkegaard und Jacob Burckhardt. Schopenhauer, der Intimfeind der drei Idealisten, hat ihn als den »entschieden begabtesten« unter ihnen bezeichnet, und das Urteil ist schwer abzuweisen.

Heute beginnt man zu erkennen, daß das gängige Bild vom genialen Anreger und Vermittler der Korrektur bedarf. Mit Schelling beginnt ein völlig eigenständiger Gang idealistischen Philosophierens, irreduzibel sowohl auf Fichtes wie auf Hegels Ansatz, den Idealismus sowohl eröffnend wie auch definitiv abschließend.

Schellings Frühwerk ist die einzige lückenlose Dokumentation eines Idealismus, der in genauer Gleichzeitigkeit zur Fichteschen Wissenschaftslehre – einsetzend mit dem Jahr 1794 – von deren Prinzip bereits sich entfernt: die spätere Hegel- und Idealismus-Kritik erweist sich als konsequente Entfaltung des Schellingschen Grundgedankens, wonach das Sein oder die absolute Identität irreduzibel ist auf das Geschehen der Reflexion. So hat Schellings Philosophieren sowohl den absoluten Idealismus wie auch die Kritik an ihm eröffnet: ohne ihn wäre Hegels Philosophie ebensowenig möglich gewesen wie die junghegelianische, ja selbst die Kierkegaardsche, Feuerbachsche und Marxsche Hegelkritik; und noch die »Destruktion der abendländischen Ontologie« durch Heidegger und den Neostrukturalismus wird Einsichten Schellings verpflichtet bleiben.

Bibliographische Notiz

Mit der vorliegenden Auswahl werden Schellings Schriften erstmals einem größeren, insbesondere studentischen Publikum in einer erschwinglichen Taschenbuchausgabe zugänglich, wie es sie seit längerem für Fichtes und Hegels Werke gibt. Die Auswahl basiert auf folgenden Ausgaben, deren Paginierung am Innenrand über jeder Seite mitangegeben ist:

1. Friedrich Wilhelm Joseph Schellings *Sämmtliche Werke*, herausgegeben von K.F.A. Schelling, I. Abtheilung Bde. 1–10; II. Abtheilung Bde. 1–4, Stuttgart: Cotta 1856–1861 (die Ziffern über der Seite verweisen auf Abteilung, Band und Seitenzahl der Vorlage, also zum Beispiel: I/7, 356).

2. Friedrich Wilhelm Joseph Schelling, *Die Weltalter*. Fragmente, in den Urfassungen von 1811 und 1813 herausgegeben von Manfred Schröter, München: Biederstein und Leibniz 1946 (über der Seite sigliert durch WA, gefolgt von Seitenzahl; die im Text eingeklammerten Zahlen verweisen auf das Original der im Zweiten Weltkrieg zerstörten Handschrift; Passagen zwischen spitzen Klammern sind in der Handschrift von Schelling gestrichen).

Die Auswahl in sechs Bänden repräsentiert zugleich sechs Phasen des Schellingschen Philosophierens. Der 1. Band versammelt die Schriften von Schellings philosophischen Anfängen bis hin zum Transzendentalsystem und zur ersten Konzeption einer Naturphilosophie; der 2. Band dokumentiert die erste Ausbildung einer eigenständigen Schellingschen »Identitätsphilosophie« sowie die Kunstphilosophie dieser Jahre; der 3. Band versammelt die reifen Schriften der identitätsphilosophischen Phase, darunter das großartige Würzburger System, den einzigen integralen Vortrag von Schellings Gesamtsystem; der 4. Band zeigt die Umbruch- und Umbildungsphase, in der Schelling vom identitätsphilosophischen Ansatz, ihn zuspitzend und überbietend, abrückt und seine Münchener und Erlangener Weltalter-Philosophie sowie die Grundzüge seiner Spätphilosophie vorstellt; der 5. und 6. Band vereinigt die letzten Münchener und die Berliner Vorlesungen und Texte bis 1852, ohne die *Philosophie der Offenbarung*, die in der Paulus-Nachschrift von 1841/42 bereits als Taschenbuch vorliegt (Frankfurt/M.: Suhrkamp 1977).

Von Schellings Schriften sind viele zum Schaden des Verfassers bekannter geworden, als es ihrem Wert entspricht: so die oft nachgedruckte und gerühmte (bzw. gescholtene) Schrift *Über das Wesen der menschlichen Freiheit* von 1809 (Frankfurt/M.: Suhrkamp 1975) und die überstürzt veröffentlichte *Darstellung meines Systems der Philosophie* (von 1801), die bestimmt war, Schellings Ruhm zu gründen und seinen Gegnern Anlaß bot, die Schwächen seiner Spekulation zu enthüllen. Statt ihrer (die nicht oder auszugsweise geboten werden) bringt die neue Werkausgabe substantiellere und weit weniger bekannte Schriften, so die *Abhandlungen zur Erläuterung des Idealismus der Wissenschaftslehre* (1796), die *Ferne-*

ren Darstellungen aus dem System der Philosophie (1802), die lichtvollen *Würzburger Vorlesungen* von 1804, die ausgezeichnet faßlichen *Stuttgarter Privatvorlesungen* von 1810 (die die Lektüre der Freiheitsschrift erübrigen können), die Urfassung der *Weltalter* (von 1811), das wenig bekannte, großartige Gespräch *Clara* (zwischen 1809 und 1811), zahlreiche Jenaer, Münchener und Berliner Abhandlungen und Vorlesungen aus Schellings letzter Phase.

Die Datierungen des Sohnes wurden teilweise korrigiert im Lichte der neuesten Forschungen, insbesondere derjenigen von Horst Fuhrmans, dessen Ausgaben der *Briefe und Dokumente* Schellings (Bonn: Bouvier 1962 ff.) und dessen Einleitungen zu den Erlangener *Initia philosophiae universae* (Bonn: Bouvier 1969) sowie zur *Grundlegung der positiven Philosophie* (Torino: Bottega d'Erasmo 1972) Meilensteine der Schelling-Philologie sind und bleiben werden.

Zu Einführung und Kommentierung des Schellingschen Werkes sei noch auf vier Veröffentlichungen des Herausgebers im Suhrkamp Verlag verwiesen: *Materialien zu Schellings philosophischen Anfängen*, herausgegeben von Manfred Frank und Gerhard Kurz (1975); *Der unendliche Mangel an Sein* (1975); Einleitung zu Schellings *Philosophie der Offenbarung* (1977); *Eine Einführung in Schellings Philosophie* (1985).

Manfred Frank

Ueber die Möglichkeit
einer
Form der Philosophie
überhaupt.

1794.

Die Gedanken, welche in gegenwärtiger Abhandlung ausgeführt sind, wurden, nachdem sie der Verfasser einige Zeit schon mit sich herumgetragen hatte, durch die neuesten Erscheinungen in der philosophischen Welt aufs Neue in ihm rege gemacht. Er wurde auf sie schon durch das Studium der Kritik der reinen Vernunft selbst geleitet, in welcher ihm von Anfang an nichts dunkler und schwieriger schien, als der Versuch, eine Form aller Philosophie zu begründen, ohne daß doch irgendwo ein Princip aufgestellt war, durch welches nicht nur die allen einzelnen Formen zu Grunde liegende Urform selbst, sondern auch der nothwendige Zusammenhang derselben mit den einzelnen von ihr abhängigen Formen begründet worden wäre. Noch auffallender wurde ihm dieser Mangel durch die beständigen, am häufigsten gerade auf diese Seite hin gerichteten, Angriffe der Gegner der Kantischen Philosophie, und insbesondere des Aenesidemus, der vielleicht tiefer, als die meisten andern, in diesen Mangel eines begründenden Princips und eines festen Zusammenhangs der Kantischen Deduktionen, insofern sie die Form der Philosophie überhaupt betreffen, hineingesehen hatte. Der Verfasser glaubte bald zu finden, daß gerade diejenigen Einwürfe dieses Skeptikers, die sich auf diesen Mangel mittelbar oder unmittelbar bezögen, die wichtigsten und bisher am wenigsten beantwortlichen seyen: er wurde überzeugt, daß auch die Theorie des Vorstellungsvermögens, so wie sie Reinhold bis jetzt gegeben hatte, noch nicht sich selbst gegen sie gesichert habe, daß sie aber am Ende nothwendig zu einer Philosophie führen müsse, die, auf tiefere Fundamente gegründet, durch diese Einwürfe des neuen Skeptikers nicht mehr erreicht würde. Durch die Reinholdische Elementarphilosophie sollte nämlich zunächst nur eine von den beiden Fragen beantwortet werden, die aller Wissenschaft vorangehen müssen, und deren Trennung voneinander bisher der Philosophie außerordentlich viel geschadet hatte — die Frage nämlich, wie der Inhalt einer Philosophie möglich sey, während daß die Frage über die Möglichkeit der Form einer Philosophie durch sie im Ganzen genommen nur so beantwortet wurde, wie sie schon durch die Kritik der reinen Vernunft beantwortet war, d. h. ohne daß die Untersuchung auf ein letztes Princip aller Form zurückgeführt worden wäre. — Aber natürlich konnte, wenn nicht das ganze Problem über die Möglichkeit einer wissenschaftlichen Philosophie gelöst war, auch der Theil davon, mit dessen Lösung sich die Theorie des Vorstellungsvermögens beschäftigt hatte, nicht so gelöst werden, daß dadurch alle Forderungen in Ansehung desselben befriedigt waren.

In diesem Urtheil nun über das, was die Theorie des Vorstellungsvermögens für die künftige Bearbeitung der Elementarphilosophie übrig gelassen habe, wurde der Verfasser dieser Abhandlung am stärksten noch durch die neueste Schrift des Herrn Professor Fichte[1] bestärkt, die ihn um so angenehmer überraschte, je leichter es ihm wurde, mit diesen vorgefaßten Gedanken in den tiefen Gang jener Untersuchung — wenn nicht ganz, doch vielleicht mehr, als es ihm ohne dieß gelungen wäre — einzudringen, und den Zweck derselben, endlich eine Auflösung des gesammten Problems über die Möglichkeit der Philosophie überhaupt herbeizuführen, als einen Gegenstand, mit dem er schon zum Voraus einigermaßen vertraut geworden war, zu verfolgen. Diese Schrift war es, die ihn zuerst zu einer vollständigern Entwicklung seiner Gedanken über jenes Problem bestimmte, und er fand diese Mühe reichlich dadurch belohnt, daß ihm jene in eben dem Maße verständlicher

[1] Ueber den Begriff der Wissenschaftslehre, oder der sogenannten Philosophie. 1794.

wurde, als er sich selbst vorerst diese bestimmter entwickelt hatte. Eben diesen Vortheil gewährte ihm die vortreffliche Recension des Aenesidemus in der allgemeinen Literaturzeitung, deren Verfasser unmöglich zu verkennen ist[1]. — Bald darauf wurde er auch durch die neueste Schrift von Salomo Maimon[2], ein Werk, das einer anstrengendern Prüfung würdig ist, als ihm der Verfasser bis jetzt widmen konnte, belehrt, daß man das Bedürfniß einer vollkommenen Auflösung des gesammten Problems, das bisher allen Versuchen einer allgemeingültigen Philosophie im Wege lag, allgemeiner zu fühlen anfange, als es bisher der Fall zu seyn schien. Er glaubte nun durch bloße Entwicklung des Begriffs jener Aufgabe den einzig möglichen Weg ihrer Auflösung gefunden zu haben; und der Gedanke, daß eine allgemeine Verzeichnung desselben hie und da zur Vorbereitung auf die Ausführung der ganzen Idee dienen könnte, bestimmte ihn, einen Versuch davon dem Publikum vorzulegen.

Möchten diejenigen, welche die Philosophie selbst zu jenem Geschäfte berufen zu haben scheint, bald durch die Ausführung desselben jede Vorbereitung darauf unnütz machen!

* * *

Die Philosophie ist eine Wissenschaft, d. h. sie hat einen bestimmten Inhalt unter einer bestimmten Form. Haben sich alle Philosophen von Anfang an dazu vereinigt, gerade diesem Inhalt willkürlich diese bestimmte Form (die systematische) zu geben? oder liegt der Grund dieser Verbindung tiefer, und könnten nicht durch irgend einen gemeinschaftlichen Grund Form und Inhalt zumal gegeben seyn, könnte nicht die Form dieser Wissenschaft ihren Inhalt, oder ihr Inhalt ihre Form von selbst herbeiführen? In diesem Fall ist entweder der Inhalt durch die Form, oder die Form durch den Inhalt nothwendig bestimmt. Zwar wäre auch so der Willkür der Philosophen noch sehr viel über-

[1] Abgedruckt in J. G. Fichtes sämmtlichen Werken I. Band. D. H.

[2] Neue Theorie des Denkens. Nebst Briefen von Philalethes an Aenesidemus. 1794.

lassen, weil es bloß auf diese ankäme, die Form oder den Inhalt aufzufinden, um durch das eine das andere herbeizuführen; aber doch muß diese Macht, mit der sich dem Geist gerade hier jene bestimmte Verbindung aufdringt, den Gedanken veranlassen, daß im menschlichen Geiste gar wohl ein Grund derselben liegen möchte, nur daß bisher die Philosophie noch nicht zu ihm selbst hindurchgedrungen, wenn gleich gerade durch ihn *geleitet* die absolute Verbindung eines bestimmten Inhalts mit einer bestimmten Form gesucht hätte — eine Idee, der sich die Philosophie nur allmählich annähern, und die sie, solange sie nicht jenen im menschlichen Geiste selbst liegenden Grund gefunden hätte, nur in mehr oder minder entfernten Graden ausdrücken könnte. So viel erhellt, daß, wenn entweder der Inhalt der Philosophie ihre Form, oder die Form ihren Inhalt nothwendig herbeiführt, es alsdann in der Idee nur Eine Philosophie geben könne, jede andere Philosophie aber eine von dieser einzigen Philosophie verschiedene Scheinwissenschaft, und nach der Voraussetzung durch bloße *Willkür* (die freilich durch jenen verborgenen Grund im menschlichen Geiste selbst *geleitet*, aber nicht *bestimmt* war) entstanden sey.

Wissenschaft überhaupt — ihr Inhalt sey, welcher er wolle — ist ein Ganzes, das unter der Form der *Einheit* steht. Dieß ist nur insofern möglich, als alle Theile derselben *Einer* Bedingung untergeordnet sind, jeder Theil aber den andern nur insofern bestimmt, als er selbst durch jene Eine Bedingung bestimmt ist. Die Theile der Wissenschaft heißen Sätze, diese Bedingung also Grundsatz. Wissenschaft ist demnach nur durch einen *Grundsatz* möglich. (Diese Form der Einheit, d. h. des fortgehenden Zusammenhangs bedingter Sätze, deren oberster nicht bedingt ist, ist die *allgemeine* Form *aller* Wissenschaften und verschieden von der *besondern* Form einzelner Wissenschaften, insofern diese zugleich in Bezug auf ihren bestimmten Inhalt steht. Jene könnte die *formale*, diese die *materiale* Form heißen. Wenn entweder der Inhalt der Wissenschaft die Form derselben, oder die Form den Inhalt herbeiführt, so ist die formale Form durch die materiale, oder diese durch jene nothwendig gegeben).

Der Grundsatz jeder einzelnen Wissenschaft kann nicht wieder durch die Wissenschaft selbst bedingt, sondern muß *in Bezug auf diese* unbedingt seyn. — Eben deßwegen kann dieser Grundsatz nur *Einer* seyn. Denn wenn mehrere Grundsätze die Wissenschaft bedingen sollten, so gäbe es entweder *kein* Drittes, wodurch sie verbunden wären, oder es gäbe ein solches. Im erstern Fall wären beide *verschiedene* Grundsätze, also Bedingungen *verschiedener* Wissenschaften, im andern wären sie einander beigeordnet, insofern sie sich aber wechselseitig auf ein Drittes bezögen, würden sie wechselseitig einander ausschließen, so daß keiner ein Grundsatz seyn könnte, sondern beide noch einen höhern Dritten, durch den sie gemeinschaftlich bedingt wären, voraussetzten.

Soll der Grundsatz einer Wissenschaft Bedingung der *ganzen* Wissenschaft seyn, so muß er sowohl Bedingung ihres *Inhalts* als ihrer *Form* seyn. Soll daher die Philosophie eine Wissenschaft seyn, in der ein bestimmter Inhalt mit einer bestimmten Form, und zwar nicht bloß willkürlich verbunden ist, so muß ihr oberster Grundsatz nicht nur den gesammten Inhalt und die gesammte Form der Wissenschaft begründen, sondern auch selbst einen Inhalt haben, der mit seiner bestimmten Form nicht bloß willkürlich verbunden ist.

Ueberdieß soll die Philosophie, wenn auch nicht Bedingung aller übrigen Wissenschaften, was wir jetzt noch nicht als zugestanden annehmen können, doch selbst durch keine andere Wissenschaft bedingt seyn; mithin muß der Inhalt ihres Grundsatzes aus keiner andern Wissenschaft genommen, und da er Bedingung alles Inhalts der Wissenschaft selbst seyn soll, ein *schechthin* — *unbedingt* vorhandener Inhalt seyn. Allein eben dadurch ist zugleich behauptet, daß der Inhalt der Philosophie *allen* Inhalt der Wissenschaften überhaupt begründe. Denn, wenn der Inhalt der Philosophie schlechthin unbedingt, d. h. durch einen *schlechthin* unbedingten Grundsatz gegeben seyn soll, so kann aller andere Inhalt nur durch ihn bedingt seyn. Wäre nämlich der Inhalt irgend einer andern Wissenschaft dem Inhalt der Philosophie übergeordnet, so wäre die Philosophie durch eine andere Wissenschaft bedingt, was gegen die Annahme streitet; wäre er ihm beigeordnet, so setzten beide einen noch höheren voraus, durch den sie einander beigeordnet wären[1]. Mithin muß es entweder eine noch über die Philosophie und alle anderen bisher vorhandenen Wissenschaften erhabne Wissenschaft geben, oder muß die Philosophie selbst die letzten Bedingungen aller andern Wissenschaft enthalten. Jene Wissenschaft könnte dann nur die Wissenschaft der letzten Bedingungen der Philosophie selbst seyn, und insofern befinden wir uns hier, bei der Frage, wie Philosophie überhaupt möglich sey, auf dem Gebiet dieser Wissenschaft, die man alsdann entweder Propädeutik der Philosophie (Philosophia prima), oder, da sie zugleich alle andere Wissenschaften bedingen sollte, noch besser Theorie (Wissenschaft) aller Wissenschaft, Urwissenschaft, oder Wissenschaft κατ' ἐξοχήν nennen könnte.

Kurz, wir mögen von diesen Fällen annehmen, welchen wir wollen, die Philosophie muß, wenn sie überhaupt eine Wissenschaft seyn soll, durch einen schlechthin absoluten Grundsatz bedingt werden, der die Bedingung alles Inhalts und aller Form enthalten muß, wenn er sie wirklich begründen soll.

Damit ist nun aber auch eben jene obenaufgeworfene Frage (durch bloße Entwicklung ihres Sinnes) gelöst, wie nämlich Philosophie ihrer Form und ihrem Inhalt nach als Wissenschaft möglich sey, ob ihr Inhalt seine bestimmte Form durch bloße Willkür erhalte, oder ob beide einander wechselseitig herbeiführen. Denn es fällt nun in die Augen, daß ein schlechthin unbedingter Inhalt nur eine schlechthin unbedingte Form haben kann, und umgekehrt; weil, wenn eines bedingt wäre, das andere, wenn auch an sich unbedingt, doch in dieser Verbindung mit einem Bedingten selbst bedingt wäre, daß also die Verbindung der Form und des Inhalts des obersten Grundsatzes weder willkürlich, noch durch ein Drittes (einen noch höheren Grundsatz) bestimmt seyn kann,

[1] Woher beweist du das? wird man fragen. — Aus der Urform des menschlichen Wissens! — Allein ich komme auf diese selbst nur dadurch, daß ich eine solche absolute Einheit meines Wissens (also sie selbst) voraussetze. Dieß ist ein Cirkel. — Allerdings, aber ein solcher, der nur dann vermeidlich wäre, wenn es gar nichts Absolutes im menschlichen Wissen gäbe. Das Absolute kann nur durch das Absolute gegeben seyn. Es gibt ein Absolutes, nur weil es ein Absolutes (A = A) gibt. Dieß wird im Folgenden deutlicher werden.

sondern daß beide nur durcheinander wechselseitig bedingt seyn können, beide einander wechselseitig herbeiführen, nur unter der Bedingung des andern möglich seyn müssen. (Die innere Form des Inhalts und der Form des Grundsatzes ist also die des Bedingtseyns durch sich selbst, wodurch die äußere Form, die Form des unbedingten Gesetztseyns erst möglich wird). Hiemit löst sich nun das Problem, das bisher allen Versuchen einer wissenschaftlichen Philosophie im Wege lag, aber, wie es scheint, noch nie deutlich genug entwickelt war, nämlich die Frage: Von welcher Art soll der höchste Grundsatz seyn, da jeder schon als Grundsatz wieder einen höheren vorauszusetzen scheint, soll es ein materialer oder ein formaler seyn?

Soll es ein materialer seyn, d. h. ein solcher, der bloß einen bestimmten Inhalt der Philosophie begründet (wie der Reinholdische Satz des Bewußtseyns), so steht er nicht nur als Grundsatz überhaupt (seiner Möglichkeit nach), sondern auch als bestimmter Grundsatz seiner Wirklichkeit nach unter einer Form, durch die er als Grundsatz überhaupt und als bestimmter (einen bestimmten Inhalt ausdrückender) Grundsatz bestimmt ist. Der Satz des Bewußtseyns z. B. bleibt als materialer Satz immer ein bedingter Satz. Er soll doch, kann Aenesidemus sagen, ein Subjekt und ein Prädikat haben; wodurch soll die Verbindung derselben nur erst möglich werden, wenn ich nicht schon eine Form voraussetze, die ein Verhältniß des Subjekts und Prädikats ausdrückt, und was hindert mich, solange diese nicht vorhanden ist, jene aufzuheben? wie soll ich überhaupt in irgend einem Satze etwas setzen, ohne eine Form des Gesetztseyns zu haben? Wenn ich durch einen Satz einen bestimmten Inhalt ausdrücke, so soll dadurch dieser Inhalt von jedem andern Inhalt unterschieden werden. Wie ist dieß möglich, wie kann ich irgend einen Inhalt als verschieden von jedem andern setzen, ohne eine Form dieses Setzens, durch die jeder bestimmte Inhalt, als von allem andern Gesetzten verschieden, bestimmt wird, vorauszusetzen?

Soll der oberste Grundsatz ein bloß formaler seyn, d. h. soll er nur eine bestimmte Form ausdrücken, wie der oberste Grundsatz der

Leibnizischen Philosophie, so muß diese Form unbedingt seyn, denn sonst würde der Grundsatz, der sie ausdrückt, schon als Grundsatz nicht der oberste seyn können, weil ihm, insofern er Grundsatz überhaupt ist, seine Form selbst wieder durch einen höheren bestimmt würde. Aber es gibt keine allgemeine Form, die nicht nothwendig irgend einen Inhalt (etwas, das gesetzt wird), und keine schlechthin unbedingte allgemeine Form, die nicht nothwendig einen bestimmten für sie einzig möglichen Inhalt voraussetzte [1].

Hier befinden wir uns in einem magischen Kreise, aus dem wir offenbar nicht anders, denn nur durch die Annahme, auf die wir schon durch bloße Entwicklung des Begriffs eines obersten Grundsatzes gekommen waren, herauskommen können, die Annahme nämlich, daß es Ein oberstes absolutes Princip gebe, durch welches mit dem Inhalt des obersten Grundsatzes, also mit dem Inhalt, der Bedingung alles andern Inhalts ist, nothwendig auch seine Form, die Bedingung aller Form ist, gegeben wird, so daß sich beide einander wechselseitig begründen, und auf diese Art der oberste Grundsatz nicht nur den gesammten Inhalt und die gesammte Form der Philosophie ausdrückt, sondern sich eben dadurch auch selbst seinen eigenthümlichen Inhalt und seine eigenthümliche Form gibt. (Insofern er nämlich den Inhalt alles Inhalts enthält, gibt er sich zugleich selbst seinen Inhalt, und insofern er als bestimmter Grundsatz, Grundsatz der Form aller Form ist, gibt er sich zugleich, insofern er Grundsatz überhaupt ist, selbst seine Form. Die materiale Form führt die formale herbei).

So wäre nicht nur Inhalt und Form einer Wissenschaft überhaupt, sondern auch die bestimmte Form der Verbindung dieser beiden durch einen solchen obersten Grundsatz gegeben. Als allgemeine Form dieser Verbindung nämlich ist durch den obersten Grundsatz die Form des wechselseitigen Bestimmtseyns des Inhalts durch die Form und der Form

[1] Ich wenigstens habe vergeblich eine Formel des Grundsatzes des Widerspruchs gesucht, die nicht einen Inhalt überhaupt (also einen materialen Grundsatz) voraussetzte. Diejenigen, die dieß nicht a priori als nothwendig begreifen, mögen also versuchen, ob sie a posteriori glücklicher seyn werden, als ich.

durch den Inhalt gegeben. In allen andern (vom obersten Grundsatz verschiedenen) Sätzen der Wissenschaft kann demnach die Verbindung eines bestimmten Inhalts mit einer bestimmten Form nur insofern möglich seyn, als jene Grundsätze durch den obersten Grundsatz ihrem Inhalt oder ihrer Form nach bestimmt sind. Denn, wenn ihre Form oder ihr Inhalt vom obersten Grundsatz abhängig ist, in diesem aber zwischen jenen nur eine mögliche Form der Verbindung stattfindet, so ist eben dadurch, wenn in den einzelnen abgeleiteten Grundsätzen nur der Inhalt oder die Form durch den obersten bestimmt ist, auch die Verbindung der Form und des Inhalts der einzelnen Grundsätze bestimmt, so daß eine Verbindung derselben überhaupt nur insofern stattfindet, als sie wechselseitig untereinander Bedingung und Bedingtes sind.

Der Fehler also, der bisher in allen Versuchen, das Problem vom Grundsatz aller Grundsätze zu lösen, begangen wurde, lag offenbar darin, daß man immer nur einen Theil des Problems (bald den, der den Inhalt, bald den, der die Form aller Grundsätze anging) aufzulösen suchte [1]. Kein Wunder, daß es dann auch den einzeln aufgestellten formalen oder materialen Grundsätzen, jenen an Realität [2], diesen an Bestimmtheit fehlte, solange die wechselseitige Begründung des einen durch den andern mißkannt wurde.

* * *

[1] Wer das Bisherige nicht verstanden hat, möchte wohl noch fragen, warum können denn nicht zwei Grundsätze, deren einer ein materialer, der andere ein formaler ist, als oberste Bedingungen aller Wissenschaft aufgestellt werden? Die Antwort ist, weil Wissenschaft Einheit haben, also durch ein Princip begründet seyn soll, das eine absolute Einheit enthält. Wollten wir jenen Vorschlag annehmen, so würde jeder Grundsatz für sich allein unbestimmt seyn und den andern voraussetzen. Man müßte sie also (wenn es nicht ein Princip gäbe, in dem sie beide enthalten wären) beide nicht neben einander, sondern wechselseitig einander vorsetzen. In der Trennung voneinander würden sie überdieß nicht Eine Wissenschaft von bestimmtem Inhalt und bestimmter Form, sondern in der einen Reihe eine Wissenschaft von bloßem Inhalt, in der andern von bloßer Form geben, was unmöglich ist.

[2] Form überhaupt kann nur durch einen Inhalt realisirt werden. Aber eben so ist Inhalt ohne Form = 0.

Wie sollen wir nun jenen Grundsatz aller Grundsätze, der die Bedingung alles Inhalts und aller Form einer Wissenschaft, insofern beide wechselseitig durcheinander begründet werden, enthält, aufsuchen? — Eine *allgemeine* Verzeichnung des Gangs in Aufsuchung dieses Grundsatzes mag hier zureichend seyn, da das Hauptgeschäft dieser Untersuchung nur die Ableitung der Urform aller Wissenschaft aus diesem Grundsatze betrifft.

Sollen wir von Grundsatz zu Grundsatz, von Bedingung zu Bedingung bis zu dem obersten absolut kategorischen zurückgehen? Allein wir müßten nothwendig von *disjunctiven* Sätzen anfangen, d. h. jeder Grundsatz würde, insofern er weder durch sich selbst (denn sonst wär' er der oberste) noch durch einen höhern (den wir erst suchen wollen) bestimmt ist, nicht einmal tüchtig dazu seyn, der erste Punkt einer regressiven Untersuchung zu werden. Doch das erste Merkmal, das im Begriff eines schlechthin unbedingten Satzes liegt, weist uns selbst einen ganz andern Weg an, ihn zu suchen. Ein solcher nämlich kann nur durch sich *selbst* bestimmt, nur durch *seine eigenen Merkmale* gegeben seyn. Nun hat er aber kein Merkmal, als das Merkmal der absoluten Unbedingtheit; alle anderen Merkmale, die man von ihm außer diesem angeben möchte, würden diesem entweder widersprechen, oder schon in ihm enthalten seyn.

Ein schlechthin an sich selbst *unbedingter* Grundsatz muß einen *Inhalt* haben, der selbst *unbedingt* ist, d. h. der durch keinen Inhalt irgend eines andern Grundsatzes (dieser Inhalt mag nun eine Thatsache, oder eine Abstraktion und Reflexion seyn) bedingt ist. Dieß ist nur insofern möglich, als jener Inhalt etwas ist, das ursprünglich schlechthin gesetzt ist, dessen Gesetztseyn durch nichts außer ihm bestimmt ist, das also sich selbst (durch absolute Causalität) setzt. Nun kann nichts schlechthin gesetzt seyn, als das, wodurch alles andere erst gesetzt wird, nichts kann sich selbst setzen, als was ein schlechthin unabhängiges, ursprüngliches Selbst enthält, und das gesetzt ist, nicht weil es *gesetzt* ist, sondern weil es selbst das *Setzende* ist. Dieses ist nichts anders als das ursprünglich durch sich selbst gesetzte Ich, welches durch alle angegebenen Merkmale bezeichnet wird. Denn das Ich ist schlechthin gesetzt, sein Gesetztseyn ist durch nichts außer ihm bestimmt, es setzt sich selbst (durch absolute Causalität), es ist gesetzt, nicht weil es gesetzt ist, sondern, weil es selbst das Setzende ist. Auch sind wir außer Gefahr, noch irgend etwas anderes zu finden, das durch alle diese Merkmale bestimmt wäre.

Denn wenn der Inhalt des obersten Grundsatzes zugleich seine Form, diese aber wechselseitig wiederum seinen Inhalt begründet, so kann die Form durch nichts anders, als durch das Ich, und das Ich selbst nur durch die Form gegeben seyn. Nun ist das Ich bloß als Ich gegeben, mithin kann der Grundsatz nur dieser seyn: Ich ist Ich. (Ich ist der Inhalt des Grundsatzes, Ich ist Ich die materiale und formale Form, die einander wechselseitig herbeiführen). Gäbe es nun etwas vom Ich Verschiedenes, das doch durch dieselben Merkmale bestimmt wäre, so müßte der Inhalt jenes Grundsatzes nicht durch seine Form, und diese nicht durch jenen gegeben seyn, d. h. er müßte so lauten: Ich = Nichtich. Dieser Kreis, in den wir hier unvermeidlich gerathen, ist gerade Bedingung der absoluten Evidenz des obersten Satzes. Daß er unvermeidlich sey, ist schon durch die oben bewiesene Voraussetzung, daß der oberste Satz nothwendig seinen Inhalt durch seine Form, seine Form durch seinen Inhalt erhalten müsse, einleuchtend gemacht. Es muß nothwendig entweder keinen obersten Grundsatz geben, oder er kann nur dadurch entstehen, daß sein Inhalt und seine Form einander wechselseitig begründen.

Durch diesen obersten Grundsatz nämlich ist eine Form des absoluten Gesetztseyns gegeben, die nun selbst wieder zum Inhalt eines Grundsatzes werden, dabei aber natürlich keine andere als nur wiederum ihre eigene Form erhalten kann, so daß ihr allgemeiner Ausdruck dieser ist: A = A. Wäre nun nicht die allgemeine Form des unbedingten Gesetztseyns (A = A) Bedingung alles möglichen Inhalts irgend eines Grundsatzes, so könnte der oberste Grundsatz auch so lauten: Ich = Nichtich.

Wäre im Gegentheil nicht der Inhalt und die Form des obersten

Grundsatzes bloß durch das Ich gegeben, wäre also Ich nicht Ich, so wäre auch jene Form des absoluten Gesetztseyns nicht möglich, d. h. A = nichtA. Denn A könnte im Ich gesetzt werden, nichtA aber auch im Ich, das nicht gleich ist dem Ich, mithin gäbe es zwei verschiedene Ich, in denen etwas ganz Verschiedenes gesetzt würde, und es wäre möglich, daß A > A, oder A = nichtA wäre.

Ist also Ich nicht = Ich, so ist A = nichtA [1], und ist A = nichtA, so ist Ich = Nichtich.

Eben damit ist nun aber auch der Inhalt (und dadurch auch die Form) eines zweiten Grundsatzes gegeben, der so lautet: Nichtich ist nicht Ich (Nichtich > Ich). Als Inhalt des Grundsatzes ist gegeben ein Nichtich überhaupt, als möglicher Inhalt eines Grundsatzes überhaupt. Insofern jener Grundsatz seinen Inhalt durch einen höheren erhält, ist auch seine Form mittelbar bedingt, insofern aber dieser Inhalt selbst unmittelbar die Form bestimmt, so ist diese unmittelbar unbedingt, d. h. nur durch den Grundsatz selbst bestimmt. Insofern das Nichtich entgegengesetzt ist dem Ich, die Form des Ichs aber Unbedingtheit ist, muß die Form des Nichtichs Bedingtheit seyn, und es kann nur insofern Inhalt eines Grundsatzes werden, als es durch das Ich bedingt ist. So wie durch den obersten Grundsatz die Form der Unbedingtheit begründet ist, so ist durch den zweiten die der Bedingtheit begründet. (Wenn das Ich bloß sich selbst setzte, so wäre alle mögliche Form durch die Form der Unbedingtheit erschöpft, eine Unbedingtheit, die nichts bedingte). — Die Verbindung einer bestimmten Form mit einem bestimmten Inhalte ist beim zweiten Grundsatze nur insofern möglich, als der Inhalt durch den obersten Grundsatz, und durch diesen Inhalt zugleich eine Form, also auch die Verbindung beider bestimmt ist.

[1] Nicht deßwegen, weil die Regel A = A in dem einzelnen Fall nicht gültig wäre, denn so könnte sie doch wenigstens in einem andern gültig seyn, sondern weil jene Urform, wenn sie nicht durch den Satz Ich = Ich begründet ist, gar nicht begründet ist, keine Realität hat, nicht einmal vorhanden ist. Es kann keine unbedingte Form geben, als insofern sie gegeben ist durch einen Grundsatz, der sich selbst bedingt.

Das Ich ist gesetzt durch sich selbst. Durch dasselbe Ich aber ist ein Nichtich gesetzt, mithin würde das Ich sich selbst aufheben, wenn es nicht gerade dadurch, daß es ein Nichtich setzt, sich selbst setzte. Da es aber selbst *ursprünglich unbedingt* gesetzt ist, also nicht *ursprünglich* (in sich selbst) dadurch, daß etwas anderes gesetzt wird, gesetzt seyn kann, so kann dieß nur *außer ihm*, in einem *Dritten* geschehen, das gerade dadurch entsteht, daß das Ich, indem es ein Nichtich setzt, sich selbst setzt, in welchem also das Ich und Nichtich beide nur insofern gesetzt sind, als sie wechselseitig einander ausschließen. Nun verhält sich ein Drittes, auf das sich zwei Dinge, die einander wechselseitig ausschließen, gemeinschaftlich beziehen, zu den Bedingungen dieser Beziehung, wie ein Ganzes des Bedingtseyns zu den einzelnen Bedingungen, mithin muß es ein Drittes geben, das gemeinschaftlich durchs Ich und Nichtich bedingt, also ein gemeinschaftliches Produkt beider ist, in welchem das Ich nur insofern gesetzt ist, als zugleich ein Nichtich gesetzt wird, und das Nichtich nur insofern, als zugleich ein Ich gesetzt wird [1].

Dadurch ist nun ein *dritter* Grundsatz bestimmt, dessen *Inhalt unbedingt* gegeben ist, weil das Ich nur *durch sich selbst*, dadurch, daß es ein Nichtich (aus Freiheit) setzt, sich setzt; dagegen ist die *Form* desselben bedingt, d. h. nur durch die Form des ersten und zweiten Grundsatzes, als eine Form *der durch Unbedingtheit bestimmten Bedingtheit* möglich. Die *Verbindung* der Form mit dem Inhalt ist bei diesem Grundsatze nur insofern möglich, als die Form durch die zwei obersten Grundsätze, und, da in diesen ihre bestimmte Form nur durch ihren bestimmten Inhalt möglich wird, zugleich sein Inhalt mittelbar durch jene Grundsätze bestimmt ist.

Dieser Grundsatz ist nun derjenige Grundsatz, welcher die *Theorie des Bewußtseyns und der Vorstellung* unmittelbar begründet,

[1] Das Ich kann niemals seine Urform (die Unbedingtheit) verlieren, mithin ist es auch in diesem Dritten nicht *bedingt*, sondern es wird *als unbedingt* gesetzt *dadurch*, daß das, was es *bedingt*, (das Nichtich) gesetzt wird. Es wird also gerade nur *insofern* durch ein Bedingtes gesetzt, als es unbedingt ist.

und insofern ist eine Theorie des Bewußtseyns und der Vorstellung nur erst durch jene drei Grundsätze aller Grundsätze möglich [1].

Von diesen drei Grundsätzen ist der erste schlechthin, seinem Inhalt und seiner Form nach, der zweite nur seiner Form nach unmittelbar, der dritte nur seinem Inhalt nach unmittelbar unbedingt. Durch diese drei Grundsätze ist aber auch aller Inhalt, alle Form der Wissenschaft erschöpft. Denn ursprünglich ist nichts als das Ich, und zwar als oberste Bedingung gegeben. Durch dasselbe ist also nichts gegeben, als insofern es Bedingung ist, d. h. insofern etwas durch dasselbe bedingt ist, das, weil es durchs Ich bedingt ist, und bloß deßwegen [2], ein Nichtich seyn muß. Und nun bleibt nichts mehr

[1] „Aber das Ich, das Nichtich und die Vorstellung sind nur durchs Bewußtseyn möglich, also muß dieses Princip aller Philosophie seyn". — Das Ich, das Nichtich und die Vorstellung sind durch die Vorstellung, und diese nur durch das Bewußtseyn gegeben (subjektiv), allein die bisherige Deduktion lehrt, daß sie nur insofern durch die Vorstellung und also durchs Bewußtseyn gegeben seyn können, als sie selbst vorher (objektiv, unabhängig vom Bewußtseyn) entweder unbedingt (wie das Ich), oder bedingt (aber durch das Unbedingte, nicht durchs Bewußtseyn) gesetzt sind. Der Akt, der dem Philosophen (der Zeit nach) zuerst vorkommt, ist allerdings der Akt des Bewußtseyns, aber Bedingung der Möglichkeit dieses Akts muß ein höherer Akt des menschlichen Geistes selbst seyn. Der Begriff Vorstellung liegt übrigens, so wie er durch jene drei Grundsätze bestimmt ist, der gesammten Philosophie zu Grunde. Vorstellung in praktischer Bedeutung ist nichts anders, als unmittelbare Bestimmung des in der Vorstellung enthaltenen Ichs durchs absolute Ich, und Aufhebung des in der Vorstellung enthaltenen Nichtichs, insofern es in derselben unter der Form des Bestimmens vorhanden ist. Die oberste Handlung des absoluten Ichs in der theoretischen Philosophie ist frei, ihrer Form (Causalität) nach, bezieht sich aber nothwendig auf ein Nichtich, insofern es das in der Vorstellung enthaltene Ich bestimmt, und wird demnach ihrer Materie nach durch ein Nichtich eingeschränkt. Dagegen ist die oberste Handlung des absoluten Ichs in der praktischen Philosophie frei ihrem Inhalt und ihrer Form nach, d. h. sie bezieht sich auf das in der Vorstellung enthaltene Ich nur insofern die Bestimmung desselben durch ein Nichtich aufgehoben wird. — Doch dieß kann hier nur gesagt, nicht erwiesen werden. Nur so viel zum voraus, daß auch praktische Philosophie nur durch den obersten Grundsatz, Ich = Ich, möglich ist.

[2] Auch das Ich, das in der Vorstellung durchs absolute Ich bedingt ist, wird deßwegen, und auch nur deßwegen ein Nichtich.

übrig, als ein Drittes, das beides in sich vereinigt. Kurz, alles, was nur immer Inhalt einer Wissenschaft werden kann, ist insofern erschöpft, als es entweder als schlechthin unbedingt, oder als bedingt, oder als beides zugleich gegeben ist. Ein Viertes ist nicht möglich. Insofern nun in diesen Grundsätzen der Inhalt nur durch die Form, und diese nur durch jenen gegeben ist, so ist durch sie, insofern sie allen möglichen Inhalt der Wissenschaft erschöpfen, auch alle mögliche Form erschöpft, und diese Grundsätze enthalten die Urform aller Wissenschaft, die Form der Unbedingtheit, der Bedingtheit und der durch Unbedingtheit bestimmten Bedingtheit.

* * *

Damit wäre nun das Problem, das der eigentliche Gegenstand dieser Abhandlung war, gelöst. Wie weit eine solche Lösung führen möge, und welche Evidenz nun durch sie auf die übrigen, von den drei obersten Grundsätzen abzuleitenden Grundsätze übergehe, mag der Leser entweder selbst zum voraus beurtheilen, oder die gänzliche Ausführung der Idee selbst erwarten. Weil aber doch alles, was unter einer neuen Form aufgestellt wird[1], dadurch für viele verständlicher — wohl gar auch,

[1] Wer behauptet, daß das bisher Gesagte schon längst anerkannte Wahrheit sey, sagt etwas Wahreres, als er vielleicht selbst glaubt. Es wäre traurig, wenn er nicht Recht hätte. — Alle Philosophen (die diesen Namen verdienen) sprechen von einem obersten Grundsatze ihrer Wissenschaft, der evident seyn müsse, und sie verstanden nichts darunter, als einen Grundsatz, dessen Inhalt oder dessen Form wechselseitig durch einander begründet werden müßten. — Leibniz wollte mit dem Grundsatz des Widerspruchs als Princip der Philosophie nichts anders sagen, als daß der oberste Grundsatz (in dem die absolute Einheit enthalten sey) der Satz Ich = Ich sey. Cartesius wollte durch sein Cogito, ergo sum nichts anderes sagen, als daß die Urform aller Philosophie die des unbedingten Gesetztseyns sey. — Was die Philosophie auf diese Art werden müsse, sahen alle diese Philosophen besser ein, als manche der heutigen. Leibniz wollte aus der Philosophie eine bloß aus Begriffen demonstrirte Wissenschaft machen, Cartesius wollte durch seinen Grundsatz, daß nur das wahr sey, was durchs Ich gegeben ist, dasselbe erreichen. Auch durch die Kritik der reinen Vernunft, die Theorie des Vorstellungsvermögens und die künftige Wissenschaftslehre soll eine Wissenschaft entstehen, die bloß logisch zu Werke geht und die mit nichts als dem durchs Ich (durch Freiheit und Autonomie des Ichs) Gegebnen zu thun hat:

annehmlicher — wird, wenn es mit der bisher gewohnten Form in Vergleichung gestellt wird, so mag immerhin auch hier diese neue Lösung des Problems von der Urform aller Wissenschaft mit den bisherigen Lösungen derselben in eine Parallele gesetzt werden. Aber die Schicksale dieser Form werden nur von demjenigen Punkt der Philosophie an wichtig, auf welchem die Philosophen zuerst bestimmt daran dachten, daß, ehe von einer Wissenschaft die Rede seyn könne, nicht nur einzelne Formen, sondern das Princip aller Form aufgestellt seyn müsse. Dieß hatte Descartes durch sein cogito, ergo sum erklärt; schade daß er nicht weiter ging. Er war auf dem Weg, die Urform aller Philosophie durch ein reales Princip zu begründen, aber er verließ die schon betretne Bahn. Auch sein Schüler Spinoza fühlte dieß Bedürfniß, der Form des menschlichen Wissens überhaupt eine Grundlage zu geben; er trug die Urform des Wissens aus seinem Ich heraus über auf einen von diesem ganz verschiednen und unabhängigen Inbegriff aller Möglichkeit. — Leibniz war es, der die Form des unbedingten Gesetztseyns aufs Bestimmteste als Urform alles Wissens aufstellte. Man hat diesen Philosophen auf die unverzeihlichste Art mißverstanden, da man glaubte, daß er den Satz des Widerspruchs zum Princip der gesammten Philosophie — ihrer Form und ihrem Inhalt nach — erheben wollte. Er stellte ausdrücklich neben diesen Grundsatz den Satz des zureichenden Grundes, und behauptete gerade dadurch so stark und so bestimmt, als Crusius oder irgend ein andrer Philosoph nach ihm, daß man, um eine Philosophie zu finden, noch über jenen Grundsatz hinausgehen müsse — er verzeichnete gleichsam durch diesen zweiten Grundsatz im

Dann wird das Gerede von objektiven Beweisen fürs Daseyn Gottes, und, wie man mitunter auch zu sagen beliebt hat, für die objektive Existenz einer Unsterblichkeit aufhören. Dann wird überhaupt das beständige Fragen: ob ein Ding an sich existire (was nichts anders heißt, als, ob etwas, das nicht erscheint, auch eine Erscheinung sey) ein Ende nehmen. Man wird nichts wissen als was durchs Ich und durch den Satz Ich = Ich gegeben ist, man wird es nur so wissen, wie man den Satz Ich = Ich weiß, und doch wird dieses Wissen unendlich weniger, als das Wissen jeder andern Philosophie auf Egoismus jeder Art hinauslaufen.

Allgemeinen die Methode, sie zu finden, als eine durch den Satz des Widerspruchs (das Unbedingte) allein bei weitem noch nicht erreichbare Methode. Dagegen war der Mangel, der in der Philosophie dieses großen Mannes übrig blieb, der, daß er diese beiden Grundsätze als solche angab, die durch keine anderen bestimmt seyen, und daß er also auch die Form, die in ihnen ausgedrückt war, als eine durch keinen Inhalt begründete Form aufstellte, kurz, daß er nur einen Theil des Problems über Möglichkeit aller Philosophie, und eben deßwegen auch denjenigen, den er zu lösen versuchte, nicht auf eine vollkommen befriedigende Art löste. Man verkannte also das, was an seinen Grundsätzen das Richtige war, ohne das, was an ihnen mangelhaft war, einzusehen oder zu verbessern.

Dem Stifter der kritischen Philosophie war es vorbehalten, die schönste Apologie dieses großen Geistes den Mißverständnissen der meisten seiner Schüler entgegenzustellen, und er selbst verzeichnete nicht nur jenen Gang der Philosophie noch weit bestimmter, als es sein Vorgänger gethan hatte (der mit einem allgemeinen Umriß zufrieden war), sondern durchlief selbst die von ihm beschriebene Bahn mit einer Consequenz, die allein ans Ziel führen konnte. — Die bestimmte Unterscheidung der analytischen und der synthetischen Form hatte dem schwebenden Umriß, den Leibniz von der Form aller Philosophie entworfen hatte, Haltung und Festigkeit verschafft; dagegen hatte er dann doch diese Urform aller Philosophie bloß als vorhanden aufgestellt, sie war an kein oberstes Princip angeknüpft, und selbst der Zusammenhang dieser Form (die er doch als Form alles möglichen Denkens aufgestellt hatte) mit den einzelnen Formen des Denkens, die er zuerst in einer erschöpfenden Vollständigkeit aufstellte, war noch nirgends von ihm so bestimmt angegeben, wie es wohl nöthig seyn möchte. Woher jene Unterscheidung analytischer und synthetischer Urtheile? Wo das Princip, in dem diese Urform gegründet ist? Wo das Princip, aus dem die einzelnen Formen des Denkens abgeleitet sind, die er ohne alle Rückweisung auf ein höheres Princip aufstellt? Diese Fragen blieben immer noch unbeantwortet. Dabei blieb noch ein Mangel übrig (der sich schon zum voraus vermuthen läßt, weiterhin aber wirklich bestätigt werden wird), nämlich der Mangel einer Bestimmung dieser Formen des Denkens durch ein Princip, eine Bestimmung, die kein Mißverständniß derselben mehr übrig ließ, durch die sie völlig voneinander getrennt, und die immer noch mögliche Vermischung derselben untereinander verhindert werden könnte — kurz eine Bestimmung, die offenbar nur durch ein höheres Princip möglich wurde.

Als Urform alles Denkens hatte Kant die analytische und synthetische Form aufgestellt. Woher kommt diese, und wo ist das Princip, in dem sie gegründet ist? diese Frage ist nun durch die bisherige Deduktion beantwortet. Diese Form ist durch die obersten Grundsätze alles Wissens zugleich mit und unzertrennlich von dem Inhalt alles Wissens gegeben. Mit diesen nämlich ist uns

1. eine Form gegeben, die schlechthin unbedingt ist, die Form des Gesetztseyns eines Satzes überhaupt, die durch nichts als durch diesen Satz selbst bedingt wird, und also keinen andern Inhalt eines höheren Satzes voraussetzt, kurz die Form der Unbedingtheit (Satz des Widerspruchs, analytische Form)[1];

2. eine Form, die bedingt ist, die nur durch den Inhalt eines höheren Satzes möglich wird — Form der Bedingtheit (Satz des Grundes, synthetische Form);

3. eine aus beiden zusammengesetzte Form — Form der durch Unbedingtheit bestimmten Bedingtheit (Satz der Disjunction, Verbindung der analytischen und synthetischen Form. — Da einmal die analytische und synthetische Form festgesetzt war, so konnte freilich durch die dritte, welche beide in sich vereinigt, keine an sich neue, aber eine deßwegen doch nicht minder wichtige Form bestimmt werden. Es ist also wirklich zu verwundern, daß der große Philosoph, der jene beiden

[1] Man bemerke, daß hier bloß von der Art des Gesetztseyns überhaupt die Rede ist, also gar keine Rücksicht auf den Inhalt des Satzes genommen wird. Es ist bloß davon die Rede, ob der Satz als Satz (nicht als Satz von einem bestimmten Inhalt) unbedingt gesetzt werde. Dieß wird im Folgenden deutlicher werden.

Formen als Urform alles Denkens angegeben hat, nicht auch die dritte hinzufügte, besonders da er in Aufzählung der einzelnen von dieser Urform abhängigen Formen des Denkens immer eine dritte Form mit aufgezählt hat, die nur durch die ursprüngliche Verbindung der analytischen Form mit der synthetischen, also durch einen dritten Modus der Urform möglich ist.

Je wichtiger nun die von Kant geschehene Aufstellung dieser Urform alles Wissens (der analytischen und synthetischen) für die gesammte Philosophie ist, desto mehr wundert man sich, daß er den Zusammenhang der einzelnen Formen des Wissens, die er in einer Tafel vorstellig macht, mit jener Urform überall nirgends bestimmt [1] angibt, und daß er gerade so, wie er jene Urform, ohne sie an ein Princip anzuknüpfen — gleichsam ex abrupto —, aufstellt, auch die abgeleiteten Formen als von keinem Princip abhängig dargestellt hat. Noch mehr wundert man sich hierüber, wenn man seine eigne Versicherung liest, daß alle diese Formen, die er nach vier Momenten ordnet, etwas Gemeinschaftliches miteinander haben, daß z. B. allerwärts eine gleiche Zahl der Formen jeder Klasse, nämlich drei seyen, daß überall die dritte Form aus der Verbindung der ersten und zweiten ihrer Klasse entspringe u. s. w. Dieß weißt doch gerade auf eine Urform hin, unter der sie alle gemeinschaftlich stehen, und die ihnen allen dasjenige mittheilt, was sie in Rücksicht auf ihre Form Gemeinschaftliches haben.

Allein man begreift es leichter, warum Kant wirklich diese Zurückführung aller einzelnen Formen auf jene Urform nicht versuchte, wenn man bei genauerer Untersuchung findet, daß diese Urform selbst bei ihm noch nicht ganz im Reinen war, und daß er sie schon zu sehr specialisirt

[1] Eine Stelle der Kr. der r. V. enthält wirklich eine Hinweisung auf diesen Zusammenhang und die Wichtigkeit desselben in Bezug auf die Form aller Wissenschaft. S. Elementar. II. Th. I. Abth. I. B. I. Hauptst. III. Abschnitt §. 11. — Solche Stellen, in denen solche Hinweisungen vorkommen — gleichsam einzelne Strahlen, die dieser bewundernswürdige Geist auf ein Ganzes der Wissenschaften hinwirft — sind Bürge der Richtigkeit derjenigen Züge, mit welchen Fichte (in der Vorrede zu seiner obengenannten Schrift) denselben zu charakterisiren versucht hat.

habe, als daß sie noch Princip der übrigen Formen hätte werden können. Er versteht nämlich unter analytischen Sätzen bloß diejenigen, die sonst identisch genannt wurden, unter synthetischen die nicht-identischen. Nun ist nach dem Obigen das Princip der Urform der Grundsatz: Ich ist Ich, welcher Satz allerdings identisch ist. Allein daß dieser Satz identisch ist gehört zu seinem Inhalt und nicht zu seiner Form überhaupt, mithin kann auch nur die an ihnen ausgedrückte Form überhaupt, die Form des unbedingten Gesetztseyns, abgesehen von allem Prädikat, diejenige Form seyn, die durch ihn als Urform begründet wird. Mit jenem Princip ist nämlich der Grundsatz des unbedingten Gesetztseyns gegeben, mittelst dessen jedes Subjekt mit jedem Prädikat gesetzt werden kann, durch das es nicht aufgehoben ist (Grundsatz des Widerspruchs). Unter diesem Grundsatz aber stehen offenbar nicht nur diejenigen Sätze, in denen das Subjekt sich selbst zum Prädikat hat, sondern alle, in welchen überhaupt ein Subjekt durch ein Prädikat (gleichviel welches) schlechthin gesetzt wird. Der Satz z. B. A = B ist nach Kant ein synthetischer Satz, im Grunde aber ein analytischer, denn es ist schlechthin und unbedingt etwas in ihm gesetzt. Dagegen ist jener Satz kein identischer Satz. — Identische Sätze verhalten sich zu analytischen wie Art zur Gattung. In jenen wird das Subjekt selbst zum Prädikat, und insofern ist in ihnen etwas schlechthin gesetzt; aber nach Kants eignen Erklärungen soll die allgemeine Logik davon ganz abstrahiren, welches Prädikat dem Subjekt in einem Satze beigelegt werde, und nur darauf sehen, wie es ihm beigelegt werde, also z. B. beim analytischen Satz nicht, durch welches Prädikat das Subjekt schlechthin gesetzt werde, sondern nur, ob es überhaupt durch eines — gleichviel welches — gesetzt werde.

Für diejenigen Sätze also, die Kant analytische nennt, muß die philosophische Sprache den Ausdruck identische zurücknehmen, dagegen für diejenigen, welche überhaupt nur ein unbedingtes oder bedingtes Gesetztseyn ausdrücken, den Ausdruck der analytischen und synthetischen aufbewahren. Und nun wird es auch leicht werden, die einzelnen Formen des Denkens auf die Urform so zurück zu führen, daß sie dadurch vollkommen bestimmt werden, und jede Vermischung derselben verhindert, auch jeder einzelnen ihre bestimmte Stelle so angewiesen wird, daß darüber kein Zweifel mehr stattfinden kann.

Wenn man die Kantische Tafel dieser Formen genauer betrachtet, so findet man wirklich, daß Kant, anstatt die Urform als Princip der übrigen aufzustellen, sie unter den andern — in einer gleichen Reihe — gesetzt hat. Denn daß die Formen der *Relation* nicht nur allen übrigen zu Grunde liegen, sondern wirklich identisch mit der Urform (der analytischen, der synthetischen, und der gemischten) seyen, findet man sogleich bei genauerer Untersuchung.

Die *kategorische* Form ist nämlich keine andere, als die des *unbedingten Gesetztseyns*, die durch den obersten aller Grundsätze gegeben ist, und nur überhaupt die Art betrifft, wie ein Prädikat — gleichviel welches — gesetzt wird. Diese Form steht also auch bloß unter dem Gesetz des unbedingten Gesetztseyns (dem Satz des Widerspruchs). — Analytische Form.

Die *hypothetische* ist keine andere, als die des *bedingten* Gesetztseyns, die durch den zweiten obersten Grundsatz gegeben ist, und bloß unter diesem steht. — Synthetische Form.

Die *disjunctive* Form ist keine andere, als die Form des durch *ein Ganzes der Bedingungen bedingten Gesetztseyns* — also aus den beiden vorigen zusammengesetzt, und nur durch den dritten obersten Grundsatz gegeben. — Gemischte Form.

Was aber die *einzelnen* Formen betrifft, so kann

1. nach der *Quantität*, die unter der Urform des *unbedingten Gesetztseyns* stehende Form bloß die Form der *Einheit* seyn, denn nur diese ist *unbedingt*, dagegen die Form der *Vielheit* bedingt ist durch die Form der Einheit, so daß die unter der Urform des *bedingten* Gesetztseyns stehende Form der Quantität nur *Vielheit* seyn kann. (Der Satz z. B. einige A sind B gilt nur unter der Bedingung der kategorischen Sätze, A^1, A^2, A^3, A^4, u. s. w. sind B). Die unter der Urform der durch *Unbedingtheit bestimmten Bedingtheit* stehende Form der Quantität muß also Vielheit bestimmt durch Einheit

d. h. Allheit seyn. Deßwegen ein allgemeiner Satz weder ein kategorischer noch ein hypothetischer, wohl aber beides zugleich ist. Er ist kategorisch, weil die Bedingungen vollendet sind, unter denen er steht (z. B. der Satz: alle A sind B, ist ein kategorischer Satz, weil die Bedingungen desselben, die Sätze: A ¹, A ² (u. s. w. bis zum letzten möglichen A) = B, vollendet sind). Er ist hypothetisch, weil er überhaupt unter Bedingungen steht.

2. Nach der Qualität kann die unter der Urform des unbedingten Gesetztseyns stehende Form nur die der Bejahung seyn, denn die unter der Urform des bedingten Gesetztseyns stehende Form kann nur verneinend seyn. (Ein bedingter Satz leugnet das unbedingte Gesetztseyn, und räumt nur ein bedingtes ein. Ein verneinender Satz setzt daher immer einen bejahenden kategorischen voraus, wie der Satz: Nichtich > Ich, den Satz Ich = Ich voraussetzt. Die dritte, durch die zween obersten Grundsätze bestimmte Form kann also nur die Form der Bejahung und Verneinung in sich vereinigen, aber niemals eine von beiden ausdrücken [1]).

3. Nach der Modalität kann die unter der Urform des unbedingten Gesetztseyns stehende Form nur die Form der Möglichkeit seyn. Denn nur die Form der Möglichkeit ist unbedingt, dagegen selbst absolute Bedingung aller Wirklichkeit. Auch der Satz Ich = Ich hat, insofern er unbedingt gesetzt ist, bloße Möglichkeit. — Die unter der Urform des bedingten Gesetztseyns stehende Form der Modalität ist Wirklichkeit, denn der bedingte Satz ist gegeben durch einen bedingenden, und die Logiker (älterer und neuerer Zeit) haben keinen falscheren Satz aufgestellt, als den, daß hypothetische Sätze sich

Die Form der Bejahung ist nicht identisch mit der Form des unbedingten Gesetztseyns, obgleich durch sie bestimmt. Denn man kann sich auch das unbedingte Gesetztseyn einer Verneinung (im dritten Modus) denken. Aber eben diese Möglichkeit eines unbedingten Gesetztseyns der Verneinung setzt eine Form der Verneinung überhaupt, und diese eine Form der Bejahung überhaupt voraus. Diese beiden Formen können combinirt werden in einer dritten, so daß durch das unbedingte Gesetztseyn einer Verneinung diejenigen Sätze entstehen, welche die Logiker unendliche nennen.

auf bloße Möglichkeit beziehen. — Vereinigung beider Formen gibt eine durch Möglichkeit bestimmte Wirklichkeit, d. i. Nothwendigkeit. So sind alle identischen Sätze nothwendig. Insofern sie unbedingt sind, stehen sie unter der Form der Möglichkeit, insofern sie bedingt sind durch sich selbst[1], unter der Form der Wirklichkeit. Der Satz Ich = Ich ist als kategorischer Satz bloß möglich; insofern er aber zugleich zwar nicht durch einen höheren Satz, aber durch sich selbst bedingt ist, wird er zum nothwendigen Satz. Es leuchtet also in die Augen, daß identische Sätze eine bloße einzelne unter der allgemeinen Form analytischer Sätze stehende Form ausdrücken. Es erhellt hieraus, daß jeder identische Satz ein kategorischer seyn muß, aber nicht umgekehrt, weßwegen auch nicht die Form der Identität, welche einer höhern untergeordnet ist, sondern die des unbedingten Gesetztseyns überhaupt, Urform aller Philosophie ist. Eben deßwegen begründet auch der Satz Ich = Ich nicht die Form der Identität, sondern die des unbedingten Gesetztseyns als Urform. Denn die Form der Identität ist in ihm selbst nur als bedingt durch jene vorhanden; man kann also an ihm nur diejenige Form als Urform erkennen, die in ihm selbst nicht mehr bedingt ist. Dadurch erklärt sich das obige Paradoxon, daß dieser Satz als kategorischer Satz, bloß unter der Form der Möglichkeit stehe, und nur insofern, als er unter dieser stehe, Princip alles Inhalts und aller Form einer Wissenschaft werden könne.

Noch ist die Frage übrig: woher die Momente (der Quantität, Qualität und Modalität), wornach diese abgeleiteten Formen geordnet

[1] Unbedingt gesetzt und durch sich selbst bedingt seyn, ist etwas sehr Verschiedenes. Ein Satz kann unbedingt gesetzt, dabei aber doch nicht durch sich selbst bedingt seyn, nur nicht umgekehrt. Der oberste Grundsatz aller Wissenschaft aber muß, wie erwiesen worden ist, als Grundsatz der unbedingten Form und des unbedingten Inhalts überhaupt als Grundsatz, durch den es überhaupt erst möglich wird, daß irgend etwas unbedingt gesetzt werde, nicht nur unbedingt überhaupt, sondern auch durch sich selbst bedingt seyn. Daß der oberste Grundsatz durch sich selbst bedingt ist, gehört zu seinem Inhalt, daß er unbedingt gesetzt ist, zu seiner äußeren Form, die vom Inhalt nothwendig herbeigeführt wird.

sind, herkommen? Die Antwort darauf ist leicht. Sie sind unmittelbar mit dem obersten Grundsatz gegeben, und hätten ganz bloß aus ihm — auf die einfachste Art — als etwas Gegebnes entwickelt werden können. Denn es ist, wenn man nur überhaupt weiß, was durch eine Deduktion dieser Momente verstanden werden soll, schlechterdings unmöglich, sie aus einem schon vorhandnen Begriff abzuleiten; sie müssen schlechterdings nothwendig als eine Thatsache aus einem Princip, das eine Thatsache überhaupt ausdrückt, abgeleitet werden[1].

* * *

So bestimmt ist also der ursprünglich gegebene Inhalt alles Wissens (das Ich, das Nichtich, und das Produkt beider) zugleich die Form aller Wissenschaft, so wie jener selbst nur unter der Bedingung von dieser möglich ist. Ganz parallel mit dieser Deduktion der Form des Wissens überhaupt würde die Deduktion der Form, die den einzelnen Bestandtheilen des Urinhalts alles Wissens durch ihre Urform bestimmt ist, ausfallen; was ganz natürlich ist, da dasselbe Princip zugleich den Inhalt und die Form, und eben deßwegen zugleich die materiale und die formale Form (diejenige, die dem Inhalt ursprünglich zukommt, und diejenige, unter der er gesetzt ist) begründet. Aenesidemus scheint mit siegender Evidenz die Reinholdische Deduktion der Urform des Subjekts und Objekts in Anspruch genommen zu haben. Ueberdieß kann man — was Aenesidemus nicht gethan hat — noch fragen, warum Reinhold nur Eine Art von den der Urform untergeordneten Formen des Subjekts und Objekts, und warum er die Form der Vorstellung[2] gar nicht deducirt habe. Gerade durch eine solche vollständige Deduktion der gesammten Form des Subjekts, des Objekts und der Vorstellung

[1] Dieß gilt auch gegen die Reinholdische Deduktion dieser Formen, die übrigens in formaler Rücksicht ein Meisterstück philosophischer Kunst ist. Auch mußte Reinhold die Formen der Einheit und der Vielheit schon voraussetzen, um sie nebst den übrigen deduciren zu können.

[2] Im Vorbeigehen gesagt, jede Vorstellung ist, als solche, der Modalität nach nothwendig, ihr Inhalt sey, welcher er wolle. Dieß ist ihre durch die obersten Grundsätze bestimmte Form.

wären beinahe alle übrigen Einwürfe des Aenesidemus abgeschnitten gewesen. Wenn bewiesen ist, daß die Form des Subjekts überhaupt die Form der Unbedingtheit, die des Objekts der Bedingtheit (durchs Subjekt) ist, so folgt von selbst, daß das Subjekt im Dritten (der Vorstellung) sich zum Objekt immer wie das Bestimmende zum Bestimmbaren (wie Einheit zur Vielheit, Realität zur Negation, Möglichkeit zur Wirklichkeit), verhalte, kurz: es folgen alle übrigen Sätze der Elementarphilosophie bündig und in leichterem Zusammenhange, als in der Theorie des Vorstellungsvermögens, aus jenem einigen Satze, der aber durch die Reinholdische Deduktionen nicht begründet ist. — Doch ich fange an, über die vorgezeichnete Gränze zu schreiten.

* * *

Nachschrift.

Die ganze Untersuchung, von der im Vorhergehenden eine Probe gegeben wurde, ist nothwendig trocken und wenig versprechend am Anfang — aber ist es nicht mit dem Anfang jeder Wissenschaft also, und ist es nicht gerade Vorzug der Wissenschaft aller Wissenschaft, von Einem kleinen Mittelpunkt auszugehen, dessen Strahlen der Zahl und der Ausdehnung nach unendlich sind? Und die Sache, von der die Rede ist — Erreichung des letzten Ziels aller philosophischen Nachforschung — ist doch wohl durch anfängliche Verleugnung aller Reize der Einbildungskraft bei diesem ernsten Geschäfte nicht zu theuer erkauft.

Ob die gegenwärtige Untersuchung nicht durch die Darstellung, die ihr der Verfasser zu geben vermochte, verloren habe, kann er selbst am wenigsten entscheiden. Es sey so. Mögen diejenigen, die diesen Versuch einiger Aufmerksamkeit werth achten, diese nur auf den Gegenstand richten, und den Verfasser, der sich freut, diese Blätter dem Publikum ganz anspruchslos übergeben zu können, und seine Art, etwas darzustellen, darüber vergessen. Mögen sie sich insbesondere nicht an den Ausdrücken stoßen, mit denen er bisweilen — ohne verhaßte Umschweife — von dem, was die größten Philosophen ihres Zeitalters noch für die

Nachkommenden übergelassen haben, gesprochen hat. Worte sind bloßer Schall, und — ach, nur gar zu oft ein tönendes Erz und eine klingende Schelle! — Dagegen wünscht er, daß keinem seiner Leser das große Gefühl ganz fremd sey, welches die Aussicht auf eine endlich zu erreichende Einheit des Wissens, des Glaubens und des Wollens — das letzte Erbe der Menschheit, das sie bald lauter, als jemals, fordern wird — bei jedem, der es werth ist, die Stimme des Wahrheit jemals gehört zu haben, nothwendig hervorbringen muß.

Die Philosophen haben es oft beklagt, daß ihre Wissenschaft so wenig Einfluß auf den Willen des Menschen und auf die Schicksale unsers ganzen Geschlechtes habe, aber bedachten sie auch, worüber sie klagen? Sie klagen, daß eine Wissenschaft keinen Einfluß habe, die, als solche, nirgends existirte, daß man keinen Gebrauch von Grundsätzen machte, die nur Ein Theil der Menschheit, und auch dieser nur in ganz verschiedenen Beziehungen für wahr hielt. Wer wird der Leitung einer Führerin folgen, die er sich selbst noch nicht als die einzigwahre zu denken wagt, wer die Uebel der Menschheit durch ein Mittel heilen, das jetzt noch überhaupt so vielen verdächtig, und bei verschiedenen in so ganz verschiedener Qualität zu finden ist? Suchet die Merkmale, an denen alle die ewige Wahrheit erkennen müssen, zuerst im Menschen selbst, ehe ihr sie in ihrer göttlichen Gestalt vom Himmel auf die Erde rufet! Dann wird Euch das übrige alles zufallen!

Tübingen, den 9. September 1794.

Vom Ich

als Princip der Philosophie

oder

über das Unbedingte

im menschlichen Wissen.

1795.

(Zweiter Abdruck 1809.)

Say first, of God above, or Man below,
What can we reason, but from what we know?
Of Man, what see we but his station here,
From which ro reason, or to which refer?
Through worlds unnùmber'd though the God be known.
'Tis ours, to trace him only in our own.

POPE ESSAY ON MAN Ep. I, 17. sq.

(Motto der ersten Auflage.)

Vorrede zur ersten Auflage[1].

Statt aller der Bitten, mit welchen ein Schriftsteller seinen Lesern und Beurtheilern entgegenkommen kann — hier nur eine einzige an die Leser und Beurtheiler dieser Schrift, sie entweder gar nicht, oder in ihrem ganzen Zusammenhang zu lesen, und entweder alles Urtheils sich zu enthalten, oder den Verfasser nur nach dem Ganzen, nicht nach einzelnen aus dem Zusammenhang gerissenen Stellen, zu beurtheilen. Es gibt Leser, welche in jede Schrift nur einen flüchtigen Blick werfen, um in der Schnelligkeit irgend etwas aufzufassen, das sie dem Verfasser als Verbrechen aufbürden, oder eine außer dem Zusammenhang unmöglich verständliche Stelle zu finden, mit der sie jedem, der die Schrift nicht selbst gelesen hat, beweisen können, daß der Verfasser Unsinn geschrieben habe. So könnten z. B. Leser jener Art bemerken, daß in der vorliegenden Schrift von Spinoza sehr häufig nicht „wie von einem todten Hunde" (um Lessings Ausdruck zu gebrauchen) geredet werde, und dann — die Logik solcher Leute ist ja bekannt — den schnellen Schluß machen, der Verfasser suche die längst widerlegten spinozistischen Irrthümer aufs neue geltend zu machen. Für solche Leser (wenn man anders diesen Ausdruck hier gebrauchen darf) bemerke ich einerseits, daß diese Schrift gerade dazu bestimmt sey, das nicht schon längst widerlegte spinozistische System in seinem Fundament aufzuheben, oder vielmehr durch seine eignen Principien zu stürzen, andrerseits aber, daß mir das spinozistische System mit allen seinen Irrthümern doch durch seine kühne Consequenz unendlich achtungswürdiger sey, als die beliebten Coalitionssysteme unserer gebildeten Welt, die, aus den Lappen aller

[1] Nach dem Wiederabdruck derselben im ersten Band der philosophischen Schriften (Landshut 1809). D. H.

möglichen Systeme zusammengeflickt, der Tod aller wahren Philosophie werden. Zugleich räume ich solchen Lesern recht gerne ein, daß diejenigen Systeme, die nur immer zwischen Erde und Himmel schweben, und nicht muthvoll genug sind auf den letzten Punkt alles Wissens hinzudringen, vor den gefährlichsten Irrthümern weit sicherer sind, als das System des großen Denkers, dessen Spekulation den freiesten Flug nimmt, alles aufs Spiel setzt, und entweder die ganze Wahrheit in ihrer ganzen Größe, oder gar keine Wahrheit will; dagegen bitte ich sie hinwiederum zu bedenken, daß, wer nicht kühn genug ist, die Wahrheit bis auf ihre ganze Höhe zu verfolgen, zwar den Saum ihres Kleides hie und da berühren, sie selbst aber niemals erringen kann, und daß die gerechtere Nachwelt den Mann, der, das Privilegium tolerirbarer Irrthümer verachtend, der Wahrheit frei entgegenzugehen den Muth hatte, weit über die Furchtsamen hinaufsetzen wird, die, um nicht auf Klippen und Sandbänke zu stoßen, lieber ewig vor Anker lägen.

Für Leser der andern Art, die durch herausgerissene Stellen beweisen, daß der Verfasser Unsinn geschrieben habe, erinnere ich, daß ich auf die Ehre gewisser Schriftsteller, bei denen jedes Wort, in und außer seinem Zusammenhange, gleich viel bedeutet, Verzicht thue. Bei aller Bescheidenheit, die mir gebührt, bin ich mir doch bewußt, daß ich die hier vorgetragnen Ideen meinem eignen Nachdenken verdanke, und glaube daher keine unbillige Forderung zu thun, wenn ich nur von selbstdenkenden Lesern beurtheilt seyn will. Ueberdieß geht die ganze Untersuchung auf Principien, sie kann also auch nur nach Principien geprüft werden. Ich habe versucht, die Resultate der kritischen Philosophie in ihrer Zurückführung auf die letzten Principien alles Wissens darzustellen. Die einzige Frage also, die sich Leser dieser Schrift beantworten müssen, ist die: ob jene Principien wahr oder falsch seyen, und (sie mögen nun wahr oder falsch seyn) ob durch sie wirklich die Resultate der kritischen Philosophie begründet seyen. Eine solche auf die Principien selbst gehende Prüfung wünschte ich dieser Schrift; erwarten kann ich sie nur von solchen Lesern nicht, denen alle Wahrheit gleichgültig ist, oder die voraussetzen, daß nach Kant keine neue Untersuchung der Principien möglich sey, und die höchsten Principien seiner Philosophie schon von ihm selbst aufgestellt seyen. Jeden andern Leser — sein System sey, welches es wolle — muß die Frage über die höchsten Principien alles Wissens interessiren, weil auch sein System, selbst wenn es das System des Skepticismus ist, nur durch seine *Principien* wahr seyn kann. Mit Leuten, die alles Interesse an Wahrheit verloren haben, läßt sich deßwegen nichts anfangen, weil man ihnen nur *mit* Wahrheit beikommen könnte; hingegen glaube ich, gegen solche Anhänger Kants, die voraussetzen, daß er selbst schon die Principien alles Wissens aufgestellt habe, bemerken zu dürfen, daß sie wohl den Buchstaben, aber nicht den Geist ihres Lehrers gefaßt haben, wenn sie nicht einsehen lernten, daß der ganze Gang der Kritik der reinen Vernunft unmöglich der Gang der Philosophie als Wissenschaft seyn könne, daß das Erste, wovon sie ausgeht, das Daseyn ursprünglicher, nicht *durch* Erfahrung möglicher Vorstellungen, selbst nur durch höhere Principien erklärbar seyn muß, daß z. B. jene Nothwendigkeit und Allgemeingültigkeit, die Kant als ihren auszeichnenden Charakter aufstellt, schlechterdings nicht auf das bloße *Gefühl* derselben gegründet seyn könne (was doch nothwendig der Fall seyn müßte, wenn sie nicht durch höhere Grundsätze bestimmbar wäre, die selbst der Skepticismus, der durch keine *bloß gefühlte* Nothwendigkeit umgestürzt werden kann, voraussetzen muß); daß ferner Raum und Zeit, die doch nur *Formen* der Anschauung seyn sollen, unmöglich vor *aller* Synthesis vorhergehen, und also keine *höhere* Form der Synthesis voraussetzen können[1], daß ebensowenig die *untergeordnete*, abgeleitete Synthesis durch *Verstandesbegriffe* ohne eine ursprüngliche Form und einen ursprünglichen Inhalt, der *aller* Synthesis, wenn sie Synthesis seyn soll, zu Grunde liegen muß, gedenkbar sey. Dieß fällt desto mehr auf, da die kantischen *Deduktionen* selbst es auf den ersten Anblick verrathen,

[1] Ich finde, daß Beck in der Vorrede zum zweiten Theil seines Commentars über Kant einen ähnlichen Gedanken äußert. Ich kann aber noch nicht beurtheilen, wie nahe oder entfernt die Gedanken dieses, in den Geist seines Schriftstellers so sichtbar eingedrungenen, Commentators den meinigen verwandt seyen.

daß sie höhere Principien voraussetzen. So nennt Kant als die einzig möglichen Formen sinnlicher Anschauung Raum und Zeit, ohne sie nach irgend einem Princip (wie z. B. die Kategorien nach dem Princip der logischen Funktionen des Urtheilens) erschöpft zu haben. So sind zwar die Kategorien nach der Tafel der Funktionen des Urtheilens, diese selbst aber nach gar keinem Princip, angeordnet. Betrachtet man die Sache genauer, so findet sich, daß die im Urtheilen enthaltene Synthesis zugleich mit der durch die Kategorien ausgedrückten nur eine *abgeleitete* ist, und beide nur durch eine ihnen zu Grunde liegende ursprünglichere Synthesis (die Synthesis der Vielheit in der Einheit des Bewußtseyns überhaupt), und *diese* selbst wieder nur durch eine höhere absolute Einheit begriffen wird, daß also die Einheit des Bewußtseyns nicht durch die Formen der Urtheile, sondern umgekehrt diese zugleich mit den Kategorien nur durch das Princip jener Einheit bestimmbar seyen. Ebenso lassen sich die vielen scheinbaren Widersprüche der kantischen Schriften, die man den Gegnern der kritischen Philosophie schon lange (besonders insofern sie die Dinge an sich betreffen) hätte einräumen sollen, schlechterdings nur durch höhere Principien schlichten, die der Verfasser der Kritik der reinen Vernunft überall nur *voraussetzte*. Endlich gesetzt auch, daß die theoretische Philosophie Kants überall den bündigsten Zusammenhang behauptete, so ist doch seine theoretische und praktische Philosophie schlechterdings durch kein gemeinschaftliches Princip verbunden, die praktische scheint bei ihm nicht Ein und dasselbe Gebäude mit der theoretischen, sondern nur ein Nebengebäude der ganzen Philosophie zu bilden, das noch dazu beständigen Angriffen vom Hauptgebäude aus bloß gestellt ist, dagegen, woferne das erste Princip der Philosophie gerade wieder ihr letztes ist, wenn das, womit *alle*, auch theoretische, Philosophie anfängt, selbst wieder letztes Resultat der praktischen ist, in dem sich alles Wissen endet, die ganze Wissenschaft in ihrer höchsten Vollendung und Einheit möglich werden muß.

Man darf, denke ich, alles Bisherige nur nennen, um das Bedürfniß einer durch höhere Principien geleiteten Darstellung der kantischen Philosophie begreiflich zu machen; ja ich glaube, daß gerade bei einem solchen Schriftsteller der Fall eintritt, da man ihn einzig und allein den Principien gemäß, die er vorausgesetzt haben muß, erklären, und selbst gegen den ursprünglichen Sinn seiner Worte den noch ursprünglicheren der Gedanken behaupten muß. Der vorliegende Versuch nun soll diese Principien aufstellen. Ich wüßte mir für diesen Versuch kein größeres Glück zu versprechen, als Prüfung der in ihm aufgestellten Principien; selbst die strengste Prüfung, wenn sie nur diesen Namen verdient, würde ich mit einer Dankbarkeit aufnehmen, die gewiß mit der Wichtigkeit des Gegenstandes, den sie betreffen müßte, im Verhältniß stünde. Der achtungswerthe Recensent der Abhandlung über die Möglichkeit einer Form der Philosophie überhaupt in den hiesigen gel. Anz. (1795. 12tes Stück) hat über das dort aufgestellte Princip eine Bemerkung mitgetheilt, die gerade den eigentlichen Hauptpunkt der ganzen Untersuchung trifft. Ich glaube aber seinen Zweifeln in der folgenden Abhandlung Genüge gethan zu haben. Wäre freilich das aufgestellte Princip ein objektives Princip, so würde man unmöglich begreifen können, wie dieses Princip von keinem höhern abhängig seyn sollte; das Unterscheidende aber des neuen Princips liegt gerade darin, daß es gar kein objektives Princip seyn soll. Darüber bin ich mit dem Recensenten einverstanden, daß ein objektives Princip nicht das höchste seyn könne, weil ein solches nur wieder durch ein anderes Princip gefunden werden muß; die einzige zwischen ihm und mir streitige Frage ist also nur die: ob es kein Princip geben könne, das schlechterdings nicht objektiv sey, und doch die gesammte Philosophie begründe? Wenn wir freilich das, was das letzte in unserm Wissen ist, nur als ein stummes Gemälde außer uns (nach Spinozas Vergleichung) betrachten müßten, so würden wir niemals wissen, daß wir wissen; wenn dieses aber selbst Bedingung alles Wissens, ja Bedingung seiner eigenen Erkenntniß, also das einzige Unmittelbare in unserm Wissen ist, so wissen wir eben dadurch, daß wir wissen, wir haben das Princip gefunden, von dem Spinoza sagen konnte, es sey das Licht, das sich selbst und die Finsterniß erhelle [1].

[1] In der Originalauflage folgen hier einige Bemerkungen gegen eine in Jacob's philos. Annalen (Jan. 1794, 4. Stück) erschienene Recension der Schrift „Ueber die

Es steht der Philosophie überhaupt übel an, das Urtheil über die Principien durch vorangehende Aufzählung der Resultate zu bestechen, oder überhaupt sich gefallen zu lassen, daß man ihre Principien nur an dem materialen Interesse des gemeinen Lebens messe. Indeß, da ein wohlmeinender Mann denn doch in guter Absicht die Frage thun kann, wohin eigentlich solche Grundsätze, die man als ganz neue aufstellt, führen sollen, ob sie ein bloßes Eigenthum der Schule bleiben sollen, oder ins Leben selbst übergehen werden, so kann man ihm, wenn man nur nicht sein Urtheil über die Principien selbst zum voraus dadurch bestimmen will, immerhin auf die Frage antworten. Nur in dieser Hinsicht allein, und nur in Bezug auf gewisse Leser, sey es mir erlaubt, in Ansehung der Principien, die der folgenden Abhandlung zu Grunde liegen, zu bemerken, daß eine Philosophie, die auf das Wesen des Menschen selbst gegründet ist, nicht auf todte Formeln, als eben so viele Gefängnisse des menschlichen Geistes, oder nur auf ein philosophisches Kunststück gehen könne, das die vorhandenen Begriffe nur wieder auf höhere zurückführt und das lebendige Werk des menschlichen Geistes in todte Vermögen begräbt; daß sie vielmehr, wenn ich es mit einem Ausdruck Jacobis sagen soll, darauf geht, Daseyn zu enthüllen und zu offenbaren, daß also ihr Wesen, Geist, nicht Formel und Buchstabe, ihr höchster Gegenstand aber nicht das durch Begriffe Vermittelte, mühsam in Begriffe Zusammengefaßte, sondern das unmittelbare nur sich selbst Gegenwärtige im Menschen seyn müsse; daß ferner ihre Absicht nicht bloß auf eine Reform der Wissenschaft, sondern auf gänzliche Umkehrung der Principien, d. h. auf eine Revolution derselben, gehe, die man als die zweite mögliche im Gebiete der Philosophie betrachten kann. Die erste erfolgte, da man als Princip alles Wissens Erkenntniß der Objekte aufstellte; bis zu der zweiten Revolution war alle Veränderung nicht Veränderung der Principien selbst, sondern Fortgang von einem Objekt zum andern, und da es zwar nicht für die Schule, aber doch

Möglichkeit &c.", sie enthalten einen Nachweis der Insinuationen und Verdrehungen die sich der Recensent erlaubt hatte, gegen die der Verfasser bereits eine vorläufige Erklärung ins Intelligenzbl. der A. Lit. Z. 1795, Nro. 31, hatte einrücken lassen. D. H.

für die Menschheit selbst gleichgültig ist, welchem Objekt sie diene, so konnte auch der Fortgang der Philosophie von einem Objekte zum andern nicht Fortgang des menschlichen Geistes selbst seyn. Darf man also noch von irgend einer Philosophie Einfluß auf das menschliche Leben selbst erwarten, so darf man dieß von der neuen nur durch gänzliche Umkehrung der Principien möglichen Philosophie.

Es ist ein kühnes Wagestück der Vernunft, die Menschheit freizulassen und den Schrecken der objektiven Welt zu entziehen; aber das Wagestück kann nicht fehlschlagen, weil der Mensch in dem Maße größer wird, als er sich selbst und seine Kraft kennen lernt. Gebt dem Menschen das Bewußtseyn dessen, was er *ist*, er wird bald auch lernen, zu seyn, was er *soll*: gebt ihm *theoretische* Achtung vor sich selbst, die *praktische* wird bald nachfolgen. Vergebens würde man vom guten Willen der Menschen große Fortschritte der Menschheit hoffen, denn um besser zu werden, müßten sie schon vorher gut seyn; eben deßwegen aber muß die Revolution im Menschen vom *Bewußtseyn* seines Wesens ausgehen, er muß theoretisch gut seyn, um es praktisch zu werden, und die sicherste Vorübung auf eine mit sich selbst übereinstimmende Handlungsweise ist die Erkenntniß, daß das *Wesen* des Menschen selbst nur in der Einheit und durch Einheit bestehe; denn der Mensch, der einmal zu dieser Ueberzeugung gekommen ist, wird auch einsehen, daß Einheit des Wollens und des Handelns ihm ebenso natürlich und nothwendig seyn müsse, als Erhaltung seines Daseyns: und — *dahin* soll ja der Mensch kommen, daß Einheit des Wollens und des Handelns ihm so natürlich wird, als der Mechanismus seines Körpers und die Einheit seines Bewußtseyns.

Einer Philosophie nun, die als ihr erstes Princip die Behauptung aufstellt, daß das Wesen des Menschen nur in absoluter Freiheit bestehe, daß der Mensch kein Ding, keine Sache, und seinem eigentlichen Seyn nach überhaupt kein Objekt sey, sollte man freilich in einem erschlafften Zeitalter wenig Fortgang versprechen, das vor jeder aufgeregten, dem Menschen eigenthümlichen Kraft zurückbebt, und bereits das erste große Produkt jener Philosophie, das den Geist des Zeitalters für jetzt noch *schonen* zu wollen schien, zur hergebrachten Unterwürfigkeit unter die Herrschaft objektiver Wahrheit, oder wenigstens zu dem demüthigen Bekenntniß, daß die Grenzen derselben nicht Wirkung absoluter Freiheit, sondern bloße Folgen der anerkannten Schwäche des menschlichen Geistes und der Eingeschränktheit seines Erkenntnißvermögens seyen, herabzustimmen versucht hat. Aber es wäre eine der Philosophie unwürdige Verzagtheit, wenn sie nicht selbst hoffte, mit dem neuen großen Gang, den sie zu nehmen beginnt, auch dem menschlichen Geist eine neue Bahn vorzuzeichnen, den Erschlafften Stärke, den zerknirschten und zerschlagenen Geistern Muth und Selbstkraft zu geben, den Sklaven objektiver Wahrheit durch Ahnung der Freiheit zu erschüttern, und den Menschen, der in nichts als in seiner Inconsequenz consequent ist, zu lehren, daß er sich nur durch Einheit seiner Handlungsweise und durch strenge Verfolgung seiner Principien retten könne.

Es ist schwer, der Begeisterung zu widerstehen, wenn man den großen Gedanken denkt, daß, so wie alle Wissenschaften, selbst die empirischen nicht ausgenommen, immermehr dem Punkt vollendeter Einheit entgegeneilen, auch die Menschheit selbst, das Princip der Einheit, das der Geschichte derselben von Anfang an als Regulativ zu Grunde liegt, am Ende als constitutives Gesetz realisiren werde; daß, so wie alle Strahlen des menschlichen Wissens und die Erfahrungen vieler Jahrhunderte sich endlich in Einem Brennpunkte der Wahrheit sammeln und die Idee zur Wirklichkeit bringen werden, die schon mehreren großen Geistern vorgeschwebt hat, daß nämlich aus allen verschiedenen Wissenschaften am Ende nur Eine werden müsse — ebenso auch die verschiedenen Wege und Abwege, die das Menschengeschlecht bis jetzt durchlaufen hat, endlich in Einem Punkte zusammenlaufen werden, an dem sich die Menschheit wieder sammeln und als Eine vollendete Person demselben Gesetze der Freiheit gehorchen werde. Mag dieser Zeitpunkt noch so entfernt, mag es auch noch so lange möglich seyn über die kühnen Hoffnungen vom Fortgang der Menschheit ein vornehmes Gelächter aufzuschlagen, so ist doch für diejenigen, denen diese Hoffnungen keine Thorheit sind, das große Werk aufbehalten, durch gemeinschaftliches Arbeiten an der Vollendung der Wissenschaften jene große Periode der Menschheit wenigstens vorzubereiten. Denn alle Ideen müssen sich zuvor im Gebiete des Wissens realisirt haben, ehe sie sich in der Geschichte realisiren; und die Menschheit wird nie eines werden, ehe ihr Wissen zur Einheit gediehen ist.

Die Natur hat für menschliche Augen weislich durch die Einrichtung gesorgt, daß sie nur durch Dämmerung zum vollen Tag übergehen. Was Wunder auch, daß noch in den untern Regionen kleine Nebel zurückbleiben, während die Berge schon im Sonnenglanze dastehen. Wenn aber die Morgenröthe einmal da ist, kann die Sonne nicht ausbleiben. Diesen schöneren Tag der Wissenschaft wirklich heraufzuführen, ist nur wenigen — vielleicht nur Einem — vorbehalten, aber immerhin mög' es dem Einzelnen, der den kommenden Tag ahnet, vergönnt seyn, sich zum voraus desselben zu freuen.

Was ich in dem folgenden Versuche und auch in der Vorrede gesagt habe, ist, wie ich wohl weiß, für Viele zu *viel*, für mich selbst zu *wenig*; desto größer aber ist der Gegenstand, den beide betreffen. Ob es zu große Kühnheit war, über einen solchen Gegenstand mitzusprechen, darüber kann nur der Versuch selbst Rechenschaft geben — sie mag nun ausfallen, wie sie will, so wäre jede vorher gegebene Antwort verlorne Mühe gewesen. Daß ein Leser, der auf Verdrehungen und Mißverständnisse ausgeht, Mängel genug *finden* kann, ist natürlich; daß ich aber nicht zum voraus jeden Tadel als ungerecht, jede Belehrung als zwecklos ansehe, glaube ich durch bescheidene Bitte um strenge Prüfung deutlich genug zu erklären. Daß ich Wahrheit *gewollt* habe, weiß ich ebenso gut, als ich mir bewußt bin, in einer Lage, die fragmentarisches Arbeiten in diesem Felde nicht nothwendig macht, mehr thun zu können; und hoffen darf ich es, daß mir noch irgend eine glückliche Zeit vorbehalten ist, in der es mir möglich wird, der Idee, ein Gegenstück zu Spinozas Ethik aufzustellen, Realität zu geben[1].

Tübingen, den 29. März 1795.

[1] Die Vorrede zum ersten Band der philosophischen Schriften charakterisirt diese Schrift vom Ich mit den Worten: „Sie zeigt den Idealismus in seiner frischesten Erscheinung, und vielleicht in einem Sinn, den er späterhin verlor. Wenigstens ist das Ich noch überall als absolutes, oder als Identität des Subjektiven und Objektiven schlechthin, nicht als subjektives genommen."

Uebersicht.

α. gegen Causalität des moralischen und

β. des vernünftig-sinnlichen Wesens, insofern es nach Glückseligkeit strebt. Deduktion der Begriffe von Moralität und Glückseligkeit, §. 14.

d. Der Modalität nach — reines absolutes Seyn im Gegensatz gegen empirisches Seyn überhaupt und zwar:

aa. gegen empirische Ewigkeit,

bb. gegen bloß logische

cc. oder dialektische Wirklichkeit,

dd. gegen alle empirische Bestimmung des Seyns, Möglichkeit, Wirklichkeit, Nothwendigkeit (Daseyn überhaupt),

ee. gegen das behauptete absolute Seyn der Dinge an sich — (im Vorbeigehen Bestimmung der Begriffe von Idealism und Realism),

ff. gegen das Daseyn der empirischen Welt überhaupt, §. 15.

7. Deduktion der durchs Ich begründeten Formen aller Setzbarkeit.

a. Form der thetischen Sätze überhaupt.

b. Bestimmung derselben durch die untergeordneten Formen.

aa. Der Quantität nach — Einheit.

bb. Der Qualität nach — Bejahung.

cc. Der Modalität nach — reines Seyn (wobei insbesondere die Urbegriffe des Seyns, des Nicht-Seyns und des Daseyns von den abgeleiteten der Möglichkeit, Wirklichkeit und Nothwendigkeit getrennt, diese aber überhaupt in Bezug auf das endliche Ich betrachtet, und zwar:

α. auf das moralische angewandt, und

αα. der Begriff von praktischer Möglichkeit, Wirklichkeit und Nothwendigkeit,

ββ. aus diesen Begriffen der Begriff von transscendentaler Freiheit deducirt, und die Probleme, denen er zu Grunde liegt, erörtert werden.

β. auf das theoretische Subjekt — in Bezug auf Zweckverknüpfung in der Welt.

§. 1.

Wer etwas wissen will, will zugleich, daß sein Wissen Realität habe. Ein Wissen ohne Realität ist kein Wissen. Was folgt daraus?

Entweder muß unser Wissen schlechthin ohne Realität — ein ewiger Kreislauf, ein beständiges wechselseitiges Verfließen aller einzelnen Sätze in einander, ein Chaos seyn, in dem kein Element sich scheidet, oder —

Es muß einen letzten Punkt der Realität geben, an dem alles hängt, von dem aller Bestand und alle Form unsers Wissens ausgeht, der die Elemente scheidet und jedem den Kreis seiner fortgehenden Wirkung im Universum des Wissens beschreibt.

Es muß etwas geben, in dem und durch welches alles, was da ist, zum Daseyn, alles, was gedacht wird, zur Realität, und das Denken selbst zur Form der Einheit und Unwandelbarkeit gelangt. Dieses Etwas (wie wir es für jetzt problematisch bezeichnen können) müßte das Vollendende im ganzen System des menschlichen Wissens seyn, es müßte überall, wo unser letztes Denken und Erkennen noch hinreicht — im ganzen *κόσμος* unseres Wissens — zugleich als Urgrund aller Realität herrschen.

Gibt es überhaupt ein Wissen, so muß es ein Wissen geben, zu dem ich nicht wieder durch ein anderes Wissen gelange, und durch welches allein alles andere Wissen Wissen ist. Wir brauchen nicht eine besondere Art von Wissen vorauszusetzen, um zu diesem Satze zu gelangen. Wenn wir nur überhaupt etwas wissen, so müssen wir auch Eines wenigstens wissen, zu dem wir nicht wieder durch ein anderes

Wissen gelangen, und das selbst den Realgrund alles unseres Wissens enthält.

Dieses Letzte im menschlichen Wissen kann also seinen Realgrund nicht wieder in etwas anderem suchen müssen, es ist nicht nur selbst unabhängig von irgend etwas Höherem, sondern, da unser Wissen nur von der Folge zum Grund aufsteigt und umgekehrt vom Grund zur Folge fortschreitet, muß auch das, was das Höchste und für uns Princip alles Erkennens ist, nicht wieder durch ein anderes Princip erkennbar seyn, d. h. das Princip seines Seyns und das Princip seines Erkennens[1] muß zusammenfallen, muß Eines seyn, denn nur, weil es selbst, nicht weil irgend etwas anderes ist, kann es gedacht werden. Es muß also gedacht werden, nur weil es ist, und es muß seyn, nicht weil irgend etwas anderes, sondern weil es selbst gedacht wird: sein Bejahen muß in seinem Denken enthalten seyn, es muß sich durch sein Denken selbst hervorbringen. Müßte man, um zu seinem Denken zu gelangen, ein anderes denken, so wäre dieses höher als das Höchste, was sich widerspricht: um zum Höchsten zu gelangen, brauche ich nichts, als dieses Höchste selbst — das Absolute kann nur durchs Absolute gegeben werden.

Unsere Untersuchung wird also nun schon bestimmter. Wir setzten ursprünglich nichts, als einen letzten Grund der Realität alles Wissens: nun haben wir durch das Merkmal, daß er letzter, absoluter Grund seyn müsse, schon zugleich sein Seyn bestimmt. Der letzte Grund aller Realität nämlich ist ein Etwas, das nur durch sich selbst, d. h. durch sein Seyn denkbar ist, das nur insofern gedacht wird, als es ist, kurz, bei dem das Princip des Seyns und des Denkens zusammenfällt. Unsere Frage läßt sich nun schon ganz bestimmt ausdrücken, und die Untersuchung hat einen Leitfaden, der sie niemals verlassen kann.

§. 2.

Ein Wissen, zu dem ich nur durch ein anderes Wissen gelangen kann, heiße ich ein bedingtes Wissen. Die Kette unseres Wissens

[1] Man verstatte diesen hier in der allgemeinsten Bedeutung gebrauchten Ausdruck, so lange das Etwas, das wir suchen, nur noch problematisch bestimmt ist. (Anmerkung der ersten Auflage.)

geht von einem Bedingten zum andern; entweder muß nun das Ganze keine Haltung haben, oder man muß glauben können, daß es so ins Unendliche fortgehe, oder es muß irgend einen letzten Punkt geben, an dem das Ganze hängt, der aber eben deßwegen allem, was noch in die Sphäre des Bedingten fällt, in Rücksicht auf das Princip seines Seyns geradezu entgegengesetzt, d. h. nicht nur unbedingt, sondern schlechthin unbedingbar seyn muß.

Alle möglichen Theorien des Unbedingten müssen sich, wenn die einzig-richtige einmal gefunden ist, a priori bestimmen lassen; solange diese selbst noch nicht aufgestellt ist, muß man dem empirischen Fortgang der Philosophie folgen; ob in diesem alle möglichen Theorien liegen, muß sich am Ende erst ergeben.

Sobald die Philosophie Wissenschaft zu werden anfängt, muß sie auch einen obersten Grundsatz und mit ihm irgend etwas Unbedingtes wenigstens voraussetzen.

Das Unbedingte im Objekt, im Ding suchen, kann nicht heißen es im Gattungsbegriff von Ding suchen. Denn daß ein Gattungsbegriff nichts unbedingtes seyn könne, springt in die Augen. Mithin muß es so viel heißen, als das Unbedingte in einem absoluten Objekt suchen, das weder Gattung, noch Art, noch Individuum ist — (Princip des vollendeten Dogmatismus).

Allein, was Ding ist, ist zugleich selbst Objekt des Erkennens, ist also selbst ein Glied in der Kette unsers Wissens, fällt selbst in die Sphäre der Erkennbarkeit, und kann also nicht den Realgrund alles Wissens und Erkennens enthalten. Um zu einem Objekt, als solchem, zu gelangen muß ich schon ein anderes Objekt haben, dem es entgegengesetzt werden kann, und wenn das Princip alles Wissens im Objekt liegt, so muß ich selbst wieder ein neues Princip haben, um dieses Princip zu finden.

Ferner das Unbedingte soll (§. 1) sich selbst realisiren, sich selbst durch sein Denken hervorbringen; das Princip seines Seyns und seines Denkens soll zusammenfallen. Allein ein Objekt realisirt sich niemals selbst; um zur Existenz eines Objekts zu gelangen, muß ich über den

Begriff des Objekts hinausgehen: seine Existenz ist kein Theil seiner Realität: ich kann seine Realität denken, ohne es zugleich als existirend zu setzen. Man nehme z. B. an, daß Gott, insofern er als Objekt bestimmt ist, Realgrund unsers Wissens sey, so fällt er ja, insofern er Objekt ist, selbst in die Sphäre unsers Wissens, kann also für uns nicht der letzte Punkt seyn, an dem diese ganze Sphäre hängt. Wir wollen auch nicht wissen, was Gott für sich selbst ist, sondern was er für uns in Bezug auf unser Wissen ist; Gott kann also immerhin für sich selbst Realgrund seines Wissens seyn, aber für uns ist er es nicht, weil er für uns selbst Objekt ist, also in der Kette unsers Wissens selbst irgend einen Grund voraussetzt, der ihm seine Nothwendigkeit für dasselbe bestimmt.

Objekt überhaupt bestimmt sich als solches, eben deßwegen, weil, und insofern, als es Objekt ist, seine Realität niemals selbst; denn es ist nur insofern Objekt, als ihm seine Realität durch etwas anderes bestimmt ist: ja insofern es Objekt ist, setzt es nothwendig etwas voraus, in Bezug auf welches es Objekt ist, d. h. ein Subjekt.

Subjekt nenne ich vorjetzt das, was nur im Gegensatz, aber doch in Bezug auf ein schon gesetztes Objekt, bestimmbar ist. Objekt das, was nur im Gegensatz, aber doch in Bezug auf ein Subjekt, bestimmbar ist. Wenn also das Objekt überhaupt nicht das Unbedingte seyn kann, weil es nothwendig ein Subjekt voraussetzt, das ihm durch das Herausgehen aus der Sphäre seines bloßen Gedachtwerdens sein Daseyn bestimmt, so ist der nächste Gedanke, das Unbedingte in dem durchs Subjekt bestimmten, nur in Bezug auf dieses denkbaren Objekt, oder, da Objekt nothwendig Subjekt, Subjekt nothwendig Objekt voraussetzt, in dem durchs Objekt bestimmten, nur in Bezug auf dieses denkbaren Subjekt zu suchen. Allein dieser Versuch, das Unbedingte zu realisiren, schließt einen Widerspruch in sich, der auf den ersten Blick einleuchtet. Eben deßwegen, weil das Subjekt nur in Bezug auf ein Objekt, das Objekt nur in Bezug auf ein Subjekt denkbar ist, kann keines von beiden das Unbedingte enthalten; denn beide sind wechselseitig durcheinander bedingt, beide einander gleich gesetzt.

Auch muß, um das *Verhältniß* beider zu bestimmen, nothwendig wieder ein höherer Bestimmungsgrund vorausgesetzt werden, durch den sie beide bedingt sind. Denn man kann nicht sagen, daß das Subjekt das Objekt allein bedinge; denn Subjekt ist ebenso gut nur in Bezug auf ein Objekt, als Objekt nur in Bezug auf ein Subjekt denkbar, und es wäre gleichviel, ob ich das durch ein Objekt bedingte Subjekt, oder das durch ein Subjekt bedingte Objekt zum Unbedingten machen wollte, ja das Subjekt ist selbst zugleich als Objekt bestimmbar, und insofern fiele auch dieser Versuch, das Subjekt zum Unbedingten zu machen, ebenso unglücklich aus, als der andere mit dem absoluten Objekt angestellte.

Unsere Frage: wo das Unbedingte zu suchen sey, klärt sich nun allmählich und von selbst auf. Anfänglich fragten wir nur: in welchem bestimmten Objekt in der Sphäre der Objekte das Unbedingte zu suchen sey; nun zeigt es sich, daß es *überall* nicht in der Sphäre der Objekte, und selbst nicht im Subjekt, das gleichfalls als Objekt bestimmbar ist, zu suchen sey.

§. 3.

Die philosophische Bildung der Sprachen, die vorzüglich noch an den ursprünglichen sichtbar wird, ist ein wahrhaftes durch den Mechanismus des menschlichen Geistes gewirktes Wunder. So ist unser bisher unabsichtlich gebrauchtes deutsches Wort *Bedingen* nebst den abgeleiteten in der That ein vortreffliches Wort, von dem man sagen kann, daß es beinahe den ganzen Schatz philosophischer Wahrheit enthalte. *Bedingen* heißt die Handlung, wodurch etwas zum *Ding* wird, *bedingt*, das was zum Ding *gemacht* ist, woraus zugleich erhellt, daß nichts *durch sich selbst als Ding* gesetzt seyn kann, d. h. daß ein unbedingtes Ding ein Widerspruch ist. *Unbedingt* nämlich ist das, was gar nicht zum Ding gemacht ist, gar nicht zum Ding werden kann.

Das Problem also, das wir zur Lösung aufstellten, verwandelt sich nun in das bestimmtere; *etwas zu finden, das schlechterdings nicht als Ding gedacht werden kann.*

Das Unbedingte kann also weder im Ding überhaupt, noch auch in dem was zum Ding werden kann, im Subjekt, also nur in dem was *gar* kein Ding werden kann, d. h. wenn es ein absolutes ICH gibt, nur im *absoluten* Ich liegen. Das *absolute* Ich wäre also vorerst als dasjenige bestimmt, *was schlechterdings niemals Objekt werden kann.* Weiter soll es vorjetzt noch nicht bestimmt werden.

Daß es ein absolutes Ich gebe, das läßt sich schlechterdings nicht *objektiv,* d. h. vom Ich als Objekt, beweisen, denn eben das soll ja bewiesen werden, daß es gar nie Objekt werden könne. Das Ich, wenn es unbedingt seyn soll, muß außer aller Sphäre objektiver Beweisbarkeit liegen. Objektiv *beweisen,* daß das Ich unbedingt sey, hieße beweisen, daß es bedingt sey. Beim Unbedingten muß das Princip seines Seyns und das Princip seines Denkens zusammenfallen. Es ist, bloß *weil* es ist, es wird gedacht, bloß *weil* es gedacht wird. Das Absolute kann nur durch das Absolute gegeben seyn, ja, wenn es absolut seyn soll, muß es selbst allem Denken und Vorstellen vorhergehen, also nicht erst durch objektive Beweise, d. h. dadurch, daß man über seinen Begriff hinausgeht, sondern nur *durch sich selbst* realisirt werden (§. 1). Sollte das Ich nicht *durch sich selbst* realisirt seyn, so müßte der Satz, welcher sein Seyn ausdrückte, dieser seyn: *wenn* Ich bin, *so* bin Ich. Allein die Bedingung dieses Satzes schließt selbst schon das Bedingte in sich: die Bedingung ist selbst nicht ohne das Bedingte *denkbar,* ich kann nicht mich unter der *Bedingung* meines Seyns denken, ohne mich als schon seyend zu denken. In jenem Satz also bedingt nicht die Bedingung das Bedingte, sondern umgekehrt das Bedingte die Bedingung, d. h. er hebt sich selbst als bedingter Satz auf, und wird zum unbedingten: Ich *bin, weil* Ich *bin.*[1]

Ich *bin!* Mein Ich enthält ein Seyn, das allem Denken und Vorstellen vorhergeht. Es ist, indem es gedacht wird, und es wird gedacht, weil es ist; deßwegen, weil es nur insofern ist und nur insofern gedacht wird, als es *sich selbst* denkt. Es ist also, weil es nur *selbst* sich denkt, und es denkt sich nur selbst, weil es ist. Es bringt sich durch sein Denken selbst — aus absoluter Causalität — hervor.

[1] Ich *bin!* ist das Einige, wodurch es sich in unbedingter Selbstmacht ankündigt. (Zus. der ersten Aufl.)

Ich bin, weil Ich bin! das ergreift jeden plötzlich. Sagt ihm: das Ich ist, weil es ist, er wird es nicht so schnell fassen; deßwegen, weil das Ich nur insofern durch sich selbst, nur insofern unbedingt ist, als es zugleich unbedingbar ist, d. h. niemals zum Ding, zum Objekt werden kann. Was Objekt ist, erwartet seine Existenz von etwas, das außer der Sphäre seines bloßen Gedachtwerdens liegt; das Ich allein ist nichts, ist selbst nicht denkbar, ohne daß zugleich sein Seyn gesetzt werde, denn es ist gar nicht denkbar, als insofern es sich selbst denkt, d. h. insofern es ist. Wir können also auch nicht sagen: Alles was denkt ist, denn dadurch würde das Denkende als Objekt bestimmt, sondern nur: Ich denke, Ich bin. (Eben hieraus erhellt aber, daß, sobald wir das, was niemals Objekt werden kann, zum logischen Objekt machen, und Untersuchungen darüber anstellen wollen, diese Untersuchungen eine ganz eigene Unfaßlichkeit haben müssen. Denn es ist als Objekt schlechterdings nicht zu fesseln, und käme uns nicht eine Anschauung zu Hülfe, die uns, insofern wir mit unserm Erkennen an Objekte gebunden sind, ebenso fremd ist, als das Ich, das niemals zum Objekt werden kann, so würden wir gar nicht darüber sprechen, einander gar nicht verständlich werden können).

Das Ich ist also nur durch sich selbst als unbedingt gegeben [1].

[1] Vielleicht kann ich die Sache noch deutlicher machen, wenn ich das oben gebrauchte Beispiel wieder aufnehme. — Gott kann für mich schlechterdings nicht Realgrund meines Wissens seyn, insofern er als Objekt bestimmt ist, weil er dadurch selbst in die Sphäre des bedingten Wissens fällt. Würde ich hingegen Gott gar nicht als Objekt, sondern als = Ich bestimmen, so wäre er allerdings Realgrund meines Wissens. Aber eine solche Bestimmung Gottes ist in der theoretischen Philosophie unmöglich. Ist aber selbst in der theoretischen Philosophie, die Gott als Objekt bestimmt, doch zugleich eine Bestimmung seines Wesens = Ich nothwendig, so muß ich allerdings annehmen, daß Gott für sich absoluter Realgrund seines Wissens sey, aber nicht für mich, denn für mich ist er in der theoretischen Philosophie nicht bloß als Ich, sondern auch als Objekt bestimmt, da er hingegen, wenn er = Ich ist, für sich selbst gar kein Objekt, sondern nur Ich ist. Beiläufig zu sagen, sieht man hieraus, daß man den ontologischen Beweis fürs Daseyn Gottes sehr fälschlich als bloß künstliche Täuschung darstellt: vielmehr ist die Täuschung ganz natürlich. Denn was zu sich selbst: Ich! sagen kann, sagt auch: Ich bin! Nur Schade, daß Gott in der theoretischen Philosophie

Jedoch, wenn es zugleich als dasjenige bestimmt ist, was durch das gesammte System meines Wissens hindurch herrscht, so muß auch ein *Regressus* möglich seyn, d. h. ich muß, selbst vom untersten bedingten Satz, zum Unbedingten *aufsteigen* können, wie ich umgekehrt vom unbedingten Satz zum untersten in der Reihe der bedingten *herabsteigen kann*.

Man mag also in der Reihe der bedingten Sätze heraus nehmen, welchen man will, so muß er im Regressus auf das absolute Ich führen. So muß, um zu einem der vorigen Beispiele zurückzukehren, der Begriff von Subjekt auf das absolute Ich leiten. Gäbe es nämlich kein *absolutes* Ich, so wäre der Begriff von *Subjekt*, d. h. der Begriff des durch ein *Objekt* bedingten Ichs, der höchste. Allein, da der Begriff von Objekt eine Antithesis enthält, so muß er ursprünglich selbst nur im Gegensatz gegen ein anderes, das seinen Begriff schlechthin *ausschließt*, bestimmt seyn, kann also nicht bloß im Gegensatz gegen das Subjekt bestimmbar seyn, das nur *in Bezug* auf ein *Objekt*, also nicht mit *Ausschließung* desselben, denkbar ist; mithin muß der Begriff von Objekt selbst, und der nur in Bezug auf diesen Begriff denkbare Begriff von Subjekt auf ein Absolutes leiten, das schlechthin allem Objekt entgegengesetzt ist, alles Objekt ausschließt. Denn, setzet, es sey ein Objekt ursprünglich gesetzt, ohne daß vor allem andern Setzen ein absolutes Ich schlechthin gesetzt sey, so kann jenes ursprünglich gesetzte Objekt nicht *als* Objekt, d. h. als dem Ich entgegengesetzt, bestimmt werden, weil dem, das nicht gesetzt ist, nichts entgegengesetzt werden kann. Mithin wäre ein vor allem Ich gesetztes Objekt *kein* Objekt, d. h. jene Annahme hebt sich von selbst auf. Oder setzet, es sey zwar ein Ich, aber als schon aufgehoben durch das Objekt, also ein *Subjekt* ursprünglich gesetzt, so zerstört sich diese Annahme abermals selbst; denn, wo kein absolutes Ich gesetzt ist, da kann es nicht aufgehoben werden, und gäbe es kein Ich *vor* allem Objekt, so gäbe es auch kein

nicht als identisch mit *meinem* Ich, sondern in Bezug auf dieses als *Objekt* bestimmt, und ein ontologischer Beweis vom Daseyn eines *Objekts* ein widersprechender Begriff ist.

Objekt, wodurch das Ich als schon aufgehoben gesetzt werden könnte. (Wir stellen uns eine Kette des Wissens vor, die durchaus bedingt ist, und nur in einem obersten unbedingten Punkte Haltung bekömmt. Nun kann das Bedingte in der Kette überhaupt nur durch Voraussetzung der absoluten Bedingung, d. i. des Unbedingten, gedacht werden. Mithin kann das Bedingte nicht vor dem Unbedingten (Unbedingbaren), sondern nur durch dieses, in der Entgegensetzung gegen dasselbe, als bedingt gesetzt werden, ist also, da es nur als bedingt gesetzt ist, nur durch das, was gar kein Ding, d. h. unbedingt ist, denkbar). — Das Objekt selbst ist also ursprünglich nur im Gegensatz gegen das absolute Ich, d. h. bloß als das dem Ich Entgegengesetzte, als Nicht-Ich, bestimmbar: und die Begriffe von Subjekt und Objekt sind selbst Bürgen das absoluten, unbedingbaren Ichs.

§. 4.

Wenn einmal das Ich als das Unbedingte im menschlichen Wissen bestimmt ist, so muß sich der ganze Inhalt alles Wissens durch das Ich selbst, und durch Entgegensetzung gegen das Ich bestimmen lassen: und so muß man auch alle möglichen Theorien des Unbedingten a priori entwerfen können.

Wenn nämlich das Ich das absolute ist, so kann das, was nicht Ich ist, nur im Gegensatz gegen das Ich, also nur unter Voraussetzung des Ichs, bestimmt werden, und ein schlechthin gesetztes, nicht entgegengesetztes Nicht-Ich ist ein Widerspruch. Wird hingegen das Ich nicht als das absolute vorausgesetzt, so kann das Nicht-Ich entweder vor allem Ich, oder dem Ich gleich gesetzt werden. Ein Drittes ist nicht möglich.

Die beiden Extreme sind Dogmatismus und Kriticismus. Princip des Dogmatismus ist ein vor allem Ich gesetztes Nicht-Ich, Princip des Kriticismus ein vor allem Nicht-Ich, und mit Ausschließung alles Nicht-Ichs gesetztes Ich. Mitten inne zwischen beiden liegt das Princip des durch ein Nicht-Ich bedingten Ichs, oder, was dasselbe ist, des durch ein Ich bedingten Nicht-Ichs.

1) Das Princip des Dogmatismus widerspricht sich selbst (§. 2),

denn es setzt ein unbedingtes Ding, d. h. ein Ding, das kein Ding ist, voraus. Man gewinnt also beim Dogmatismus durch Consequenz (das erste Erforderniß einer wahren Philosophie) nichts, als daß das, was nicht Ich ist, Ich, das, was Ich ist, Nicht-Ich werde, wie dieß auch bei Spinoza der Fall ist. Aber noch hat kein Dogmatist bewiesen, daß ein Nicht-Ich sich selbst Realität geben, und außer der bloßen Entgegensetzung gegen ein absolutes Ich noch irgend etwas bedeuten könne. Auch Spinoza hat nirgends bewiesen, daß das Unbedingte im Nicht-Ich liegen könne und liegen müsse; vielmehr setzt er, nur durch seinen Begriff des Absoluten geleitet, dieses geradezu in ein absolutes Objekt, gleichsam als ob er voraussetzte, daß jeder, der ihm nur einmal den Begriff des Unbedingten eingeräumt hätte, ihm darin von selbst folgen würde, daß es nothwendig in ein Nicht-Ich gesetzt werden müsse. Dabei aber erfüllte er, nachdem er einmal diesen Satz, nicht bewiesen, sondern vorausgesetzt hatte, die Pflicht der Consequenz so strenge, als sie vielleicht kein einziger seiner Gegner erfüllt hat. Denn es offenbart sich plötzlich, daß er — gleichsam wider seinen Willen, durch die bloße Macht seiner vor keiner Folge aus angenommenen Grundsätzen zurückbebenden Consequenz, das Nicht-Ich selbst zum Ich erhob, das Ich zum Nicht-Ich herabsetzte. Die Welt ist bei ihm nicht mehr Welt, das absolute Objekt nimmer Objekt; keine sinnliche Anschauung, kein Begriff erreicht seine Einige Substanz, nur der intellektuellen Anschauung ist sie in ihrer Unendlichkeit gegenwärtig. Sein System kann daher überall und bei unsrer ganzen Untersuchung an die Stelle des vollendeten Dogmatismus überhaupt substituirt werden. Kein Philosoph war so würdig, wie Er, den großen Mißverstand einzusehen: ihn einsehen und am Ziele seyn, wäre — für Ihn Eins gewesen. Kein Vorwurf ist unerträglicher, als der, den man ihm so oft gemacht hat, daß er die Idee von absoluter Substanz willkürlich, und wohl gar nur durch willkürliche Worterklärung voraussetze. Aber freilich ist es leichter, ein ganzes System durch eine kleine grammatikalische Bemerkung umzuwerfen, als auf sein letztes Fundament, das, selbst wenn es noch so irrig ist, doch irgendwo im menschlichen Geiste entdeckbar seyn muß, anzudringen. — Der Erste, der es einsah, daß Spinozas Irrthum nicht in jener Idee, sondern darin liege, daß er sie außerhalb alles Ichs setzte, hatte ihn verstanden und den Weg zur Wissenschaft gefunden.

§. 5.

2) Das System, das vom Subjekt, d. h. von dem nur in Bezug auf ein Objekt denkbaren Ich, ausgeht, das also weder Dogmatismus noch Kriticismus seyn soll, widerspricht sich in seinem Princip, insofern es höchstes Princip ist, so gut als der Dogmatismus. Es ist aber wohl der Mühe werth, dem Ursprung dieses Princips weiter nachzugehen.

Man setzte — freilich etwas schnell — voraus, das oberste Princip aller Philosophie müsse eine Thatsache ausdrücken. Verstand man, allem Sprachgebrauch zufolge, unter Thatsache etwas, das außer dem reinen, absoluten Ich (also in der Sphäre des Bedingten) liegt, so mußte nothwendig die Frage entstehen: was soll Princip dieser Thatsache seyn? — Eine Erscheinung oder ein Ding an sich? — war die nächste Frage, die man, da man einmal in der Welt der Objekte war, nun thun konnte. — Eine Erscheinung? — Was sollte Princip dieser Erscheinung seyn? — (z. B. wenn die Vorstellung, die doch selbst nur Erscheinung ist, als Princip aller Philosophie aufgestellt wurde). Wieder eine Erscheinung, und so ins Unendliche? — Oder wollte man, daß jene Erscheinung, die Princip der Thatsache seyn sollte, keine andere Erscheinung mehr voraussetze? — Oder ein Ding an sich? — Laßt uns die Sache genauer betrachten!

Das Ding an sich ist das vor allem Ich gesetzte Nicht-Ich. — (Die Spekulation verlangt das Unbedingte. Ist nun einmal die Frage, wo das Unbedingte liege, vom einen fürs Ich, vom andern fürs Nicht-Ich entschieden, so müssen die Systeme beider ganz gleich fortgehen: was der eine vom Ich behauptet, muß der andere vom Nicht-Ich behaupten und umgekehrt: kurz, man muß alle ihre Sätze durchaus verwechseln können, wenn man nur beim einen statt des Ichs Nicht-Ich, beim andern statt des Nicht-Ichs Ich setzt; wo man dieß nicht ohne Schaden des Systems thun könnte, müßte einer von beiden inconsequent gewesen seyn). — Erscheinung ist das durchs Ich bedingte Nicht-Ich.

Soll nun das Princip aller Philosophie eine Thatsache, und das Princip dieser ein *Ding an sich* seyn, so ist eben dadurch alles Ich aufgehoben, es gibt kein reines Ich mehr, keine Freiheit, keine Realität — nichts als Negation im Ich. Denn es ist ursprünglich *aufgehoben*, wenn ein Nicht-Ich absolut gesetzt ist, so wie umgekehrt, wenn das Ich absolut gesetzt ist, alles Nicht-Ich ursprünglich aufgehoben und als bloße Negation gesetzt wird. (Das System, das vom *Subjekt*, d. i. vom *bedingten* Ich, ausgeht, muß also nothwendig ein *Ding an sich* voraussetzen, das jedoch in der Vorstellung, d. h. als *Objekt*, nur in Bezug auf das Subjekt, d. h. als *Erscheinung*, vorkommen kann, kurz, es verfällt in einen Realismus, der der unbegreiflichste, inconsequenteste von allen ist).

Soll das letzte Princip jener Thatsache eine *Erscheinung* seyn, so hebt es sich selbst unmittelbar als höchstes Princip auf; denn eine unbedingte Erscheinung widerspricht sich, und alle Philosophen, die ein Nicht-Ich zum Princip ihrer Philosophie machten, erhoben dasselbe zugleich zu einem absoluten, unabhängig von allem Ich gesetzten Nicht-Ich, d. i. zu einem Ding an sich.

Befremdend würde es also allerdings seyn, aus dem Munde solcher Philosophen, die eine Freiheit des Ichs behaupten, zugleich die Behauptung, daß das Princip aller Philosophie eine Thatsache seyn müsse, zu hören, wenn man wirklich voraussetzen dürfte, daß sie als nächste Folge jener Behauptung auch *die* Behauptung gedacht hätten, daß das Princip aller Philosophie ein Nicht-Ich seyn müsse.

(Diese Folge ist nothwendig. Denn das Ich ist nur als Subjekt, d. h. bedingt, gesetzt, kann also nicht das Princip seyn. Also muß entweder zugleich mit diesem Princip, insofern es das *höchstmögliche* seyn soll, *alle* Philosophie als unbedingte Wissenschaft aufgehoben, oder das Objekt als ursprünglich und unabhängig von allem Ich vorausgesetzt, das Ich selbst also als nur im Gegensatz gegen ein absolutes Etwas setzbar, d. h. als absolutes Nichts, bestimmt werden).

Allein jene Philosophen wollten wirklich das Ich, und kein Nicht-Ich zum Princip der Philosophie, aber der Begriff von Thatsache sollte deßhalb nicht aufgegeben werden. Um sich aus dem Dilemma, das sie vor sich sahen, herauszuhelfen, mußten sie also zwar das Ich, aber nicht das absolute, sondern das empirisch-bedingte, als Princip aller Philosophie wählen. Was konnte auch näher liegen? Sie hatten nun doch ein Ich zum Princip der Philosophie — ihre Philosophie war kein Dogmatismus, zugleich aber hatten sie eine Thatsache, denn daß das empirische Ich Princip einer Thatsache sey, wer wollte das leugnen?

Allein freilich konnte man sich damit nur eine Zeit lang zufrieden stellen. Denn, die Sache näher betrachtet, war nun entweder gar nichts, oder nur das gewonnen, daß man wieder ein Nicht-Ich zum Princip der Philosophie hatte. Denn, daß es gleichviel ist, ob ich von dem durchs Nicht-Ich bedingten Ich, oder von dem durchs Ich bedingten Nicht-Ich ausgehe, leuchtet von selbst in die Augen. Auch ist gerade das durchs Nicht-Ich bestimmte Ich etwas, worauf der Dogmatismus auch, nur etwas später, kommen muß, ja, worauf alle Philosophie nothwendig hinführt. Auch müßten nothwendig alle Philosophen das durchs Nicht-Ich bedingte Ich auf dieselbe Weise erklären, wenn sie nicht vor dieser Thatsache (dem Bedingtseyn des Ichs) etwas Höheres, worüber sie versteckter Weise uneinig sind, als Bedingung (Erklärungsgrund) des bedingten Ichs und Nicht-Ichs aufstellten; was nun nichts anderes mehr seyn kann, als entweder ein nicht durchs Ich bedingtes absolutes Nicht-Ich, oder ein nicht durchs Nicht-Ich bedingtes (absolutes) Ich. Allein dieses war eben dadurch schon als aufgehoben gesetzt, daß das Subjekt als Princip der Philosophie aufgestellt war; mithin mußte, wenn man consequent seyn wollte, entweder alle weitere Bestimmung dieses Grundsatzes, d. h. alle Philosophie, aufgegeben, oder ein absolutes Nicht-Ich, d. h. das Princip des Dogmatismus, also wieder ein sich selbst widersprechendes Princip (§. 4), angenommen werden. Kurz, das Princip, wenn es das höchste seyn sollte, mußte, es mochte sich hinwenden, wo es wollte, auf Widersprüche stoßen, die auch nur durch Inconsequenz und prekäre Beweise einigermaßen versteckt werden konnten. Und so wäre denn freilich, wenn die Philosophen einmal über dieses Princip, als das höchste, einig gewesen wären, Friede in der philosophischen Welt entstanden; denn über die bloße Analyse desselben wäre man bald einig geworden, und sowie irgend einer über diese hinauszugehen, und die aus demselben analysirte Thatsache einer Bestimmung des Ichs durchs Nicht-Ich und des Nicht-Ichs durchs Ich (denn weiter wäre man durch bloße Analyse nicht gekommen) synthetisch zu erkären versucht hätte, hätte er den Vertrag gebrochen und ein höheres Princip vorausgesetzt.

Anmerkung. Diesen Versuch, das empirisch-bedingte (im Bewußtseyn vorkommende) Ich zum Princip der Philosophie zu erheben, hat bekanntermaßen Reinhold gemacht. Man würde sehr wenig Einsicht in den nothwendigen Gang aller Wissenschaften verrathen, wenn man dieses Versuchs, auch dann, wann die Philosophie weiter vorgerückt ist, nicht mit der größten Achtung erwähnen wollte. Er war nicht dazu bestimmt, das eigentliche Problem der Philosophie zu lösen, aber dazu, es auf die bestimmteste Art vorzustellen, und wer weiß nicht, welche große Wirkung eine solche bestimmte Vorstellung des eigentlichen Streitpunkts gerade in der Philosophie hervorbringen muß, wo diese Bestimmung gewöhnlich nur durch einen glücklichen Vorblick auf die zu entdeckende Wahrheit selbst möglich wird. Auch der Verfasser der Kritik der reinen Vernunft wußte bei seiner Absicht, endlich den Streit der Philosophen nicht nur, sondern sogar der Philosophie selbst zu schlichten, nichts eher zu thun, als den eigentlichen Streitpunkt, der ihm zu Grunde lag, in einer allesbefassenden Frage zu bestimmen, die er so ausdrückte: wie sind synthetische Urtheile a priori möglich? Es wird sich im Verlauf dieser Untersuchung zeigen, daß diese Frage, in ihrer höchsten Abstraktion vorgestellt, keine andere, als diese ist: wie kommt das absolute Ich dazu, aus sich selbst herauszugehen und sich ein Nicht-Ich schlechthin entgegenzusetzen? Es war ganz natürlich, daß die Frage, solange sie nicht in ihrer höchsten Abstraktion vorgestellt war, so wie die Antwort darauf, mißverstanden werden mußte. Das nächste Verdienst also, das ein denkender Kopf sich machen konnte, war offenbar dieses, die Frage selbst in einer höhern Abstraktion vorzustellen, und so die

Antwort darauf auf eine sichere Art vorzubereiten. Dieses Verdienst hat sich auch der Verfasser der Theorie des Vorstellungsvermögens durch Aufstellung des Grundsatzes des Bewußtseyns wirklich erworben; in ihm war die letzte Stufe der Abstraktion erstiegen, auf der man stehen mußte, ehe man zu dem kommen konnte, das höher ist denn alle Abstraktion.

§. 6.

Das vollendete System der Wissenschaft geht vom absoluten, alles Entgegengesetzte ausschließenden Ich aus. Dieses als das Eine Unbedingbare bedingt die ganze Kette des Wissens, beschreibt die Sphäre alles Denkbaren, und herrscht durch das ganze System unsers Wissens als die absolute alles begreifende Realität. Nur durch ein absolutes Ich, nur dadurch, daß dieses selbst schlechthin gesetzt ist, wird es möglich, daß ein Nicht-Ich ihm entgegengesetzt, ja daß Philosophie selbst möglich werde; denn das ganze Geschäft der theoretischen und praktischen Philosophie ist nichts als Lösung des Widerstreits zwischen dem reinen und empirisch-bedingten Ich [1]. Jene nämlich geht, um diesen Widerstreit zu lösen, von Synthesis zu Synthesis fort, bis zu der höchstmöglichen, in der Ich und Nicht-Ich gleich gesetzt wird (Gott), wo dann, da die theoretische Vernunft sich in lauter Widersprüchen endet, die praktische eintritt, um den Knoten zwar nicht zu lösen, aber durch absolute Forderungen zu zerhauen.

Sollte demnach das Princip aller Philosophie das empirisch-bedingte Ich seyn (worin im Grunde der Dogmatismus und der unvollendete Kriticismus übereinkommen), so wäre alle Spontaneität des Ichs, theoretische und praktische, ganz unerklärbar. Das theoretische Ich nämlich

[1] Das Wort empirisch wird gewöhnlich in einem gar zu eingeschränkten Sinne genommen. Empirisch ist alles, was dem reinen Ich entgegengesetzt ist, also überhaupt im Bezug auf ein Nicht-Ich steht, selbst das ursprüngliche, im Ich selbst begründete, Entgegensetzen eines Nicht-Ichs, durch welche Handlung dieses überall erst möglich wird. Rein ist, was ohne allen Bezug auf Objekte gilt. Erfahrungsmäßig, was nur durch Objekte möglich wird. — A priori, was nur in Bezug auf Objekte (nicht durch sie) möglich ist. — Empirisch das, wodurch Objekte möglich sind.

strebt, Ich und Nicht-Ich gleich zu setzen, also das Nicht-Ich selbst zur Form des Ichs zu erheben; das praktische strebt nach reiner Einheit, mit Ausschließung alles Nicht-Ichs — beide nur insofern, als das absolute Ich absolute Causalität und reine Identität hat. Das letzte Princip der Philosophie kann also schlechterdings nichts außer dem absoluten Ich liegendes, es kann weder Erscheinung noch Ding an sich seyn.

Das absolute Ich ist keine Erscheinung; denn dem widerspricht schon der Begriff des Absoluten; es ist aber weder Erscheinung noch Ding an sich, weil es überhaupt kein Ding, sondern schlechthin Ich, und bloßes Ich ist, das alles Nicht-Ich ausschließt.

Der letzte Punkt, an dem unser ganzes Wissen und die ganze Reihe des Bedingten hängt, muß schlechterdings durch nichts weiter bedingt seyn. Das Ganze unsers Wissens hat keine Haltung, wenn es nicht durch irgend etwas gehalten wird, das sich durch eigene Kraft trägt, und dieß ist nichts, als das durch Freiheit Wirkliche. Der Anfang und das Ende aller Philosophie ist — Freiheit!

§. 7.

Wir haben das Ich bis jetzt bloß als dasjenige bestimmt, was für sich selbst schlechterdings nicht Objekt, und für etwas außer ihm weder Objekt noch Nichtobjekt, d. h. gar nichts seyn kann, was also seine Realität nicht, wie die Objekte, durch etwas außer seiner Sphäre liegendes, sondern einzig und allein durch sich selbst erhält. Dieser Begriff des Ichs ist auch der einzige, wodurch es als das Absolute bezeichnet wird, und unsere ganze weitere Untersuchung ist nun nichts mehr als bloße Entwickelung desselben.

Ist das Ich nicht sich selbst gleich, ist seine Urform nicht die Form reiner Identität, so ist eben dadurch wieder alles aufgehoben, was wir bisher gewonnen zu haben schienen. Denn das Ich ist, nur weil es ist. Wäre es also nicht reine Identität, d. h. schlechthin nur das, was es ist, so könnte es auch nicht durch sich selbst gesetzt seyn, d. h. es könnte seyn, auch, weil es das ist, was es nicht ist. Das Ich aber ist entweder gar nicht, oder nur durch sich selbst. Also muß die Urform des Ichs reine Identität seyn.

Nur das, was durch sich selbst ist, gibt sich selbst die Form der Identität, denn nur das, was schlechthin ist, weil es ist, ist seinem Seyn selbst nach durch Identität, d. h. durch sich selbst, bedingt; da hingegen die Existenz jedes andern Existirenden nicht bloß durch seine Identität, sondern durch etwas außer derselben bestimmt ist. Gäbe es aber nicht etwas, das nur durch sich selbst ist, dessen Identität einzige Bedingung seines Seyns ist, so wäre auch überall nichts identisch mit sich selbst denn nur das, was durch seine Identität ist, kann allem andern, was ist, Identität verleihen; nur in einem Absoluten, durch sein Seyn selbst als identisch Gesetzten, kann alles, was ist, zur Einheit seines Wesens kommen. Wie sollte überhaupt etwas gesetzt werden, wenn alles Setzbare wandelbar wäre, und nichts Unbedingtes, Unwandelbares anerkannt würde, in welchem und durch welches alles Setzbare Bestand und Unwandelbarkeit erhielte; was sollte es heißen, etwas setzen, wenn alles Setzen, alles Daseyn, alle Wirklichkeit unaufhörlich fort sich ins Unendliche zerstreute, und nicht ein gemeinsamer Punkt der Einheit und der Beharrlichkeit wäre, der nicht wieder durch irgend etwas anderes, sondern nur durch sich selbst, durch sein bloßes Seyn absolute Identität erhalten hätte, um alle Strahlen des Daseyns im Centrum seiner Identität zu sammeln, und alles, was gesetzt ist, im Kreise seiner Macht zusammenzuhalten.

Nur das Ich also ist es, das allem, was ist, Einheit und Beharrlichkeit verleiht; alle Identität kommt nur dem im Ich Gesetzten, und diesem nur insofern zu, als es im Ich gesetzt ist.

Mithin wird selbst alle Form der Identität (A=A) erst durch das absolute Ich begründet. Ginge diese Form (A=A) dem Ich selbst voran, so könnte A nicht das im Ich, sondern nur das außer dem Ich Gesetzte ausdrücken; mithin würde jene Form zur Form der Objekte, als solcher, und selbst das Ich würde unter ihr, als ein durch sie bestimmtes Objekt, stehen. Das Ich wäre nicht das Absolute, sondern bedingt, und als einzelne Unterart dem Gattungsbegriff der Objekte (den Modifikationen des allein identisch absoluten Nicht-Ichs) untergeordnet.

Da das Ich seinem Wesen selbst nach, durch sein bloßes Seyn, als absolute Identität gesetzt ist, so ist es gleichviel, ob der oberste Grundsatz so ausgedrückt wird:

Ich bin ich, oder: Ich bin!

§. 8.

Das Ich läßt sich anders nicht, als bloß insofern es unbedingt ist, bestimmen, denn es ist bloß durch seine Unbedingtheit, bloß dadurch, daß es schlechterdings nicht zum Ding werden kann, Ich. Es ist also erschöpft, wenn seine Unbedingtheit erschöpft ist. Denn, da es bloß durch seine Unbedingtheit ist, so würde es eben dadurch aufgehoben, wenn irgend ein von ihm denkbares Prädikat anders als durch seine Unbedingtheit denkbar wäre, also dieser entweder widerspräche, oder noch irgend etwas Höheres, in dem sie beide, das Unbedingte und das vorausgesetzte Prädikat, vereinigt wären, voraussetzte.

Das Wesen des Ichs ist Freiheit, d. h. es ist nicht anders denkbar, denn nur insofern es aus absoluter Selbstmacht sich, nicht als irgend Etwas, sondern als bloßes Ich setzt. Diese Freiheit läßt sich positiv bestimmen, denn wir wollen keinem Ding an sich, sondern dem reinen, durch sich selbst gesetzten, sich allein gegenwärtigen, alles Nicht-Ich ausschließenden Ich Freiheit zuschreiben. Dem Ich kommt keine objektive Freiheit zu, weil es gar kein Objekt ist; sowie wir das Ich als Objekt bestimmen wollen, zieht es sich in die beschränkteste Sphäre und unter die Bedingungen der Wechselbestimmung zurück — seine Freiheit und Selbständigkeit verschwindet. Objekt ist nur durch Objekt, und nur insofern, als es an Bedingungen gefesselt ist, möglich — Freiheit ist nur durch sich selbst, und umfaßt das Unendliche.

Wir sind also in Ansehung objektiver Freiheit nicht unwissender, als wir es in Rücksicht auf jeden Begriff sind, der sich selbst widerspricht. Unfähigkeit aber, einen Widerspruch zu denken, ist keine Unwissenheit. Jene Freiheit des Ichs läßt sich also auch positiv bestimmen. Sie ist für das Ich nichts mehr und nichts weniger, als unbedingtes Setzen aller Realität in sich selbst durch absolute Selbstmacht. — Negativ bestimmbar ist sie als gänzliche Unabhängigkeit, ja sogar als gänzliche Unverträglichkeit mit allem Nicht-Ich.

Ihr verlangt, daß ihr euch dieser Freiheit bewußt seyd? Aber bedenkt ihr auch, daß erst durch sie all' euer Bewußtseyn möglich ist, und daß die Bedingung nicht im Bedingten enthalten seyn kann? Bedenkt ihr überhaupt, daß das Ich, insofern es im Bewußtseyn vorkommt, nicht mehr reines absolutes Ich ist, daß es für das absolute Ich überall kein Objekt geben, und daß es also noch viel weniger selbst Objekt werden kann? — Selbstbewußtseyn setzt die Gefahr voraus, das Ich zu verlieren. Es ist kein freier Akt des Unwandelbaren, sondern ein abgedrungenes Streben des wandelbaren Ichs, das, durch Nicht-Ich bedingt, seine Identität zu retten und im fortreißenden Strom des Wechsels sich selbst wieder zu ergreifen strebt[1]; (oder fühlt ihr euch

[1] Der Charakter der Endlichkeit ist, nichts setzen zu können, ohne zugleich entgegenzusetzen. Diese Form der Entgegensetzung ist ursprünglich bestimmt durch die Entgegensetzung des Nicht-Ichs. Es ist nämlich dem endlichen Ich nothwendig, indem es sich als sich selbst absolut gleich setzt, zugleich alles Nicht-Ich sich entgegenzusetzen, was nicht möglich ist, ohne das Nicht-Ich selbst zu setzen. Das unendliche Ich würde alles Entgegengesetzte ausschließen, ohne es sich entgegenzusetzen: es würde überhaupt alles sich schlechthin gleich setzen, also, wo es setzt, nichts als seine Realität setzen; es würde also in ihm auch kein Streben vorhanden seyn, seine Identität zu retten, also keine Synthesis des Mannigfaltigen, keine Einheit des Bewußtseyns u. s. w. Das empirische Ich ist daher nur durch die ursprüngliche Entgegensetzung bestimmt, also außer dieser schlechterdings nichts. Es verdankt also auch seine Realität, als empirisches Ich, nicht sich selbst, sondern einzig und allein seiner Einschränkung durch ein Nicht-Ich. Es kündigt sich nicht durch das bloße: Ich bin, sondern durch das: Ich denke, an, d. h. es ist nicht durch sein bloßes Seyn, sondern dadurch, daß es Etwas, daß es Objekte denkt. Um nämlich die ursprüngliche Identität des Ichs zu retten, muß die Vorstellung des identischen Ichs alle anderen Vorstellungen begleiten, um so die Vielheit derselben in Bezug auf Einheit denken zu können. Das empirische Ich existirt also nur durch und in Bezug auf die Einheit der Vorstellungen, hat also außer dieser schlechterdings keine Realität in sich selbst, sondern verschwindet, sowie man Objekte überhaupt und die Einheit seiner Synthesis aufhebt. Seine Realität, als empirisches Ich, ist ihm also durch etwas außer ihm Gesetztes, durch Objekte bestimmt, sein Seyn wird ihm nicht schlechthin, sondern durch objektive Formen — als ein Daseyn — bestimmt. Jedoch ist es selbst nur in dem unendlichen Ich, und durch dasselbe; denn bloße Objekte könnten niemals die Vorstellung von Ich, als einem Princip ihrer Einheit, hervorbringen.

wirklich frei beim Selbstbewußtseyn?). Aber jenes Streben des empirischen Ichs, und das daraus hervorgehende Bewußtseyn wäre selbst ohne Freiheit des absoluten Ichs nicht möglich, und die absolute Freiheit ist als Bedingung der Vorstellung ebenso nothwendig, wie als Bedingung der Handlung. Denn euer empirisches Ich würde niemals streben, seine Identität zu retten, wenn nicht das absolute ursprünglich durch sich selbst aus absoluter Macht als reine Identität gesetzt wäre.

Wollt ihr diese Freiheit als eine objektive erreichen, so schlägt euch dieß immer fehl, ihr mögt sie dadurch begreifen oder widerlegen wollen; denn eben darin besteht sie, daß sie alles Nicht-Ich schlechthin ausschließt.

Das Ich kann durch keinen bloßen Begriff gegeben seyn. Denn Begriffe sind nur in der Sphäre des Bedingten, nur von Objekten möglich. Wäre das Ich ein Begriff, so müßt' es etwas Höheres geben, in dem er seine Einheit — etwas Niedereres, in dem er seine Vielheit erhalten hätte, kurz: das Ich wäre durchgängig bedingt. Mithin kann das Ich nur in einer Anschauung bestimmt seyn. Aber das Ich ist nur dadurch Ich, daß es niemals Objekt werden kann, mithin kann es in keiner sinnlichen Anschauung, also nur in einer solchen, die gar kein Objekt anschaut, gar nicht sinnlich ist, d. h. in einer intellektualen Anschauung bestimmbar seyn. — Wo Objekt ist, da ist sinnliche Anschauung, und umgekehrt. Wo also kein Objekt ist, d. i. im absoluten Ich, da ist keine sinnliche Anschauung, also entweder gar keine, oder intellektuale Anschauung. Das Ich also ist für sich selbst als bloßes Ich in intellektualer Anschauung bestimmt.

Ich weiß es recht gut, daß Kant alle intellektuale Anschauung geleugnet hat; aber ich weiß auch, wo er dieß gethan hat, in einer Untersuchung, die das absolute Ich überall nur voraussetzt, und aus vorausgesetzten höhern Principien nur das empirisch-bedingte Ich, und das Nicht-Ich in der Synthesis mit dem Ich, bestimmt. Ich weiß es ebenso, daß diese intellektuale Anschauung, sobald man sie der sinnlichen verähnlichen will, durchaus unbegreiflich seyn muß, daß sie überdieß ebensowenig als die absolute Freiheit im Bewußtseyn vorkommen kann, da Bewußtseyn Objekt voraussetzt, intellektuale Anschauung aber nur dadurch möglich ist, daß sie gar kein Objekt hat. Der Versuch also, sie aus dem Bewußtseyn zu widerlegen, muß ebenso sicher fehlschlagen, als der Versuch, ihr durch dasselbe objektive Realität zu geben, was nichts anderes hieße, als sie schlechterdings aufheben.

Das Ich ist nur durch seine Freiheit, mithin muß alles, was wir vom reinen Ich aussagen, durch seine Freiheit bestimmt seyn.

§. 9.

Das Ich ist schlechthin Einheit. Denn, wäre es Vielheit, so wäre es nicht durch sein bloßes Seyn, sondern durch die Wirklichkeit seiner Theile. Es wäre bedingt nicht bloß durch sich selbst, durch sein bloßes Seyn (d. h. es wäre gar nicht), sondern es wäre bedingt durch alle einzelnen Theile der Vielheit, weil, wofern einer derselben aufgehoben würde, es eben dadurch selbst (in seiner Vollendung) aufgehoben wäre. Aber dies widerspricht dem Begriff seiner Freiheit, mithin (§. 8) kann das Ich keine Vielheit enthalten, es muß schlechthin Einheit — nichts als Ich schlechthin seyn.

Wo Unbedingtheit, durch Freiheit bestimmt, ist, da ist Ich. Das Ich ist also schlechthin Eines. Denn sollte es mehrere Ich, sollte es ein Ich außer dem Ich geben, so müßten diese verschiedenen Ich durch irgend etwas unterschieden werden. Allein das Ich ist bloß durch sich selbst bedingt, und nur in intellektualer Anschauung bestimmbar, es muß sich also selbst schlechthin gleich (gar nicht durch Zahl bestimmbar) seyn; mithin fiele das Ich außer dem Ich mit diesem zusammen, wäre gar nicht von ihm unterscheidbar. Also kann das Ich schlechterdings nur Eines seyn. (Wäre das Ich nicht Eines, so läge der Grund, warum mehrere Ich wären, nicht im Wesen des Ichs selbst, denn dieses ist gar nicht als Objekt bestimmbar (§. 7) — also außer dem Ich, was nichts anderes hieße, als das Ich selbst aufheben (das.). — Das reine Ich ist überall dasselbe, Ich überall = Ich. Wo sich ein Attribut des Ichs findet, da ist Ich. Denn die Attribute des Ichs können nicht voneinander verschieden seyn, da sie alle durch dieselbe Unbedingtheit bestimmt (alle unendlich) sind. Denn sie wären als verschieden voneinander bestimmt, entweder durch ihren bloßen Begriff, was unmöglich ist, da das Ich absolute Einheit ist, oder durch irgend etwas außer ihnen, wodurch sie ihre Unbedingtheit verlören, was abermals ungereimt ist; das Ich ist überall Ich, es füllt, wenn man so sagen darf, die ganze Unendlichkeit.

Diejenigen, die von keinem Ich als dem empirischen wissen (das doch ohne Voraussetzung des reinen Ichs schlechterdings unbegreiflich ist), die sich noch nie zur intellektualen Anschauung ihres Selbsts erhoben haben, müssen diesen Satz, daß das Ich nur Eines sey, freilich ungereimt finden. Denn, daß das empirische Ich Vielheit sey, muß die vollendete Wissenschaft selbst beweisen. (Denket euch eine unendliche Sphäre [eine unendliche Sphäre ist nothwendig nur Eine], in dieser endliche Sphären, so viel ihr wollt. Diese aber sind selbst nur in der Einen unendlichen möglich; zernichtet jene, so ist nur Eine Sphäre). Jenen scheint es daher nach ihrer bisherigen Gewohnheit, bloß das empirische Ich zu denken, nothwendig, daß es mehrere Ich gebe, die wechselseitig füreinander Ich und Nicht-Ich seyen, ohne zu bedenken, daß ein reines Ich nur durch Einheit seines Wesens denkbar sey.

Ebensowenig werden sich diese Anhänger des empirischen Ichs den Begriff von reiner absoluter Einheit (unitas) denken können, weil sie, wo von absoluter Einheit die Rede ist, schlechterdings nur an empirische, abgeleitete Einheit (des durch das Schema von Zahl versinnlichten Verstandesbegriffs) denken können.

Dem Ich kommt Einheit im empirischen Sinne (unicitas) so wenig zu, als Vielheit. Es ist ganz außer der Sphäre der Bestimmung dieses Begriffs; es ist nicht — eines, nicht — vieles im empirischen Sinne, d. h. beides widerspricht seinem Begriff, sein Begriff liegt nicht nur außerhalb aller Bestimmbarkeit durch diese beiden Begriffe, sondern selbst in einer ganz entgegengesetzten Sphäre. — Wo von numerischer Einheit die Rede ist, setzt man irgend etwas voraus, in Bezug auf welches das numerisch Einzige als solches gedacht wird; man setzt einen Gattungs-Begriff voraus, unter dem es als das Einzige seiner Art begriffen ist, wobei aber doch die (reale und logische)

Möglichkeit übrig bleibt, daß es nicht das einzige wäre, d. h. es ist nur seinem Daseyn, nicht seinem Wesen nach Eines. Allein das Ich ist gerade nicht seinem Daseyn (was ihm gar nicht zukömmt), sondern seinem bloßen, reinen Seyn nach schlechthin Eines; auch kann es überall nicht in Bezug auf etwas Höheres gedacht werden, es kann unter keinem Gattungsbegriff stehen. — Begriff überhaupt ist etwas, das Vielheit in Einheit zusammenfaßt: das Ich kann also kein Begriff seyn, weder ein reiner, noch ein abstrahirter, denn es ist weder zusammenfassende, noch zusammengefaßte, sondern absolute Einheit. Es ist also weder Gattung, noch Art, noch Individuum. Denn Gattung, Art und Individuum sind nur in Bezug auf Vielheit denkbar. Wer das Ich für einen Begriff halten, oder von ihm numerische Einheit oder Vielheit aussagen kann, weiß nichts vom Ich. Wer es in einen demonstrirbaren Begriff verwandeln will, der muß es nicht mehr für das Unbedingte halten. Denn das Absolute kann nimmer vermittelt werden, also nimmer ins Gebiet erweisbarer Begriffe fallen. Denn alles Demonstrirbare setzt etwas schon demonstrirtes, oder das höchste nicht mehr Demonstrirbare voraus. Wer also das Absolute demonstriren will, hebt es eben dadurch auf, und mit ihm alle Freiheit, alle absolute Identität u. s. w.

Anmerkung. Man könnte die Sache auch wohl umkehren. „Eben weil das Ich nichts Allgemeines ist, kann es nicht Princip der Philosophie werden".

Soll die Philosophie vom Unbedingten ausgehen, was wir jetzt voraussetzen, so kann sie von nichts Allgemeinem ausgehen. Denn das Allgemeine ist bedingt durch das Einzelne, und ist nur in Bezug auf bedingtes (empirisches) Wissen überhaupt möglich. Deßwegen auch das consequenteste System des Dogmatismus, das Spinozistische, sich gegen nichts stärker erklärt, als dagegen, daß man die einige, absolute Substanz für ein Ens rationis, für einen abstrakten Begriff halte. Spinoza setzt das Unbedingte ins absolute Nicht-Ich, nicht aber in einen abstrakten Begriff, oder in die Idee der Welt, ebensowenig in ein einzelnes existirendes Ding; vielmehr erklärt er sich mit einer Art von Heftigkeit

— wenn man anders diesen Ausdruck von einem Spinoza gebrauchen darf — dagegen[1], und erklärt, daß, wer Gott im empirischen Sinne Einen nenne, oder für ein bloßes Abstraktum halte, keine Ahnung von seinem Wesen habe. Freilich begreift man nicht, wie das Nicht-Ich außer aller numerischer Bestimmung liegen soll, aber im Grunde setzte Spinoza das Unbedingte nicht ins Nicht-Ich, er hatte das Nicht-Ich selbst zum Ich gemacht, indem er es zum Absoluten erhoben hatte.

Leibniz soll vom Gattungsbegriffe des Dings überhaupt ausgegangen seyn: es käme darauf an, die Sache genauer zu untersuchen, wozu hier der Ort nicht ist. Aber gewiß ist es, daß seine Schüler von diesem Begriff ausgingen, und dadurch ein System des unvollendeten Dogmatismus begründeten.

[1] Siehe einige Stellen bei Jacobi über Spinozas Lehre S. 179 ff. Noch gehören zu diesen mehrere andere, vorzüglich Eth. L. II, Prop. XL. Schol. und S. 467 seiner Briefe. Hier sagt er: „Cum multa sint, quae nequaquam in *imaginatione*, sed solo *intellectu* assequi possumus, qualia sunt *Substantia, Aeternitas* et al. si quis talia ejusmodi notionibus, quae duntaxat auxilia *imaginationis* sunt, explicare conatur, nihilo plus agit, *quam si det operam, ut sua imaginatione insaniat*". Man muß, um diese Stelle zu verstehen, wissen, daß er die abstrahirten Begriffe für bloße Produkte der Einbildungskraft hielt. Die transscendentalen Ausdrücke (so nennt er die Ausdrücke Ens, Res u. s. w.), sagt er, entstehen daher, daß der Körper nur einer gewissen bestimmten Quantität von Eindrücken fähig ist, und also, wenn er mit allzu vielen überhäuft wird, die Seele sie nicht anders als verworren, und ohne alle Unterscheidung — alle zusammen unter Einem Attribut — imaginiren kann. Ebenso erklärt er die Allgemeinbegriffe, z. B. Mensch, Thier u. s. w. — Man vergleiche die angegebene Stelle der Ethik, und insbesondere auch seine Abh. de intellectus Emendatione, in den Opp. posth. — Die niedrigste Stufe der Erkenntniß ist ihm bloße Imagination der einzelnen Dinge, die höchste — reine intellektuale Anschauung der unendlichen Attribute der absoluten Substanz, und die dadurch entstehende adäquate Erkenntniß des Wesens der Dinge. Dieß ist der höchste Punkt seines Systems. Bloße verworrene Imagination ist ihm Quelle alles Irrthums, intellectuale Anschauung Gottes Quelle aller Wahrheit und Vollkommenheit im ausgedehntesten Sinn des Worts. — „Quid, sagt er im zweiten Buch seiner Ethik Prop. XLIII. Schol., quid idea vera clarius et certius dari potest, quod norma sit veritatis? Sane, sicut lux se ipsam et tenebras manifestat, ita veritas norma sui et falsi est". — Was geht über die stille Wonne dieser Worte, das Ἓν καὶ πᾶν unsers besseren Lebens?

(Frage: Wie lassen sich jetzt die Monaden erklären, und die prästabilirte Harmonie? — Wie die theoretische Vernunft dem Kriticismus zufolge damit endet, daß das Ich = Nicht-Ich wird, so muß sie umgekehrt dem Dogmatismus zufolge damit enden, daß Nicht-Ich = Ich wird. Die praktische Vernunft muß dem Kriticismus zufolge auf Wiederherstellung des absoluten Ichs, dem Dogmatismus zufolge auf Wiederherstellung des absoluten Nicht-Ichs gehen. Es wäre interessant, ein consequentes System des Dogmatismus zu entwerfen. Vielleicht geschieht es noch).

.... „Das höchste Verdienst des philosophischen Forschers ist nicht, abstrakte Begriffe aufzustellen, und aus ihnen Systeme herauszuspinnen. Sein letzter Zweck ist reines absolutes Seyn; sein größtes Verdienst das, was sich nimmer auf Begriffe bringen, erklären, entwickeln läßt — kurz, das Unauflösliche, das Unmittelbare, das Einfache — zu enthüllen und zu offenbaren“....

§. 10.

Das Ich enthält alles Seyn, alle Realität. Sollte es eine Realität außerhalb des Ichs geben, so würde sie mit der im Ich gesetzten entweder übereinstimmen oder nicht. Nun ist alle Realität des Ichs bestimmt durch seine Unbedingtheit; es hat keine Realität, als insofern es unbedingt gesetzt ist. Gäbe es also eine Realität außer dem Ich, die mit der Realität im Ich übereinstimmte, so müßte diese Realität gleichfalls Unbedingtheit haben. Nun erhält aber das Ich alle seine Realität nur durch Unbedingtheit, mithin müßte Eine Realität des Ichs, die außer ihm gesetzt wäre, zugleich alle Realität desselben enthalten, d. h. es würde ein Ich außer dem Ich geben, was (§. 9) ungereimt ist. — Würde aber jene Realität außer dem Ich seiner Realität widerstreiten, so würde durch das Setzen jener eine Realität im Ich, und, da das Ich schlechthin Einheit ist, das Ich selbst mit aufgehoben, was ungereimt ist. (Wir sprechen vom absoluten Ich. Dieses soll Inbegriff aller Realität seyn, und alle Realität soll ihm gleich gesetzt, d. h. seine Realität seyn. Es soll die Data, die absolute Materie der Bestimmung alles Seyns, aller möglichen Realität enthalten). Will man Einwürfe anticipiren, so müssen wir auch Antworten anticipiren. Unser Satz nämlich wäre freilich sehr bald widerlegt, wenn entweder ein vor allem Ich gesetztes Nicht=Ich denkbar, oder das dem Ich ursprünglich und schlechthin entgegengesetzte Nicht=Ich als absolutes Nicht=Ich realisirbar, kurz, wenn die Realität der Dinge an sich in der bisherigen Philosophie beweisbar wäre; denn alsdann würde alle ursprüngliche Realität ins absolute Nicht=Ich fallen.

Ding an sich nämlich wäre entweder das vor allem Ich gesetzte Nicht=Ich; allein es ist schon bewiesen, daß ein vor allem Ich gesetztes Nicht=Ich schlechterdings keine Realität habe, ja nicht einmal denkbar seyn könne, weil es sich nicht, wie das Ich selbst, realisirt, und nur in der Entgegensetzung gegen das Ich, und zwar nicht gegen das bedingte (denn dieses ist nur Correlatum des Objekts), sondern gegen das absolute Ich gedenkbar ist.

Oder wäre das Ding an sich das dem Ich in seiner Endlichkeit schlechthin entgegengesetzte Nicht=Ich in seiner bloßen Entgegensetzung. Nun ist es zwar richtig, daß das Nicht=Ich ursprünglich dem Ich schlechthin, und bloß als solches, entgegengesetzt wird [1], weßwegen auch das ursprüngliche Nicht=Ich kein bloß empirischer, abstrahirter

[1] Insofern das Nicht=Ich dem Ich ursprünglich entgegengesetzt wird, setzt es das Ich nothwendig voraus. Aber die Entgegensetzung selbst geschieht schlechthin, so gut als das Setzen des Ichs: eben deßwegen aber ist das der Realität schlechthin Entgegengesetzte nothwendig absolute Negation. Daß das Ich sich ein Nicht=Ich entgegengesetzt, dafür läßt sich so wenig weiter ein Grund angeben, als davon, daß es sich selbst schlechthin setzt, ja eins schließt unmittelbar das andere ein. Das Setzen des Ich ist absolutes Entgegensetzen, d. h. Negiren dessen, was Nicht = Ich ist. Aber ursprünglich kann überhaupt nichts, noch viel weniger aber etwas schlechthin entgegengesetzt werden, wie doch geschieht, ohne daß zuvor etwas schlechthin gesetzt ist. — Der zweite Grundsatz der Wissenschaft, der das Nicht=Ich dem Ich schlechthin entgegensetzt, erhält insofern seinen Inhalt (das Entgegengesetzte) schlechthin, seine Form aber (das Entgegensetzen selbst) ist nur durch den ersten Grundsatz bestimmbar. — Der zweite Grundsatz soll aber nicht aus dem ersten analytisch hergeleitet werden, denn aus dem absoluten Ich kann kein Nicht=Ich hervorgehen, vielmehr findet

Begriff seyn kann (denn um einen solchen Begriff in der Erfahrung zu finden, müßte Erfahrung selbst, d. h. das Daseyn eines Nicht-Ichs, vorausgesetzt werden), ebensowenig ein allgemeiner Begriff a priori (denn es ist zwar nicht schlechthin gesetzt, aber schlechthin entgegengesetzt, muß also, als ein Entgegengesetztes, in der Qualität seines Entgegengesetztseyns ebenso absolut (entgegengesetzt) seyn, als das Ich gesetzt ist). Dieses ursprüngliche Entgegensetzen des Nicht-Ichs schlechthin kann es auch allein möglich gemacht haben, sich ein absolutes Nicht-Ich vor allem Ich einzubilden. Denn, obgleich der Dogmatismus sich anstellt, als ob er im Stande wäre, ein Nicht-Ich vor allem Ich, nicht entgegengesetzt, sondern schlechthin gesetzt zu denken, so wäre ihm doch selbst das bloße Denken eines absolut-gesetzten Nicht-Ichs unmöglich gewesen, hätte ihm nicht das absolut-entgegengesetzte vorgeschwebt, dem er dann überdieß noch unvermerkt diejenige Realität lieh, die nicht dem schlechthin entgegengesetzten, sondern dem im Ich gesetzten Nicht-Ich zukömmt.

Jenes schlechthin entgegengesetzte Nicht-Ich nämlich ist zwar nicht schlechterdings undenkbar, wie das schlechthin (d. i. vor allem Ich) gesetzte Nicht-Ich, aber es hat als solches schlechterdings keine, auch nicht einmal denkbare, Realität. Denn es ist eben deßwegen, weil es dem Ich schlechthin entgegengesetzt ist, nur als bloße Negation, als absolutes Nichts gesetzt, von dem sich also auch nichts, schlechterdings nichts, als seine bloße Entgegensetzung gegen alle Realität aussagen läßt. Sowie wir ihm Realität mittheilen wollen, versetzen wir es aus der bloßen Sphäre des absoluten Entgegensetzens in die Sphäre des Bedingten, im Ich Gesetzten. Entweder ist es nämlich dem Ich schlechthin entgegengesetzt, also absolutes Nicht-Ich, d. h. absolutes Nichts, oder es wird zum Etwas, zum Ding, d. i. es wird nicht

ein Progressus von Thesis zu Antithesis, und von da zu Synthesis statt. Es wäre freilich nicht zu begreifen, wie die gesammte Wissenschaft auf einen Grundsatz gegründet werden könnte, wenn man annähme, daß sie in demselben gleichsam eingeschachtelt wäre; allein dieß hat auch, soviel ich weiß, kein Philosoph behauptet.

mehr schlechthin entgegengesetzt, sondern bedingt, ins Ich gesetzt, d. h. es hört auf, Ding an sich zu seyn.

Will man also das dem Ich ursprünglich und schlechthin entgegengesetzte Nicht-Ich Ding an sich nennen, so geht das recht gut an, sobald man nur unter Ding an sich absolute Negation aller Realität versteht; will man ihm aber als schlechthin entgegengesetztem Nicht-Ich Realität beilegen, so ist dieß nur durch eine Täuschung der empirischen Einbildungskraft möglich, die ihm diejenige Realität leiht, die dem Nicht-Ich nur in der Qualität seines Gesetztseyns im Ich zukömmt. Da nämlich dem ursprünglich entgegengesetzten Nicht-Ich schlechterdings keine Realität, sondern bloße Negation, weder reines noch empirisches Seyn, sondern gar kein Seyn (absolutes Nichtseyn) zukömmt, so muß es, wenn es Realität bekommen soll, dem Ich nicht schlechthin entgegen, sondern in ihm selbst gesetzt seyn. Insofern nämlich das Ich sich ursprünglich ein Nicht-Ich entgegensetzt (dasselbe nicht bloß ausschließt, wie das absolute Ich), setzt es sich selbst als aufgehoben. Da es aber zugleich sich selbst schlechthin setzen soll, so setzt es hinwiederum das Nicht-Ich als schlechthin aufgehoben = o. Setzt es also das Nicht-Ich schlechthin, so hebt es sich auf, setzt es sich schlechthin, so hebt es das Nicht-Ich auf — und doch sollten beide gesetzt seyn. Dieser Widerspruch ist nicht lösbar, als nur dadurch, daß das Ich sich das Nicht-Ich gleich setzt. Allein dem widerstrebt die Form des Nicht-Ichs. Mithin kann es dem Nicht-Ich nur Realität mittheilen, es kann das Nicht-Ich nur setzen als Realität, verbunden mit Negation. Das Nicht-Ich hat also so lange keine Realität, als es dem Ich nur entgegengesetzt, d. h. reines, absolutes Nicht-Ich ist; sobald ihm Realität mitgetheilt wird, muß es in den Inbegriff aller Realität, ins Ich, gesetzt werden, d. i. es muß aufhören, reines Nicht-Ich zu seyn. Um es nämlich in sich setzbar zu machen (was nothwendig ist, da es zwar dem Ich entgegen — aber doch gesetzt seyn soll), ist das Ich schlechthin genöthigt, ihm seine Form, die Form des Seyns und der Realität, der Unbedingtheit und der Einheit mitzutheilen. Dieser Form aber widerstrebt die Form des ursprünglich entgegengesetzten Nicht-Ichs; mithin ist die Uebertragung der Form des Ichs an das Nicht-Ich nur durch Synthesis beider möglich, und aus dieser übergetragenen Form des Ichs, der ursprünglichen Form des Nicht-Ichs, und der Synthesis dieser beiden entstehen die Kategorien, durch welche allein das ursprüngliche Nicht-Ich Realität erhält (vorstellbar wird), eben deßwegen aber aufhört, absolutes Nicht-Ich zu seyn.

Mithin ist die Idee von Ding an sich schlechterdings nicht, weder durch ein vor allem Ich gesetztes, noch durch das dem Ich ursprünglich entgegengesetzte Nicht-Ich zu realisiren. Aber ebenso leicht könnte der Satz, daß im Ich alle Realität enthalten sey, umgestoßen werden, wenn die theoretische Idee eines objektiven, außer dem Ich vorhandenen Inbegriffs aller Realität realisirbar wäre. Wir räumen es ein, daß die höchste Synthesis, durch welche die theoretische Vernunft den Widerstreit zwischen Ich und Nicht-Ich zu lösen versucht, irgend ein x ist, in welchem diese beide Realitäten, das Ich und das im Ich gesetzte Nicht-Ich, als einem Inbegriff aller Realität, vereinigt werden sollen, daß demnach dieses x als etwas außer dem Ich, also = Nicht-Ich, aber ebensowohl als etwas außer dem Nicht-Ich, also = Ich, bestimmt ist, kurz, daß die theoretische Vernunft sich genöthigt sieht, zu einem absoluten Inbegriff aller Realität = Ich = Nicht-Ich seine Zuflucht zu nehmen, und eben dadurch das absolute Ich als Inbegriff aller Realität aufzuheben.

Aber diese höchste Synthesis der theoretischen Vernunft, die anders nichts, als der letzte Versuch, den Widerstreit zwischen Ich und Nicht-Ich beizulegen, ist, wird für uns, obgleich sie die absolute Realität des absoluten Ichs geradezu aufzuheben scheint, doch zugleich selbst der vollgültigste Bürge derselben, weil das Ich niemals genöthigt seyn könnte, jenen Widerstreit durch die Idee eines objektiven Inbegriffs aller Realität beizulegen, wäre nicht dieser Widerstreit erst dadurch möglich geworden, daß das Ich ursprünglich und vor allem Nicht-Ich als Inbegriff aller Realität gesetzt ist. Denn wäre dieses nicht der Fall, so könnte das Nicht-Ich eine vom Ich unabhängige und mit der Realität des Ichs zugleich setzbare Realität haben, mithin gäbe es keinen

Widerstreit zwischen beiden, also wäre auch keine Synthesis und kein objektiver Inbegriff[1] widerstreitender Realität nothwendig. Ebenso wäre ohne jene Voraussetzung, daß das absolute Ich Inbegriff aller Realität sey, keine praktische Philosophie denkbar, deren Ende Ende alles Nicht-Ichs und Wiederherstellung des absoluten Ichs in seiner höchsten Identität, d. h. als Inbegriffs aller Realität, seyn muß[2].

[1] kein δοχεῖον (Zusatz der ersten Auflage).

[2] Man kann sich die Sache versinnlichen. — Das absolute Ich beschreibt eine unendliche Sphäre, die alle Realität befaßt. Dieser wird nun erst eine andere, gleichfalls unendliche Sphäre entgegengesetzt (nicht nur ausgeschlossen), die alle Negation befaßt (absolutes Nicht-Ich). Diese Sphäre ist also schlechthin = 0; jedoch erst dann, wann die absolute Sphäre der Realität schon beschrieben ist, und nur im Gegensatz gegen diese möglich. Denn absolute Negation bringt sich nicht selbst hervor, sondern ist nur im Gegensatz gegen absolute Realität bestimmbar. Eine unendliche Sphäre außer einer, vorher gesetzten, gleichfalls unendlichen, ist schon ein Widerspruch, und ihr Gesetztseyn außer dieser schließt es schon in sich, daß sie absolute Negation seyn muß. Denn wäre sie dieß nicht, so wäre sie nicht außer jener unendlichen Sphäre, sondern fiele mit ihr zusammen. Die absolute Sphäre des Nicht-Ichs also, wenn sie bloß schlechthin gesetzt würde, müßte das Ich ganz aufheben, denn eine unendliche Sphäre duldet keine andere außer ihr. Aber eben deßwegen müßte umgekehrt auch die Sphäre des Ichs die des Nicht-Ichs aufheben, wenn jene als unendlich gesetzt ist. Und doch sollen beide gesetzt seyn. Mithin bleibt zunächst nichts übrig, als ein Streben des Ichs, jene unendliche Sphäre des Nicht-Ichs in seine Sphäre zu ziehen, denn sie soll gesetzt werden, und Setzen überhaupt ist nur im Ich möglich. Allein dem widerstrebt die absolute Negation dieser Sphäre, mithin ist sie nur mit Negation in jener setzbar. Also wird die unendliche Sphäre der Negation, wenn sie in die unendliche Sphäre der Realität gesetzt werden soll, eine endliche Sphäre der Realität, d. h. sie ist nothwendig nur als Realität, mit Negation verbunden, in derselben setzbar. Dadurch entsteht also zugleich Einschränkung des Ichs; die Sphäre des Ichs wird zwar nicht ganz aufgehoben, aber es ist nothwendig, daß Negation, d. h. Schranke in sie gesetzt werde. Nun kann die endliche Sphäre streben, selbst die unendliche in sich zurückzuziehen und sich zum Mittelpunkt der gesammten Sphäre zu machen, von dem aus die Strahlen der Unendlichkeit so gut als die Schranken der Endlichkeit ausgehen, was sich widerspricht. Ist nur der Widerstreit zwischen Ich und Nicht-Ich in der höchst möglichen Synthesis (Ich = Nicht-Ich) ausgedrückt, so bleibt, um ihn zu lösen, nichts mehr übrig, als gänzliche Zerstörung der endlichen Sphäre, d. h. Erweiterung derselben bis zum Zusammenfallen mit der unendlichen (praktische Vernunft).

(Anmerkung in der ersten Auflage.)

§. 11.

Enthält das Ich alle Realität, so ist es unendlich. Denn wodurch anders sollte es begränzt werden, als entweder durch eine Realität außer ihm, was (§. 10) unmöglich ist, oder durch eine Negation außer ihm, was abermals unmöglich ist, ohne es selbst vorher als schlechthin nichtbegränzt zu setzen, da Negation als solche nur im Gegensatz gegen ein Absolutes bestimmbar ist, oder durch sich selbst, dann wäre es nicht schlechthin, sondern unter Bedingung einer Gränze gesetzt, was abermals unmöglich ist. — Das Ich muß schlechthin unendlich seyn. Wäre eines seiner Attribute endlich, so wäre es diesem Attribute zufolge selbst endlich, also zugleich unendlich und endlich. Demnach müssen auch alle Attribute des Ichs unendlich seyn. Denn das Ich ist nur durch das, was es ist, d. h. durch seine Attribute, unendlich. — Könnte man die Realität des Ichs in mehrere Theile zerlegen, so würden diese Theile entweder die Unendlichkeit der Realität beibehalten oder nicht. Im erstern Falle gäbe es ein Ich außer dem Ich (denn wo Unendlichkeit ist, da ist Ich), eine Unendlichkeit außer der Unendlichkeit, was ungereimt ist; im andern Falle könnte das Ich durch Theilung aufhören, d. h. es wäre nicht unendlich, es wäre nicht absolute Realität. Das Ich ist also untheilbar. Ist es untheilbar, so ist es auch unveränderlich. Denn da es durch nichts außer sich verändert werden kann (§. 8), so müßte es durch sich selbst verändert werden, also müßte ein Theil desselben den andern bestimmen, d. h. es wäre theilbar. Das Ich soll aber immer sich selbst gleich, und absolute außerhalb alles Wechsels gesetzte Einheit seyn.

§. 12.

Wenn Substanz das Unbedingte ist, so ist das Ich die einige Substanz. Denn gäbe es mehrere Substanzen, so gäbe es ein Ich außer dem Ich, was ungereimt ist. Demnach ist alles, was ist, im Ich, und außer dem Ich ist nichts. Denn das Ich enthält alle Realität (§. 8), und alles, was ist, ist durch Realität. Also ist alles im Ich. — Ohne Realität ist nichts, nun ist keine Realität außer dem

Ich, also ist nichts außer dem Ich. Ist das Ich die einzige Substanz, so ist alles, was ist, bloßes Accidens des Ichs.

Wir stehen an der Grenze alles Wissens, über welche hinaus alle Realität, alles Denken und Vorstellen verschwindet. Alles ist nur im Ich und für das Ich. Das Ich selbst ist nur für sich selbst. Um irgend etwas anders zu finden, müssen wir schon vorher etwas gefunden haben; zu einer objektiven Wahrheit gelangen wir nur durch eine andere Wahrheit — aber zum Ich nur durch das Ich, deßwegen, weil es nur insofern ist, als es nur für sich selbst, und für alles, was außer ihm ist, nichts, d. h. gar kein Objekt ist; denn es ist bloß, nicht insofern es gedacht wird, sondern insofern es sich selbst denkt.

Um Wahrheit zu finden, mußt du ein Princip aller Wahrheit haben: setze es so hoch als du willst, es muß doch im Lande der Wahrheit liegen, im Lande, das du erst suchen willst. Wenn du aber alle Wahrheit durch dich selbst hervorbringst, wenn der letzte Punkt, an dem alle Realität hängt, das Ich ist, und dieses nur durch sich selbst und für sich selbst ist, so ist alle Wahrheit und alle Realität dir unmittelbar gegenwärtig. Du beschreibst, indem du dich selbst als Ich setzst, zugleich die ganze Sphäre der Wahrheit, der Wahrheit, die nur durch dich und für dich Wahrheit ist. Alles ist nur im Ich und für das Ich. Im Ich hat die Philosophie ihr *Ἓν καὶ πᾶν* gefunden, nach dem sie bisher als dem höchsten Preise des Siegs gerungen hat[1].

Anmerkung. Ihr wollt mit eurem abgeleiteten Begriff von Substantialität des Nicht-Ichs die höchste des absoluten Ichs messen. Oder glaubt ihr, daß ihr den Urbegriff der Substantialität im Nicht-Ich gefunden habt?

Freilich hat die Philosophie schon längst einen Begriff von Substantialität des Nicht-Ichs aufgestellt. Um die unwandelbare Identität eures Ichs zu retten, müßt ihr nothwendig auch das Nicht-Ich, dessen

[1] Auf meinem Ich ruht alles Daseyn: mein Ich ist alles, in ihm und zu ihm ist alles, was ist: ich nehme mein Ich hinweg und alles, was ist, ist nichts. (Zusatz der ersten Auflage.)

Urform Vielheit ist, zur Identität erheben und dem Ich gleichsam assimiliren. Damit es nicht als Nicht-Ich, d. h. als Vielheit, mit eurem Ich zusammenfalle, setzt es eure Einbildungskraft in den Raum; damit aber euer Ich, indem es, um die Synthesis zu vollbringen, die Vielheit aufnimmt, nicht ganz zerstreut werde, setzt ihr die Vielheit selbst in Wechsel (Succession), und für jeden Punkt des Wechsels wieder dasselbe, durch ein identisches Streben bestimmte, Subjekt; so erhaltet ihr vermittelst der Synthesis selbst und der mit der Synthesis zugleich hervorgebrachten Formen des Raums und der Zeit ein in Raum und Zeit bei allem Wechsel beharrendes Objekt — eine übergetragene (gleichsam geliehene) Substantialität, die aber eben deßwegen nicht begreiflich ist, ohne eine ursprüngliche, nicht übergetragene, Substantialität des absoluten Ichs vorauszusetzen, deren Begriff auch allein der kritischen Philosophie möglich machte, den Ursprung der Kategorie der Substanz ins Reine zu bringen.

Spinoza war es, der vorher schon jenen Urbegriff der Substantialität in seiner ganzen Reinheit gedacht hatte. Er erkannte, daß ursprünglich allem Daseyn ein reines unwandelbares Urseyn, allem Entstehenden und Vergehenden etwas durch sich selbst Bestehendes zu Grunde liegen müßte, in welchem und durch welches erst alles, was Existenz hätte, zur Einheit des Daseyns gekommen wäre. Man bewies ihm nicht, daß diese unbedingte, unwandelbare Urform alles Seyns nur in einem Ich gedenkbar sey. Man hielt ihm den abstrahirten Begriff von Substantialität der Erscheinungen entgegen — (denn, solange der Urbegriff nicht entdeckt war, war der abgeleitete, übergetragene, obgleich vor aller Erfahrung, doch nur in Bezug auf sie mögliche Begriff von Substantialität der Erscheinungen ein bloß abstrahirter Begriff) — als ob Spinoza diesen nicht recht gut gekannt und unzähligemal erklärt gehabt hätte, daß es ihm nicht um das in Zeit und Wechsel Beharrende, sondern um das außer aller Zeit unter der Urform der Unwandelbarkeit Gesetzte zu thun sey, daß jener abgeleitete Begriff selbst ohne den Urbegriff keinen Sinn und keine Realität habe u. s. w. Man suchte also, das Unbedingte durchs Bedingte zu widerlegen. Der Erfolg ist bekannt.

§. 13.

Wenn außer dem Ich nichts ist, so muß das Ich alles in sich, d. h. sich gleich setzen. Alles, was es setzt, muß nichts, als seine eigene Realität in ihrer ganzen Unendlichkeit seyn. Das absolute Ich kann sich zu nichts bestimmen, als überall unendliche Realität, d. h. sich selbst zu setzen.

Wollen wir das Setzende, weil wir kein anderes Wort haben, Ursache, und eine Ursache, die nichts außer sich, alles in sich selbst, sich gleich setzt, immanente Ursache nennen, so ist das Ich immanente Ursache alles dessen, was ist. Was also ist, ist nur dadurch, daß es Realität hat. Sein Wesen (Essentia) ist Realität, denn es verdankt sein Seyn (Esse) nur der unendlichen Realität; es ist nur insofern, als die Urquelle aller Realität ihm Realität mitgetheilt hat. Das Ich ist also nicht nur Ursache des Seyns, sondern auch des Wesens alles dessen, was ist. Denn alles, was ist, ist nur durch das, was es ist, d. i. durch sein Wesen, durch seine Realität, und Realität ist nur im Ich. (Wer alle diese Sätze mit Sätzen widerlegen will, auf die wir selbst späterhin kommen müssen, mag es immerhin thun. Er wird aber finden, daß er sich die Mühe hätte ersparen können, und daß der Widerspruch, der die hier aufgestellten Sätze erwartet, gerade Problem der ganzen Philosophie ist. Doch wird er einräumen, daß vor der Antithesis Thesis, und beide vor der Synthesis vorhergehen müssen).

§. 14.

Die höchste Idee, welche die Causalität der absoluten Substanz (des Ichs) ausdrückt, ist die Idee von absoluter Macht.

Kann man das Reine mit empirischem Maße messen? Könnt ihr euch nicht von allen empirischen Bestimmungen jener Idee, die eure Imagination euch zuführt, losreißen, so suchet die Schuld eures Mißverständnisses nicht in der Idee, sondern in euch selbst. Diese Idee ist so ferne von allem Empirischen, daß sie sich nicht nur darüber erhebt, sondern es sogar vernichtet. —

Auch für Spinoza war sie einzige Bezeichnung der Causalität der absoluten Substanz. Die absolute Macht der einigen Substanz ist ihm das Letzte, ja vielmehr das Einige. In ihr ist, nach Spinoza, keine Weisheit, denn ihr Handeln selbst ist Gesetz; kein Wille, denn sie handelt aus der Selbstmacht ihres Wesens, aus der Nothwendigkeit ihres Seyns. Sie handelt nicht zufolge einer Bestimmung, durch irgend eine außer ihr vorhandene Realität (ein Gut, eine Wahrheit); sie handelt nach ihrem Wesen, nach der unendlichen Vollkommenheit ihres Seyns aus unbedingter Macht. Ihr Wesen selbst ist nur diese Macht[1].

Diese erhabenste Idee im Systeme Spinozas fand man nicht nur theoretisch falsch, sondern auch durch praktische Gründe widerlegbar. Diese Idee, sagte man, hebe alle Begriffe von freier, obwohl durch Gesetze bestimmter Weisheit auf, weil man sich nämlich einerseits nicht zu der reinen Vorstellung einer absoluten Macht, die nicht nach Gesetzen außer sich, sondern nur durch die Gesetze ihres Seyns, durch ihr Seyn selbst, als solches, handelt, erhoben hatte, und andererseits, weil man nicht bedachte, daß jener Begriff von Weisheit, da er nur unter Voraussetzung einer Einschränkung denkbar ist, selbst ein Unding seyn müßte, wenn nicht als das letzte Ziel ihres Strebens absolute Macht, die aus innerer Nothwendigkeit ihres Wesens schlechthin handelt, die nicht mehr Wille, nicht mehr Tugend, nicht mehr Weisheit, nicht mehr Glückseligkeit, sondern Macht schlechthin ist, vorausgesetzt wird.

Anmerkung. Freilich hat Kant von Moralität und verhältnißmäßiger Glückseligkeit als dem höchsten Gut und dem letzten Endzwecke gesprochen. Aber er wußte es selbst am besten, daß Moralität ohne höhern Endzweck selbst keine Realität habe, daß sie Einschränkung, Endlichkeit voraussetze und nicht als letztes Ziel selbst, sondern nur als

[1] Eth. Lib. I, Prop. XXXI. — Prop. XXXII: Deus non agit ex ratione boni, sed ex naturae suae perfectione. Qui illud statuunt, videntur aliquid extra Deum ponere, quod a Deo non dependet, ad quod Deus tanquam ad exemplar in operando attendat, vel ad quod tanquam ad certum scopum collimat, quod profecto nihil aliud est, quam Deum fato subjicere. — Prop. XXXIII: Dei potentia est ipsius essentia.

Annäherung zu demselben denkbar sey. Eben so vermied er überall, sich über das Verhältniß von Glückseligkeit zur Moralität bestimmt zu erklären, unerachtet er wohl wußte, daß Glückseligkeit als bloßes Ideal der Einbildungskraft nichts als ein Schema sey, durch welches die praktische Vorstellbarkeit des Nicht-Ichs vermittelt werde[1], also nicht zum letzten (Endzweck) gehören könne, da dieser auf Identifikation des Nicht-Ichs mit dem Ich, d. h. auf gänzliche Zernichtung desselben als Nicht-Ichs, geht, daß demnach das Streben nach empirischer Glückseligkeit (als einer durch Natur bewirkten Uebereinstimmung der Objekte mit dem Ich) selbst unvernünftig sey, ohne vorauszusetzen, daß

[1] Da das Nicht-Ich Gegenstand eines durch Freiheit bestimmten Strebens des Ichs werden soll, so muß es von der Form der Bedingtheit zur Form der Unbedingtheit gesteigert werden. Allein, da das Nicht-Ich als Nicht-Ich Gegenstand dieses Strebens seyn soll, so kann dadurch nur sinnliche, d. h. imaginirbare Unbedingtheit, d. h. Erhebung des Nicht-Ichs selbst zu einer Form, die durch keine Form des Verstandes oder der Sinnlichkeit erreichbar ist, entstehen.

Eine solche Vermittlung des Bedingten und Unbedingten ist nur durch die Einbildungskraft gedenkbar. Die Idee von Glückseligkeit entsteht also ursprünglich durch eine bloß theoretische Operation. Praktisch vorgestellt aber ist sie nichts als nothwendige Zusammenstimmung des Nicht-Ichs mit dem Ich, und da diese Zusammenstimmung eine unendliche Aufgabe für das Ich ist, bleibt sie selbst in praktischer Bedeutung eine Idee, die nur in unendlichem Fortschritt realisirt wird. Aber in praktischer Bedeutung ist sie auch ganz identisch mit dem letzten Endzweck des Ichs, und insofern, da Moralität stufenweise Annäherung zum letzten Endzweck ist, kann sie freilich als das, nur durch Moralität realisirbare, mit Moralität immer in gleichem Verhältniß stehende, vorgestellt werden. Und in dieser Bedeutung allein kann Kant Glückseligkeit im Verhältniß mit Moralität gedacht haben. Man kann empirische Glückseligkeit als zufällige Uebereinstimmung der Objekte mit unserm Ich erklären. Empirische Glückseligkeit kann also unmöglich als im Zusammenhang mit Moralität gedacht werden. Denn diese geht nicht auf zufällige, sondern auf nothwendige Uebereinstimmung des Nicht-Ichs mit dem Ich. Reine Glückseligkeit besteht also gerade in Erhebung über die empirische Glückseligkeit, die reine schließt die empirische nothwendig aus. Aber es ist sehr begreiflich, warum man bei Kant, so oft von Glückseligkeit die Rede war, immer empirische Glückseligkeit verstand; aber zu verwundern ist, daß, soviel ich weiß, noch niemand die moralische Verderblichkeit eines solchen Systems gerügt hat, das empirische Glückseligkeit als mit Moralität, nicht durch inneren Zusammenhang, sondern bloß durch äußere Causalität verbunden vorstellt.

das letzte Ziel alles Strebens nicht sie selbst, sondern gänzliche Erhebung über ihre Sphäre sey[1], daß wir also ins Unendliche fort streben müssen, nicht glückselig zu werden, sondern der Glückseligkeit gar nicht mehr zu bedürfen, ja ihrer ganz unfähig zu werden, und unser Wesen selbst zu einer Form zu erheben, die der Form der Glückseligkeit sowohl, als der ihr entgegengesetzten Form geradezu widerspricht.

* * *

Das absolute Ich nämlich fordert schlechthin, daß das endliche Ich ihm gleich werde, d. h. daß es alle Vielheit und allen Wechsel in sich schlechthin zernichte. Was für das endliche, durch ein Nicht-Ich beschränkte, Ich moralisches Gesetz ist, ist für das unendliche Naturgesetz, d. h. es ist zugleich mit und in seinem bloßen Seyn gegeben. Das unendliche Ich ist bloß insofern, als es sich selbst gleich, als es durch seine bloße Identität bestimmt ist; es soll nicht erst sein Seyn bloß durch Identität mit sich selbst bestimmen. Das unendliche Ich also kennt gar kein Moralgesetz, und ist seiner Causalität nach bloß als absolute, sich selbst gleiche, Macht bestimmt. Aber moralisches Gesetz, obgleich es bloß in Bezug auf Endlichkeit stattfindet, hat doch selbst keinen Sinn und Bedeutung, wenn es nicht als Endzweck alles Strebens Unendlichkeit des Ichs und seine eigene Umwandlung in ein bloßes Naturgesetz[2] des Ichs aufstellt. — Das moralische Gesetz im endlichen Wesen ist also vorerst Schema des Naturgesetzes, wodurch

[1] Wäre nicht der letzte Endzweck alles Strebens des Ichs Identificirung des Nicht-Ichs mit sich selbst, so würde die zufällige, durch Natur bewirkte Uebereinstimmung der Objekte mit unserem Ich gar keinen Reiz für uns haben. Nur indem wir eine solche Uebereinstimmung in Bezug auf unsere ganze Thätigkeit (die vom untersten Grade an bis zum höchsten auf nichts anders denn Uebereinstimmung des Nicht-Ichs mit dem Ich geht) denken, betrachten wir jene zufällige Uebereinstimmung als Begünstigung (nicht als Belohnung), als ein freiwilliges Entgegenkommen der Natur, als eine unerwartete Unterstützung, die sie unserer gesammten (nicht nur unserer moralischen) Thätigkeit angedeihen läßt.

[2] Man kann also auch sagen, der letzte Endzweck des Ichs sey, die Freiheitsgesetze zu Naturgesetzen, und die Naturgesetze zu Freiheitsgesetzen zu machen, im Ich Natur, in der Natur Ich hervorzubringen.

das Seyn des Unendlichen bestimmt ist; was durch dieses als *Seyend* vorgestellt wird, muß jenes als *Gefordert* vorstellen. Da nun das höchste Gesetz, wodurch das *Seyn* des unendlichen Ichs bestimmt ist, das Gesetz seiner Identität ist (§. 7), so muß das Moralgesetz im endlichen Wesen diese Identität nicht als *Seyend*, sondern als Gefordert vorstellen, und das höchste Gesetz für das endliche Wesen ist demnach dieses: *Sey absolut — identisch mit dir selbst*[1].

Allein insofern dieses Gesetz auf ein moralisches *Subjekt*, d. h. auf ein durch Wechsel und Vielheit bedingtes Ich angewandt werden soll, widerstrebt dieses jener Form der Identität schlechthin, und das Gesetz wird nur durch einen neuen Schematismus anwendbar auf dasselbe. Dem moralischen Urgesetz des endlichen Ichs: *Sey identisch*, widerstrebt nämlich das *Naturgesetz* desselben Ichs, kraft dessen es nicht identisch — d. h. Vielheit — *nicht seyn soll*, sondern — *ist*. Dieser Widerstreit zwischen dem *Moral*- und zwischen dem *Natur*gesetz der Endlichkeit kann nur durch ein neues Schema, nämlich das des *Hervorbringens in der Zeit* vermittelt werden, so daß nun jenes Gesetz, das auf eine Forderung des *Seyns* geht, zu einer Forderung des *Werdens* wird. Das moralische Urgesetz, in seiner ganzen Versinnlichung ausgedrückt, lautet daher so: *werde* identisch, *erhebe* (in der Zeit) die *subjektiven* Formen deines Wesens zu der Form des Absoluten. (Das reine moralische Urgesetz *schließt* schon alle subjektiven Formen [alle Formen, die nur dem durch Objekte bedingten Ich angehören] aus, und fordert geradezu: *sey* identisch! Diesem Gesetz aber widerstreben eben jene Formen schlechthin, mithin ist eine *Synthesis* nothwendig, in die *sie selbst*, aber nicht mehr als

[1] Dieses Gesetz läßt sich durch alle der Urform der Identität untergeordneten Formen verfolgen. Der *Quantität* nach ausgedrückt heißt es: sey schlechthin *Eines*. Der *Qualität* nach: setze alle Realität in dich, d. h. alle Realität dir *gleich*. Der *Relation* nach: sey von *aller* Relation, d. i. von aller Bedingtheit, frei. — Der *Modalität* nach: setze dich außer aller Sphäre des *Daseyns*, setze dich in die Sphäre des reinen absoluten Seyns (unabhängig von aller Form der Zeit u. s. w.).

Formen des Subjekts [des Endlichen], sondern als Formen des Absoluten aufgenommen werden[1]).

(Durch diesen Schematismus des moralischen Gesetzes wird die Idee von moralischem Fortschritt, und zwar von Fortschritt ins Unendliche möglich. Das absolute Ich ist das einige Ewige, aber eben deßwegen muß das endliche Ich, da es strebt identisch mit ihm zu werden, auch nach reiner Ewigkeit streben, also, da es das, was im unendlichen Ich als Seyend gesetzt ist, in sich als Werdend ausdrückt, in sich selbst auch werdende, d. i. empirische Ewigkeit, unendliche Dauer setzen. Das letzte Ziel des endlichen Ichs ist also Erweiterung bis zur Identität mit dem Unendlichen. Im endlichen Ich ist Einheit des Bewußtseyns, d. h. Persönlichkeit. Das unendliche Ich aber kennt gar kein Objekt, also auch kein Bewußtseyn und keine Einheit des Bewußtseyns, Persönlichkeit. Mithin kann das letzte Ziel alles Strebens auch als Erweiterung der Persönlichkeit zur Unendlichkeit, d. h. als Zernichtung derselben vorgestellt werden. — Der letzte Endzweck des endlichen Ichs sowohl als des Nicht-Ichs, d. h. der Endzweck der Welt

[1] Verfolgen wir dieses schematisirte Gesetz wiederum durch die untergeordneten Formen, so erhält man folgende Gesetze: der Quantität nach: werde schlechthin Eines. (Was erst Einheit wird, setzt Vielheit in sich voraus, und wird es nur durch Erhebung derselben zur Einheit; also ist jener Ausdruck identisch mit diesem: erhebe die Vielheit in dir zur Einheit, d. h. werde eine in dir selbst beschlossene Totalität). Der Qualität nach: werde Realität schlechthin. (Was Realität wird, wird es im Streit gegen Negation, also kann es auch so ausgedrückt werden: erhebe die Negation in dir zur Realität, d. h. gib dir eine Realität, die ins Unendliche fort [in der Zeit] nie aufgehoben werden kann). — Der Relation nach: werde absolut unbedingt, strebe nach absoluter Causalität — abermals Ausdruck eines ursprünglichen Widerstreits, also ebenso viel als: mache die passive Causalität in dir identisch mit der aktiven (bringe Wechselwirkung hervor, mache, daß, was passive Causalität in dir ist, zugleich aktive, und was aktive ist, passive werde). Der Modalität nach: strebe, dich in die Sphäre des absoluten Seyns, unabhängig vom Zeitwechsel, zu setzen. Streben ist nur in der Zeit möglich, mithin ist ein Streben, sich außer alles Zeitwechsels zu setzen, ein Streben in aller Zeit. Also kann jenes Gesetz auch so ausgedrückt werden: Werde ein nothwendiges Wesen, ein Wesen, das in aller Zeit beharrt.

ist ihre Zernichtung, als einer Welt, d. h. als eines Inbegriffs von Endlichkeit (des endlichen Ichs und des Nicht-Ichs). Zu diesem Endzweck findet nur unendliche Annäherung statt — daher unendliche Fortdauer des Ichs, Unsterblichkeit.

Gott in theoretischer Bedeutung ist Ich = Nicht-Ich, in praktischer absolutes Ich, das alles Nicht-Ich zernichtet. Insofern das unendliche Ich schematisch als letztes Ziel des endlichen, also außer demselben vorgestellt wird, kann Gott in der praktischen Philosophie zwar als außer dem endlichen (schematisch), aber nur als identisch mit dem unendlichen vorgestellt werden.

* * *

Aus diesen Deduktionen erhellt, daß die Causalität des unendlichen Ichs schlechterdings nicht als Moralität, Weisheit u. s. w., sondern nur als absolute Macht, die die ganze Unendlichkeit erfüllt, und nichts Widerstrebendes, selbst nicht das als unendlich vorgestellte Nicht-Ich, in ihrer Sphäre duldet, vorgestellt werden kann: daß also auch das Moralgesetz, selbst in seiner ganzen Versinnlichung, nur in Bezug auf ein höheres Gesetz des Seyns, das, im Gegensatz gegen das Gesetz der Freiheit, Naturgesetz heißen kann, Sinn und Bedeutung erhalte. Freilich werden diejenigen mit diesen Deduktionen nicht zufrieden seyn, die das Ziel unseres moralischen Strebens so nah und so tief als nur immer möglich zu stecken bemüht sind — auch nicht diejenigen, die an den kantischen Buchstaben und an den einzigen Punkt ihres empirischen Systems, den er scheinbar noch übrig ließ, schon wieder eine so große Menge von Postulaten der Glückseligkeit angehängt haben, da doch, wenn Glückseligkeit nicht als identisch mit dem letzten Endzweck, d. h. als gänzliche Erhebung über alle Sphäre empirischer Glückseligkeit, gedacht wird, sie selbst nicht einmal zu den Forderungen der moralischen Vernunft gehören kann, und doch nur dieser Forderungen erlaubt sind; — ebensowenig diejenigen, die glauben konnten, daß Kant eine Erkenntniß, die er in der theoretischen Philosophie für unmöglich hielt, in der praktischen für möglich halten, und also in dieser die übersinnliche Welt (Gott u. s. w.) wieder als etwas außer dem Ich, als

Objekt aufstellen könne, als ob nicht, was Objekt ist, möge es nun zum Objekt geworden seyn wodurch es wolle, auch für die theoretische Philosophie Objekt, d. h. erkennbar, werden müßte. (Was nur Objekt ist, muß auch erkennbar seyn im kantischen Sinne des Worts, d. h. sinnlich anschaubar und durch Kategorien denkbar. – Siehe unten). – Freilich führt nach Kant das Uebersinnliche in der theoretischen Philosophie auf Widersprüche, weil diese alles Absolute (alles Ich) zernichtet; freilich führt nach eben demselben die praktische Philosophie ins übersinnliche Gebiet, weil sie umgekehrt alles Theoretische vernichtet, und das, was allein intellektual angeschaut wird (das reine Ich), wiederherstellt, aber da wir nur durch Wiederherstellung des absoluten Ichs in die übersinnliche Welt kommen, was wollen wir dann in ihr anders, als nur das Ich, wieder finden? – also keinen Gott als Objekt, überhaupt kein Nicht-Ich, keine empirische Glückseligkeit u. s. w., bloßes reines absolutes Ich!

§. 15.

Das Ich ist, weil es ist, ohne alle Bedingung und Einschränkung. Seine Urform ist die des reinen, ewigen Seyns; von ihm kann man nicht sagen: es war, es wird seyn, sondern schlechthin: es ist. Wer es anders denn nur durch sein Seyn schlechthin bestimmen will, muß es in die empirische Welt herabziehen. Es ist schlechthin, also außer aller Zeit gesetzt, die Form seiner intellektualen Anschauung ist Ewigkeit. Es ist unendlich durch sich selbst; auch nicht eine vage Unendlichkeit, dergleichen die Einbildungskraft, als an die Zeit gebunden, sich vorstellt, vielmehr ist es die bestimmteste, in seinem Wesen selbst enthaltene, Unendlichkeit, seine Ewigkeit ist selbst die Bedingung seines Seyns. Insofern das Ich ewig ist, hat es gar keine Dauer. Denn Dauer ist nur in Bezug auf Objekte denkbar. Man spricht von einer Ewigkeit der Dauer (aeviternitas), d. i. von einem Daseyn in aller Zeit, aber Ewigkeit im reinen Sinne des Worts (aeternitas) ist Seyn in keiner Zeit. Die reine Urform der Ewigkeit liegt im Ich: dieser widerstrebt das Daseyn des Nicht-Ichs in bestimmter Zeit, welchen Widerstreit dann die transcendentale

Einbildungskraft durch das Daseyn zu aller Zeit, d. h. durch die Vorstellung empirischer Ewigkeit, vereiniget [1]. Allein diese empirische Ewigkeit (figürlich durch eine immerfort verlängerte Linie darstellbar) ist selbst ohne den Urbegriff reiner Ewigkeit nicht gedenkbar, und kann also unmöglich auf das absolute Ich, das die Urform alles Seyns enthält, übergetragen werden. Das Endliche dauert; die Substanz schlechthin ist, durch ihre unendliche Macht, zu seyn.

Anmerkung 1. Auch Spinoza hatte gegen diesen Begriff von Dauer, als Form des absoluten Seyns, zu kämpfen. Ewigkeit ist ihm Form reiner intellektualer Anschauung, aber nicht relative, empirische, sondern absolute, reine Ewigkeit, Dauer, selbst Dauer in aller Zeit nichts als eine Form des (empirisch-bedingten) Subjekts, die aber selbst nur durch die höhere Form des ewigen Seyns möglich wird. Versteht man unter Ewigkeit empirische Ewigkeit, so war ihm die absolute Substanz nicht — ewig, d. h. überall nicht durch diese Form bestimmbar, weder in bestimmter, noch in aller Zeit, sondern in gar keiner Zeit existirend [2].

[1] Der Gang aller Synthesis ist der, daß sie, was im absolut Gesetzten absolut gesetzt ist, im Entgegengesetzten bedingt (mit Einschränkung) setzt. So ist das Nicht-Ich in seiner ursprünglichen Entgegensetzung absolut, deßwegen aber auch als schlechthin = o gesetzt, denn ein unbedingtes Nicht-Ich ist ein Widerspruch, d. h. schlechthin nichts. Nun erhält zwar das Nicht-Ich in der Synthesis Realität, verliert aber eben dadurch seine Unbedingtheit, d. h. es wird Realität mit Negation verbunden, bedingte (limitirte) Realität. So ist das Nicht-Ich ursprünglich außerhalb aller Zeit gesetzt, wie das Ich, dafür aber auch schlechthin = o; erhält es Realität, so verliert es dadurch sein Gesetztseyn außer aller Zeit, und wird in bestimmte Zeit, durch eine neue Synthesis endlich in alle Zeit gesetzt, d. h. die absolute Ewigkeit des Ichs wird im Nicht-Ich, sofern es Realität durchs Ich erhält, empirische Ewigkeit.

[2] Eth. L. V, Prop. XXIII. Schol.: — aeternitas nec tempore definiri, nec ullam ad tempus relationem habere potest. At nihilominus sentimus experimurque, nos aeternos esse. Nam mens non minus res illas sentit, quas intelligendo concipit, quam quas in memoria habet. Mentis enim oculi, quibus res videt observatque, sunt ipsae demonstrationes. Quamvis igitur non recordemur, nos ante corpus extitisse, sentimus tamen, mentem nostram,

Anmerkung 2. Nun ist es auch Zeit, das Ich selbst vollends ganz zu bestimmen, und allen möglichen Vermengungen mit andern Begriffen vorzukommen. Oben bestimmten wir das Ich bloß als das, was schlechterdings niemals Objekt werden kann. Wollten wir also vom Ich als Objekt etwas aussagen, so würden wir allerdings in einen dialektischen Schein verfallen. Denn insofern es Objekt einer bloßen Idee wäre, hätte es allerdings keine Realität, und insofern es überhaupt Objekt wäre, müßten wir, um es als solches zu realisiren, auf eine objektive Anschauung hinausgehen, was nothwendig auf Widersprüche führte.

Allein wir haben das Ich selbst bloß dadurch bestimmt, daß es schlechterdings nicht Objekt werden könne; wir haben ferner gezeigt, daß es ebensowenig eine bloße Idee seyn kann, daß also hier die einzigmögliche intellektuale Anschauung gegeben sey. Ich wünschte sehr, irgend eine Deduktion des absoluten Ichs aus Begriffen zu sehen. Eben deßwegen behauptete Kant, daß keine Philosophie aus Begriffen möglich sey, weil er wußte, daß die einzig mögliche Philosophie, die kritische, auf einem letzten Grund beruhe, der durch keine objektiven Begriffe erreicht wird. Daß eine Deduktion des Ichs aus bloßen Begriffen unmöglich sey, hat Kant schon dadurch angedeutet, daß er den ursprünglichen Satz: Ich bin! der keine Folge des Satzes: Ich denke, sondern in diesem enthalten ist[1], als vor allen Begriffen vorhergehend, und

quatenus corporis essentiam sub aeternitatis specie involvit, aeternam esse, et hanc ejus existentiam tempore definiri s. per durationem explicari non posse. Mens igitur nostra eatenus tantum dici potest durare, ejusque existentia certo tempore definiri, quatenus actualem corporis existentiam involvit, et eatenus tantum potentiam habet, rerum existentiam tempore determinandi easque sub duratione concipiendi.

Ebenso stark erklärt er sich auch in seinen Briefen gegen diese Verwechslung der Ewigkeit und der Dauer, so wie überhaupt gegen alle Vermischung der reinen Urbegriffe des Seyns mit den abgeleiteten Formen der empirischen Existenz. S. vorzüglich Opp. posth. p. 467.

[1] Das absolute Ich ist ohne allen Bezug auf Objekte, also nicht dadurch, daß es überhaupt denkt, sondern dadurch, daß es nur sich sebst denkt. Eben

sie nur, gleichsam als Vehikel, begleitend, aufgestellt hat. Will man aber, daß es gar kein absolutes Ich gebe, so muß nach dem Obigen nicht nur alle Freiheit, sondern selbst alle Philosophie geleugnet werden. Denn selbst der niedrigste Grad von Spontaneität in der theoretischen Philosophie offenbart eine ursprüngliche Freiheit des absoluten Ichs so gut, als der höchst-mögliche in der praktischen Philosophie. Auch ist durch Leugnung des absoluten Ichs der Dogmatismus förmlich begründet. Denn, wenn das Daseyn eines empirisch-bedingten Ichs nicht durch Voraussetzung eines absoluten Ichs erklärt werden kann, so bleibt keine andre Erklärung übrig, als aus dem absoluten Nicht-Ich, d. h. aus dem Princip alles Dogmatismus, das sich selbst widerspricht. Mithin ist mit Aufhebung eines absoluten Ichs nicht nur eine bestimmte, sondern alle Philosophie aufgehoben. Die Behauptung eines absoluten Ichs ist

1) nichts weniger als transscendente Behauptung, so wenig als der praktische Uebergang ins übersinnliche Gebiet transscendent ist. Vielmehr, da gerade diejenige Behauptung transscendent ist, die das Ich überfliegen will, so muß die Behauptung eines absoluten Ichs die immanenteste aller Behauptungen, ja die Bedingung aller immanenten Philosophie seyn. Die Behauptung eines absoluten Ichs würde allerdings transscendent, wenn sie über das Ich hinausginge, d. i. wenn sie ihm zugleich sein Daseyn als Objekt bestimmen wollte. Allein der Sinn jener Behauptung ist ja gerade der, daß das Ich schlechterdings kein Objekt sey, und daß es also unabhängig von allem Nicht-Ich, ja sogar alles Nicht-Ich ursprünglich ausschließend, sein Seyn in sich selbst habe, sich selbst hervorbringe. In der transcendentalen Dialektik bleibt der von Kant aufgedeckte Paralogismus nicht beim reinen Ich stehen, vielmehr sucht er das durch Nicht-Ich bedingte, also selbst zum Objekt gewordene Ich als Objekt einerseits und doch andrerseits als Ich, d. h. als absolute Substanz, zu realisiren. Das absolute Ich aber

deßwegen konnte Cartesius mit seinem Cogito, ergo sum, nicht weit kommen. Denn er setzte dadurch als Bedingung des Ichs sein Denken überhaupt, d. h. er hatte sich nicht bis zum absoluten Ich erhoben.

realisirt sich selbst; ich darf, um zu seinem Seyn zu gelangen, nicht über seine Sphäre hinausgehen, und der Satz: Ich bin! unterscheidet sich eben dadurch als der einzige, mit keinem andern vergleichbare, von allen Existentialsätzen. Der ganze Paralogismus der transscendentalen Psychologie beruht also gerade darauf, daß man das, was bloß dem absoluten Ich zukömmt, durch ein Objekt realisiren will. (Denn die ganze Dialektik geht auf Zerstörung des absoluten Ichs und Realisirung des absoluten Nicht-Ichs [= Ich], d. i. des Dings an sich).

„Ich denke, Ich bin!" das sind lauter analytische Sätze. Aber die transscendentale Dialektik macht das Ich zum Objekt, und sagt: was denkt, ist; was als Ich gedacht wird, ist Ich. Dieß ist ein synthetischer Satz, wodurch ein Denkendes überhaupt als Nicht-Ich gesetzt wird. Ein Nicht-Ich aber bringt sich nicht selbst durch sein Denken hervor, wie Ich!

Das absolute Ich ist

2) ebensowenig gleichbedeutend mit dem logischen Ich. Im bloß empirischen Denken komme ich auf das Ich überhaupt nur als auf logisches Subjekt und auf Bestimmbarkeit meines Daseyns in der Zeit; dagegen in der intellektualen Anschauung das Ich sich als absolute Realität außerhalb aller Zeit hervorbringt. Wenn wir also vom absoluten Ich sprechen, wollen wir nichts weniger als das logische im Bewußtseyn enthaltene Subjekt bezeichnen. Allein dieses logische Subjekt ist doch selbst nur durch die Einheit des absoluten Ichs möglich. (Mein empirisches Ich wird in Wechsel gesetzt, damit es aber doch wenigstens im Wechsel sich gleich bleibe, strebt es, die Objekte selbst, durch die es in Wechsel gesetzt wird, zur Einheit zu erheben — [Kategorien] — und bestimmt durch die Identität seines Strebens die Identität seines Daseyns als eines im Wechsel der Zeit beharrenden Princips der Vorstellungen). Die Einheit des Bewußtseyns bestimmt also nur Objekte, kann aber nicht hinwiederum das Ich als Objekt bestimmen; denn als reines Ich kommt es im Bewußtseyn gar nicht vor, und käme es darin vor, so könnte es doch als reines Ich nie zum Nicht-Ich werden; als empirisches Ich aber hat es gar keine Realität, als nur

in der Einheit der Apperception, und bloß in Bezug auf Objekte. Ich denke! ist bloßer Ausdruck der Einheit der Apperception, die alle Begriffe begleitet, also nicht in intellektualer Anschauung, wie der Satz: Ich bin! sondern nur in Bezug auf Objekte, d. i. nur empirisch, bestimmbar. Es ist Ausdruck nicht einer absoluten, sondern nur in Bezug auf Vielheit denkbaren Form der Einheit, dadurch das Ich weder als Erscheinung, noch als Ding an sich (also überhaupt nicht als Ding), aber ebensowenig als absolutes Ich, sondern nur als Princip eines in der bloßen Einheit des Denkens bestimmten, also außer dem Denken alle Realität verlierenden Etwas bestimmt wird. Dagegen ist doch dieses bloß denkbare, nur in der Einheit des Bewußtseyns enthaltene Ich einzig nur durch eine ursprünglich und absolut vorhandene Einheit eines absoluten Ichs begreiflich. Denn gibt es kein absolutes Ich, so begreift man nicht, wie ein Nicht-Ich ein logisches Ich, eine Einheit des Denkens hervorbringen solle, überhaupt aber nicht, wie nur überhaupt Nicht-Ich möglich seyn solle, woher es auch kommt, daß jeder, der es versucht das absolute Ich in Gedanken aufzuheben, sich alsobald genöthigt fühlt das Nicht-Ich selbst zum Ich zu erheben. (Wie dieß auch bei Spinoza der Fall war). Denn es gibt schlechterdings nichts Denkbares für mich ohne Ich, wenigstens ohne logisches Ich, und logisches Ich kann unmöglich durch Nicht-Ich, also nur durch absolutes Ich hervorgebracht seyn.

Wenn also vom absoluten Ich die Rede ist, so reden wir

1) nicht vom logischen Ich, denn dieß ist bloß in Bezug auf Objekt denkbar, und bloßer Ausdruck des Strebens des Ichs, seine Identität im Wechsel der Objekte zu erhalten. Eben deßwegen aber, da es nur durch jenes Streben denkbar ist, ist es selbst Bürge des absoluten Ichs und seiner absoluten Identität.

2) Ebensowenig vom absoluten Subjekt in der transscendentalen Dialektik, wodurch das logische Subjekt, das ursprünglich nichts als bloß formales Princip der Einheit des Denkens, bloßes Correlatum der Apperception ist, als Objekt realisirt werden soll, was sich unmittelbar widerspricht. Das dialektische Subjekt

entsteht durch bloße Abstraction, und durch die paralogistische Voraussetzung, daß das Ich im Bewußtseyn als unabhängig vom Bewußtseyn bestimmbares Objekt denkbar sey. Dadurch unterscheidet sich das dialektische Ich ebensowohl vom logischen als vom reinen Ich. Denn keines von diesen beiden ist durch Abstraktion entstanden. Jenes ist nichts als formales Princip der Einheit des Denkens (und also der Abstraktion selbst), dieses ist höher denn alle Abstraktion, und nur durch sich selbst setzbar.

Das absolute Ich ist also weder bloß formales Princip, noch Idee, noch Objekt, sondern reines Ich in intellektualer Anschauung als absolute Realität bestimmt. Wer also einen Beweis fordert, „daß ihm außer unsrer Idee etwas entspreche", der weiß nicht, was er fordert; denn 1) ist es durch keine Idee gegeben, 2) realisirt es sich selbst, es bringt sich selbst hervor, und braucht also nicht erst realisirt zu werden. Denn, sollte es auch realisirbar seyn, so würde die Handlung selbst, durch die es realisirt werden sollte, es schon voraussetzen, d. h. seine Realisirung, als eines außer sich selbst gesetzten Etwas, hebt sich selbst auf. Es ist entweder nichts, oder durch sich selbst und in sich selbst — nicht als Objekt, aber als Ich realisirt.

Die Philosophie wird also gerade dadurch, daß das absolute Ich als Princip aufgestellt wird, vor allem Schein gesichert. Denn das Ich, als Objekt, ist, wie wir selbst erwiesen haben, nur durch dialektischen Schein möglich, das Ich in logischer Bedeutung aber hat keine Bedeutung, als bloß insofern es Princip der Einheit des Denkens ist, verschwindet also mit dem Denken selbst, und hat gar keine als bloß denkbare Realität[1]. — Oder soll das Princip aller Philosophie ein Nicht-Ich seyn, so muß man eben damit auf alle Philosophie Verzicht thun.

[1] Dadurch fällt der Satz des Bewußtseyns als Princip der Philosophie von selbst. Denn es zeigt sich, daß durch ihn weder Objekt noch Subjekt anders als bloß logisch bestimmt sind, daß er also wenigstens, solange er höchstes Princip seyn soll, gar keine reale Bedeutung hat. Kein Philosoph hat auf diesen Mangel an Realität im Satz des Bewußtseyns stärker hingedrungen, als Salomo Maimon.

Denn Nicht-Ich selbst ist ursprünglich gar nicht als nur im Gegensatz gegen das Ich bestimmbar, und hat keine Realität, wenn das absolute Ich keine Realität hat.

Anmerkung 3. Es ist auffallend, daß die meisten Sprachen den Vortheil haben, das absolute Seyn von jedem bedingten Existiren unterscheiden zu können. Ein solcher Unterschied, der durch alle ursprünglichen Sprachen hindurch geht, weist auf einen ursprünglich vorhandenen Grund zurück, der schon bei der ersten Bildung der Sprache, ohne daß man es sich bewußt war, denselben bestimmte. Aber ebenso auffallend ist es, daß der größte Theil der Philosophen diesen Vortheil, den ihnen ihre Sprache anbot, noch nicht benutzten. Fast alle gebrauchen die Worte: Seyn, Daseyn, Existenz, Wirklichkeit, beinahe ganz gleichbedeutend. Offenbar aber drückt das Wort Seyn das reine, absolute Gesetztseyn aus, dagegen Daseyn schon etymologisch ein bedingtes, eingeschränktes Gesetztseyn bezeichnet. Und doch spricht man z. B. allgemein vom Daseyn Gottes[1], als ob Gott wirklich daseyn, d. h. bedingt und empirisch gesetzt seyn könnte. (Das wollen übrigens die meisten Menschen, und, wie es scheint, selbst Philosophen aller Zeiten und Parteien). Wer vom absoluten Ich sagen kann: es ist wirklich, weiß nichts von ihm[2]. Seyn drückt das absolute, Daseyn aber überhaupt ein

[1] In der theoretischen Philosophie soll Gott als Nicht-Ich realisirt werden, hier ist also jener Ausdruck an seiner Stelle. Dagegen er in der praktischen Philosophie anders nicht denn nur polemisch gegen diejenigen, die Gott zum Objekt machen wollen, gebraucht werden kann.

[2] Auch das Streben des moralischen Ichs kann nicht als Streben nach Wirklichkeit vorgestellt werden, deßwegen, weil es strebt, alle Realität in sich zu setzen. Vielmehr strebt es, umgekehrt alle Wirklichkeit zum reinen Seyn, und sich selbst, da es, durchs Nicht-Ich bedingt, in die Sphäre des Daseyns herabfällt, wieder aus dieser zu erheben. Aber das reine Seyn kann als Objekt des Strebens eines moralischen Subjekts, d. h. eines bedingten Ichs, nur schematisch, d. h. als Daseyn in aller Zeit, dargestellt werden. Darin liegt eben die unendliche Aufgabe der praktischen Vernunft, absolutes Seyn und empirisches Daseyn in uns identisch zu machen. Weil empirisches Daseyn in alle Ewigkeit nicht zu absolutem Seyn erhoben, dieses aber niemals im Gebiete der Wirklichkeit, als wirklich in uns, dargestellt werden kann, fordert die Vernunft unendliches Daseyn für das empirische Ich; denn das absolute hat Ewigkeit in sich selbst,

bedingtes, Wirklichkeit ein auf bestimmte Art, durch eine bestimmte Bedingung, bedingtes Gesetztseyn aus. Die einzelne Erscheinung im ganzen Zusammenhang der Welt hat Wirklichkeit, die Welt der Erscheinungen überhaupt Daseyn, das Absolutgesetzte aber, das Ich, ist. Ich bin! ist alles, was das Ich von sich aussagen kann.

Man dachte wohl sonst, das reine Seyn komme den Dingen an sich zu. — Ich glaube aber, daß das, was Kant von Dingen an sich sagt, sich schlechterdings nicht anders denn nur aus seinem durchgängig beobachteten Herablassungssystem erklären läßt. Denn die Idee von Ding an sich muß nach den kantischen Deduktionen selbst eine widersprechende Idee seyn. Denn Ding an sich heißt nichts mehr und nichts weniger, als ein Ding, das kein Ding ist. Wo sinnliche Anschauung ist, da ist Nicht-Ich, und wo Nicht-Ich ist, sinnliche Anschauung. Intellektual wird gar kein Nicht-Ich, sondern bloßes Ich angeschaut. Man kann also z. B. nicht sagen, Gott schaue die Dinge an sich an. Freilich schaut Gott keine Erscheinungen, aber ebensowenig Dinge an sich, sondern gar kein Ding, bloß sich selbst, und alle Realität als sich gleich gesetzt, an (woraus erhellt, daß Gott Etwas ist, das wir nur ins Unendliche fort zu realisiren streben können). Ist Gott (nach Spinoza) als Objekt, aber unter der Form der Unendlichkeit bestimmbar, so müssen alle Objekte in ihm enthalten seyn, und der Spinozismus ist nur dadurch widerlegbar, daß Gott als mit dem absoluten Ich (das alles Objekt ausschließt) identisch vorgestellt wird. Freilich hat Kant seinem Accommodationssystem zufolge von den Formen der sinnlichen Anschauung als bloßen Formen der menschlichen Anschauung gesprochen; allein die Formen der sinnlichen Anschauung und der Synthesis des Mannigfaltigen derselben sind Formen der Endlichkeit überhaupt, d. h. sie müssen aus dem bloßen Begriff des durch ein Nicht-Ich bedingten Ichs überhaupt deducirt werden, woraus folgt, daß, wo Objekt ist, auch sinnliche Anschauung seyn muß, und also Nicht-Ich außerhalb aller sinnlichen Anschauung (Ding an sich) sich

und kann durch den Begriff von Dauer, selbst unendlicher Dauer, niemals erreicht werden.

selbst aufhebt, d. h. gar kein Ding, bloßes Nicht-Ich, also schlechthin nichts ist. — Man sagte wohl auch sonst, es sey Schuld der Schwäche der menschlichen Vernunft (ein Wort, womit man von jeher viel Mißbrauch getrieben hat), daß wir die Dinge an sich nicht erkennen; man könnte noch eher sagen, die Schwäche liege darin, daß wir überhaupt Objekte erkennen.

[Die Begriffe vom Idealismus und Realismus werden nun erst, nachdem der Begriff von Nicht-Ich im Gegensatz gegen das absolute Ich bestimmbar ist, ihre richtige Bedeutung erhalten. Man verwechselt beide in empirischer und reiner Bedeutung. Reiner Idealismus und Realismus hat gar nichts mit Bestimmung des Verhältnisses des vorgestellten Objekts zum empirischen Subjekt zu thun. Beide bekümmern sich nur darum, die Frage zu lösen: wie es möglich sey, daß dem Ich überhaupt etwas ursprünglich entgegengesetzt, d. h. daß es überhaupt empirisch sey. — Die Antwort darauf nun könnte beim Idealisten nur diese seyn, daß das Ich gar nicht empirisch sey, in welchem Fall also die Nöthigung desselben, sich etwas schlechthin entgegenzusetzen, mithin die Befugniß zur theoretischen Philosophie überhaupt geleugnet würde[1]. Dieser Idealismus ist aber nur als Idee (des letzten Endzwecks) in praktischer Absicht (als praktisches Regulativ) denkbar, denn als theoretischer Idealismus hebt er sich selbst auf. Mithin gibt es keinen reinen theoretischen Idealismus, und da der empirische kein Idealismus ist, überhaupt keinen Idealismus in der theoretischen Philosophie.

Der reine Realismus setzt das Daseyn des Nicht-Ichs überhaupt, und dieses entweder gleich dem reinen absoluten Ich, wie man allenfalls den Idealismus Berkleys deuten könnte — (sich selbst aufhebender Realismus).

[1] Transscendenter und immanenter Idealismus fallen zusammen, denn immanenter Idealismus könnte nichts als das Daseyn der Objekte in den Vorstellungen leugnen, was der transscendente gleichfalls leugnen muß. Denn eben, weil er Idealismus ist, und keine objektive Welt zuläßt, müßte er auch die Gründe seiner Behauptung nur im Ich suchen, also im Grunde immanenter Idealismus seyn.

Oder unabhängig vom Ich überhaupt, wie bei *Leibniz* und *Berkley*, der sehr fälschlich unter die Idealisten gezählt wird (*transscendenter* Realismus).

Oder abhängig vom Ich, durch die Behauptung, daß überhaupt nichts existire als was das Ich setze, und daß das Nicht-Ich nur unter Voraussetzung eines *absoluten*, noch durch kein Nicht-Ich bedingten, Ichs denkbar, also selbst nur durch das Ich *setzbar* sey. (Nämlich um 1. das Nicht-Ich überhaupt setzen zu können, muß das absolute Ich zuvor gesetzt seyn, weil jenes nur im *Gegensatz* gegen dieses bestimmbar ist. Im ursprünglichen Setzen aber ist es eben deßwegen bloßes *Entgegensetzen* mit absoluter Negation. Um es also 2. überhaupt *setzbar* zu machen und ihm Realität mitzutheilen, muß es ins absolute Ich, durch welches allein alles, was ist, setzbar ist, *gesetzt*, d. h. zur Realität erhoben werden. Realität aber kann es nur durch einen absoluten Inbegriff *aller* Realität erhalten — *immanenter kantischer* Realismus [1]).

Oder endlich zwar *ursprünglich unabhängig* vom Ich, aber in der *Vorstellung* nur *durch* und *für* das Ich vorhanden — (transscendent-immanenter [unbegreiflicher] Realismus vieler Kantianer, und

[1] Durch diesen Realismus wird zugleich der Naturforschung ihr eigenthümliches Gebiet bezeichnet, daß sie nämlich schlechterdings nicht darauf gehen kann, „*in das Innere der Objekte einzudringen*", d. h. die Erscheinungen als ihrer Realität nach *unabhängig* vom Ich bestimmbar anzunehmen, sondern die gesammte Realität, die ihnen zukömmt, bloß als Realität *überhaupt*, die keinen in den Objekten *selbst* gegründeten Bestand hat, sondern nur in *Beziehung* (aufs Ich) denkbar ist, zu betrachten, also auch den Objekten keine von dieser geliehenen Realität unabhängige Realität zuzuschreiben, und sie selbst als *außer* derselben vorhanden vorauszusetzen, da sie vielmehr, wenn man von jener übergetragenen Realität abstrahirt, schlechterdings = o sind; weßwegen auch ihre *Gesetze* schlechterdings nur in Bezug auf ihre *erscheinende* Realität bestimmbar sind, und nicht vorausgesetzt werden kann, daß die Realität in der Erscheinung noch durch die Causalität irgend einer andern nicht in der Erscheinung enthaltenen Realität, durch ein noch außer der Erscheinung wirkliches Substrat des Objekts bestimmbar sey; vielmehr würde man, wenn man noch gleichsam *hinter* der erscheinenden (übergetragenen) Realität eine andere, dem Objekt ursprünglich zukommende suchen wollte, auf nichts als *Negation* stoßen.

namentlich Reinholds[1], der sich übrigens den Sektennamen Kantianer selbst verbeten hat).

Empirischer Idealismus ist entweder ohne Sinn, oder nur in Bezug auf reinen transscendenten Realismus denkbar. So war Leibniz (auch Des Cartes), indem er das Daseyn der äußern Gegenstände als Körper leugnete, dagegen aber das Daseyn eines Nicht-Ichs überhaupt unabhängig vom Ich annahm, in Rücksicht auf jenes empirischer Idealist, in Rücksicht auf dieses reiner, objektiver Realist.

Transscendenter Realismus ist nothwendig empirischer Idealismus und umgekehrt. Denn da der transscendente Realismus die Objekte überhaupt als Dinge an sich ansieht, kann er das Wandelbare und Bedingte an ihnen nur als Produkt des empirischen Ichs ansehen, und sie nur, insofern sie die Form der Identität und Unwandelbarkeit haben, als Dinge an sich betrachten. So mußte Leibniz, um die Identität und Unwandelbarkeit der Dinge an sich zu retten, zur prästabilirten Harmonie seine Zuflucht nehmen. Kurz zu sagen, muß der Dogmatismus (der das Nicht-Ich als das Absolute behauptet) die Dinge an sich unter denjenigen Formen vorstellen, die nach dem Kriticismus dem Ich (als dem einigen Absoluten) eigenthümlich sind, und erst von diesem (in der Synthesis) aufs Nicht-Ich übergetragen werden (identische Substantialität, reines Seyn, Einheit u. s. w.); dagegen er diejenigen Formen, welche das Objekt in der Synthesis vom ursprünglichen Nicht-Ich erhält (Wechsel, Vielheit, Bedingtheit, Negation u. s. w.) als bloß der Erscheinung des Dings an sich zugehörig betrachten muß[2]. Deßwegen die leibnizischen Monaden die Urform des

[1] Anders kann ich mir wenigstens den Ausdruck nicht erklären: die Dinge an sich geben den Stoff zu den Vorstellungen. (Die Dinge an sich geben nichts als die Schranken der absoluten Realität in der Vorstellung). — Man sehe statt alles andern den 29. §. der Theorie des Vorstellungsvermögens, wiewohl dieser nach spätern Erklärungen des Verfassers eine philosophische — Excursion seyn soll!

[2] Das Nicht-Ich ist nur in der absoluten Entgegensetzung gegen das Ich bestimmbar, eben deßwegen aber absolute Negation der Relation nach ist es in der ursprünglichen Entgegensetzung als absolute Bedingtheit bestimmt, denn es ist

Ichs (Einheit und Realität, identische Substantialität und reines Seyn, als vorstellende Wesen) haben; dagegen alle diejenigen Formen, welche vom Nicht-Ich aufs Objekt übergehen (Negation, Vielheit, Accidentalität, Causalität in passiver Bedeutung, d. i. Bedingtheit), als bloß in der sinnlichen Vorstellung desselben vorhanden empirisch-idealistisch erklärt werden mußten. — Im consequenten Dogmatismus hat also der empirische Idealismus Sinn und Bedeutung, denn er ist nothwendige Folge des transscendenten Realismus. Soll er aber als Erklärungsgrund des Nicht-Ichs überhaupt gedacht werden, so hebt er sich selbst auf. Denn es ist lächerlich, das Nicht-Ich seinem Daseyn nach bloß als Produkt eines empirischen Vermögens, z. B. der Einbildungskraft,

dem Absoluten entgegengesetzt, also durch dieses bedingt, zugleich aber schlechthin entgegengesetzt, d. h. unbedingt. Was dem Absoluten schlechthin entgegengesetzt ist, ist also nothwendig zugleich bedingt und unbedingt, d. h. schlechthin = 0. Der Quantität nach ist es als absolute Vielheit bestimmt, absolute Vielheit aber ist ein Widerspruch, denn Vielheit ist bedingt durch Einheit. Der Modalität nach ist es als Seyn, das dem absoluten Seyn schlechthin entgegengesetzt ist, d. h. absolutes Nichtseyn, der Qualität nach als Qualität, die der absoluten Realität schlechthin entgegengesetzt ist, d. h. absolute Negation bestimmt. Soll also das absolute Nicht-Ich Realität erhalten, so ist dieß nur dadurch möglich, daß es dem Absoluten nicht schlechthin entgegen — d. h. in den absoluten Inbegriff aller Realität selbst gesetzt wird. Nun ist der Gang aller Synthesis dieser, daß, was in der Thesis und Antithesis schlechthin gesetzt ist, in ihr mit Einschränkung, d. h. bedingt, gesetzt werde. Also wird die absolute Einheit des Ichs in der Synthesis zu empirischer, d. h. nur in Bezug auf Vielheit denkbarer Einheit (Kategorie der Einheit), die absolute Vielheit des Nicht-Ichs zur empirischen, nur in Bezug auf Einheit denkbaren Vielheit (Kategorie der Vielheit), die absolute Realität des Ichs zur bedingten, nur in Bezug auf einschränkende Negation denkbaren Realität (Kategorie der Realität), die absolute Negation des Nicht-Ichs zur nur in Bezug auf Realität denkbaren Negation (Kategorie der Negation), die absolute Unbedingtheit des Ichs zur empirischen, nur in Bezug auf Bedingtheit denkbaren Unbedingtheit (Kategorie der Substanz), das absolute Seyn des Ichs zu einem nur in Bezug auf Nichtseyn bestimmbaren Seyn (Kategorie der Möglichkeit), das absolute Nichtseyn des Nicht-Ichs zu einem nur in Bezug auf Seyn bestimmbaren Nichtseyn (Kategorie des Daseyns).

(Diese Anmerkung ist im zweiten Abdruck weggeblieben, vielleicht nur aus Versehen, da sie in der Originalausgabe auch nicht im Texte, sondern im Verzeichniß der Verbesserungen und Zusätze stand. D. H.)

begreiflich machen zu wollen. Denn man will ja wissen, wie Nicht-Ich überhaupt, d. h. wie empirisches Vermögen überhaupt möglich werde].

Leibniz, oder besser noch, der consequente Dogmatismus, sieht die Erscheinungen als ebenso viele Einschränkungen der unendlichen Realität des Nicht-Ichs an; nach dem kritischen System sind sie ebenso viele Einschränkungen der unendlichen Realität des Ichs. (Erscheinungen also sind vom Ich nicht der Art [Realität], sondern nur der Quantität nach verschieden. Leibniz hatte wohl recht, wenn er sagte, die Erhaltung der Welt der Erscheinungen sey derselbe Akt des absoluten Objekts, wie die Schöpfung. Denn die Welt der Erscheinungen entsteht und beharrt dem Dogmatismus zufolge bloß in der Einschränkung des absoluten Nicht-Ichs. — Schöpfung ist also nach dem kritischen System, das nur immanente Behauptungen zuläßt, nichts als Darstellung der unendlichen Realität des Ichs in den Schranken des Endlichen. Bestimmung derselben durch eine außer dem absoluten Ich wirkliche Causalität — durch ein Unendliches außer dem Unendlichen — hieße das Ich überfliegen). Bei Leibniz ist alles, was da ist, Nicht-Ich, selbst Gott, in dem alle Realität, aber außerhalb aller Negation vereinigt ist; nach dem kritischen System (das von einer Kritik der subjektiven Vermögen, d. h. vom Ich ausgeht) ist das Ich alles; es befaßt Eine unendliche Sphäre, in welcher sich endliche Sphären (durchs Nicht-Ich beschränkt) bilden, die gleichwohl nur in der unendlichen Sphäre und durch sie möglich sind, auch alle Realität nur von dieser und in dieser erhalten [1]. (Theoretische Philosophie). In jener unendlichen Sphäre ist alles intellektual, alles absolutes Seyn, absolute Einheit, absolute Realität, in diesen alles Bedingtheit, Wirklichkeit, Einschränkung: durchbrechen wir diese Sphären (praktische

[1] Der Ausdruck vieler Schwärmer: das Sinnliche sey im Uebersinnlichen, das Natürliche im Uebernatürlichen, das Irdische im Himmlischen befaßt, leidet also eine sehr vernünftige Deutung. Ueberhaupt enthalten ihre Ausdrücke sehr häufig einen Schatz geahneter und gefühlter Wahrheit. Sie sind, nach Leibnizens Vergleichung, die güldnen Gefäße der Aegypter, die der Philosoph zu heiligerem Gebrauche entwenden muß.

Philosophie), so sind wir in der Sphäre des absoluten Seyns, in der übersinnlichen Welt, wo alles Ich außer dem Ich nichts, und dieses Ich nur Eines ist.

* * *

... Ich wünschte mir Platons Sprache oder die seines Geistesverwandten, Jacobis, um das absolute, unwandelbare Seyn von jeder bedingten, wandelbaren Existenz unterscheiden zu können. Aber ich sehe, daß diese Männer selbst, wenn sie vom Unwandelbaren, Uebersinnlichen sprechen wollten, mit ihrer Sprache kämpften — und ich denke, daß jenes Absolute in uns durch kein bloßes Wort einer menschlichen Sprache gefesselt wird, und daß nur selbsterrungenes Anschauen des Intellektualen in uns dem Stückwerk unsrer Sprache zu Hülfe kommt.

Selbsterrungenes Anschauen. Denn das Unbedingte in uns ist getrübt durch das Bedingte, das Unwandelbare durch das Wandelbare, und — wie, wenn du hoffst, daß das Bedingte dir selbst wieder das Unbedingte, die Form der Wandelbarkeit und des Wechsels die Urform deines Seyns, die Form der Ewigkeit und der Unwandelbarkeit, darstellen werde? —

Weil du mit deiner Erkenntniß an Objekte gebunden bist, weil deine intellektuale Anschauung getrübt und dein Daseyn selbst für dich in der Zeit bestimmt ist, wird selbst das, wodurch du allein zum Daseyn gekommen bist, in dem du lebst und webst, denkst und erkennst, am Ende deines Willens nur ein Objekt des Glaubens für dich — gleichsam ein von dir selbst verschiedenes Etwas, das du ins Unendliche fort in dir selbst als endlichem Wesen darzustellen strebst, und doch niemals als wirklich in dir findest — der Anfang und das Ende deines Wissens dasselbe — dort Anschauung, hier Glaube!

* * *

§. 16.

Das Ich setzt sich selbst schlechthin und alle Realität in sich. Es setzt alles als reine Identität, d. h. alles gleich mit sich selbst. Die materiale Urform des Ichs ist demnach die Einheit seines

Setzens, insofern es alles sich gleich setzt. Das absolute Ich geht niemals aus sich selbst heraus.

Durch diese materiale Urform aber ist nothwendig zugleich eine formale Form des Setzens im Ich überhaupt bestimmt. Das Ich nämlich ist als Substrat der Setzbarkeit aller Realität überhaupt bestimmt. Denn, wenn das Ich materialer Inbegriff aller Realität ist (§. 8), so ist es zugleich auch formale Bedingung des Setzens überhaupt, und so erhalte ich eine bloße Form der Setzbarkeit im Ich überhaupt, die aber durch jene materiale Urform der Identität des Ichs (mittelst welcher es alle Realität sich selbst gleich, d. h. in sich selbst setzt) nothwendig bestimmt ist. Setzte nämlich das Ich nicht ursprünglich alles seiner Realität gleich, d. h. identisch mit sich, sich selbst aber als die reinste Identität, so könnte im Ich schlechterdings nichts identisch gesetzt werden, und es wäre möglich, daß A = nicht A gesetzt würde. Das Ich sey was es wolle (es ist aber nichts, wenn es nicht sich selbst absolut gleich ist, weil es nur durch sich selbst gesetzt ist), so ist, wenn es nur überhaupt identisch mit sich selbst gesetzt ist, der allgemeine Ausdruck des Setzens in ihm: A = A. Ist das Ich als identisch mit sich selbst gesetzt, so ist, abgesehen von allem dem, was das Ich ist, alles, was im Ich gesetzt ist, nicht als verschieden von sich selbst, so wie es gesetzt ist, sondern als in demselben Ich gesetzt bestimmt. Durch die reine Identität des Ichs, oder, da das Ich nur durch seine Identität ist, durch das Seyn des Ichs überhaupt, wird also ein Setzen im Ich überhaupt möglich. Wäre das Ich nicht mit sich selbst gleich, so wäre alles, was im Ich gesetzt ist, zugleich gesetzt und nicht gesetzt, d. h. es wäre gar nichts gesetzt, es gäbe keine Form des Setzens.

Allein, da das Ich alles, was es setzt, seiner Realität gleich setzt, so wird, insofern die Form des Setzens im Ich bloß durch das Ich bestimmt ist, das Gesetzte nur in der Qualität seines Gesetztseyns im Ich, d. h. nicht als etwas dem Ich Entgegengesetztes betrachtet; das Ich bestimmt durch seine Urform der Identität nichts als Realität überhaupt, und schlechterdings kein Objekt als solches, insofern es dem Ich entgegengesetzt ist. Der Satz Ich = Ich ist also die Grundlage alles Setzens. Denn das Ich selbst heißt nur insofern gesetzt, als es nur für sich selbst und durch sich selbst gesetzt ist; alles andere aber, was gesetzt ist, ist es nur insofern, als das Ich zuvor gesetzt ist; was aber gesetzt ist, ist schlechthin gesetzt, nur insofern es dem schlechthin-gesetzten Ich gleich gesetzt, und also, da das Ich nur sich selbst gleich gesetzt seyn kann, mit sich selbst identisch ist. A = A ist insofern die allgemeine Formel des schlechthin-Setzens, weil dadurch nichts ausgesagt wird, als daß, was gesetzt ist, gesetzt sey.

Nun kann ich ins Ich setzen nach freier Willkür, ich kann nur das nicht setzen, was ich nicht setze. Ich setze also A, und, da ich es ins Ich setze, gleich irgend einer Realität = B, aber nothwendig als etwas sich selbst Gleiches, d. h. entweder als B oder als — B = C. Würd' es als B und als — B = C gesetzt, so wäre das Ich selbst aufgehoben. Insofern geht der Satz A = A als allgemeine Formel (des sich selbst gleich-Setzens) allen andern formalen Grundsätzen voraus; insofern er ein besonderer Satz — (von besonderem Inhalt) — ist, steht er unter der allgemeinen Gattung der schlechthin gesetzten, durch ihn, insofern er bloße Formel ist, bedingten Sätze.

Alle unbedingt-gesetzten Sätze, alle, deren Setzen bloß durch die Identität des Ichs bedingt ist, können analytische heißen, weil ihr Gesetztseyn aus ihnen selbst entwickelt werden kann, besser noch, thetische Sätze. Thetische Sätze sind alle, die bloß durch ihr Gesetztseyn im Ich bedingt, d. h. da alles ins Ich gesetzt wird, die unbedingt gesetzt sind. (Ich sage, gesetzt sind. Denn nur das bloße Gesetztseyn gehört zur formalen Form).

Eine einzelne Art thetischer Sätze sind identische Sätze, dergleichen A = A als besonderer Satz betrachtet ist (d. h. solche, in denen Subjekt und Prädikat dasselbe sind, deren Subjekt nur sich selbst zum Prädikat hat. So ist das Ich nur Ich, Gott nur Gott, alles aber, was in der Sphäre der Existenz liegt, hat Prädikate, die außer seinem Wesen liegen). Daß sie thetische Sätze sind, gehört zur formalen Form, daß sie identische sind, zur materialen. Identische

Sätze sind nothwendig thetische, weil in ihnen A schlechthin als solches, und, *weil* es A ist, gesetzt wird. Aber thetische Sätze sind nicht nothwendig identische, denn thetische Sätze sind alle, deren Gesetztseyn nicht durch ein anders Gesetztseyn bedingt ist. So kann A = B ein thetischer, obwohl kein identischer Satz seyn, wenn nämlich durch das *bloße* Setzen von A, B, aber nicht umgekehrt durch das bloße Setzen von B, A gesetzt ist.

Die Form der thetischen Sätze ist bloß bedingt durch die reine Identität des Ichs. Da sie also überall nur die materiale, durchs Ich bestimmte Form der Unbedingtheit *formal* ausdrücken, so muß auch die formale Form derselben durchaus parallel seyn der materialen Form des Ichs.

Das Ich ist bloß dadurch, daß es ist, d. h. daß es sich selbst gleich ist, also durch die bloße *Einheit seiner Anschauung*. Nun sind die thetischen Sätze bloß bedingt durch ihr *Gesetztseyn* im Ich. Das Ich aber ist bloß durch Einheit seiner Anschauung. Mithin muß das im thetischen Satze Gesetzte bloß bedingt seyn durch *die im Ich bestimmte Einheit seiner Anschauung*. (Wenn ich urtheile, A = B, so urtheile ich nicht von A, insofern es durch irgend etwas *außer* sich, sondern insofern es bloß durch sich selbst, durch Einheit seines Gesetztseyns im Ich, nicht als bestimmtes *Objekt*, sondern als Realität überhaupt, als im Ich überhaupt setzbar bestimmt ist. Ich urtheile also nicht, dieses odes jenes A in diesem oder jenem bestimmten Punkt des Raums oder der Zeit, sondern A, *als* solches, ist, insofern es A ist, durch eben die Bestimmung, durch die es A, d. h. sich selbst gleich ist, = B. — Alle *numerische* Bestimmung von A ist also eben dadurch ausgeschlossen, sey es nun numerische Bestimmung der Einheit oder der Vielheit. Numerische Einheit kann zwar im thetischen Satze vorkommen, aber nicht als zur Form desselben gehörig. So kann man z. B. urtheilen: der Körper A ist ausgedehnt. Soll dieser Satz ein thetischer seyn, so muß der Körper A bloß in der Einheit seines Gesetztseyns im Ich, nicht als *bestimmtes Objekt*, in bestimmtem Raum, gedacht werden; oder vielmehr, *insofern* der Satz *thetisch* ist, wird A wirklich bloß in der Einheit seines Gesetztseyns gedacht. Das, was ihn zum thetischen Satz macht, ist nicht der bestimmte Körper A, sondern das *Denken* desselben in seiner Einheit. — Das A im thetischen Satze überhaupt ist seinem *bloßen* Gesetztseyn nach, also weder als Gattung, noch als Art, noch als Individuum bestimmt. Vielheit ist gesetzt, weil eins *mehrmals*, also nicht weil es *schlechthin* gesetzt ist. Der Satz also, der eine Vielheit aussagt, ist nicht nur seinem Inhalt, sondern auch der bloßen *Form seines Gesetztseyns* nach ein *antithetischer* Satz. Nur dadurch, daß dem Ich ursprünglich etwas entgegengesetzt, daß das Ich selbst als Vielheit (in Zeit) gesetzt wird, ist es möglich, daß das Ich über die Einheit des bloßen Gesetztseyns in ihm hinausgehe, und z. B. dasselbe Gesetzte mehrmals setze, oder zwei Begriffe, die nichts miteinander gemein haben, die unter keiner Einheit denkbar sind, z. B. *Körper* und *Schwere* zugleich setze.

Allgemeinheit ist empirische, d. h. durch Vielheit hervorgebrachte Einheit, also Form einer *Synthesis*. Allgemeine Sätze sind also weder thetische, noch antithetische, sondern *synthetische* Sätze.

Das Ich ist bloß dadurch, daß es alle *Realität* setzt. Sollen also thetische Sätze (d. h. solche, die durch ihr bloßes Setzen im Ich bestimmt sind) möglich seyn, so müssen sie schlechthin etwas *setzen* (bejahen). Sowie sie verneinen, ist ihr Setzen nicht durchs bloße Ich, denn das enthält keine Verneinung, sondern durch etwas *außer* demselben (ihm Entgegengesetztes) bedingt. (Der bejahende Satz setzt überhaupt etwas in eine Sphäre der Realität — der thetisch-bejahende Satz nur in die Sphäre der Realität *überhaupt*. Der verneinende Satz setzt nur überhaupt nicht in eine *bestimmte* Sphäre; allein da er das, was er in der einen Sphäre wegnimmt, in keine andere setzt, so nimmt er es aus der Sphäre der Realität überhaupt weg. — Das thetisch-verneinende [sonst unendliche] Urtheil nimmt A nicht nur aus einer bestimmten Sphäre weg, sondern setzt es zugleich in eine andere, jener entgegengesetzte. So z. B. der Satz: Gott ist nicht wirklich, nimmt Gott aus der Sphäre der Wirklichkeit, ohne ihn in eine andere zu setzen; der Satz aber: Gott ist nicht — wirklich, setzt ihn zugleich in eine andere, der Sphäre der Wirklichkeit widersprechende Sphäre. Es kommt aber, um ein thetisch-verneinendes Urtheil hervorzubringen, nicht nur darauf an, daß man die Negation mit dem Prädikat willkürlich verbindet, sondern darauf, daß das Subjekt schon durch sein bloßes Setzen im Ich in eine dem Prädikat entgegengesetzte Sphäre gesetzt werde. So kann ich z. B. den verneinenden Satz: ein Zirkel ist nicht viereckigt, in kein thetisch-verneinendes Urtheil verwandeln; denn das Subjekt Zirkel ist nicht schon durch sein bloßes Gesetztseyn in eine der Sphäre des Viereckigten schlechthin entgegengesetzte Sphäre gesetzt; der Zirkel könnte eben auch fünf- oder vieleckigt seyn. Dagegen ist der Satz: ein Zirkel ist nicht süß, nothwendig ein unendliches Urtheil; denn das Subjekt Zirkel ist schon durch sein bloßes Gesetztseyn außer der Sphäre des Süßen, also in eine jener Sphäre geradezu entgegengesetzte Sphäre gesetzt. Deßwegen auch im thetisch-verneinenden Urtheil die Negation nicht bei der Kopula, sondern beim Prädikat steht, d. h. das Subjekt wird nicht nur aus der Sphäre des Prädikats hinweggenommen, sondern in eine ganz andere, jener entgegengesetzten Sphäre von Prädikat gesetzt. — Maimon war, soviel ich weiß, bis jetzt derjenige, der am bestimmtesten auf diese Unterscheidung des unendlichen Urtheils vom bejahenden und verneinenden gedrungen hat).

Das Ich ist bloß durch sich selbst. Seine Urform ist die des reinen Seyns. Soll etwas im Ich gesetzt werden, bloß weil es gesetzt ist, so muß es durch nichts außer dem Ich bedingt seyn; denn es ist bloß durch sein Gesetztseyn im Ich bedingt, und das Ich enthält nichts außer der Sphäre seines Wesens Liegendes. Thetische Sätze setzen also ein Seyn, das bloß durch sich selbst bedingt ist (keine Möglichkeit, Wirklichkeit, Nothwendigkeit, sondern bloßes Seyn).

(Die Bestimmung der Formen der Modalität ist bisher noch nicht ganz ins Reine gebracht. Die Urformen des Seyns und des Nicht-Seyns liegen zwar allen andern Formen zu Grunde. Denn in ihnen ist Thesis und Antithesis (der Widerspruch zwischen Ich und Nicht-Ich) ganz allgemein und bloß formal enthalten: sie müssen also, wenn dieser

Widerspruch durch Synthesis vermittelt wird, diese Synthesis ebenfalls ganz allgemein, und bloß formal, ausdrücken. Eben deßwegen aber gehört materiale (objektive) Möglichkeit, Wirklichkeit, Nothwendigkeit, gar nicht zu jenen ursprünglichen, aller Synthesis vorhergehenden Formen; denn sie drücken das, was jene bloß formal ausdrücken, material, d. i. in Bezug auf schon vollbrachte Synthesis, aus. Also sind sie, da Kategorien eigentlich diejenigen Formen sind, durch welche die Synthesis des Ichs und Nicht-Ichs bestimmt wird, keine Kategorien, sondern sie enthalten alle zusammen die Syllepsis, aller Kategorien. Denn da sie selbst das bloße Setzen ausdrücken, durch die Kategorien aber (der Relation, der Quantität und der Qualität) die Setzbarkeit des Nicht-Ichs im Ich vermittelt ist, so können sie nicht mehr selbst Bedingungen dieser Setzbarkeit, sondern nur Resultat der Synthesis, oder sylleptische Begriffe aller Synthesis seyn.

Reines Seyn nämlich ist ursprünglich nur im Ich, und es kann nichts unter dieser Form gesetzt werden, als was dem Ich gleich gesetzt ist; weßwegen auch einzig und allein in thetischen Sätzen reines Seyn ausgedrückt wird, weil nämlich in diesen das Gesetzte gar nicht als etwas dem Ich Entgegengesetztes, als Objekt, sondern nur als Realität des Ichs überhaupt bestimmt ist.

Die eigentliche Formel für thetische Sätze ist diese: A ist — d. h. es hat eine eigne identische Sphäre des Seyns, in die nun alles gesetzt werden kann, was bloß durch das Seyn von A, durch sein Gesetztseyn im Ich bedingt ist. Dagegen muß es ebenso eine allgemeine Formel für die Antithesis geben, die, weil A das Seyn überhaupt ausdrückt, diese seyn muß: A > — A. Dadurch nämlich wird, da A im Ich gesetzt ist, — A nothwendig außer dem Ich, unabhängig vom Ich, unter der Form des Nichtseyns gesetzt. Wie nun die erstere Formel eine ursprüngliche Thesis möglich macht, so macht diese eine ursprüngliche Antithesis möglich.

Nun ist aber eben diese ursprüngliche Thesis und Antithesis das Problem der gesammten Synthesis der Philosophie [1], und so, wie die

[1] Unter den Kategorien jeder einzelnen Form ist jedesmal die erste Ausdruck der Urform des Ichs, die zweite Ausdruck der Urform des Nicht-Ichs, die dritte

reinen Formen der Modalität die Form der Thesis und Antithesis ursprünglich und allgemein ausdrücken, müssen sie auch die Form möglicher Synthesis ursprünglich und vor aller Synthesis enthalten. Diese Form ist Bestimmung des Nichtseyns durch das Seyn, und diese liegt als ursprüngliche Form der Bestimmung aller möglichen Synthesis zu Grunde.

Reines Seyn ist nämlich nur im Ich denkbar. Das Ich ist schlechthin gesetzt. Das Nicht-Ich aber ist entgegengesetzt dem Ich, mithin ist es seiner Urform nach reine Unmöglichkeit, d. h. schlechterdings nicht im Ich setzbar. Nun soll es aber doch im Ich gesetzt werden, und dieses Setzen des Nicht-Ichs im Ich vermittelt nun die Synthesis dadurch, daß sie die Form des Nicht-Ichs selbst mit der Form des Ichs zu identificiren, d. h. das Nicht-Seyn des Nicht-Ichs durch das Seyn des Ichs zu bestimmen strebt.

Da nun reines Seyn Urform aller Setzbarkeit im Ich ist, die Setzbarkeit des Nicht-Ichs im Ich aber nur durch Synthesis vermittelt wird, so ist die Form des reinen Seyns, insofern sie dem Nicht-Ich zukommen soll, nur als Angemessenheit zur Synthesis überhaupt denkbar (nach kantischer Sprache: objektive Möglichkeit, d. i. Möglichkeit [Setzbarkeit im Ich], die einem Objekt, als solchem, zukommt, ist nur in der Angemessenheit zur Synthesis enthalten). Das Nicht-Ich nämlich ist ursprünglich für das Ich logisch unmöglich; denn für das Ich gibt es keine als thetische Sätze, das Nicht-Ich aber kann nie Inhalt eines thetischen Satzes werden, sondern widerspricht der Form des Ichs geradezu. Nur insofern das Nichtseyn des Nicht-Ichs durch das Seyn des Ichs bestimmt, d. h. insofern eine Synthesis des Seyns und Nicht-Seyns vorgenommen wird, wird das Nicht-Ich setzbar im Ich, also kann seine Möglichkeit nur als Angemessenheit zur

endlich die Synthesis, in welcher die beiden erstern vereinigt werden, und nun erst Sinn und Bedeutung in Bezug aufs Objekt erhalten. Beiläufig zu sagen bezieht sich die Form der Qualität auf die der Modalität, die Form der Quantität auf die der Relation, also sind die mathematischen Kategorien durch die dynamischen, nicht umgekehrt, bestimmt.

Synthesis überhaupt vorgestellt werden: mithin wird die logische Möglichkeit des Nicht-Ichs durch die objektive, die formale durch die materiale bedingt.

Problematische Sätze sind daher solche, deren logische Möglichkeit durch die objektive bedingt ist, stehen aber in der Logik selbst nur unter der reinen, aller Synthesis vorangehenden Form des Seyns, und können unmöglich selbst als besondere Gattung aufgestellt werden. Denn da sie bloß eine Aussage der durch objektive Möglichkeit vermittelten logischen Möglichkeit sind, logische Möglichkeit aber überall dieselbe ist, so gehören sie nur in Rücksicht auf das, wodurch sie problematische Sätze sind, zur Logik. — Ich will die objektive Möglichkeit, insofern sie die logische vermittelt (Schema der logischen ist), objektiv-logische Möglichkeit, Sätze, die bloß reines Seyn, reine Möglichkeit[1] ausdrücken, Essentialsätze, solche aber, die eine objektiv-logische Möglichkeit ausdrücken, problematische nennen. Die problematischen Sätze kommen also in der Logik nur insofern vor, als sie zugleich Essentialsätze sind.

Existentialsätze sind durch die ursprüngliche Entgegensetzung des Nicht-Ichs bestimmt, bekommen aber nur erst durch die Synthesis Möglichkeit. Sie sind also bedingt durch objektiv-logische Möglichkeit, obgleich sie nicht bloße Möglichkeit aussagen. Durch objektiv-logische Möglichkeit nämlich wird das Nicht-Ich nur in Synthesis überhaupt gesetzt, ein Existentialsatz aber setzt es in bestimmte Synthesis. Nun soll aber das Nicht-Ich, als zur Form des Ichs erhoben, nur durch das Schema des reinen Seyns, durch seine bloße Möglichkeit, d. h. durch

[1] Man sollte das Wort logische, reine Möglichkeit untergehen lassen: der Ausdruck veranlaßt nothwendig Mißverständniß. Es gibt eigentlich nur reale, objektive Möglichkeit; die sogenannte logische Möglichkeit ist nichts als reines Seyn, sowie es in der Form des thetischen Satzes ausgedrückt ist. Wenn man z. B. sagt, der Satz: Ich ist Ich, habe die Form reiner Möglichkeit, so ist dieß leicht mißzuverstehen, nicht so, wenn man sagt: seine Form sey die des reinen Seyns (im Gegensatz gegen Daseyn, oder gegen logische Möglichkeit, die nur durch objektive Möglichkeit bedingt ist). S. über die Möglichkeit einer Form der Philosophie überhaupt S. 53 ff. (dieses Bandes S. 108 ff.).

Synthesis überhaupt, gesetzt seyn, so wie das Ich durch Thesis überhaupt gesetzt ist (denn wo Thesis ist, da ist Ich, und wo Ich ist, da ist Thesis). Allein die Urform des Objekts ist Bedingtheit. Mittelst dieser, insofern sie durch das Schema der Zeit darstellbar ist, bekommen die Objekte nur dadurch Daseyn, daß sie einander wechselseitig ihre Stelle in der Zeit bestimmen; ihr Daseyn überhaupt ist nur bestimmt durch ihre Wirklichkeit, d. h. durch ihr Daseyn in einer bestimmten Synthesis. Mithin muß hier eine neue Synthesis eintreten, die, so wie Seyn und Nichtseyn ursprünglich nur dadurch vermittelt werden konnten, daß das Nicht-Seyn durch das Seyn bestimmt wurde, nun hinwiederum objektive Möglichkeit (das Resultat jener Synthesis) mit Wirklichkeit nur dadurch vermittelt, daß sie diese durch jene bestimmt. Nun ist objektiv-logische Möglichkeit Gesetztseyn in der Synthesis überhaupt, Wirklichkeit Gesetztseyn in bestimmter Synthesis: also muß das Nicht-Ich nur insofern in bestimmter Synthesis gesetzt seyn, als es zugleich in Synthesis überhaupt gesetzt ist, d. h. es muß in aller Synthesis gesetzt seyn, denn alle Synthesis ist gleich der Synthesis überhaupt sowohl als der bestimmten Synthesis.

* * *

Ich glaube, daß der ganze Fortgang dieser Synthesis, in einer Tafel vorgestellt, dem Leser deutlicher wird.

Hier ist eine

Tafel aller Formen

I.

1.

Thesis.

Absolutes Seyn, bloß in und durch das Ich ursprünglich bestimmte absolute Setzbarkeit.

2.

Antithesis.

Absolutes Nicht-Seyn, absolute Unabhängigkeit vom Ich, und nur im Gegensatz gegen dasselbe bestimmbare, absolute Nichtsetzbarkeit.

3.

Synthesis.

Bedingte, durch Aufnahme ins Ich bestimmbare Setzbarkeit, d. h. Möglichkeit des Nicht-Ichs[1]. (Diese Möglichkeit heißt, weil das Nicht-Ich nur durch Aufnahme ins Ich Objekt wird, objektiv-logische Möglichkeit, und weil jene Aufnahme ins Ich nur durch vorangegangene Synthesis [mittelst der Kategorien] möglich wird, Angemessenheit zur Synthesis [den Kategorien] überhaupt, Daseyn in der Zeit überhaupt).

[1] Das Nicht-Ich ist in der ursprünglichen Entgegensetzung (Antithesis) absolute Unmöglichkeit, nun erhält es in der Synthesis zwar Möglichkeit, aber nur unbedingte, also tauscht es bedingte Möglichkeit gegen unbedingte Unmöglichkeit ein. „Entweder keine Möglichkeit, dafür aber Unbedingtheit, oder keine Unbedingtheit, dafür aber Möglichkeit! — Sollte das Nicht-Ich das Unbedingte im menschlichen Wissen seyn, so könnte es dieses nur in der ursprünglichen Entgegensetzung, d. h. insofern es schlechthin Nichts ist, seyn". (Zusatz in der ersten Aufl.)

der Modalität.

II.

1.

Thesis.

Bedingtseyn durch die Synthesis überhaupt, d. h. durch die objektive Aufnahme ins Ich. Objektiv-logische Möglichkeit, Daseyn in der Zeit überhaupt.

2.

Antithesis.

Objektives, nicht bloß durchs Ich bestimmtes Bedingtseyn, Daseyn in bestimmter Synthesis (Zeit), d. h. Wirklichkeit.

3.

Synthesis.

Bedingtseyn des (durchs Objekt bestimmten) Gesetztseyns in bestimmter Synthesis durch das (durchs Ich bestimmte) Gesetztseyn in der Synthesis überhaupt, Daseyn[1] in aller Synthesis. — Bestimmung der Wirklichkeit durch die objektiv-logische Möglichkeit — Nothwendigkeit. (Mithin geht der ganze Progressus der Synthesis 1. von Seyn und Nicht-Seyn zu Möglichkeit, 2. von Möglichkeit und Wirklichkeit zu Nothwendigkeit).

[1] Daseyn ist die gemeinschaftliche Form, unter welcher Möglichkeit, Wirklichkeit und Nothwendigkeit stehen. Der Unterschied bei diesen ist nur die Zeitbestimmung selbst, nicht das Setzen oder Nichtsetzen in Zeit überhaupt. Daseyn überhaupt ist also Resultat der ersten Synthesis. In der zweiten wird es in der Thesis als Möglichkeit, in der Antithesis als Wirklichkeit, in der Synthesis als Nothwendigkeit bestimmt.

* * *

[Da **Zeit** Bedingung aller Synthesis ist, und eben deßwegen von der transcendentalen Einbildungskraft durch und in der Synthesis hervorgebracht wird, so kann man das Ganze auch *so* darstellen. Das **Schema** des **reinen** (außerhalb **aller** Zeit gesetzten) Seyns ist Daseyn in Zeit **überhaupt** (d. i. in der Handlung der Synthesis **überhaupt**). Objektive Möglichkeit ist also Gesetztseyn in der Zeit **überhaupt**. Da das Daseyn in der Zeit wechselt, so ist das Objekt, obgleich in der Zeit überhaupt gesetzt, doch zugleich setzbar und nicht setzbar. Um ein Objekt zu **setzen**, muß ich es in **bestimmte** Zeit setzen, was nur dadurch möglich wird, daß ein andres ihm seine Stelle in der Zeit bestimmt, und sich die seine wieder von ihm bestimmen läßt. Nun soll aber das Nicht-Ich bloß durch seine **Möglichkeit**, bloß durch das Schema des reinen Seyns, gesetzt werden.

Diesem Setzen durch bloße Möglichkeit aber widerstrebt das Schema seiner eigenen Form, mittelst dessen es nur als in **bestimmter** Zeit gesetzt gedacht werden kann. Nun ist, so wie Zeit **überhaupt** Schema der gänzlichen **Zeitlosigkeit** ist, **alle** Zeit (d. h. die wirkliche ins unendliche fortgehende Synthesis) hinwiederum Darstellung (Bild)[1] der Zeit überhaupt (d. i. der Handlung der Synthesis überhaupt), wodurch Daseyn in der Zeit **überhaupt** mit Daseyn in **bestimmter** Zeit vermittelt wird. **Alle** Zeit also ist nichts als Bild der Zeit überhaupt, und zugleich **bestimmte** Zeit, weil **alle** Zeit so gut bestimmt ist, als ein einzelner Zeittheil. Insofern nun das Nicht-Ich in **bestimmte** Zeit gesetzt ist, erhält es seine **ursprüngliche** Form (des Wechsels, der Vielheit, der Negabilität), insofern es in Zeit überhaupt gesetzt ist, drückt es die schematische Urform des Ichs aus, Substantialität, Einheit, Realität. Aber es ist in bestimmte Zeit nur insofern gesetzt, als es zugleich in Zeit überhaupt gesetzt ist, und umgekehrt. Seine Substantialität ist nur in Bezug auf Wechsel, seine Einheit nur

[1] Das, was ein Schema mit seinem Gegenstand vermittelt, ist immer ein **Bild**. Schema ist das in der Zeit überhaupt Schwebende, Bild das in bestimmter Zeit Gesetzte, und doch für alle Zeit Setzbare, da hingegen der Gegenstand selbst für mich nur in bestimmte Zeit gesetzt ist.

in Bezug auf Vielheit, seine Realität nur in Bezug auf Negation (d. h. mit Negation — aber ins Unendliche) denkbar[1].

Anmerkungen. 1. Das Ich setzt ursprünglich, und, da es die reinste Einheit ist, alles sich gleich, nichts sich entgegen. Der thetische Satz hat also eigentlich gar keinen andern Inhalt als das Ich, denn was in ihm gesetzt ist, ist nur als Realität überhaupt als = dem Ich, in der Form seiner Identität mit dem Ich gesetzt. — Die Vernunft geht im theoretischen sowohl als praktischen Gebrauche auf nichts als absolut-thetische Sätze, = dem Satz: Ich = Ich. Im theoretischen Gebrauche strebt sie, das Nicht-Ich zur höchsten Einheit zu erheben, also seine Existenz in einem thetischen Satze zu bestimmen, = dem Satze: Ich = Ich. Bei diesem nämlich frägt es sich nicht: Ist das Ich gesetzt? sondern es ist gesetzt, weil es gesetzt ist. Also strebt das Ich, das Nicht-Ich zu setzen, weil es gesetzt ist, d. h. es zur Unbedingtheit zu erheben.

[1] Das Resultat dieser Deduktionen ist, daß nur die Formen des Seyns, des Nichtseyns und des durch Seyn bestimmten Nicht-Seyns, insofern sie vor aller Synthesis vorhergehen, aller Synthesis zu Grunde liegen und die Urform enthalten, nach der sie allein entworfen werden kann, in die Logik gehören können, daß aber die erst durch schon geschehene Synthesis möglich gewordenen schematisirten Formen der Möglichkeit, der Wirklichkeit und der Nothwendigkeit nur insofern in die Logik gehören, als sie selbst durch jene ursprünglichen Formen bestimmt sind. So gehören z. B. problematische Sätze nicht insofern in die Logik, als sie objektive Möglichkeit, sondern nur insofern als sie objektiv-logische Möglichkeit ausdrücken, nicht insofern als sie ein Gesetztseyn in der Synthesis überhaupt ausdrücken, sondern nur insofern, als durch diese Synthesis ihre logische Denkbarkeit überhaupt vermittelt worden ist. Kurz, die drei Formen der problematischen, assertorischen und apodiktischen Sätze gehören nur insofern in die Logik, als sie zugleich die bloße formale Form der ursprünglichen Synthesis (die Bestimmung des Nicht-Seyns durch das Seyn, Daseyn überhaupt), nicht insofern sie die materiale Form — das Daseyn in der Synthesis überhaupt, in der bestimmten Synthesis und in aller Synthesis ausdrücken *).

*) Deßwegen ist auch oben erinnert worden, daß Daseyn Resultat der ersten Synthesis überhaupt sey, und der zweiten nur formal zu Grunde liege. In dieser nämlich wird es erst material bestimmt nach seinem Verhältniß zu der durch die Kategorien vermittelten Synthesis. Mithin können die Formen der zweiten Synthesis nicht, insofern sie material, sondern nur insofern sie formal bestimmt sind, d. h. die ursprüngliche Form der ersten Synthesis, Daseyn überhaupt — gleichviel ob in Zeit überhaupt, in bestimmter Zeit, oder in aller Zeit — ausdrücken, in der Logik vorkommen. (Zusatz der ersten Aufl.)

Diese materiale Form des Strebens der Vernunft bestimmt die formale im syllogistischen Regressus; beide gehen auf ein Streben nach thetischen Sätzen. Die theoretische Vernunft nämlich strebt in ihrem materialen Gebrauche nothwendig nach einem material-thetischen Satz, dergleichen bloß der Satz Ich = Ich ist, und niemals ein andrer, der vom Nicht-Ich etwas aussagt, seyn kann, weßwegen auch jenes Streben auf Widersprüche führen muß; in ihrem formalen Gebrauche aber strebt sie nach formal-thetischen Sätzen, die eine ganze Reihe von Episyllogismen begründen. — Was der theoretischen Vernunft unmöglich war, indem sie durch ein Nicht-Ich beschränkt war, das thut nun die praktische, sie erreicht den einzigen absolut- (d. h. formal- und material-) thetischen Satz: Ich = Ich.

2. Die Form der Identität bestimmt schlechterdings kein Objekt als solches [1]. Daß aber Leibniz, und alle die Männer, die in seinem Geiste dachten, das Princip der Identität als Princip der objektiven Realität ansahen, ist bei weitem so unbegreiflich nicht, als es viele seynwollende Kenner der Philosophie zu finden schienen, von denen man es schon gewohnt ist, daß sie nichts begreiflicher finden, als was ihr Meister sagt, und nichts unbegreiflicher, als was diejenigen sagen, auf deren Wort sie nicht geschworen haben. Die Form der Identität ist für die kritische, d. h. diejenige Philosophie, die alle Realität ins Ich setzt, Princip aller Realität des Ichs, eben deßwegen aber kein Princip objektiver, d. h. nicht im Ich enthaltener Realität [2]; dagegen dem

[1] Der Grundsatz der Identität ist A = A. Nun könnte ja aber A auch gar nicht wirklich seyn, also erhellt, daß A durch die Form der Identität gar nicht seinem Gesetztseyn außer dem Ich zufolge bestimmt, sondern nur insofern es durch das Ich, d. h. gar nicht als Objekt gesetzt ist, betrachtet wird.

[2] Sie kann Princip auch der objektiven Realität werden, aber nur, insofern das Setzen derselben im Ich schon vermittelt ist, bestimmt aber alsdann diese doch nicht als objektive Realität, sondern nur in der Qualität ihres Gesetztseyns im Ich. — Der Satz des zureichenden Grundes, sagt Kant, kann gar nicht in der übersinnlichen Welt gebraucht werden, um irgend ein Objekt derselben zu bestimmen — deßwegen, weil in dieser alles absolut ist, und jener Satz nur die Form der Bedingtheit ausdrückt. Enthielte die übersinnliche Welt wirklich Objekte, und mehr als nur absolutes Ich, so würde dieser Grundsatz in ihr so

Dogmatismus eben dieselbe Form gerade umgekehrt — Princip der objektiven, aber nicht der subjektiven Realität seyn muß. Durch die Form der Identität bestimmt Leibniz das Ding an sich überhaupt, ohne Bezug auf ein Entgegengesetztes (das Ich), Kant hingegen die Realität des Ichs, ohne Bezug auf ein Entgegengesetztes, d. h. ein Nicht-Ich. Daß aber durch die Form der Identität zwar das Ding an sich überhaupt, die objektive Realität desselben, nicht aber die subjektive, d. h. die Erkenntniß des Dings an sich (das Herausgehen aus der bloßen Sphäre des Dings an sich überhaupt), bestimmt sey, erklärte Leibniz so stark und so auffallend, als Kant umgekehrt erklärte, daß durch die Form der Identität zwar die subjektive, d. h. die bloß im Ich gesetzte Realität, nicht aber die objektive, nur durch ein Herausgehen aus der Sphäre des Ichs bestimmbare Realität, bestimmt sey. Für den Dogmatismus müssen thetische Sätze nur durchs Nicht-Ich, antithetische aber und synthetische nur durchs Ich, für den Kriticismus umgekehrt thetische nur durchs Ich, antithetische und synthetische nur durchs Nicht-Ich möglich werden. Leibniz bestimmt die absolute Sphäre durchs absolute Nicht-Ich, hebt aber dadurch nicht alle Form synthetischer Sätze auf, sondern braucht sie, um aus seiner absoluten Sphäre herauszukommen, so gut als sie Kant braucht. Beide haben, um aus dem Gebiet des Unbedingten in das des Bedingten zu kommen, dieselbe Brücke nöthig. Um aus der Sphäre des Dings an sich, des schlechthin Gesetzten, in die Sphäre des bestimmten (vorstellbaren) Dings zu kommen, brauchte Leibniz den Satz des zureichenden Grundes; eben diesen — (d. h. eine Urform der Bedingtheit überhaupt) — braucht Kant, um aus der Sphäre des Ichs heraus in die Sphäre des Nicht-Ichs zu treten. Leibniz hat also den Satz der Identität so gut verstanden als Kant, und ihn für sein System so gut als dieser für das seinige zu brauchen gewußt: das, worin beide uneinig sind, ist nicht

gut als in der Welt der Erscheinungen anwendbar seyn. Kant braucht also auch diesen Grundsatz im übersinnlichen Gebiet nur polemisch, oder dann, wann er seinem Accommodationssystem zufolge von Objekten der übersinnlichen Welt spricht.

der Gebrauch desselben, sondern seine höhere Bestimmung durchs Absolute im System unsers Wissens.[1]

3. Für das absolute Ich gibt es keine Möglichkeit, Wirklichkeit und Nothwendigkeit; denn alles, was das absolute Ich setzt, ist durch die bloße Form des reinen Seyns bestimmt. Für das endliche Ich aber gibt es im theoretischen und praktischen Gebrauche Möglichkeit, Wirklichkeit und Nothwendigkeit. Und da die höchste Synthesis der theoretischen und praktischen Philosophie Vereinigung der Möglichkeit mit der Wirklichkeit — Nothwendigkeit ist, so kann auch diese Vereinigung als eigentlicher Gegenstand (wenn gleich nicht als letztes Ziel) alles Strebens aufgestellt werden. Für das unendliche Ich nämlich würde, wenn es überhaupt Möglichkeit und Wirklichkeit für dasselbe gäbe, alle Möglichkeit Wirklichkeit, und alle Wirklichkeit Möglichkeit seyn. Für das endliche Ich aber gibt es Möglichkeit und Wirklichkeit, mithin muß sein Streben in Bezug auf dieselbe so bestimmt werden, wie das Seyn des unendlichen Ichs bestimmt wäre, wenn es mit Möglichkeit und Wirklichkeit zu thun hätte. Also soll das endliche Ich streben, alles, was in ihm möglich ist, wirklich, und was wirklich ist, möglich zu machen. Nur für das endliche Ich gibt es ein Sollen, d. h. praktische Möglichkeit, Wirklichkeit und Nothwendigkeit, weil nämlich das Handeln des endlichen Ichs nicht durch bloße Thesis (Gesetz des absoluten Seyns), sondern durch Antithesis (Naturgesetz der Endlichkeit) und Synthesis (moralisches Gebot) bedingt ist. Also ist praktische Möglichkeit Angemessenheit der Handlung zur praktischen Synthesis überhaupt,

[1] Kant war der Erste, der nirgends unmittelbar, aber überall wenigstens mittelbar das absolute Ich als das letzte Substrat alles Seyns und aller Identität aufstellte und zuerst das eigentliche Problem der Möglichkeit eines noch über die bloße Identität hinaus bestimmten Etwas fixirte — auf eine Art, die — (wie soll man sie beschreiben? — wer seine Deduktion der Kategorien und die Kritik der teleologischen Urtheilskraft mit dem Geiste gelesen hat, mit dem alles von ihm gelesen werden muß, sieht eine Tiefe des Sinns und der Erkenntniß vor sich, die ihm beinahe unergründlich scheint) — auf eine Art, die nur einem Genius möglich scheint, der, gleichsam sich selbst voraneilend, von dem höchsten Punkt aus nun über eben die Stufen herabsteigt, über welche andere allmählich emporsteigen müssen. (Zusatz der ersten Aufl.)

praktische *Wirklichkeit* Angemessenheit der Handlung zur bestimmten moralischen Synthesis, praktische Nothwendigkeit endlich — (die höchste Stufe, die ein endliches Wesen *erreichen* kann) — Angemessenheit zu *aller* Synthesis (in einem System des Handelns, in welchem alles, was praktisch-möglich ist, wirklich, alles, was wirklich ist, zugleich auch möglich seyn muß [1]). Dagegen beim absoluten Ich gar kein *Sollen*

[1] Auf dem Begriff der praktischen *Möglichkeit* (Angemessenheit zur Synthesis überhaupt) beruht der Begriff des *Rechts* überhaupt und das ganze System des Naturrechts, auf dem Begriff praktischer *Wirklichkeit* aber der Begriff von *Pflicht* und das ganze System der Ethik. Nun ist für das endliche Wesen alles, was wirklich ist, auch möglich, mithin muß, wo Pflicht eintritt, auch ein Recht zu handeln eintreten, d. h. was der bestimmten (moralischen) Synthesis angemessen ist, muß auch der Synthesis überhaupt angemessen seyn, aber nicht umgekehrt. Hingegen ist im absoluten Ich *gar* keine Synthesis, also auch der Begriff von Pflicht und Recht nicht denkbar; allein das endliche muß denn doch so handeln, *als ob* es für das absolute Ich Recht und Pflicht gäbe, also seine *Handlungsweise* gerade so bestimmen, wie das *Seyn* des Unendlichen bestimmt wäre, wenn es für dasselbe Pflicht und Recht gäbe. Nun würde im absoluten Ich Pflicht und Recht identisch seyn, weil in ihm alles Mögliche wirklich, und alles Wirkliche möglich wäre. Also kann der eigentliche *Gegenstand* alles moralischen Strebens auch als Identificirung von Pflicht und Recht vorgestellt werden. Denn, wenn jede Handlung, wozu das freie Wesen als solches ein Recht hätte, zugleich auch Pflicht wäre, so würden seine freien Handlungen keine andre Norm mehr voraussetzen als die des moralischen Gesetzes. Deßwegen auch insbesondere das höchste Ziel, worauf alle Staatsverfassungen (die auf den Begriff von Pflicht und Recht gegründet sind) hinwirken müssen, nur jene Identificirung der Rechte und Pflichten jedes einzelnen Individuums seyn kann; denn woferne jedes einzelne Individuum nur durch Vernunftgesetze regiert würde, gäbe es im Staate schlechterdings keine Rechte, die nicht zugleich Pflichten wären, weil keiner auf irgend eine Handlung Anspruch machen würde, die nicht durch eine allgemeingültige Maxime möglich wäre, und das Individuum, wenn *alle* Individuen nur allgemeingültige Maximen befolgten, selbst nichts als seine Pflicht vor Augen hätte. Denn, wenn alle Individuen ihre *Pflicht* erfüllten, so würde kein einzelnes Individuum *mehr* fordern können, noch ein Recht haben, das durch die allgemeine Erfüllung der Pflicht nicht schon realisirt wäre. *Recht* aber hört sobald auf, als die *Pflicht*, die ihm entspricht, erfüllt ist; denn Möglichkeit überhaupt gilt nur so lange, als sie nicht von Wirklichkeit verdrungen ist, und, wer im Besitz der Wirklichkeit (der erfüllten Pflicht) ist, bekümmert sich nicht mehr um Möglichkeit (sein Recht). — Diese Idee lag auch der platonischen Republik zu Grunde; denn auch in dieser sollte alles praktisch-

stattfindet, weil, was dem endlichen Ich praktisches Gebot ist, jenem constitutives Gesetz seyn muß, durch welches weder Möglichkeit, noch Wirklichkeit, noch Nothwendigkeit, sondern absolutes Seyn, nicht imperativ, sondern kategorisch, ausgesagt wird.

Jener Begriff des Sollens aber und der praktischen Möglichkeit setzt einen andern Begriff voraus, der zu den schwersten Problemen der ganzen Philosophie den Stoff hergegeben hat. Diese müssen hier wenigstens noch kurz berührt werden.

Gibt es nämlich für das endliche Ich eine praktische Möglichkeit, d. h. ein Sollen, so ist dieß schlechterdings nicht ohne den Begriff der Freiheit des empirischen Ichs denkbar. Schon oben (§. 8) wurde dem absoluten Ich absolute Freiheit beigelegt, d. h. Freiheit, die bloß auf sein Seyn selbst gegründet ist, die ihm nur insofern zukömmt, als es Ich schlechthin ist, das alles Nicht-Ich ursprünglich ausschließt. Diese absolute Freiheit des Ichs ist nur durch sich selbst begreiflich. Denn ein absolutes Ich, das alles Nicht-Ich ausschließt, hat insofern absolute Freiheit, die so bald aufhört unbegreiflich zu seyn, als das Ich aus der Sphäre aller Objekte, also auch aus der Sphäre aller objektiven Causalität hinweggenommen ist. Aber das Ich in die Sphäre der Objektivität versetzen, und ihm doch noch Causalität durch Freiheit zuschreiben wollen — dieß scheint ein gewagtes Unternehmen zu seyn.

Die Rede ist also hier nicht von der absoluten Freiheit des absoluten Ichs (§. 8), denn diese realisirt sich schlechthin selbst, weil sie dieselbe Causalität des Ichs ist, mittelst welcher es sich schlechthin als Ich setzt. Das Ich ist aber nur insofern Ich, als es durch sich selbst, d. h. durch absolute Causalität gesetzt ist. Also setzt das Ich, indem es sich selbst setzt, zugleich seine absolute, unbedingte Causalität. Hingegen kann sich Freiheit des empirischen Ichs unmöglich selbst realisiren, denn das empirische Ich, als solches, existirt nicht durch sich selbst,

Mögliche wirklich, alles praktisch-Wirkliche möglich seyn; eben deßwegen sollte in ihr aller Zwang aufhören, weil Zwang nur gegen ein Wesen eintritt, das sich der praktischen Möglichkeit verlustig macht. Aufhebung der praktischen Möglichkeit aber in einem Subjekt ist Zwang, denn praktische Möglichkeit ist nur durch Freiheit denkbar.

durch eigne freie Causalität. Auch könnte diese Freiheit des empirischen Ichs nicht, wie die des absoluten Ichs, absolut seyn, denn durch diese wird schlechthin und zwar bloße Realität des Ichs *gesetzt*, durch die Causalität jener aber *soll* erst die absolute Realität des Ichs *hervorgebracht* werden. Jene ist durch sich selbst, und absolut-unendlich, diese empirisch-unendlich, weil, eine *absolute* Realität *hervorzubringen*, eine empirisch-unendliche Aufgabe ist. Jene ist schlechthin immanent, denn sie ist nur insofern, als das Ich reines Ich, und nicht genöthigt ist aus sich selbst herauszugehen, diese ist nur als *transscendentale* Freiheit bestimmbar, d. h. als Freiheit, die nur *in* Bezug auf Objekte, obgleich nicht *durch* sie, wirklich ist.

Das Problem der transscendentalen Freiheit hat von jeher das traurige Loos gehabt, immer mißverstanden und immer wieder aufgeworfen zu werden. Ja, selbst nachdem die Kritik der reinen Vernunft so großes Licht darüber verbreitet hat, scheint doch bis jetzt noch der eigentliche Streitpunkt nicht scharf genug bestimmt zu seyn. Der eigentliche Streit betraf niemals die Möglichkeit absoluter Freiheit; denn ein Absolutes schließt schon durch seinen Begriff jede Bestimmung durch fremde Causalität aus; die absolute Freiheit ist nichts anders, als die absolute Bestimmung des Unbedingten durch die bloßen (Natur-) Gesetze seines Seyns, Unabhängigkeit desselben von allen nicht durch sein *Wesen* selbst bestimmbaren Gesetzen, von allen Gesetzen, die etwas in ihm setzen würden, was nicht schon durch sein bloßes Seyn, durch sein Gesetztseyn überhaupt, gesetzt wäre (Moralgesetzen). Die Philosophie mußte also entweder das Absolute überhaupt leugnen, oder, wenn sie dieses eingeräumt hatte, ihm auch *absolute Freiheit* beilegen. Der eigentliche Streit konnte also nie absolute, sondern nur *transscendentale* Freiheit, d. h. die Freiheit eines durch Objekte bedingten empirischen Ichs betreffen. Das Unbegreifliche ist nicht, wie ein absolutes, sondern wie ein *empirisches* Ich Freiheit haben solle, nicht wie ein intellektuales Ich [1] intellektual, d. h. absolut-frei seyn könne, sondern wie es

[1] *Kant* bemerkt sehr richtig, daß sich der Ausdruck *intellektual* nur auf *Erkenntnisse* beziehe, was aber nur *Gegenstand* dieser Erkenntnisse sey,

möglich sey, daß ein *empirisches* Ich zugleich *intellektual* sey, d. h. Causalität durch Freiheit habe.

Das *empirische* Ich existirt nur mit und durch Objekte. Aber Objekte allein würden niemals ein *Ich* hervorbringen. Daß das empirische Ich *empirisch* ist, muß es den Objekten, daß es überhaupt Ich ist, nur einer höhern Causalität verdanken. In einem System, das die Realität der Dinge an sich behauptet, ist selbst das empirische Ich unbegreiflich; denn da durch das Setzen eines absoluten, allem Ich vorhergehenden Nicht-Ichs alles absolute Ich aufgehoben ist, so begreift man nicht, wie durch dieselben Objekte nun ein empirisches Ich hervorgebracht werden soll. Noch viel weniger aber kann von transcendentaler Freiheit eines empirischen Ichs in einem solchen Systeme die Rede seyn. Wenn aber Ich als das Absolute, alles Nicht-Ich schlechthin ausschließende, gesetzt ist, so kömmt ihm nicht nur ursprünglich eine absolute Causalität zu, sondern es wird auch begreiflich, wie ein empirisches Ich, und in diesem transcendentale Freiheit wirklich sey.

Daß nämlich das empirische Ich Ich ist, verdankt es derselben absoluten Causalität, durch welche das absolute Ich *Ich* ist; den *Objekten* aber verdankt es nichts als seine Schranken und die Endlichkeit seiner Causalität. Also ist die Causalität des empirischen Ichs von der des absoluten schlechterdings nicht dem Princip (der *Qualität*), sondern nur der *Quantität* nach verschieden. Daß sie Causalität durch Freiheit ist, verdankt sie ihrer Identität mit der absoluten, daß

intelligibel genannt werden müsse. Diese Bemerkung gilt dem Dogmatismus, der, da er intelligible *Objekte* zu erkennen vermeint, allerdings von diesen Objekten den Ausdruck *intellektual* nicht gebrauchen sollte; für den Kriticismus aber (wenigstens den vollendeten) bedarf es dieser Unterscheidung nicht, da er gar keine intelligiblen *Objekte* zuläßt, und nur dem, was gar nicht Objekt werden kann, dem absoluten Ich, Intellektualität beilegt. Beim absoluten Ich nämlich, das nie zum Objekt werden kann, fällt das *Principium essendi* und *cognoscendi* zusammen; mithin muß man ebensowohl vom Ich als z. B. von seiner Anschauung den Ausdruck *intellektual* gebrauchen. Hingegen kann das empirische Ich, insofern seine Causalität in der Causalität des Absoluten befaßt ist, *intelligibel* heißen, weil es einerseits als *Objekt*, andererseits als durch absolute Causalität bestimmbar betrachtet werden muß.

sie transcendentale (empirische[1]) Freiheit ist, nur ihrer Endlichkeit; sie ist also im Princip, von dem sie ausgeht, absolute Freiheit, und wird nur erst, wenn sie auf ihre Schranken stößt, transcendental, d. h. Freiheit eines empirischen Ichs.

Diese Freiheit des empirischen Ichs ist also nur durch ihre Identität mit der absoluten begreiflich, und kann demnach durch keine objektiven Beweise erreicht werden, denn sie kommt dem Ich zwar in Bezug auf Objekte, aber doch nur insofern es in der absoluten Causalität des absoluten Ichs befaßt ist, zu. Aber ebensowenig realisirt sie sich selbst, denn als transcendentale Freiheit ist sie nur im empirischen Ich wirklich, nichts Empirisches aber realisirt sich selbst. Da sie aber nur durch die absolute Causalität möglich ist, so ist sie im empirischen Ich nur durch irgend ein Faktum realisirbar, durch welches sie als identisch mit der absoluten gesetzt wird. Allein das empirische Ich ist gerade nur durch Einschränkung des Absoluten, d. h. durch Aufhebung desselben als eines Absoluten wirklich. Insofern also das empirische Ich bloß in Bezug auf Objekte als Schranken des absoluten betrachtet wird (theoretische Philosophie), kann seine Causalität schlechterdings nicht als identisch mit der absoluten gedacht werden; soll dieß geschehen, so muß die Causalität des empirischen Ichs in Bezug (nicht auf Objekte, sondern) auf Negation aller Objekte gedacht werden. Denn Negation der Objekte ist gerade dasjenige, worin beide, absolute und transcendentale Freiheit, zusammenstimmen können. Denn empirische Freiheit kann zwar nur auf empirische (empirisch-hervorzubringende), nicht auf absolute Negation der Objekte gehen, wie die Causalität des absoluten Ichs, aber doch treffen beide in der Negation zusammen, und wenn sich eine solche Causalität des empirischen Ichs aufzeigen läßt, so ist auch erwiesen, daß sie von der absoluten Causalität nicht der Art, nicht dem Princip, sondern nur der Quantität nach (durch ihre Schranken) verschieden ist. Absolute Causalität kann im empirischen Ich nicht kategorisch gesetzt werden, denn sonst hörte

[1] Es ist schon oben §. 6, Anm. bemerkt worden, daß das Wort empirisch gewöhnlich in einem viel eingeschränktern Sinne genommen wird.

es auf empirisch zu seyn, also kann sie nur imperativ in ihm gesetzt seyn durch ein Gesetz, das Negation aller Objekte, d. h. absolute Freiheit fordert; denn absolute Causalität kann nur von einer solchen Causalität gefordert werden, die nicht selbst absolute Freiheit ist, aber doch von der absoluten nicht der Qualität, sondern nur der Quantität nach verschieden ist.

Transscendentale Freiheit ist also nicht bloß durch die Form des moralischen Gesetzes, sondern auch durch die Materie desselben realisirt. Denn das moralische Gesetz, das nur im endlichen Ich möglich ist, weil nur von diesem Identität mit dem Unendlichen gefordert werden kann, geht zwar nicht auf absolute Negation aller Objekte (constitutiv), aber doch imperativ auf bedingte, d. h. empirisch- (progressiv-) hervorzubringende Negation derselben, also auf absolute Causalität des Ichs, zwar nicht als auf etwas kategorisch Gesetztes, aber doch als auf etwas Hervorzubringendes. Solche Forderungen aber können nur an eine Causalität gemacht werden, die von der absoluten bloß durch Schranken verschieden ist, weil sie das, was diese schlechthin setzt, in sich selbst hervorbringen, d. h. durch Aufhebung ihrer Schranken setzen, soll[1].

[1] Den Unterschied der obigen Darstellung von der Reinholdischen Theorie der Freiheit wird jeder von selbst einsehen, der dem Faden unsrer Untersuchungen bis hieher gefolgt ist. Reinholds Theorie hat sehr große Verdienste, aber in seinem System (das nur vom empirischen Ich ausgeht) ist sie unbegreiflich, und es würde ihrem scharfsinnigen Urheber selbst schwer fallen, seinem Systeme Einheit und seiner Theorie der Freiheit einen durch das oberste Princip (das nicht nur dem Ganzen zu Grunde liegen, sondern durch alle einzelnen Theile des Systems hindurch herrschen soll) begründeten Zusammenhang mit seinem übrigen Systeme zu geben. — Die vollendete Wissenschaft scheut alle philosophischen Kunststücke, durch die das Ich selbst gleichsam zerlegt und in Vermögen, die unter keinem gemeinschaftlichen Princip der Einheit denkbar sind, zerspaltet wird. Die vollendete Wissenschaft geht nicht auf todte Vermögen, die keine Realität haben und nur in der künstlichen Abstraktion wirklich sind; vielmehr geht sie auf lebendige Einheit des Ichs, das in allen Aeußerungen seiner Thätigkeit dasselbe ist; in ihr werden alle die verschiedenen Vermögen und Handlungen, die die Philosophie von jeher aufgestellt hat, nur Ein Vermögen, nur Eine Handlung desselben identischen Ichs. — Selbst die theoretische Philosophie ist nur in Bezug auf

Nun ist zwar eine transscendentale Causalität des empirischen Ichs wohl begreiflich, wenn sie die unendliche selbst, nur unter den Bedingungen der Endlichkeit gedacht, ist; allein, da das empirische Ich selbst nur erscheinende Realität hat, und unter demselben Gesetze der Bedingtheit steht, unter welchem alle Erscheinungen stehen, so tritt die neue Frage ein: wie die transscendentale (durch absolute Causalität bestimmte) Causalität des empirischen Ichs mit der Naturcausalität desselben Ichs übereinstimmen könne?

In einem System, das die Realität der Dinge an sich behauptet, kann diese Frage schlechterdings nicht gelöst, ja nicht einmal aufgeworfen werden.

Denn das System, das vor allem Ich ein absolutes Nicht-Ich setzt, hebt eben dadurch das absolute Ich auf[1], weiß also nicht einmal von einer absoluten Freiheit des Ichs, geschweige denn von einer transscendentalen. Wenn aber ein solches System inconsequent genug ist, einerseits Dinge an sich, andrerseits eine transscendentale Freiheit des Ichs zu behaupten, so wird es niemals, selbst nicht durch eine präſtabilirte Harmonie, die Zusammenstimmung der Naturcausalität mit der Causalität durch Freiheit begreiflich machen; denn auch eine präſtabilirte Harmonie kann nicht zwei schlechthin entgegengesetzte Absoluta

dieselbe Causalität des Ichs möglich, die in der praktischen realisirt wird; denn sie dient nur dazu, die praktische Philosophie vorzubereiten und der durch diese bestimmten Causalität des Ichs ihre Objekte zu sichern. Endliche Wesen müssen existiren, damit das Unendliche seine Realität in der Wirklichkeit darstelle. Denn auf diese Darstellung der unendlichen Realität in der Wirklichkeit geht alle endliche Thätigkeit; und die theoretische Philosophie ist nur dazu bestimmt, dieses Gebiet der Wirklichkeit für die praktische Causalität zu bezeichnen und gleichsam abzustecken. Die theoretische Philosophie geht nur darum auf Wirklichkeit, damit die praktische Causalität ein Gebiet finde, worin jene Darstellung der unendlichen Realität — die Lösung ihrer unendlichen Aufgabe — möglich ist.

[1] Es ist unmöglich, daß zwei Absoluta nebeneinander bestehen. Wird also das Nicht-Ich vor allem Ich absolut gesetzt, so kann ihm das Ich nur als absolute Negation entgegengesetzt werden. Zwei Absoluta können unmöglich als solche in einer ihnen vorhergehenden oder nachfolgenden Synthesis befaßt werden; weßwegen auch, wenn das Ich vor allem Nicht-Ich gesetzt wird, dieses in keiner Synthesis als absolut (als Ding an sich) gesetzt werden kann.

vereinigen, was doch der Fall seyn müßte, da einerseits ein absolutes Nicht-Ich, andrerseits ein empirisches Ich angenommen wird, das ohne ein Absolutes unbegreiflich ist.

Wenn aber die Objekte selbst nur durchs absolute Ich (als den Inbegriff *aller* Realität) Realität erhalten, und daher nur in und mit dem empirischen Ich existiren, so ist jede Causalität des empirischen Ichs (dessen Causalität überhaupt nur durch die Causalität des Unendlichen möglich, und von dieser nicht der Qualität, sondern nur der Quantität nach verschieden ist) zugleich eine Causalität der Objekte, die ihre Realität gleichfalls nur dem Inbegriff *aller* Realität, dem Ich, verdanken. Dadurch erhalten wir ein Princip *prästabilirter Harmonie*, das aber bloß *immanent*, und nur im absoluten Ich bestimmt ist. Weil nämlich nur in der Causalität des absoluten Ichs eine Causalität des empirischen möglich ist, und die Objekte gleichfalls ihre Realität nur durch die absolute Realität des Ichs erhalten, so ist das absolute Ich das gemeinschaftliche Centrum, in welchem das Princip ihrer Harmonie liegt. Denn die Causalität der Objekte harmonirt mit der Causalität des empirischen Ichs nur deßwegen, weil sie nur in und mit dem empirischen Ich existiren; daß sie aber nur in und mit dem empirischen Ich existiren, kommt bloß daher, daß beide, die Objekte und das empirische Ich, ihre Realität nur der unendlichen Realität des absoluten Ichs verdanken.

Durch eben diese prästabilirte Harmonie läßt sich nun auch die nothwendige Harmonie zwischen Sittlichkeit und Glückseligkeit begreifen. Denn da reine Glückseligkeit, von der allein die Rede seyn kann, auf Identificirung des Nicht-Ichs und des Ichs geht, so ist, da Objekte überhaupt nur als Modifikationen der absoluten Realität des Ichs wirklich sind, jede Erweiterung der Realität des Ichs (moralischer Fortschritt) Erweiterung jener Schranken und Annäherung derselben zur Identität mit der absoluten Realität, d. h. zu ihrer gänzlichen Aufhebung. Wenn es also fürs absolute Ich kein Sollen, keine praktische Möglichkeit gibt, so würde, wenn das Endliche jemals seine ganze Aufgabe lösen könnte, das Freiheitsgesetz (des Sollens) die Form eines Naturgesetzes (des Seyns) erhalten; und umgekehrt, da das Gesetz seines Seyns nur durch Freiheit constitutiv geworden wäre, dieses Gesetz selbst zugleich ein Gesetz der Freiheit seyn[1]. Also ist das letzte, worauf alle Philosophie hinführt, kein objektives, sondern ein immanentes Princip prästabilirter Harmonie, in welchem Freiheit und Natur identisch sind, und dieses Princip ist nichts anderes, als das absolute Ich, von dem alle Philosophie ausging.

Gibt es für das unendliche Ich keine Möglichkeit, Nothwendigkeit und Zufälligkeit, so kennt es auch keine Zweckverknüpfung in der Welt. Gäbe es für das unendliche Ich Mechanism oder Technik der Natur, so wäre ihm Technik Mechanism und Mechanism Technik, d. h. beide fielen in seinem absoluten Seyn zusammen. Demnach muß selbst die theoretische Nachforschung das Teleologische als mechanisch, das Mechanische als teleologisch, und beides als in Einem Princip der Einheit befaßt betrachten, das sie zwar nirgends (als Objekt) zu realisiren im Stande, doch aber vorauszusetzen genöthigt ist, um die Vereinigung der beiden widerstreitenden Principien (des mechanischen und teleologischen), die in den Objekten selbst unmöglich ist, in einem über alle Objekte erhabenen Princip begreifen zu können. So, wie die praktische Vernunft genöthigt ist, den Widerstreit zwischen Freiheits- und Naturgesetzen in einem höheren Princip zu vereinigen, in welchem Freiheit selbst Natur und Natur Freiheit ist[2], muß die theoretische

[1] Hiedurch läßt sich auch die Frage beantworten, welches Ich denn eigentlich ins Unendliche fortschreiten soll? Die Antwort ist: das empirische, das aber nicht in der intelligibeln Welt fortschreitet; denn sowie es in dieser wäre, hörte es auf, empirisches Ich zu seyn, weil in der intelligibeln Welt alles absolute Einheit, also kein Fortschritt, keine Endlichkeit gedenkbar ist. Das endliche Ich ist also zwar nur durch intelligible Causalität Ich, aber als endliches Wesen, solange es endliches Wesen ist, seinem Daseyn nach nur in der empirischen Welt bestimmbar. Nun kann zwar das endliche Wesen, da seine Causalität selbst in die Linie der unendlichen fällt, die Schranken seiner Endlichkeit immer mehr erweitern; allein, da dieser Progressus die Unendlichkeit vor sich hat, ist eine immerfort größere Erweiterung derselben möglich, weil, wenn diese irgendwo aufhören könnte, das Unendliche selbst Schranken haben müßte.

[2] Hieraus erhellt auch, wie und inwiefern Teleologie das verbindende Mittelglied zwischen theoretischer und praktischer Philosophie seyn könne.

Vernunft in ihrem *teleologischen* Gebrauche auf ein höheres Princip kommen, in welchem Finalität und Mechanism zusammenfallen[1], das aber eben deßwegen schlechterdings nicht als Objekt bestimmbar seyn kann.

Was für das absolute Ich *absolute* Zusammenstimmung ist, ist für das endliche *hervorgebrachte*, und das Princip der Einheit, das für jenes *constitutives* Princip *immanenter* Einheit ist, ist für dieses nur *regulatives* Princip *objektiver* Einheit, die zur immanenten *werden* soll. Also *soll* auch das endliche Ich *streben*, in der Welt *das hervorzubringen*, was im Unendlichen Wirklich ist, und der höchste Beruf des Menschen ist — Einheit der Zwecke in der Welt zum Mechanism, Mechanism aber zur Einheit der Zwecke zu machen.

[1] Auch *Spinoza* wollte, daß im absoluten Princip Mechanism und Finalität der Ursachen als in derselben Einheit befaßt gedacht werden. Aber, da er das Absolute als absolutes *Objekt* bestimmte, konnte er freilich nicht begreiflich machen, wie teleologische *Einheit* im *endlichen* Verstande nur durch ontologische im unendlichen Denken der absoluten Substanz bestimmt sey, und Kant hat ganz Recht, wenn er sagt, der Spinozism leiste nicht, was er wolle. — Vielleicht aber sind nie auf so wenigen Blättern so viele tiefe Gedanken zusammengedrängt worden, als in der Kritik der teleologischen Urtheilskraft §. 76. geschehen ist. (Statt „Finalität" Z. 2 und „Finalität der Ursachen" Z. 12 steht in der ersten Auflage „Teleologie". D. H.)

In einer Antikritik, die im Intelligenzblatt zur A. L. Z. vom Jahr 1796 steht, äußert sich Schelling über den Zweck der Schrift vom Ich folgendermaßen:

Der Zweck des Verfassers war kein anderer als dieser: die Philosophie von der Erlahmung zu befreien, in welche sie durch die unglücklichen Untersuchungen über *einen ersten Grundsatz der Philosophie* unausbleiblich fallen mußte, zu beweisen, daß wahre Philosophie nur mit freien Handlungen beginnen könne, und daß abstrakte Grundsätze an der Spitze dieser Wissenschaft der Tod alles Philosophirens seyen; die Frage: von welchem (*abstrakten?*) Grundsatze die Philosophie anfangen müsse, schien ihm eines freien Mannes, der sich selbst fühlt, unwürdig. — Indem er die Philosophie für reines Produkt des freien Menschen, gleichsam für Einen Akt der Freiheit hält, glaubte er höhere Begriffe von ihr zu haben, als mancher weinerliche Philosoph, der von der Uneinigkeit seiner Collegen die Gräuel der französischen Revolution und alles Unglück der Menschheit ableitete, diesem Unglücke aber durch einen leeren nichtssagenden Grundsatz abhelfen wollte, in dem er sich die ganze Philosophie gleichsam eingeschachtelt dachte. — Er glaubt, daß der Mensch zum Handeln, nicht zum Speculiren geboren sey, daß also auch sein erster Schritt in der Philosophie den Antritt eines freien Wesens verkündigen müsse. Er hielt eben deßwegen sehr wenig auf geschriebene Philosophie, noch viel weniger auf einen spekulativen Satz an der Spitze der Wissenschaft; am allerwenigsten aber auf die allgemeingültige Philosophie, der sich billig nur ein Weltweiser rühmen sollte, dessen Philosophie, wie Lessings Windmühle, mit allen 32 Winden in Freundschaft lebt. Weil aber das philosophische Publicum einmal nur für erste Grundsätze Ohren zu haben schien, so konnte sein erster Grundsatz, in Bezug auf den Leser, nur ein Postulat seyn, die Forderung derselben freien That, mit der seines Erachtens erst alles Philosophiren beginnen kann. Das erste Postulat aller Philosophie, frei auf sich selbst zu handeln, schien ihm so nothwendig, als das erste Postulat der Geometrie, eine gerade Linie zu ziehen; so wenig der Geometer die Linie beweist, ebenso wenig sollte der Philosoph die Freiheit beweisen.

Indeß wird und muß die Philosophie, die doch selbst nur eine Idee ist, deren Realisirung der Philosoph selbst nur von der praktischen Vernunft erwarten kann, so lange unverständlich und sogar lächerlich bleiben, als man unfähig sich zu Ideen zu erheben, auch von Kant nicht gelernt hat, daß Ideen überhaupt nicht Gegenstände einer müßigen Spekulation, sondern des freien Handelns seyn müssen, daß das ganze Reich der Ideen nur für die moralische Thätigkeit des Menschen Realität hat, und daß der Mensch da keine Objekte mehr finden darf, wo er selbst zu schaffen, zu realisiren beginnt. Kein Wunder, daß unter den Händen eines Menschen, der Ideen theoretisch bestimmen will, alles zum Hirngespinst wird, was über die Tafel der Kategorieen hinausgeht, daß die Idee des Absoluten in seinem Kopfe einer Geschichte des

niemand gleichgilt, und daß er da, wo der andere erst recht frei sich fühlt, nichts als das große Nichts vor sich sieht, das er nicht auszufüllen weiß, und das ihm kein anderes Bewußtseyn, als das seiner eigenen Gedankenlosigkeit übrig läßt. Ein Beweis, daß sein Geist nie gelernt hat, frei auf sich selbst zu handeln, und daß er seinen Rang in der Geisterwelt nur durch ein mechanisches Denken zu behaupten weiß.

Abhandlungen

zur Erläuterung des

Idealismus der Wissenschaftslehre.

Geschrieben in den Jahren 1796 und 1797.

Zweiter Abdruck 1809.

I.[1]

Mehrere philosophische Schriftsteller, um das Schicksal der Kantischen Philosophie bekümmert, haben dem Publikum die Ursachen vorgelegt, welche, nach ihrer Meinung, der allgemeinen Verbreitung und weitern Ausbildung dieser Philosophie im Wege gestanden haben. Diese zu wiederholen, fühle ich keinen Beruf; dagegen werde ich eine Ursache

[1] Anmerkung des Herausgebers. Diese Abhandlungen sind in der obigen Gestalt vom Verfasser in den ersten Band der philosophischen Schriften (1809) aufgenommen worden, woselbst die Vorrede von ihnen sagt:

> „Bestimmter (als in den Briefen über Dogmatismus und Kriticismus) zeigen sich die Keime mehr positiver Ansichten in den Abhandlungen zur Erläuterung der W. L., die unstreitig viel zum allgemeinen Verständniß dieses Systems beigetragen haben, besonders in der dritten derselben".

Ihre erste Veröffentlichung geschah im Jahr 1797 im Philosophischen Journal unter dem Titel: „Allgemeine Uebersicht der neuesten philosophischen Literatur". Vorausgeschickt war damals eine im ersten Heft des genannten Jahrgangs abgedruckte Einleitung, welche bei der Aufnahme in die „Philosophischen Schriften" weggelassen worden ist, dennoch aber der Vollständigkeit wegen in Nachstehendem wiedergegeben werden soll, mit Ausnahme einiger dem Artikel angehängten ganz kurzen Anzeigen und Abfertigungen, welche sich auf einzelne unbedeutende und längst vergessene literarische Erscheinungen beziehen.

Einleitung.

Der Verfasser, dem die Ausarbeitung dieses Artikels übertragen ist, kann sich über den Zweck desselben sehr kurz erklären.

Er schreibt nur für diejenigen, die vor allen Dingen **Wahrheit** wollen, denen sie aus dem Munde des Gegners ebenso werth ist, als aus ihrem eignen, die bei Untersuchungen jeder Art — sie seyen groß oder klein, mehr oder minder wichtig — nicht ihr Individuum in Anschlag bringen, und die immer die ersten sind, sich selbst zu verdammen, sobald ihnen bewiesen ist, daß sie geirrt haben. Er bekümmert sich nicht um kleine engherzige Menschen, die ihre Untersuchungen als eine aufgegebene Lektion, oder als ein Tagewerk betreiben, von dem sie nichts weiter als Lob oder Nahrung erwarten, die bei jeder Erweiterung des menschlichen Wissens nicht sowohl die Irrthümer, die sich so gerne an neugefundene

aufstellen, die, wie mir dünkt, der Hauptgrund ist, warum jene Philosophie von ihren Anhängern bis jetzt ebenso sehr beinahe, als von ihren Gegnern, verkannt wurde.

Diese Ursache ist, daß man sie für eine Philosophie hielt und ausgab, die, eines bloß spekulativen Interesses fähig, nur von [eingeweihten, 1. Aufl.] Schulphilosophen verstanden und gewürdigt werden könne. Dazu trugen freilich sehr viel bei die wiederholten Versicherungen der Antikantianer, daß Kant (den sie doch in demselben Augenblick widerlegen wollten) in einer beinahe ganz unverständlichen Sprache geschrieben habe. Sie bedachten

Wahrheiten anhängen, als die Störung der behaglichen Ruhe fürchten, in der sie sich bisher — den Schranken ihrer Natur getreu — so trefflich befunden haben. Diese Menschen durch süße Worte bestechen, oder durch aufrichtige Wahrheit bessern zu wollen, wäre gleich thöricht; jenes, weil es der Mühe nicht lohnt, dieses, weil für sie die *Wahrheit* selbst Lüge ist, weil das *Licht* selbst in ihnen sich verfinstert, und das *Gerade* verkehrt wird, wie ihre Seele. Auch können ihre Irrthümer der Kritik eben nicht viel zu thun geben (wie glücklich wären sie, wenn sie irren könnten!). Die Kritik hat genug gethan, wenn sie ihren *Sinn* und *Geist*, — denn *hier* ist es, wo es ihnen fehlt, — bei Gelegenheit zu charakterisiren sucht.

Unser Zeitalter ist so weit vorgerückt, daß, unerachtet bei einem großen Theil der Zeitgenossen der alte Aberglauben noch in Achtung steht, doch kein neuer bedeutender Irrthum auf lange Zeit Macht und Ansehen erlangen kann. Auf *Entdeckungen in übernatürlichen* Regionen (dem alten Lande des Scheins) hat die Vernunft selbst feierlich Verzicht gethan. Im Gebiete der Natur und der Menschheit aber — dem einzigen, worin jetzt noch unsere Untersuchungen mit Erfolg fortgehen können — haben wir an der Natur und dem menschlichen Geiste selbst, die beide in ihren Gesetzen gleich unveränderlich und ewig sind, die sichersten Wächter gegen jeden aufkeimenden Irrthum, der den Verstand verfinstern oder die Freiheit in uns unterdrücken könnte.

Desto mehr aber müssen wir jetzt darüber wachen, daß nicht eine herrschende *Unlauterkeit* der Gesinnung (die sich durch ein reines Interesse an allem, was verkehrt und verwirrt ist, äußert), oder eine *einseitige Richtung* unseres Geistes, die nie das Ganze der Menschheit, sondern immer nur ein Bruchstück vor Augen hat, den menschlichen Geist in seinen Fortschritten aufhalte, oder seine Kraft lähme; jenes, weil Verwirrung der Begriffe und Mißbrauch der Wahrheit für den Fortgang der Wissenschaften weit verderblicher sind, als die empörendsten Irrthümer; dieses, weil der Mittelpunkt — der Kern — der menschlichen Kraft nur *da* liegt, wo *alle* Kräfte des Menschen zusammenkommen.

Gerne würde sich der Verfasser geirrt haben, indem er sich theils aus der

nicht, daß es, außer der Wortsprache, auch eine Sprache der Geister gibt, daß jene nur das Vehikel von dieser ist, daß also ihre Versicherung, anstatt gegen jene Philosophie, ebenso leicht, und in dubio noch leichter, gegen ihr philosophisches Talent beweisen könnte. Indeß muß man hier unterscheiden. Einige jener Philosophen trugen diesen Namen als Männer, die, von spekulativen Untersuchungen weit entfernt, ihre ganze Aufmerksamkeit dem menschlichen Leben gewidmet hatten, und die jetzt, durch einen ungünstigen Zufall, zur Prüfung jener Philosophie ihre ganze Abneigung gegen alle — nicht

Unlauterkeit mancher Untersuchungen, theils aus der Einseitigkeit der meisten bisherigen philosophischen Nachforschungen die Phänomene erklärt hat:

Daß eben jetzt in der philosophischen Welt — um diesen stolzen Ausdruck noch so lange zu gebrauchen als er nicht zur Ironie geworden ist — ein ganz anderes Interesse, als das der Wahrheit, immer sichtbarer wird;

Daß im Verhältniß zu der großen Anzahl philosophischer Schriften, die jährlich erscheinen, so wenige da sind, an denen man ursprüngliche Geisteskraft, und etwas mehr als Nachbeterei, langweilige Analyse mehr als tausendmal schon gesagter Dinge, und das ewige Kinderspiel mit einigen abstrakten Begriffen, auf die sich das ganze philosophische Vermögen mancher Schriftsteller einzuschränken scheint, erkennen könnte;

Daß, diejenigen abgerechnet, bei denen man der Einfalt etwas zu gut halten muß, die wirklich oft unglaublich weit geht, dieselben Menschen, deren philosophische Kraft schon jetzt durch bloße Handarbeiten erschöpft ist, diese Lethargie allgemein zu verbreiten hoffen, wenn sie nur nichts als das wahrhaft Mittelmäßige aufrecht zu erhalten, und das Hervorragende, wo es nicht verkennbar ist, entweder zu sich herabzuziehen suchen, oder, wo auch dieses nicht angeht, als ein Abenteuer anstaunen helfen;

Daß eben jetzt dieselbe Wissenschaft, welche unendlichen Verwirrungen Ziel und Grenze setzen sollte, dazu mißbraucht wird, nicht nur Irrthümer zu erfinden, sondern die Wahrheit selbst zu entstellen, nicht nur einzelne Untersuchungen zu verwirren, sondern den ganzen Gesichtspunkt für ganze Wissenschaften und ganze Zeitalter zu verrücken, — endlich, zu thun, was unsere redlichen Alten standhaft zu thun sich weigerten — auch das Unvernünftige vernünftig, oder, damit jenes desto leichter gelinge, das Vernünftige unvernünftig zu machen.

Allen solchen Schriftstellern, die diese Zwecke befördern, die — nicht selbst mittelmäßig arbeiten; denn das kann man niemanden verwehren; aber — die Mittelmäßigkeit (welche für sie so lange die goldne war) auf den Thron erheben und auf ihm beschützen wollen, — solchen, die im Dienste ihrer eignen oder

unmittelbar ins Leben eingreifenden — Untersuchungen (eine Abneigung, die ihnen alle vorhergehenden spekulativen Unternehmungen gar leicht einflößen konnten!) mitbrachten. Andere waren nicht gegen Nomenklatur, Terminologie, Systemgeist überhaupt, sondern nur gegen *diese* Nomenklatur u. s. w. eingenommen; großentheils an Leibnizens Vortrag, der seine philosophischen Principien fragmentarisch, in Briefen an Freunde oder an vornehme und große Herren, immer mit großer Schonung der herrschenden Meinungen, eben deßwegen nicht so scharf und präcis als es dem wissenschaftlichen Vortrage geziemt, mitgetheilt hatte, längst

fremder Vorurtheile neue Verwirrungen ersinnen, um sich selbst oder die Welt noch länger zu betrügen, — solchen, die die Philosophie durch den Mißbrauch ihrer Sprache lächerlich und verächtlich machen, oder durch den Schwall ihrer Schriften noch jetzt besseren den Weg versperren, die freilich nicht wie Pilze aus der Erde schießen, — solchen endlich, die, weil es der Zorn des Publikums nicht gethan hat, wenigstens seine Langmuth bekehren sollte, und die von ihren alten Sünden doch nicht ablassen: — allen und jeglichen, die zu dieser Zunft und Klasse von Schriftstellern gehören, erklärt diese *Uebersicht* laut und feierlich den Krieg. Denjenigen aber, die in der seligen Einfalt ihres Herzens überzeugt sind, daß es an ihnen nicht liegt, wenn die Wissenschaften noch nicht weiter vorgerückt sind, verspricht sie aufrichtige Belehrung und alle mögliche Anleitung zur Selbsterkenntniß. Diese Uebersicht wird eben deßwegen das *Detail* der neuesten philosophischen Schriften ganz den Recensionen überlassen, die mit in den Plan des Journals gehören, und dazu bestimmt sind, aus Schriften, durch welche die Wissenschaft selbst wirklich gewonnen hat, Auszüge zu liefern. Sie selbst wird sich vielmehr damit beschäftigen, den *Geist* zu charakterisiren, der in der Philosophie selbst und in andern mit ihr verwandten* Wissenschaften der herrschende ist.

Indeß, da jedes Ding nur in seinem Zusammenhang verstanden und begriffen wird, so wird diese Uebersicht, um den jetzigen Zustand der Philosophie und den herrschenden Geist in ihr desto sicherer charakterisiren zu können, eine *kurze Geschichte der ganzen Kantischen Epoche* voranschicken müssen; womit auch sogleich im nächsten Hefte der Anfang gemacht werden soll.

Soviel zur *Einleitung* dieses Unternehmens, und jetzt zur Sache! Den

* Vorzüglich rechne ich hieher Theologie und Jurisprudenz, besonders aber Naturwissenschaft und Medicin, insofern sie Theil der Naturwissenschaft ist. Während die Kantianer noch jetzt — unwissend, was außer ihnen vorgeht — sich mit ihren Hirngespinnsten von *Dingen an sich* herumschlagen, machen Männer von ächt philosophischem Geist — ohne Geräusch — in dieser Wissenschaft Entdeckungen, an die sich bald die gesunde Philosophie unmittelbar anschließen wird, und die nur ein Kopf, von Interesse für Wissenschaft überhaupt belebt, vollends zusammenstellen darf, um damit auf einmal die ganze Jammerepoche der Kantianer vergessen zu machen.

gewöhnt, oder gar in der Wolfischen Schulsprache und Methode steif geworden. Endlich die Letzten unter allen hatten durch die kraftlose Scheinphilosophie einiger wäßrigten Schriftsteller oder die Pandektenweisheit aphoristischer Eklektiker allen Sinn und Geschmack — nicht etwa für ein bestimmtes System — sondern für Philosophie überhaupt verloren, ehe Kant einen Buchstaben von seiner Philosophie bekannt gemacht hatte.

Zu jenem Vorurtheil trug auf der andern Seite ebenso viel bei der stolze Ton vermeinter Kantianer, welche für die — nach Jahr und

noch übrigen Raum benützt der Verfasser, um von den wenigen, in der letzten Messe erschienenen philosophischen Schriften Nachricht zu ertheilen, besonders aber den in der Religionsphilosophie jetzt herrschenden Geist an einer derselben zu charakterisiren. Er wählt eine einzelne Wissenschaft, weil ihm kein neues Werk bekannt ist, das die ganze Wissenschaft beträfe. Ein für allemal aber erinnert er, daß die Person des Verfassers einer Schrift hier völlig gleichgültig ist, damit nicht etwa einer, den man hier zum Exempel wählet, daraus einen Schluß auf die besondere Wichtigkeit seines Individuums mache. Es fragt sich nur, ob seine Schrift gerade ein für den Zweck des Verfassers taugliches Beispiel ist. Ist sie das, so wird nicht weiter gefragt, wer sie geschrieben habe.

Eine jener Schriften betrifft den Atheismus:

Briefe über den Atheismus. Herausgegeben von Karl Heinrich Heydenreich. Leipzig, 1796.

— eigentlich einen Atheismus besonderer Art, den der Verfasser zuerst in seiner ganzen Stärke darstellen will. Er verräth wirklich eine edle Kühnheit, indem er das Geschrei über die Gefährlichkeit der Kantischen Religionsphilosophie nicht achtet, und sogar S. 87 f. einem „verehrungswürdigen Manne", der eine seiner Vorlesungen besuchte und allzufreie Grundsätze gehört haben wollte, geradezu sagt, er ahne nicht einmal, wie frei Er (der Verfasser) in diesem Punkt denke. Auch behauptet er selbst, der moralische Atheismus (denn von diesem ist hier die Rede) könne in seiner Vermessenheit nicht weiter gehen, als er in dieser Schrift getrieben sey; und am Ende fürchtet er wirklich, man möchte von dieser Schrift großes Aergerniß erwarten, was sie aber doch wirklich — wie der Verfasser selbst einsieht — unmöglich anrichten kann. Der Verfasser setzt sich nämlich in Briefwechsel mit einem Atheisten, der es weiß, daß Herr Heydenreich durch die Kantische Kritik die lebendigste und festeste Ueberzeugung von der Religion erhalten hat. Unglücklicherweise aber erregt das Geständniß des Atheisten — daß er im Grunde selbst über seine Verstockung erstaunt sey, deren Grund er nirgends in sich finden könne — keine große Erwartung von dem psychologischen Phänomen, das uns der Verfasser verspricht. Auch erfährt man wirklich in dem ersten Briefe

Tag abgemessene — Anstrengung, die sie den Kantischen Schriften gewidmet hatten, zum wenigsten durch die Würde Kantischer Hierophanten belohnt seyn wollten, denen alles daran liegen mußte, die dunkle Sprache, zu der sie allein den Schlüssel hatten, aufrecht zu erhalten. Indeß hat man manchem Gutmeinenden hierin zu viel gethan. Die Zierde — und das äußere [sicherste, 1. Aufl.] Merkmal — einer endlich auf sichern Grund erbauten Wissenschaft, ist und bleibt doch eine bestimmte Terminologie; — nur daß gerade die gesunde Philosophie, da sie nicht der Schule, sondern dem Menschen angehören soll, auch in

nichts, als daß der Atheist zu seinem großen Schaden — Physik studirt, in der Natur völlige Befriedigung gefunden, und endlich mit völliger Selbstgenügsamkeit und Resignation auf Gott und Unsterblichkeit geendigt habe.

Da der Verfasser einmal entschlossen war, den moralischen Atheismus in seiner ganzen Erhabenheit darzustellen, so würde es uns sehr wundern, daß er den bei weitem erhabeneren Atheismus — den einzigen, der aus den moralischen Principien des Kriticismus, solange sie in ihrer gewöhnlichen Einseitigkeit gedacht werden, nothwendig hervorgeht — den Atheismus, der an Unsterblichkeit glaubt, aber Gott leugnet — vorbeigegangen hat, wenn wir nicht wohl wüßten, daß die meisten Kantianer (so consequent sie sonst seyn mögen) durch ein besonderes Glück ihrer Natur vor dieser Consequenz auf immer bewahrt sind. Diese Weltweisen, wie sie sich unter einander betiteln, suchen sich, wie bekannt, gegen den Atheismus durch ein moralisches Bedürfniß zu verwahren, das zwar in der menschlichen Natur überhaupt gegründet seyn soll, aber zu seiner Wirksamkeit eine besondere moralische Stimmung verlangt, die nicht jedem gegeben ist. So wird auch das Größte unter ihrer Bearbeitung klein, indem sie das, was die veredelte Menschheit von selbst — fordert, in ein individuelles Begehren verwandeln, was der moralisch-schwache Mensch in sich erregen soll. Sie ahnen nicht, daß alles in uns klein ist, was nicht die Natur in uns thut, daß das Erhabene der Moralität selbst, solange sie in uns nicht zur Nothwendigkeit geworden ist, unter menschlichen Händen sich verkleinert. Kein Wunder, daß ihre Moral einen so sonderbaren Contrast darbietet! Auf der einen Seite die Idee der Menschheit in ihrer entschiedenen Nothwendigkeit, auf der andern Seite das sie immer begleitende Bild des verzagten wankelmüthigen Menschen, wie er moralisch calculirt, überlegt, zweifelt, sich fürchtet das Rechte doch nicht zu treffen — und am Ende, wenn er es getroffen hat, sich selbst nicht oft genug vorsagen kann, daß die Vernunft in ihm dießmal gesiegt habe. Sie vergessen, oder vielmehr sie wissen nicht, daß es für die Moralität kein dießmal gibt, und daß nur darin die Würde der menschlichen Natur — das, was sie über die bloße Erscheinung erhebt — liegen kann. Derselbe Contrast zeigt sich in allem, was sie über Religion

jeder menschlichen Sprache verständlich seyn muß. In Frankreich, wo die neue Chemie entstand, trat eine Congregation der größten Chemiker zusammen, um über die Terminologie einig zu werden. In Deutschland haben mehrere — zum Theil berühmte — Männer, in der Uebersetzung derselben ein Verdienst gesucht. Dieß mag sehr löblich und sogar nothwendig seyn in einer Wissenschaft, die immer nur in den Grenzen der Schule bleiben wird; — ob auch in der Philosophie eine solche Uebereinkunft zu wünschen sey, ist eine andere Frage.

So viel ist wohl gewiß, daß der Ton mancher Kantianer zu sagen

sagen und schreiben. Sie haben gehört, daß die Idee der Gottheit erhaben ist, und wissen nicht, daß sie unter ihren Händen aufgehört hat es zu seyn. Daher die vergebliche Anstrengung, etwas erhaben zu *machen*, was doch keineswegs erhaben ist. Daher der schlimme ästhetische Eindruck ihrer Schriften. Vielleicht kann man dieß nicht immer so deutlich, als in der vorliegenden Schrift bemerken. Ein beständiges Streben, sich zu erheben, und ein beständiges Zurücksinken! Das letzte Hülfsmittel ist wieder — das liebe *Bedürfniß*; ein niedriger Begriff, der gegen die erhabene Idee von *Gott* gewaltig absticht. Das Bedürfniß eines Gottes; welch ein Gedanke! Und wenn auch der Ausdruck anfänglich gebraucht werden konnte, muß man denn ewig dieselben Ausdrücke wiederholen? — Der arme Atheist bekommt den Rath, vor allen Dingen das *Glaubensbedürfniß* in sich zu *erregen*, ehe er an Gott zu zweifeln wage. Wem fällt hiebei nicht der Theologe ein, der für den Atheisten kein Rettungsmittel wußte, als daß er eifrig zu Gott flehe, damit dieser den Atheismus von ihm nehme. — Der Atheist ist auch damit nicht beruhigt. Er gesteht: „er rechne nun einmal den Glauben an Gott nicht zu seinen geistigen Bedürfnissen; ein Satz sey deßwegen nicht wahr, weil ohne ihn die Vernunft sich widerspräche", — (ist denn aber bei einem praktischen Postulate von einem *Satz* die Rede — und wen trifft denn also jener unphilosophische Einwurf?) — „eben dadurch entzweie sich der Mensch mit sich selbst, daß er Glückseligkeit und Sittlichkeit miteinander vereinigen wolle"; — endlich, der *kühnste* Gedanke im ganzen Buche: „Gott selbst, wenn er existirte, müßte den Atheismus wollen". — Man sieht es den Einwürfen schon an, was darauf folgen mag. Der Glaubensgrund, heißt es, sey kein Syllogismus (endlich wären wir doch so weit!); er sey, wie es S. 112 heißt, ein im Menschen *ursprünglich gegründeter theoretischer* aber *als* solcher nicht zu erweisender *Satz*, ohne welchen die sittliche Vernunft sich selbst widerspräche. Da haben wirs! Noch überdieß die Involutions- und Evolutionstheorie der Kantianer! Das Postulat der praktischen Vernunft ist im menschlichen Geiste begraben, gleichsam eingeschachtelt — es ruht, solange das moralische Bedürfniß ruht (solange man noch nicht *sittlich genug* ist); sobald jenes rege wird, tritt es hervor als ein

schien: zum Verständniß ihrer Philosophie sey alle übrige Kultur des Geistes, aller Reichthum realer Kenntnisse völlig unnütz[1]; und doch setzt schon die erste Frage, deren Beantwortung das ganze Geschäft dieser Philosophie ausmachen soll, um Interesse zu finden und verstanden zu

fertiger *Satz*, dem jetzt weiter nichts mehr fehlt, als daß ihn ein Schriftsteller wie der Verfasser zu Papier bringe! –

Doch, das alles ist Kleinigkeit gegen das, was folgt! Kant soll die Unsterblichkeit als eine *unendliche Fortdauer ohne Zeit* vorgestellt haben. Der Atheist bekennt, das könne er nicht denken. Aber, sagt der Verfasser, dieß ist doch kein Beweis, daß es unmöglich ist! – Nun mag Kant noch beweisen, das Denkbare selbst sey seiner bloßen *Denkbarkeit* wegen noch nicht *möglich*, nachdem ein Schüler von ihm behauptet, das Undenkbare sey, seiner *Undenkbarkeit ungeachtet*, doch nicht unmöglich. Welche Ketzereien wird man nicht künftig mit diesem Spruch allein niederschlagen! – Nicht genug! Der Verfasser will auch wissen, wie es möglich ist, *ohne Zeit* fortzudauern. Daß er uns nur auch sage, wie es möglich ist, ohne Raum sich zu bewegen, ohne Luft zu athmen u. s. w. Nicht die Zeitform selbst, aber – (der Verfasser läßt mit sich tractiren!) – doch etwas ihr *Analoges* wird die Form ihrer künftigen Existenz ausmachen! Die Zeit ist bloß eine Form, die uns zugleich mit dem Körper gegeben ist – und wer uns hienieden, solange wir im Körper wallen, die Zeit als Form gab, kann uns, nach Ablegung des Körpers, auch eine neue geben! Gleichermaßen also, wie der, der Gott unter menschlicher Form denkt, einen Anthropomorphismus begeht, begeht auch der, der den Menschen in seiner künftigen Existenz unter der Form der *thierischen* Existenz (sage der Zeitform) sich denkt, einen *Zoomorphismus*! – Man sieht, der Verfasser wird neu. – Doch ist natürlicherweise der Zoomorphismus, gerade so wie der Anthropomorphismus bei Kant, entweder *dogmatisch* oder *symbolisch*; d. h. wer glaubt, daß wir im andern Leben gerade so wie jetzt in der Zeit seyn werden, ist ein *dogmatischer Zoomorphist*; wer aber glaubt, daß die künftige Form unsrer Existenz nur ungefähr so was wie die Zeit seyn werde, ist ein aufgeklärter Philosoph, und ein *Vertrauter des kritischen Systems*! – Welch ein grober Zoomorphist wird dadurch der arme *Lavater*, der in seinen „Aussichten in die Ewigkeit" berechnet, wie *schnell* sich die Geister im Himmel gegeneinander bewegen. Herr Lavater läßt uns doch mit dem Körper nur die Trägheit, Herr Heydenreich aber die Zeit selbst verlieren! Vielleicht beschenkt uns der Verfasser, oder ein anderer Kantianer, noch mit einer Arithmetica *coelestis*, die auf unsrer künftigen Anschauungsform ungefähr ebenso wie die Arithmetica terrestris auf unsrer jetzigen beruht. Dadurch werden alle unsere Zweifel über den *symbolischen Zoomorphismus* niedergeschlagen werden!

[1] (eine tabula rasa läßt freilich am leichtesten auf sich schreiben; dann ist sie aber auch etwas, was nur gelesen *werden*, nicht *sich selbst lesen* kann) (Zusatz der ersten Auflage).

werden, eine Kultur voraus, die man nicht jedem a priori zutrauen kann. Man sollte denken, nur ein Mann, der bei empirischen Nachforschungen oft genug gefühlt hat, wie wenig diese allein dem Geiste Genüge thun, wie gerade die interessantesten Probleme derselben so oft auf höhere Principien zurückweisen, wie langsam und unsicher man in ihnen fortschreitet, ohne leitende Ideen, der man sich oft nicht einmal deutlich bewußt ist — nur ein Mann, der durch mannichfache Erfahrung Schein und Wirklichkeit, Eitelkeit und Realität menschlicher Kenntnisse unterscheiden gelernt hat, nur ein solcher werde — ermüdet von manchen vergeblichen Nachforschungen, die er, unwissend in Ansehung dessen, was der Geist des Menschen vermag, sich selbst aufgab — mit vollem Interesse, mit klarem Bewußtseyn des Sinns seiner Frage, die Frage sich aufwerfen: Was ist denn am Ende das Reale in unsern Vorstellungen? Und wenn man auch von dieser Bedingung abweichen will, so muß man wenigstens darauf bestehen, daß in einem Menschen, der diese Frage mit Sinn und Verstand aufwerfen soll, zwei seltene Eigenschaften vereinigt seyn müssen: eine ursprüngliche Tendenz zum Realen auf der einen, und eine Fähigkeit über das Wirkliche sich zu erheben auf der andern Seite, jene, weil ohne sie eine *solche* Frage allzu leicht in idealische Spekulationen verwickelt, diese, weil ohne sie der Sinn, am einzelnen Objekt abgestumpft, für Realität *überhaupt* keine Empfänglichkeit behält.

Man hätte ferner denken sollen, daß jene Frage am allerwenigsten Menschen interessiren würde, deren ganze philosophische Kraft sich auf Analyse todter und abstrakter Begriffe beschränkt. Für einen solchen gibt es nichts Reales. Wer nichts Reales in sich und außer sich fühlt und erkennt — wer überhaupt nur von Begriffen lebt, und mit Begriffen spielt — wessen Anschauungsvermögen längst durch Gedächtnißwerk, todte Spekulation, oder gesellschaftliche Verdorbenheit ertödtet ist — wem seine eigene Existenz selbst nichts als ein *matter Gedanke* ist — wie kann doch der über Realität (der Blinde über die Farben) sprechen? Oder wie will er die Antwort verstehen, wenn er die Frage nicht verstanden hat? Fragt Wilde, denen bunte Federn und ein bemalter Leib das Schönste ist, was schöne Kunst sey? oder gebt ihnen

Unterricht darüber — sie werden euch dumm anstaunen, oder affenmäßig angrinsen[1]. —

Auch haben viele deß keinen Hehl gehabt, daß sie diese erste Frage der Philosophie nicht verstünden[2]. Wenn man fragte: woher stammt eigentlich alle unsere Erkenntniß? — so wollte man doch nicht wissen, wie es möglich sey, Vorstellungen und Begriffe, die man schon hat, in ihre Bestandtheile aufzulösen; sondern die Frage war, wie man ursprünglich zu diesen Begriffen und Vorstellungen gekommen sey? Weil man nun ganz natürlicherweise aus einem Begriffe auch wieder entwickeln kann, was man vorher — nicht etwa nur willkürlich, sondern nothwendiger Weise — in ihm gedacht hat, so war das Erste, was man gegen jene Frage aufbrachte, Beispiele, aus welchen erhellen sollte, daß unsere ganze Philosophie auf Analysen schon gebildeter Begriffe zurückkomme, eigentlich aber nur so viel erhellte, daß man willkürlich analysiren kann, was man vorher nothwendiger Weise verbunden hat. Weil, wenn man in Gedanken das Objekt von seinen Eigenschaften trennt, noch ein unbestimmtes logisches Etwas übrig bleibt, so glaubt man, daß dieses Objekt auch wohl in der Wirklichkeit etwas für sich unabhängig von seinen Eigenschaften Bestehendes seyn könne. Weil z. B. der Begriff von Materie ursprünglich aus einer Synthesis entgegengesetzter Kräfte durch die Einbildungskraft hervorgeht, so glaubt man nachher aus einem — ich weiß nicht welchem — bloß logischen Begriffe der Materie (der gar nicht möglich ist) — nach dem Grundsatz des Widerspruchs — die Grundkräfte der Materie analytisch ableiten zu können u. s. f. Auf solchen Täuschungen beruhte der ganze Schulstreit über den Unterschied analytischer und synthetischer Urtheile.

[1] Man sehe den 11ten Band der berüchtigten Reisebeschreibung.

[2] Vor diesem Satz stand in der ersten Auflage: In jener Frage also schon liegt der Stolz eines cultivirten Menschen, der sich über sein gesammtes Wissen Rechenschaft abfordert, ein Stolz, den man etwa sich selbst, nicht aber andern verbergen darf, für welche die bloße Frage schon ein Odi profanum vulgus et arceo seyn muß. Und diese Würde der Frage muß auch in die Antwort übergehen; denn an der Antwort erkennt man den Mann und erfährt, ob er der Frage fähig war.

Kant ging davon aus: das *Erste* in unsrer Erkenntniß sey die *Anschauung*. Daraus entstand gar bald der Satz: Anschauung sey die *niedrigste* Stufe der Erkenntniß. Aber sie ist das Höchste im menschlichen Geiste, dasjenige, wovon alle unsere übrigen Erkenntnisse erst ihren Werth und ihre Realität borgen. Ferner, was der Anschauung vorangehen müsse, sagt Kant, sey eine Affektion unsrer Sinnlichkeit. Wo diese eigentlich herkomme, ließ er völlig unentschieden. Absichtlich ließ er hier etwas zurück, was erst späterhin als das letzte — höchste[1] Problem der Vernunft erscheinen sollte. Aber Anhänger und Gegner dieser Philosophie hoben sorgfältig auf, was ihr Urheber wohlabsichtlich liegen ließ. Weil er nun nachher von *Dingen an sich* sprach, so mußten es schlechterdings Dinge an sich seyn, die auf uns gewirkt hatten. Allein man durfte nur einige Blätter weiter *lesen*, um zu sehen, daß nach Kants Philosophie alles, was für uns Objekt, Ding, Gegenstand ist, nur in einer ursprünglichen Synthesis der Anschauung Objekt u. s. w. geworden ist. Denn als Bedingungen aller Anschauung nennt er Zeit und Raum, und zeigt, daß diese gar nichts unabhängig von uns Wirkliches, sondern ursprüngliche Formen der Anschauung seyen. Dieß verstand man nun freilich so, als ob wir, wie unlängst ein Recensent in der A. L. Z. naiv genug gesagt hat, diese Formen zum Geschäft des Anschauens schon fertig und bereit liegend *mitbrächten*. Allein wer hieß denn dieß so verstehen? Wenn Kant von einer Synthesis der Einbildungskraft in der Anschauung sprach, so war doch wohl diese Synthesis eine *Handlung* des Gemüths, Raum und Zeit also, als Formen jener Synthesis, *Handlungsweisen des Gemüths*. Aus Zeit und Raum entsteht freilich kein Objekt. Aber Raum und Zeit bezeichneten doch im *Allgemeinen* die Handlungsweise des Gemüths im Zustand der Anschauung. Also war jene Behauptung ein Fingerzeig, welcher, wohl benützt, über das Wesen der Anschauung selbst (das *Materiale* derselben), und damit über das ganze System des menschlichen Geistes, den vollkommensten Aufschluß geben konnte.

[1] nie aufzulösende (Zusatz der ersten Auflage).

Denn, lasset uns einmal betrachten, was Raum und Zeit zum Objekt — um mich ganz gewöhnlich auszudrücken — beitragen. Raum gibt dem Objekte Ausdehnung, Sphäre. Allein im Begriff der Ausdehnung, der Sphäre liegt nothwendig auch der Begriff einer *Begrenzung*. Also muß, da *Objekt* eine begrenzte Sphäre bezeichnet, diese *Grenze* anderwärts herkommen. Es ist die *Zeit*, die dem Raume erst Grenze, Schranke, Umriß gibt. Deßwegen hat der *Raum* drei Dimensionen. Denn da er ursprünglich unendlich ist, so hat er gar keine Richtung, oder vielmehr er hat alle möglichen Richtungen, die man nur nicht eher unterscheiden kann, als sie (durch Zeit begrenzt) *endliche*, *bestimmte* Richtungen werden. Umgekehrt, *Zeit* ist ursprünglich nichts als *Schranke* und *Grenze*, sie ist absolute Negation aller Ausdehnung, ein mathematischer Punkt. Erst der Raum gibt ihr Ausdehnung; daher kann sie ursprünglich nur unter dem Bilde einer geraden Linie vorgestellt werden, und hat nur Eine mögliche Dimension. Daher ferner ist weder Raum ohne Zeit, noch Zeit ohne Raum vorstellbar. Das ursprünglichste Maß alles Raums ist die Zeit, die ein gleichförmig bewegter Körper nöthig hat, ihn zu durchlaufen, und umgekehrt, das ursprünglichste Maß der Zeit ist der Raum, welchen ein solcher Körper (z. B. die Sonne) in ihr durchläuft. Daher also sind Zeit und Raum nothwendige Bedingungen aller Anschauung. Ohne Zeit ist das Objekt formlos, ohne Raum ausdehnungslos. Dieser ist ursprünglich absolut — unbestimmt (Platons ἄπειρον); jene ist das, was allem erst Bestimmung und Umriß gibt (πέρας bei Plato). Raum ohne Zeit ist Sphäre ohne Grenze, Zeit ohne Raum Grenze ohne Sphäre. Nun ist Bestimmung, Grenze, Schranke etwas ursprünglich *Negatives*. Dagegen Sphäre, Ausdehnung u. s. w. ursprünglich *positiv*. Also, weil Raum und Zeit Bedingungen der Anschauung sind, so folgt, daß Anschauung überhaupt nur durch zwei absolut entgegengesetzte Thätigkeiten möglich ist. Raum und Zeit aber sind bloß *formal*, sie sind ursprüngliche Handlungsweisen des Gemüths, in ihrer Allgemeinheit aufgefaßt. Aber sie können doch als ein Princip dienen, nach welchem sich auch das *Materiale* der ursprünglichen Handlungsweisen des

Gemüths in der Anschauung bestimmen läßt. Diesem nach müssen in der Anschauung vereinigt werden — zusammentreffen, wechselseitig sich bestimmen und beschränken, zwei ursprünglich und ihrer Natur nach entgegengesetzte Thätigkeiten. Die eine derselben wird positiver Art, die andere negativer Art seyn. Die letztere nun, was wird sie anders seyn, als das, was Kant als die von außen auf uns wirkende Thätigkeit bezeichnet? Die erstere aber offenbar diejenige, die er in der Synthesis der Anschauung als geschäftig annimmt, d. h. die ursprüngliche geistige Thätigkeit. Und so ist es sonnenklar erwiesen: das Objekt sey nicht etwas, was uns von außen, als ein solches, gegeben ist, sondern nur ein Produkt der ursprünglichen geistigen Selbstthätigkeit, die aus entgegengesetzten Thätigkeiten ein drittes Gemeinschaftliches (κοινόν bei Platon) schafft und hervorbringt. Jene geistige Selbstthätigkeit nun, die in der Anschauung handelt, schreibt Kant der Einbildungskraft zu, mit Recht, weil dieses Vermögen allein, der Passivität und Aktivität gleich fähig, das einzige ist, was negative und positive Thätigkeit zusammenzufassen und in einem gemeinschaftlichen Produkt darzustellen vermag. Und deßwegen heißt ihm auch jene Handlung die ursprüngliche, transscendentale Synthesis der Einbildungskraft in der Anschauung — ein Ausdruck, den allein die Kantianer ihrem Meister nicht, wie jeden andern, nachsprechen.[1]

Hätte man diesen Einen Ausdruck verstanden, so wäre damit auf einmal das Hirngespinnst, das unsere Philosophen so lange gequält hat — ich meine die Dinge an sich — die Dinge, die außer den wirklichen Dingen noch vorhanden seyn, ursprünglich auf uns einwirken, den Stoff zu unsern Vorstellungen geben sollten u. s. w. — wie Nebel und Nacht vor Licht und Sonne verschwunden. Man hätte eingesehen, daß kein Ding wirklich ist, es sey denn, daß es ein Geist erkenne. In der Leibnizischen Philosophie waren die Dinge an sich etwas ganz anderes. Leibniz wußte von keinem Daseyn, als nur von einem solchen, das sich selbst erkennt, oder von einem Geiste erkannt wird. Das

[1] ohne Zweifel aus ganz besonderen Gründen. Zusatz der ersten Auflage.

letztere war ihm bloße Erscheinung. Was aber mehr als Erscheinung seyn sollte, daraus machte er nicht ein todtes, selbstloses Objekt. Darum begabte er seine Monaden mit Vorstellkräften, und machte sie zu Spiegeln des Universums, zu erkennenden, vorstellenden, und nur *insofern* nicht „erkenn*baren*", nicht „vorstell*baren*" Wesen. — Unsterblicher Geist, was ist unter uns aus deiner Lehre geworden! Was aus den ältesten, heiligsten Traditionen geworden ist; — doctrina, per tot manus tradita, tandem in *vappam* desiit! — Den Dingen an sich Vorstellung zu geben, dazu waren unsere Halbköpfe zu aufgeklärt. Und von Leibniz — o, der moderte ruhig im Staube —, von *Kant* hatten sie gehört, was Leibniz behaupte; ihn selbst zu lesen, dazu waren sie zu weise geworden! — Kann man ruhig bleiben, wenn man über der Asche der größten Männer Schwächlinge triumphiren hört, die ein Wort von jenen vernichten könnte, wäre nicht längst ihr Mund verstummt! — Oder wenn der Glaube an eine wirkliche Welt — das Element unseres Lebens und unseres Handelns — entstanden seyn soll nicht aus unmittelbarer Gewißheit, sondern aus — ich weiß nicht welchen Schattenbildern wirklicher Dinge, die nicht einmal der Einbildungskraft, sondern nur einer todten, phantasielosen Spekulation zugänglich sind — und wenn so *unsere Natur* (so ursprünglich reich und kraftvoll) von Grund aus verderbt und entnervt werden soll? — Denn darin liegt das Wesen der geistigen Natur, daß in ihrem Selbstbewußtseyn ein ursprünglicher Streit ist, aus dem eine wirkliche Welt außer ihr in der Anschauung (eine Schöpfung aus Nichts) hervorgeht. Und darum ist keine Welt da, es sey denn, daß sie ein *Geist* erkenne, und umgekehrt kein Geist, ohne daß eine Welt außer ihm da sey. — Ich gehe weiter.

Daß ich ein Objekt außer mir erkenne, sagt Kant, dazu reicht die bloße Anschauung noch nicht zu. Ganz natürlicherweise. Denn indem es die Einbildungskraft synthetisch erzeugt, kann es vom Gemüth nicht zugleich angeschaut werden als *Objekt*, d. h. als etwas, dem, unabhängig von ihm, Wirklichkeit und Selbstdaseyn zukömmt. Erst nachdem jenes schöpferische Vermögen geendet hat, muß, nach Kant, der *Verstand* eintreten, ein dienstbares Vermögen, das nur auffaßt, *begreift*, festhält, was ein anderes hervorgebracht hat. Aber was kann ein solches Vermögen thun? — Jetzt, nachdem die Anschauung und mit ihr die Realität verschwunden ist, nur *nachahmen*, nur *wiederholen* jene ursprüngliche Handlung der Anschauung, in welcher das Objekt zuerst da war: dazu bedarf es der Einbildungskraft. Aber das Reale ist nur in der Anschauung. Also kann auch die Einbildungskraft, in ihrer gegenwärtigen Funktion, jene Handlungsweise nicht ihrer *Materie* nach wiederholen. Denn sonst entstünde wieder Anschauung, und wir wären, wo wir vorher waren. Also wiederholt sie nur das *Formale* jener Handlungsweise. Dieses besteht, wie wir wissen, in Zeit und Raum. Also verzeichnet sie nur den Umriß von einem in Zeit und Raum überhaupt schwebenden Gegenstand. Diesen Umriß heißt Kant *Schema*, und behauptet, dieses erst vermittle den Begriff mit der Anschauung. Allein er hat hier, wie oft, eine allzugroße Schonung gegen etwas bewiesen, was an sich keine Realität hat. In der *Spekulation* mag man das Schema vom Begriffe trennen, in der *Natur* (unseres Erkennens) sind sie nie getrennt. Begriff ohne Versinnlichung durch die Einbildungskraft ist ein Wort ohne Sinn, ein Schall ohne Bedeutung. Jetzt erst, indem das Gemüth Gegenstand und Umriß, Reales und Formales einander entgegensetzen, eines auf das andere beziehen, vergleichen, zusammenhalten kann, entsteht zuerst Anschauung mit Bewußtseyn, und die feste, unerschütterliche Ueberzeugung in ihm, daß etwas außer ihm und unabhängig von ihm wirklich sey. Und so, sagt Kant, liegt nur im Zusammentreffen der Anschauung und des Begriffs der lichte Punkt einer objektiven Erkenntniß. Nichtsdestoweniger gibt es Leute, die ihm bis auf den heutigen Tag noch vorwerfen „eine himmelweite Trennung des Verstandes und der Sinnlichkeit". Man ist überrascht, dieß von Philosophen zu hören, in deren Philosophie *alles* Trennung ist. Indeß die Sache läßt sich erklären. Es gibt ein Talent zu trennen, was nie getrennt, und in Gedanken abzusondern, was in der Natur überall verbunden ist. Dieß ist ein zum Philosophiren unentbehrliches, aber äußerst unglückseliges Talent, wofern es nicht mit dem philosophischen, wieder zu vereinigen, was man getrennt hat, verbunden ist; denn nur diese beiden zusammengenommen machen den Philosophen. Das letztere nun ist manchem versagt, dem das erstere vergönnt ist. Wo also davon die Rede ist, der Spekulation halber etwas zu trennen, was in der Wirklichkeit nie getrennt ist, da verstehen jene Köpfe, was man will. Geht es aber ans Verbinden, ans Wiedervereinigen dessen, was man getrennt hat, so ist es mit ihrem Talent zu Ende, und — daher solche Urtheile.

Kant hat beinahe lauter solche unglückliche Beurtheiler gefunden. Er mußte die menschlichen Erkenntnisse und Begriffe in ihre Bestandtheile zerlegen, dieß war sein Zweck; seinen Nachfolgern überließ er das große überraschende Ganze unserer Natur, wie es aus jenen Theilen zusammengeht, wie es von jeher bestanden hat und immer bestehen wird, mit Einem Blick aufzufassen, dem Werk Seele und Leben einzuhauchen, und so der Nachwelt als das Herrlichste, was menschliche Kraft vollenden konnte, zu überliefern. Was das Erste und Höchste im menschlichen Geiste ist, ist die Vollendung der Welt[1], die vor ihm sich aufthut, und Gesetzen gehorcht, denen er überall begegnet, er mag in sich selbst (philosophirend) zurückkehren oder (beobachtend) die Natur erforschen. Kant behauptet, daß diese Gesetze ursprüngliche Formen des menschlichen Verstandes, oder, was dasselbe ist, ursprüngliche Handlungsweisen unseres Geistes seyen. Nur durch diese Handlungsweisen unseres Geistes ist und besteht die unendliche Welt, denn sie ist ja nichts anders, als unser schaffender Geist selbst in unendlichen Produktionen und Reproduktionen.

Nicht also Kants Schüler! — Ihnen ist die Welt und die ganze Wirklichkeit etwas, das unserm Geiste ursprünglich fremd, mit ihm keine Verwandtschaft hat, als die zufällige, daß sie auf ihn wirkt. Nichtsdestoweniger beherrschen sie eine solche Welt, die für sie doch nur zufällig ist, und die ebenso gut auch anders seyn könnte, mit Gesetzen, die — sie wissen nicht wie und woher? — in ihrem Verstande

[1] Der ganze Reichthum einer Welt. Erste Auflage.

eingegraben sind. Diese Begriffe und diese Gesetze des Verstandes tragen sie, als höchste Gesetzgeber der Natur, mit vollem Bewußtseyn daß die Welt aus Dingen an sich besteht, doch auf diese Dinge an sich über, wenden sie ganz frei und selbstbeliebig an, und diese Welt, die ewige und nothwendige Natur gehorcht ihrem spekulativen Gutdünken? — Und dieß soll Kant gelehrt haben? — Und wie soll man jenes System heißen, Idealismus ist es nicht; jeder consequente Idealist würde sich seiner schämen. Dogmatismus soll es auch nicht seyn, und ist es nicht. — Was ist es dann? — Es hat nie ein System existirt, das lächerlicher oder abenteuerlicher wäre. Die Natur war nie etwas von ihren Gesetzen Verschiedenes. Sie besteht nur in dieser ihrer unabänderlichen Handlungsweise, oder vielmehr sie ist selbst nichts, als diese Eine ewige Handlungsweise. Aber weil man sich — ich weiß nicht welches — spekulative Ding — von Natur denken kann, dem man eine von seinen Gesetzen unabhängige Existenz leiht, so betrachtet man diese Gesetze als solche, die ein Geist außer der Welt ihr eingepflanzt habe. Oder, nach dem neuesten System, als solche, die erst unser Verstand auf die Natur, als etwas davon ganz Verschiedenes, überträgt. Hume, der Skeptiker, hatte behauptet, was man jetzt Kant behaupten läßt. Aber Hume hat aufrichtig gestanden, alle unsere Naturwissenschaft sey dann Täuschung, alle Naturgesetze nichts als Gewohnheiten der Einbildungskraft. Dieß war consequentes Urtheil[1]. — Freilich behauptete Kant, die Gesetze der Natur seyen Handlungsweisen unseres Geistes, Bedingungen, unter welchen selbst unsere Anschauung erst möglich ist; aber, setzte er hinzu, die Natur ist nichts von diesen Gesetzen Verschiedenes, sie ist selbst nur eine fortgehende Handlung des unendlichen Geistes, in welcher er erst zum Selbstbewußtseyn kömmt, und durch welche er diesem Selbstbewußtseyn Ausdehnung, Fortdauer, Continuität und Nothwendigkeit gibt. Alle diese Mißverständnisse entstanden, wie nun klar und deutlich ist, daraus, daß man auch das neue System wieder als ein spekulatives System aus

[1] Erste Auflage: consequente Philosophie. — — Und Kant soll nichts anders gethan haben, als Humen nachsprechen, um ihn, der consequent war, inconsequent zu machen? (Zusatz der ersten Auflage.)

spekulativem Gesichtspunkt betrachtete. Der gesunde Verstand hat nie Vorstellung und Ding getrennt, noch viel weniger beide entgegengesetzt. Im Zusammentreffen der Anschauung und des Begriffs, des Gegenstands und der Vorstellung, lag von jeher des Menschen eigenes Bewußtseyn und damit die feste unüberwindliche Ueberzeugung von einer wirklichen Welt. Der Idealismus zuerst (den Kant auf immer aus den Köpfen der Menschen verbannen wollte) hatte das Objekt von der Anschauung, den Gegenstand von der Vorstellung getrennt. Der Idealist in diesem Sinn ist einsam und verlassen mitten in der Welt, von Gespenstern[1] überall umgeben. Für ihn gibt es nichts Unmittelbares, und die Anschauung selbst, in welcher Geist und Objekt zusammentreffen, ist ihm nichts als ein todter Gedanke. Eben deßwegen wird er sich nie von seinem trostlosen Systeme losreißen. Denn gelingt es auch, ihn je in den Gesichtspunkt zu rücken, wo uns das Wirkliche unmittelbar gegenwärtig ist, so tritt sogleich wieder sein dienstbares Vermögen ein, das die Wirklichkeit selbst vor seinen Augen in Schein verwandelt. Alles, was ist, ist ihm ein durch Schluß und Vernünftelei Gefundenes — nichts Ursprüngliches. Hat man einmal jene Trennung zwischen Begriff und Anschauung, Vorstellung und Wirklichkeit zugelassen, so sind unsere Vorstellungen Schein; denn daß sie Copieen von Dingen an sich seyen[2], kann man jetzt nicht mehr behaupten. Wenn aber unsre Vorstellung zugleich Vorstellung und Ding ist (wie das der gesunde Verstand nie anders angenommen hat, und bis auf diesen Tag nicht anders annimmt), so kehrt damit der Mensch von unendlichen Verirrungen einer mißgeleiteten Spekulation auf den geraden Weg einer gesunden, mit sich selbst einigen Natur zurück. Denn jetzt lernt er die Dinge nehmen, theoretisch, wie sie sind, praktisch, wie sie seyn

[1] von speculativen Gespenstern. Erste Auflage.

[2] Kant leugnete, daß die Vorstellungen Copieen der Dinge an sich seyen. Nun schrieb er aber doch den Vorstellungen Realität zu. Also — dieß war nothwendige Folge — konnte es überhaupt keine Dinge an sich, und für unsere Vorstellung kein Original außer ihr geben. Sonst ließ sich jenes und dieses nicht zusammenreimen.

sollen — ein Resultat, das, obgleich mancher vernünftelnden Spekulation und allen sophistischen Systemen zuwider; doch dem gesunden Verstande so bekannt dünkt, daß er sich billig wundert, wie ein solcher Aufwand von philosophischer Kunst nöthig war, um es endlich ans Tageslicht zu bringen [1].

II.

Schon einigemal habe ich die Frage gehört, wie es doch möglich sey, daß ein so ungereimtes System, als das der sogenannten kritischen Philosophen, in eines Menschen Kopf — nicht etwa nur kommen, sondern darin gar — Stand fassen konnte? Weil ich nun diese Frage im vorigen Abschnitt unbeantwortet ließ, so entschloß ich mich, einiges darüber jetzt nachzutragen. Denn ich bin der festen Ueberzeugung, daß von keinem der Vernunft nur nicht ganz beraubten Menschen je etwas in spekulativen Dingen behauptet worden, wovon sich nicht in der menschlichen Natur selbst irgend ein Grund auffinden ließe. Wäre es unmöglich den Ursprung spekulativer Täuschungen aufzudecken, so müßten wir völlig darauf Verzicht thun, je uns selbst oder andere vor solchen zu verwahren, wir wären in Rücksicht auf unsere Nachforschungen dem blindesten Zufall überlassen, und ein allgemeiner Zweifel an der menschlichen Vernunft ließe uns nicht einmal mit uns selbst, geschweige denn mit andern, je einig werden. — Bei Widerlegung einer ungereimten Meinung also ist es vorerst darum zu thun, diese Meinung so vernünftig, ihrem Ursprunge nach so begreiflich als möglich zu machen, gesetzt auch, daß den Individuen, die sie behaupten, zu viel Ehre dadurch widerführe.

Der Hauptsatz der Philosophie, von welcher hier die Rede ist, läßt

[1] In der ersten Auflage stand hier noch folgender Schlußsatz: Der Zweck der theoretischen Philosophie Kants war, die Realität unsers Wissens zu sichern. Wie er das gethan habe, hielt ich um so mehr der Mühe werth, so deutlich und unverständlich, wie möglich, zu sagen, je wenigere es giebt, die das könnten, oder, wenn sie könnten, wollten. Ich habe gesprochen, wie mir gut dünkte. Das nächstemal von Kants praktischer Philosophie.

sich mit wenigen Worten so ausdrücken: Die Form unserer Erkenntnisse kömmt aus uns selbst, die Materie derselben wird uns von außen gegeben.

Es ist schon vortheilhaft, daß nur überhaupt dieser Gegensatz aufgestellt wird. Denn obgleich in unserm Wissen selbst beides, Form und Materie, innigst vereinigt sind, so ist doch klar, daß die Philosophie diese Vereinigung hypothetisch aufhebt, um sie erklären zu können; und ebenso offenbar ist, daß alle philosophischen Systeme, von den ältesten Zeiten an, Form und Materie als die beiden Extreme unsers Wissens betrachtet haben.

Man fand bald, daß die Materie das letzte Substrat aller unserer Erklärungen sey. Man that also darauf Verzicht, dem Ursprung der Materie selbst nachzuforschen. Aber man bemerkte noch außerdem an den Dingen etwas, was man nicht mehr aus der Materie selbst erklären konnte, und welches zu erklären man sich doch gedrungen fühlte (daß z. B. Erscheinungen regelmäßig auf einander folgen, daß in einzelnen Dingen Zweckmäßigkeit sey, daß das ganze System der Außenwelt durch eine allgemeine Verknüpfung nach Mittel und Zweck zusammenhänge). Aber diese Bestimmungen hingen wieder so sehr mit den Dingen selbst zusammen, daß man weder die Dinge ohne diese Bestimmungen, noch diese Bestimmungen ohne die Dinge zu denken vermochte. Wollte man daher jene aus dem Verstande irgend eines höhern Wesens (z. B. des Weltbaumeisters) erst auf diese übergehen lassen, so begriff man doch nicht, wie zwischen beiden diese unzertrennliche Verknüpfung entstanden sey, die durch keine spekulativen Künste aufgelöst werden kann. Man ließ also die Dinge zugleich mit ihren Bestimmungen aus dem schöpferischen Vermögen einer Gottheit hervorgehen; allein man begreift wohl, wie ein Wesen von schöpferischem Vermögen äußere Dinge sich selbst, nicht aber wie es dieselben andern Wesen darzustellen vermag, oder mit andern Worten: wenn wir auch den Ursprung einer Welt außer uns begreifen, so begreifen wir doch nicht, wie die Vorstellung dieser Welt in uns gekommen sey.

Der letzte Versuch also mußte der seyn, zu erklären, nicht wie äußere Dinge unabhängig von uns — (denn davon verstehen wir nichts, weil sie selbst das letzte Substrat aller Erklärungen äußerer Begebenheiten sind) — sondern wie eine Vorstellung von denselben in uns entstanden sey?

Vorerst muß die Frage bestimmt seyn. Offenbar ist, daß nicht nur die Möglichkeit einer Vorstellung äußerer Dinge in uns, sondern die Nothwendigkeit derselben erklärt werden muß. Ferner nicht nur, wie wir uns einer Vorstellung bewußt werden, sondern auch, warum wir eben deßwegen genöthigt sind, sie auf einen äußern Gegenstand zu beziehen. Denn wir halten selbst unsre Erkenntniß nur insofern für real, als sie mit dem Gegenstand übereinstimmt. (Die alte Definition der Wahrheit: sie ist die absolute Uebereinstimmung des Gegenstandes und des Erkennens, hätte längst darauf führen können, daß der Gegenstand selbst nichts anderes ist als unser nothwendiges Erkennen). Denn in der Spekulation vermögen wir zwar beide zu trennen, in unserm Wissen selbst aber ist ein absolutes Zusammentreffen beider, und in der Unfähigkeit selbst, den Gegenstand während der Vorstellung von der Vorstellung zu unterscheiden, liegt für den gemeinen Verstand der Grund des Glaubens an eine Außenwelt.

Das Problem also ist dieses: die absolute Uebereinstimmung des Gegenstandes und der Vorstellung, des Seyns und Erkennens zu erklären. Nun ist aber offenbar, daß, sobald wir den Gegenstand, als ein Ding außer uns, der Vorstellung entgegensetzen (und wir thun es, indem wir jene Frage aufwerfen), zwischen beiden gar keine unmittelbare Zusammenstimmung möglich ist. Daher die Versuche, Gegenstand und Vorstellung — durch Begriffe zu vermitteln, jenen als Ursache, diese als Wirkung zu betrachten. Allein mit allen diesen Versuchen erreichen wir nie, was wir eigentlich wollten, Identität des Gegenstandes und der Vorstellung; denn das ists, was wir voraussetzen müssen, und was der gemeine Verstand in allen seinen Urtheilen von jeher vorausgesetzt hat.

Es fragt sich also: ob eine solche Identität des Gegenstandes und der Vorstellung überhaupt möglich sey? Man findet sehr leicht, daß sie nur in Einem Falle möglich wäre, wenn es etwa ein Wesen gäbe, das sich selbst anschaute, also zugleich das Vorstellende und das Vorgestellte, das Anschauende und das Angeschaute wäre. Das einzige Beispiel einer absoluten Identität der Vorstellung und des Gegenstandes finden wir also in uns selbst. Was sich allein unmittelbar, und dadurch erst alles andere, erkennt und versteht, ist das Ich in uns. Bei allem andern Objekt bin ich genöthigt zu fragen, wodurch das Seyn desselben mit meiner Vorstellung vermittelt werde? Ich aber bin ursprünglich nicht etwa für ein erkennendes Subjekt außer mir, wie die Materie, sondern für mich selbst da, in mir ist die absolute Identität des Subjekts und des Objekts, des Erkennens und des Seyns. Da ich mich nicht anders kenne als durch mich selbst, so ist es widersinnig, vom Ich noch ein anderes Prädikat als das des Selbstbewußtseyns zu verlangen. Eben darin besteht das Wesen eines Geistes, daß er für sich kein anderes Prädikat hat als sich selbst.

Nur in der Selbstanschauung eines Geistes also ist Identität von Vorstellung und Gegenstand. Also müßte sich, um jene absolute Uebereinstimmung von Vorstellung und Gegenstand, worauf die Realität unseres ganzen Wissens beruht, darthun zu können, erweisen lassen, daß der Geist, indem er überhaupt Objekte anschaut, nur sich selbst anschaut. Läßt sich dieß erweisen, so ist die Realität unseres Wissens gesichert.

Es fragt sich, wie man das könne?

Vorerst ist nothwendig, daß man sich jenes Standpunktes bemächtige, auf welchem Subjekt und Objekt in uns, Angeschautes und Anschauendes, identisch sind. Dieß kann nicht geschehen als vermöge einer freien Handlung.

Ferner: Geist heiße ich, was nur sein eignes Objekt ist[1]. Der

[1] Mancher ehrliche Mann, der gegen das Bisherige sonst nichts aufzubringen weiß, wird wenigstens das Wort Geist aufgreifen; die Kantianer (wenn sie diese Kritik ihrer Philosophie beurtheilen) werden den Stab über sie brechen, oder sie über Dinge in die Lehre nehmen, welche tief unter ihr liegen, z. B. daß sie dogmatisch verfahre, von dem Geist als Ding an sich spreche u. s. w. Deßwegen

Geist soll Objekt seyn *für sich selbst*, der doch insofern nicht *ursprünglich* Objekt ist, sondern absolutes *Subjekt*, für welches *alles* (auch er selbst) *Objekt* ist. So muß es auch seyn. Was Objekt ist, ist etwas *Todtes*, Ruhendes, das keiner Handlung *selbstfähig*, nur *Gegenstand* des Handelns ist. Der Geist aber kann nur in *seinem Handeln* aufgefaßt werden (wer dieß nicht vermag, von dem sagt man eben deßwegen, daß er *ohne* Geist philosophire); er ist also nur im *Werden*, oder vielmehr er ist selbst nichts anders als ein *ewiges Werden*. (Daraus begreift man zum voraus das *Fortschreitende*, Progressive unseres Wissens, von der todten Materie an bis zur Idee einer lebendigen Natur). Der Geist also soll für sich selbst Objekt — nicht *seyn*, sondern — *werden*. — Eben deßhalb beginnt alle Philosophie mit That und Handlung, und eben deßwegen ist der Geist nichts, das ursprünglich (an sich) Objekt wäre. Er *wird* Objekt nur *durch sich selbst*, durch sein *eignes Handeln*.

Was nun Objekt ist (ursprünglich), ist *als* solches nothwendig auch ein *Endliches*. Weil also der Geist nicht ursprünglich Objekt ist, kann er nicht ursprünglich seiner Natur nach endlich seyn. — Also unendlich? Aber er ist nur insofern *Geist*, als er *für sich selbst Objekt*, d. h. insofern er *endlich* wird. Also ist er weder unendlich ohne endlich zu werden, noch kann er endlich werden (für sich selbst) ohne unendlich zu seyn. Er ist also keines von beiden, weder unendlich noch endlich, allein, sondern in ihm ist die ursprünglichste *Vereinigung von Unendlichkeit und Endlichkeit* (eine neue Bestimmung des geistigen Charakters).

Vom Unendlichen zum Endlichen — kein *Uebergang*! Dieß war ein Satz der ältesten Philosophie. Frühere Philosophen suchten sich diesen Uebergang wenigstens durch Bilder zu verbergen, daher die Emanationslehre, eine Ueberlieferung aus der alterältesten Welt. Daher die Unvermeidlichkeit des Spinozismus nach den bisherigen Principien.

habe ich mehrmals wiederholt, Geist heiße mir, was *für sich selbst*, nicht für ein fremdes Wesen, also *ursprünglich* überhaupt kein *Objekt*, geschweige ein Objekt *an sich* ist.

Erst in spätern Zeitaltern versuchten geistlose Systeme, Mittelglieder zwischen Unendlichkeit und Endlichkeit zu finden. Es kann aber zwischen beiden kein Vor und kein Nach geben; dieß findet nur zwischen endlichen Dingen statt. Das Daseyn endlicher Dinge (also auch endlicher Vorstellungen) läßt sich nach Begriffen von Ursache und Wirkung gar nicht erklären. Mit der Einsicht in diesen Satz beginnt erst alle Philosophie; denn ohne sie haben wir nicht einmal ein Bedürfniß zu philosophiren — ohne sie ist alles unser Wissen bloße Empirie, Fortschreiten von Ursache zu Wirkung. Endlichkeit und Unendlichkeit aber ist nur im Seyn einer geistigen Natur ursprünglich vereinigt. In dieser absoluten Gleichzeitigkeit des Unendlichen und des Endlichen liegt das Wesen einer individuellen Natur (der Ichheit). Daß es so seyn müsse, folgt aus der Möglichkeit des Selbstbewußtseyns, durch welches allein der Geist ist, was er ist. — Es ist aber auch ein apagogischer Beweis davon möglich. Denn entweder sind wir ursprünglich unendlich, so begreifen wir nicht, wie in uns endliche Vorstellungen und eine Aufeinanderfolge endlicher Vorstellungen entstanden ist; sind wir ursprünglich endlich, so ist unerklärbar, wie eine Idee von Unendlichkeit, zugleich mit der Fähigkeit vom Endlichen zu abstrahiren, in uns gekommen ist.

Ferner: Der Geist ist alles nur durch sich selbst, durch sein eignes Handeln. Also müßte es ihm ursprünglich entgegengesetzte Handlungen, oder, wenn wir die bloße Form davon auffassen, entgegengesetzte Handlungsweisen geben, deren eine ursprünglich unendlich, die andere ursprünglich endlich wäre. Aber beide müßten sich nur in ihrer wechselseitigen Beziehung aufeinander unterscheiden lassen.

So ist es auch. Jene beiden Thätigkeiten sind in mir ursprünglich vereinigt; dieses aber weiß ich nur dadurch, daß ich beide in Einer Handlung zusammenfasse. Diese Handlung heißt Anschauung, deren Natur ich im vorigen Abschnitte erklärt zu haben glaube. Mit der Anschauung selbst ist das Bewußtseyn noch nicht da, aber ohne sie ist auch kein Bewußtseyn möglich. Erst im Bewußtseyn kann ich jene beiden Thätigkeiten unterscheiden: die eine ist positiver, die andere negativer Art, die eine erfüllt, die andere begrenzt eine Sphäre. Jene wird vorgestellt als Thätigkeit nach außen, diese als Thätigkeit nach innen. Alles, was ist (im eigentlichen Sinne des Worts ist), ist nur durch die Richtung auf sich selbst (dieß drückt sich im todten Objekt, das nicht ist, sondern nur da ist, durch die Anziehungskraft, und im Weltsystem durch die centripetale Tendenz der Weltkörper aus). Der Geist ist also nur durch seine Richtung auf sich selbst, für sich da, dadurch, daß er sich selbst in seiner Thätigkeit beschränkt, oder vielmehr, der Geist ist selbst nichts anders als diese Thätigkeit und diese Beschränkung, beide als gleichzeitig gedacht.

Indem der Geist sich selbst beschränkt, ist er zugleich thätig und leidend, und weil ohne jene Handlung auch kein Bewußtseyn unserer Natur wäre, so muß jene absolute Vereinigung von Thätigkeit und Leiden Charakter der individuellen Natur seyn.

Leiden ist nichts anders als negative Thätigkeit. Ein absolut-passives Wesen ist schlechterdings Nichts (ein nihil privativum). — Unvermerkt sind wir durch unsere Untersuchungen auf das schwerste Problem der Philosophie geführt worden. In uns ist keine Vorstellung möglich ohne Leiden, aber ebensowenig ohne Thätigkeit. Dieß haben alle Philosophen eingesehen. Es zeigt sich nun, daß unser Seyn und Wesen auf dieser ursprünglichen Vereinigung von Thätigkeit und Leiden beruht, daß es daher zu unserm Seyn und Wesen gehört, überhaupt vorzustellen, und, wie sich künftig zeigen wird, auch dieses bestimmte System der Dinge vorzustellen. Und weil alles Endliche nur durch entgegengesetzte Thätigkeiten begreiflich ist, diese aber ursprünglich nur in einem Geiste vereinigt sind, so folgt von selbst, daß alles äußere Daseyn erst aus der geistigen Natur entspringt und hervorgeht.

Die Anschauung faßt thätig zusammen Thätigkeit und Leiden. Dieß setze ich aus dem vorigen Abschnitte als bekannt voraus. Der Gegenstand der Anschauung ist also nichts anders als der Geist selbst in seiner Thätigkeit und seinem Leiden. Der Geist aber, indem er sich selbst anschaut, kann sich nicht zugleich von sich selbst unterscheiden. Daher in der Anschauung die absolute Identität des Gegenstandes und der

Vorstellung (daher, wie sich bald zeigen wird, der Glaube, daß in der Anschauung allein Realität sey; denn jetzt noch unterscheidet der Geist nicht, was real und was nicht real ist).

Wir wissen aber, daß wir Gegenstand und Vorstellung unterscheiden können, denn von dieser Unterscheidung gingen wir aus. (Ohne sie kein Bedürfniß zu philosophiren). Um also Gegenstand und Vorstellung zu unterscheiden, müssen wir aus der Anschauung heraustreten.

Dieß können wir nicht anders, als inwiefern wir vom Produkt unsrer Anschauung abstrahiren. (Dieß Vermögen zu abstrahiren ist bloß dadurch begreiflich, daß wir ursprünglich frei, d. h. vom Objekt unabhängig sind. Ferner, da dieß Vermögen nur im Gegensatz gegen das Objekt, d. h. praktisch, geübt werden kann, so ist klar, daß in Ansehung der *Intensität* der Vorstellungen zwischen verschiedenen Subjekten ein Unterschied möglich — auch daß theoretische und praktische Philosophie ursprünglich gar nicht getrennt sind; denn wir können gar nicht abstrahiren, ohne *frei* zu handeln, und wir können nicht frei handeln, ohne zu abstrahiren. Dieß wird bald noch deutlicher werden). Nämlich: wir können vom *Produkt* der Anschauung nicht *abstrahiren*, ohne frei zu handeln, d. h. ohne die ursprüngliche Handlungsweise (des Geistes) in der Anschauung *frei* zu wiederholen; und umgekehrt, wir können diese Handlungsweise nicht *frei* wiederholen, ohne zugleich von ihrem *Produkt* zu *abstrahiren*. Wir können also vom *Produkt* der Handlung nicht abstrahiren, ohne es dem freien Handeln *entgegenzusetzen* (d. h. ohne ihm Unabhängigkeit von unserem Handeln, *Selbstdaseyn* zu geben); und umgekehrt, wir können das Produkt der Handlung unserm Handeln nicht entgegensetzen, ohne zugleich frei zu handeln (d. h. ohne von demselben zu abstrahiren). Jetzt erst durch unser Abstrahiren wird das Produkt unsers Handelns *Objekt*.

Erst durch mein freies Handeln, insofern ihm ein Objekt entgegengesetzt ist, entsteht in mir *Bewußtseyn*. Das Objekt ist jetzt da, sein Ursprung liegt für mich in der Vergangenheit, jenseits meines jetzigen Bewußtseyns, es ist da, *ohne mein Zuthun*. (Daher die Unmöglichkeit, vom Standpunkt des Bewußtseyns aus den Ursprung des

Objekts zu erklären). Ich kann in der Abstraktion nicht frei handeln, ohne das Objekt mir entgegenzusetzen, d. h. ohne mich von ihm abhängig zu fühlen. Das Objekt aber war ursprünglich nur in der Anschauung, von der Anschauung gar nicht verschieden. Ich kann also nicht frei *abstrahiren*, ohne mich in Ansehung der Anschauung gezwungen zu fühlen, und umgekehrt, ich kann mich in Ansehung der Anschauung nicht gezwungen fühlen, ohne zugleich *frei* zu abstrahiren.

Ich werde mir aber der Anschauung nicht *bewußt*, als indem ich von ihr abstrahire. Also kann ich mir der Anschauung nicht *bewußt* werden, ohne mich in Ansehung derselben *gezwungen* zu fühlen. Umgekehrt, ich kann mich in Ansehung des Objekts (der Anschauung) nicht gezwungen fühlen, ohne von ihm zu abstrahiren, d. h. ohne mich zugleich frei zu fühlen. Also werde ich mir auch meiner Freiheit *bewußt*, nur insofern ich mich in Ansehung des Objekts gezwungen fühle. — *Kein Bewußtseyn des Objekts ohne Bewußtseyn der Freiheit, kein Bewußtseyn der Freiheit ohne Bewußtseyn des Objekts.*

Indem ich die ursprüngliche Handlungsweise des Geistes in der Anschauung *frei* wiederhole, d. h. indem ich abstrahire, entsteht *Begriff*. Ich kann aber nicht abstrahiren, ohne zugleich mit Bewußtseyn anzuschauen, und umgekehrt; *also sind wir uns des Begriffs nur im Gegensatz gegen die Anschauung, der Anschauung nur im Gegensatz gegen den Begriff bewußt.*

Eben deßwegen aber, weil wir uns der freien Handlungsweise in der Anschauung nur bewußt werden im Gegensatz gegen das Produkt derselben (das Objekt), erscheint sie uns als *etwas vom Gegenstand Abstrahirtes* (Standpunkt des Empirismus), unerachtet der Gegenstand selbst nichts anderes ist als ein Produkt dieser Handlungsweise. Weil wir aber doch diese Handlungsweise *frei* wiederholen (weil wir z. B. Gestalten im Raume frei verzeichnen, weil die Einbildungskraft einen allgemeinen Umriß des Gegenstandes frei entwerfen kann), so erscheint uns diese Handlungsweise als etwas, das nur aus unserem Geiste hervorgeht, und das wir auf Dinge außer uns erst *übertragen*. (Standpunkt der formalen Philosophie).

Beide aber (Empiristen und Formalisten) werden sich des Objekts nur bewußt im Gegensatz gegen die freie Handlungsweise ihres Geistes; beide also stimmen auch darin überein, das Objekt sey etwas von dieser Handlungsweise Unabhängiges, unerachtet das Objekt selbst nichts ist als diese bestimmte Handlungsweise.

Kürzer ausgedrückt: Weil wir uns des Begriffs nur im Gegensatz gegen die Anschauung, der Anschauung nur im Gegensatz gegen den Begriff bewußt werden, so erscheint uns der Begriff als abhängig von der Anschauung, die Anschauung als unabhängig vom Begriff, unerachtet beide ursprünglich (vor dem Bewußtseyn) eins und dasselbe sind.

Eine Handlung, in Ansehung welcher wir uns frei fühlen, heißen wir ideal, eine solche, in Ansehung welcher wir uns gezwungen fühlen, real. Der Begriff erscheint uns daher als ideal, die Anschauung als real; aber beides nur in wechselseitiger Beziehung aufeinander; denn wir sind uns weder des Begriffs ohne die Anschauung, noch der Anschauung ohne den Begriff bewußt.

Wer daher auf dem Standpunkt des bloßen Bewußtseyns steht, muß nothwendig behaupten: unser Wissen sey zum Theil ideal, zum Theil real; daraus wird ein abenteuerliches System entstehen, das nie erklären kann, wie denn das Ideale real, oder das Reale ideal geworden sey. — Wer sich auf einen höhern Standpunkt erhebt, findet, daß ursprünglich zwischen Idealität und Realität kein Unterschied ist, daß also unser Wissen nicht zum Theil, sondern ganz und durchaus ideal und real zugleich sey.

Ursprünglich ist die Handlungsweise des Geistes und das Produkt dieser Handlungsweise eins und dasselbe. Wir können uns aber weder der Handlungsweise noch des Produkts derselben bewußt werden, ohne jener dieses, diesem jene entgegenzusetzen. Die Handlungsweise, abstrahirt von ihrem Produkt, ist rein formal, das Produkt, abstrahirt von der Handlungsweise, durch die es entstanden ist, rein material.

Wer also nur vom Bewußtseyn (als einer Thatsache) ausgeht, wird ein ungereimtes System aufstellen, kraft dessen unser Wissen einestheils aus gehaltlosen Formen, andrerseits aus formenlosen Dingen wunderbarer Weise zusammengesetzt wird. — Kurz, ein solches System wird auf den Satz kommen, den wir oben (S. 363) als den Hauptsatz der neuesten Philosophie aufgestellt haben:

„Die Form unserer Erkenntnisse kommt aus uns selbst, die Materie wird uns von außen gegeben".

Wir, die wir wissen, daß ursprünglich Form und Materie eins sind, daß wir beide unterscheiden können, erst nachdem beide durch eine und dieselbe identische und untheilbare Handlung da sind, kennen nur die einzige Alternative: entweder muß uns beides, Materie und Form, von außen gegeben, oder beides, Materie und Form, muß erst aus uns werden und entspringen.

Nehmen wir das Erstere an, so ist Materie etwas, das an sich und ursprünglich wirklich ist. Aber Materie ist Materie, nur insofern sie Objekt (einer Anschauung oder einer Handlung) ist. Wäre sie etwas an sich selbst, so müßte sie auch etwas für sich selbst seyn; dieß ist sie aber nicht, denn sie ist überhaupt nur, inwiefern von einem Wesen außer ihr angeschaut wird.

Gesetzt aber, sie wäre etwas an sich, obgleich es widersinnig ist, dieß nur zu sagen, geschweige dann zu denken, so könnten wir nicht einmal wissen, was sie an sich ist. Wir müßten, um das zu wissen, die Materie selbst seyn. Dann aber, wenn wir um dieses Seyn nothwendig mit wüßten, wären wir Wir, — nicht Materie. Solange wir also Materie voraussetzen, d. h. annehmen: sie sey etwas, das unsrer Erkenntniß vorangeht, verstehen wir nicht einmal, was wir reden. Anstatt also ferner unter unverständlichen Begriffen blind herum zu greifen, ist es besser, zu fragen, was wir denn allein ursprünglich verstehen, und verstehen können? Ursprünglich aber verstehen wir nur uns selbst, und weil es nur zwei consequente Systeme gibt, eines, das die Materie zum Princip des Geistes, und das andere, welches den Geist zum Princip der Materie macht, so bleibt für uns, die wir uns selbst verstehen wollen, nichts anderes übrig als die Behauptung, daß nicht der Geist aus der Materie, sondern die Materie aus dem

Geist geboren werde; — ein Satz, von welchem der Uebergang zur praktischen Philosophie, zu welcher wir jetzt fortgehen, sehr leicht gemacht werden kann[1].

[1] Hier folgte in der ursprünglichen Redaktion noch Folgendes:

Nachrede an die formalen Philosophen.

Facturusne operae pretium sim? So muß man freilich sich selbst fragen, meine Herren, wenn man Ihnen über Ihre Philosophie die Augen öffnen will. Indeß man läßt mit sich traktiren. Hören Sie also nur Einen Vorschlag an. — Wenn Sie anders Verleugnung genug gehabt haben, den voranstehenden Aufsatz zu lesen, so sehen Sie, daß Ihre Philosophie uns ganz begreiflich ist, daß wir ihren Ursprung jedermann verständlich darthun können; Sie müssen ferner einräumen, daß, wer den andern widerlegen will, ihm den Ursprung seines Irrthums aufdecken muß. Den guten Willen uns zu widerlegen haben Sie nun bisher gezeigt, aber leider heißt es bei Ihnen, das Fleisch (der Haß gegen die bessere Philosophie) ist willig, aber der Geist (die Fähigkeit ihr zu schaden) ist schwach. Indeß Eines können Sie doch thun. Versuchen Sie einmal, diese verhaßte Philosophie ihrem Ursprung nach begreiflich zu machen; suchen Sie die Quellen Ihrer Irrthümer auf, und beweisen Sie dadurch, daß Sie auf einem höheren Standpunkte als Wir stehen. Bisher haben Sie über diese Philosophie nur gestaunt, sie war Ihnen unbegreiflich, ein Ding aus einer andern Welt, ein Gespenst, für das Sie in allen Ihren Compendien keinen Namen fanden. Fassen Sie Muth und gehen dem Ding näher zu Leibe. Zeigen Sie, welcher schrecklichen Verirrung es sein Daseyn verdankt. Wir werden von nun an gerne bei Ihnen in die Schule gehen, und die Lectionen, die Sie bisher nur den leeren Bänken gegeben haben, werden offene Ohren finden. Nehmen Sie auch diesen Vorschlag nicht an, so hat man das Recht, Sie öffentlich und vor aller Welt verloren zu geben. *

* Die Herren Herausgeber erinnern in einer Anmerkung zu dieser Uebersicht im 1. Heft (zur Einleitung) „daß, wenn der Verfasser Philosophische Schriftsteller der Unlauterkeit beschuldigte, sie in diese Beschuldigung nicht mit einstimmen würden." Allein ich habe mich wohl gehütet, von einer Unlauterkeit Philosophischer Schriftsteller zu sprechen; S. 52 (347) ist nur von der Unlauterkeit mancher Untersuchungen die Rede. Der Unterschied ist groß. Eine Untersuchung kann sehr unlauter seyn (kann sichtbar unter dem Einfluß des persönlichen Hasses, des Egoismus und des Eigennutzes gestanden haben), ohne daß der Schriftsteller sich dessen bewußt ist. Ich weiß, daß dieß nicht so seyn sollte, und daß er in gewisser Rücksicht minder verächtlich ist, wenn er mit Entschluß und mit Bewußtseyn ungerecht ist. Die Beschuldigung, daß manche Untersuchungen, Beurtheilungen u. s. w. unlauter sind, ist mir nicht eigenthümlich; dasselbe besagen mehrere Aeußerungen desselben Hefts (z. B. über das Schicksal der Wissenschaftslehre) — Manche Schriftsteller bekennen das selbst, indem sie explicite oder implicite sagen, sie wollen nicht hören, wollen nicht verstehen, obgleich man wohl weiß, daß dieses Nichtwollen (wie beim Fuchs in der Fabel) nur die Folge des Nichtkönnens ist.

III.

Vorerinnerung.

Ich halte es wegen einiger Aeußerungen, die ich über die ersten Abschnitte dieser Abhandlung gehört habe, für nöthig zu erinnern, daß ich nie im Sinn hatte, wieder abzuschreiben, was Kant geschrieben hatte, noch zu wissen, was eigentlich Kant mit seiner Philosophie gewollt habe, sondern nur, was er meiner Einsicht nach wollen mußte, wenn seine Philosophie in sich selbst zusammenhängen sollte.

Ich gehe jetzt zur praktischen Philosophie über. Der gegenwärtige Abschnitt soll nur den Uebergang von der theoretischen zur praktischen Philosophie machen. Ich setze dabei Leser voraus, die mit Kant[1] die Erwartung theilen, „es dereinst bis zur Einsicht des ganzen reinen Vernunftvermögens bringen und alles (theoretische und praktische Philosophie) aus Einem Princip ableiten zu können, welches das unvermeidliche Bedürfniß der menschlichen Vernunft ist, die nur in einer vollständigen systematischen Einheit ihrer Erkenntnisse völlige Zufriedenheit findet".

Zusammenhang der theoretischen und praktischen Philosophie. — Uebergang von der Natur zur Freiheit.

Die theoretische Philosophie, sagt man, soll die Realität des menschlichen Wissens erweisen. Alle Realität unsrer Erkenntniß aber beruht vorerst darauf, daß es in ihr wenigstens etwas gebe, das nicht durch Begriffe oder Schlüsse vermittelst der Seele unmittelbar gegenwärtig sey. Denn was wir durch Begriffe denken oder durch Schlüsse hervorbringen, dessen sind wir uns auch als eines Produkts unsers Denkens und Schließens bewußt. Alles Denken und Schließen aber setzt bereits eine Wirklichkeit voraus, die wir nicht erdacht noch erschlossen haben. Im Anerkennen dieser Wirklichkeit sind wir uns keiner Freiheit bewußt; wir sind genöthigt sie anzuerkennen, so gewiß, als wir uns selbst anerkennen.

[1] Kritik der pr. V. S. 162.

Man kann uns diese Wirklichkeit nicht entreißen, ohne uns **uns selbst** zu entreißen.

Nun fragt es sich: wie es möglich sey, daß irgend etwas Aeußeres und von der Seele ganz Verschiedenes doch mit unserem Innern so unmittelbar zusammenhängen, so mit unserem Ich gleichsam verwachsen seyn könne, daß man beide nicht trennen kann, ohne zugleich ihre gemeinschaftliche Wurzel — das Bewußtseyn unsrer selbst — auszureißen?

Es gehört nichts dazu, als daß man diese Frage bestimmt denke und von der Strenge ihrer Forderung nichts nachlasse, um die Antwort auf sie zu finden.

Denn alle mißlungenen Versuche sie zu beantworten haben den gemeinschaftlichen Fehler, daß sie das, was allen Begriffen vorangeht, durch Begriffe zu erklären versuchen; alle verrathen dieselbe Unfähigkeit des Geistes, sich vom discursiven Denken loszureißen, und zum Unmittelbaren, das in ihm ist, zu erheben.

Ich glaube nicht, daß leicht jemand leugnen werde, alle Zuverlässigkeit unseres Wissens beruhe auf der **Unmittelbarkeit** der Anschauung. Die geistreichsten Philosophen sprechen von der Erkenntniß äußerer Dinge, als von einer Offenbarung, die uns geschieht; nicht als ob sie dadurch etwas zu erklären vermeinten, sondern um anzudeuten, daß es überhaupt unmöglich sey, den Zusammenhang zwischen Gegenstand und Vorstellung durch verständliche Begriffe zu vermitteln; dieselben nennen unsere Ueberzeugung von äußern Dingen einen **Glauben**, entweder, weil die Seele mit dem, was sie glaubt, am unmittelbarsten umgeht, oder, um mit Einem Worte zu sagen, daß jene Ueberzeugung eine wahrhaft blinde Gewißheit sey, die nicht auf Schlüssen (von der Ursache auf die Wirkung) oder überhaupt auf Beweisen beruhe. Man sieht auch nicht ein, wie irgend eine Annahme, die erst durch Schlüsse erzeugt wird, so in die Seele übergehen, so zum herrschenden Princip des Thuns und des Lebens werden könne, als der Glaube an eine Außenwelt ist.

Auf die Frage: woher das Unmittelbare, ebendeßwegen Unüberwindlichfeste in unsrer Erkenntniß komme, sind nur zwei Hauptantworten möglich.

Entweder sagt man: Unsere Anschauung ist lediglich passiv, und von dieser Passivität der Anschauung eigentlich stammt die Nothwendigkeit, mit der wir uns äußere Dinge so und nicht anders vorstellen. Die Vorstellung ist nichts anderes als das Produkt einer äußeren Einwirkung, oder besser, das Resultat der Beziehungen, welche zwischen uns und dem Gegenstande stattfinden.

Es ist hier nicht der Ort, alles anzuführen, was gegen diese Meinung gesagt werden kann und bereits gesagt ist. Also nur so viel:

Erstens, die ganze Hypothese (denn mehr ist es nicht) würde schon deßwegen nichts erklären, weil sie höchstens einen Eindruck auf unsere Receptivität begreiflich macht, nicht aber, daß wir einen wirklichen Gegenstand anschauen. Leugnen aber wird niemand, daß wir den äußeren Gegenstand nicht bloß empfinden, sondern daß wir eine Anschauung von ihm haben. Nach dieser Hypothese würde es ewig nur beim Eindruck bleiben; denn, wenn man sagt, der Eindruck werde erst auf den äußeren Gegenstand (als seine Ursache) bezogen, und dadurch entstehe die Vorstellung des letztern, so bedenkt man nicht, daß wir uns im Zustande der Anschauung keiner solchen Handlung, keines solchen Herausgehens aus uns selbst, keines solchen Entgegensetzens und Beziehens bewußt sind, auch, daß die Gewißheit von der Gegenwart eines Gegenstandes (der doch etwas vom Eindruck Verschiedenes seyn muß) nicht auf einem so unsichern Schlusse beruhen kann. Auf jeden Fall also müßte wenigstens die Anschauung als eine, obgleich durch den Eindruck veranlaßte, doch freie Handlung gedacht werden.

Nun ist aber zweitens gewiß, daß die Ursache niemals zugleich ist mit ihrer Wirkung. Zwischen beiden verfließt eine Zeit. Es muß also, wenn jene Annahme richtig ist, eine Zeit geben, in welcher das Ding an sich auf uns wirkt, und eine andere, in der wir uns dieser Wirkung bewußt werden. Die erste liegt völlig außer uns, die zweite ist in uns. Also müßten wir zwei von einander ganz verschiedene, neben und außer einander gleichsam verfließende Zeitreihen annehmen; was ungereimt ist.

Drittens ist gewiß, daß die Wirkung nicht identisch ist mit ihrer

Ursache. Nun kann man aber leicht an das Bewußtseyn eines jeden appelliren, ob nicht im Zustande der Anschauung eine absolute Identität des Gegenstandes und der Vorstellung sey, ob er nicht sich so verhalte, als ob der Gegenstand selbst in der Anschauung gegenwärtig sey, und ob er sich nicht der Unterscheidung beider nur als einer *freien* Handlung bewußt sey. — Jener Glaube an ursprüngliche Identität des Gegenstandes und der Vorstellung ist die *Wurzel* unseres theoretischen und praktischen Verstandes. Umgekehrt läßt es sich historisch erweisen, daß die erste Quelle alles Skepticismus die Meinung war, es gäbe einen ursprünglichen Gegenstand *außer uns*, dessen Wirkung die Vorstellung sey. Denn die Seele mag sich gegen den Gegenstand völlig leidend oder zum Theil thätig verhalten, so ist gewiß, daß der Eindruck vom Gegenstand verschieden und durch die Receptivität der Seele schon modificirt seyn muß. Also muß der Gegenstand, der auf uns wirkt, von dem, den wir anschauen, völlig verschieden seyn. Der gesunde Verstand aber bleibt dem allem zum Trotz unverrückt bei seinem Glauben, der vorgestellte Gegenstand sey zugleich auch der Gegenstand an sich, und der Schulphilosoph selbst vergißt, sobald er ins wirkliche Leben tritt, den ganzen Unterschied zwischen Erscheinungen und Dingen an sich[1].

Zwischen der Ursache und ihrer Wirkung endlich findet nicht nur Continuität der Zeit, sondern auch Continuität dem Raume nach statt. Beides aber kann zwischen dem Gegenstande und der Vorstellung nicht gedacht werden. Denn, was ist wohl das gemeinschaftliche Medium, in welchem, so wie Körper und Körper im Raume, der Geist und das Objekt zusammentreffen? Jede Erklärung, die man hievon gibt, ist ihrem Ursprung nach *transscendent*, d. h. sie springt aus einer Welt in die

[1] Der transscendentale Idealismus, sagt Kant, ist empirischer Realismus, d. h. er behauptet, der vorgestellte Gegenstand sey zugleich auch der wirkliche. Dagegen ist umgekehrt der transscendentale Realismus empirischer Realismus, d. h. er muß behaupten, der wirkliche Gegenstand sey ein ganz anderer, als der, welchen wir vorstellen. — Der gemeine Verstand aber ist ganz *für* den empirischen Realismus und braucht gegen den empirischen Idealismus beinahe keine andern als die leichtesten Waffen des Witzes und der Satire, die gegen den steifen Dogmatiker allerdings die vernünftigsten sind.

andere, um ein Phänomen zu erklären, das doch nur in einer derselben möglich ist. Es sey denn, daß man den Unterschied zwischen Geist und Materie aufhebe. Wollen wir unsere Zuflucht etwa zu den simulacris der Alten, oder zu den formis intentionalibus der Aristoteliker nehmen, die durch unsere Sinne, als durch offene Fenster, in die Seele einziehen? Oder ist die Seele, wie ein cylindrischer Hohlspiegel, der unförmliche Bilder als regelmäßige Figuren zurückstrahlt? Für wen aber? Nur für ein Auge außer ihm. — Lieber also geständen wir, vom Ursprung der Vorstellung nicht das geringste zu wissen, als daß wir bei einer Hypothese beharrten, welche auf die ungereimtesten Analogieen führt. Ich fürchte, meine Leser schon jetzt ermüdet zu haben, und gehe daher zur völlig entgegengesetzten Theorie fort. Es ist, kurz gesagt, diese:

In unsrer Erkenntniß ist nichts Unmittelbares (eben deßwegen nichts Gewisses), wofern nicht die Vorstellung zugleich Original und Copie, und unser Wissen ursprünglich und durch ein Ideal und Real *zugleich* ist. Der Gegenstand ist nichts anderes als unsere selbsteigne Synthesis, und der Geist schaut in ihm nichts an als sein eignes Produkt. *Die Anschauung ist völlig thätig, eben deßwegen produktiv und unmittelbar.*

Die Frage ist: wie sich eine solche unmittelbare und absolut thätige Anschauung denken lasse. Es ist leicht, Folgendes zu finden:

Was *Materie*, d. h. Objekt der äußeren Anschauung ist, mögen wir ins Unendliche fort analysiren, mechanisch oder chemisch theilen, wir kommen nie weiter als bis zu *Oberflächen* von Körpern. Was an der Materie allein unzerstörbar ist, ist die ihr inwohnende *Kraft*, welche sich dem Gefühl durch Undurchdringlichkeit ankündigt. Aber diese Kraft ist eine solche, die bloß *nach außen* geht, nur dem äußern Anstoße entgegenwirkt — also keine *in sich selbst zurückgehende* Kraft. Nur eine in sich selbst zurückgehende Kraft schafft sich selbst ein *Inneres*. Daher der Materie kein *Inneres* zukommt. Das vorstellende Wesen aber schaut eine *innere* *Welt* an. Dieß ist nicht möglich als durch eine Thätigkeit, *die sich selbst ihre Sphäre gibt*, oder, mit andern Worten, in sich selbst zurückgeht. Keine Thätigkeit aber geht in sich selbst zurück, die nicht eben deßwegen und zugleich auch *nach außen* ginge. Es gibt keine Sphäre ohne Begrenzung, aber ebensowenig Begrenzung ohne Raum, der begrenzt wird.

Jene Eigenschaft der Seele also, wodurch sie (einer Selbstanschauung, d. h.) einer unmittelbaren Erkenntniß fähig wird, ist die *Duplicität ihrer Tendenz* nach innen und außen.

Indem diese beiden Tendenzen in ihr gleichsam sich *durchdringen*, entsteht ein Produkt, gleichsam *eine reale Construction der Seele selbst*. Dieses Produkt nun ist *in* ihr, ist von ihr nicht verschieden, ist ihr unmittelbar gegenwärtig, und *hier* eigentlich liegt zuletzt alles Unmittelbare und eben deßwegen alles Gewisse unsrer Erkenntniß.

Alle Anschauung ist also ursprünglich eine bloß *innere*. Dieß folgt nothwendig aus demjenigen, was wir allein von der Natur der Seele wissen und wissen können. Wenn man uns fragt, worin das Wesen des Geistes bestehe, so antworten wir: in der Tendenz sich selbst anzuschauen. Ueber diese Thätigkeit können wir mit unsern Erklärungen nicht hinaus. In ihr schon liegt die Synthesis des Idealen und Realen in unserem Wissen, durch sie allein kennt der Geist sich selbst, und er hat nur Eine Grenze des Wissens, *sich selbst*.

Es fragt sich aber: wodurch der *innere* Sinn ein *äußerer* werde. Die Antwort darauf ist folgende:

Durch die Tendenz zur Selbstanschauung begrenzt der Geist sich selbst. Diese Tendenz aber ist *unendlich*, reproducirt ins Unendliche fort sich selbst. (Nur in dieser unendlichen Reproduktion seiner selbst dauert der Geist fort. Es wird sich bald zeigen, daß ohne diese Voraussetzung das ganze System unseres Geistes unerklärbar ist). Der Geist hat also ein nothwendiges Bestreben, sich in seinen widersprechenden Thätigkeiten anzuschauen. Dieß kann er nicht, ohne sie in Einem gemeinschaftlichen Produkte darzustellen, d. h. ohne sie *permanent* zu machen. Daher erscheinen sie auf dem Standpunkte des Bewußtseyns als *ruhende* Thätigkeiten, d. h. als Kräfte, die nicht *selbst* thätig, nur dem äußern Anstoß *entgegen* wirken. — Die Materie ist nichts anderes als der *Geist im Gleichgewicht seiner Thätigkeiten angeschaut.*

Jenes gemeinschaftliche Produkt ist nothwendig ein *endliches*. In der Handlung des Producirens erst wird der Geist seiner *Endlichkeit* inne. Da er im Produciren völlig frei ist, so kann der Grund seines beschränkten Producirens nicht in seiner *jetzigen* Handlung liegen. In *dieser* Handlung also beschränkt er nicht *sich selbst*, er *findet* sich beschränkt, oder, was dasselbe ist, er *fühlt* sich beschränkt.

Dasjenige nun, was am Objekt das Produkt seines freien Handelns ist, erscheint ihm als die *Sphäre*, dasjenige, was ihn in jener Handlung des Producirens beschränkt, als die *Grenze* des Objekts.

Diese Grenze des Producirens nun ist auch die *Grenze des innern und äußern Sinns*. Die Sphäre seines Producirens schaut der Geist an als eine *Größe im Raum*, die Grenze dieses Producirens als eine *Größe in der Zeit*. Die letztere findet er in *sich selbst*, oder mit andern Worten, er *empfindet* sie. Jene aber *schaut er an* als *außer sich*, als die Sphäre seiner freien, ursprünglich schrankenlosen Thätigkeit.

Hier also, wo zuerst *Raum* und *Zeit* als verschiedene Formen der Anschauung sich scheiden, scheidet sich auch äußerer und innerer Sinn, und der *äußere* Sinn ist soweit nichts anders als der *begrenzte innere*.

Was *angeschaut* wird, hat eine Größe im *Raum*, was *empfunden* wird, eine Größe in der *Zeit*. Was nur eine Größe in der Zeit hat, heißen wir *Qualität*. Kein Mensch hat noch geglaubt, daß Farbe, Geschmack, Geruch etwas im Raume seyen. Daher betrachtete man sie frühzeitig als qualitates *secundarias*, d. h. als solche, die ihren Grund bloß in unsrer Empfindungsweise haben. Die Qualität der Objekte also ist nichts als das ursprünglich Empfundene, d. h. die Grenze des freien Producirens. Nur durch seine *Qualität* ist jedes einzelne Objekt dieses *bestimmte* Objekt. Und weil keine Erkenntniß *real* ist, als inwiefern sie Erkenntniß eines *bestimmten* Objekts ist, so haftet der ganze Glaube an Realität außer uns zuletzt an der *ursprünglichen Empfindung*, als ihrer ersten und tiefsten Wurzel.

In der Handlung der Anschauung *findet* sich der Geist als

beschränkt. Die Grenze seines Producirens erscheint ihm daher als zufällig (als bloßes Accidenz seiner Handlung), die Sphäre des Producirens aber, in der er nichts als seine eigene Handlungsweise anschaut, als das *Wesentliche* seiner Handlung, als das Nothwendige (Substantielle).

In der Anschauung *endet* der Geist den ursprünglichen Streit entgegengesetzter Thätigkeiten dadurch, daß er sie in einem gemeinschaftlichen Produkte darstellt. Der Geist *ruht* gleichsam in der Anschauung, und die Empfindung hält ihn ans Objekt gefesselt.

Aus dieser ersten Anschauung nun würde der Geist nie heraustreten, er würde an der ursprünglichsten Empfindung unverrückt haften, es wäre in ihm ein ewiger Stillstand, kein Fortgang von Vorstellung zu Vorstellung, kein Reichthum, keine Mannigfaltigkeit der äußeren Anschauung, wofern nicht seine ursprüngliche Thätigkeit eine Tendenz nach dem *Unendlichen* wäre und ins Unendliche fort sich selbst reproducirte. Wir werden also behaupten müssen, vermöge jener ursprünglichen Thätigkeit sey der Geist continuirlich bestrebt, das Unendliche zu erfüllen, vermöge der entgegengesetzten Thätigkeit, sich in diesem Bestreben selbst anzuschauen. Wir werden daher die Seele denken als eine Thätigkeit, die aus Unendlichem Endliches hervorzubringen continuirlich bestrebt ist. Es ist, als ob in ihr eine Unendlichkeit concentrirt wäre, die sie außer sich darzustellen genöthigt ist. Dieß läßt sich nicht weiter erklären, als aus dem steten Bestreben des Geistes, für sich selbst *endlich*, d. h. seiner selbst bewußt zu werden.

Alle Handlungen des Geistes also gehen darauf, *das Unendliche im Endlichen darzustellen*. Das Ziel aller dieser Handlungen ist das *Selbstbewußtseyn*, und die Geschichte dieser Handlungen ist nichts anderes als die *Geschichte des Selbstbewußtseyns*.

Jede Handlung der Seele ist auch ein bestimmter *Zustand der Seele*. Die Geschichte des menschlichen Geistes also wird nichts anderes seyn als die Geschichte der verschiedenen *Zustände*, durch welche hindurch er allmählich zur Anschauung seiner selbst, zum *reinen* Selbstbewußtseyn, gelangt.

Es ist aber kein Zustand in der Seele, noch irgend eine Handlung, die sie nicht selbst anschaute. Denn ihr Bestreben sich selbst anzuschauen ist unendlich, und nur durch die Unendlichkeit dieses Bestrebens reproducirt sie ins Unendliche fort sich selbst.

Was aber die Seele anschaut, ist immer ihre eigne, sich entwickelnde Natur. Ihre Natur aber ist nichts anderes als jener oft angezeigte Widerstreit, den sie in bestimmten Objekten darstellt. So bezeichnet sie durch ihre eignen Produkte, für gemeine Augen unmerklich, für den Philosophen deutlich und bestimmt, den Weg, auf welchem sie allmählich zum Selbstbewußtseyn gelangt. Die äußere Welt liegt vor uns aufgeschlagen, um in ihr die Geschichte unseres Geistes wieder zu finden.

Wir werden also in der Philosophie nicht eher ruhen, als wir den Geist zum Ziel alles seines Strebens, zum Selbstbewußtseyn, begleitet haben. Wir werden ihm von Vorstellung zu Vorstellung, von Produkt zu Produkt bis dahin folgen, wo er zuerst von allem Produkt sich losreißt, sich selbst in seinem reinen Thun ergreift, und nun nichts weiter anschaut als sich selbst in seiner absoluten Thätigkeit.

Diese Entdeckung ist für unsern gegenwärtigen Zweck von großer Wichtigkeit. Wir suchen den Uebergang von der theoretischen zur praktischen Philosophie. Nun ist das Princip aller Philosophie das Selbstbewußtseyn. Durch dasselbe ist der ganze Umkreis des Geistes beschrieben, denn in allen seinen Handlungen strebt er nach Selbstbewußtseyn. In der Aufeinanderfolge dieser Handlungen werden wir also zuverlässig auch eine Handlung finden, in welcher theoretische und praktische Philosophie aneinander grenzen und miteinander zusammenhangen.

Da diese Eine Handlung die beiden Welten umfaßt, zwischen welchen unsere Philosophie getheilt ist, so können wir zum voraus wissen, daß sie die höchste Handlung des menschlichen Geistes seyn wird. Dieß vorausgesetzt, laßt uns die angetretene Bahn verfolgen.

* * *

Wir verließen den Geist im Zustande der Anschauung und Empfindung. Soll seine Thätigkeit nicht in der ersten Anschauung erlöschen, so muß sie sich selbst wieder herstellen. Die Seele wird also vorerst ein

Bestreben äußern, sich vom gegenwärtigen Eindruck loszumachen. Durch dieses Streben entsteht ihr die Zeit, als eine (obgleich nur nach Einer Richtung) ausgedehnte Größe; das gegenwärtige Objekt tritt in einen vergangenen Moment, daher wir es im ersten Bewußtseyn als ein Zufälliges finden, das ohne unser Zuthun da ist. Unser ganzes Daseyn aber hängt an unsrer Thätigkeit. Diese Thätigkeit aber äußert sich in beständigen Produktionen. Daher ist in uns ein nothwendiges Bestreben die Continuität der Vorstellungen zu erhalten, d. h. ein ewiges Produciren. Indem die Seele vom Gegenwärtigen sich loswindet, geht sie nothwendig zugleich auf ein Künftiges. Also ist in unsern Vorstellungen eine Succession, an welcher unser eignes Daseyn sich erhält. Keine Vorstellung ist in der Seele stehend, sondern, da sie nichts anderes als eine Thätigkeit der Seele ist, continuirlich und gleichsam fließend. Von selbst also bringt jede Vorstellung, d. h. jede nothwendige Thätigkeit der Seele, eine neue hervor. Es ist, als ob die Seele in jedem einzelnen Moment ein Unendliches darzustellen bestrebt wäre; da sie dieß nicht vermag, so strebt sie nothwendig über jede Gegenwart hinaus, um das Unendliche wenigstens successiv, in der Zeit, darzustellen. Die Seele bringt also unaufhörlich die Vorstellung eines Universums hervor, obgleich sie es in keinem einzelnen Momente darzustellen vermag. Sie würde dieß aber nicht thun, wenn sie nicht in jedem Momente ein Gefühl ihres Beschränktseyns hätte, und, was damit verbunden ist, ein nothwendiges Bestreben dagegen äußerte. Eben deßwegen aber ist sie vorerst selbst nichts anderes als ein Strom von Vorstellungen. Denn nur in dem continuirlichen Uebergang von Ursache zu Wirkung dauert sie fort, und es ist nicht mehr ein einzelnes Objekt, sondern eine nothwendige Reihe aufeinander folgender Erscheinungen, in welchem sich der Geist befangen fühlt.

Daß aber auf jede Ursache ihre Wirkung folgt, und jede Wirkung hinwiederum zur Ursache wird, daß somit die Succession unserer Vorstellungen endlos, der gegenwärtige Augenblick der zuverlässige Bürge des künftigen ist (praesens gravidum futuro), verräth eine ursprüngliche Thätigkeit der Seele, die nach nichts so sehr bestrebt ist als nach

Erhaltung ihrer selbst; — woraus folgt, daß die Seele in sich selbst ihre Fortdauer und die Gewißheit ihrer Existenz trägt, daß sie also eine ununterdrückbare, sich selbst ins Unendliche wiederherstellende Thätigkeit ist.

Indem der Geist sich vom Gegenwärtigen loszuwinden bestrebt ist, wird es in diesem Handeln und durch dieses Handeln ein Vergangenes. Das Vergangene aber ist nur im Begriff gegenwärtig. Die Seele aber, deren produktive Thätigkeit unendlich ist, strebt unaufhörlich nach dem Wirklichen, und darum ist in ihr ein steter Fortgang von Begriff zu Anschauung, von Anschauung zu Begriff, vom Vergangenen zum Gegenwärtigen, vom Gegenwärtigen zum Künftigen. Indem die Seele von Vorstellung zu Vorstellung fortgeht, gewinnt die Zeit (anfänglich ein bloßer Punkt) Ausdehnung, der Raum aber (anfänglich schrankenlos) wird thätig begrenzt. Eine Thätigkeit aber, welche zugleich den Raum begrenzt und die Zeit ausdehnt, erscheint äußerlich als Bewegung. Also ist Bewegung (als Gemeinsames aus Zeit und Raum) dasjenige, was der inneren Succession der Vorstellungen äußerlich entspricht, und da der innere Sinn nothwendig ein äußerer wird, so wird die Seele die Succession ihrer Vorstellungen außer sich nothwendig als Bewegung anschauen. Die Bewegung aber ist nothwendig bestimmt, d. h. der bewegte Körper durchläuft einen bestimmten Raum. Der Raum aber ist allein bestimmt durch die Zeit. (Die Zeit ist das allerursprünglichste Maß des Raums). Das ursprünglichste Schema der Bewegung also ist die Linie, d. h. ein fließender Punkt.

Die bloße Succession der Vorstellungen, äußerlich angeschaut, gibt den Begriff der mechanischen Bewegung.

Aber die Seele soll nicht nur diese Succession, sondern sie soll sich selbst in dieser Succession, und (weil sie nur ihre Thätigkeit anschaut) sich selbst als thätig in dieser Succession anschauen. Thätig aber ist sie in dieser Succession nur, insofern sie producirt, und durch dieses unendliche Produciren die Succession der Vorstellungen unterhält. Sie soll also sich selbst in ihrem Produciren, in ihrem selbstthätigen Uebergehen von Ursache zu Wirkung anschauen. Sie schaut sich aber überhaupt nicht an, ohne sich in einem Objekt darzustellen. Sie wird also sich selbst als ein Objekt anschauen, in welchem produktive Kraft ist.

Insofern sie ihre eignen Vorstellungen producirt, insofern ist sie von sich selbst wechselseitig Ursache und Wirkung. Sie wird sich also als ein Objekt anschauen, das von sich selbst wechselseitig Ursache und Wirkung ist, oder, was dasselbe ist, als eine sich selbst organisirende Natur.

Es ist hier der Ort nicht, den Begriff der Organisation umständlicher zu entwickeln. Was aber hier bemerkt werden muß, ist Folgendes:

Ist der menschliche Geist eine sich selbst organisirende Natur, so kommt nichts von außen, mechanisch, in ihn hinein; was in ihm ist, das hat er von innen heraus, nach einem innern Princip sich angebildet. Alles strebt daher in ihm zum System, d. h. zur absoluten Zweckmäßigkeit.

Alles aber, was absolut zweckmäßig ist, ist in sich selbst ganz und vollendet. Es trägt in sich selbst Ursprung und Endzweck seines Daseyns. Eben dieses aber ist der ursprüngliche Charakter des Geistes. Er ist durch sich selbst zur Endlichkeit bestimmt, construirt sich selbst, producirt ins Unendliche fort sich selbst, und ist so seines eignen Daseyns Anfang und Ende.

Im Zweckmäßigen durchdringt sich Form und Materie, Begriff und Anschauung. Eben dieß ist der Charakter des Geistes, in welchem Ideales und Reales absolut vereinigt ist. Daher ist in jeder Organisation etwas Symbolisches, und jede Pflanze ist, so zu sagen, der verschlungene Zug der Seele.

Da in unserem Geiste ein unendliches Bestreben ist sich selbst zu organisiren, so muß auch in der äußern Welt eine allgemeine Tendenz zur Organisation sich offenbaren. So ist es wirklich. Das Weltsystem ist eine Art von Organisation, das sich von einem gemeinschaftlichen Centrum aus gebildet hat. Die Kräfte der chemischen Materie sind schon jenseits der Grenzen des bloß Mechanischen. Selbst rohe Materien, die sich aus einem gemeinschaftlichen Medium scheiden, schießen in regelmäßigen Figuren an. Der allgemeine Bildungstrieb der Natur verliert sich zuletzt in einer Unendlichkeit, welche zu ermessen selbst das gewaffnete

Auge nicht mehr fähig ist. Der stete und feste Gang der Natur zur Organisation verräth deutlich genug einen regen Trieb, der, mit der rohen Materie gleichsam ringend, jetzt siegt, jetzt unterliegt, jetzt in freieren, jetzt in beschränkteren Formen sie durchbricht. Es ist der allgemeine *Geist* der Natur, der allmählich die rohe Materie sich selbst anbildet. Vom Moosgeflechte an, an dem kaum noch die Spur der Organisation sichtbar ist, bis zur veredelten *Gestalt*, die die Fesseln der Materie abgestreift zu haben scheint, herrscht ein und derselbe Trieb, der nach einem und demselben Ideal von Zweckmäßigkeit zu arbeiten, ins Unendliche fort ein und dasselbe Urbild, *die reine Form unsers Geistes*, auszudrücken bestrebt ist.

Es ist keine Organisation denkbar ohne *produktive Kraft*. Ich möchte wissen, wie eine solche Kraft in die Materie käme, wenn wir dieselbe als ein *Ding an sich* annehmen. Es ist hier kein Grund mehr, in Behauptungen furchtsam zu seyn. An dem, was täglich und vor unsern Augen *geschieht*, ist kein Zweifel möglich. Es ist produktive Kraft in Dingen außer uns. Eine solche Kraft aber ist nur die Kraft eines *Geistes*. Also können jene Dinge keine *Dinge an sich* — können nicht *durch sich selbst* wirklich seyn. Sie können nur *Geschöpfe*, nur *Produkte eines Geistes* seyn.

Die Stufenfolge der Organisationen und der Uebergang von der unbelebten zur belebten Natur verräth deutlich eine produktive Kraft, die erst *allmählich* sich zur vollen Freiheit entwickelt. Der Geist soll sich *selbst* in der Succession seiner Vorstellungen anschauen. Dieß kann er nicht, ohne jene Succession zu *fixiren*, d. h. sie in *Ruhe* darzustellen. Daher ist alles Organische aus der Reihe von Ursachen und Wirkungen gleichsam hinweggenommen. Jede Organisation ist eine *vereinigte Welt* (nach Leibniz eine *verworrene* Vorstellung der Welt). Es ist ein *ewiges* Urbild, das in jeder Pflanze ausgedrückt ist; denn, so weit wir zurückgehen, finden wir, daß sie nur aus sich selbst entsteht und in sich selbst zurückkehrt. Nur die Materie, in der es ausgedrückt ist, bezahlt den Tribut der Vergänglichkeit, die *Form* der Organisation aber (ihr *Begriff* selbst) ist unzerstörbar.

Aber der Geist, indem er die Succession der Vorstellungen fixirt, schaut sich zwar in seinem produktiven Vermögen, nicht aber in der Thätigkeit des Producirens an. Nun ist dasjenige, was der innern Succession der Vorstellungen äußerlich entspricht, Bewegung. Jene Succession der Vorstellungen aber, in welcher der Geist sich selbst als thätig anschauen soll, wird durch ein Princip innerer Thätigkeit unterhalten. Soll er also sich selbst als thätig in der Succession seiner Vorstellungen anschauen, so muß er sich als ein Objekt anschauen, das ein inneres Princip der Bewegung in sich selbst hat. Ein solches Wesen heißt lebendig.

Es ist also nothwendig Leben in der Natur. So wie es eine Stufenfolge der Organisation gibt, so wird es auch eine Stufenfolge des Lebens geben. Nur allmählich nähert sich der Geist sich selbst an. Es ist nothwendig, daß er sich selbst äußerlich, und zwar als organisirte, belebte Materie erscheine. Denn nur das Leben ist das sichtbare Analogon des geistigen Seyns. So wie der Geist nur in der Continuität seiner Vorstellungen fortdauert, so das Lebendige nur in der Continuität seiner innern Bewegungen. Wäre nicht in uns ein steter Uebergang von Vorstellung zu Vorstellung, so würde die geistige Thätigkeit erlöschen; wäre im Körper nicht ein stetes Eingreifen einer Funktion in die andere, ein stetes Reproduciren der einen durch die andere, ein immer wieder hergestelltes, immer wieder gestörtes Gleichgewicht der Kräfte, so würde das Leben aufhören[1]. Alles am Menschen trägt den

[1] Wer die neuesten Untersuchungen über den Ursprung und das Princip des thierischen Lebens kennt, den kann es unmöglich befremden zu hören, daß noch nichts darüber ausgemacht sey, daß man eine ganz neue Untersuchung der Sache von vorne an unternehmen wolle. Was die Fortschritte dieser Untersuchungen am meisten aufhält, ist der herrschende Begriff der Lebenskraft, einer wahrhaften qualitas occulta. — Der oben aufgestellte Begriff des Lebens läßt sich auf die Phänomene des Lebens gar leicht anwenden. Wenn es z. B. bestätigt wird, daß die beiden elektrischen Materien aus der Luft abstammen, so läßt sich leicht denken, daß nach der verschiedenen Art, wie, und der verschiedenen Beschaffenheit der Körper, wodurch diese Scheidung bewirkt wird, auch verschiedene positive und negative Materien (noch Analogie der elektrischen) entstehen können, welche (wahrscheinlich durch die Respiration erzeugt) durch ihren steten Conflikt das Leben unterhalten können.

Charakter der Freiheit. Er ist durchaus ein Wesen, das die todte Natur ihrer Vormundschaft entlassen und der Gefahr seiner eigenen (unter sich streitenden) Kräfte überantwortet hat. Seine ganze Fortdauer ist eine immer wiederkehrende, immer neubestandene Gefahr, eine Gefahr, in die er sich durch eignen Impuls begibt, und aus der er sich selbst wieder rettet.

Aber der Geist soll nicht die belebte Materie, sondern er soll in der belebten Materie *sich selbst* anschauen. Er selbst aber unterscheidet sich nur durch sein *Inneres*, durch die Thätigkeit in seinen Vorstellungen. Also muß dieser Körper in jedem einzelnen Moment der getreue Abdruck seines innern Zustandes seyn. Jede Vorstellung des Geistes wird sich im Körper gleichsam malen (das äußere Objekt malt sich durch das Licht im Auge, die Bewegungen bilden sich durch das Medium der Luft im Ohre gleichsam ab u. s. w.), jede innere Bewegung muß der Körper äußerlich nachahmen und gleichsam abbilden. Daher der Mensch das einzige Wesen, das Physiognomie hat. Je näher dem Menschen das Thier, desto näher auch der Physiognomie u. s. w[1].

Wenn aber der Körper der getreue Abdruck der Seele ist, so fallen beide in Einer Anschauung zusammen, der Geist verliert sich in der Materie, es ist keine Unterscheidung beider möglich. Doch soll der Geist in seinem Produkte nur sich *selbst* anschauen, d. h. er soll sich *selbst von* seinem *Produkte unterscheiden*. Man fragt, wie dieß möglich sey?

In seinem Körper *vereinigt* und *sammelt* der Geist gleichsam

[1] Der crasse Realismus hat die ersten und einfachsten Erfahrungen für sich. Wir sehen nur dadurch, daß das Licht unsere Augen rührt u. s. w. — Aber was ist denn das Licht selbst? Wiederum ein Objekt! — Und was ist das Auge anderes als der *Spiegel* der Dinge? Der Spiegel aber sieht nicht sich *selbst*, er reflektirt, aber für ein Auge außer ihm. Daß der Körper der Spiegel des Universums ist, muß selbst erst im System der Philosophie abgeleitet werden, und der Idealismus selbst führt auf einen Standpunkt, von welchem aus der Satz wahr wird, daß alle Vorstellungen in uns durch Einwirkung äußerer Dinge entstehen. — Und zu welcher Welt gehört denn der Körper? Gehört er nicht zur objektiven Welt, d. h. selbst nur zum System unserer nothwendigen Vorstellungen?

die Elemente der Welt. Er zieht dadurch selbst die Grenze seines Producirens, indem er die ganze Sphäre seiner möglichen Handlungen in einer verkleinerten Welt anschaut, die er durchdringt und deren Bewegungen er durch seine Vorstellungen regiert. Daß aber dieser Körper *sein* Körper ist und durch *seine* Vorstellungen regiert wird, weiß er nur dadurch, daß er dieser Vorstellung, unabhängig von der Bewegung, die ihr im Körper entspricht, bewußt werde. Es fragt sich, wie der Geist sich einer Vorstellung, als solcher, bewußt werde?

Wir haben den Geist durch die ganze Stufenfolge seiner Produktionen verfolgt. Es sollte erklärt werden, wie er seiner *selbst unmittelbar bewußt werde*, sich selbst unmittelbar anschaue. Da er *reine Thätigkeit* ist, so konnte er sich nur in seiner Thätigkeit anschauen. Sollte er sich selbst in seiner Thätigkeit anschauen, so mußte er *handeln*. Dieses ursprüngliche Handeln war nothwendig ein Handeln *auf sich selbst*, denn für den Geist ist bis jetzt nichts da, als er selbst. Durch dieses Handeln auf sich selbst entstand ihm eine Welt von Produkten. Aber er sollte nicht diese Produkte, sondern *in* diesen Produkten sich *selbst*, d. h. *seine* Thätigkeit anschauen. Dieß ist nicht möglich, als wenn er die *Handlung*, wodurch ihm das Produkt *entsteht*, vom *Produkt selbst*, oder, was dasselbe ist, seine *Thätigkeit* in der Vorstellung vom *Objekt* der Vorstellung absondert. Es fragt sich, wie dieß geschehe?

Wenn alle unsere Erkenntniß lediglich *empirisch* wäre, so würden wir nie aus der bloßen Anschauung heraustreten. *Ursprünglich* aber ist unser Wissen bloß empirisch. Daß wir das *Objekt* der Anschauung von *ihr selbst*, das *Produkt* von der *Handlung*, wodurch es entsteht, unterscheiden, muß daher eine *spätere* Handlung des Geistes seyn.

Ohne dieselbe würden wir zwar alle Gegenstände im *Raum*, den Raum selbst aber doch nur in *uns* anschauen. Denn da das Bewußtseyn etwas absolut Inneres ist, zwischen welchem und äußern Dingen keine unmittelbare Berührung gedacht werden kann, so sehen wir uns genöthigt zu behaupten, daß wir die Dinge ursprünglich gar nicht außer uns, oder, wie einige gelehrt haben, in Gott, sondern daß wir sie lediglich in uns selbst anschauen. Ist dieß, so scheint zwischen innerer und äußerer Welt keine Trennung möglich. Der äußere Sinn also wird sich völlig in den innern auflösen. Und weil Inneres nur im Gegensatz gegen Aeußeres unterschieden wird, so wird mit der äußern Welt auch die innere unvermeidlich zu Grunde gehen. Nur einer frei in sich selbst zurückgehenden Thätigkeit schließt sich die innere Welt auf. Unsere Thätigkeit aber, da sie nicht aus sich selbst herausginge, würde auch nicht frei in sich selbst zurückkehren. Sie wäre völlig in sich selbst verschlossen, in sich selbst gleichsam verloren.

Wir können diese Behauptung durch den Zustand erläutern, in welchem sich die Seele während des Schlafs befindet. Da sie eine continuirliche Thätigkeit ist, so können wir nicht glauben, daß sie in diesem Zustande aufhöre, thätig zu seyn, d. h. Vorstellungen zu produciren. Weil aber die Seele vom Körper verlassen ist, weil somit alle Beziehung auf einen äußern Raum unmöglich wird, so schaut die Seele in diesem Zustande alles nur in sich selbst an, es kommt in ihr nicht zum Begriff, noch zum Urtheil, und eben deßwegen auch nicht zur Erinnerung der gehabten Vorstellungen, kurz, die Seele scheint zugleich mit dem Körper zu schlafen.

In dem Mittelzustand zwischen Schlaf und Wachen wird die Seele in ihrer natürlichen Thätigkeit durch die halbwache Einbildungskraft gestört; daraus entsteht das Träumen, in welchem sie zwar mit Bewußtseyn, aber alles in der größten Verworrenheit anschaut. Die Gegenstände schweben in diesem Zustande gleichsam in einer Zwischenwelt, und die Seele, obgleich sie oft urtheilt, daß sie träumt, vermag doch nicht ihre Vorstellungen zu berichtigen, weil sie nicht im Stande ist sich völlig von ihrem Gegenstande loszureißen.

Es ist also nicht möglich, daß alle Thätigkeit des Geistes in der Anschauung erlösche, denn sonst würden wir uns auch nicht einmal dieser Anschauung bewußt werden. Die Frage ist nur, ob sich in unserer innern Erfahrung irgend ein Produkt einer solchen Thätigkeit vorfinde, die über die Anschauung hinausreicht.

Daß im Zustand der Anschauung Vorstellung und Objekt eins und dasselbe seyen, muß (nach dem Obigen) eingeräumt werden. Gleichwohl trennen wir beide, indem wir von dieser Trennung reden. Da sie aber in uns nothwendig vereinigt sind, so können sie nicht real, sondern nur ideal, in Gedanken, getrennt werden. Es fragt sich aber, wie in uns der Gedanke möglich sey.

Es erhellt hieraus, im Vorbeigehen zu erinnern, daß der Gedanke unmöglich unsere ursprüngliche Thätigkeit seyn kann, denn er folgt erst der Anschauung, und er bedarf zu seiner Erklärung selbst noch eines höhern Princips, aus dem er (wie Minerva aus dem Haupte Jupiters) entspringt. Ohne eine ursprüngliche Energie des Geistes ist keine Freiheit des Gedankens, ohne Freiheit des Gedankens keine Unterscheidung des Gegenstandes und der Vorstellung, ohne diese weder Bewußtseyn, noch Philosophie, die eben von jener Unterscheidung ausgeht.

Es ist in uns eine Fähigkeit, die Handlung des Geistes in der Anschauung frei zu wiederholen, und das Nothwendige vom Zufälligen in derselben zu unterscheiden. Ohne diese Unterscheidung wäre alle unsere Erkenntniß lediglich empirisch. Es ist also das Vermögen der Begriffe a priori, was uns fähig macht, den Zustand der blinden Anschauung zu verlassen. Diese Begriffe aber sind selbst nichts anderes, als ursprüngliche Anschauungsweisen des Geistes. Als Begriffe sind sie daher nur da, insofern wir begreifen, d. h. insofern wir abstrahiren, also nicht uns angeboren (denn was angeboren ist, ist ohne unser Zuthun da). — Die Seele kann nicht ein besonderes Ding seyn, dem bestimmte Ideen erst eingepflanzt worden; denn abstrahirt von ihren Ideen ist sie selbst Nichts. Nicht also ihre Idee sind ihr, sondern sie ist sich selbst angeboren. Wer aber unfähig ist, den Geist in seiner Thätigkeit, in seinem Handeln, aufzufassen, wer also nichts von ihm kennt, als was er von ihm abstrahirt hat, dem erscheinen diese ursprünglichen Handlungen des Geistes, durch welche er erst zum Bewußtseyn gelangt, als bloße formale Anlagen, die erst durch äußern Anstoß entwickelt werden, der Geist selbst aber als etwas Ruhendes, in dem man nichts unterscheiden kann, als ein ursprüngliches Vermögen zu handeln. Ein solches ruhendes Vermögen des Geistes aber ist ein wahrhaftes Unding, das nirgends als in den Abstraktionen der Philosophen wirklich ist.

Der Geist soll seiner selbst in seinem reinen Handeln bewußt werden. Der Begriff aber ist nur die nachgeahmte Anschauung. Also wird der Begriff mit der Anschauung in Einem Bewußtseyn zusammenfallen. Also reicht der Begriff allein noch nicht hin, ein reines Selbstbewußtseyn des Geistes zu erklären.

Auch dem Thier, das in einem beständigen Stupor begriffen ist, kann man Begriff so wenig als Anschauung absprechen. Was aber dem Thier (und dem Menschen, der sich ihm annähert) fehlt, ist das frei unterscheidende und beziehende Bewußtseyn, mit einem Worte, das Urtheil, das Vorrecht vernünftiger Wesen. Im Urtheil allein sind vereinigt die beiden Handlungen, die freie Unterscheidung der Anschauung und des Begriffs und die freie Beziehung beider aufeinander. Durch das Urtheil erst wird das Produkt der Anschauung zu einem Objekt, das wir bestimmen. Indem wir urtheilen, erst löst sich die Vorstellung gleichsam von der Seele ab, und tritt als Objekt in eine Sphäre außer ihr.

Aber das Urtheil selbst ist nichts Ursprüngliches. Es fragt sich erstens, wodurch es dem Geiste möglich wird, Objekt und Vorstellung zu unterscheiden? Die Natur hat dieses Problem durch eine in den Tiefen der menschlichen Seele verborgene Kunst gelöst. Damit nicht beide, Begriff und Objekt, in Einem Bewußtseyn zusammenfallen, dehnt die Einbildungskraft den Begriff über die Schranken der Individualität aus, so doch, daß der Begriff zwischen Allgemeinheit und Individualität in der Mitte schwebe. So gelingt es ihr, indem sie die Regel, nach welcher das Objekt entsteht, sinnlich verzeichnet, durch einen eigenthümlichen Schematismus Individualität und Allgemeinheit in einem und demselben Produkte zu vereinigen. Zweitens, wie es möglich ist, daß beides, Gegenstand und Vorstellung, aufeinander bezogen werden? — Die produktive Einbildungskraft entwirft ein Bild, wodurch der Begriff bestimmt und begrenzt wird. Im Zusammentreffen des Schemas und des Bildes erst liegt das Bewußtseyn eines einzelnen Gegenstandes.

Es ist ein unvermeidliches Uebel in der Philosophie, daß sie in einzelne Momente und Handlungen zersplittern muß, was im menschlichen Geiste selbst nur Eine Handlung, Ein Moment ist. Sie wird eben damit allen unverständlich, welche unfähig sind, durch transscendentale Einbildungskraft zu vereinigen, was man nothgedrungen getrennt hatte. So zeigt es sich deutlich, daß die Seele kein Schema des Gegenstandes entwerfen könne, ohne daß ihr ein Bild desselben vorschwebe, das sie im Produciren leitet, noch daß sie ein Bild produciren kann, ohne dabei nach einer sinnlich verzeichneten Regel (einem Schema) zu verfahren.

Es zeigt sich also, daß jene Folge von Handlungen, welche alle zusammen Bedingungen des Bewußtseyns sind, keine Aufeinanderfolge ist, d. h. daß nicht eine die andere, sondern daß sie sich alle zusammen wechselseitig voraussetzen und hervorbringen. Es ist ein Wechsel von Handlungen, die stets in sich selbst zurücklaufen. Im Urtheil also liegt eigentlich der Mittelpunkt, von welchem alle theoretischen Handlungen ausgehen, und in welchen sie zurückkehren.

Aus diesem magischen Kreise nun sollen wir herauskommen. Jede Handlung aber, die sich aufs Objekt bezieht, kehrt in diesen Kreis zurück. Es ist nicht möglich ihn zu verlassen, als durch eine Handlung, die kein Objekt mehr hat, als den Geist selbst. Es ist klar, daß der Geist seines Handelns, als solchen, nicht bewußt werden könne, als inwiefern er über alles Objektive hinausstrebt. Jenseits aller Objekte aber findet der Geist nichts mehr, als sich selbst.

Jene Handlung selbst aber, wodurch der Geist vom Objekt sich losreißt, läßt sich nicht weiter erklären, als aus einer Selbstbestimmung des Geistes. Der Geist bestimmt sich selbst, dieß zu thun, und indem er sich bestimmt, thut er es auch.

Es ist ein Schwung, den der Geist sich selbst über alles Endliche hinaus gibt. Er vernichtet gleichsam für sich selbst alles Endliche, und nur in diesem *schlechthin Positiven* schaut er *sich selbst* an.

Jene Selbstbestimmung des Geistes heißt *Wollen*. Der Geist *will*, und er ist *frei*. Daß er *will*, dafür läßt sich kein weiterer Grund angeben. Denn eben deßwegen, weil diese Handlung *schlechthin* geschieht, ist sie ein *Wollen*.

Indem der Geist alles Objektive für sich durch die That vernichtet, bleibt ihm nichts mehr übrig, als die *reine Form seines Wollens*, von nun an das ewige Gesetz seines Handelns.

Die Frage war: wie der Geist seines Handelns unmittelbar sich bewußt werde. Die Antwort war: dadurch, daß er sich vom Objekt losreißt; was wieder nicht geschehen kann, ohne daß er *schlechthin* handle. *Schlechthin handeln* aber heißt *Wollen*. Also wird der Geist nur im *Wollen* seines Handelns unmittelbar bewußt, und der Akt des *Wollens* überhaupt ist die *höchste Bedingung des Selbstbewußtseyns*.

* * *

Dieß ist nun diejenige Handlung, welche wir gleich anfangs gesucht haben, die Handlung, welche theoretische und praktische Philosophie vereinigt.

Für diese Handlung selbst läßt sich weiter kein Grund angeben; denn der Geist *ist* nur dadurch, daß er *will*, und kennt sich selbst nur dadurch, daß er *sich selbst bestimmt*. Ueber diese Handlung können wir nicht hinaus, und darum ist sie mit Recht das *Princip* unseres Philosophirens.

Der Geist ist ein *ursprüngliches* Wollen. Dieß Wollen muß daher so *unendlich* seyn, als er *selbst*. In dieser Handlung des *Wollens* aber liegt schon der *Dualismus* der Principien, der durch unser ganzes Wissen hindurch herrscht. In dieser Handlung schon *scheiden* sich die beiden Welten, zwischen welchen unser Wissen getheilt ist.

Der Geist bestimmt ursprünglich sich selbst, und ist so seiner Natur nach thätig zugleich und leidend. Diesen ursprünglichen Streit des Thuns und des Leidens endet er in der Anschauung einer objektiven Welt. Aber in diesem Streit nur (des Thuns und des Leidens) dauert er selbst fort. Könnte also der Geist jenen ursprünglichen Streit nicht wiederherstellen, so würde mit diesem Streit zugleich auch alle seine Thätigkeit in der Anschauung ihr Ende finden. Jenen Streit aber kann er nur dadurch wiederherstellen, daß er sich vom Produkt der Anschauung losreißt, und dieß kann er wieder nicht, ohne *sich selbst* dazu zu bestimmen, d. h. ohne abermals thätig und leidend zu werden.

Der Geist *will*. *Wollen* aber findet nur im Gegensatz gegen das Wirkliche statt. Nur weil der Geist im *Wirklichen* sich befangen fühlt, verlangt er nach dem *Idealischen*. Das Wirkliche also ist so nothwendig und so ewig als das Idealische, und der Geist ist durch sein eignes Wollen an die Objekte gefesselt.

Umgekehrt, ohne Freiheit des Wollens ist in uns nur ein *blindes Vorstellen* und kein Bewußtseyn *unsrer selbst* in unserm Vorstellen.

Und da die ganze objektive Welt nichts *an sich* Wirkliches ist, so begreift man nicht, wie sie *fortdaure*, als durch das stete *Wollen* des Geistes. Nur die Freiheit unseres Wollens ist es, was das ganze System unserer Vorstellungen trägt, und die Welt selbst besteht nur in dieser Expansion und Contraktion[1] des Geistes.

Da durch das reine Wollen und Handeln des Geistes erst alle *Zeit* entsteht, so begreift man dadurch auch das *Zugleichseyn* aller Dinge in der Welt. In der ursprünglichsten Handlung des Geistes schon liegt (unentwickelt) die Idee eines Universums; entwickelt und dargestellt wird sie erst durch eine unendliche Reihe von Handlungen. Nur jene Eine Handlung ist ihrer Natur nach synthetisch, die übrigen alle sind in *Bezug auf sie* nur analytisch.

* * *

Bei Gelegenheit *Kants* hat man mehrmals gefragt, *wie* theoretische und praktische Philosophie zusammenhängen; ja man hat sogar

[1] Ein Bild der *steten Schöpfung*, das *Lessing*, in seiner Unterredung mit *Jacobi*, Leibnizen geliehen hatte.

gezweifelt, ob sie überhaupt in seinem Systeme zusammenhängen. Wenn man sich aber an die Idee der Autonomie gehalten hätte, die er selbst als Princip seiner praktischen Philosophie aufstellt, so hätte man leicht gefunden, daß diese Idee in seinem System der Punkt ist, durch welchen theoretische und praktische Philosophie zusammenhängen, und daß in ihr eigentlich schon die ursprüngliche Synthesis theoretischer und praktischer Philosophie ausgedrückt ist. Ich hoffe, dieß noch deutlicher zu machen.

Die ganze praktische Philosophie fordert als Princip transscendentale Freiheit; von dieser aber wird in der Kritik der praktischen Vernunft behauptet, sie wäre ganz undenkbar, wenn die Naturgesetze überhaupt, und insbesondere das Gesetz der Causalität, Gesetze von Dingen an sich, und nicht von bloßen Erscheinungen wären. Hier verräth sich also bereits ein nothwendiger Zusammenhang der theoretischen und praktischen Philosophie in diesem Systeme.

Ferner: Kant selbst behauptet, man könne und müsse die Handlungen der Menschen einerseits als nothwendig und nach Gesetzen von Ursache und Wirkung, psychologisch, erklären, gleichwohl sey man deßhalb nicht genöthigt, die Idee der Freiheit, und mit ihr alle Begriffe von Schuld und Verdienst aufzugeben? — Warum? — Wer ist denn hier der Erklärende? Ich selbst. Und für wen wird erklärt? Abermals für mich selbst. Was ist denn nun also jenes Ich, dem seine Handlungen, obgleich sie frei sind, doch als Folgen eines nothwendigen Zusammenhangs von Ursachen und Wirkungen erscheinen? Offenbar ein Wesen, das seinen Handlungen selbst eine äußere Sphäre gibt, das sich selbst erscheint, für sich selbst und durch sich selbst empirisch wird — ein Princip, das, weil ihm alles andere erscheint, selbst nicht Erscheinung seyn, oder unter Gesetzen der Erscheinung stehen kann. — Offenbar also setzt Kant durch jene Behauptung, daß die freien Handlungen uns selbst (empirisch) erscheinen, ein höheres Princip voraus, in welchem Wirklichkeit und Möglichkeit, Nothwendigkeit und Freiheit, Reales und Ideales ursprünglich (wie durch eine prästabilirte Harmonie) vereinigt sind.

Wenn nämlich der menschliche Geist ursprünglich autonomisch ist, so ist er ein Wesen, das in sich selbst nicht nur den Grund, sondern auch die Grenze seines Seyns und seiner Realität trägt, dem also diese Grenze durch nichts Aeußeres bestimmt seyn kann, eine in sich selbst beschlossene, in sich selbst vollendete Totalität [1]. Wenn also ein solches Wesen eine äußere Welt anschauen soll, so muß es seiner Natur gemäß seyn, daß, was nur innere Handlung des Geistes ist, ihm äußerlich, und zwar nothwendig und unter nothwendigen Gesetzen erscheine. Zu den absolut innern Handlungen aber gehören vorzüglich diejenigen, in welchen wir unserer als moralischer Wesen bewußt werden. Das Letztere können wir nicht, ohne jene Handlungen von uns selbst zu unterscheiden, d. h. außer uns anzuschauen. —

Gleichermaßen, wenn dieses in sich selbst beschlossene Wesen auf eine äußere Welt wirken soll, so muß diese selbst in den Umkreis seiner ursprünglichen Thätigkeit fallen, und das Sinnliche kann vom Uebersinnlichen nicht der Art, sondern nur seinen Schranken nach verschieden seyn.

Umgekehrt, wenn die äußere Welt (wie Kant in der theoretischen Philosophie erweist) bloße Erscheinung ist, so läßt sich nicht begreifen, wie eine unendliche Mannichfaltigkeit äußerer Dinge und ein System von Regelmäßigkeit und Zweckmäßigkeit aus der Vorstellkraft eines moralisch leeren und todten in sich selbst zweck- und bestimmungslosen Wesens entspringen konnte [2].

Also ist offenbar, daß Kants theoretische und praktische Philosophie beide gleich grundlos und unbegreiflich sind, wenn sie nicht beide aus Einem Princip, dem der ursprünglichen Autonomie des menschlichen Geistes, hervorgehen.

* * *

Auch wenn wir von dieser Untersuchung alles materielle Interesse absondern, und nur die Methode, welche wir dabei befolgen

[1] (gleichsam ein Monogramm der Freiheit aus Unendlichem und Endlichem construirt). (Zusatz in der ersten Auflage.)

[2] Auch wird diesen Idealismus keiner begreifen, der nicht einsieht, daß das ursprünglich Praktische in uns allein die Quelle alles Wirklichen für uns ist.

müßten, überhaupt in Betrachtung ziehen, werden wir auf dasselbe Resultat kommen.

Die theoretische Philosophie fordert, daß der Ursprung der Vorstellung erklärt werde. Woher kam ihr aber das Bedürfniß zu erklären, und ist nicht diese Erklärung selbst schon eine Handlung, die voraussetzt, daß wir uns von unsern Vorstellungen unabhängig gemacht haben, d. h. daß wir bereits *praktisch* geworden seyen? Also setzt die theoretische Philosophie in ihren ersten Principien schon die praktische voraus. — Umgekehrt setzt auch praktische Philosophie die theoretische voraus. Den Beweis würden mir die meisten Leser erlassen, auch wenn er nicht schon im Vorhergehenden geführt wäre. Also ist eine *einseitige Auflösung* der beiden Fragen, wie theoretische und praktische Philosophie möglich sey, nicht zu finden, und es muß für sie (wenn das Problem überhaupt gelöst werden kann) eine *gemeinschaftliche* Auflösung geben.

Diese kann eben deßwegen weder in der theoretischen noch praktischen Philosophie gefunden werden; denn beide schließen einander wechselseitig aus, also entweder gar nicht, oder nur in einer *höhern Philosophie*, die sie beide *umfaßt*, die eben deßwegen von einem *absoluten Zustand* des menschlichen Geistes ausgehen muß, in welchem er weder theoretisch noch praktisch ist, aus welchem es aber einen gemeinschaftlichen Uebergang in das Gebiet des Theoretischen sowohl als des Praktischen geben muß.

Der Uebergang aber aus einem unbestimmten *absoluten* Zustand in einen bestimmten kann nicht durch *äußere* Bestimmung geschehen, denn in jenem Zustand ist der Geist für jede äußere Ursache verschlossen. Soll er also *bestimmt* werden (und dieß müssen wir voraussetzen), so kann er nur *durch sich selbst bestimmt* seyn. Dieses *Selbstbestimmen* des Geistes also muß der gemeinschaftliche Uebergang zur theoretischen und praktischen Philosophie seyn und so sehen wir uns wieder an demselben Punkte, von welchem wir ausgegangen sind.

* *
*

Es ist überhaupt ein verkehrtes Unternehmen, die theoretische Philosophie durch die theoretische begründen zu wollen. Solange es uns bloß darum zu thun ist ein philosophisches Gebäude zu errichten (wie es offenbar der Zweck Kants war), mögen wir uns mit einem solchen Fundamente begnügen, so wie wir, wenn wir ein Haus bauen, zufrieden sind, daß es auf der Erde fest steht. Wenn aber von einem System die Rede ist, so fragt sich, worauf ruht die Erde, und worauf ruht wiederum das, worauf die Erde ruht, und so ins Unendliche fort.

System heißt nur ein solches Ganzes, das sich selbst trägt, das, in sich selbst beschlossen, keinen Grund seiner Bewegung und seines Zusammenhangs außer sich voraussetzt. So wurde das Weltgebäude ein Weltsystem, als man das allgemeine Gleichgewicht der Weltkräfte entdeckte. Ein solches allgemeines Gleichgewicht der geistigen Kräfte nun soll die Philosophie entdecken, um zum Systeme zu werden. Aber ebensowenig als die Kräfte, wodurch das Universum besteht, hinwiederum aus der Materie erklärbar sind (denn die Materie setzt sie voraus und muß aus ihnen erklärt werden), kann das System unseres Wissens aus unserem Wissen erklärt werden, sondern setzt selbst ein Princip voraus, das höher ist, denn unser Wissen und Erkennen. Was aber allein alles unser Erkennen übersteigt, ist das Vermögen der transscendentalen Freiheit oder des Wollens in uns. Denn als die Grenze alles unseres Wissens und Thuns ist es nothwendig auch das einzige Unbegreifliche, Unauflösliche — seiner Natur nach Grundloseste, Unbeweisbarste, eben deßwegen aber Unmittelbarste und Evidenteste in unserem Wissen.

Die ganze Revolution, welche die Philosophie durch Entdeckung dieses Princips erfährt, verdankt sie dem einzigen glücklichen Gedanken, den Standpunkt, von welchem aus die Welt betrachtet werden muß, nicht in der Welt selbst, sondern außerhalb der Welt anzunehmen. Es ist die alte Forderung Archimeds (auf die Philosophie angewandt), welche dadurch erfüllt wird. Den Hebel an irgend einem festen Punkte innerhalb der Welt selbst anlegen, und sie damit aus der Stelle rücken zu wollen, ist vergebliche Arbeit. Höchstens gelingt es, damit einzelne Dinge fortzubewegen. Archimed verlangt einen festen Punkt außer der Welt. Diesen theoretisch (d. h. in der Welt selbst) finden zu wollen, ist widersinnig.

Wenn es aber in uns ein reines Bewußtseyn gibt, das, von äußern Dingen unabhängig, von keiner äußern Macht überwältigt, sich selbst trägt und unterhält, so ist dieß eigentlich, „was Archimed bedurfte, aber nicht fand, ein fester Punkt, woran die Vernunft ihren Hebel ansetzen kann, ohne ihn deßhalb an die gegenwärtige oder an eine künftige Welt, sondern nur an die innere Idee der Freiheit anzulegen"[1], die, weil sie jene beiden Welten in sich vereinigt, auch das Princip beider seyn muß.

Dieser absoluten Freiheit werden wir nun nicht anders als durch die That bewußt. Sie weiter abzuleiten, ist unmöglich.

Die Quelle des Selbstbewußtseyns ist das Wollen. Im absoluten Wollen aber wird der Geist seiner selbst unmittelbar inne, oder er hat eine intellektuale Anschauung seiner selbst. Anschauung heißt diese Erkenntniß, weil sie unvermittelt, intellektual, weil sie eine Thätigkeit zum Objekt hat, die weit über alles Empirische hinausgeht und durch Begriffe niemals erreicht wird. Was in Begriffen dargestellt wird, ruht. Begriffe also gibt es nur von Objekten, und dem, was begrenzt ist und sinnlich angeschaut wird. Der Begriff der Bewegung ist nicht die Bewegung selbst, und ohne Anschauung wüßten wir nicht, was Bewegung ist. Freiheit aber wird nur von Freiheit erkannt, Thätigkeit nur von Thätigkeit aufgefaßt. Gäbe es in uns kein intellektuales Anschauen, so wären wir auf immer in unsern objektiven Vorstellungen befangen, es gäbe auch kein transscendentales Denken, keine transscendentale Einbildungskraft, keine Philosophie, weder theoretische noch praktische.

Nur jenes stete Anschauen unsrer selbst in unsrer reinen Thätigkeit ist es, was erst die objektive Einheit der Apperception und das Correlatum aller Apperception, das Ich denke, möglich macht. Es ist wahr, daß der Satz: Ich denke, lediglich empirisch ist, aber das Ich in diesem Satze ist eine rein intellektuale Vorstellung,

[1] Kants Worte in seiner Abhandlung: Vom vornehmen Tone in der Philosophie.

weil sie allem empirischen Denken nothwendig vorangeht[1]. Diese stete Thätigkeit der Selbstanschauung und die transscendentale Freiheit, woran sie sich erhält, ist allein, was macht, daß im Strom der Vorstellungen nicht ich selbst untergehe, und was mich von Handlung zu Handlung, von Gedanken zu Gedanken, von Zeit zu Zeit (wie auf unsichtbaren Fittigen) fortträgt[2].

Alle Schwärmerei überschreitet die Grenzen der Vernunft. Diese Grenzen, behaupten wir, zieht der Geist sich selbst, denn er gibt sich selbst seine Sphäre, schaut sich nur in dieser Sphäre an, und außer dieser Sphäre ist nichts für ihn. Es ist nur lächerlich, in dem Schwärmerei zu finden, was alle Schwärmerei auf immer unmöglich macht.

Sicherer vielleicht ist diese Philosophie endlich vor den Vergleichungen, die man zwischen ihr und andern anstellen wollte. — Wie tief hinweg unter dem Schwung dieser Philosophie gehen die Nachforschungen nach einem ersten Lehrsatz in der Philosophie, womit eine Zeitlang das gerade Widerspiel alles transscendentalen Denkens, der alte Dogmatismus, aufs neue eingeführt werden sollte. Der Dogmatismus versetzt seinen Anhänger gleich anfangs in ein nothwendiges System von Vorstellungen, aus welchem einen Ausgang zu finden oder den Flug zur höhern Welt (der Freiheit) zu unternehmen, gleich unmöglich ist. Die transscendentale

[1] Abermals Kants eigene Worte, Krit. der r. Vern. 3te Aufl. S. 423, Anm. — Es ist sonderbar, wie gewisse philosophische Schriftsteller andern Schriftstellern ewig Kants Worte wiederholen, als ob sie unmündig wären, oder als ob sie von den 100 Stellen, z. B. in welchen Kant gegen die Möglichkeit einer intellektualen Anschauung (in seinem Sinne) spricht, nicht zum wenigsten auch Eine gelesen hätten. Es ist, als ob jene fürchteten, nachdem man ihnen bewiesen, daß sie ihren Herrn und Meister nicht verstanden, auch noch den Ruhm des fleißigen Lesens und Auswendigwissens seiner Worte zu verlieren, wogegen doch niemand Zweifel erheben will.

[2] Nach dem, was Hr. Prof. Fichte im 4ten Hefte des V. Bandes des Philos. Journals hierüber gesagt hat, bleibt nichts hinzuzusetzen übrig. — Eigentlich gehört die ganze Untersuchung in die Aesthetik (wo ich auch auf sie zurückkommen werde). Denn diese Wissenschaft zeigt erst den Eingang zur ganzen Philosophie, weil nur in ihr erklärt werden kann, was philosophischer Geist ist, [ohne welchen philosophiren zu wollen nicht besser ist, als außer der Zeit fortdauern, oder ohne Einbildungskraft dichten zu wollen. Zusatz der ersten Auflage.]

Philosophie hat das Eigene, daß sie den, der sie faßt, gleich anfangs in Freiheit setzt, indem sie die Fesseln sprengt, womit das empiristische Wissen ihn umstrickt hatte. Alles Objektive beschränkt, seiner Natur nach. Was unser eignes Werk ist sogar, sobald es aus der Seele getreten und objektiv geworden ist, wird uns zur Schranke, und das schöpferische Gefühl, unter dem es entstand, verschwindet. —

Die transscendentale Philosophie, indem sie alles Objektive vorerst als *nicht vorhanden* ansieht, ist ihrer Natur nach aufs *Werdende* und *Lebendige* gerichtet, denn sie ist in ihren ersten Principien *genetisch*, und der Geist wird und wächst in ihr zugleich mit der Welt. — Sie hat mit dem *Skepticismus* die *Freiheit* der *Contemplation* und des Räsonnements, mit dem *Dogmatismus* die *Nothwendigkeit der Behauptungen* gemein. — Man wird ihre Wirkung in andern Wissenschaften spüren, weil sie die Köpfe nicht nur *weckt*, sondern, wie durch einen elektrischen Schlag, ihre Pole umkehrt.

IV.

„Er ist ein Idealist, sein System ist ein idealistisches", so sprechen manche, und glauben damit den Mann und sein System auf einmal geschlagen zu haben. Lieben Freunde, wenn ihr wüßtet, daß er nur *insofern* Idealist ist, als er *zugleich* und *eben deßwegen* der strengste und bündigste Realist ist, würdet ihr anders reden. — Was ist denn *euer* Realismus? worin besteht er eigentlich? — In der Behauptung: daß etwas außer euch — ihr wißt nicht was, noch wie, noch wo — eure Vorstellungen veranlasse? — Mit Erlaubniß gesagt, dieß ist falsch. Ihr habt das nicht aus euch selbst geschöpft, ihr habt es in irgend einer Schule gehört und sprecht es nach, ohne euch selbst zu verstehen. Euer Realismus ist weit älter als jene Behauptung, auch liegt er unendlich tiefer als jene von der obersten Oberfläche abgeschöpfte Erklärung des Ursprungs eurer Vorstellungen.

An diesen *ursprünglichen* Realismus verweisen wir euch. Dieser glaubt und will nichts anders, als daß der Gegenstand, den ihr vorstellt, zugleich auch der wirkliche sey. Dieser Satz aber ist nichts anderes als der klare, unverkennbare Idealismus; und so sehr ihr euch dagegen sträuben mögt, seyd ihr doch alle zusammen geborene Idealisten.

Von diesem Realismus wissen eure Schulphilosophen nur deßwegen nichts, weil ihnen die menschliche Natur unter einem eiteln Spiel mit Begriffen längst verschwunden ist. Ihr sollt fühlen, daß ihr einer bessern Philosophie werth seyd. Laßt die Todten ihre Todten begraben, ihr aber bewahrt eure Menschennatur, deren Tiefe noch keine Philosophie aus Begriffen ergründet hat.

Wenn man hätte voraussehen können, daß blinder Glaube an die Ausdrücke eines Mannes weit mehr vermögen würde, als der Glaube an seine Philosophie selbst, so hätte man bedauern können, daß Kant seine Philosophie, die allen Dogmatismus von Grund aus zerstören sollte, in der Sprache des Dogmatismus vortrug.

„Wir kennen die Dinge an sich nicht", sagt Kant. Wenn einer sagt: ich kenne den Herrn NN. nicht, so heißt dieß so viel: ich weiß gar wohl, daß dieser NN. in rerum natura existirt, nur ich gerade kenne ihn nicht. Freilich setzt jener Ausdruck die Existenz der Dinge an sich voraus. Es ist, als ob ein Dogmatiker spräche, der irgend einem Dritten Kants Behauptungen in seiner Sprache verständlich machen wollte.

Nichtsdestoweniger müßte ein Kantianer, der nicht an Worten hangen bleibt, sondern auf die Sache geht, zwar dem Buchstaben seines Lehrers zuwider, doch seinem Geiste ganz gemäß behaupten, daß wir wirklich die Dinge, wie sie an sich sind, erkennen, d. h. daß zwischen dem vorgestellten und dem wirklichen Gegenstand gar kein Unterschied stattfinde.

Es sollen sich einige deß rühmen, daß ihr Herr und Meister buchstäblich verstanden seyn will. Es sind Leute, die nicht ahnen, daß auch in dem Buchstaben eines solchen Mannes weit mehr liegt, als sie zu fassen vermögen [1]. — Wenn Kant wirklich nach dem rohen Buchstaben

[1] Sie begreifen nicht, daß eine kühne Philosophie auch kühn zu sprechen das Recht hat, und daß die Wortscheue, mit der sie behaftet sind, nur kleinen Geistern gebührt. (Zusatz der ersten Auflage).

verstanden seyn will, so hat ihn niemand besser verstanden als Gegner, wie Benedikt Stattler u. a., vor allen andern aber ein gewisser Herr Schäffer, der im Jahr 1792 eine Schrift herausgab: Inconsequenzen und auffallende Widersprüche in der Kantischen Philosophie, besonders in der Kritik der r. V. Dessau, bei Hofmann, gr. 8., betitelt [1].

Jeder kühne Ausdruck in der Philosophie grenzt an Dogmatismus, weil er etwas vorzustellen sucht, was gar nie Objekt der Vorstellung seyn kann. Er symbolisirt, was er nicht versinnlichen kann. Nimmt man das Symbol für das Objekt selbst, so entsteht eine Philosophie, die noch weit abenteuerlicher klingt als die Religion der alten Aegyptier oder die Mythokogie der Hindus nach der modernen Vorstellung davon [2].

Die Dinge an sich sind vor Kant schwerlich in dem Sinne da gewesen, in welchem er von ihnen spricht. Sie sollten nur der Anstoß seyn, den Leser vorerst aus dem Schlummer des Empirismus aufzuwecken, der die Erfahrung durch die Erfahrung, den Mechanismus durch den Mechanismus erklären zu können meint.

[1] (Hier fiel in der zweiten Auflage Folgendes aus): Was heißt aber Geist und Buchstaben? Der Buchstabe für sich ist und bleibt todt. Auch ihr, Nachbeter, tragt in den Buchstaben eures Herrn einen Geist hinein — nur einen Geist (oder Nichtgeist) Eurer Art. Weil ihr also seht, daß man beim Philosophiren, man mag sich auch anstellen wie man will, doch nicht wegkommt, ohne nolens volens selbst zu philosophiren, so sagt doch, daß ihr es thut, philosophirt frei und frank auf eigne Rechnung, und rühmt euch nicht des Buchstabens eines andern.

Daß übrigens dieser Herr und Meister nicht auf euch gerechnet hat, ist klar. Sonst hätte er eure Philosophie bei der Wurzel angegriffen. Diese ist die faule Vernunft, die ein beständiges Verlangen trägt nach Dingen an sich und andern Hirngespinnsten dieser Art. Sagen aber, daß wir die Dinge an sich nicht kennen (worüber ihr der Philosophie aus eignem Antrieb euer aufrichtiges Beileid bezeugtet, und die Eingeschränktheit des Erkenntnißvermögens vorschütztet), heißt jenes Verlangen nicht ausrotten, sondern nähren und unterhalten.

Zu bedauern also ist hier nichts, als daß auch der Buchstabe dieser Philosophie für die meisten zu kühn war.

[2] nach der modernen Vorstellung davon (Zusatz der zweiten Auflage).

„Das Princip des Sinnlichen kann nicht wieder im Sinnlichen, es muß im Uebersinnlichen liegen"; dieß sagte Kant, wie es alle wahren Philosophen vor ihm und zugleich mit ihm niemand klarer und vortrefflicher gesagt hat als Jacobi. — Eben darin liegt der Charakter alles Sinnlichen, daß es bedingt ist, seinen Grund nicht in sich selbst hat.

Diesen übersinnlichen Grund alles Sinnlichen symbolisirte Kant durch den Ausdruck: Dinge an sich — ein Ausdruck, der wie alle symbolischen Ausdrücke einen Widerspruch in sich schließt, weil er das Unbedingte durch ein Bedingtes darzustellen, das Unendliche endlich zu machen sucht. Solche widersprechende (ungereimte) Ausdrücke aber sind die einzigen, wodurch wir überhaupt Ideen darzustellen vermögen. Was unästhetische Köpfe aus einem solchen Wort machen können, weiß man längst. Plato erschöpft sich in Worten, um es auszudrücken, daß die Ideen ein Seyn enthalten, das weit über alles empirische Daseyn hinweg reicht. Nichtsdestoweniger kann man noch heutzutage den Beweis hören, daß Platons Ideen wirkliche Substanzen seyen, gerade so wie Kants Dinge an sich. (Man s. Plessings Memnonium und andere Schriften.)

Eine merkwürdige Stelle hierüber findet sich in Kants Streitschrift gegen Herrn Eberhard (über eine Entdeckung ꝛc. S. 55. 561): „daß wir auf Dinge an sich kommen müssen (bei Erklärung der Vorstellungen), ist die beständige Behauptung der Kritik, nur daß sie diesen Grund des Stoffes sinnlicher Vorstellungen nicht selbst wiederum in Dingen als Gegenständen der Sinne, sondern in etwas Uebersinnlichem sucht, was jenem zum Grunde liegt, und wovon wir keine (versteht sich, wie immer, theoretische, kategorische, auf ein Daseyn gehende) Erkenntniß haben. Sie sagt: die Gegenstände als Dinge an sich geben den Stoff zu empirischen Anschauungen (sie enthalten den Grund, das Vorstellungsvermögen seiner Sinnlichkeit gemäß zu bestimmen), aber sie sind nicht der Stoff derselben".

Es ist offenbar, daß die Dinge an sich hier nichts als die Idee eines übersinnlichen Grundes der Vorstellungen bezeichnen; sie enthalten nur den Grund, das Vorstellungsvermögen sinnlich zu bestimmen. Ohne dieses Bestimmen würden wir uns selbst dieses übersinnlichen Grundes nicht bewußt werden. In dieser Handlung des Bestimmens (unsrer selbst) erst scheiden sich die beiden Welten, die sinnliche (reale, der Erscheinungen) und die übersinnliche (ideale, der Dinge an sich).

Ich weiß gar wohl, daß Kant in seiner theoretischen Philosophie dieses übersinnliche Princip, nach welchem alle Vorstellungen construirt werden, gänzlich unbestimmt läßt. Irgendwo stellt er dem Materialismus als Hypothese in polemischer Absicht die Behauptung entgegen: es könnte wohl seyn, daß das intelligible Substrat der Materie und des Denkens eins und dasselbe wäre.

In Herrn Schulz Erläuterungen rc. erinnere ich mich gelesen zu haben: das, was uns zu Vorstellungen bestimme, möchte wohl von der Seele selbst so sehr verschieden nicht seyn. — Hier ist freilich alles ungewiß und schwankend.

Auch läßt Kant im Verfolg seines Systems der theoretischen Philosophie alles unerklärt, was sich nur aus jenem ursprünglich innern Princip alles Vorstellens (das er nirgends zu bestimmen versucht hat) erklären läßt. Ich will davon nur Ein Beispiel anführen.

Die Kategorien leitet er ab von den formalen Funktionen des Verstandes (im logischen Gebrauch), die selbst einer höhern Ableitung bedürfen, und vielmehr umgekehrt von den Kategorien abgeleitet werden sollten. Nachdem er die Tafel der Kategorien aufgestellt hat, fährt er also fort: „über dieselbe lassen sich artige Betrachtungen anstellen, die vielleicht erhebliche Folgen in Ansehung der wissenschaftlichen Form aller Vernunfterkenntnisse haben könnten"; namentlich, „daß allerwärts eine gleiche Zahl der Kategorien jeder Klasse, nämlich drei sind, welches zum Nachdenken auffordert, da sonst alle Eintheilung der Begriffe (nach dem Satze des Widerspruchs) Dichotomie seyn muß. Dazu kommt aber noch, daß die dritte Kategorie jeder Klasse allenthalben aus der Verbindung der zweiten mit der ersten (also synthetisch) entspringt".

Jedermann sieht ein, daß in dieser Tafel der Kategorien die ursprüngliche Form, nach welcher der Geist in allen seinen Construktionen verfährt, anschaulich und mit mathematischer Präcision vorgelegt ist. Daß aber der menschliche Geist überhaupt genöthigt ist, alles, was er anschaut und erkennt, aus Entgegengesetztem zu construiren, davon sieht man den Grund nicht ein, ohne den ursprünglichen Dualismus im menschlichen Geiste aufzudecken, den Kant in seiner praktischen Philosophie aufgestellt, in seiner theoretischen aber überall nur vorausgesetzt hat.

Betrachtungen dieser Art sind keine philosophischen Grübeleien; denn so tief ihr Grund liegt, so weit erstreckt sich ihre Ausdehnung. Jene beiden Kategorien, von denen Kant spricht, sind Hauptäste eines und desselben Stamms, die sich in unendlichen Verzweigungen über die ganze Natur ausbreiten. Nicht nur die Möglichkeit einer Materie und eines Weltsystems überhaupt, sondern auch der ganze Mechanismus und Organismus der Natur führt uns auf jene Duplicität der Principien zurück[1].

Man hat die Kategorientafel unzähligemal abgeschrieben und abdrucken und wieder abdrucken lassen, und allerhand formales Unwesen damit getrieben; aber von dem reellen Gebrauch derselben, den Kant hoffte, wenn er die Aufstellung derselben für ein Verdienst um alle Wissenschaften ausgab, hat man bis jetzt noch wenig verstanden.

Ich kehre zurück. In der theoretischen Philosophie Kants ist das übersinnliche Princip alles Vorstellens nur angedeutet. In der praktischen Philosophie aber erscheint auf einmal als Princip unsers Handelns — die Autonomie des Willens, und als das einzige Uebersinnliche, wovon wir Gewißheit haben, die Freiheit in uns.

[1] (Zusatz der ersten Auflage): Es wird z. B. vielleicht noch bewiesen werden, daß alle sogenannten wunderbaren (d. h. noch nicht erklärten) Erscheinungen der Natur auf Wechselwirkungen fester Körper mit jenem bis jetzt großentheils unbekannten Fluidum entspringen, das unser Planetensystem, und ohne Zweifel den ganzen Weltraum erfüllt; was wir aber von diesem Fluidum wissen, ist, daß es unter den mannichfaltigsten Formen, aber als thätig immer nur in seiner Trennung (in positive und negative Materien) erscheint.

Hier also löst sich das Räthsel. Wenn daher Reinhold (dessen Abhandlung: Gegenwärtiger Zustand der Metaphysik, im 2ten Theil seiner Verm. Schriften, die voranstehenden Bemerkungen veranlaßt hat) fragt: ob der von Fichte zuerst in seinem ganzen Umfang aufgestellte transscendentale Idealismus derselbe mit dem Kantischen sey, oder von ihm in der Grundbehauptung abweiche, daß das Princip der Vorstellungen lediglich ein inneres (also gar nicht in etwas vom Ich Verschiedenem zu suchen) sey, — so ist die Antwort auf diese Frage, dem Bisherigen zufolge, diese:

Beide Philosophen sind einig in der Behauptung, daß der Grund unserer Vorstellungen nicht im Sinnlichen, sondern im Uebersinnlichen liege. Diesen übersinnlichen Grund muß Kant in der theoretischen Philosophie symbolisiren, und spricht daher von Dingen an sich, als solchen, die den Stoff zu unsern Vorstellungen geben. Dieser symbolischen Darstellung kann Fichte entbehren, weil er die theoretische Philosophie nicht, wie Kant, getrennt von der praktischen behandelt. Denn eben darin besteht das eigenthümliche Verdienst des Letztern, daß er das Princip, das Kant an die Spitze der praktischen Philosophie stellt (die Autonomie des Willens) zum Princip der gesammten Philosophie erweitert, und dadurch der Stifter einer Philosophie wird, die man mit Recht die höhere Philosophie heißen kann, weil sie ihrem Geiste nach weder theoretisch noch praktisch allein, sondern beides zugleich ist.

Reinhold selbst erklärt (in der angeführten Schrift S. XI. XII der Vorr.): es sey nicht sein Zweck gewesen, diesen Idealismus in seinem ganzen Umfang darzustellen. Was er vorzüglich daran heraushebt, ist, daß das Princip desselben außerhalb der bloß theoretischen Philosophie liege. „Sinnlichkeit und Verstand, sagt er, sind nur in Bezug auf ein Nichtich denkbar, welches keineswegs durch Sinnlichkeit und Verstand gesetzt, sondern nur vorausgesetzt wird". [Man wird diese Stelle nicht mißverstehen. Streng genommen, setzen weder Verstand noch Sinnlichkeit ein Objekt voraus, denn die Welt der Objekte ist selbst nichts anderes als unsere ursprüngliche Sinnlichkeit und unser ursprünglicher Verstand. Der Verstand setzt weder das Objekt, noch das Objekt den Verstand (als ruhendes Vermögen) voraus. Der Verstand (in construirender Thätigkeit) und das Objekt sind eins und dasselbe, und unzertrennlich. Reinhold will nur so viel sagen: Sinnlichkeit und Verstand sind ohne Objekt (das durch sie entsteht) nicht denkbar, wie aus dem Gegensatz erhellt:] „Reine Vernunft aber ist absolute Thätigkeit". Man kann allerdings unter reiner Vernunft theoretische sowohl als praktische Vernunft verstehen, allein die erstere ist nicht absolute Thätigkeit, sondern selbst nur die (durch praktische Vernunft) gesteigerte Einbildungskraft: also scheint Reinhold hier unter reiner Vernunft die praktische zu verstehen. Dann aber fragt es sich, wie diese Stelle: („reine Vernunft ist absolute Thätigkeit") mit den nachherigen Bemerkungen über die Kantischen Begriffe von der Freiheit des Willens vereinbar sey. In diesen wird behauptet, die Freiheit des Willens sey von der reinen (praktischen) Vernunft total verschieden. Ich weiß zwar nicht, wie eine vom Willen, der doch selbst gesetzgebend seyn soll, verschiedene praktische (d. h. gesetzgebende) Vernunft gedacht werden könne. Doch davon nachher. — Es sey dem wie ihm wolle, aus dem Folgenden ist auf jeden Fall klar, daß der Verfasser sich auf den praktischen Standpunkt des Idealismus gestellt hat, und den theoretischen Standpunkt beiseite läßt.

„Das Ich setzt sich selbst ein Nichtich entgegen. Durch dieselbe absolute Thätigkeit (durch welche das Ich sich selbst setzt) wird das Nichtich als solches gesetzt. Der Satz, der dieses ausdrückt, stellt die ursprüngliche Antithesis auf: das Ich setzt sich selbst ein Nichtich entgegen, oder, durch das Ich wird das Nichtich schlechthin gesetzt". — Angenommen, daß sich jemand aus dieser Stelle einen vollständigen Begriff des transscendentalen Idealismus machen wollte, so könnte er den Satz: das Ich setzt sich ein Nichtich schlechthin entgegen, nicht anders als so verstehen: das Ich setzt sich ein Nichtich in der Idee entgegen. Damit aber wäre offenbar für die Erklärung der Nothwendigkeit unserer objektiven Vorstellungen nichts gewonnen.

Denn jene Handlung des Entgegensetzens ist eine freie, mit

Bewußtseyn begleitete, keine ursprüngliche, also auch keine nothwendige Handlung. Allerdings setzt das Ich das Nichtich sich entgegen, und indem es dieß thut, wird es eben damit praktisch, aber es kann dieß nicht thun, also auch nicht praktisch werden, ohne das Nichtich, oder ohne sich selbst, als beschränkt durch das Nichtich vorauszusetzen. Das Gefühl dieses Beschränktseyns entsteht allerdings erst durch jene Handlung des Entgegensetzens, aber jenes Gefühl konnte nicht entstehen, wenn jene Beschränktheit nicht ursprünglich und real war. Daß also das Ich praktisch werde (und davon ist hier die Rede), dazu gehört zweierlei: 1) daß das Ich in seinen Vorstellungen beschränkt sey, [das Ich aber ist beschränkt, nicht etwa, wie ein Objekt, dadurch, daß ihm seine Schranke, ohne sein Zuthun, durch ein Aeußeres bestimmt ist, sondern dadurch, daß es sich selbst als beschränkt fühlt (denn überhaupt ist ein Ich nichts, als was es in sich anschaut oder fühlt); es kann sich aber nicht als beschränkt fühlen, ohne sich die Schranke ideal entgegenzusetzen, also] 2) daß es sich die Schranke (das Nichtich) entgegensetzte. Dieß kann es aber hier wiederum nicht, ohne daß es real beschränkt sey.

Also sehen wir uns hier in einem unvermeidlichen Cirkel befangen, der, streng und richtig aufgefaßt, uns auf einmal die Natur unsers Geistes aufschließt, und unversehens zum höchsten Standpunkte des transscendentalen Idealismus erhebt.

„Wir können nicht ideal handeln, wir können uns die ursprüngliche Schranke nicht entgegensetzen, ohne real beschränkt zu seyn; und umgekehrt, wir sind nicht real beschränkt, ohne diese Beschränktheit zu fühlen, d. h. ohne sie uns ideal entgegenzusetzen". Also zeigt sich, daß jene Handlung, wodurch wir (passiv) beschränkt werden, und die andere, wodurch wir (aktiv) uns selbst beschränken, indem wir uns die Schranke entgegensetzen, eine und dieselbe Handlung unsers Geistes ist, daß wir also in einer und derselben Handlung zugleich passiv und aktiv, zugleich bestimmt und bestimmend sind, kurz, daß eine und dieselbe Handlung Realität (Nothwendigkeit) und Idealität (Freiheit) in sich vereinigt.

Soviel ich weiß[1], ist das der Kern des transscendentalen Idealismus. Denn nun ist offenbar, daß die ursprüngliche Natur des Geistes in jener absoluten Identität des Thuns und des Leidens besteht, daß daraus eigentlich jenes wunderbare Phänomen, das bisher noch keine Philosophie erklärt hat, das Phänomen des Gefühls (des Sinnlich-Geistigen in uns) hervorgeht, und daß jene ursprüngliche Wechselwirkung mit uns selbst eigentlich das innere Princip unserer Vorstellungen ist, das bisher alle wahren Philosophen, obgleich großentheils vergeblich, gesucht haben.

Da nun Reinhold nur die eine jener Handlungen, welche beide zusammen und in ihrer absolutesten Vereinigung das eigentliche Triebwerk unserer ganzen geistigen Thätigkeit sind, aufgefaßt hat, da ferner jene beiden Handlungen, die der Idealismus als Eine zusammenfaßt, nur wechselseitig durch einander Sinn und Bedeutung erhalten, so ist begreiflich, daß sich aus seiner Darstellung dieses Systems kein vollständiger Begriff desselben abstrahiren läßt.

„Das Ich setzt sich das Nichtich schlechthin entgegen", durch diesen Satz wird bloß eine ideale Handlung ausgedrückt; dieser Satz aber, als Princip der Erklärung des Ursprungs unserer Vorstellungen (und als solches wird er von dem Verfasser aufgestellt), ist völlig unverständlich, solange er in dieser Einseitigkeit aufgestellt wird. Denn man begreift nicht, wie durch eine lediglich ideale Entgegensetzung reale Vorstellungen entstehen sollen.

Der Satz: „das Ich setzt sich das Nichtich schlechthin entgegen", ist theoretisch ganz falsch. Der Idealismus der theoretischen Philosophie ist völlig antidualistisch, er behauptet die absolute Identität des Objekts und Subjekts in der Vorstellung; wenn man den Idealisten fragt, was das Objekt sey, antwortet er, ich selbst in meinem endlichen Produciren. Auch ist es, theoretisch betrachtet, falsch, daß sich das Ich das Nichtich schlechthin entgegensetze; vielmehr wird in der theoretischen Philosophie als Bedingung des Objekts eine Affektion

[1] (und jeder darf sagen, was er zu wissen überzeugt ist) (Zusatz der ersten Auflage).

des Ichs vorausgesetzt. Aus der bloßen Affektion aber läßt sich die Vorstellung nicht erklären, es gehört dazu eine ursprüngliche Vereinigung von Thätigkeit und von Leiden, d. h. eine sich selbst afficirende, sich selbst bestimmende Natur.

Diese Bemerkungen alle zusammen stehen hier — nicht des Mannes, dessen Abhandlung sie veranlaßt hat, sondern anderer wegen, bei denen Auktorität überhaupt und namentlich diese Auktorität anstatt der Gründe gelten könnte. Da man es täglich noch hören kann, die Wissenschaftslehre enthalte nicht den ausschweifendsten, sondern in der That den unsinnigsten Idealismus — der alle Nothwendigkeit unserer objektiven Vorstellungen aufheben würde; und da die einseitige Darstellung dieses Systems (wenn es nämlich vom praktischen Standpunkte aus allein dargestellt wird) und Sätze wie der: das Ich setzt sich das Nichtich schlechthin entgegen, theoretisch verstanden — allerdings die Idee eines solchen Idealismus bei Unwissenden aufregen, so kann es nicht unnütz seyn jene Einseitigkeit aufzudecken, nicht, um die Wissenschaftslehre gegen solche Erklärungen zu schützen (das thut sie selbst am besten), sondern nur etwa, um sich selbst und andern Gleichdenkenden die Uebelkeiten zu ersparen, die man unwillkürlich empfindet, wenn man etwa zufälliger Weise in einem Journal auf solche Urtheile stößt, oder eines dergleichen in Gesprächen wiederholen hört. Denn übrigens ist es Zeit, daß man nicht immer wieder wegen der Schwachen im Lande zum Alphabet der Philosophie zurückkehre, um so mehr, da der Weg, den diese Philosophie noch vor sich hat, groß genug, und sogar die erklärten Feinde, die sie im Rücken läßt, von keiner Bedeutung sind.

Nur durch jene ursprüngliche Identität des Theoretischen und Praktischen in uns[1] werden die Affektionen in uns zu Gedanken, die Gedanken zu Affektionen, das Reale ideal, das Ideale real. Ohne dieselbe zum Princip unsrer ganzen Philosophie zu machen, können wir zwar den Lehrling an die ursprünglichen theoretischen Handlungen des Geistes verweisen, aber ohne diesen Handlungen jemals

[1] Ich muß hierüber auf den unmittelbar vorhergehenden Abschnitt verweisen, wo diese Behauptung aus Principien abgeleitet ist.

eine andere als lediglich ideale Bedeutung zu verschaffen. Wir können, gleich der einzigmöglichen Standpunktslehre (so heißt bei Reinhold die Lehre des Hrn. Beck in Halle), den Leser oder Zuhörer bitten, flehen und ermahnen, ursprünglich vorzustellen, sich in den Standpunkt des ursprünglichen Vorstellens, und, wenn es deßhalb nöthig seyn sollte, gar auf einen andern Weltkörper zu versetzen, wo uns lauter neue Objekte vorkommen, für die wir noch keinen Begriff haben; — wir können das alles bis ins Unendliche fort wiederholen, uns ewig in diesem Kreis von Worten herumdrehen, und aller Ohren damit ermüden, ohne gewiß zu seyn, daß irgend jemand uns versteht; denn, trifft es sich etwa, daß jemand mit jenen Worten Sinn verbindet, so geschieht dieß nur deßwegen, weil er schon zum voraus weiß, was wir sagen wollen. Daß jenes ursprüngliche Vorstellen — jenes ursprüngliche Construiren — nicht bloß ideal, sondern real und ursprünglich-nothwendig sey, kann ich niemand begreiflich machen, ohne ihm das innere Princip alles Vorstellens und Construirens aufzuschließen. Dieses innere Princip aber ist nichts anderes als das ursprüngliche Handeln des Geistes auf sich selbst, die ursprüngliche Autonomie, welche, vom theoretischen Standpunkt aus angesehen, ein Vorstellen, oder, was dasselbe ist, ein Construiren endlicher Dinge, vom praktischen Standpunkt aus ein Wollen ist.

Jenes ursprüngliche Selbstbestimmen des Geistes nun kann ich allerdings in einem Grundsatze ausdrücken. Dieser Grundsatz aber ist in Bezug auf den, mit dem ich rede, nothwendig ein Postulat, d. h. ich muß von ihm fordern, daß er in diesem Augenblicke von aller Materie des Vorstellens und Wollens abstrahire, um sich selbst in seinem absoluten Handeln auf sich selbst anzuschauen. Diese Forderung zu machen bin ich berechtigt, weil sie keine lediglich theoretische Forderung ist; wer sie nicht zu erfüllen vermag, der sollte sie wenigstens erfüllen können; denn das moralische Gesetz fordert von ihm eine Handlungsweise, für die er (wie das auch bei den meisten Menschen der Fall ist) gar keinen Sinn haben kann, ohne seiner ursprünglichen Geistigkeit bewußt zu werden; es hält ihm einen absoluten Zustand, zu dem er gelangen soll, als eine Idee vor, die er gar nicht verstehen könnte, hätte er nicht (um in Platons Sprache mich auszudrücken) in der intellektualen Welt (d. h. in sich selbst, als geistigem Wesen) ihr Urbild angeschaut.

Dagegen eine lediglich theoretische Forderung, z. B. sich in den Standpunkt des ursprünglichen Vorstellens und zu dessen Behuf etwa gar auf einen fremden Planeten zu versetzen, gar keine Nothwendigkeit bei sich führt; denn wer die Nothwendigkeit davon einsieht, der hat jene Forderung (ursprünglich vorzustellen) schon längst und von selbst erfüllt; wo sie also verstanden wird, kommt sie zu spät, und wo sie zu rechter Zeit kommt, wird sie nicht verstanden[1]; denn gesetzt auch, daß irgend jemand gutmüthig genug wäre, jene Geistesoperation gewaltthätiger Weise vornehmen zu wollen, so wüßte er doch nicht, wie er das angreifen sollte, und wäre nach vollbrachtem Versuch wo möglich noch unwissender über sich selbst, als vorher.

Die Sache ist diese: das ursprüngliche Vorstellen ist etwas, was, wenn es verstanden werden soll, selbst noch abgeleitet werden muß. Versicherungen, wie folgende: — „es komme dabei nicht auf die Erklärung an, was ein Objekt, was ursprünglich, und was sich vorstellen heiße; — auf die Frage: was ursprünglich vorstellen heiße,

[1] Den klarsten Beweis davon gibt das Schicksal, das Herrn Becks Philosophie bisher gehabt hat. Es war erfreulich zu sehen, wie Leute, die von der Kritik der reinen Vernunft auch nicht den ersten Perioden verstanden hatten, nach Erscheinung der Standpunktslehre gelaufen kamen zu versichern, gerade so und nicht anders hätten sie Kant längst verstanden. — Aber euer ganzes Wesen sträubt sich gegen ein solches System, und euer unwillkürlicher Respekt für Kants Namen ist viel zu blind, als daß ihr ihm auch jetzt noch ein solches System zutrauen könntet, das euch wie baarer Unsinn klingt und klingen muß. Dieß sieht man aus den bescheidenen Einwürfen, mit denen ihr eurem beklommenen Herzen Luft gemacht habt. — Einer von euch, der sonst seine Unwissenheit durch ein vornehmes Lächeln zu verbergen sucht, fragte (das erstemal, daß er ehrlich heraussagt, was ihm auf dem Herzen lag) ganz ängstlich Herrn Beck: Wenn etwa ein Blitzstrahl aus den Wolken niederführe, und (wo Gott für sey!) den Herrn Beck zerschmetterte — ob dieß auch zu seinem ursprünglichen Vorstellen gehören würde!!

gebühre gar keine Antwort, die rechte Antwort darauf sey das ursprüngliche Vorstellen selbst"; — Versicherungen dieser Art wären ganz gut, wenn das Postulat in sich selbst mathematische Evidenz hätte.

Ohne Zweifel erwiedert die Standpunktslehre: wer meine Anmuthung nicht a priori versteht, oder, wer nicht einsieht, daß sie die erste Bedingung alles Philosophirens ist, für den ist sie gar nicht gemacht, und wer dieß erklärt, erklärt eben damit, daß er kein Philosoph ist und seyn kann. Diese Strenge gegen das ignavum pecus ist recht und billig[1]. Allein dann sollte sich die Standpunktslehre wenigstens nicht rühmen, „jedermänniglich zeigen zu können, daß, wenn seine Vorstellungsart nicht mit der ihrigen übereinstimmt, er sicherlich gar nichts in philosophischen Dingen wisse, er möge sich nun einen dogmatischen, skeptischen oder kritischen Philosophen nennen". — Es giebt nur Eine Art von Postulaten, die zwingende Kraft haben, die der Mathematik; weil sie zugleich in der äußern Anschauung darstellbar sind. Theoretische Postulate in der Philosophie aber (da sie eine nur dem innern Sinn verständliche Construktion fordern) können ihre zwingende Kraft nur durch Verwandtschaft mit moralischen Forderungen erhalten, weil diese kategorisch, also selbst nöthigend sind[2]. Eine solche Verwandtschaft findet sich nun bei dem Postulat: ursprünglich vorzustellen, ganz und gar nicht. Es ist also auch kein Postulat, denn es enthält nichts, was sich auch allgemeingültig fordern läßt. Das ursprüngliche Vorstellen ist überhaupt kein Postulat, sondern eine Aufgabe in der Philosophie.

Ein Postulat, das als solches an die Spitze der Philosophie gestellt werden könnte, müßte nicht bloß theoretisch seyn, es müßte zugleich eine praktische Seite haben, es müßte theoretisch und praktisch zugleich seyn. Dieß ergibt sich schon aus dem Bisherigen. Es hat aber noch

[1] und der empirische Probirstein der wahren Philosophie ist ohne Zweifel der, daß sie allen geistlosen Menschen, so viel ihrer sind, schlechterdings unverständlich sey. (Zusatz der ersten Auflage.)

[2] Ich verweise deßhalb den Leser auf den Anhang, der dieser Abhandlung beigefügt ist.

ein besonderes Interesse, daß kein lediglich theoretisches Postulat Princip der Philosophie sey.

Philosophie nämlich ist nicht selbst Wissenschaft, die man, wie jede andere, erlernen kann, sondern sie ist der wissenschaftliche Geist, den man zum Lernen schon mitbringen muß, wenn dasselbe nicht in ein lediglich historisches Wissen ausschlagen soll. Philosophie ist daher nicht nur Instrument, sondern zugleich Werk der Kultur und der Erziehung. Sie soll etwas Unterscheidendes vor andern Wissenschaften haben. Dieses Unterscheidende besteht darin, daß Freiheit und Selbstthätigkeit an ihr weit mehr als an allen andern Wissenschaften Antheil haben. Die Philosophie eines Menschen soll zugleich das Maß seiner Kultur seyn, und umgekehrt, sie soll selbst wieder dienen den Menschen zu erziehen. Wenn nun die Philosophie eine Wissenschaft ist, welche zu verstehen ein gewisser Grad der Geistesfreiheit erfordert wird, so kann sie nicht jedermanns Ding seyn, d. h. sie kann nicht von einem theoretisch-allgemein und a priori gültigen Postulat ausgehen. Sie muß in ihrem ersten Postulat schon etwas enthalten, was gewisse Menschen auf immer von ihr ausschließt[1]. Sie muß nicht nur die müßigen Köpfe abwehren, die unter einem auswendig gelernten Jargon von Schulwörtern ihre Geistesarmuth zu verbergen suchen, sondern sie muß auch arbeiten, daß die Akten sobald wie möglich geschlossen werden, damit künftig alle fähigen Köpfe zu Wissenschaften eilen, die unmittelbar noch ins Leben eingreifen. Sie muß daher suchen, daß sie selbst ins Leben (durch Erziehung und Bildung) übergehe, und künftig nicht mehr gelehrt und gelernt zu werden brauche. Sie muß daher von einem Princip ausgehen, das, ob es gleich nicht allgemeingeltend ist, doch allgemeingeltend seyn sollte. Damit sie Gewalt habe selbst über geistlose Menschen, muß sie in ihren ersten Principien schon ein praktisches Interesse (sacri quid) haben. Sie muß mit einem Postulate beginnen, das mit den praktisch allgemeingültigen Forderungen: seiner selbst, als eines geistigen Wesen, bewußt zu seyn, allen Empirismus, als

[1] Sie muß in ihren ersten Principien schon intolerant seyn. (Zusatz der ersten Auflage.)

Princip, in sich zu vernichten, eins und dasselbe ist, oder vielmehr den ersten Grund für sie alle enthält.

Es ist von alten Zeiten her so gewesen, daß das heilige Feuer der Philosophie von reinen Händen bewahrt wurde. In den herrlichsten Staaten der alten Welt hatten die ersten Stifter, d. h. die ersten Weisen derselben, die Wahrheit vor den Profanen, d. h. Unwürdigen, durch Mysterien zu verbergen gesucht. Als die Kultur im Lauf der Zeit weiter fortschritt, und einzelne Köpfe über die Schranken jener ursprünglichen Einrichtungen hinausstrebten, errichteten sie philosophische Schulen, nicht um Philosophie dem Gedächtniß anzuvertrauen, sondern um durch sie Jugend zu erziehen. Auch in diesen Schulen herrschte lange noch der Unterschied esoterischer und exoterischer Philosophie. Zu derselben Zeit, als durch die Sophisten in Griechenland die Philosophie zur Profession und zum Erwerbmittel herabsank, sank auch der Staat von seiner ehemaligen Höhe, und die Philosophie erstarb in der elenden Kunst zu überreden und durch Scheingründe zu betrügen.

Gesetzt aber, die Philosophie hätte kein solches Interesse in Bezug auf die Menschheit, gesetzt, sie wäre bloß Beschäftigung des Kopfes (die doch wohl eigner Art seyn muß, da die Menschen nach so vielen mißlungenen Versuchen immer wieder von vorne anfangen zu philosophiren), so fordert doch das wissenschaftliche Interesse, daß das Princip der Philosophie nicht ein lediglich-theoretisches sey.

Denn 1) die theoretischen Handlungen des menschlichen Geistes selbst erhalten erst im Gegensatz gegen die praktischen reale Bedeutung. Daß die ursprünglichen Handlungen des Geistes nothwendig sind, dessen werden wir nur im Gegensatz gegen die Willkür der freien Handlungen inne. Daß aber deßwegen der Geist in seinem Vorstellen nicht lediglich passiv sey, und seyn könne, dessen werden wir wiederum nicht anders inne, als dadurch, daß er diese Passivität denkt, d. h. daß er sich über sie erhebt, oder, mit andern Worten, daß er frei handelt. Nun ist aber das Problem der theoretischen Philosophie eben dieses, in Erklärung der Vorstellung Nothwendigkeit und Freiheit, Zwang und Selbstthätigkeit, Passivität und Aktivität zu vereinigen; denn wofern wir das Leiden der Thätigkeit oder die Thätigkeit dem Leiden aufopfern, gerathen wir im erstren Fall in einen dogmatischen Idealismus, im letztern in einen dogmatischen Realismus (oder Empirismus), zwei Systeme, die beide gleich falsch sind. Gehen wir also etwa, so wie die einzig-mögliche Standpunktslehre, von einem lediglich theoretischen Actus aus, so wird es uns unmöglich seyn, das Gefühl der Nothwendigkeit, wovon alle objektiven Vorstellungen begleitet sind, zu erklären, und so sehr wir auch dagegen protestiren mögen, werden sich doch jene ursprünglichen Handlungen in lediglich ideale auflösen. Die Standpunktslehre mag immerhin erinnern: „es sey bei ihr gar nicht die Rede von einer ursprünglichen Vorstellung, denn die Vorstellung setze schon den Gegenstand voraus, den wir durch sie (nicht erzeugen, sondern, nachdem er bereits erzeugt ist) denken; sondern, es sey vom ursprünglichen Vorstellen selbst als einem Actus die Rede, wodurch wir den Gegenstand selbst produciren"; — alle diese Erinnerungen fruchten nichts, denn dieselbe Standpunktslehre sieht sich bald nachher genöthigt, das ursprüngliche Vorstellen mit dem Verstandesgebrauch als identisch vorzustellen, und zu erklären: „das ursprüngliche Vorstellen bestehe in den Kategorien".

Nun wird aber jeder Leser alsobald folgendermaßen argumentiren: der Verstand ist das Vermögen der Begriffe, Begriffe aber sind gar nichts Ursprüngliches, sondern lediglich Abstraktionen von einem Ursprünglichen; Begriffe sind gar keine nothwendigen, sondern lediglich ideale Handlungen. Kategorien sind nicht das ursprüngliche Handeln selbst, das du zwar vorstellig machen willst, innerhalb der Schranken aber, die du dir selbst gesetzt hast, nicht vorstellig machen kannst; sie sind nicht das ursprüngliche Vorstellen, sondern die Vorstellung vom ursprünglichen Vorstellen. Du verwickelst dich also in deinen eignen Behauptungen, indem du anfänglich zwar ermahnest, bei Erklärung des Ursprungs der Vorstellungen sich des discursiven Denkens völlig zu entschlagen, und doch genöthigt bist, alsobald selbst zu discursiven Vorstellungen deine Zuflucht zu nehmen, und das ursprüngliche Vorstellen mit dem Verstandesgebrauch in den Kategorien als identisch vorzustellen. Wir begreifen nun zwar recht wohl, warum du so verfahren mußtest, und werden uns deßwegen über deinen eigentlichen Sinn und Meinung nicht irre machen lassen; denn wir sehen ein, daß du von deinem Standpunkt aus das ursprüngliche Vorstellen gar nicht begreiflich machen kannst; daß also jenes widersprechende Verfahren nicht deine Schuld ist, sondern die deines Standpunkts ist.

Ohne Zweifel würde die Standpunktslehre einen solchen fragen, wie denn er das ursprüngliche Vorstellen, wenn er es andern begreiflich machen wolle, anders als durch Begriffe, durch Vorstellungen des ursprünglichen Vorstellens begreiflich machen könne. Der Gefragte würde antworten, daß er darauf völlig Verzicht thue, irgend jemand das ursprüngliche Vorstellen durch Begriffe verständlich zu machen, und daß er eben deßwegen nicht mit dem Postulat des ursprünglichen Vorstellens den Anfang machen zu können glaube, sondern vielmehr den Lehrling vorerst von allem Vorstellen zu abstrahiren ermahne, um ihn in Ansehung desselben in völlige Freiheit zu versetzen. Nun aber behaupten wir, daß der menschliche Geist, indem er von allem Objektiven abstrahirt, in dieser Handlung zugleich eine Anschauung seiner selbst habe, die wir intellektual heißen, weil ihr Gegenstand ein lediglich intellektuales Handeln ist. Wir behaupten zugleich, daß diese Anschauung die Handlung ist, wodurch ein reines Selbstbewußtseyn entsteht, und daß sonach der menschliche Geist selbst nichts anderes als dieses reine Selbstbewußtseyn ist. Hier haben wir also eine Anschauung, deren Objekt ein ursprüngliches Handeln ist, und zwar eine Anschauung, die wir nicht erst durch Begriffe in andern zu erwecken versuchen dürfen, sondern die wir von jedem a priori zu fordern berechtigt sind, weil es eine Handlung ist, ohne welche ihm das moralische Gesetz, d. h. ein schlechthin und unbedingt an jeden Menschen, in der bloßen Qualität seiner Menschheit, ergehendes Gebot, völlig unverständlich seyn würde [1].

[1] Vielleicht fragt man: wie kommt es aber, daß so viele versichern, ihnen sey jene Anschauung etwas völlig Unbekanntes, ja Unbegreifliches? — Darauf haben wir nicht zu antworten, sondern diejenigen, die fragen, damit sie nicht gefragt

Wenn es nun aber darauf ankommt, das ursprüngliche Vorstellen wirklich in Begriffen vorzulegen, und den ursprünglichen Verstandesgebrauch zu zergliedern, so werden wir immer noch vor demjenigen, der vom ursprünglichen Vorstellen, als einem Postulat, ausgeht, sehr viel voraus haben, weil in unserem ersten Grundsatze schon das innere Princip alles Vorstellens ausgedrückt ist. „Die objektiv-synthetische Einheit des Bewußtseyns, sagt Hr. Beck, ist der höchste Gipfel alles Verstandesgebrauchs". Diese objektiv-synthetische Einheit des Bewußtseyns aber ist da wie vom Himmel gefallen, und Hr. Reinhold hat sehr Recht, wenn er (S. 315) sagt: „Es ist eine Täuschung, die den Erläuterern der kritischen Philosophie sehr gewöhnlich ist, von der aber kaum ein auffallenderes Beispiel aufzuweisen seyn dürfte, als das Herr Beck durch seine Darstellung der Kategorien liefert. Sie wähnen, ihre Leser, welche doch erst durch sie in den Sinn der Kritik eingeführt werden sollen, könnten und müßten ihre der Kritik abgeborgten Ausdrücke: synthetische Einheit, objektive Einheit, Kategorie u. s. w. ohne Bekanntschaft mit der Kritik ebenso

werden. Uns, denen jene Anschauung ganz klar ist, und die sich keiner Schwärmerei bewußt sind, uns kommt es zu, euch zu fragen: warum ihr jene Anschauung (ohne welche ihr eurer selbst, als moralischer und intelligenter Wesen, gar nicht bewußt seyd) noch nicht zum klaren, hellen Bewußtseyn erhoben habt. Denn jene Handlung (die ursprünglich außerhalb alles Bewußtseyns liegt) zum Bewußtseyn erhoben, erzeugt das, was wir reines Selbstbewußtseyn nennen; daß aber das reine Selbstbewußtseyn in keinem von selbst oder durch Erleuchtung von oben entsteht, daß vielmehr die Grade der Reinheit dieses Selbstbewußtseyns mit den Graden unsrer moralischen und intellektuellen Kultur (die doch wohl unser eigen Werk ist) parallel laufen, müßt ihr ebensowohl einräumen, als, daß ihr ohne jenes Selbstbewußtseyn keines reinen (nichtempirischen) Handelns, also nicht einmal des transscendentalen Denkens fähig seyd, dessen ihr doch fähig seyn sollt oder wollet. — Auch habe ich mich bisher bei Kant und bei allen seinen Nachfolgern vergebens nach einer Erklärung des Selbstbewußtseyns umgesehen. Gleichwohl ist seine ganze Philosophie ohne Haltung, woferne er uns nicht das Medium angibt, wodurch das Geistige in uns (die reine Vernunft, wie er sich ausdrückt) zum Sinnlichen (Empirischen) spricht, und wenn nicht endlich unser ganzes Wesen in eitle Begriffe aufgelöst werden soll, so muß er wohl zuletzt auf eine Anschauung kommen, die rein-intellektual und höher ist denn alles Vorstellen und Abstrahiren.

verständlich finden, als sie selbst, denen doch jene Ausdrücke nur durch die Kritik und durch den Gebrauch bei ihren eignen Meditationen [1] geläufig geworden sind".

Auf jeden Fall ist es viel zu viel gefordert, wenn die Standpunktslehre ihre Leser nöthigt, ein secundäres abgeleitetes, ideales Vermögen, dergleichen der Verstand ist, als ursprünglich zu denken. Wir wissen zwar gar wohl, daß der Verstand nichts anderes ist als das Vermögen der Begriffe, und daß Begriffe wiederum nichts anderes sind als Abstraktionen von unsrer ursprünglichen Anschauungsweise, daß also die Zergliederungen des reinen Verstandes, Kategorien genannt, wirklich nichts anderes ausdrücken als die ursprüngliche und nothwendige Handlungsweise des Geistes in der Anschauung, oder, weil das Objekt von dieser Handlungsweise gar nicht verschieden ist, die ursprüngliche Synthesis, wodurch erst alles Objekt wird und entsteht.

Wenn aber das Objekt ursprünglich gar nichts anderes ist als eine bestimmte Handlungsweise (Construktion) unseres Geistes, so müssen wir doch diese Handlungsweise uns entgegensetzen, weil ohne dieß niemals die Vorstellung eines Objekts in uns entstehen würde. (Die Standpunktslehre selbst behauptet: Es gebe kein ursprüngliches Vorstellen eines Gegenstandes, sondern bloß ein ursprüngliches Vorstellen; weil, wenn wir eine Vorstellung von einem Objekte haben, diese allemal schon Begriff sey). Dieß können wir nun nicht, ohne von jener bestimmten Handlungsweise zu abstrahiren. Dieß ist Geschäft des Verstandes, und indem er dieß thut, entsteht ihm der Begriff, d. h. die allgemeine Vorstellung von der Handlungsweise des Geistes überhaupt. Indem er diese allgemeine Vorstellung vom Verfahren des Geistes in der Anschauung überhaupt dem bestimmten

[1] Dieser wenigstens muß bei Hrn. Beck sehr stark gewesen, und, der Armuth seiner Sprache nach zu urtheilen, bei ihm im eigentlichen Sinne des Worts geläufig geworden seyn. Wer Geduld gehabt hat, ihm auch nur mit den Augen an alle Orte zu folgen, wo er seine einzigmögliche Philosophie zur Schau aussetzte, wird sich der ermüdenden unausgesetzten Wiederholung dieser Ausdrücke erinnern, die er nie zu erklären wußte, und mit denen er als mit magischen Formeln alle andere Philosophie auf immer betäuben zu können glaubte.

Verfahren in der gegenwärtigen Anschauung entgegensetzt, trennt sich in seinem Bewußtseyn der Begriff vom Objekte, unerachtet beide ursprünglich eins und dasselbe sind. Vom Standpunkt des Bewußtseyns aus also sind Verstand und Sinnlichkeit zwei ganz verschiedene Vermögen, Anschauung und Begriff zwei ganz verschiedene Handlungen. Nun wissen wir wohl, daß sie sich ursprünglich, d. h. jenseits des Bewußtseyns, gar nicht unterscheiden lassen, denn durch diese Unterscheidung erst entsteht das Bewußtseyn selbst. Aber die Standpunktslehre hat gar kein Recht, an eine Handlung, die jenseits des Bewußtseyns liegt, zu verweisen; sie kann zwar postuliren, daß wir ursprünglich vorstellen; dieß heißt aber nichts mehr und nichts weniger, als fordern, daß man jenseits des Bewußtseyns mit Bewußtseyn vorstelle, was ungereimt ist. Es bleibt ihr daher nichts übrig, als zu fordern, daß wir uns das ursprüngliche Vorstellen vorstellen, d. h. daß wir uns einen Begriff vom ursprünglichen Vorstellen machen. Also hängt am Ende das ganze System, todt und leblos, wie es auch wirklich ist, an einem Begriffe, dessen Möglichkeit diese Philosophie ganz und gar nicht begreiflich zu machen weiß.

Wir müssen also auch Herrn Reinhold völlig beistimmen, wenn er gegen die Standpunktslehre erinnert, daß sie die ganze transscendentale Aesthetik und den von Kant so oft eingeschärften Unterschied zwischen transscendentaler Sinnlichkeit und transscendentalem Verstand völlig verschwinden läßt, daß sie ferner vergeblich sich bemüht, das Reale, d. h. die Empfindung in unseren Vorstellungen zu erklären, weil sie nämlich keine anderen als ideale Handlungen vorstellig zu machen weiß, und mit klaren Worten behaupten muß, daß die Empfindung eine Handlung des ursprünglichen Verstandes sey, womit sich allerdings ein Sinn verbinden läßt, aber nicht ohne die Worte Verstand u. s. w. wider allen Sprachgebrauch zu deuten[1].

[1] Hr. Beck kann das Ding an sich nur exterminiren, etwas anderes an seine Stelle zu setzen weiß er nicht. Gleichwohl muß man ohne einen übersinnlichen Grund der Realität unserer Vorstellungen nicht abkommen können, denn warum hätte sonst Kant jenen für seinen Erläuterer so widersinnigen Ausdruck

Wir wissen gar wohl, daß alle auch die ursprünglichen Handlungen des Geistes, wenn wir vom Standpunkt des Bewußtseyns aus darüber reflektiren, als lediglich ideal erscheinen. Aber wir müssen auch davon wieder den Grund angeben, um so mehr, da das Ideale gar nicht anders als im Gegensatz gegen das Reale gedacht werden kann. Ideales und Reales aber (Vorstellung und Objekt, Begriff und Anschauung) scheiden sich selbst nur im Bewußtseyn; jenseits des Bewußtseyn also muß zwischen idealem und realem Handeln gar kein Unterschied seyn.

Dieß meint die Standpunktslehre auch, wenn sie z. B. sagt: Als Zeichen des Unterschiedes zwischen dem, was a priori, und dem, was a posteriori heißen soll, die Empfindung angeben, und denjenigen Begriff a priori nennen, der von Empfindung frei ist, den aber für einen empirischen halten, der mit Empfindung verbunden ist, bedeutet gar nichts. Aber diese Lehre kann nur postuliren, daß ursprünglich zwischen dem, was a priori und a posteriori, was ideal und was real ist, gar kein Unterschied stattfinde, und der Sinn ihres Postulats, sich ins ursprüngliche Vorstellen zu versetzen, ist wirklich kein anderer, als sich das ursprüngliche Handeln des Geistes vorzustellen, in welchem zwischen dem, was a priori und was a posteriori ist, gar kein Unterschied stattfindet, oder, mit andern Worten, in welchem das Ideale vom Realen (das Begriffene vom Angeschauten) noch gar nicht unterschieden wird. Aber sie kann auch nichts weiter als die Vorstellung eines solchen ursprünglichen Handelns postuliren; daß die Voraussetzung eines solchen ursprünglichen Handelns nothwendig sey, und warum sie das sey, vermag sie nicht darzuthun.

Jenes ursprüngliche Construiren aber ist nun gar nichts anderes als eine Synthesis, und die Standpunktslehre rühmt sich dieses Vorzugs (daß sie nämlich über die ursprüngliche Synthesis gar nicht hinausgehe); daß man aber nicht darüber hinausgehen könne, wenn von

gebraucht, um diesen Grund dadurch zu bezeichnen? — Hr. Beck kann das Ungereimte des Dings an sich zwar beweisen, aber nicht erklären, wie ein vernünftiger Mensch doch damit einen Sinn verbinden konnte.

Aufstellung philosophischer Principien die Rede ist (denn daß wir in der Wirklichkeit, im Vorstellen selbst, nie aus derselben hinaus kommen, wissen wir alle gar wohl), ja daß es widersinnig sey, darüber hinausgehen zu wollen, dieß behauptet sie zwar, hat es aber mit keinem Worte bewiesen.

Dagegen deckt sie sich mit dem weiten Schilde der Auktorität, wozu, leider, seit beinahe zehn Jahren der Name des großen Philosophen, auf dessen Anrathen (man denke!) diese Lehre entstanden seyn soll, gemißbraucht wird.

Hier gibt es nun kein Mittel, als Auktorität gegen Auktorität; wer mit unphilosophischen Waffen angreift, darf sich nicht beklagen, mit denselben geschlagen zu werden.

Der Standpunktslehrer scheint sich freilich um den Grund der Trichotomie in allen Eintheilungen der Transscendentalphilosophie wenig bekümmert zu haben. Kant aber hat darauf Rücksicht genommen. „Soll, sagt er (Krit. d. Urtheilskr. Einl. S. LVII), eine Eintheilung synthetisch seyn und aus Begriffen a priori geführt werden, so muß nach demjenigen, was zu der synthetischen Einheit überhaupt erforderlich ist, nämlich 1) Bedingung, 2) ein Bedingtes, 3) der Begriff, der aus der Vereinigung des Bedingten mit seiner Bedingung entspringt, die Eintheilung nothwendig Trichotomie seyn". Nun ist doch wohl in der ursprünglichen Synthesis eine synthetische Einheit ausgedrückt. Also wird auch diese zu ihrer Möglichkeit Bedingung und Bedingtes voraussetzen. Dieses wird durch den Entwurf der ursprünglichen Verstandesform (die Tafel der Kategorien) anschaulich gemacht. Denn da entspringt, wie Kant selbst bemerkt, die dritte Kategorie jeder Klasse jedesmal aus der Vereinigung der beiden ersten.

Nun ist aber Folgendes einleuchtend: Bedingung ist gar nicht real vorstellbar ohne Bedingtes, und umgekehrt, Bedingtes nicht ohne Bedingung, d. h. beide sind nur in einem Dritten vorstellbar, das durch ihre Vereinigung entspringt. So ist von den Kategorien der Qualität weder Realität noch Negation absolut vorstellbar. [Denken wir uns etwa, daß der Raum lediglich durch repulsive Kraft (ohne entgegenstehende Kraft) ausgefüllt wäre, so wird die Materie unendlich ausgedehnt (nichts als Porus), d. h. der Raum wird leer seyn. Denken wir uns umgekehrt die Attraktivkraft als absolut, so wird alle Materie in einem (mathematischen) Punkt vereinigt (absolut dicht), d. h. der Raum wird abermals leer seyn]. Also ist offenbar, daß Realität sowohl als Negation, beide absolut gedacht, uns zu nichts führen. Beide sind nur in ihrer Vereinigung vorstellbar, d. h. wir können sie nicht trennen, ohne sie zu vereinigen, noch sie vereinigen, ohne sie zu trennen.

Warum hat nun Kant gleichwohl diese Ordnung der Kategorien gewählt, warum ist er bei seinem Entwurf der Kategorien nicht von der dritten Kategorie jeder Klasse ausgegangen, und warum hat er z. B. die Kategorien der Realität und die der Negation, der dritten, durch welche sie doch erst Bedeutung erhalten, vorangeschickt? Die Antwort ist: weil diese dritte Kategorie nirgends als eine leere Form a priori da oder angeboren ist, sondern weil sie erst thätig erzeugt wird, durch ein Thun, in welchem eben deßwegen Realität und Negation ursprünglich absolut vereinigt seyn müssen. Kant läßt diese dritte Kategorie (die Synthesis) vor unsern Augen entstehen. Dieß thut Hr. Beck nicht, sondern setzt seine ursprüngliche Synthesis schlechthin, und verfährt insofern gerade so, wie die Philosophen der angebornen Begriffe. Daß nämlich in allem unserem ursprünglichen Vorstellen (oder Construiren) Absolutentgegengesetzte vereinigt werden, können wir uns, weil Vorstellen, Construiren u. s. w. ein Handeln, ein Thun anzeigt, nicht anders erklären als durch eine ursprüngliche Duplicität in unserem Thun und Handeln. Daß die Bedingung nicht ohne das Bedingte, das Bedingte nicht ohne die Bedingung, sondern beide zusammen jedesmal nur in einem Dritten vorstellbar sind, können wir uns, weil dieses Dritte immer ein thätiges Construiren ist, nicht anders erklären als durch eine ursprüngliche Vereinigung des Bedingens und des Bedingtwerdens in der Handlungsweise eines vorstellenden Wesens.

Jene Duplicität aber in unserem Thun und Handeln, diese nothwendige Vereinigung Entgegengesetzter in unserem Construiren können wir uns gar nicht als ursprünglich vorstellen, wie es doch dem Bisherigen zufolge nothwendig ist, ohne vorauszusetzen, daß in uns ursprünglich das Bedingende und das Bedingte, das Bestimmende und das Bestimmte, das Handelnde und das Leidende absolut-identisch seyen, oder, mit andern Worten, daß es uns der Natur unseres Geistes nach unmöglich seyn muß, zu handeln, ohne zugleich das Objekt des Handelns zu seyn, oder umgekehrt, zu leiden, ohne zugleich das Subjekt des Handelns zu seyn.

Diese ursprüngliche Identität des Reinen und des Empirischen in uns ist nun eigentlich das Princip alles transscendentalen Idealismus. Aus diesem Princip erst erklärt sich, warum in uns ursprünglich zwischen Realem und Idealem, zwischen dem, was empfunden, und dem, was gehandelt wird, zwischen dem, was wir (vom Standpunkt des Bewußtseyns aus) a priori und a posteriori nennen, endlich zwischen transscendentaler Sinnlichkeit und transscendentalem Verstand, zwischen Anschauung und Begriff, gar kein Unterschied stattfinde.

Jene ursprüngliche Duplicität in allem unserem Thun und Handeln ist also ein höheres Princip, aus welchem erst die ursprüngliche Synthesis (in welcher zwischen Anschauung und Begriff, Sinnlichkeit und Verstand kein Unterschied seyn soll) ebenso hervorgeht, als im Verstandesgebrauche die dritte Kategorie jeder Klasse aus den beiden ersten entspringt.

Zugleich erhellt hieraus, daß das ursprüngliche Vorstellen gar nicht Princip der gesammten Philosophie seyn kann, weil es selbst nur Eine Art, Eine Modification jenes ursprünglichen Handelns ist, in welchem das Handelnde und das Objekt der Handlung eins und dasselbe sind.

Denn wenn wir nun 2) auf das Praktische sehen, so läßt ein lediglich-theoretisches Princip, dergleichen das ursprüngliche Vorstellen ist, die praktische Philosophie völlig ohne Fundament; eine so begründete oder vielmehr nichtbegründete Philosophie sieht sich, wie Reinhold bemerkt, genöthigt, das Objekt der praktischen Philosophie, das sich aus jenem Grundsatz nicht schöpfen läßt, als — der Himmel weiß woher — gegeben anzunehmen.

Denn, wofern die *Synthesis* das Höchste im menschlichen Geiste ist[1], so begreift man nicht, wie er je aus dieser Synthesis heraustreten, d. h. wie er je den nothwendigen Zusammenhang seiner Vorstellungen und den Mechanismus seines Denkens verlassen könne. Wenn aber jene Synthesis selbst nichts anderes als das Produkt eines ursprünglichen Handelns unseres Geistes *auf sich selbst* ist, so können wir uns auch das Theoretische in uns nicht erklären, ohne als *erstes Princip aller* Philosophie vorauszusetzen, daß der Geist des Menschen *absolut-frei* sey. Ja, daß dieser Geist seiner *Vorstellungen*, seines *Beschränktseyns* durch dieselbe, bewußt werde, daß er diese Vorstellungen selbst wieder zu seinem Objekt mache, wie er in der Philosophie thut, ist gar nicht begreiflich, ohne vorauszusetzen, daß der Geist *nie aufhöre sein eigenes* Objekt zu seyn, d. h. daß er ins Unendliche fort *absolut-frei* sey[2], und aus dem Zustand des Vorstellens in den Zustand des *freien Handelns* übergehen könne.

Der Geist aber kann den Zustand des Vorstellens nicht selbstthätig verlassen, ohne durch diese Handlung zugleich alle *Materie* des Vorstellens für sich aufzuheben. Weil es aber unmöglich ist, daß der Geist handle, ohne Materie des Handelns, so wird jene Handlung von selbst zum *Wollen*, d. h. zum *selbstthätigen Bestimmen* der Materie seines Handelns.

Nun ist aber der Charakter der geistigen Natur eben dieser, daß durch ihr *reines* und *freies* Handeln zugleich die Materie ihres Handelns bestimmt sey, oder, daß das *Reine in ihr unmittelbar das*

[1] Kant läßt alle Synthesis durch Vereinigung Entgegengesetzter *entstehen*. Sein angeblicher Ausleger *postulirt* die Synthesis, als etwas, worüber er keine weitere Rechenschaft zu geben weiß; Kant stellt sie *synthetisch*, sein Erklärer *analytisch* auf.

[2] Wenn wir aus der ursprünglichen Synthesis nicht heraustreten können, so kennen wir die *Erfahrung* überall nur als *Produkt*, von der Erfahrung als *Actus* dürfen wir gar nicht reden, kurz, die Philosophie hat vor dem gemeinen Bewußtseyn nichts voraus.

Empirische bestimme. — Daß im theoretischen Handeln des Geistes (im Vorstellen) ihm durch das Handeln zugleich die Materie des Handelns, das Objekt, entsteht, daß sonach das Empirische in ihm durch das Transscendentale bestimmt ist, haben wir so eben erwiesen.

Nun soll der Geist im *Wollen seiner selbst*, d. h. seiner absoluten Thätigkeit, *unmittelbar* bewußt werden. — Aber er kann seiner absoluten Thätigkeit nicht bewußt werden, ohne daß sie ihm zum *Objekt* wird. Also soll das Objekt seines Wollens er *selbst* in seiner *reinen Thätigkeit* seyn, er soll *sich selbst* wollen; er *selbst* aber *ist* nur, inwiefern das Reine in ihm empirisch wird. Also soll die *Materie* seines Wollens unmittelbar durch die *Form* bestimmt seyn; mit andern Worten, die Form seines Wollens soll zur Materie seines Handelns werden, das Empirische in ihm soll durch das Reine bestimmt, es soll *insofern keine* (moralische) Duplicität in ihm stattfinden. Dieß ist der wahre und eigentliche Sinn des kategorischen Imperativs oder des Moralgesetzes.

Die *Materie* des Moralgesetzes aber ist, wie wir eben gezeigt haben, das *Reine* in uns. Seines *reinen Thuns* aber wird der Geist nicht bewußt, als *durch* das *Wollen* (indem er alle *Materie* des Handelns, insofern sie ihm *gegeben* ist, *aufhebt*, um sie *selbstthätig zu bestimmen*). Also wird er auch der *Materie des Moralgesetzes*, oder *dessen*, was durch das Moralgesetz gefordert wird, nicht anders inne als durch das *Wollen*, und insofern ist die *Quelle des Moralgesetzes der Wille*.

Die *Form* alles Wollens besteht darin, daß die Materie des Willens durch absolutes Handeln bestimmt sey, d. h. daß das Wollen ins Unendliche fort nur durch das Wollen, und aus dem Wollen erklärbar sey. Das Wollen der bloßen Form nach betrachtet heißt das *reine Wollen*. Das Empirische aber soll durch das Reine bestimmt seyn. Also fordert das Moralgesetz als Objekt des Wollens den *reinen Willen* selbst.

Das Objekt des Wollens aber soll immer nur aus dem Wollen erklärbar seyn. Wenn ich also nichts will als das absolute Gute, d. h. den reinen Willen selbst, so soll dieser *als Materie* meines Willens immer nur erklärbar seyn aus einem Wollen, d. h. aus einer positiven Handlung, wodurch er zum Objekt des Willens geworden ist.

Dieser positiven Handlung aber soll ich bewußt werden, denn das Selbstbewußtseyn ist, was wir suchen. Eines Positiven aber werden wir nie anders bewußt als durch ein Entgegengesetztes Positives (das insofern das Negative des Erstern ist). Dieser Satz wird aus der theoretischen Philosophie als erwiesen vorausgesetzt [1].

Also können wir uns auch einer Handlung, in welcher die Materie des Wollens durch den reinen Willen bestimmt ist, nicht bewußt werden, ohne daß die entgegengesetzte Handlung, in welcher, umgekehrt, der Wille durch die Materie bestimmt (der reine Wille also gänzlich aufgehoben) ist, positiv und real entgegengesetzt sey, d. h. wir können uns keine positiv moralische Handlung denken, ohne ihr eine positiv unmoralische entgegenzusetzen.

Diese Entgegensetzung muß real seyn, d. h. beide Handlungen müssen im Bewußtseyn als gleich möglich vorkommen. Daß die eine oder die andere ausgeschlossen wird muß aus einer positiven Handlung des Willens erklärt werden.

Jenes Bewußtseyn real entgegengesetzter, d. h. gleichmöglicher Handlungen nun ist es, was den Willen zur Willkür macht [2], und so sehen wir uns durch unsere Philosophie in den Stand gesetzt, den Widerstreit auszugleichen, der in den Behauptungen zweier berühmter Philosophen über diesen Gegenstand stattzufinden scheint.

1) Kant behauptet in der Kritik der praktischen Vernunft, der Wille und die praktische, d. h. gesetzgebende Vernunft seyen eins und dasselbe. Diese Behauptung wiederholt er aufs neue in der philosophischen Rechtslehre. Reinhold behauptet, Moralität und Zurechnungsfähigkeit der Handlungen lassen sich nur unter der Voraussetzung einer

[1] Vortreffliche und aus der Tiefe der menschlichen Natur geschöpfte Anmerkungen über diesen Satz enthält Kants Abhandlung: Versuch, den Begriff der negativen Größen in die Weltweisheit einzuführen.

[2] Die Willkür ist zur Möglichkeit des Vorstellens unseres freien Handelns nothwendig, gehört also insofern nur zur Erscheinung des Willens, nicht zum Willen selbst.

sowohl von der Selbstthätigkeit der Vernunft als von dem Streben der Begierde verschiedenen Freiheit des Willens denken.

Die Sache ist diese: Vernunft zeigt ursprünglich bloß das Vermögen der Ideen an, und hat insofern lediglich theoretische Bedeutung. Praktische Vernunft wäre sonach etwas unmittelbar sich selbst Widersprechendes. — Es wäre aber in uns kein Vermögen der Ideen ohne Freiheit; wir könnten auch mit unsern Gedanken nicht über das Wirkliche hinausstreben, ohne ursprünglich frei zu seyn. Umgekehrt, wir könnten uns der Freiheit und unsers Hinausstrebens über die Wirklichkeit nicht bewußt werden, wären wir nicht im Stande, da, wo wir keine Objekte mehr finden, selbst uns Objekte zu schaffen. Das Objekt der Freiheit aber ist unendlich. Dieses Objekt ist nur in einem unendlichen Fortschritt, d. h. empirisch zu realisiren, und soll also allerdings empirisch, d. h. in der Erfahrung, realisirt werden.

Weil nun hier der Begriff des Objekts dem Objekt selbst vorangeht (anstatt daß im theoretischen Erkenntniß der Begriff erst mit dem Objekt entsteht), weil ferner alles, worauf wir als Objekt (gleichviel des Erkennens oder Realisirens) reflektiren, endlich seyn muß, so kommt hier die Einbildungskraft der Freiheit zu Hülfe, und schafft Ideen dessen, was die Freiheit realisiren soll, so doch, daß diese Ideen einer unendlichen Erweiterung fähig seyen, weil, sobald das Objekt derselben in irgend einem Zeitpunkt erreicht wäre, wir aufhören müßten absolut thätig zu seyn.

Die Einbildungskraft also im Dienste der praktischen Vernunft ist das Vermögen der Ideen, oder das, was wir theoretische Vernunft nennen[1]. So wenig als die theoretische Vernunft Ideen erzeugen könnte, wäre ihr nicht durch die Freiheit in uns eine Unendlichkeit aufgethan, ebensowenig könnte diese Unendlichkeit Objekt für

[1] (In der ersten Auflage standen hier noch die Worte): (Dadurch unterscheidet sich die Schwärmerei von der Vernunft, daß jene zügellose Phantasie, diese Einbildungskraft in den Schranken der moralischen Postulate ist, jene Chimären, diese Ideen erzeugt).

die Freiheit werden, würde sie ihr nicht durch Ideen, d. h. durch Vernunft, ins Unendliche fort begrenzt.

Also setzt die Freiheit in uns die Vernunft (als ein Vermögen der Ideen), und umgekehrt, die Vernunft in uns die Freiheit voraus.

Weil demnach Freiheit ohne Vernunft ebensowenig als Vernunft ohne Freiheit gedacht werden kann, so kann die letztere (die Freiheit) auch praktische Vernunft heißen: Vernunft, weil ihr unmittelbares Objekt Ideen sind, praktische Vernunft, weil diese Ideen nicht Gegenstände des Erkennens, sondern Gegenstände des Handelns sind. Ebenso kann umgekehrt die Vernunft, als Vermögen der Ideen, obgleich ihre Funktion dabei lediglich theoretisch ist, dennoch, insofern ihre Ideen Objekte des Realisirens durch Freiheit sind, praktische Vernunft heißen: Vernunft, weil ihre Funktion in Erzeugung der Ideen lediglich theoretisch, praktische Vernunft, weil diese[1] Objekte eines nothwendigen Handelns sind.

So ist also praktische Vernunft eins und dasselbe mit der Freiheit, d. h. dem Willen (nach Kant); von der praktischen Vernunft in diesem Sinne gehen alle Gesetze aus, und die ursprüngliche Autonomie des Willens ist im Moralgesetze ausgedrückt. Das Moralgesetz aber ist keineswegs ein todter Satz, der a priori in uns ruht, noch ein Satz, der theoretisch entstehen kann; es ist in uns da, nur insofern es der Wille in uns (empirisch) ausdrückt. Es wird offenbar durch That und Handlung; und nur insofern wissen wir von ihm[2]. Seine Quelle aber ist der Wille. Denn es hält uns einen Zustand vor, dessen wir uns gar nicht anders als im Akt des Wollens selbst bewußt werden können.

Insofern nun aber die theoretische Vernunft jenes Gesetz, das aus dem Willen entspringt und ursprünglich nur in That und Handlung offenbar wird, auffassen und in Worten aussprechen kann, ist zwar ihre Funktion eine lediglich theoretische und analog der Funktion des Verstandes, wenn er die ursprüngliche Handlungsweise des Geistes

[1] (nicht Chimären oder eitle Speculationen sondern) (Zusatz der ersten Auflage).

[2] ohne das ruht es in eurem Gedächtniß oder steht schwarz auf weiß in euren Papieren (Zusatz der ersten Auflage).

in der Anschauung abstrahirt und in Begriffen vorstellt. So wie wir das *ursprüngliche* Vorstellen in Begriffen darlegen, ohne deßhalb diese Begriffe für das ursprüngliche Vorstellen selbst zu halten, ebenso können wir das *ursprüngliche* Sollen (dessen Grund im Willen selbst liegen muß) in Begriffen auffassen, ohne daß wir deßhalb dieses *abgeleitete* Sollen mit dem *ursprünglichen*, oder das bloße *Organ*, wodurch das Gesetz zu uns spricht, mit der *Quelle* des Gesetzes selbst verwechseln.

Beide also (Kant und Reinhold) haben recht; der *Wille gibt* Gesetze (nach Kant), welche die *Vernunft ausspricht* (nach Reinhold). Wenn aber der Erstere sagt: der Wille ist nichts anderes als die praktische Vernunft selbst, so ist es natürlicher umgekehrt zu sagen: die praktische Vernunft (das Gesetzgebende in uns) ist der Wille selbst; denn einer praktischen Vernunft, die uns durch das Gesetz gebietet, ist sich jeder unmittelbar bewußt, nicht so aber des ursprünglichen Willens, dessen Stimme nur durch das Medium der Vernunft zu uns gelangt. — Wenn umgekehrt Reinhold sagt: die Gesetze überhaupt *gehen* nur von der *Vernunft aus*, das Moralgesetz sey die Forderung der *bloßen* Vernunft an den Willen, so ist dieß grundfalsch, und eine Behauptung, die alle Autonomie des Willens aufhebt. Denn die *Vernunft* (ursprünglich ein bloß theoretisches Vermögen) wird zur *praktischen* Vernunft nur dadurch, daß sie die Materie eines höhern Willens ausspricht. Sie selbst hat in sich keine Auktorität und keine moralische Gewalt über uns; was sie als Gesetz ausspricht, gilt nur, insofern es durch den absoluten Willen sanktionirt ist. Wenn es demnach (nach Reinhold) keinen absoluten Willen gibt, in dessen Namen die Vernunft zu uns spricht und von dem eigentlich alle Gesetze *ausgehen*, so ist die Vernunft, indem sie uns Gesetze gibt, ein lediglich theoretisches Vermögen [was er auch zuzugeben scheint, wenn er S. 383 sagt: die Vorschriften (der Vernunft) seyen an *sich* bloß *theoretisch*]; denn praktisch ist sie nicht *durch sich* selbst, sondern nur durch eine höhere Auktorität, in deren Namen sie spricht. Also ist es ein *theoretisches* Vermögen, das, anstatt durch den Willen bestimmt zu seyn, selbst den Willen bestimmt, und so weit alle Autonomie in uns nur dem Schein und dem

Worte nach übrig läßt. Dieß will aber Reinhold nicht. Wie er dessen ungeachtet zu der Behauptung (alle Gesetze gehen von der Vernunft aus) veranlaßt werden konnte, wird aus Folgendem klar werden.

2) Kant behauptet: „Von dem Willen gehen die Gesetze aus, von der Willkür die Maximen. Die letztere ist im Menschen eine freie Willkür; der Wille, der auf nichts anders als bloß aufs Gesetz geht, kann weder frei noch unfrei genannt werden, weil er nicht auf Handlungen, sondern unmittelbar auf die Gesetzgebung für die Maxime der Handlungen geht, daher auch schlechterdings nothwendig und selbst keiner Nöthigung fähig ist. Die Freiheit der Willkür aber kann nicht durch das Vermögen der Wahl für oder wider das Gesetz definirt werden, wie es wohl einige versucht haben; ob zwar die Willkür als Phänomen davon in der Erfahrung häufige Beispiele gibt. — So viel können wir einsehen, daß, obgleich der Mensch als Sinnenwesen der Erfahrung nach ein Vermögen zeigt, dem Gesetze nicht allein gemäß, sondern auch zuwider zu wählen, dadurch doch nicht seine Freiheit als intelligibeln Wesens definirt werden könne, weil Erscheinungen kein übersinnliches Objekt, dergleichen doch die Freiheit der Willkür ist, verständlich machen können, und die Freiheit nimmermehr darein gesetzt werden kann, daß das vernünftige Subjekt auch eine wider seine gesetzgebende Vernunft streitende Wahl treffen kann, obgleich die Erfahrung oft genug beweiset, daß es geschieht, wovon wir doch die Möglichkeit nicht begreifen können".

Dagegen behauptet Reinhold: Die menschliche Willkür sey ein dem Willen eigenthümliches Vermögen, und der Wille, anstatt daß das Gesetz von ihm ausgehe, gehe umgekehrt auf das Gesetz, aber nur dann und nur insofern, inwiefern er (mit Kant zu sprechen) dasselbe in seine Maxime aufnehme. Dieses könne er nur insofern, inwiefern das Gesetz keineswegs an und für sich seine Maxime sey, folglich inwiefern es nicht von ihm ausgehe. Der Wille höre nicht auf Wille zu seyn, wenn er nicht aufs Gesetz gehe, sondern beweise sich eben auch dadurch als Wille. Es ist kein Wille, wenn er nicht frei, d. h. wenn er nicht ebenso gut böse als gut seyn kann".

Hier ist nun ein solcher Widerspruch der Behauptungen, dergleichen man in diesen Dingen kaum für möglich halten sollte. Der Grund dieses Widerspruchs wird also wohl im Objekt selbst liegen. Wenn Kant behauptet: der Wille an sich ist weder frei noch unfrei, also auch weder gut noch böse; Reinhold dagegen sagt: der Wille, als solcher, könne nicht anders, als frei seyn, und er sey nur insofern Wille, als er böse oder gut seyn könne: so ist doch hier offenbar von zwei ganz verschiedenen Willen die Rede. Es fragt sich, ob nicht das Objekt (der Wille) selbst eine solche doppelte Ansicht möglich macht.

Wenn A sagt: der Wille, als solcher, ist weder frei noch unfrei, und B dagegen sich auf das gemeine Bewußtseyn beruft, in welchem Willkür (d. h. Freiheit zu wählen) als ein dem Willen eigenthümliches Vermögen vorkommt, so redet jener offenbar vom Willen, insofern er gar nicht Objekt des Bewußtseyns ist, dieser vom Willen, insofern er im Bewußtseyn vorkommt. Jener erhebt sich über den Standpunkt des gemeinen Bewußtseyns, dieser bleibt darauf stehen. Jener hat den Vortheil voraus, daß er diesem selbst aus Principien beweisen kann, der Wille, insofern er erscheint, d. h. vom Standpunkt des Bewußtseyns aus angesehen, müsse als freie Willkür erscheinen, obgleich dieses Vermögen im absoluten Willen (der allein gesetzgebend ist) gar nicht gedenkbar sey; diesem bleibt nichts übrig, als sich auf das Urtheil des gemeinen praktischen Verstandes zu berufen, das er selbst nicht weiter erklären kann; wie es aber zugehe, daß jener etwas behaupte, das dem gemeinen Bewußtseyn zu widersprechen scheint, weiß er nicht begreiflich zu machen, und kann sich deßhalb bei seiner eignen Widerlegung jener ihm so widersinnigen Behauptungen nicht beruhigen.

Das Beispiel ist merkwürdig, weil es zeigt, wie schwer es ist, selbst in Fragen, die das allgemeinste Interesse, das der Moralität, betreffen, übereinstimmend zu urtheilen, wofern man nicht über einen gemeinschaftlichen Standpunkt einig ist. Dieser aber kann nicht ein untergeordneter, sondern muß nothwendig der höchste seyn.

Der Wille also, wenn er erscheint, muß nothwendig als Willkür erscheinen. Dieß und nicht mehr kann B beweisen, und gerade eben dieß behauptet auch A. Nun ist es aber der Charakter des endlichen Geistes, daß er ins Unendliche fort sich selbst erscheine, sein eignes Objekt sey, für sich selbst empirisch werde. Diese Nothwendigkeit (sein eignes Objekt zu werden) ist das Einzige, was gleichsam zwischen uns und die Unendlichkeit tritt. Was also jenseits dieser Nothwendigkeit liegt, das haben wir mit dem Unendlichen selbst gemein, das liegt für uns, insofern wir empirisch sind, in der Unendlichkeit. Nun ist aber unser Wille eine That, die an sich selbst gar nicht empirisch ist. Dieß behaupten beide, A und B. Also liegt unser Wille für uns in der Unendlichkeit, er entflieht jeder empirischen Erklärung; das Wollen kann ins Unendliche fort nur aus dem Wollen erklärt werden.

Nun soll aber der Wille doch Erscheinung werden; denn die Aufgabe des moralischen Gesetzes ist, daß das Ich in der Außenwelt ins Unendliche fort sich darstelle; diese Aufgabe aber ist nicht zu erfüllen, ohne daß das Ich seiner selbst, und zwar im Wollen, bewußt sey.

Das Ich aber soll sich seines Wollens als eines absoluten bewußt werden. Dieß ist nicht möglich, als negativ, d. h. es soll sich bewußt seyn, daß es durch sinnliche Antriebe nicht bestimmt ist. Dieß ist, wie oben erwiesen worden, nicht möglich, ohne positiven Gegensatz zwischen den sinnlichen Antrieben und dem, was der Wille, als reiner Wille, gebietet. Eben deßwegen, weil, und nur insofern, als dieser positive Gegensatz stattfindet, ist es möglich, durch das Bewußtseyn selbst auf einen absoluten Willen getrieben zu werden. Da jener Gegensatz positiv ist, so müßten sich beide Entgegengesetzte aufheben, das Resultat also = o seyn. Da nun doch eine Handlung erfolgt, der wir uns bewußt sind, der Grund davon aber weder im moralischen Gesetz, insofern es im Bewußtseyn vorkommt, noch in den sinnlichen Antrieben gesucht werden kann, weil beide einander gleich gesetzt worden sind, so können wir uns das Entstehen einer Handlung vom Standpunkt des Bewußtseyns aus nicht weiter erklären als aus einer freien Wahl, der wir den Namen Willkür geben. Eben dieß aber sollte erreicht werden; das Problem war, das Bewußtseyn der Freiheit begreiflich zu machen (gleichsam zu construiren). Dieß thun wir durch den Begriff der Willkür, welche daher mit vollem Recht als das Phänomen des Willens erklärt werden kann.

Weil nun aber der Wille als Willkür bloße Erscheinung ist, so kann Willkür dem Willen, insofern er nicht erscheint, gar nicht beigelegt, oder gar als ein eigenthümliches Vermögen desselben, wie B thut, vorgestellt werden, und A hat ganz recht, wenn er behauptet, der Wille als solcher sey weder frei noch unfrei, weil er lediglich auf das Gesetz gehe, schlechterdings nothwendig und selbst keiner Nöthigung fähig sey.

Der Verfasser dieses Aufsatzes hat dieselbe Behauptung längst aus Principien abgeleitet, zu denen sich neuerdings Hr. R. selbst bekennt, und er hofft daher, hier um so eher seine ehemalige Erklärung über diesen Gegenstand mit der Kantischen vergleichen zu dürfen, da sein Vortrag dadurch ohne Zweifel an Deutlichkeit gewinnen wird. „Das Problem der transscendentalen Freiheit, so erklärte er sich damals, hat von jeher das traurige Loos gehabt, immer mißverstanden und immer wieder aufgeworfen zu werden. Ja, selbst nachdem die Kritik der Vernunft so großes Licht darüber verbreitet hat, scheint doch bis jetzt der eigentliche Streitpunkt nicht scharf genug bestimmt zu seyn. Der eigentliche Streit betraf niemals die Möglichkeit absoluter Freiheit, denn ein Absolutes schließt schon durch seinen Begriff jede Bestimmung durch fremde Causalität aus; die absolute Freiheit ist nichts anderes als die absolute Bestimmung des Unbedingten durch die bloßen (Natur-) Gesetze seines Seyns"; — [Dieß ist gerade dasselbe, was Kant sagt: der Wille, insofern er nicht Erscheinung, d. h. insofern er nicht transscendental, sondern absolut frei ist, geht auf nichts anderes als aufs Gesetz, und kann insofern weder frei noch unfrei genannt werden, d. h. das Gesetz, das von ihm ausgeht, ist für den absoluten Willen ein bloßes Naturgesetz, wodurch er gar nichts ausdrückt, als sich selbst. Nur hat Kant vergessen zu bemerken, daß insofern auch das Gesetz des absoluten Willens nicht

Moralgesetz ist. Reinhold fragt: Sollte Kant nicht den Begriff des moralischen Gesetzes zu weit gefaßt haben, da er demselben mit dem Gesetze der praktischen Vernunft (in unserer Sprache: dem Gesetze des absoluten Willens) — einerlei Umfang gab? Ich antworte: Allerdings; denn was R. Gesetz der praktischen Vernunft nennt, wir Gesetz des absoluten Willens nennen, wird zum Moralgesetz erst im Bewußtseyn, im positiven Gegensatz gegen sinnliche Antriebe, als Objekt der freien Wahl der Willkür, d. h. des Willens in der Erscheinung [1]. Die absolute Freiheit des Willens kann daher charakterisirt werden, als] — „Unabhängigkeit von allen nicht durch sein Wesen selbst bestimmten (bereits gegebenen) Gesetzen, von allen Gesetzen, die etwas in ihm setzen würden, was nicht schon durch sein bloßes Seyn, durch sein Gesetztseyn überhaupt, gesetzt wäre". — Dergleichen Gesetze sind Moralgesetze. Denn diese ergehen an einen Willen, von dem es nicht zum voraus schon ausgemacht ist, daß er diesen Gesetzen gehorche. Dagegen jenes ursprüngliche Gesetz (das erst im Bewußtseyn zum Moralgesetz wird) nicht an einen Willen ergeht, sondern von einem Willen ausgeht, der sich selbst Gesetz ist, und der insofern weder frei noch unfrei (im moralischen Sinn), sondern absolut frei ist.

Hieraus folgt nun unmittelbar, was auch damals behauptet wurde, daß das Absolute in uns allein die transscendentale Freiheit nicht erklärt. „Das Unbegreifliche ist nicht, wie ein absolutes, sondern wie ein empirisches Ich Freiheit haben solle, nicht wie ein intellektuales Ich intellektual, d. h. absolut frei seyn könne, sondern wie es möglich sey, daß ein empirisches Ich zugleich intellektual sey, d. h. Causalität durch Freiheit habe". Denn, setzen wir etwa, daß das Empirische in uns völlig bestimmt sey durch das Intellektuale, so begreifen wir nicht, wie noch eine Willkür in uns möglich ist. Dieß räumt auch

[1] Insofern ist es alsdann auch wahr, daß das Gesetz (als Moralgesetz) von der Vernunft herkommt; denn zum Bewußtseyn gelangt es allerdings nur durch das Medium der Vernunft, und jenseits des Bewußtseyns ist es nicht Moralgesetz, sondern Naturgesetz des Willens.

Kant ein, wenn er sagt, die Freiheit könne nimmermehr darein gesetzt werden, daß das vernünftige Subjekt auch eine wider seine gesetzgebende Vernunft streitende Wahl treffen könne, obgleich die Erfahrung oft genug beweise, daß es geschehe, wovon wir doch die Möglichkeit nicht begreifen können. — Oder setzen wir umgekehrt, daß das Empirische in uns durch das Intellektuale gar nicht bestimmt sey, so begreifen wir nicht, wie die Freiheit der Willkür in uns möglich ist.

Wir bedürfen also zur Erklärung der freien Willkür (als einer Thatsache des gemeinen Bewußtseyns) der Idee von absoluter Freiheit; ohne diese begreifen wir keine Freiheit der Wahl; mit ihr allein begreifen wir nicht, wie noch eine Wahl überhaupt in uns möglich, und warum das ursprüngliche Gesetz ist uns nicht zur Nothwendigkeit geworden ist.

Hier müssen wir nun uns selbst erinnern, daß die Willkür, oder die Freiheit, uns für oder wider das Gesetz zu bestimmen, einzig und allein zur Erscheinung gehört, und daß wir daher den Begriff derselben gar nicht brauchen dürfen, um damit das Uebersinnliche in uns zu bestimmen oder zu definiren. Es muß erwiesen werden, daß wir uns des Uebersinnlichen in uns, d. h. der Freiheit, gar nicht bewußt werden können als durch Willkür, welche sonach, obgleich nicht zum Uebersinnlichen in uns, doch nothwendig zu unsrer Endlichkeit, d. h. zum Bewußtseyn des Uebersinnlichen gehört.

So nothwendig als es ist, daß wir für uns selbst endlich werden, so nothwendig ist es auch, daß die absolute Freiheit in uns als Willkür erscheine. Diese wird dadurch, daß sie bloß zu unsrer Endlichkeit gehört, und insofern Erscheinung ist, nicht sofort zu einem bloßen Schein[1]; denn sie gehört zu den nothwendigen Schranken unsrer Natur, über die wir ins Unendliche fort hinaus streben, ohne sie doch je völlig aufheben zu können; und so fällt von diesem sonst so dunkeln

[1] So wenig, als die ganze Geschichte unseres Geschlechts, die auch nur zur Endlichkeit gehört. — Sie beginnt mit dem Sündenfall, d. h. mit der ersten willkürlichen That, und endet mit dem Vernunftreich, d. h. wenn alle Willkür von der Erde verschwindet.

Punkt der praktischen Philosophie ein neuer Lichtstrahl auf unsern theoretischen Idealismus zurück, dessen Bedeutung jetzt erst ganz klar wird. Wir können jetzt gleichsam den transscendentalen Ort bestimmen, von wo aus das Intellektuale in uns ins Empirische übergeht. Mit der Einen Handlung, durch welche das Absolute in uns sich selbst zum Objekt (die Freiheit zur Willkür) wird, entfaltet sich auch ein ganzes System endlicher Vorstellungen, und zugleich das so tief in uns liegende Gefühl unsrer moralischen Endlichkeit, wodurch wir erst in der Außenwelt, als der Sphäre unsrer Endlichkeit, einheimisch werden. Wir verstehen die Tendenz nach dem Unendlichen, die unsern Geist in steter Unruhe erhält; denn die Endlichkeit ist nicht unser ursprünglicher Zustand, und diese ganze Endlichkeit ist nichts, was durch sich selbst bestünde. Wir sind endlich geworden, und wie könnten wir hoffen, diese Endlichkeit moralisch zu überwinden, wäre sie nicht moralisch entstanden? Es ist unsre eigne Endlichkeit, die uns die Welt endlich macht; aber schon jetzt ahnen wir, daß sie uns durch uns selbst unendlich wird, und daß dem erweiterten Organ auch eine erweiterte Welt sich aufschließen werde[1].

* * *

Fassen wir jetzt alles zusammen, worüber wir einig geworden sind, so sind es folgende Sätze:

1. Vom absoluten Wollen geht das Gesetz aus. Der Wille, insofern er gesetzgebend, d. h. absolut ist, kann weder frei noch unfrei heißen, denn er drückt im Gesetze nur sich selbst aus.

2. Ohne absoluten, gesetzgebenden Willen wäre Freiheit eine Chimäre. Der Freiheit aber werden wir uns nicht bewußt als durch Willkür, d. h. durch die freie Wahl zwischen entgegengesetzten Maximen, die sich wechselseitig aufschließen und in einem und demselben Wollen zusammen nicht bestehen können.

3. Das Gesetz des absoluten Willens, insofern es zur Maxime werden soll, gelangt durch die Vernunft zur Willkür. Die Vernunft ist

[1] und immer neue Gestirne den Weg zur Unendlichkeit bezeichnen werden (Zusatz der ersten Auflage).

nicht selbst das Uebersinnliche in uns, wohl aber, was das Uebersinnliche in uns ausspricht.

4. Die Willkür, als die Erscheinung des absoluten Willens, ist von diesem nicht dem Princip, sondern nur ihren Schranken nach verschieden, dadurch, daß ein positiv entgegengesetzter Wille ihr widerstrebt. Die Willkür also kann erklärt werden als der absolute Wille unter den Schranken der Endlichkeit.

5. Würde der absolute (reine) Wille nicht durch einen entgegengesetzten beschränkt, so könnte er seiner selbst, d. h. seiner Freiheit nicht bewußt werden; und umgekehrt: wäre der empirische Wille (dessen wir uns bewußt werden) vom absoluten nicht bloß seinen Schranken, sondern dem Princip nach verschieden, so gäbe es abermals kein Bewußtseyn der Freiheit in unserem empirischen Wollen.

6. Vom Standpunkt des Bewußtseyns angesehen, besteht die Freiheit des Willens in der Willkür, womit wir jetzt das Gesetz, jetzt das entgegengesetzte Princip in unsere Maxime aufnehmen, und eben diese Unmöglichkeit, uns den absoluten Willen anders vorzustellen, ist der Grund aller Endlichkeit.

7. Durch diesen Begriff der Willkür aber, als welcher bloß zu der Art und Weise gehört, wie wir uns selbst vorstellen, kann das Uebersinnliche in uns nicht definirt werden.

* * *

Den Satz 1 leugnet Reinhold, weil er auf dem Standpunkt des Bewußtseyns stehen bleibt und sich nicht zum absoluten Willen erhebt. Den Satz 2 behauptet Reinhold, und Kant lange vor ihm. In der Philosoph. Religionslehre S. 10 erklärt er ausdrücklich, das moralische Gesetz sey eine Triebfeder der Willkür, also ein Positives = a, mithin könne der Mangel der Uebereinstimmung der Willkür mit dem Gesetze (= o) nur als Folge von einer reell-entgegengesetzten Bestimmung der Willkür, = — a, d. h. durch eine böse Willkür, erklärt werden. Ueber den Satz 3 sind beide uneinig, weil sie mit dem Worte Vernunft verschiedene Begriffe verbinden. Den Satz 4 habe ich sonst so ausgedrückt: „daß die Causalität des empirischen Ich Causalität durch

Freiheit ist, verdankt sie ihrer Identität mit der absoluten, daß sie transscendentale Freiheit ist, nur ihrer Endlichkeit (besser: das Transscendentale ist das, was das Empirische in uns mit dem Absoluten, das Sinnliche mit dem Uebersinnlichen vermittelt); sie ist also im Princip, von dem sie ausgeht, absolute Freiheit, und wird nur erst, indem sie auf ihre Schranken stößt, transscendental, d. i. Freiheit eines empirischen Ichs. — Kant läßt sich auf diese Vermittlung des Sinnlichen und Uebersinnlichen durch das Transscendentale des Wollens nirgends ein, Reinhold behauptet ausdrücklich dasselbe: „es fällt mir nicht ein, sagt er, die Freiheit des Menschen als intelligibeln Wesens (durch die Willkür?) definiren zu wollen. Ich habe es bloß mit der Freiheit des menschlichen Willens zu thun; der Mensch ist mir weder intelligibles Wesen noch Sinnenwesen, sondern beides zugleich, und ich halte ihn auch nur für frei, weil und inwieferne er beides zugleich ist, während Kant ihn nur, inwieferne er intelligibles Wesen ist, für frei zu halten scheint"; — (nicht nur scheint, sondern wirklich hält, und zwar von seinem Gesichtspunkt aus mit Recht). Der Wille ist nur frei, insofern der Mensch intellektuell ist, aber diese Freiheit wird transscendental (und eine höhere scheint Reinhold nicht zu kennen), nur inwiefern er zugleich sinnlich ist. — „Das Subjekt der transscendentalen Vermögen ist zugleich das Subjekt der empirischen, wenn jenes Vermögen nicht transscendent, sondern transscendental, d. h. aufs Empirische sich a priori beziehend, seyn solle". — Diese Erklärung sagt gerade das, was oben der Satz 5 behauptet. — Ueber die beiden folgenden Sätze sind dem Bisherigen zufolge beide Philosophen einverstanden.

* * *

Ich schweige von allen den Folgerungen, die sich aus der Auflösung dieses scheinbaren Widerspruchs in Dingen, die die Menschheit am nächsten angehen, für die Nothwendigkeit eines philosophischen Princips machen lassen, das jenseits des Bewußtseyns liegt. Diese Folgerungen dringen sich jedem von uns selbst auf. Ich füge nur so viel hinzu: Eine Philosophie, deren erstes Princip das Geistige im Menschen,

d. h. dasjenige, was *jenseits* des Bewußtseyns liegt, zum *Bewußtseyn* hervorrufen will, muß nothwendig eine große Unverständlichkeit haben für diejenigen, welche dieses geistige Bewußtseyn nicht geübt und gestärkt haben, oder denen auch das Herrlichste, was sie in sich tragen, nur durch todte, anschauungslose *Begriffe* zu erscheinen pflegt. Das Unmittelbare, das in jedem ist, und an dessen ursprünglichem Anschauen (das gleichfalls in jedem ist, aber nicht in jedem zum Bewußtseyn kommt) alle Gewißheit unsrer Erkenntniß hängt, wird keinem durch Worte, die von außen in ihn dringen, verständlich. Das Medium, wodurch *Geister* sich verstehen, ist nicht die umgebende Luft, sondern: die gemeinschaftliche Freiheit, deren Erschütterungen bis ins Innerste der Seele sich fortpflanzen. Wo der Geist eines Menschen nicht vom Bewußtseyn der Freiheit *erfüllt* ist, ist alle geistige Verbindung unterbrochen, nicht nur mit andern, sondern sogar mit *ihm selbst*; kein Wunder, daß er sich selbst ebenso gut als andern unverständlich bleibt, und in seiner fürchterlichen Einöde nur mit eiteln *Worten* sich ermüdet, denen kein freundlicher Wiederhall (aus eigner oder fremder Brust) antwortet.

Einem solchen unverständlich zu bleiben, ist Ruhm und Ehre vor Gott und Menschen[1].

Die Geschichte der Philosophie enthält Beispiele von Systemen, die mehrere Zeitalter hindurch räthselhaft geblieben sind. Ein Philosoph, dessen Principien alle diese Räthsel auflösen werden, urtheilt noch neuerdings von *Leibniz*, er sey wahrscheinlich der einzige Ueberzeugte in der Geschichte der Philosophie, der Einzige also, der *im Grunde* recht hatte. Diese Aeußerung ist merkwürdig, weil sie verräth, daß die Zeit, Leibnizen zu verstehen, gekommen ist. Denn, so wie er *bisher* verstanden ist, kann er nicht verstanden werden, wenn er *im Grunde* recht haben soll. Diese Sache verdient eine nähere Untersuchung.

[1] Barbarus huic ego sim, nec *tali* intelligar ulli. — Wunsch und Gebet, dessen man sich nicht erwehren kann (Zusatz der ersten Auflage).

Anhang zu der voranstehenden Abhandlung.

Ueber Postulate in der Philosophie.

Ich habe längst Gelegenheit gesucht, mich über diesen Gegenstand zu erklären; einiges kann hier beigebracht werden, das Uebrige wird sonst wo seine Stelle finden.

Der Ausdruck *Postulat* ist von der Mathematik entlehnt. In der Geometrie wird die *ursprünglichste* Construktion nicht *demonstrirt*, sondern *postulirt*. — Diese *ursprünglichste* (einfachste) *Construktion* im Raume ist der *bewegte Punkt*, oder die *Linie*. — Ob der Punkt nach einer und derselben Richtung bewegt wird, oder seine Richtung continuirlich ändert, ist damit noch nicht bestimmt [1]. Ist die *Richtung* des Punkts *bestimmt*, so ist sie es *entweder* durch einen Punkt *außer ihm*, und dann entsteht die *gerade* Linie (die keinen Raum *einschließt*), oder die Richtung des Punkts ist *nicht* bestimmt durch einen Punkt außer ihm, so muß er *in sich selbst* zurückfließen, d. h. es entsteht eine *Kreislinie* (die einen Raum *einschließt*). — Nimmt man die gerade Linie als *positiv* an, so ist die Kreislinie die *Negation* der *geraden*, d. h. eine Linie, die in keinem Punkt zur *geraden* ausschlägt, sondern continuirlich ihre Richtung ändert. Nimmt man aber die *ursprüngliche* Linie als *unbegrenzt* an, die gerade als *schlechthin begrenzt*, so wird die Kreislinie das *Dritte* aus *beiden* seyn, sie ist unbegrenzt und begrenzt *zugleich*: *unbegrenzt* durch einen Punkt außer ihr, *begrenzt* durch sich selbst.

Die Mathematik gibt also der Philosophie das Beispiel einer *ursprünglichen Anschauung*, von der jede Wissenschaft ausgehen muß, welche auf *Evidenz* Anspruch machen will. Sie fängt nicht von einem *Grundsatz* an, der demonstrirbar ist, sondern von dem *Undemonstrirbaren*, *ursprünglich Anzuschauenden*. Hier thut sich aber

[1] Die *ursprüngliche Linie* ist die *unbegrenzte*, oder der *unendliche Raum selbst*, in welchem, sofern er unbegrenzt ist, gar keine Richtung gedacht werden kann (Zusatz der ersten Auflage).

sogleich ein bedeutender Unterschied hervor. Die Philosophie hat mit Gegenständen des innern Sinns zu thun, und kann nicht wie die Mathematik jeder Construktion eine ihr entsprechende äußere Anschauung beigesellen. Nun muß aber die Philosophie, wenn sie evident werden soll, von der ursprünglichsten Construktion ausgehen; es fragt sich also, was die ursprünglichste Construktion für den innern Sinn sey.

Die Beantwortung dieser Frage hängt von der Richtung ab, die dem innern Sinne gegeben wird. In der Philosophie aber kann dem innern Sinn seine Richtung gar nicht durch einen äußern Gegenstand bestimmt werden. Die Linie ursprünglich zu construiren, kann ich genöthigt werden durch die Linie, die man auf Papier oder auf einer Tafel zieht. Dieser gezogene Strich ist freilich nicht die Linie selbst, sondern nur das Bild derselben; wir lernen die Linie nicht dadurch erst kennen, sondern umgekehrt wir halten diese auf der Tafel gezogene Linie an die ursprüngliche Linie (in der Einbildungskraft), sonst würden wir bei derselben nicht von aller Breite, Dicke u. s. w. abstrahiren. Aber diese Linie ist doch das sinnliche Bild der ursprünglichen Linie, und ein Mittel, diese ursprüngliche Anschauung in jedem zu erregen.

Es fragt sich also, ob es in der Philosophie irgend ein Mittel gebe, die Richtung des innern Sinns ebenso zu bestimmen, wie sie in der Mathematik durch äußere Darstellung bestimmt werden kann? Dem innern Sinn wird seine Richtung größtentheils nur durch Freiheit bestimmt. Das Bewußtseyn des einen erstreckt sich nur auf die angenehmen oder unangenehmen Empfindungen, die äußere Eindrücke in ihm verursachen; der andere erweitert seinen innern Sinn bis zum Bewußtseyn der Anschauung; ein dritter wird sich außer der Anschauung auch des Begriffs bewußt; ein vierter hat noch den Begriff des Begriffs; und so kann man mit Recht sagen, daß der eine mehr oder weniger innern Sinn habe als der andere. Dieses Mehr oder Weniger verräth schon, daß die Philosophie in ihren ersten Principien schon eine praktische Seite haben müsse. Ein solches Mehr oder Weniger gibt es in der Mathematik nicht. Sokrates (bei Plato) zeigt, daß man auch einen Sklaven bis zu verwickelten geometrischen Demonstrationen bringen kann. Sokrates zeichnet ihm die

Figuren in Sand. Die Kantianer könnten zwar auch, wie weiland einige Cartesianer, den Ursprung der Vorstellungen nach ihrem System in Kupfer stechen lassen, doch hat es noch keiner versucht, und es würde zu nichts helfen. Einem Esquimo oder Feuerländer müßte auch unsere allerpopulärste Philosophie ganz unverständlich seyn. Er hat nicht einmal dafür Sinn. So fehlt manchem, der unter uns sich Philosoph zu seyn dünkt, ganz und gar das philosophische Organ: die Philosophie ist ihm ein Luftgebäude, etwa so wie dem Taubgeborenen die trefflichste Theorie der Musik, wenn er nicht wüßte oder nicht glaubte, daß andere Menschen einen Sinn mehr haben, als er, als ein eitles Spiel mit Begriffen vorkommen müßte, das in sich selbst zwar Zusammenhang haben mag, aber im Grunde ganz und gar keine Realität hat.

Es wird also in der Philosophie gerade so vielerlei Principien geben, als es Grade der innern Anschauungskraft gibt; der eine wird die Vorstellung, der andere die ursprüngliche Synthesis in den Kategorien, der dritte endlich[1] — das höchste Gut zum Princip der Philosophie machen. Mit all' dem ist gar nichts ausgerichtet. Es muß für den innern Sinn etwas schlechthin Nöthigendes geben. Nöthigend aber für den innern Sinn ist gar nichts als das Sollen. Das Postulat, von dem die Philosophie ausgeht, müßte also etwa ein Objekt haben, dessen sich jeder wenigstens bewußt seyn sollte, wenn er es auch nicht ist. Man müßte einem solchen erweisen können, daß, wenn er dieses Objekts nicht bewußt werden könne, ihm auch das ursprüngliche Sollen ganz und gar unverständlich seyn müsse.

So zeigt sich hier abermals, was in der voranstehenden Abhandlung von einer andern Seite her erwiesen wurde, daß das erste Princip der Philosophie theoretisch und praktisch zugleich, d. h. ein Postulat seyn müsse.

Denn setzen wir

Entweder, das Princip der Philosophie sey ein lediglich theoretischer Grundsatz, mit einem Worte, ein Lehrsatz (ein Satz, der ein

[1] ein empfindungs- und tugendreiches Genie (Zusatz der ersten Auflage).

Daseyn aussagt, so ist ein solches Princip der gerade Weg zum Dogmatismus. Eine Wissenschaft aber, die ihrer Natur nach transscendental ist, muß in ihrem ersten Princip schon allen Empirismus ausschließen. Dieß thut z. B. die Geometrie, indem sie die ursprünglichste Construktion postulirt, und dadurch den Lehrling gleich anfangs erinnert, daß er in der ganzen Wissenschaft nur mit seinen eignen Construktionen zu thun habe. Die Linie, das Objekt dieser ursprünglichen Construktion, existirt nirgends außer dieser Construktion, sie ist nur diese Construktion selbst. Ebenso soll es in der Philosophie seyn; der Lehrling muß gleich anfangs in die transscendentale Denkart gleichsam versetzt werden. Also muß schon das erste Princip seine eigne Construktion seyn, die man von ihm fordert (ihm selbst überläßt), damit er so von Anfang an lerne, daß, was ihm durch Construktion entsteht, außer dieser Construktion nichts sey, und überhaupt nur sey, inwiefern er construirt. Durch die Revolution also, welche die Philosophie in unsern Tagen durch Einführung transscendentaler Principien erfahren hat, ist sie zuerst der Mathematik näher gebracht worden; die Methode, die sie von nun an befolgt, ist keine andere, als die, welche in der Mathematik längst mit so großem Glück befolgt worden ist, nämlich sich bloß mit ursprünglichen Construktionen zu beschäftigen, keinen Realsatz analytisch, sondern synthetisch (als durch Synthesis entstanden) zu behandeln; die neue Ansicht der Dinge, als bloßer Erscheinungen, ist die wahrhaft mathematische Ansicht, und man kann jetzt allerdings zeigen, daß und inwiefern die Philosophie der mathematischen Evidenz fähig ist; sie ist evident für jeden, der das Organ dazu hat (dem das innere Construktionsvermögen nicht abgeht), gerade so wie die Mathematik, die auch nicht durch die Figuren, in Kupfer gestochen, oder durch das Ansehen allein, sondern durch ein inneres Organ (die Einbildungskraft) verständlich wird.

Oder setzen wir, das Princip der Philosophie sey ein lediglich praktisches, so ist es kein Postulat mehr, sondern ein Imperativ. Ein praktisches Postulat ist eine Contradictio in adjecto. In der Moral gibt es, sofern sie formal ist, nur Gebote; diese auf die

Erfahrung angewandt, werden Aufgaben, aber nothwendige Aufgaben, die jeder so gut lösen soll, als er kann.

Wenn also das Princip der Philosophie weder bloß theoretisch noch bloß praktisch seyn kann, so muß es beides zugleich seyn. Beides aber ist vereinigt im Begriff des Postulats, es ist theoretisch, weil es eine ursprüngliche Construktion fordert, praktisch, weil es (als ein Postulat der Philosophie) seine zwingende Kraft (für den innern Sinn) nur von der praktischen Philosophie entlehnen kann. Also ist das Princip der Philosophie nothwendig ein Postulat.

Es fragt sich, was das Objekt desselben seyn werde. Die Antwort ist: die ursprünglichste Construktion für den innern Sinn. Nun ist das Objekt des innern Sinns überhaupt das Ich in seinem Denken, Vorstellen, Wollen u. s. w. Die ursprünglichste Construktion für den innern Sinn müßte also diejenige seyn, wodurch das Ich selbst erst entsteht. (Kant sagt: der analytischen Einheit des Bewußtseyns muß eine synthetische vorangehen. Von dieser eben ist hier die Rede. Jener Satz steht noch unerklärt und unverstanden da, obgleich er den Kern der Kantischen Philosophie enthält). Das Postulat der Philosophie also ist kein anderes als dieses: sich ursprünglich — nicht im Denken, nicht im Wollen, sondern ursprünglich — im ersten Entstehen — anzuschauen, und etwas anderes kann auch Hr. Beck nicht wollen, dessen Postulat, ursprünglich vorzustellen, wenn es nicht ganz leer seyn soll, doch nichts anderes heißen kann als: werde deiner selbst in deiner ursprünglichen Thätigkeit bewußt!

Durch diese ursprüngliche Construktion also entsteht dem Philosophen allerdings ein Produkt (das Ich); aber dieses Produkt ist außer dieser Construktion nirgends vorhanden, gerade so wie in der Geometrie die postulirte Linie, die auch nur insofern ist, inwiefern sie ursprünglich construirt wird, und außer der Construktion nichts ist. Nur ist hier ein großer Unterschied, daß das Ich im ursprünglichen Handeln nicht nur das Construirte, sondern auch das Construirende ist, wodurch es eben zum Ich, d. h. zu einem über alles Objektive erhabenen Princip wird. — Hier haben wir nun die analytische Einheit des

Selbstbewußtseyns (Ich = Ich) aus der synthetischen abgeleitet, die ihr vorangeht, und in der That nichts anderes bedeutet, als daß das Ich ursprünglich die Construktion von sich selbst ist. Der Satz Ich = Ich also, in dem Sinne, in welchem er gewöhnlich genommen wird, ist nicht einmal das Princip der Philosophie.

Insofern nun durch jene ursprüngliche Construktion allerdings ein Produkt (das Ich) entsteht, kann man das Entstandenseyn dieses Produkts auch in einem Grundsatze (etwa: Ich bin!) ausdrücken, und so hat auch die neueste Philosophie von einem obersten Grundsatz der Philosophie gesprochen, obgleich es dem Geiste derselben e diametro zuwider ist, als Princip der Philosophie einen Grundsatz aufzustellen, der ein Daseyn aussagt. Daß man das absolute Seyn vom Daseyn unterschied, half sehr wenig, indem der größte Theil bei jenem Ausdruck an ein Ding an sich dachte, man mochte sich auch verwahren wie man wollte.

Von einem obersten Grundsatz der Philosophie sprechen, war nur so lange gut, als es keine Mißverständnisse veranlaßte. Wenn aber die angeblichen Beurtheiler dieser Philosophie jenen Satz für einen analytischen nahmen, der sich von selbst verstünde, und gar nichts synthetisches (keinen Gehalt) in sich hätte, so war es Zeit, ihnen zu sagen, daß für sie jener Grundsatz ein Postulat sey, dessen Sinn und Gehalt gar nicht anders, als durch die in ihm ausgedrückte ursprüngliche Construktion (Synthesis) selbst verstanden werden könne. — So war es aber. Alle öffentlichen Beurtheilungen versicherten fast einmüthig, daß jener Satz, den man an die Spitze der Philosophie stellen wolle, völlig gehaltlos sey. Einige, mit denen die philosophische Weisheit einst aussterben wird, glaubten diese Philosophie durch eine naive Frage zu entkräften, was denn jenes Ich sey, wovon sie spreche, sie sollte das erst erklären u. s. w. — Ihr klugen Leute, hätte man ihnen antworten mögen, wenn die Geometrie die Linie postulirt, erklärt sie euch etwa, was die Linie sey? — Wozu alsdann das Postuliren? Das ist ja eben, was sie will; ihr sollt erfahren, was die Linie sey, dadurch, daß ihr sie construirt. So unsere Philosophie. Wir postuliren das Ich. Auf die Frage: was es sey, wollen wir, daß ihr euch selbst antwortet. Die Antwort ist das Ich selbst; das in Euch entstehen, durch Euch construirt werden soll. Es ist nicht an irgend einem Ort außer euch, auf den man mit Fingern zeigen könnte. Construirt es und ihr werdet wissen, was es ist, denn es ist gar nichts anderes, als was ihr construirt. — Nicht mit diesen Worten, aber mit ähnlichen, antwortete ich einem Kritiker, der auch jenen Grundsatz als den Knäuel ansah, wovon man die Philosophie abwinden wolle[1]. Dieß war kein Wunder nach den Begriffen, die über das Wesen eines ersten Grundsatzes in der Philosophie allgemein verbreitet worden waren. Auch erklärte er offenherzig, daß ihm das Ich ganz und gar nichts sey; was ich ihm gerne glaubte. Hierauf erklärte ich: es ist von keinem Reinholdischen Grundsatz die Rede, die Philosophie soll überhaupt von keinem Grundsatze ausgehn; jenes Princip ist in Bezug auf dich, der es beurtheilen will, ein Postulat, das du nicht verstehen lernst, dadurch, daß du es, ohne dich dabei zu rühren, schwarz auf weiß siehst. Durch den Strich an der Tafel lernst du nicht die Linie verstehen, sondern umgekehrt durch die Linie den Strich. So erfährst du, was das Ich sey, nicht durch den Grundsatz, sondern umgekehrt, was der Grundsatz bedeute, muß dir das Ich in dir sagen u. s. w. Wundershalber muß ich doch erzählen, welche Fata diese unbedeutende Erklärung (einer Sache, die sich eigentlich von selbst versteht) gehabt hat. Einige gute Freunde wünschten mir Glück, daß ich die dürren Haiden der Spekulation verlassen habe[2]. Neuerdings aber ist ein Anderer[3] über dieses Unterfangen (als Princip der Philosophie ein Postulat aufzustellen) höchlich verwundert, nicht etwa, als ob es etwas an sich Verwunderliches wäre, sondern — weil der Verfasser ein Freund der Wissenschaftslehre

[1] oder als den Spinnenleib, woraus die Fäden dieses neuen Gewebes analytisch hervorgehen sollten. Zusatz der ersten Auflage.

[2] und jetzt ohne Zweifel die wasserreichen Triften ihrer Moralphilosophie bearbeiten werde. (Zusatz der ersten Auflage.)

[3] Der mir unbekannte Verfasser der Apologie &c., welche im 7ten Hefte des Philosophischen Journals (1797) zu lesen ist.

seyl![1] Fängt denn also das Buchstabenwesen auch hier schon an? Ueberdieß würde dieser glaubwürdige Zeuge ohne allen Zweifel von dem Urheber der Wissenschaftslehre selbst es hören können, daß, wenn er von einem obersten Grundsatz der Philosophie gesprochen hat, er denselben doch nicht anders, als wie ein Postulat angesehen wissen wolle[2].

Soll ich vermuthen, woher das Mißverständniß rührt? — Diese guten Freunde haben bei Kant von Postulaten der praktischen Vernunft gelesen. Andere gibt es nun nicht für sie. Es ist zu wünschen, daß sie nicht einmal über einen Euklid kommen, sonst möchten sie beweisen, daß dieser bereits die Geometrie sogar auf den Primat der praktischen Vernunft gegründet habe. — Was übrigens jene Postulate der praktischen Vernunft selbst betrifft, so werden sie, denke ich, ihre Rolle in der Philosophie am längsten gespielt haben. Postulat bedeutet die Forderung einer ursprünglichen (transscendentalen) Construktion. Gott aber und Unsterblichkeit sind keine Gegenstände einer ursprünglichen Construktion. In der praktischen Philosophie gibt es nur Gebote. Diese, insofern ihr Objekt unendlich ist, und in einer empirischen Unendlichkeit, unter empirischen Bedingungen realisirt werden soll, werden zu Aufgaben, und zwar zu unendlichen Aufgaben. Sie deßhalb Postulate nennen, ist nicht viel besser, als wenn man unendliche Aufgaben in der Mathematik so nennen wollte. — Jede Irrationalzahl in der Mathematik bedeutet eigentlich nichts, als die Aufgabe, sich dieser Zahl ins Unendliche fort anzunähern. Deßwegen aber leugnen, daß z. B. $\sqrt{3}$ eine wirkliche Zahl sey, ist widersinnig, sie ist nur eine Zahl, die in der

[1] Da mir Postulat gerade ebendasselbe heißt, was der Apologist unter einem Princip meint, das theoretisch und praktisch zugleich seyn soll (man vergleiche was ich im voranstehenden Aufsatz darüber gesagt habe), so kann der Grund seines Anstoßes nur darin liegen, daß er das Wort Postulat — in der Wissenschaftslehre nicht gelesen hat.

[2] — Ich weiß das, weil es so seyn muß und nicht anders seyn kann. (Zusatz der ersten Auflage.)

Unendlichkeit liegt. So sind in der Philosophie Gott und Unsterblichkeit unendliche Aufgaben. Deßwegen aber, weil ihr Objekt in keiner Zeit erreichbar ist (durch keine Einheit oder Theile einer Einheit gemessen werden kann), ihnen alle Realität absprechen, ist widersinnig, da dieses Objekt allerdings in der Zeit, nur in einer unendlichen Zeit, liegt, jede mögliche Gegenwart aber selbst als zu dieser Unendlichkeit gehörig betrachtet werden muß. Was an jenen unendlichen Größen rational ist, d. h. was wir davon verstehen (ermessen) können, liegt in jeder Gegenwart, was daran irrational ist allein (was nicht zum gegenwärtigen praktischen Vernunftgebrauch gehört), liegt in der Unendlichkeit.

Einleitung zu:

Ideen

zu einer

Philosophie der Natur

als

Einleitung in das Studium dieser Wissenschaft.

1797.

Zweite Auflage 1803.

Uebersicht.

Einleitung.

Was Philosophie überhaupt sey, läßt sich nicht so unmittelbar beantworten. Wäre es so leicht, über einen bestimmten Begriff von Philosophie übereinzukommen, so brauchte man nur diesen Begriff zu analysiren, um sich sogleich im Besitz einer allgemeingültigen Philosophie zu sehen. Die Sache ist diese. Philosophie ist nicht etwas, was unserm Geiste ohne sein Zuthun, ursprünglich und von Natur beiwohnt. Sie ist durchaus ein Werk der Freiheit. Sie ist jedem nur das, wozu er sie selbst gemacht hat; und darum ist auch die Idee von Philosophie nur das Resultat der Philosophie selbst, welche als eine unendliche Wissenschaft zugleich die Wissenschaft von sich selbst ist[1].

Anstatt also einen beliebigen Begriff von Philosophie überhaupt, oder von Philosophie der Natur insbesondere, vorauszuschicken, um ihn nachher in seine Theile aufzulösen, werde ich mich bestreben, einen solchen Begriff selbst erst vor den Augen des Lesers *entstehen* zu lassen.

Indeß, da man doch von irgend etwas ausgehen muß, setze ich indeß voraus, eine Philosophie der Natur *solle* die Möglichkeit einer Natur d. h. der gesammten Erfahrungswelt aus Principien ableiten. Diesen Begriff aber werde ich nicht analytisch behandeln, oder ihn als richtig voraussetzen und Folgerungen aus ihm herleiten, sondern vor allen Dingen untersuchen, ob ihm überhaupt Realität zukomme, und ob er etwas ausdrücke, das sich auch *ausführen* läßt.

[1] Erste Auflage: die Idee von Philosophie nur das Resultat der Philosophie selbst, eine allgemeingültige Philosophie aber ein ruhmloses Hirngespinnst.

Ueber die Probleme, welche eine Philosophie der Natur zu lösen hat.

Wer in Erforschung der Natur und im bloßen Genuß ihres Reichthums begriffen ist, der fragt nicht, ob eine Natur und eine Erfahrung möglich sey. Genug, sie ist für ihn da; er hat sie durch die That selbst wirklich gemacht, und die Frage, was möglich ist, macht nur der, der die Wirklichkeit nicht in seiner Hand zu halten glaubt. Ganze Zeitalter sind über Erforschung der Natur verflossen, und noch ist man ihrer nicht müde. Einzelne haben in dieser Beschäftigung ihr Leben hingebracht und nicht aufgehört auch die verschleierte Göttin anzubeten. Große Geister haben, unbekümmert um die Principien ihrer Erfindungen, in ihrer eigenen Welt gelebt, und was ist der ganze Ruhm des scharfsinnigsten Zweiflers gegen das Leben eines Mannes, der eine Welt in seinem Kopfe und die ganze Natur in seiner Einbildungskraft trug?

Wie eine Welt außer uns, wie eine Natur und mit ihr Erfahrung möglich sey, diese Frage verdanken wir der Philosophie, oder vielmehr mit dieser Frage entstand Philosophie. Vorher hatten die Menschen im (philosophischen) Naturstande gelebt. Damals war der Mensch noch einig mit sich selbst und der ihn umgebenden Welt. In dunkeln Rückerinnerungen schwebt dieser Zustand auch dem verirrtesten Denker noch vor. Viele verließen ihn niemals und wären glücklich in sich selbst, wenn sie nicht das leidige Beispiel verführte; denn freiwillig entläßt die Natur keinen aus ihrer Vormundschaft, und es gibt keine geborenen Söhne der Freiheit[1]. Es wäre auch nicht zu begreifen, wie der Mensch je jenen Zustand verlassen hätte, wüßten wir nicht, daß sein Geist, dessen Element Freiheit ist, sich selbst frei zu machen strebt, sich den Fesseln der Natur und ihrer Vorsorge entwinden und dem ungewissen Schicksal

[1] Die größten Philosophen waren immer die Ersten, die dahin zurückkehrten, und Sokrates, nachdem er (wie Platon erzählt) die Nacht hindurch, in Spekulationen versunken, gestanden hatte, betete früh die aufgehende Sonne an (Zusatz der ersten Auflage).

seiner eigenen Kräfte überlassen mußte, um einst als Sieger und durch eigenes Verdienst in jenen Zustand zurückzukehren, in welchem er, unwissend über sich selbst, die Kindheit seiner Vernunft verlebte.

Sobald der Mensch sich selbst mit der äußeren Welt in Widerspruch setzt (wie er das thut, davon späterhin), ist der erste Schritt zur Philosophie geschehen. Mit jener Trennung zuerst beginnt Reflexion[1]; von nun an trennt er was die Natur auf immer vereinigt hatte, trennt den Gegenstand von der Anschauung, den Begriff vom Bilde, endlich (indem er sein eigenes Objekt wird) sich selbst von sich selbst.

Aber diese Trennung ist nur Mittel, nicht Zweck. Denn das Wesen des Menschen ist Handeln. Je weniger er aber über sich selbst reflektirt, desto thätiger ist er. Seine edelste Thätigkeit ist die, die sich selbst nicht kennt. Sobald er sich selbst zum Objekt macht, handelt nicht mehr der ganze Mensch, er hat einen Theil seiner Thätigkeit aufgehoben, um über den andern reflektiren zu können. Der Mensch ist nicht geboren, um im Kampf gegen das Hirngespinnst einer eingebildeten Welt seine Geisteskraft zu verschwenden, sondern einer Welt gegenüber, die auf ihn Einfluß hat, ihre Macht ihn empfinden läßt, und auf die er zurückwirken kann, alle seine Kräfte zu üben; zwischen ihm und der Welt also muß keine Kluft befestigt, zwischen beiden muß Berührung und Wechselwirkung möglich seyn, denn so nur wird der Mensch zum Menschen. Ursprünglich ist im Menschen ein absolutes Gleichgewicht der Kräfte und des Bewußtseyns. Aber er kann dieses Gleichgewicht durch Freiheit aufheben, um es durch Freiheit wieder herzustellen. Aber nur im Gleichgewicht der Kräfte ist Gesundheit.

Die bloße Reflexion also ist eine Geisteskrankheit des Menschen, noch dazu, wo sie sich in Herrschaft über den ganzen Menschen setzt, diejenige, welche sein höheres Daseyn im Keim, sein geistiges Leben, welches nur aus der Identität hervorgeht, in der Wurzel tödtet. Sie ist ein Uebel, das den Menschen selbst ins Leben begleitet und auch für die gemeineren Gegenstände der Betrachtung alle Anschauung in ihm

[1] Hier und auf den folgenden Seiten, so wie auch später noch, stand in der ersten Auflage „Spekulation“ statt „Reflexion“, „spekuliren“ statt „reflektiren“.

zerstört. Ihr zertrennendes Geschäft erstreckt sich aber nicht nur auf die erscheinende Welt; indem sie von dieser das geistige Princip trennt, erfüllt sie die intellektuelle Welt mit Chimären, gegen welche, weil sie jenseits aller Vernunft liegen, selbst kein Krieg möglich ist. Sie macht jene Trennung zwischen dem Menschen und der Welt permanent, indem sie die letzte als ein Ding an sich betrachtet, das weder Anschauung noch Einbildungskraft, weder Verstand noch Vernunft zu erreichen vermag[1].

Ihr entgegen steht die wahre Philosophie, die Reflexion überhaupt als bloßes Mittel betrachtet. Die Philosophie muß jene ursprüngliche Trennung voraussetzen, denn ohne sie hätten wir kein Bedürfniß, zu philosophiren.

Darum eignet sie der Reflexion nur negativen Werth zu. Sie geht von jener ursprünglichen Trennung aus, um durch Freiheit wieder zu vereinigen, was im menschlichen Geiste ursprünglich und nothwendig vereinigt war, d. h. um jene Trennung auf immer aufzuheben. Und da sie, inwieweit sie selbst nur durch jene Trennung nothwendig gemacht — selbst nur ein nothwendiges Uebel — eine Disciplin der verirrten Vernunft war — so arbeitet sie in diesem Betracht zu ihrer eigenen Vernichtung. Derjenige Philosoph, der seine Lebenszeit oder einen Theil derselben dazu angewendet hätte, der Reflexionsphilosophie in ihre

[1] Der letzte Passus lautet in der ersten Auflage: Die bloße Spekulation also ist eine Geisteskrankheit des Menschen, noch dazu die gefährlichste von allen, die den Keim seiner Existenz tödtet, die Wurzel seines Daseyns ausrottet. Sie ist ein Plagegeist, der, wo er einmal übermächtig geworden ist, nicht mehr — nicht durch die Reize der Natur (denn was vermögen diese auf eine erstorbene Seele?) — nicht durch das Geräusch des Lebens — zu vertreiben ist.

Scandit aeratas vitiosa naves
Cura nec turmas equitum relinquit.

Gegen eine Philosophie, die Spekulation nicht zum Mittel, sondern zum Zweck macht, ist jede Waffe gerecht. Denn sie peinigt die menschliche Vernunft mit Chimären, gegen welche, weil sie jenseits aller Vernunft liegen, selbst kein Krieg möglich ist. Sie macht jene Trennung zwischen dem Menschen und der Welt permanent, indem sie die letzte als ein Ding an sich betrachtet, das weder Anschauung noch Einbildungskraft, weder Verstand noch Vernunft zu erreichen vermag. (Erste Auflage.)

endlose Entzweiung zu folgen, um sie in ihren letzten Verzweigungen aufzuheben, erwürbe sich durch dieses Verdienst, das, wenn es auch negativ bliebe, den höchsten andern gleich geachtet werden dürfte, die würdigste Stelle, gesetzt, daß er auch nicht selbst den Genuß haben sollte die Philosophie in ihrer absoluten Gestalt aus den Zerreißungen der Reflexion für sich selbst aufleben zu sehen[1]. — Der einfachste Ausdruck verwickelter Probleme ist immer der beste. Wer zuerst darauf achtete, daß er sich selbst von äußeren Dingen, daß er somit seine Vorstellungen von den Gegenständen, und umgekehrt, diese von jenen unterscheiden konnte, war der erste Philosoph. Er unterbrach zuerst den Mechanismus seines Denkens, hob das Gleichgewicht des Bewußtseyns auf, in welchem Subjekt und Objekt innigst vereinigt sind.

Indem ich den Gegenstand vorstelle, ist Gegenstand und Vorstellung eins und dasselbe. Und nur in dieser Unfähigkeit, den Gegenstand während der Vorstellung selbst von der Vorstellung zu unterscheiden, liegt für den gemeinen Verstand die Ueberzeugung von der Realität äußerer Dinge, die doch nur durch Vorstellungen ihm kund werden.

Diese Identität des Gegenstandes und der Vorstellung hebt nun der Philosoph auf, indem er fragt: Wie entstehen Vorstellungen äußerer Dinge in uns? Durch diese Frage versetzen wir die Dinge *außer* uns, setzen sie voraus als unabhängig von unsern Vorstellungen. Gleichwohl soll zwischen ihnen und unsern Vorstellungen Zusammenhang seyn. Nun kennen wir aber keinen *realen* Zusammenhang *verschiedener* Dinge, als den von *Ursache* und *Wirkung*. Also ist auch der erste Versuch der Philosophie der: Gegenstand und Vorstellung ins Verhältniß der Ursache und Wirkung zu setzen.

[1] Der Philosoph, der seine Lebenszeit oder einen Theil derselben dazu anwendet, der spekulativen Philosophie in ihre bodenlosen Abgründe zu folgen, um dort ihr letztes Fundament zu untergraben, bringt der Menschheit ein Opfer, das, weil es Aufopferung des Edelsten ist, was er hat, vielleicht den meisten andern gleichgeachtet werden darf. Glücklich genug, wenn er die Philosophie so weit bringt, daß auch das letzte Bedürfniß derselben, als einer besonderen Wissenschaft, und damit sein eigener Name auf immer aus dem Gedächtniß der Menschen verschwindet. (Erste Auflage.)

Nun haben wir aber ausdrücklich Dinge als unabhängig von uns gesetzt. Uns dagegen fühlen wir als abhängig von den Gegenständen. Denn unsere Vorstellung ist selbst nur reell, insofern wir genöthigt sind, zwischen ihr und den Dingen Uebereinstimmung anzunehmen. Also können wir die Dinge nicht zu Wirkungen unserer Vorstellungen machen. Es bleibt daher nichts übrig als die Vorstellungen von den Dingen abhängig zu machen, diese als Ursachen, jene als Wirkungen zu betrachten.

Nun kann man aber auf den ersten Blick einsehen, daß wir mit diesem Versuch eigentlich nicht erreichen, was wir wollten. Wir wollten erklären, wie es komme, daß in uns Gegenstand und Vorstellung unzertrennlich vereinigt sind. Denn nur in dieser Vereinigung liegt die Realität unseres Wissens von äußeren Dingen. Und eben diese Realität soll der Philosoph darthun. Allein wenn die Dinge Ursachen der Vorstellungen sind, so gehen sie den Vorstellungen voran. Dadurch aber wird die Trennung zwischen beiden permanent. Wir aber wollten, nachdem wir Objekt und Vorstellung durch Freiheit getrennt hatten, beide wieder durch Freiheit vereinigen, wollten wissen, daß und warum zwischen beiden ursprünglich keine Trennung ist.

Ferner, wir kennen die Dinge nur durch und in unsern Vorstellungen. Was sie also sind, inwiefern sie unserer Vorstellung vorangehen, also nicht vorgestellt werden, davon haben wir gar keinen Begriff.

Ferner, indem ich frage: wie kommt es, daß ich vorstelle, erhebe ich mich selbst über die Vorstellung; ich werde durch diese Frage selbst zu einem Wesen, das in Ansehung alles Vorstellens sich ursprünglich frei fühlt, das die Vorstellung selbst und den ganzen Zusammenhang seiner Vorstellungen unter sich erblickt. Durch diese Frage selbst werde ich ein Wesen, das, unabhängig von äußeren Dingen, ein Seyn in sich selbst hat.

Also trete ich mit dieser Frage selbst aus der Reihe meiner Vorstellungen heraus, sage mich los vom Zusammenhang mit den Dingen, trete auf einen Standpunkt, wo mich keine äußere Macht mehr erreicht; jetzt zuerst scheiden sich die zwei feindlichen Wesen Geist und Materie.

Beide versetze ich in verschiedene Welten, zwischen welchen kein Zusammenhang mehr möglich ist. Indem ich aus der Reihe meiner Vorstellungen trete, sind selbst Ursache und Wirkung Begriffe, die ich unter mir erblicke. Denn beide entstehen selbst nur in der nothwendigen Succession meiner Vorstellungen, von der ich mich losgesagt habe. Wie kann ich mich also diesen Begriffen selbst wieder unterwerfen, und Dinge außer mir auf mich einwirken lassen[1]?

Oder laßt uns den umgekehrten Versuch machen, laßt äußere Dinge auf uns einwirken, und nun erklären, wie wir dessenungeachtet zu der Frage kommen, wie Vorstellungen in uns möglich sind?

Zwar ist es gar nicht zu begreifen, wie Dinge auf mich (ein freies Wesen) wirken. Ich begreife nur, wie Dinge auf Dinge wirken. Insofern ich aber frei bin (und ich bin es, indem ich mich über den Zusammenhang der Dinge erhebe und frage, wie dieser Zusammenhang selbst möglich geworden) — bin ich gar kein Ding, kein Objekt. Ich lebe in einer ganz eignen Welt, bin ein Wesen, das nicht für andere Wesen, sondern für sich selbst da ist. In mir kann nur That und Handlung seyn; von mir können nur Wirkungen ausgehen, es kann kein Leiden in mir seyn; denn Leiden ist nur da, wo Wirkung und Gegenwirkung ist, und diese ist nur im Zusammenhange der Dinge, über den ich mich selbst erhoben habe. Allein es sey so, ich sey ein Ding, das selbst in der Reihe der Ursachen und Wirkungen mit begriffen ist, sey selbst zusammt dem ganzen System meiner Vorstellungen ein bloßes Resultat der mannichfaltigen Einwirkungen, die auf mich von außen geschehen, kurz, ich sey selbst ein bloßes Werk des Mechanismus. Aber was im Mechanismus begriffen ist, kann nicht aus demselben heraustreten und fragen: wie ist dieses Ganze möglich geworden; hier, mitten in der Reihe der Erscheinungen hat ihm absolute Nothwendigkeit seine Stelle angewiesen;

[1] Dieß haben gleich Anfangs einige scharfsinnige Männer der Kantischen Philosophie entgegengesetzt. Diese Philosophie läßt alle Begriffe von Ursache und Wirkung nur in unserem Gemüth, in unseren Vorstellungen entstehen, und doch die Vorstellungen selbst wieder, nach dem Gesetz der Causalität, durch äußere Dinge in mir bewirken. Man wollte es damals nicht hören; wird es aber nun doch hören müssen.

verläßt es diese Stelle, so ist es nicht mehr dieses Wesen, man begreift nicht, wie noch irgend eine äußere Ursache auf dieses selbständige, in sich selbst ganze und vollendete Wesen einwirken kann.

Man muß also jener Frage selbst, mit der alle Philosophie beginnt, *fähig* seyn, um philosophiren zu können. Diese Frage ist nicht eine solche, die man ohne eignes Zuthun andern nachsprechen kann. Sie ist ein freihervorgebrachtes, selbst aufgegebenes Problem. *Daß* ich diese Frage aufzuwerfen fähig bin, ist Beweis genug, daß ich als dieser von äußeren Dingen unabhängig bin; denn wie hätte ich sonst fragen können, wie diese Dinge selbst *für mich*, in meiner Vorstellung möglich sind. Man sollte also denken, daß, wer nur diese Frage aufwirft, ebendamit darauf Verzicht thut, seine Vorstellungen durch Einwirkung äußerer Dinge zu erklären. Allein diese Frage ist unter Leute gekommen, die sie sich selbst aufzugeben völlig unfähig waren. Indem sie in ihren Mund überging, nahm sie auch einen andern Sinn an, oder vielmehr sie verlor allen Sinn und Bedeutung. *Sie* sind Wesen, die sich gar nicht anders kennen, als inwiefern Gesetze von Ursache und Wirkung über sie schalten und walten. *Ich*, indem ich jene Frage aufwerfe, habe mich über diese Gesetze erhoben. *Sie* sind im Mechanismus ihres Denkens und Vorstellens begriffen; *ich* habe diesen Mechanismus durchbrochen. Wie wollen sie mich verstehen?

Wer für sich selbst nichts ist als das, was Dinge und Umstände aus ihm gemacht haben; wer ohne Gewalt über seine eigenen Vorstellungen vom Strom der Ursachen und Wirkungen ergriffen mit fortgerissen wird, wie will doch der wissen, woher er kommt, wohin er geht und wie er das geworden ist, was er ist? Weiß es denn die Woge, die im Strome daher treibt? Er hat nicht einmal das Recht, zu sagen, er sey ein Resultat der Zusammenwirkung äußerer Dinge; denn um dieß sagen zu können, muß er voraussetzen, daß er sich *selbst* kenne, daß er also auch etwas *für sich selbst* sey. Dieß ist er aber nicht. Er ist nur für andere vernünftige Wesen — nicht für sich selbst da, ist ein bloßes *Objekt* in der Welt, und es ist nützlich für ihn und die Wissenschaft, daß er nie von etwas anderem höre, noch etwas anderes sich einbilde.

Von jeher haben die alltäglichsten Menschen die größten Philosophen widerlegt, mit Dingen, die selbst Kindern und Unmündigen begreiflich sind. Man hört, liest und staunt, daß so großen Männern so gemeine Dinge unbekannt waren und daß so anerkannt-kleine Menschen sie meistern konnten. Kein Mensch denkt daran, daß sie vielleicht all das auch gewußt haben; denn wie hätten sie sonst gegen den Strom von Evidenz schwimmen können? Viele sind überzeugt, daß Plato, wenn er nur Locke lesen könnte, beschämt von dannen ginge; mancher glaubt, daß selbst Leibniz, wenn er von den Todten auferstünde, um eine Stunde lang bei ihm in die Schule zu gehen, bekehrt würde, und wie viele Unmündige haben nicht über Spinozas Grabhügel Triumphlieder angestimmt? —

Was war es doch, fragt ihr, was alle diese Männer antrieb, die gemeinen Vorstellungsarten ihres Zeitalters zu verlassen und Systeme zu erfinden, die allem entgegen sind, was die große Menge von jeher geglaubt und sich eingebildet hat? Es war ein freier Schwung, der sie in ein Gebiet erhob, wo ihr auch ihre Aufgaben nicht mehr versteht, so wie ihnen dagegen manches unbegreiflich wurde, was euch höchst einfach und begreiflich scheint[1].

Es war ihnen unmöglich, Dinge zu verbinden und in Berührung zu bringen, die in euch Natur und Mechanismus auf immer vereinigt hat. Sie waren gleich unfähig, die Welt außer ihnen, oder, daß ein Geist in ihnen sey, abzuleugnen, und doch schien zwischen beiden kein Zusammenhang möglich. — Euch, wenn ihr ja jene Probleme denkt, kommt es nicht darauf an, die Welt in ein Spiel von Begriffen oder den Geist in euch in einen todten Spiegel der Dinge zu verwandeln[2].

Lange schon hatte sich der menschliche Geist (noch jugendlich kräftig und von den Göttern her frisch) in Mythologien und Dichtungen über den Ursprung der Welt verloren, Religionen ganzer Völker waren auf jenen Streit zwischen Geist und Materie gegründet, ehe ein glücklicher

[1] Es war ein freier Schwung, den sie sich *selbst* gaben, und der sie dahin erhob, wohin die bleiernen Flügel eurer Einbildungskraft euch nicht zu tragen vermögen. Nachdem sie so sich selbst über den Naturlauf erhoben hatten, wurde ihnen manches unbegreiflich, was euch so begreiflich ist. (Erste Auflage.)

[2] in Materie zu verwandeln (Erste Auflage).

Genius — der erste Philosoph — die Begriffe fand, an welchen alle folgende Zeitalter die beiden Enden unsers Wissens auffaßten und festhielten. Die größten Denker des Alterthums wagten sich nicht über jenen Gegensatz hinaus. Plato noch stellt die Materie als ein anderes[1] Gott gegenüber. Der erste, der Geist und Materie mit vollem Bewußtseyn als Eines, Gedanke und Ausdehnung nur als Modifikationen desselben Princips ansah, war Spinoza. Sein System war der erste kühne Entwurf einer schöpferischen Einbildungskraft, der in der Idee des Unendlichen, rein als solchen, unmittelbar das Endliche begriff und dieses nur in jenem erkannte[2]. Leibniz kam und ging den entgegengesetzten Weg. Die Zeit ist gekommen, da man seine Philosophie wiederherstellen kann. Sein Geist verschmähte die Fesseln der Schule; kein Wunder, daß er unter uns nur in wenigen verwandten Geistern fortgelebt hat und unter den übrigen längst ein Fremdling geworden ist. Er gehörte zu den Wenigen, die auch die Wissenschaft als freies Werk behandeln[3]. Er hatte in sich den allgemeinen Geist der Welt, der in den mannichfaltigsten Formen sich selbst offenbart und wo er hinkommt, Leben verbreitet. Doppelt unerträglich ist es daher, daß man jetzt erst für seine Philosophie die rechten Worte gefunden haben will, und daß die Kantische Schule ihm ihre Erdichtungen aufdringt — ihn Dinge sagen läßt, von denen allen er gerade das Gegentheil gelehrt hat. Leibniz konnte von nichts weiter entfernt seyn, als von dem spekulativen Hirngespinnst einer Welt von Dingen an sich, die, von keinem Geiste erkannt und angeschaut, doch auf uns wirkt und alle Vorstellungen in uns hervorbringt. Der erste Gedanke, von dem er ausging, war: „daß die Vorstellungen von äußern Dingen in der Seele kraft ihrer eigenen Gesetze wie in einer besondern Welt entstünden, als wenn nichts als Gott (das Unendliche) und die Seele (die Anschauung des Unendlichen) vorhanden wären." — Er behauptete in seinen letzten

[1] als ein selbständiges Wesen (Erste Auflage).

[2] einer schöpferischen Einbildungskraft, die vom Unendlichen in der Idee zum Endlichen in der Anschauung überging (Erste Auflage).

[3] die alles, und die Wahrheit selbst unter sich erblicken (Erste Auflage).

Schriften noch die absolute Unmöglichkeit, daß eine äußere Ursache auf das Innere eines Geistes wirke; behauptete, daß sonach alle Veränderungen, aller Wechsel von Perceptionen und Vorstellungen in einem Geiste nur aus einem innern Princip hervorgehen könne. Als Leibniz dieß sagte, sprach er zu Philosophen. Heutzutage haben sich Leute zum Philosophiren gedrungen, die für alles andere, nur für Philosophie nicht, Sinn haben. Daher, wenn unter uns gesagt wird, daß keine Vorstellung in uns durch äußere Einwirkung entstehen könne, des Anstaunens kein Ende ist. Jetzt gilt es für Philosophie, zu glauben, daß die Monaden Fenster haben, durch welche die Dinge hinein und heraus steigen[1].

Es ist gar wohl möglich, auch den entschiedensten Anhänger der Dinge an sich als des Bewirkenden der Vorstellungen durch Fragen aller Art in die Enge zu treiben. Man kann ihm sagen: ich verstehe, wie Materie auf Materie wirkt, nicht aber, weder wie ein An-sich auf das andre wirkt, da im Reiche des Intelligibeln keine Ursache und keine Wirkung seyn kann, noch wie dieses Gesetz von einer Welt in eine von ihr ganz verschiedene, ja ihr entgegengesetzte, reicht[2]: du müßtest also, wenn ich von äußern Eindrücken abhängig bin, gestehen, daß ich selbst nichts mehr bin, als Materie, ein optisches Glas etwa, in dem sich der Lichtstrahl der Welt bricht. Aber das optische Glas sieht nicht selbst, es ist nur Mittel in der Hand des Vernünftigen. Und was ist denn dasjenige in mir, was urtheilt, es sey ein Eindruck auf mich geschehen? Abermals ich selbst, der doch, insofern er urtheilt, nicht leidend, sondern thätig ist — also etwas in mir, das sich vom Eindruck frei fühlt und das doch um den Eindruck weiß, ihn auffaßt, ihn zum Bewußtseyn erhebt.

Ferner, während der Anschauung entsteht kein Zweifel über die Realität der äußern Anschauung. Aber nun kommt der Verstand, fängt an zu theilen und theilt ins Unendliche. Ist die Materie außer euch wirklich, so muß sie aus unendlichen Theilen bestehen. Besteht sie aus unendlich vielen Theilen, so mußte sie aus diesen Theilen zusammengesetzt werden. Allein für diese Zusammensetzung hat unsere

[1] Leibnitii Princip. Philosoph. §. 7.

[2] „nicht aber, weder wie ein An sich — reicht" fehlt in der ersten Auflage.

Einbildungskraft nur ein endliches Maß. Also müßte eine unendliche Zusammensetzung in endlicher Zeit geschehen seyn. Oder die Zusammensetzung hat irgendwo angefangen, d. h. es gibt letzte Theile der Materie, so muß ich (bei der Theilung) auf solche letzte Theile stoßen; allein ich finde immer wieder nur gleichartige Körper und komme nie weiter, als bis zu Oberflächen, das Reale scheint vor mir zu fliehen oder unter der Hand zu verschwinden, und die Materie, die erste Grundlage aller Erfahrung, wird das Wesenloseste, das wir kennen.

Oder ist dieser Widerstreit vielleicht nur da, um uns über uns selbst aufzuklären? Ist die Anschauung etwa nur ein Traum, der allen vernünftigen Wesen Realität vorspiegelt, und ist ihnen der Verstand nur dazu gegeben, sie von Zeit zu Zeit zu wecken — zu erinnern, was sie sind, damit so ihre Existenz (denn offenbar genug sind wir ja Mittelwesen) zwischen Schlaf und Wachen getheilt sey? Aber einen solchen ursprünglichen Traum begreife ich nicht. Alle Träume sind sonst doch Schatten der Wirklichkeit, „Erinnerungen aus einer Welt, die vorher da war." Wollte man annehmen, ein höheres Wesen bewirkte uns diese Schattenbilder von Wirklichkeit, so würde auch hier die Frage nach der realen Möglichkeit des Begriffs von einem solchen Verhältniß zurückkehren, (da ich in dieser Region einmal nichts kenne, was nach Ursach und Wirkung erfolgte) und da jenes doch das was es mir mittheilte aus sich selbst producirte, so wäre, vorausgesetzt, wie nothwendig ist, daß es keine transitive Wirkung auf mich haben könne, keine andre Möglichkeit als, daß ich jene Schattenbilder bloß als eine Beschränkung oder Modifikation seiner absoluten Produktivität, also innerhalb dieser Schranken immer wieder durch Produktion, erhielte[1].

Die Materie ist nicht wesenlos, sagt ihr, denn sie hat ursprüngliche Kräfte, die durch keine Theilung vernichtet werden. „Die

[1] Gesetzt auch ein höheres Wesen äffte uns mit solchen Schattenbildern, so begreife ich doch nicht, wie es auch nur ein Bild der Wirklichkeit in mir wecken konnte, ohne daß ich Wirklichkeit selbst zum voraus gekannt hätte — das ganze System ist zu abenteuerlich, als daß es irgend jemand im Ernste hätte behaupten können. (Erste Auflage.)

Materie hat Kräfte." Ich weiß, daß dieser Ausdruck sehr gewöhnlich ist. Aber wie? „die Materie hat" — hier wird sie also vorausgesetzt als etwas, das für sich und unabhängig von seinen Kräften besteht. Also wären ihr diese Kräfte nur zufällig? Weil die Materie außer euch vorhanden ist, so muß sie auch ihre Kräfte einer äußern Ursache verdanken. Sind sie ihr etwa, wie einige Newtonianer sagen, von einer höhern Hand eingepflanzt? Allein von Einwirkungen, wodurch Kräfte eingepflanzt werden, habt ihr keinen Begriff. Ihr wißt nur, wie Materie, d. h. selbst Kraft gegen Kraft wirkt; und wie auf etwas, das ursprünglich nicht Kraft ist, gewirkt werden könne, begreifen wir gar nicht. Man kann so etwas sagen, es kann von Mund zu Munde gehen, aber noch nie ist es in eines Menschen Kopf wirklich gekommen, weil kein menschlicher Kopf so etwas zu denken vermag. Also könnt ihr Materie ohne Kraft gar nicht denken.

Ferner: jene Kräfte sind Kräfte der Anziehung und Zurückstoßung. — „Anziehung und Zurückstoßung" — findet denn die im leeren Raum statt, setzt sie nicht selbst schon erfüllten Raum, d. h. Materie voraus? Also müßt ihr eingestehen, daß weder Kräfte ohne Materie, noch Materie ohne Kräfte vorstellbar ist. Nun ist aber Materie das letzte Substrat eures Erkennens, über das ihr nicht hinausgehen könnt; und da ihr jene Kräfte aus der Materie nicht erklären könnt, so könnt ihr sie überall nicht empirisch, d. h. aus etwas außer euch erklären, was ihr doch eurem Systeme gemäß thun müßtet.

Dessen ungeachtet wird in der Philosophie gefragt, wie Materie außer uns möglich sey, also auch, wie jene Kräfte außer uns möglich seyen. Man kann auf alles Philosophiren Verzicht thun (wollte Gott, es gefiele denen, die sich nicht darauf verstehen), aber wenn ihr denn philosophiren wollt, so könnt ihr jene Frage einmal nicht abweisen. Nun könnt ihr aber gar nicht verständlich machen, was eine Kraft unabhängig von euch seyn möge. Denn Kraft überhaupt kündigt sich bloß eurem Gefühl an. Aber das Gefühl allein gibt euch keine objektiven Begriffe. Gleichwohl macht ihr von jenen Kräften objektiven Gebrauch. Denn ihr erklärt die Bewegung der Weltkörper — die allgemeine

Schwere — aus Kräften der Anziehung und behauptet, in dieser Erklärung ein absolutes Princip dieser Erscheinungen zu haben. In eurem System aber gilt die Anziehungskraft für nichts mehr oder weniger als eine *physische* Ursache. Denn da die Materie unabhängig von euch außer euch da ist, so könnt ihr auch, welche Kräfte ihr zukommen, nur durch Erfahrung wissen. Als physischer Erklärungsgrund aber ist die Anziehungskraft nichts mehr und nichts weniger, als eine dunkle Qualität. Allein laßt uns erst zusehen, ob denn überhaupt empirische Principien hinreichen können, die Möglichkeit eines Weltsystems zu erklären. Die Frage verneint sich selbst; denn das letzte Wissen aus Erfahrung ist dieses, daß ein Universum existirt; dieser Satz ist die Grenze der Erfahrung selbst. Oder vielmehr, daß ein Universum existire, ist selbst nur eine *Idee*. Noch viel weniger also kann das allgemeine Gleichgewicht der Weltkräfte etwas seyn, das ihr aus Erfahrung geschöpft hättet. Denn ihr könnt diese Idee nicht einmal für das einzelne System aus der Erfahrung nehmen, wenn sie überall Idee ist; auf das Ganze übergetragen aber wird sie nur durch analogische Schlüsse: dergleichen Schlüsse aber geben nur Wahrscheinlichkeit; dagegen Ideen, wie jene eines allgemeinen Gleichgewichts, an sich selbst wahr, also Produkte von etwas, oder in etwas gegründet seyn müssen, das selbst absolut, nicht von der Erfahrung abhängig ist[1].

Also müßt ihr einräumen, daß diese Idee selbst in ein höheres Gebiet, als das der bloßen Naturwissenschaft, hinübergreift. Newton, der sich ihr nie ganz überließ, und selbst noch nach der *wirkenden Ursache der Anziehung* fragte, sah nur allzu gut, daß er an der Grenze der Natur stand und daß hier zwei Welten sich scheiden. — Selten haben große Geister zu gleicher Zeit gelebt, ohne von ganz verschiedenen Seiten her auf denselben Zweck hinzuarbeiten. Während Leibniz auf die prästabilirte Harmonie das System der Geisterwelt gründete, fand Newton im Gleichgewicht der Weltkräfte das System einer materiellen Welt. Aber wenn anders im System unsers Wissens Einheit

[1] Ideen aber wie jene eines allgemeinen Gleichgewichts, sind nur Produkte eines schöpferischen Vermögens in uns. (Erste Auflage.)

ist, und wenn es je gelingt, auch die letzten Extreme desselben zu vereinigen, so müssen wir hoffen, daß eben hier, wo Leibniz und Newton sich trennten, einst ein umfassender Geist den Mittelpunkt finden wird, um den sich das *Universum unsers Wissens* — die beiden Welten bewegen, zwischen welchen jetzt noch unser Wissen getheilt ist — und Leibnizens prästabilirte Harmonie und Newtons Gravitationssystem als ein und dasselbe oder nur als verschiedene Ansichten von einem und demselben erscheinen werden [1].

Ich gehe weiter. Die rohe Materie, d. h. die Materie, insofern sie bloß als den Raum erfüllend gedacht wird, ist nur der feste Grund und Boden, auf welchem erst das Gebäude der Natur aufgeführt wird. Die Materie soll etwas Reales seyn. Was aber real ist, läßt sich nur empfinden. Wie ist nun Empfindung in mir möglich? Daß von außen auf mich gewirkt wird, wie ihr sagt, ist nicht genug. Es muß etwas in mir seyn, das *empfindet*, und zwischen diesem und dem, was ihr außer mir voraussetzt, ist keine Berührung möglich. Oder wenn dieses Aeußere auf mich, wie Materie auf Materie, wirkt, so kann ich nur auf dieses Aeußere (etwa durch repulsive Kraft), nicht aber *auf mich selbst* zurückwirken. Und doch soll dieses geschehen; denn ich soll *empfinden*, soll diese Empfindung zum Bewußtseyn erheben.

Was ihr von der Materie empfindet, heißt ihr *Qualität*, und nur insofern sie eine bestimmte *Qualität* hat, heißt sie euch *real*. Daß sie Qualität *überhaupt* hat, ist *nothwendig*, daß sie aber diese *bestimmte* Qualität hat, erscheint euch als *zufällig*. Ist dieß, so kann die Materie überhaupt nicht eine und dieselbe Qualität haben: es muß also eine Mannichfaltigkeit von *Beschaffenheiten* geben, die ihr doch alle durch bloße Empfindung kennt. Was ist denn nun das, was die Empfindung bewirkt? Etwas *Inneres*, eine innere Beschaffenheit der Materie." Dieß sind Worte, nicht Sachen. Denn wo ist es denn dieses Innere der Materie? Ihr mögt theilen ins Unendliche und kommt doch nie weiter, als bis zu Oberflächen der Körper. Dieß alles war euch längst einleuchtend; darum habt ihr schon lange das,

[1] „und Leibnizens — erscheinen werden" fehlt in der ersten Auflage.

was bloß empfunden wird, für etwas erklärt, was bloß in eurer Empfindungsart seinen Grund hat. Allein dieß ist das Wenigste. Denn daß nichts außer euch existiren soll, das an sich süß oder sauer wäre, macht die Empfindung deßhalb noch nicht begreiflicher; denn immer nehmt ihr doch eine *Ursache* an, die, außer euch wirklich, diese Empfindung in euch bewirkt. Gesetzt aber wir räumen euch die Einwirkung von außen ein, was haben denn Farben, Gerüche u. s. w. oder die Ursachen dieser Empfindungen außer euch mit eurem Geiste gemein? Ihr untersucht wohl sehr scharfsinnig, wie das Licht, von den Körpern zurückgestrahlt, auf eure Sehnerven wirkt, auch wohl, wie das verkehrte Bild auf der Netzhaut in eurer Seele doch nicht verkehrt, sondern gerade erscheint. Aber was ist denn dasjenige in euch, was dieses Bild auf der Netzhaut selbst wieder sieht und untersucht, wie es wohl in die Seele gekommen seyn möge? Offenbar etwas, das insofern vom äußern Eindruck völlig unabhängig ist, und dem doch dieser Eindruck nicht unbekannt ist. Wie kam also der Eindruck bis in *diese* Gegend eurer Seele, in der ihr euch völlig frei und von Eindrücken unabhängig fühlt? Mögt ihr doch zwischen die Affektion eurer Nerven, eures Gehirns u. s. w. und die Vorstellung eines äußern Dinges noch so viele Zwischenglieder einschieben, ihr täuscht nur euch selbst; denn der Uebergang vom Körper zur Seele kann nach euern eigenen Vorstellungen nicht continuirlich, sondern nur durch einen Sprung geschehen, den ihr doch vermeiden zu wollen vorgebt.

Ferner, eine Masse wirkt auf die andere vermöge ihrer bloßen Bewegung (durch Undurchdringlichkeit), dieß heißt ihr Stoß oder *mechanische* Bewegung.

Oder eine Materie wirkt auf die andere ohne Bedingung einer zuvor erhaltenen Bewegung, so daß Bewegung aus Ruhe hervorgeht[1]: durch Anziehung, und dieß heißt ihr *Schwere*.

Ihr denkt euch die Materie als *träg*, d. h. als etwas, das sich nicht selbstthätig bewegt, sondern nur durch äußere Ursache bewegt werden kann.

[1] „ohne Bedingung — hervorgeht" fehlt in der ersten Auflage.

Ferner, die Schwere, welche ihr den Körpern zuschreibt, setzt ihr als specifisches Gewicht der Quantität der Materie (ohne Rücksicht auf das Volumen) gleich[1].

Nun findet ihr aber, daß ein Körper dem andern Bewegung mittheilen kann, ohne doch selbst bewegt zu seyn, d. h. ohne durch Stoß auf ihn zu wirken.

Ihr bemerkt ferner, daß zwei Körper sich wechselseitig anziehen können schlechterdings unabhängig vom Verhältniß ihrer Masse, d. h. unabhängig von den Gesetzen der Schwere.

Ihr nehmt also an, der Grund dieser Anziehung könne weder in der Schwere, noch auf der Oberfläche des auf solche Art bewegten Körpers gesucht werden, der Grund müsse ein innerer seyn und von der Qualität des Körpers abhängen. Allein ihr habt noch nie erklärt, was ihr unter dem Innern eines Körpers versteht. Ferner, es ist erwiesen, daß Qualität bloß in Bezug auf eure Empfindung gilt. Hier aber ist nicht von eurer Empfindung, sondern von einem objektiven Faktum die Rede, das außer euch vorgeht, das ihr mit euern Sinnen auffaßt und das euer Verstand in verständliche Begriffe übersetzen will. Gesetzt nun wir räumen ein, Qualität sey etwas, das nicht bloß in eurer Empfindung, sondern im Körper außer euch einen Grund hat, was heißen denn nun die Worte: ein Körper zieht den andern an vermöge seiner Qualitäten? Denn was an dieser Anziehung real ist, d. h. was ihr anzuschauen vermögt, ist bloß — die Bewegung des Körpers. Bewegung ist aber eine rein mathematische Größe, und kann rein phoronomisch bestimmt werden. Wie hängt denn nun diese äußere Bewegung mit einer innern Qualität zusammen? Ihr entlehnt bildliche Ausdrücke, die von lebendigen Wesen hergenommen sind, z. B. Verwandtschaft. Aber ihr würdet sehr verlegen seyn, dieses Bild in einen verständlichen Begriff zu verwandeln. Ferner, ihr häuft Grundstoffe auf Grundstoffe: diese aber sind nichts anders, als eben so viele Asyle eurer Unwissenheit. Denn was denkt ihr euch unter ihnen? Nicht die

[1] Ferner den Körpern kommt zu spezifische Schwere, d. h. die Quantität der Anziehung ist gleich der Quantität der Materie (ohne Rücksicht auf ihr Volumen). Erste Aufl.

Materie selbst, z. B. die Kohle, sondern etwas, das in dieser Materie noch enthalten, gleichsam verborgen ist, und ihr erst diese Qualitäten mittheilt. Aber wo im Körper ist denn dieser Grundstoff? Hat ihn je einer durch Theilung oder Scheidung gefunden? Nicht einen dieser Stoffe konntet ihr bis jetzt sinnlich darstellen. Gesetzt aber, wir räumen ihre Existenz ein, was ist damit gewonnen? Ist etwa dadurch die Qualität der Materie erklärt? Ich schließe so: Entweder kommt den Grundstoffen selbst die Qualität zu, die sie den Körpern mittheilen, oder nicht. Im erstern Falle habt ihr nichts erklärt, denn eben das war die Frage, wie Qualitäten entstehen? Im andern Falle ist wiederum nichts erklärt, denn wie ein Körper (mechanisch) auf den andern stoßen und so ihm Bewegung mittheilen könne, verstehe ich; wie aber ein von Qualitäten völlig entblößter Körper einem andern Qualität mittheilen könne, dieß versteht niemand, und niemand wird es verständlich machen. Denn überhaupt ist Qualität etwas, wovon ihr bis jetzt keinen objektiven Begriff zu geben im Stande waret, und wovon ihr doch (in der Chemie wenigstens) objektiven Gebrauch macht.

Dieß sind die Elemente unsers empirischen Wissens. Denn, wenn wir einmal Materie und mit ihr Kräfte der Anziehung und Zurückstoßung, ferner eine unendliche Mannichfaltigkeit von Materien, die sich alle durch Qualitäten von einander unterscheiden, voraussetzen dürfen, so haben wir, nach Anleitung der Kategorientafel,

1. quantitative Bewegung, die einzig der Quantität der Materie proportional ist: Schwere;

2. qualitative Bewegung, die den innern Beschaffenheiten der Materie gemäß ist — chemische Bewegung;

3. relative Bewegung, die den Körpern durch Einwirkung von außen (durch Stoß) mitgetheilt wird — mechanische Bewegung.

Diese drei möglichen Bewegungen sind es, aus welchen die Naturlehre ihr ganzes System entstehen und werden läßt.

Der Theil der Physik, welcher sich mit der ersten beschäftigt, heißt Statik. Der, welcher sich mit der dritten beschäftigt, heißt Mechanik. Dieß ist der Haupttheil der Physik; denn im Grunde ist die ganze Physik nichts als angewandte Mechanik[1]. Derjenige Theil, welcher sich mit der zweiten Art von Bewegung beschäftigt, dient in der Physik nur hülfsweise: die Chemie nämlich, deren Gegenstand es eigentlich ist, die specifische Verschiedenheit der Materie abzuleiten, ist die Wissenschaft, welche erst der Mechanik (einer an sich ganz formalen Wissenschaft) Inhalt und mannichfaltige Anwendung verschafft. Es ist nämlich sehr geringe Mühe, aus den Principien der Chemie die Hauptgegenstände, welche die Physik (ihren mechanischen und dynamischen Bewegungen nach)[2] untersucht, abzuleiten, z. B. daß chemische Anziehung zwischen den Körpern stattfinde, kann man sagen, muß es eine Materie geben, die sie ausdehnt, der Trägheit entgegenwirkt — Licht und Wärme; ferner Stoffe, die sich wechselseitig anziehen, und, damit die größte Einfachheit möglich sey, Einen Grundstoff, den alle übrigen anziehen. Und da die Natur selbst zu ihrer Fortdauer viele chemische Processe nöthig hat, so müssen diese Bedingungen der chemischen Processe überall gegenwärtig seyn, daher die Lebensluft, als Produkt aus Licht und jenem Grundstoff. Und weil diese Luft die Gewalt des Feuers allzusehr beförderte, die Kraft unserer Organe zu sehr erschöpfte, eine Mischung aus ihr und einer andern ihr gerade entgegengesetzten Luftart — atmosphärische Luft u. s. w.

Dieß ist ungefähr der Weg, auf welchem die Naturlehre zur Vollständigkeit gelangt. Allein uns ist es jetzt nicht darum zu thun, wie wir ein solches System, wenn es einmal existirt, darstellen, sondern darum, wie überhaupt ein solches System existiren könne. Die Frage ist nicht, ob und wie jener Zusammenhang der Erscheinungen und die Reihe von Ursachen und Wirkungen, die wir Naturlauf nennen, außer uns, sondern wie sie für uns wirklich geworden, wie jenes System und jener Zusammenhang der Erscheinungen den Weg zu unserm Geiste

[1] In der Mechanik können zugleich die allgemeinen Eigenschaften der Körper, insofern sie auf mechanische Bewegung Einfluß haben, mitgenommen werden, wie Elasticität, Härte, Dichtigkeit. — Die allgemeine Bewegungslehre aber gehört gar nicht in die empirische Naturlehre. — Ich glaube, daß nach dieser Eintheilung die Physik einen weit einfacheren und natürlicheren Zusammenhang bekommt, als sie bis jetzt noch in den meisten Lehrbüchern erhalten hat.

[2] „und dynamischen" ist Zusatz der zweiten Auflage.

gefunden, und wie sie in unserer Vorstellung die Nothwendigkeit erlangt haben, mit welcher sie zu denken wir schlechthin genöthigt sind? Denn als unleugbare Thatsache wird vorausgesetzt, daß die Vorstellung einer Succession von Ursachen und Wirkungen außer uns unserm Geiste so nothwendig ist, als ob sie zu seinem Seyn und Wesen selbst gehörte. Diese Nothwendigkeit zu erklären, ist ein [das] Hauptproblem aller Philosophie. Die Frage ist nicht, ob dieses Problem überhaupt existiren solle, sondern wie dasselbe, wenn es einmal existirt, gelöst werden müsse.

Vorerst, was heißt es: wir müssen uns eine Succession der Erscheinungen denken, die schlechthin *nothwendig* ist? Offenbar so viel: diese Erscheinungen können nur in dieser *bestimmten* Succession aufeinander folgen, und umgekehrt, nur an diesen *bestimmten* Erscheinungen kann diese Succession fortlaufen.

Denn daß unsere Vorstellungen in dieser bestimmten Ordnung auf einander folgen, daß z. B. der Blitz dem Donner vorangeht, nicht nachfolgt u. s. w., davon suchen wir den Grund nicht *in uns*, es kommt nicht *auf uns* an, wie wir die Vorstellungen aufeinander folgen lassen; der Grund muß also in *den Dingen* liegen, und wir behaupten, diese bestimmte Aufeinanderfolge sey eine Aufeinanderfolge der *Dinge selbst*, nicht bloß unserer Vorstellungen von ihnen, nur insofern die Erscheinungen *selbst* so und nicht anders aufeinander folgen, seyen *wir* genöthigt, sie in dieser Ordnung vorzustellen, nur weil und insofern diese Succession *objektiv*-nothwendig sey, sey sie auch *subjektiv*-nothwendig.

Daraus folgt nun ferner: diese bestimmte Succession kann nicht von diesen bestimmten Erscheinungen getrennt werden; die Succession muß also zugleich mit den Erscheinungen, und umgekehrt, die Erscheinungen müssen zugleich mit der Succession werden und entstehen; beide also, Succession und Erscheinung, sind in einem Wechselverhältniß, beide sind in Bezug auf einander wechselseitig nothwendig.

Man darf nur die gemeinsten Urtheile, welche wir über den Zusammenhang der Erscheinungen alle Augenblicke fällen, analysiren, um zu finden, daß in ihnen jene Voraussetzungen enthalten sind.

Wenn nun weder die Erscheinungen von ihrer Succession, noch

umgekehrt die Succession von ihren Erscheinungen getrennt werden kann, so sind nur folgende zwei Fälle möglich:

Entweder, Succession und Erscheinungen entstehen beide zugleich und ungetrennt außer uns.

Oder, Succession und Erscheinungen entstehen beide zugleich und ungetrennt in uns.

Nur in diesen beiden Fällen ist die Succession, die wir uns vorstellen, eine wirkliche Succession der Dinge, nicht bloß eine ideale Aufeinanderfolge unserer Vorstellungen.

Die erste Behauptung ist die des gemeinen Menschenverstandes, selbst von Philosophen Reid, Beatti u. A. Hume's Skepticismus förmlich entgegengesetzt. In diesem System folgen die Dinge an sich auf einander, wir haben dabei nur das Zusehen; wie aber die Vorstellung davon in uns gekommen, ist eine Frage, die für dieses System viel zu hoch liegt. Nun wollen wir aber nicht wissen, wie die Succession außer uns möglich sey, sondern wie diese bestimmte Succession, da sie ganz unabhängig von uns erfolgt, doch als solche und insofern mit absoluter Nothwendigkeit von uns vorgestellt werde. Auf diese Frage nimmt nun jenes System gar keine Rücksicht. Es ist daher keiner philosophischen Kritik fähig; es hat mit der Philosophie nicht einen Punkt gemein, von wo aus man es untersuchen, prüfen oder bestreiten könnte, denn es weiß nicht einmal um die Frage, welche aufzulösen eigentlich das Geschäft der Philosophie ist.

Man müßte jenes System vorerst philosophisch machen, um es nur prüfen zu können. Allein dann läuft man Gefahr, gegen eine bloße Erdichtung zu kämpfen, denn der gemeine Verstand ist so konsequent nicht, und ein solches System, als das konsequente des gemeinen Verstandes wäre, hat in der That noch in keines Menschen Kopf existirt; denn sobald man es auf philosophische Ausdrücke zu bringen sucht, wird es völlig unverständlich. Es spricht von einer Succession, die, unabhängig von mir, außer mir stattfinden soll. Wie eine Succession (der Vorstellungen) in mir stattfinde, verstehe ich; eine Succession aber, die in den Dingen selbst, unabhängig von den endlichen Vorstellungen, erfolgt, ist mir ganz unverständlich. Denn setzen wir ein Wesen, das nicht endlich, demnach an die Succession der Vorstellungen gebunden wäre, sondern alles Gegenwärtige und Künftige in Einer Anschauung zusammenfaßte, so würde für ein solches Wesen in den Dingen außer ihm keine Succession seyn: sie ist also überhaupt nur unter der Bedingung der Endlichkeit der Vorstellung. Wenn aber die Succession auch unabhängig von allen Vorstellungen in den Dingen an sich gegründet wäre, so müßte es auch für ein solches Wesen, als wir angenommen haben, eine Succession geben, was sich widerspricht.

Deßwegen haben bis jetzt alle Philosophen einmüthig behauptet, Succession sey etwas, was unabhängig von den Vorstellungen eines endlichen Geistes gar nicht könne gedacht werden. Nun haben wir aber festgesetzt, wenn die Vorstellung einer Succession nothwendig sey, so müsse sie zugleich mit den Dingen und umgekehrt entstehen; die Succession müsse ohne die Dinge so wenig, als die Dinge ohne die Succession möglich seyn. Ist also Succession etwas, was nur in unsern Vorstellungen möglich ist, so hat man nur zwischen zwei Fällen die Wahl.

Entweder, man bleibt dabei, die Dinge existiren außer uns, unabhängig von unsern Vorstellungen. Man erklärt also eben dadurch die objektive Nothwendigkeit, mit der wir uns eine bestimmte Succession der Dinge vorstellen, für bloße Täuschung, indem man leugnet, daß die Succession in den Dingen selbst stattfinde.

Oder, man entschließt sich zu der Behauptung, daß auch die Erscheinungen selbst zugleich mit der Succession nur in unsern Vorstellungen werden und entstehen, und daß nur insofern die Ordnung, in der sie aufeinander folgen, eine wahrhaft objektive Ordnung sey.

Die erste Behauptung nun führt offenbar auf das abenteuerlichste System, das je existirt hat, und das auch erst in unsern Zeiten von einigen wenigen, ohne daß sie es selbst wußten, behauptet wurde. — Hier ist nun der Ort, den Grundsatz, daß Dinge von außen auf uns einwirken, völlig zu vernichten. Denn man frage einmal, was denn die Dinge außer uns, unabhängig von diesen Vorstellungen, seyen? — Vorerst müssen wir sie von allem entkleiden, was nur zu den

Eigenthümlichkeiten unsers Vorstellungsvermögens gehört. Dahin gehört nicht nur Succession, sondern auch aller Begriff von Ursache und Wirkung, und, wenn man konsequent seyn will, auch alle Vorstellung von Raum und Ausdehnung, die beide ohne Zeit, aus der wir die Dinge an sich hinweggenommen haben, gar nicht vorstellbar sind. Nichtsdestoweniger müssen diese Dinge an sich, obgleich unserm Anschauungsvermögen gänzlich unzugänglich, doch — man weiß nicht wie und wo? — wahrscheinlich in den Zwischenwelten Epikurs — wirklich vorhanden seyn; und diese Dinge müssen auf mich wirken, meine Vorstellungen veranlassen. Zwar hat man sich noch nie darauf eingelassen, welche Vorstellung man sich eigentlich von solchen Dingen mache. Daß man sagt: sie sind nicht vorstellbar, ist ein Ausweg, der bald abgeschnitten ist. Indem man davon redet, muß man eine Vorstellung davon haben, oder man redet, wie man nicht reden soll. Auch vom Nichts hat man eine Vorstellung, man denkt es sich wenigstens als das absolut Leere, als etwas rein Formales u. s. w. Man könnte denken, die Vorstellung vom Dinge an sich wäre eine ähnliche Vorstellung. Allein die Vorstellung vom Nichts kann man sich doch noch durch das Schema des leeren Raums versinnlichen. Die Dinge an sich aber werden ausdrücklich aus Zeit und Raum hinweggenommen, denn diese gehören ja nur zur eigenthümlichen Vorstellungsart endlicher Wesen. Also bleibt nichts übrig als eine Vorstellung, die zwischen Etwas und Nichts in der Mitte schwebt, d. h. die nicht einmal das Verdienst hat, absolut Nichts zu seyn. Es ist in der That kaum glaublich, daß solch eine widersinnige Zusammensetzung von Dingen, die, aller sinnlichen Bestimmungen beraubt, dennoch als sinnliche Dinge wirken sollen, je in eines Menschen Kopf gekommen sey[1]. — In der That, wenn man vorher alles aufgehoben hat, was zu den Vorstellungen einer objektiven Welt gehört, was bleibt mir noch übrig, das ich verstünde? Offenbar nur ich selbst. Also müßten aus mir selbst alle Vorstellungen einer äußern Welt sich

[1] Das Wahre ist, daß die Idee der Dinge an sich an Kant durch Tradition gekommen war und in der Ueberlieferung allen Sinn verloren hatte. (Diese Anmerkung fehlt in der ersten Auflage.)

entwickeln. Denn wenn Succession, Ursache, Wirkung u. s. w. erst in meiner Vorstellung zu den Dingen hinzukommen, so begreift man ebensowenig, was jene Begriffe ohne die Dinge, als was die Dinge ohne jene Begriffe seyn können. Daher die abenteuerliche Erklärung, die dieses System vom Ursprung der Vorstellung zu geben genöthigt ist. Den Dingen an sich stellt es gegenüber ein Gemüth, und dieses Gemüth enthält in sich gewisse Formen a priori, die vor den Dingen an sich nur den Vorzug haben, daß man sie wenigstens als etwas absolut Leeres vorstellen kann. In diese Formen werden die Dinge gefaßt, indem wir sie vorstellen. Dadurch erhalten die formlosen Gegenstände Gestalt, die leeren Formen Inhalt. Wie es zugehe, daß Dinge überhaupt vorgestellt werden, darüber ist tiefes Stillschweigen. Genug, wir stellen Dinge außer uns vor, tragen aber erst in der Vorstellung auf sie über Raum und Zeit, ferner die Begriffe von Substanz und Accidens, Ursache und Wirkung u. s. w.; so entsteht Succession unserer Vorstellungen in uns, und zwar eine nothwendige Succession, und diese selbstgemachte, mit Bewußtseyn erst hervorgebrachte Succession heißt man den Naturlauf.

Dieses System bedarf keiner Widerlegung. Es darstellen, heißt es von Grund aus umstürzen. Wirklich darüber erhaben, mit ihm gar nicht vergleichbar ist der Humische Skepticismus. Hume läßt (seinen Principien getreu) völlig unentschieden, ob unsern Vorstellungen Dinge außer uns entsprechen oder nicht. Auf jeden Fall aber muß er annehmen, daß die Succession der Erscheinungen nur in unsern Vorstellungen stattfinde; — daß wir aber gerade diese bestimmte Succession als nothwendig denken, erklärt er für bloße Täuschung. Allein, was man von Hume mit Recht fordern kann, ist, daß er wenigstens den Ursprung dieser Täuschung erkläre. Denn daß wir uns wirklich eine Aufeinanderfolge von Ursachen und Wirkungen als nothwendig denken — daß darauf alle unsere empirischen Wissenschaften, Naturlehre und Geschichte (in der er selbst ein so großer Meister war), beruhen, kann er nicht ableugnen. Woher aber diese Täuschung selbst? — Hume antwortet: „aus Gewohnheit; weil die Erscheinungen bisher in dieser Ordnung aufeinander folgten, hat sich die Einbildungskraft gewöhnt, dieselbe Ordnung auch aufs Künftige zu erwarten, und diese Erwartung ist uns endlich, wie jede lange Gewohnheit, zur andern Natur geworden." — Allein diese Erklärung geht im Cirkel. Denn eben das sollte ja erklärt werden, warum die Dinge (was Hume nicht leugnet) bisher in dieser Ordnung aufeinander gefolgt sind. War diese Aufeinanderfolge etwa in den Dingen außer uns? Aber außer unsern Vorstellungen ist keine Succession. Oder war es bloße Succession unserer Vorstellungen, so muß sich auch ein Grund der Beständigkeit dieser Succession angeben lassen. Was unabhängig von mir da ist, vermag ich nicht zu erklären; was aber nur in mir vorgeht, davon muß sich auch der Grund in mir finden lassen. Hume kann sagen: Es ist so, und dieß genügt mir. Allein dieß heißt nicht philosophiren. Ich sage nicht, daß ein Hume philosophiren solle, aber wenn man einmal philosophiren zu wollen vorgibt, so kann man die Frage warum nicht mehr abweisen.

Also bleibt nichts mehr übrig als der Versuch, aus der Natur unseres, und insofern des endlichen Geistes überhaupt, die Nothwendigkeit einer Succession seiner Vorstellungen abzuleiten und, damit diese Succession wahrhaft objektiv sey, die Dinge selbst zugleich mit dieser Aufeinänderfolge in ihm werden und entstehen zu lassen.

Unter allen bisherigen Systemen nun kenne ich nur die beiden — das Spinozische und Leibnizische — welche diesen Versuch nicht nur unternahmen, sondern deren ganze Philosophie nichts anders als dieser Versuch ist. Weil nun jetzt noch über das Verhältniß dieser beiden Systeme — ob sie sich widersprechen, oder wie sie zusammenhangen — viel Zweifelns und Redens ist, so scheint es nützlich, einiges darüber zum voraus beizubringen.

Spinoza, wie es scheint, sehr frühzeitig bekümmert über den Zusammenhang unsrer Ideen mit den Dingen außer uns, konnte die Trennung nicht ertragen, die man zwischen beiden gestiftet hatte. Er sah ein, daß in unserer Natur Ideales und Reales (Gedanke und Gegenstand) innigst vereinigt sind. Daß wir Vorstellungen von Dingen außer uns haben, daß unsre Vorstellungen selbst über diese *hinaus* reichen, konnte er sich nur aus unsrer *idealen Natur* erklären; daß aber diesen Vorstellungen wirkliche *Dinge* entsprechen, mußte er sich aus den *Affektionen* und *Bestimmungen* des Idealen in uns erklären. Des Realen also konnten wir uns nicht bewußt werden, als im Gegensatz gegen das Ideale, sowie des Idealen nur im Gegensatz gegen das Reale. Mithin konnte zwischen den wirklichen Dingen und unsern Vorstellungen von ihnen keine Trennung stattfinden. Begriffe und Dinge, Gedanke und Ausdehnung waren ihm daher eins und dasselbe, beides nur Modifikationen einer und derselben idealen Natur.

Anstatt aber in die Tiefen seines Selbstbewußtseyns hinabzusteigen und von dort aus dem Entstehen zweier Welten in uns — der idealen und realen — zuzusehen, überflog er sich selbst; anstatt aus unsrer Natur zu erklären, wie Endliches und Unendliches, ursprünglich in uns vereinigt, wechselseitig aus einander hervorgehen, verlor er sich sogleich in der Idee eines Unendlichen außer uns. In diesem Unendlichen entstanden, oder vielmehr waren ursprünglich — man wußte nicht woher — Affektionen und Modifikationen, und mit diesen eine endlose Reihe endlicher Dinge. Denn weil es in seinem System vom Unendlichen zum Endlichen keinen Uebergang gab, so war ihm ein Anfang des *Werdens* so unbegreiflich, als ein Anfang des *Seyns*. Daß aber diese endlose Succession von mir vorgestellt wird, und mit *Nothwendigkeit* vorgestellt wird, folgte daraus, daß die Dinge und meine Vorstellungen ursprünglich eins und dasselbe waren. Ich selbst war nur ein Gedanke des Unendlichen oder vielmehr selbst nur eine stete Succession von Vorstellungen. Wie ich mir aber selbst wieder dieser Succession bewußt würde, vermochte Spinoza nicht verständlich zu machen.

Denn überhaupt ist sein System, sowie es aus seiner Hand kam, das unverständlichste, das je existirt hat. Man muß dieses System in sich selbst aufgenommen, sich selbst an die Stelle seiner unendlichen Substanz gesetzt haben, um zu wissen, daß Unendliches und Endliches nicht *außer uns*, sondern *in uns* — nicht *entstehen*, sondern —

ursprünglich zugleich und ungetrennt da sind, und daß eben auf dieser ursprünglichen Vereinigung die Natur unseres Geistes und unser ganzes geistiges Daseyn beruht. Denn wir kennen unmittelbar nur unser eigen Wesen, und nur wir selbst sind uns verständlich. Wie in einem Absoluten außer mir Affektionen und Bestimmungen sind und seyn können, verstehe ich nicht. Daß aber in mir auch nichts Unendliches seyn könnte, ohne daß zugleich ein Endliches sey, verstehe ich. Denn in mir ist jene nothwendige Vereinigung des Idealen und Realen, des absolut Thätigen und absolut Leidenden (die Spinoza in eine unendliche Substanz außer mir versetzte) ursprünglich, ohne mein Zuthun, da, und eben darin besteht meine Natur[1].

Diesen Weg ging Leibniz, und hier ist der Punkt, wo er von Spinoza sich scheidet und mit ihm zusammenhängt. Es ist unmöglich, Leibnizen zu verstehen, ohne auf diesen Punkt sich gestellt zu haben. Jacobi hat erwiesen, daß sein ganzes System vom Begriff der Individualität ausgeht und darauf zurückkehrt. Im Begriff der Individualität allein ist ursprünglich vereinigt, was alle übrige Philosophie trennt, das Positive und das Negative, das Thätige und Leidende unserer Natur. Wie im Unendlichen außer uns Bestimmungen seyn können, wußte Spinoza nicht verständlich zu machen, und vergebens suchte er einen Uebergang vom Unendlichen zum Endlichen zu vermeiden. Dieser Uebergang findet sich nur da nicht, wo Endliches und Unendliches ursprünglich vereinigt sind, und diese ursprüngliche Vereinigung ist nirgends, als im Wesen einer individuellen Natur. Leibniz ging also weder vom Unendlichen zum Endlichen, noch von diesem zu jenem über, sondern beides war ihm auf einmal — gleichsam durch eine und dieselbe Entwicklung unserer Natur — durch eine und dieselbe Handlungsweise des Geistes wirklich gemacht.

Daß die Vorstellungen in uns aufeinander folgen, ist nothwendige

[1] Die genauere Betrachtung aber wird jeden unmittelbar lehren, daß jedes In-Mir-Setzen der absoluten Identität des Endlichen und Unendlichen ebenso wie das Außer-Mir-Setzen wiederum nur mein Setzen, jene also an sich weder ein In-Mir noch ein Außer-Mir sey. (Diese Anmerkung ist Zusatz der zweiten Auflage.)

Folge, unserer Endlichkeit; daß aber diese Reihe endlos ist, beweist, daß sie von einem Wesen ausgeht, in dessen Natur Endlichkeit und Unendlichkeit vereinigt sind.

Daß diese Succession nothwendig ist, folgt in Leibnizens Philosophie daraus, daß die Dinge zugleich mit den Vorstellungen, kraft der bloßen Gesetze unserer Natur, nach einem innern Princip in uns, wie in einer eignen Welt entstehen. Was Leibniz allein für ursprünglich-real und an sich wirklich hielt, waren vorstellende Wesen; denn in diesen allein war jene Vereinigung ursprünglich, aus welcher erst alles andere, was wirklich heißt, sich entwickelt und hervorgeht. Denn alles, was außer uns wirklich ist, ist ein Endliches, also nicht denkbar ohne ein Positives, das ihm Realität, und ein Negatives, das ihm Grenze gibt. Diese Vereinigung positiver und negativer Thätigkeit aber ist nirgends als in der Natur eines Individuums ursprünglich. Aeußere Dinge waren nicht wirklich an sich selbst, sondern nur wirklich — geworden durch die Vorstellungsweise geistiger Naturen; dasjenige aber, aus dessen Natur erst alles Daseyn hervorgeht, d. h. das vorstellende Wesen allein mußte etwas seyn, das in sich selbst Quell und Ursprung seines Daseyns trägt.

Entspringt nun die ganze Succession der Vorstellungen aus der Natur des endlichen Geistes, so muß sich daraus auch die ganze Reihe unserer Erfahrungen ableiten lassen. Denn daß alle Wesen unserer Art die Erscheinungen der Welt in derselben nothwendigen Aufeinanderfolge vorstellen, läßt sich einzig und allein aus unserer gemeinschaftlichen Natur begreifen. Diese Uebereinstimmung unserer Natur aber durch eine prästabilirte Harmonie erklären, heißt sie wirklich nicht erklären. Denn dieses Wort sagt nur, daß eine solche Uebereinstimmung stattfinde, aber nicht wie und warum. Es liegt aber in Leibnizens System selbst, daß aus dem Wesen endlicher Naturen überhaupt jene Uebereinstimmung folge. Denn wäre dieß nicht, so hörte der Geist auf, absoluter Selbstgrund seines Wissens und Erkennens zu seyn. Er müßte den Grund seiner Vorstellungen doch noch außer sich suchen, wir wären wieder auf denselben Punkt zurückgekommen, den wir gleich anfangs verließen, die

Welt und ihre Ordnung wäre für uns *zufällig* und die Vorstellung davon käme uns nur von außen. Damit aber schweifen wir unvermeidlich über die Grenze, innerhalb welcher wir allein uns verstehen. Denn wenn eine höhere Hand erst uns so eingerichtet hat, daß wir eine solche Welt und eine solche Ordnung der Erscheinungen vorzustellen genöthigt sind, so ist, abgerechnet daß diese Hypothese uns völlig unverständlich ist, diese ganze Welt abermals eine Täuschung; ein Druck jener Hand vermag sie uns zu entreißen oder uns in eine ganz andere Ordnung der Dinge zu versetzen; selbst, daß Wesen unsrer Art (von gleichen Vorstellungen mit uns) außer uns seyen, ist dann völlig zweifelhaft. Mit der prästabilirten Harmonie also kann Leibniz nicht die Idee verbunden haben, die man gewöhnlich damit verbindet. Denn er behauptet ausdrücklich, kein Geist könne *entstanden* seyn, d. h. auf einen Geist lassen sich Begriffe von Ursache und Wirkung gar nicht anwenden. Er ist also absoluter Selbstgrund seines Seyn und Wissens, und dadurch, daß er überhaupt ist, ist er auch *das*, *was* er ist, d. h. ein Wesen, zu dessen *Natur* auch dieses bestimmte System von Vorstellungen äußerer Dinge gehört. Philosophie also ist nichts anders, als eine *Naturlehre unseres Geistes*. Von nun an ist aller Dogmatismus von Grund aus umgekehrt. Wir betrachten das System unserer Vorstellungen nicht in seinem *Seyn*, sondern in seinem *Werden*. Die Philosophie wird *genetisch*, d. h. sie läßt die ganze nothwendige Reihe unserer Vorstellungen vor unsern Augen gleichsam entstehen und ablaufen. Von nun an ist zwischen Erfahrung und Spekulation keine Trennung mehr. Das System der Natur ist zugleich das System unseres Geistes, und jetzt erst, nachdem die große Synthesis vollendet ist, kehrt unser Wissen zur Analysis (zum *Forschen* und *Versuchen*) zurück. Aber noch ist dieses System nicht da; viele verzagte Geister verzweifeln zum voraus, denn sie reden von einem System *unserer Natur* (deren Größe sie nicht kennen) nicht anders, als ob von einem Lehrgebäude [1] unserer *Begriffe* die Rede wäre.

[1] In Schriften und Uebersetzungen aus den ersten Zeiten des deutschen Purismus findet man sehr häufig die Ausdrücke: *Lehrgebäude* von Wesen,

Der Dogmatiker, der alles als ursprünglich außer uns vorhanden (nicht als aus uns werdend und entspringend) voraussetzt, muß sich doch wenigstens dazu anheischig machen, das was außer uns ist auch aus äußern Ursachen zu erklären. Dieß gelingt ihm, so lange er sich innerhalb des Zusammenhangs von Ursache und Wirkung befindet, unerachtet er nie begreiflich machen kann, wie dieser Zusammenhang von Ursachen und Wirkungen selbst entstanden ist. Sobald er sich über die einzelne Erscheinung erhebt, ist seine ganze Philosophie zu Ende; die Grenzen des Mechanismus sind auch die Grenzen seines Systems.

Nun ist aber Mechanismus allein bei weitem nicht das, was die Natur ausmacht. Denn sobald wir ins Gebiet der organischen Natur übertreten, hört für uns alle mechanische Verknüpfung von Ursache und Wirkung auf. Jedes organische Produkt besteht für sich selbst, sein Daseyn ist von keinem andern Daseyn abhängig. Nun ist aber die Ursache nie dieselbe mit der Wirkung, nur zwischen ganz verschiedenen Dingen ist ein Verhältniß von Ursache und Wirkung möglich. Die Organisation aber producirt sich selbst, entspringt aus sich selbst; jede einzelne Pflanze ist nur Produkt eines Individuums ihrer Art, und so producirt und reproducirt jede einzelne Organisation ins Unendliche fort nur ihre Gattung. Also schreitet keine Organisation fort, sondern kehrt ins Unendliche fort immer in sich selbst zurück. Eine Organisation als solche demnach ist weder Ursache noch Wirkung eines Dinges außer ihr, also nichts, was in den Zusammenhang des Mechanismus eingreift. Jedes organische Produkt trägt den Grund seines Daseyns in sich selbst, denn es ist von sich selbst Ursache und Wirkung. Kein einzelner Theil konnte entstehen, als in diesem Ganzen, und dieses Ganze selbst besteht nur in der Wechselwirkung der Theile. In jedem andern Objekt sind die Theile willkürlich, sie sind nur da, insofern ich theile. Im organisirten Wesen allein sind sie real, sie sind da ohne mein Zuthun, weil zwischen

Lehrgebäude der Natur. Schade, daß unsere neueren Philosophen diesen Ausdruck außer Gebrauch kommen ließen.

ihnen und dem Ganzen ein objektives Verhältniß ist. Also liegt jeder Organisation ein Begriff zu Grunde, denn wo nothwendige Beziehung des Ganzen auf Theile und der Theile auf ein Ganzes ist, ist Begriff. Aber dieser Begriff wohnt in ihr selbst, kann von ihr gar nicht getrennt werden, sie organisirt sich selbst, ist nicht etwa nur ein Kunstwerk, dessen Begriff außer ihm im Verstande des Künstlers vorhanden ist. Nicht ihre Form allein, sondern ihr Daseyn ist zweckmäßig. Sie konnte sich nicht organisiren, ohne schon organisirt zu seyn. Die Pflanze nährt sich und dauert fort durch Assimilation äußrer Stoffe, aber sie kann sich nichts assimiliren, ohne schon organisirt zu seyn. Die Fortdauer des belebten Körpers ist an die Respiration gebunden. Die Lebensluft, die er einathmet, wird durch seine Organe zerlegt, um als elektrisches Fluidum die Nerven zu durchströmen. Aber um diesen Prozeß möglich zu machen, mußte selbst schon Organisation da seyn, die doch hinwiederum ohne diesen Prozeß nicht fortdauert. Daher nur aus Organisation Organisation sich bildet. Im organischen Produkt ist eben deßwegen Form und Materie unzertrennlich; diese bestimmte Materie konnte nur zugleich mit dieser bestimmten Form, und umgekehrt, werden und entstehen. Jede Organisation ist also ein Ganzes; ihre Einheit liegt in ihr selbst, es hängt nicht von unsrer Willkür ab, sie als Eines oder als Vieles zu denken. Ursache und Wirkung ist etwas Vorübergehendes, Vorüberschwindendes, bloße Erscheinung (im gewöhnlichen Sinne des Worts). Die Organisation aber ist nicht bloße Erscheinung, sondern selbst Objekt, und zwar ein durch sich selbst bestehendes, in sich selbst ganzes, untheilbares Objekt, und weil in ihm die Form von der Materie unzertrennlich ist, so läßt sich der Ursprung einer Organisation, als solcher, mechanisch ebensowenig erklären, als der Ursprung der Materie selbst.

Soll also die Zweckmäßigkeit der organischen Produkte erklärt werden, so sieht sich der Dogmatiker völlig von seinem Systeme verlassen. Hier hilft es nicht mehr, Begriff und Gegenstand, Form und Materie zu trennen wie uns beliebt. Denn hier wenigstens ist beides nicht in unserer Vorstellung, sondern im Objekt selbst ursprünglich und nothwendig vereinigt. Auf dieses Feld, wünschte ich, wagte sich mit uns einer von denen, die ein Spiel mit Begriffen für Philosophie und Hirngespinnste von Dingen für wirkliche Dinge halten.

Vorerst müßt ihr zugeben, daß hier von einer Einheit die Rede ist, die sich schlechterdings nicht aus der Materie, als solcher, erklären läßt. Denn es ist eine Einheit des Begriffs; diese Einheit ist nur da in Bezug auf ein anschauendes und reflektirendes Wesen. Denn daß in einer Organisation absolute Individualität ist, daß ihre Theile nur durch das Ganze und das Ganze nicht durch Zusammensetzung, sondern durch Wechselwirkung der Theile möglich ist, ist ein Urtheil, und kann gar nicht geurtheilt werden, als nur von einem Geiste, der Theil und Ganzes, Form und Materie wechselseitig aufeinander bezieht, und nur durch und in dieser Beziehung erst entsteht und wird alle Zweckmäßigkeit und Zusammenstimmung zum Ganzen. Was haben auch diese Theile, die doch nur Materie sind, mit einer Idee gemein, die der Materie ursprünglich fremd ist, und zu der sie doch zusammenstimmen? Hier ist keine Beziehung möglich, als durch ein Drittes, zu dessen Vorstellungen beides, Materie und Begriff, gehört. Ein solches Drittes aber ist nur ein anschauender und reflektirender Geist. Also müßt ihr einräumen, daß Organisation überhaupt nur in Bezug auf einen Geist vorstellbar ist.

Dieß räumen selbst diejenigen ein, welche auch die organischen Produkte durch einen wundervollen Zusammenstoß von Atomen entstehen lassen. Denn indem sie den Ursprung dieser Dinge vom blinden Zufall ableiten, heben sie sofort auch alle Zweckmäßigkeit in ihnen und damit selbst alle Begriffe von Organisation auf. Dieß heißt konsequent gedacht. Denn da Zweckmäßigkeit nur vorstellbar ist in Bezug auf einen urtheilenden Verstand, so muß auch die Frage: wie die organischen Produkte unabhängig von mir entstanden, so beantwortet werden, als ob es zwischen ihnen und einem urtheilenden Verstande gar keine Beziehung gäbe, d. h. als ob in ihnen überall keine Zweckmäßigkeit wäre.

Das Erste also, was ihr zugebt, ist dieses: Aller Begriff von Zweckmäßigkeit kann nur in einem Verstande entstehen, und nur in

Bezug auf einen solchen Verstand kann irgend ein Ding zweckmäßig heißen.

Gleichwohl seyd ihr nicht minder genöthigt, einzuräumen, daß die Zweckmäßigkeit der Naturprodukte *in ihnen selbst* wohnt, daß sie *objektiv* und *real*, daß sie also nicht zu euern *willkürlichen*, sondern zu euern *nothwendigen* Vorstellungen gehört. Denn ihr könnt gar wohl unterscheiden, was in den Verbindungen eurer Begriffe willkürlich und nothwendig ist. So oft ihr Dinge, die durch den Raum getrennt sind, in *Eine* Zahl zusammenfaßt, handelt ihr völlig frei; die Einheit, die ihr ihnen gebt, tragt ihr nur aus euern Gedanken auf sie über, in den *Dingen selbst* liegt kein Grund, der euch nöthigte, sie als Eines zu denken. Daß ihr aber jede Pflanze als ein Individuum denkt, in welchem alles zu Einem Zweck zusammenstimmt, davon müßt ihr den Grund in dem *Ding außer euch* suchen; ihr fühlt euch in euerm Urtheil gezwungen, ihr müßt also einräumen, daß die Einheit, mit der ihr es denkt, nicht bloß *logisch* (in euern Gedanken), sondern *real* (außer euch wirklich) ist.

Nun verlangt man von euch, ihr sollt die Frage beantworten: wie es zugeht, daß eine Idee, die doch offenbar bloß in euch existiren und bloß in Bezug auf euch Realität haben kann, doch von euch selbst als außer euch wirklich angeschaut und vorgestellt werden muß.

Zwar gibt es Philosophen, die für alle diese Fragen *Eine* Universalantwort haben, die sie bei jeder Gelegenheit wiederholen und nicht genug wiederholen können. Was an den Dingen Form ist, sagen sie, tragen wir erst auf die Dinge über. Aber eben das verlange ich längst zu wissen, wie ihr das könnt, was denn die Dinge sind ohne die Form, die ihr erst auf sie übertragt, oder was die Form ist, ohne die Dinge, auf welche ihr sie übertragt. Ihr müßt aber zugeben, daß *hier* wenigstens die Form von der Materie, der Begriff vom Objekt schlechterdings unzertrennlich ist. Oder wenn es in eurer Willkür steht, die Idee von Zweckmäßigkeit auf Dinge außer euch überzutragen oder nicht, wie kommt es, daß ihr diese Idee nur auf *gewisse* Dinge, nicht auf *alle* übertragt, daß ihr euch ferner bei dieser Vorstellung zweckmäßiger Produkte gar nicht frei, sondern schlechthin gezwungen fühlt? Für beides könnt ihr keinen Grund angeben, als den, daß jene zweckmäßige Form ursprünglich und ohne Zuthun eurer Willkür gewissen Dingen außer euch schlechthin zukomme.

Dieß vorausgesetzt gilt auch hier wieder, was oben galt: Form und Materie dieser Dinge konnten nie getrennt seyn, beide konnten nur zugleich und wechselseitig durch einander werden. Der Begriff, der dieser Organisation zu Grunde liegt, hat an sich keine Realität, und umgekehrt, diese bestimmte Materie ist nicht als Materie, sondern nur durch den inwohnenden Begriff, organisirte Materie. Dieses bestimmte Objekt also konnte nur zugleich mit diesem Begriff und dieser bestimmte Begriff nur zugleich mit diesem bestimmten Objekt entstehen.

Nach diesem Princip müssen sich alle bisherigen Systeme beurtheilen lassen.

Um jene Vereinigung von Begriff und Materie zu begreifen, nehmt ihr einen höhern, göttlichen Verstand an, der seine Schöpfungen in Idealen entwarf und diesen Idealen gemäß die Natur hervorbrachte. Allein ein Wesen, in welchem der Begriff der That, der Entwurf der Ausführung vorangeht, kann nicht hervorbringen, kann nur Materie, die schon da ist, formen, bilden, kann der Materie nur von außen das Gepräge des Verstandes und der Zweckmäßigkeit aufdrücken; was er hervorbringt, ist nicht in sich selbst, sondern nur in Bezug auf den Verstand des Künstlers, nicht ursprünglich und nothwendig, sondern zufälligerweise zweckmäßig. Ist nicht der Verstand ein todtes Vermögen und dient er zu etwas anderem, als Wirklichkeit, wenn sie da ist, aufzufassen, zu begreifen, und entlehnt nicht der Verstand anstatt das Wirkliche zu schaffen, vom Wirklichen selbst erst seine eigne Realität, und ist es nicht bloß die Sklaverei dieses Vermögens, seine Fähigkeit, Umrisse der Wirklichkeit zu beschreiben, was zwischen ihm und der Wirklichkeit Vermittlung stiftet? Aber hier ist die Frage, wie das Wirkliche, und mit ihm erst und ungetrennt von ihm das Ideale (Zweckmäßige) entstehe. Nicht, daß die Naturdinge überhaupt zweckmäßig sind, sowie jedes Werk der Kunst auch zweckmäßig ist, sondern daß diese

Zweckmäßigkeit etwas ist, was ihnen von außen gar nicht mitgetheilt werden konnte, daß sie zweckmäßig sind ursprünglich durch sich selbst, dieß ist, was wir erklärt wissen wollen.

Ihr nehmt also eure Zuflucht zum schöpferischen Vermögen einer Gottheit, aus welchem die wirklichen Dinge zugleich mit ihren Ideen entsprangen und hervorgingen. Ihr sahet ein, daß ihr das Wirkliche zugleich mit dem Zweckmäßigen, das Zweckmäßige zugleich mit dem Wirklichen entstehen lassen müßt, wenn ihr außer euch etwas annehmen wollt, das in sich selbst und durch sich selbst zweckmäßig ist.

Allein laßt uns einen Augenblick annehmen, was ihr behauptet (obgleich ihr selbst außer Stande seyd, es verständlich zu machen), laßt uns annehmen, es sey durch die Schöpferkraft einer Gottheit das ganze System der Natur und damit die ganze Mannichfaltigkeit zweckmäßiger Produkte außer uns entstanden: sind wir wirklich auch nur um Einen Schritt weiter als vorhin und sehen wir uns nicht wieder auf demselben Punkte, von dem wir gleich anfangs ausgingen? Wie organisirte Produkte außer — und unabhängig von mir wirklich geworden, war ja gar nicht das, was ich zu wissen verlangte; denn wie könnte ich mir davon auch nur einen deutlichen Begriff machen? Die Frage war: wie die Vorstellung zweckmäßiger Produkte außer mir in mich gekommen, und wie ich genöthigt sey, diese Zweckmäßigkeit, obgleich sie den Dingen nur in Bezug auf meinen Verstand zukommt, doch als außer mir wirklich und nothwendig zu denken. — Diese Frage habt ihr nicht beantwortet.

Denn sobald ihr die Naturdinge als außer euch wirklich und somit als Werk eines Schöpfers betrachtet, kann in ihnen selbst keine Zweckmäßigkeit wohnen, denn diese gilt ja nur in Bezug auf euern Verstand. Oder wollt ihr auch im Schöpfer der Dinge Begriffe von Zweck u. s. w. voraussetzen? Allein sobald ihr dieß thut, hört er auf, Schöpfer zu seyn, er wird bloßer Künstler, er ist höchstens Baumeister der Natur; ihr zerstört aber alle Idee von Natur von Grund aus, sobald ihr die Zweckmäßigkeit von außen durch einen Uebergang aus dem Verstande irgend eines Wesens in sie kommen laßt. Sobald ihr also die Idee des

Schöpfers endlich macht, hört er auf, Schöpfer zu seyn; erweitert ihr sie bis zur Unendlichkeit, so verlieren sich alle Begriffe von Zweckmäßigkeit und Verstand und es bleibt nur noch die Idee einer absoluten Macht übrig. Von nun an ist alles Endliche bloße Modifikation des Unendlichen. Aber ihr begreift ebensowenig, wie im Unendlichen überhaupt eine Modifikation möglich sey, als ihr begreift, wie diese Modifikationen des Unendlichen, d. h. wie das ganze System endlicher Dinge in eure Vorstellung gekommen, oder, wie die Einheit der Dinge, die im unendlichen Wesen nur ontologisch seyn kann, in euerm Verstande teleologisch geworden sey.

Ihr könntet zwar versuchen, dieß aus der eigenthümlichen Natur eines endlichen Geistes zu erklären. Allein wenn ihr das thut, so bedürft ihr des Unendlichen als eines Außer-euch nicht mehr. Ihr könnt von nun an alles nur in euerm Geiste werden und entstehen lassen. Denn wenn ihr auch außer und unabhängig von euch Dinge voraussetzt, die an sich zweckmäßig sind, so müßt ihr dessenungeachtet noch erklären, wie eure Vorstellungen mit diesen äußeren Dingen zusammenstimmen. Ihr müßt zu einer prästabilirten Harmonie eure Zuflucht nehmen, müßt annehmen, daß in den Dingen außer euch selbst ein Geist herrsche, der dem eurigen analog ist. Denn nur in einem Geiste von schöpferischem Vermögen kann Begriff und Wirklichkeit, Ideales und Reales so sich durchdringen und vereinigen, daß zwischen beiden keine Trennung möglich ist. Ich kann nicht anders denken, als daß Leibniz unter der substantiellen Form sich einen den organisirten Wesen inwohnenden regierenden Geist dachte.

Diese Philosophie also muß annehmen, es gebe eine Stufenfolge des Lebens in der Natur. Auch in der bloß organisirten Materie sey Leben; nur ein Leben eingeschränkterer Art. Diese Idee ist so alt und hat sich bis jetzt unter den mannichfaltigsten Formen bis auf den heutigen Tag so standhaft erhalten — (in den ältesten Zeiten schon ließ man die ganze Welt von einem belebenden Princip, Weltseele genannt, durchdrungen werden, und das spätere Zeitalter Leibnizens gab jeder Pflanze ihre Seele) — daß man wohl zum voraus vermuthen kann, es müsse irgend ein Grund dieses Naturglaubens im menschlichen Geiste selbst liegen. So ist es auch. Der ganze Zauber, der das Problem vom Ursprung organisirter Körper umgibt, rührt daher, daß in diesen Dingen Nothwendigkeit und Zufälligkeit innigst vereinigt sind. Nothwendigkeit, weil ihr Daseyn schon, nicht nur (wie beim Kunstwerk) ihre Form, zweckmäßig ist; Zufälligkeit, weil diese Zweckmäßigkeit doch nur für ein anschauendes und reflektirendes Wesen wirklich ist. Dadurch wurde der menschliche Geist frühzeitig auf die Idee einer sich selbst organisirenden Materie geführt und, weil Organisation nur in Bezug auf einen Geist vorstellbar ist, auf eine ursprüngliche Vereinigung des Geistes und der Materie in diesen Dingen. Er sah sich genöthigt, den Grund dieser Dinge einerseits in der Natur selbst, andererseits in einem über die Natur erhabenen Princip zu suchen; daher gerieth er sehr frühzeitig darauf, Geist und Natur als Eines zu denken. Hier trat es zuerst hervor aus seinem heiligen Dunkel jenes idealische Wesen, in welchem er Begriff und That, Entwurf und Ausführung als Eines denkt. Hier zuerst überfiel den Menschen eine Ahndung seiner eigenen Natur, in welcher Anschauung und Begriff, Form und Gegenstand, Ideales und Reales ursprünglich eines und dasselbe ist. Daher der eigenthümliche Schein, der um diese Probleme her ist, ein Schein, den die bloße Reflexionsphilosophie, die nur auf Trennung ausgeht, nie zu entwickeln vermag, während die reine Anschauung oder vielmehr die schöpferische Einbildungskraft längst die symbolische Sprache erfand, die man nur auslegen darf, um zu finden, daß die Natur um so verständlicher zu uns spricht, je weniger wir über sie bloß reflektirend denken.

Kein Wunder, daß jene Sprache, dogmatisch gebraucht[1], bald selbst Sinn und Bedeutung verlor. Solange ich selbst mit der Natur identisch bin, verstehe ich was eine lebendige Natur ist so gut, als ich mein eigenes Leben verstehe; begreife, wie dieses allgemeine Leben der Natur in den mannichfaltigsten Formen, in stufenmäßigen Entwicklungen, in allmählichen Annäherungen zur Freiheit sich offenbaret; sobald ich aber mich und mit mir alles Ideale von der Natur trenne, bleibt mir

[1] scientifisch und dogmatisch gebraucht (Erste Auflage).

nichts übrig als ein todtes Objekt und ich höre auf, zu begreifen, wie ein *Leben außer* mir möglich sey.

Frage ich den gemeinen Verstand, so glaubt er nur da *Leben* zu sehen, wo *freie Bewegung* ist. Denn die Vermögen thierischer Organe — Sensibilität, Irritabilität u. s. w. — setzen selbst ein impulsives Princip voraus, ohne welches das Thier unfähig wäre, Reizen von außen Reaktion entgegenzusetzen, und nur durch diese freie Zurückwirkung der Organe wird der von außen angebrachte Stimulus Reiz und Eindruck; es herrscht hier die völligste Wechselwirkung: nur durch Reiz von außen wird das Thier zur Hervorbringung von Bewegungen bestimmt, und umgekehrt, nur durch diese Fähigkeit, Bewegungen in sich hervorzubringen, wird der äußere Eindruck zum Reiz. (Daher ist weder Irritabilität ohne Sensibilität, noch Sensibilität ohne Irritabilität möglich.)

Allein alle diese Vermögen der Organe rein bloß als solche reichen nicht hin, das *Leben* zu erklären. Denn wir könnten uns gar wohl eine Zusammensetzung von Fibern, Nerven u. s. w. denken, in welcher (wie z. B. in Nerven eines destruirten organischen Körpers durch Elektricität, Metallreiz u. s. w.) durch Reize von außen freie Bewegungen hervorgebracht würden, ohne daß wir doch diesem zusammengesetzten Ding *Leben* zuschreiben könnten. Man erwiedert vielleicht, daß doch die Zusammenstimmung *aller* dieser Bewegungen Leben bewirke; allein dazu gehört ein höheres Princip, das wir nicht mehr aus der Materie selbst erklären können, ein Princip, das alle einzelnen Bewegungen ordnet, zusammenfaßt und so erst aus einer Mannichfaltigkeit von Bewegungen, die untereinander übereinstimmen, sich wechselseitig produciren und reproduciren, ein Ganzes schafft und hervorbringt. Also begegnen wir hier abermals jener absoluten Vereinigung von Natur und Freiheit in einem und demselben Wesen, die belebte Organisation soll Produkt der *Natur* seyn; aber in diesem Naturprodukt soll herrschen ein ordnender, zusammenfassender *Geist*; diese beiden Principien sollen in ihm gar nicht getrennt, sondern innigst vereinigt seyn; in der Anschauung sollen sich beide gar nicht unterscheiden lassen, zwischen beiden soll kein *Vor* und kein *Nach*, sondern absolute Gleichzeitigkeit und Wechselwirkung stattfinden.

Sobald die Philosophie diese innige Verbindung aufhebt, entstehen zwei sich gerade entgegengesetzte Systeme, von denen keines das andere widerlegen kann, weil beide alle Idee von Leben von Grund aus zerstören, die um so weiter vor ihnen entflieht, je näher sie ihr zu kommen glauben.

Ich rede nicht von der sogenannten Philosophie derjenigen, die auch Denken, Vorstellen und Wollen in uns bald aus einem zufälligen Zusammenstoß schon organisirter Körperchen, bald durch eine wirklich künstliche Zusammenfügung von Muskeln, Fasern, Häutchen, Häkchen, welche den Körper zusammenhalten, und flüssigen Materien, die ihn durchströmen, u. s. w. entspringen lassen. Ich behaupte aber, daß wir ein Leben außer uns so wenig als ein Bewußtseyn außer uns empirisch begreifen, daß weder das eine noch das andere aus physischen Gründen erklärbar, daß es in dieser Rücksicht völlig gleichgültig ist, ob der Körper als ein zufälliges Aggregat organisirter Körpertheilchen, oder als eine hydraulische Maschine, oder als eine chemische Werkstätte betrachtet wird. Gesetzt z. B. daß alle Bewegungen einer belebten Materie durch Veränderungen in der Mischung ihrer Nerven, ihrer Fibern oder der Flüssigkeit, die man in ihnen cirkuliren läßt, erklärbar seyen, so fragt sich nicht nur, wie jene Veränderungen bewirkt werden, sondern auch, welches Princip alle diese Veränderungen harmonisch zusammenfaßt. Oder, wenn endlich ein philosophischer Blick auf die Natur als ein System, das nirgends stille steht, sondern fortschreitet, entdeckt, daß die Natur mit der belebten Materie aus den Grenzen der todten Chemie tritt, also, weil sonst chemische Processe im Körper unvermeidlich wären und weil der todte Körper durch wahrhaft chemische Auflösung zerstört wird, im lebenden Körper ein Princip seyn muß, das ihn den Gesetzen der Chemie entreißt, und wenn nun dieses Princip Lebenskraft genannt wird, so behaupte ich dagegen, daß Lebenskraft (so geläufig auch dieser Ausdruck seyn mag), in diesem Sinn genommen, ein völlig widersprechender Begriff ist. Denn Kraft können wir uns nur als etwas Endliches denken. Endlich aber ist ihrer Natur nach keine Kraft, als insofern sie durch eine entgegengesetzte beschränkt wird. Wo wir daher

Kraft denken (wie in der Materie), da müssen wir uns auch eine ihr entgegengesetzte Kraft denken. Zwischen entgegengesetzten Kräften aber können wir uns nur ein doppeltes Verhältniß denken. Entweder sie sind im relativen Gleichgewicht (im absoluten Gleichgewicht würden sich beide völlig aufheben); dann werden sie als ruhend gedacht, wie in der Materie, die deßhalb träg heißt. Oder man denkt sie in fortdauerndem, nie entschiedenem Streit, da eine wechselseitig siegt und unterliegt; dann aber muß wieder ein Drittes da seyn, das diesem Streit Fortdauer gibt und in diesem Streit wechselseitig siegender und unterliegender Kräfte das Werk der Natur erhält. Dieses Dritte kann nun nicht selbst wieder eine Kraft seyn, denn sonst kämen wir auf die vorige Alternative zurück. Es muß also etwas seyn, das höher ist als selbst Kraft; Kraft aber ist das Letzte, worauf (wie ich erweisen werde) alle unsere physikalischen Erklärungen zurückkommen müssen: also müßte jenes Dritte etwas seyn, was ganz außerhalb der Grenzen der empirischen Naturforschung liegt. Nun wird aber außer und über der Natur in der gewöhnlichen Vorstellung nichts Höheres erkannt als der Geist[1]. Allein wollten wir nun die Lebenskraft als geistiges Princip begreifen, so heben wir ebendamit jenen Begriff völlig auf. Denn Kraft heißt, was wir wenigstens als Princip an die Spitze der Naturwissenschaft stellen können und was, obgleich nicht selbst darstellbar, doch seiner Wirkungsart nach durch physikalische Gesetze bestimmbar ist. Allein wie ein Geist physisch wirken könne, davon haben wir auch nicht den geringsten Begriff; also kann auch ein geistiges Princip nicht Lebenskraft heißen, ein Ausdruck, wodurch man immer noch wenigstens die Hoffnung andeutet, jenes Princip nach physikalischen Gesetzen wirken zu lassen[2].

[1] Nun wissen wir aber nichts Höheres, für das Kräfte überhaupt da seyn könnten, als den Geist; denn nur der Geist vermag Kräfte und Gleichgewicht oder Streit von Kräften sich vorzustellen. (Erste Auflage.)

[2] Dieß sieht man sehr deutlich aus den Aeußerungen mancher Vertheidiger der Lebenskraft. Hr. Brandis z. B. (in seinem Versuche über die Lebenskraft §. 81) fragt: „Sollte die Elektricität (die bei phlogistischen Processen überhaupt mitzuwirken scheint) auch an dem phlogistischen Lebensprocesse (den der Verfasser

Begeben wir uns aber, wie wir denn dazu genöthigt sind, dieses Begriffs (einer Lebenskraft), so sind wir genöthigt, nun in ein ganz entgegengesetztes System zu flüchten, in welchem auf einmal wieder Geist und Materie einander gegenüberstehen, unerachtet wir jetzt so wenig begreifen, wie Geist auf Materie, als wir bisher begreifen konnten, wie Materie auf Geist wirke.

Geist, als Princip des Lebens gedacht, heißt Seele. Ich werde nicht wiederholen, was man gegen die Philosophie der Dualisten schon längst eingewandt hat. Man hat sie bis jetzt großentheils aus Principien bestritten, die so wenig Gehalt hatten als das bestrittene System selbst. Wir fragen nicht, wie eine Verbindung von Seele und Leib überhaupt möglich sey, (eine Frage, zu der man nicht berechtigt ist, weil sie der Fragende selbst nicht versteht) sondern — was man verstehen kann und beantworten muß, wie nur überhaupt die Vorstellung einer solchen Verbindung *in uns* gekommen sey. Daß ich denke, vorstelle, will, und daß dieses Denken u. s. w. so wenig ein Resultat meines Körpers seyn kann, daß vielmehr dieser selbst nur durch jenes Vermögen, zu denken und zu wollen, *mein* Körper wird, weiß ich gar wohl. Ferner, es sey indeß verstattet zum Behuf der Spekulation das Princip der Bewegung vom Bewegten, Seele vom Körper zu unterscheiden, unerachtet wir, sobald vom Handeln die Rede ist, diese Unterscheidung gänzlich vergessen. Nun ist mit all diesen Voraussetzungen doch so viel offenbar, daß, wenn Leben und Seele, die letztere als etwas vom Körper Verschiedenes, in mir ist, ich von beiden nur durch *unmittelbare* Erfahrung gewiß werden kann. Daß ich *bin* (denke, will, u. s. w.), ist etwas, das ich wissen muß, wenn ich nur überhaupt etwas weiß. Wie also eine Vorstellung von meinem eigenen Seyn und Leben in mich komme, verstehe ich, weil ich, wenn ich nur überhaupt etwas verstehe, dieses verstehen muß. Auch weil ich mir meines eigenen Seyns unmittelbar bewußt bin, beruht der Schluß auf eine Seele in mir, wenn auch die Konsequenz falsch seyn sollte, wenigstens auf *Einem* unzweifelbaren

annimmt) Antheil haben, oder Elektricität *die Lebenskraft selbst seyn?* Ich halte es für *mehr als wahrscheinlich*".

Vordersatz, dem, daß ich bin, lebe, vorstelle, will. Aber wie komme ich nun dazu, Seyn, Leben u. s. w. auf Dinge außer mir überzutragen. Denn sobald dieß geschieht, verkehrt sich mein unmittelbares Wissen alsobald in ein mittelbares. Nun behaupte ich aber, daß von Seyn und Leben nur ein unmittelbares Wissen möglich ist und daß, was ist und lebt, nur insofern ist und lebt, als es vorerst und vor allem andern für sich selbst da ist, seines Lebens durch sein Leben sich bewußt wird. Gesetzt also es komme in meiner Anschauung vor ein organisirtes Wesen, das sich frei bewegt, so weiß ich gar wohl, daß dieses Wesen existirt, daß es für mich da ist, nicht aber auch, daß es für sich selbst und an sich da ist. Denn das Leben kann so wenig außer dem Leben als das Bewußtseyn außer dem Bewußtseyn vorgestellt werden[1]. Also ist auch eine empirische[2] Ueberzeugung davon, daß etwas außer mir lebe, schlechterdings unmöglich. Denn, kann der Idealist sagen, daß du dir organisirte, frei sich bewegende Körper vorstellst, kann auch nur zu den nothwendigen Eigenheiten deines Vorstellungsvermögens gehören; und die Philosophie selbst, die alles außer mir belebt, läßt doch die Vorstellung dieses Lebens außer mir nicht von außen in mich kommen. Wenn aber diese Vorstellung nur in mir entsteht, wie kann ich überzeugt werden, daß ihr etwas außer mir entspreche? Auch ist offenbar, daß ich von einem Leben und Selbstseyn außer mir nur praktisch überzeugt werde. Ich muß praktisch dazu genöthigt seyn, Wesen, die mir gleich seyen, außer mir anzuerkennen. Wäre ich nicht genöthigt, mit Menschen außer mir in Gesellschaft und in alle praktischen Verhältnisse, die damit verbunden sind, zu treten; wüßte ich nicht, daß Wesen, die der Erscheinung der äußeren Gestalt nach mir ähnlich sind, nicht mehr Gründe haben, Freiheit und Geistigkeit in mir anzuerkennen, als ich habe, dieselbe in ihnen anzuerkennen; wüßte ich endlich nicht, daß meine moralische Existenz erst durch die Existenz anderer moralischer Wesen außer mir Zweck und Bestimmung erhält, so könnte ich, der bloßen Spekulation überlassen,

[1] Jacobis David Hume. S. 140.

[2] theoretische (Erste Auflage).

allerdings zweifeln, ob hinter jedem Antlitz Menschheit und in jeder Brust Freiheit wohne. — Dieß alles wird durch unsere gewöhnlichsten Urtheile bestätigt. Nur von Wesen außer mir, die sich mit mir im Leben auf gleichen Fuß setzen, zwischen welchen und mir Empfangen und Geben, Leiden und Thun völlig wechselseitig ist, erkenne ich an, daß sie geistiger Art sind. Dagegen, wenn etwa die neugierige Frage aufgeworfen wird, ob auch den Thieren eine Seele zukomme, ein Mensch von gemeinem Verstande alsobald stutzig wird, weil er mit der Bejahung derselben etwas einzuräumen glaubte, was er nicht unmittelbar wissen kann [1].

Gehen wir endlich zurück auf den ersten Ursprung des dualistischen Glaubens, daß eine vom Körper verschiedene Seele wenigstens in mir wohne, was ist denn wohl jenes in mir, was selbst wieder urtheilt, daß ich aus Körper und Seele bestehe, und was ist dieses Ich, das aus Körper und Seele bestehen soll? Hier ist offenbar etwas noch Höheres, das, frei und vom Körper unabhängig, dem Körper eine Seele gibt, Körper und Seele zusammendenkt und selbst in diese Vereinigung nicht eingeht — wie es scheint, ein höheres Princip, in welchem selbst Körper und Seele wieder identisch sind.

Endlich, wenn wir auf diesem Dualismus bestehen, so haben wir nun ganz in der Nähe den Gegensatz, von dem wir ausgingen: Geist und Materie. Denn immer noch drückt uns dieselbe Unbegreiflichkeit, wie zwischen Materie und Geist Zusammenhang möglich sey. Man kann sich das Abschneidende dieses Gegensatzes durch Täuschungen aller Art verbergen, kann zwischen Geist und Materie so viel Zwischenmaterien schieben, die immer feiner und feiner werden, aber irgend einmal muß doch ein Punkt kommen, wo Geist und Materie Eins oder wo der große Sprung, den wir so lange vermeiden wollten, unvermeidlich wird, und darin sind alle Theorien sich gleich. Ob ich die Nerven von animalischen Geistern, elektrischen Materien oder Gasarten durchströmen oder davon erfüllt seyn, und durch sie Eindrücke zum Sensorium von

[1] was er nur von sich und seinesgleichen auszusagen Fug und Recht habe. (Erste Auflage.)

außen fortpflanzen lasse, oder ob ich die Seele bis in die äußersten (noch dazu problematischen) Feuchtigkeiten des Hirns (ein Versuch, der wenigstens das Verdienst hat, das *Aeußerste* gethan zu haben) verfolge, ist in Rücksicht auf die *Sache* völlig gleichgültig. Es ist klar, daß unsere Kritik ihren Kreislauf vollendet hat, nicht aber, daß wir über jenen Gegensatz, von dem wir ausgingen, um das Geringste klüger geworden sind, als wir es anfangs waren. Wir lassen den Menschen zurück, als das sichtbare, herumwandernde Problem aller Philosophie, und unsere Kritik endet hier an denselben Extremen, mit welchen sie angefangen hat.

Fassen wir endlich die Natur in Ein Ganzes zusammen, so stehen einander gegenüber *Mechanismus*, d. h. eine abwärts laufende Reihe von Ursachen und Wirkungen, und *Zweckmäßigkeit*, d. h. Unabhängigkeit vom Mechanismus, Gleichzeitigkeit von Ursachen und Wirkungen. Indem wir auch diese beiden Extreme noch vereinigen, entsteht in uns die Idee von einer Zweckmäßigkeit *des Ganzen*, die Natur wird eine Kreislinie, die in sich selbst zurückläuft, ein in sich selbst beschlossenes System ist. Die Reihe von Ursachen und Wirkungen hört völlig auf und es entsteht eine wechselseitige Verknüpfung von *Mittel* und *Zweck*; das Einzelne konnte weder ohne das Ganze, noch das Ganze ohne das Einzelne *wirklich* werden.

Diese absolute Zweckmäßigkeit des Ganzen der Natur nun ist eine Idee, die wir nicht willkürlich, sondern *nothwendig* denken. Wir fühlen uns gedrungen, alles einzelne auf eine solche Zweckmäßigkeit des Ganzen zu beziehen; wo wir etwas in der Natur finden, das zwecklos oder gar zweckwidrig zu seyn scheint, glauben wir den ganzen Zusammenhang der Dinge zerrissen oder ruhen nicht eher, bis auch die scheinbare Zweckwidrigkeit in anderer Rücksicht zur Zweckmäßigkeit wird. Es ist also eine nothwendige Maxime der reflektirenden Vernunft, in der Natur überall Verbindung nach Zweck und Mittel vorauszusetzen. Und ob wir gleich diese Maxime nicht in ein constitutives Gesetz verwandeln, befolgen wir sie doch so standhaft und so unbefangen, daß wir offenbar voraussetzen, die Natur werde unserm Bestreben, absolute Zweckmäßigkeit in ihr zu entdecken, freiwillig gleichsam entgegenkommen. Ebenso gehen wir mit vollem Zutrauen auf die Uebereinstimmung der Natur mit den Maximen unserer reflektirenden Vernunft von speciellen, untergeordneten Gesetzen zu allgemeinen, höheren Gesetzen fort; und von Erscheinungen sogar, die noch in der Reihe unserer Kenntnisse isolirt da stehen, hören wir doch nicht auf, a priori vorauszusetzen, daß auch *sie* noch durch irgend ein gemeinschaftliches Princip unter sich zusammenhangen. Und nur da glauben wir an eine Natur außer uns, wo wir Mannichfaltigkeit der Wirkungen und Einheit der Mittel erblicken[1].

Was ist denn nun jenes geheime Band, das unsern Geist mit der Natur verknüpft, oder jenes verborgene Organ, durch welches die Natur zu unserm Geiste oder unser Geist zur Natur spricht? Wir schenken euch zum voraus alle eure Erklärungen, wie eine solche zweckmäßige Natur *außer uns* wirklich geworden. Denn diese Zweckmäßigkeit daraus erklären, daß ein göttlicher Verstand ihr Urheber sey, heißt nicht philosophiren, sondern fromme Betrachtungen anstellen. Ihr habt uns damit so gut wie nichts erklärt; denn wir verlangen zu wissen, nicht, wie eine solche Natur außer uns entstanden, sondern, wie auch nur die *Idee* einer solchen Natur *in uns* gekommen sey; nicht etwa nur, wie wir sie willkürlich erzeugt haben, sondern wie und warum sie ursprünglich und *nothwendig* allem, was unser Geschlecht über Natur von jeher gedacht hat, zu Grunde liegt. Denn die Existenz einer solchen Natur *außer mir* erklärt noch lange nicht die Existenz einer solchen Natur *in mir*: denn wenn ihr annehmt, daß zwischen beiden eine vorherbestimmte Harmonie stattfinde, so ist ja ebendas der Gegenstand unserer Frage. Oder wenn ihr behauptet, daß wir eine solche Idee auf die Natur nur *übertragen*, so ist nie eine Ahndung von dem, was uns Natur ist und seyn soll, in eure Seele gekommen. Denn wir wollen, nicht daß die Natur mit den Gesetzen unsers Geistes *zufällig* (etwa durch Vermittelung eines *Dritten*) zusammentreffe, sondern daß *sie selbst* nothwendig und ursprünglich die Gesetze unsers Geistes nicht

[1] wo wir *Unendlichkeit* der Wirkungen und *Endlichkeit* der Mittel erblicken. (Erste Auflage).

nur ausdrücke, sondern selbst realisire, und daß sie nur insofern Natur sey und Natur heiße, als sie dieß thut.

Die Natur soll der sichtbare Geist, der Geist die unsichtbare Natur seyn. Hier also, in der absoluten Identität des Geistes in uns und der Natur außer uns, muß sich das Problem, wie eine Natur außer uns möglich sey, auflösen. Das letzte Ziel unserer weiteren Nachforschung ist daher diese Idee der Natur; gelingt es uns, diese zu erreichen, so können wir auch gewiß seyn, jenem Problem Genüge gethan zu haben.

* * *

Dieß sind die Hauptprobleme, welche aufzulösen der Zweck dieser Schrift seyn soll.

Aber diese Schrift beginnt nicht von oben (mit Aufstellung der Principien), sondern von unten (mit Erfahrungen und Prüfung der bisherigen Systeme).

Erst wenn ich beim Ziel, das ich mir vorgesetzt habe, angekommen bin, wird man mir verstatten, die durchlaufene Bahn rückwärts zu wiederholen.

Ist eine Philosophie der Geschichte möglich?

Aus der
Allgemeinen Uebersicht der neuesten philosophischen Literatur im Philosophischen Journal von den Jahren 1797 und 1798.

Satz: Es ist keine Philosophie der Geschichte möglich.

Dieser Satz ist erweislich dadurch etwa, daß man zeigt, es finde sich in dem Begriff der Geschichte ein Merkmal vor, das jener Combination widerspreche; es ist also nöthig, zu fragen: was man sich überhaupt mit dem Begriff der Geschichte denke?

Der Etymologie nach ist Geschichte Kenntniß des Geschehenen. Sie hat also zum Gegenstand nicht das Bleibende, Beharrliche, sondern das Veränderliche, in der Zeit Fortschreitende. Aber die Sphäre, die wir durch diese Bestimmung beschreiben, ist für den gemeinen Begriff der Geschichte noch unendlich zu weit, wir werden also an einzelnen Beispielen eine engere Begrenzung des Begriffs Geschichte aufsuchen müssen.

Die Natur ist der Inbegriff alles Geschehenden und qualificirt sich dadurch zum Objekt der Geschichte. Gleichwohl ist nicht jede Begebenheit in der Natur historischer Art. Zwar finden wir Naturbegebenheiten in den Annalen der Geschichte verzeichnet: so spricht man darin von der allgemeinen Fluth, von Erderschütterungen u. s. w. Allein es ist leicht einzusehen

1) Daß alle diese Begebenheiten nicht als Naturerscheinungen, sondern als Naturerfolge, die den Menschen als Naturwesen mit betroffen haben, in die Geschichte aufgenommen werden. So mag zwar die Erscheinung eines Haarsterns in einer Chronik aus barbarischem Zeitalter figuriren, in eine Geschichte gehört sie nicht, als insofern sie Einfluß auf die Handlungen damals lebender Menschen gehabt hat; insofern mag der Geschichtschreiber von den Meteoren reden, die man als Vorboten von Cäsars Tode angesehen, oder von der Mondsfinsterniß, die Colombus auf Hispaniola prophezeite.

2) Naturbegebenheiten können ihre Aufnahme in die Geschichte überhaupt nur der Unwissenheit der Menschen verdanken. Denn wenn

sie z. B. auffallende Meteore u. dergl. zu erklären gewußt hätten, hätten sie nicht geglaubt, daß sie Vorboten seyen künftiger Schicksale; oder warum werden die alltäglichen Naturbegebenheiten nicht in der Geschichte erwähnt? Hätte der erste Mensch die Geschichte des ersten auf der Erde verlebten Tages erzählt, gewiß hätte er diese Geschichte mit dem prächtigen Schauspiel des Sonnenaufgangs (wie wir mit dem Hervorgang der Welt aus dem Chaos) eröffnet. Oder wenn eines jener ephemerischen Insekten, die am Morgen entstehen und am Abend vergehen, die Geschichte seines Lebens hinterließe, wird es nicht den Lauf dieses Gestirns historisch erzählen?

Also: *Begebenheiten, die man periodisch regelmäßig wiederkehren sieht, gehören nicht in die Geschichte*, auch wenn man die Regel dieser Wiederkehr nicht *einsieht* (denn man setzt sie voraus); wie viel weniger also, wenn man sie einsieht! (Daraus erhellt zum voraus, daß die Geschichte nicht in *periodischen Cirkeln* gehen kann, wie *Mendelssohn* glaubte, sondern daß sie *fortschreitend* seyn muß.)

Der Lauf der Gestirne, ihre periodische Erscheinung u. s. w. ist für den Menschen *Geschichte* nur so lange, als er das Regelmäßige nicht *bemerkt*. Kann er es vollends gar *bestimmen*, so giebt es keine Geschichte des Himmels mehr. Seitdem man gelernt hat, Sonnenfinsternisse zu berechnen, haben sie aufgehört, Objekt der Geschichte zu seyn. Man zeichnet die Eruptionen feuerspeiender Berge auf; könnte man eine Regel ihrer Wiederkehr erst nur bemerken und endlich gar aufstellen, so könnte man dieser Aufzeichnung entbehren. Wären die Berechnungen der Wiederkehr eines Kometen zuverlässiger, so dürften wir ihre Bestätigung nicht erst von der Geschichte erwarten. Also: *was a priori zu berechnen ist, was nach nothwendigen Gesetzen geschieht, ist nicht Objekt der Geschichte; und umgekehrt, was Objekt der Geschichte ist, muß nicht a priori zu berechnen seyn.*

Die Naturbeschreibung hat sich bisher nicht ganz mit Unrecht Na*turgeschichte* genannt. Denn da sie sich nicht anmaßen kann, ihr

System als treue Copie der Natur selbst aufzustellen, so ist jede neue Entdeckung für dasselbe ein historischer, d. h. nicht vorhergesehener Zuwachs; und da manche Thier- oder Pflanzenart gefunden werden kann, für welche es in dem bisherigen System keinen Gattungsbegriff gibt, kann eine solche Entdeckung nicht anders als historisch nachgeführt werden.

Indeß, wenn es auch gelingen sollte, die Naturgeschichte je zum Natursystem zu erheben, so würde dann doch Raum für eine Naturgeschichte im eigentlichen Sinn übrig bleiben. Und hier befinden wir uns an einem Punkt, von welchem aus über unsre ganze Untersuchung Licht sich verbreiten muß.

Es ist allerdings eine (in physikalischer Rücksicht) sehr gewagte Hypothese, die manchem sogar ans Abenteuerliche zu grenzen scheinen mag, daß alle einzelnen Organisationen nur verschiedene Stufen der Entwickelung einer und derselben Organisation bezeichnen; in welchem Falle das Urbild für sie alle in die Mitte unsers jetzigen Natursystems fallen müßte. Allein wenn man auch von dieser Idee abgeht, bleibt noch immer eine andre weniger gewagte Hypothese übrig, diese nämlich: daß der jetzige Zustand der organischen Natur von dem ursprünglichen höchst verschieden sey; wovon nicht nur die Trümmer untergegangener Geschöpfe (gleichsam als ob die Natur ihre ursprüngliche Anlage für diese Entfernung von der Sonne zu groß oder zu unvollkommen entworfen hätte ... woraus man schließen könnte, daß ihre Originale auf andern Planeten fortdauern ...) einen historischen Beweis abgeben, sondern wozu man auch durch das Interesse der Vernunft, welche die größte Einheit in der größten Mannichfaltigkeit verlangt, einerseits, und den Anblick der übereinstimmenden Eigenschaften verschiedener unter verschiedenen Arten aufgeführter Bildungen sich gedrungen fühlt; da man nämlich, wenn man eine ursprüngliche Veränderlichkeit der organischen Natur annähme, die ursprünglichen Gattungen der Zahl nach außerordentlich vermindern und (wovon Kant an der Menschen Species schon ein Beispiel gegeben hat) eine Menge scheinbar verschiedener Arten auf Abartungen derselben Gattung zurückführen könnte.

Welche von beiden Ideen auch realisirbar wäre, so würde doch die Ausführung einer jeden uns auf eine Naturgeschichte im eigentlichen Sinn des Worts führen. Nach der ersten würden wir uns die Natur in ihrer Freiheit denken, wie sie eine ursprüngliche Organisation (die eben deßwegen jetzt nirgends mehr existiren könnte) nach allen möglichen Richtungen hin entwickelt, wie sie hier die eine Kraft auf Kosten der andern unterdrückt, dort bei geringerer, hier bei höherer Intensität der organischen Kräfte ein Gleichgewicht derselben unter einander erreicht; — wobei man noch überdieß den Vortheil hätte, die äußern Verschiedenheiten der Erdgeschöpfe in Ansehung der Anzahl, der Größe, Struktur und Funktion der Organe auf eine ursprünglich innere Verschiedenheit des Verhältnisses der organischen Kräfte (wovon jene nur das äußere Phänomen wären) zurückführen zu können. — Im andern Fall würden wir zwar nicht ein gemeinschaftliches Urbild für alle Organisationen, wohl aber gemeinschaftliche Urbilder für viele jetzt getrennte Arten, die einer allmählichen, durch besondere Natureinflüsse hervorgebrachten, *Abweichung* vom Original ihren Ursprung verdanken, zu Grunde legen müssen.

Daß aber eine solche Darstellung der Natur *Naturgeschichte* würde, könnte sonst nirgends herkommen, als daher, daß wir hier die Natur gleichsam in *Freiheit*, deßwegen aber doch nicht in *Gesetzlosigkeit* erblicken, weil alle ihre Produkte zwar durch *Abweichung*, aber doch nur durch Abweichung von einem *Ideal*, dessen Grenzen sie nirgends überschreitet, entstanden sind.

Und so wären wir denn auf den Satz gekommen, dessen Wichtigkeit für unsre Untersuchung erst in der Folge ganz einleuchten wird, nämlich: *daß Geschichte überhaupt nur da ist, wo ein Ideal und wo unendlich-mannichfaltige Abweichungen von demselben im Einzelnen, doch völlige Congruenz mit demselben im Ganzen stattfindet*; ein Satz, aus welchem denn auch zum voraus einleuchtet, daß Geschichte überhaupt nur von Wesen, die den Charakter einer *Gattung* ausdrücken, möglich ist; daher wir allein auch aus diesem Satz das Befugniß, das Menschengeschlecht in der Geschichte als *Ein Ganzes* vorzustellen, werden ableiten können.

Wir kehren jetzt zu unserem eigentlichen Gegenstande zurück. In der Natur, sofern wir sie in ihren Produktionen als durch ein ihr vorschwebendes Urbild geleitet annehmen, ist ein Schein der Freiheit, aber auch nur ein *Schein*. — (Woher dieser Schein ursprünglich in die Natur komme, muß in einer Philosophie der Natur abgeleitet werden.) — Es findet also auch nur ein Schein von *Naturgeschichte* statt. Indessen verhilft diese Analogie uns doch zu der Einsicht: daß Geschichte im einzigen, wahrsten Sinn nur da stattfindet, wo es *absolut*, d. h. für jeden Grad der Erkenntniß, *unmöglich ist, die Richtungen einer freien Thätigkeit a priori zu bestimmen* (nämlich die Richtungen der freien Thätigkeit der Natur in ihren Bildungen als nothwendig a priori einzusehen, mag wohl relativ, in Bezug auf uns, nicht aber *absolut* unmöglich seyn).

Alles bisherige aber zusammengefaßt, gibt als Resultat folgende Sätze:

1) *Was nicht progressiv ist, ist kein Objekt der Geschichte.*

Der Begriff von *progressiv* aber muß genauer bestimmt werden. Der Mechanismus z. B. ist, obgleich eine Folge von Handlungen in ihm stattfindet, nicht *progressiv*, weil diese Handlungen im Kreise gehen, wo dann jeder solcher Cyklus von Handlungen nur Einer (immer wiederholten) Handlung gleichgerechnet werden kann. — So gibt es aus demselben Grunde auch keine *Geschichte der Thiere*, als nur im uneigentlichsten Sinn. *Erstens* keine Geschichte des einzelnen Thiers (*als* solchen). Denn es ist eingeschlossen in einem Cirkel von Handlungen, über den es nie hinaustritt; was es ist, ist es auf immer, was es seyn wird, ist ihm durch Gesetze eines höhern zwar, aber doch unverbrüchlichen, Mechanismus vorgezeichnet. Dem Menschen aber ist seine Geschichte nicht vorgezeichnet, er kann und soll seine Geschichte sich selbst machen; denn das eben ist der Charakter des Menschen, daß seine Geschichte, obgleich sie in praktischer Hinsicht planmäßig seyn *soll*, doch (eben deßwegen) in theoretischer Rücksicht es nicht seyn kann. — Analogisch nur spricht man von einer Geschichte solcher Thiere, in denen

Kunsttrieb ist, z. B. von einer Geschichte des Bibers, der Bienen u. s. w., weil man an ihrer produktiven Arbeitsamkeit ein Analogon von Freiheit wahrzunehmen glaubt, obgleich auch das Täuschung ist, weil, wenn wir den innern Mechanismus der organischen Kräfte eines solchen Thiers einsehen könnten, alle Zufälligkeit jener Produkte verschwinden würde — (vom Gedicht, das auf ächt poetische Art entstanden ist, muß keine Geschichte möglich seyn).

Aus demselben Grunde gibt es nun auch keine Geschichte der Thierheit, oder des Thiergeschlechts überhaupt, weil die Gattung nicht fortschreitet, weil jedes einzelne Individuum den Begriff der Gattung vollkommen ausdrückt, weil jedes einzelne das Ideal seiner Gattung realisirt, weil sonach kein Realisiren in einer Unendlichkeit aufeinanderfolgender Generationen, weil sonach auch keine Ueberlieferung von Geschlecht zu Geschlecht, kein Aufbauen auf das Fundament des frühern, keine Vermehrung des von den vorhergehenden Erlangten, kein Hinausschreiten über die Grenze, an welcher diese stille standen, in dieser Aufeinanderfolge denkbar ist.

2) Wo Mechanismus ist, ist keine Geschichte, und umgekehrt, wo Geschichte ist, ist kein Mechanismus.

Könnten wir uns z. B. die Geschichte einer Uhr denken, die immer regelmäßig (der Einheit ihres Princips gemäß) geht? Aus doppeltem Grunde nicht: einmal, weil in ihr keine Freiheit des Princips, und dann, weil (1) in ihr keine Mannichfaltigkeit der Handlung ist, denn es ist eine und dieselbe immer wiederholte Begebenheit, die wir an ihr sehen. Daher ist auch der Mensch nach der Uhr — der selbst Maschine geworden ist (er aß, trank, nahm ein Weib und starb) — kein Objekt — nicht einmal der Erzählung.

Diese beiden Sätze auf den allgemeinsten Ausdruck gebracht, geben folgenden Satz:

3) Wovon eine Theorie a priori möglich ist, davon ist keine Geschichte möglich, und umgekehrt, nur was keine Theorie a priori hat, hat Geschichte.

Wenn also der Mensch Geschichte (a posteriori) hat, so hat er sie nur deßwegen, weil er keine (a priori) hat; kurz, weil er seine Geschichte nicht mit-, sondern selbst erst hervorbringt.

Ehe wir aus diesem Satz weiter folgern, erlaube man uns einige Erläuterungen.

Es wird für uns, dieß ist der Sinn unserer Behauptung, alles zur Geschichte, was wir nicht a priori bestimmen können. Es kommt also auch nicht darauf an, ob etwas einen bestimmten Mechanismus hat oder nach bestimmten Gesetzen geschieht, sondern ob wir diesen Mechanismus einsehen und seine Gesetze angeben können. Absichtlich demnach kann z. B. der Dichter zur Geschichte machen, was nicht Geschichte ist, eine nothwendige Begebenheit, die er als zufällig darstellt (nicht auf den allgemeinen Naturmechanismus bezieht). Deßwegen verstattet man dem Geschichtschreiber (der immer zugleich Dichter ist) eine Art der Superstition; denn wenn er seine Kunst versteht, wird er keine Naturbegebenheit leicht in die Geschichte aufnehmen, ohne dabei mehr als bloße Natur (eine höhere, obgleich verborgene Hand) vermuthen zu lassen. In allen Wissenschaften ist die Geschichte — der Theorie vorangegangen. So ist die griechische Mythologie (wo auch ihr Geburtsort seyn möge) ursprünglich nichts anders, als ein historischer Schematismus der Natur (die man noch nicht zu erklären anfing) gewesen. — So wird jede Lehre von Dingen einer übersinnlichen Welt (weil wir für diese Welt keine Naturgesetze haben) zur Geschichte; und jede Religion, die theoretisch ist, geht in Mythologie über und wird und soll immer Mythologie seyn und nie etwas anderes werden (denn sie kann überhaupt nur poetische Wahrheit haben, und nur als Mythologie ist sie wahr).

Je mehr sonach die Grenzen unsers Wissens sich erweitern, desto enger werden die Grenzen der Geschichte (daher steht bei manchem die Sphäre seiner historischen Kenntnisse im umgekehrten Verhältniß mit der Sphäre seines eigentlichen Wissens; — denn wie wenige wissen, was Wissen heißt!). — So ist in andrer Rücksicht, daß wir Geschichte haben, Werk unserer Beschränktheit. Denn hätten wir je unsere ganze Aufgabe erfüllt und das Absolute realisirt: dann würde es auch für jeden Einzelnen und für das ganze Geschlecht kein anderes Gesetz geben, als das Gesetz seiner vollendeten Natur, alle Geschichte würde sonach aufhören; daher das Gefühl der Langweile, das jeder Vorstellung eines absoluten Vernunftzustandes (wie der Vorstellung eines Theaterstücks, worin nur vollkommene Wesen, oder der Lectüre eines Romans — wie der Richardsonschen — wo Idealmenschen auftreten, oder eines christlichen Heldengedichts, worin Engel — überhaupt die langweiligsten aller Wesen — die Hauptrolle spielen) unausbleiblich sich anheftet. — — Wenn wir daher ein Absolutes außer uns setzen, so könnte es für dieses keine Geschichte geben, unsere eigene Geschichte wäre sonach eine bloße Täuschung, und die Freiheit, welche der glückliche Traum unserer Beschränktheit uns vorspiegelte, wäre in Ansehung jenes Wesens (das wir nicht kennen) eiserne Nothwendigkeit. Daher gibt es im Dogmatismus keine Freiheit, sondern nur Fatalismus, und umgekehrt, die Philosophie, die von Freiheit ausgeht, hebt ebendamit alles Absolute außer uns auf.

Wenn also der Mensch nur insofern Geschichte haben kann, als sie nicht a priori bestimmt ist, so folgt auch daraus, daß eine Geschichte a priori widersprechend in sich selbst ist; und, wenn Philosophie der Geschichte so viel ist, als Wissenschaft der Geschichte a priori — daß eine Philosophie der Geschichte unmöglich ist. Was zu beweisen war[1].

[1] Eine Fortsetzung dieses Aufsatzes erschien nicht. Die „Allgemeine Uebersicht" endigt mit diesem Artikel. D. H.

Ueber Offenbarung und Volksunterricht.

(Zuerst erschienen im Philosophischen Journal 1798, zweites Heft.)

Die kurzen Bemerkungen, welche ich über die angezeigten Gegenstände hier mittheile, sind aus Gelegenheit der Niethammerschen Schrift: Doctrinae de revelatione modo rationis praeceptis consentaneo stabiliendae periculum, 1797 (einer Schrift, die wegen der strengen Consequenz, mit welcher sie die Pseudophilosophie der neuesten Theologen entnervt, diesen besonders eine heilsame Lectüre seyn dürfte) niedergeschrieben worden. Was ich gegen diese Abart von Philosophie im Folgenden gesagt habe, ist meistens aus jener Abhandlung genommen. — Das Uebrige muß allein auf meine Rechnung geschrieben werden.

* * *

Es ist Zeit endlich, daß man aufhöre, den Offenbarungsbegriff als Vernunftidee, oder gar als ein Postulat der praktischen Vernunft zu betrachten. Denn die vorgebliche praktische Nothwendigkeit oder Annehmbarkeit einer Offenbarung ist schon jetzt auf die Nothwendigkeit oder Annehmbarkeit eines äußern Hülfsmittels der Moralität (dergleichen die Offenbarung seyn soll) reducirt. Wobei dann zweierlei vorausgesetzt wird: erstens, daß es überhaupt eines solchen Hülfsmittels bedürfe, ein Satz, der aus der wahren Moral, als mit der Freiheit und der Reinheit des sittlichen Entschlusses unverträglich, endlich ohne Barmherzigkeit verbannt werden muß; denn es gibt kein lediglich äußeres Adjument der Moralität; was Hülfsmittel der Sittlichkeit ist, ist es nicht an sich selbst, sondern weil und inwiefern wir es dazu gemacht haben. In diesem Sinn aber wird es wohl nichts in der Welt geben, das nicht Adjument der Moralität werden könnte. Wenn also Offenbarung (und dieß ist das zweite, was vorausgesetzt wird) vor andern und vorzugsweise ein solches Hülfsmittel ist, so muß sie es ihrer Natur nach, sie muß es an sich seyn, es muß nicht von unserem guten Willen (unserer Freiheit) abhangen, ob sie es ist; sie muß ein solches seyn, schlechthin weil sie existirt; sie muß unsere Moralität so nothwendig befördern, als das Athmen z. B. unsere Lebensfunktionen; denn wenn ihr Gebrauch, als eines Adjuments, von unserem freien Entschluß abhängig gemacht wird, so setzt dieser Gebrauch zu moralischem Zweck die Moralität selbst schon voraus; wo also ein solches Mittel anschlagen könnte, ist es nicht zu appliciren, und wo es applicabel ist, bedarf man seiner nicht mehr.

So sieht sich also der Vertheidiger der moralischen Nothwendigkeit einer Offenbarung selbst endlich getrieben, die Existenz einer Offenbarung vor allem darzuthun; man kann ihn zwingen, diesen Begriff aus den Schlupfwinkeln der praktischen Postulate in das freie offene Feld der Naturbegriffe zu ziehen, und seine Realität, wie die Realität jedes andern Naturobjekts, auf theoretische Probe bringen zu lassen.

Damit wird nun auch dieser Begriff in seine alte Dignität restituirt, in welcher ihn die consequenten, über unsere Halbphilosophen unendlich erhabenen Theologen der vorigen Zeit standhaft zu erhalten suchten. Denn ob sie gleich auch an moralische Argumente für die Existenz einer Offenbarung dachten, sahen sie doch wohl ein, daß die Realität dieses Begriffes auf allzuschwachen Stützen ruhen würde, wenn sie nicht zu denselben theoretische Beglaubigungen hinzufügen könnten.

Dazu kommt noch, daß eben diejenige Philosophie (wenn dieser oft mißbrauchte Name auch hier mißbraucht werden darf), welche die Offenbarung als ein praktisches Postulat aufstellt, von der Natur und dem Wesen praktischer Postulate ganz falsche Begriffe haben muß. Denn da ein großer Theil jener Philosophen ohne Hehl bekennt, daß es um die theoretische Realität jenes Begriffs sehr mißlich aussehe, daß er durch theoretische Vernunft inconstruktibel, d. h. daß er schlechthin unvernünftig sey, und da ebendieselben doch von einer praktischen Realität dieses

Begriffs träumen, so müssen sie in dem Wahne stehen, daß, was theoretisch höchst unvernünftig ist, doch *praktisch* (was mögen sie wohl dabei denken?) höchst vernünftig seyn könne. Nach ihren eigenen Gründen würde man vergeblich fragen; ihr einziger Grund ist, daß sie glauben, das Wesen des *Kantianismus* (und hinter dem Zeitalter zurückbleiben wollen sie doch nicht) bestehe darin, daß, was zur Vorderthüre aus der Philosophie hinausgeschafft worden ist, zur Hinterthüre (der praktischen Postulate) wieder eingeführt werde. Solche hinterrücks wieder eingeführte Contrebande ist nun diesen Philosophastern auch der Begriff der Offenbarung; und diesem Schleichhandel, über den unter männlich und herzhaft denkenden Männern nur Eine Stimme seyn kann, ein Ende zu machen, ist, wie mir dünkt, der Hauptzweck der obengenannten Abhandlung gewesen.

Es ist am Tage, daß man dadurch, daß jener Begriff praktisches Postulat wird, eine theoretische Construktion desselben nicht umgehen kann. Zwar ist es sehr leicht, diesen Begriff zu analysiren, und die bestimmten Merkmale, die man in ihn hineingelegt hat, auch wieder aus ihm herauszuwickeln; aber ein solches Manöver kann nur den Kurzsichtigsten verhindern, nach dem letzten Grund der Realität dieses willkürlich zusammengesetzten Begriffs zu fragen. Dieser letzte Grund aber kann nichts anders seyn, als eine synthetische Construktion (oder ursprüngliche Zustandebringung) dieses Begriffs. Insofern sagt derselbe aus, daß eine individuelle Einwirkung Gottes auf die Sinnenwelt und auf den menschlichen Geist geschehe; wobei, wie von selbst einleuchtet, der Begriff von Gott als einem individuellen, persönlichen Wesen — und zwar einem in der Sinnenwelt wirksamen Wesen — vorausgesetzt wird, wodurch dann jene Philosophen in die größte Inconsequenz verfallen, da sie vorher die Idee der *Gottheit* selbst nur als praktische Realität habend, d. h. als Objekt des Thuns und des Handelns, nicht als Objekt eines kategorischen *Wissens* (eines Wissens, das auf ein *Daseyn* geht) aufgestellt haben.

Zugleich — es sey mir erlaubt, dieß von dem Meinigen hinzuzufügen — setzen sie in dem menschlichen Geiste eine *Receptivität* voraus, die seiner ganzen Natur zuwider ist. Denn da das Wesen des Geistes in Aktivität besteht, so ist er nur eines solchen Leidens empfänglich, das in anderer Rücksicht zugleich ein Thun ist, d. h. es kann im menschlichen Geiste keine absolute Passivität gedacht werden, und jeder Begriff ist seiner Natur nach falsch, der eine absolute Passivität im menschlichen Geiste voraussetzt. — (Daran, als allgemeinem Probiersteine kann jede transscendente Behauptung geprüft werden.) — Nun läßt aber eine Offenbarung, so wie sie in jener Philosophie bestimmt wird, d. h. eine reelle Einwirkung des höchsten Wesens auf den menschlichen Geist, dem letztern nichts als absolute Passivität übrig; denn das höchste Wesen ist absolut-aktiv, das nothwendige Correlat aber der absoluten Aktivität ist die absolute Passivität. Mithin ist jener Begriff der Offenbarung, den eignen Principien dieser Philosophie nach, völlig falsch; denn in theoretischer Rücksicht gestehen sie selbst, daß er ebensowenig construktibel ist, als z. B. der Begriff der Hexerei; in praktischer Rücksicht aber (in Bezug auf die Freiheit) zerstört er sich selbst, weil er mit der Freiheit zusammen nicht bestehen kann.

Nun wollen aber diese Philosophen doch, daß er mit der Freiheit zusammenbestehe, denn sie statuiren einen Vernunftgebrauch in Sachen der Offenbarung. Daß dieser ihren Begriffen nach undenkbar ist, hätten sie längst aus der Schrift desselben Verfassers „Ueber Religion als Wissenschaft" lernen müssen, wenn sie eines anhaltend consequenten Denkens fähig wären. Es ist daher kein Wunder, daß diejenigen, welche noch einigermaßen consequent zu denken im Stande waren, am Ende auf den Begriff einer mittelbaren Offenbarung kommen mußten. Dieser Begriff aber enthält keine Spur mehr von dem, was der Begriff der Offenbarung ursprünglich bedeutete, und es ist eine der Philosophie unwürdige Gleißnerei, den Namen einer Sache beibehalten und äternisiren zu wollen, nachdem ihr Begriff längst verschwunden ist.

Dieses Verfahren suchten sie nun freilich zu beschönigen. Aber, wie gewöhnlich war auch hier die Beschönigung schlimmer, als die beschönigte Sache. Lessing hatte die Offenbarung als Mittel der

Erziehung des Menschengeschlechts aufgestellt. Was er damit sagen wollte, weiß, wer mit seinem Geiste vertraut ist. Gewiß war dieser so durchein ganze und durchgreifende Geist von jener Halbphilosophie unendlich entfernt, die man aus dieser Idee herausgesponnen hat. In seiner Biographie steht manche Stelle aus Briefen von ihm, die ein Schwert seyn sollte in der Seele jener Aufklärer, die zu Lessings Zeit gelebt zu haben sich rühmen und noch jetzt von Zeit zu Zeit uns Nachkommenden ihr schwaches Lämpchen aufstecken. „Ich sollte es der Welt mißgönnen, schreibt er, daß man sie mehr aufzuklären sucht? Ich sollte es nicht von Herzen wünschen, daß ein jeder über Religion vernünftig denken möge? Ich würde mich verabscheuen, wenn ich selbst bei meinen Schreibereien einen andern Zweck hätte, als jene große Absicht befördern zu helfen. Laß mir aber nur doch meine eigene Art, wie ich das thun zu können glaube. Und was ist simpler, als diese Art? Nicht das unreine Wasser, welches längst nicht mehr zu brauchen, will ich beibehalten wissen. Ich will es nur nicht eher weggegossen wissen, als bis man weiß, woher reines zu nehmen. — — Mit der Orthodoxie war man, Gott sey Dank! ziemlich zu Rande. Man hatte zwischen ihr und der Philosophie eine Scheidewand gezogen, hinter welcher eine jede ihren Weg fortgehen konnte, ohne die andere zu hindern. Aber was thut man nun? Man reißt diese Scheidewand nieder und macht uns, unter dem Vorwand, uns zu vernünftigen Christen zu machen, zu höchst unvernünftigen Philosophen. Darin sind wir einig, daß unser altes Religionssystem falsch ist; aber das möchte ich nicht mit dir sagen, daß es ein Flickwerk von Stümpern und Halbphilosophen sey. Ich weiß kein Ding in der Welt, woran sich der menschliche Scharfsinn mehr geübt und gestärkt hätte, als an ihm. Flickwerk von Stümpern und Halbphilosophen ist das Religionssystem, welches man jetzt an die Stelle des alten setzen will, und mit weit mehr Einfluß auf Vernunft und Philosophie setzen will, als sich das alte anmaßte.“

Man hört wohl, in welcher Zeit diese Stelle geschrieben. Zuverlässig würde Lessing jetzt anders schreiben. Denn warum sollte man jetzt nicht zufrieden seyn, daß es so gekommen ist? Wäre jene Scheidewand geblieben, so hätten die Abergläubigen immer ruhig ihr Wesen treiben mögen. Nun sie niedergerissen ist, soll sie es bleiben; und man muß sorgen, daß aus dem doppelten Wege, der diesseits und jenseits hinlief, Eine Heerstraße werde, worauf künftig alle Welt wandle. Warum soll man den Volksbetrügern die Larve nicht abziehen? Man muß sich nicht irre machen lassen durch die Rotte von Halbköpfen, die, weil ihr Lichtputzeramt [1] zu Ende geht, den anbrechenden Tag verwünschen. Oder soll, damit die Johanniswürmer fortleuchten, oder irgend ein faules Holz noch scheine, die Sonne nicht aufgehen?

Es war von Betrug die Rede. Denn eben darin sind eben diejenigen, welche die Offenbarung ihrem Begriff nach aufheben, doch alle einig, daß man sie nach wie vor — wenn nicht als Popanz — doch als Auktorität für das Volk brauchen müsse. Aber es ist und bleibt Betrug — Betrug in der heiligsten Sache — eine Auktorität zu gebrauchen, von deren Nullität man überzeugt ist. Gesetzt auch, daß ein solcher Gebrauch anfangs nütze (obgleich dieß unmöglich ist, weil er die Bildung zur Selbstständigkeit aufhebt), heiligt der Zweck das Mittel, und wird dieses falsche Mittel nicht in der Folge selbst für den höhern Zweck destructiv werden? — Nun ist überdieß jener Begriff des Volks ein höchst relativer Begriff. „Er bezeichnet ein Publikum, das zu Principien sich zu erheben entweder nicht Muße oder nicht Fähigkeit genug hat? — Aber zu welchen Principien denn? Zu den eurigen wohl gar? Aber ihr gesteht z. B. und habt dessen keinen Hehl, daß ihr zu den Principien, welche andere, und mit ihrem vollkommensten Rechte, für die höchsten halten, euch eurerseits auch nicht erheben könnt. Mithin würden diese mit demselben Rechte euch in Ansehung ihrer Principien zum Volk rechnen, mit welchem ihr andre in Ansehung eurer

[1] Im großen Concertsaal zu Leipzig, der mit Gemälden des in Allegorieen besonders starken Hrn. Oeser ausgeschmückt ist, wird unter andern der Aufklärungstrieb vorgestellt unter dem Bilde eines muntern Knaben, welcher — mit der Scheere die Flamme reinigt, „damit," sagt der Erklärer, „das Licht der Erkenntniß allen Augen heller leuchte". S. Leipzig, ein Handbuch für Reisende, von Claudius.

Principien dazu rechnet. Ihr empört euch dagegen — ihr noch unendlich Blindere, als die Blinden, die ihr zu führen unternehmt! Was gibt euch das Recht, über eure Brüder euch zu erheben? — Vielleicht weil sie nicht auf gelehrten Schulen gewesen sind, oder orientalische Sprachen, oder irgend ein philosophisches Compendium auswendig gelernt haben? — sie am Gängelbande führen zu wollen, da ihr kaum Kraft genug habt, euch selbst zu führen? —

Jede Gesellschaft in religiöser Absicht ist eine *völlig gleiche* Gesellschaft. Eigentlich ist hier, so sehr das den Pfaffenstolz beugen mag, keiner *Lehrer* und keiner *Schüler*. Nur die Wahrheiten, von welchen vorausgesetzt wird, daß alle an sie glauben, sollen durch gemeinschaftliches Bekenntniß (wo auch Einer im Namen aller redet) belebt, die Empfindungen, von welchen man alle als durchdrungen annimmt, stärker hervorgerufen werden[1]. Der Staat kann es den Bürgern nicht verwehren, eine solche Vereinigung einzugehen. Aber verhindern kann er, daß nicht in dieser Gesellschaft Entzweiung, Streit, und dadurch Skandal entstehe. *Darum* allein, nicht etwa, weil man euch klüger glaubt, als das, was ihr *Volk* nennt, kann in einer solchen Gesellschaft von *Untersuchung*, von Zurückgehen auf die Principien nicht die Rede seyn. Was darin gelehrt wird, wird als anerkannt vorausgesetzt. Jeder Unterricht aber, der nicht aus *Principien* geschieht, ist seiner Natur nach *historisch*. Die Ideen, mit welchen die religiöse Versammlung zur moralischen Kraft sich belebt, werden als *vorhanden* (seit alter Zeit) unter der Menschheit vorausgesetzt; und es ist ein besonderes Glück auch für das kultivirteste Volk, wenn eine religiöse Urkunde aus der Vorwelt vorhanden ist, in welcher jene Ideen *historisch* niedergelegt sind. Die Geschichte der Religion ist dann eine fortgehende Offenbarung oder symbolische Darstellung jener Ideen, sowie überhaupt die ganze Geschichte unsers Geschlechts nichts anders ist, als die fortgehende Entwicklung des moralischen Weltplans, den wir als prädestinirt durch die Vernunft (insofern sie absolut ist) annehmen müssen.

[1] Ich verweise hierüber ganz auf *Fichtes* Sittenlehre (S. 475), wo dasselbe gesagt und bewiesen ist.

Denn — damit ich hier sage, was auch zur Erläuterung anderer Behauptungen dient — die Vernunft kann überhaupt in einer doppelten Funktion betrachtet werden. Entweder betrachtet man sie als *absolut*; insofern ist sie nichts anders, als die urerste Synthesis, aus welcher in unendlichen Reihen alles einzelne sich evolvirt; und so sind alle Phänomene der äußern Welt und alle Begebenheiten der Geschichte nichts als verschiedene Reihen, in welchen jene urerste Synthesis *successiv* sich entwickelt. Insofern die Vernunft umgekehrt von den *einzelnen Evolutionen* zu der *ursprünglichsten Involution emporsteigt*, ist ihre Funktion *empirisch*. — Das Produkt der Vernunft in ihrer *absoluten* Funktion ist die *wirkliche*, in ihrer *empirischen* Funktion die *ideale* Welt.

So nun, da alles, was in der Wirklichkeit vorkommt, nur Entwickelung *einer absoluten Vernunft* ist, müssen wir auch in der Geschichte, und insbesondere in der Geschichte des menschlichen Geistes, überall die Spur jener *absoluten Vernunft* finden, die uns vom empirischen (lediglich *praktischen*) Standpunkt aus als *Vorsehung* erscheinen wird, die zum voraus gleichsam alles so angeordnet hat, wie wir es in der Wirklichkeit finden.

Darum auch werden wir in Philosophien und Religionen der alten Welt noch bewußtlos gleichsam und unvollständig entwickelt finden, was bei uns mit Bewußtseyn und vollständig sich entwickelt hat, und es wird leicht seyn, in jenen Denkmälern (wenn sie Urkunden der Volksreligion sind) *unsere Ideen* (d. h. die allgemeine Vernunft) zu erkennen.

Anders verstehe ich auch nicht, was in der obengenannten Abhandlung am Ende (als Resultat der Untersuchung) vom vernunftmäßigen Gebrauch der Offenbarung gesagt wird.

Sobald erwiesen ist, daß die Bedingungen der Construktion eines Begriffs falsch oder unmöglich sind, muß er aus dem System der Begriffe verschwinden. — Seine *scientifische* Dignität kann der Offenbarungsbegriff ferner nicht behaupten. Dieß hatte der obengenannte Verfasser früher schon in der Schrift „Ueber Religion als Wissenschaft" unwiderleglich dargethan, dadurch, daß er zeigte, jener Begriff, zum Princip erhoben, zerstöre allen Vernunftgebrauch. Das aber eben ist die Probe, ob ein Begriff scientifische Realität habe; denn jeder Begriff muß (sowie jede rechtliche Maxime zum allgemeinen Gesetz des Handelns) zum allgemeinen Princip des Wissens ohne Gefahr erweitert werden können, wenn er ein wahrer und reeller Begriff ist.

Soll nun aber deßwegen der Offenbarungsbegriff völlig aus der Welt verschwinden? Diese Frage hat der Verfasser jetzt in der obengenannten Schrift beantwortet und gezeigt, daß er, wenn er in einem System des Wissens nicht mehr Platz findet, dagegen eine sichere Stelle in der Methodenlehre des Volksunterrichts finden werde.

Es wird daher einem Hirten des Volks immer wohl anstehen, zu verhüten, daß dieses nicht durch unvorsichtige Herabsetzung der positiven Lehre auch an den religiösen Ideen, deren Vehikel sie war, irre werde. Dagegen wird er in dem Eifer (ne quid detrimenti etc.) nicht so weit gehen, die gelehrte Untersuchung der Ungelehrten wegen hemmen zu wollen, vielmehr bescheiden sich innerhalb seiner Grenzen halten; denn, sagt Lessing, ein anderes ist ein Bibliothekar, ein anderes ein — Pastor[1].

[1] Wie oft wird man noch jetzt versucht, diese Worte zu parodiren! — Als Er, von dem in dieser Abhandlung mehrmals die Rede war, auf Zureden von Freunden in die Freimaurerei sich hatte einweihen lassen, tröstete ihn einer, daß er darin doch nichts wider Staat und Kirche gefunden. „Wollte Gott, ich hätte," erwiederte der Unvergeßliche, „so hätte ich doch etwas gefunden". — Andere anders. Z. B. Herr Oberhofprediger Reinhard in Dresden, der sich bitterlich beklagt, in der neuen Philosophie vieles gegen Staat und Kirche gefunden zu haben. Ganz natürlich. Ein anderes ist ꝛc.

Erster Entwurf

eines

Systems der Naturphilosophie.

Für Vorlesungen.

1799.

Vorrede.

An eine Schrift, die, wie die gegenwärtige, einzig und allein um als Leitfaden für Vorlesungen zu dienen geschrieben ist, können mit Recht nicht dieselben Forderungen gemacht werden, wie an eine solche, die ursprünglich für das größere Publicum bestimmt war.

Diese Schrift könnte erster Entwurf heißen schon deßwegen, weil vor ihr kein Versuch dieser Art existirt hat — (denn noch hat niemand für die dynamische Philosophie gewagt, was von le Sage für die mechanische gethan ist). — Allein die Aufschrift hat einen andern Sinn.

Der Verfasser hat zu hohe Begriffe von der Größe seines Unternehmens, um in der gegenwärtigen Schrift — (weit entfernt, das System selbst aufzustellen) — auch nur mehr als den ersten Entwurf anzukündigen.

Eines also ist es, was er fordert: der Leser erinnere sich bei seinem Urtheil, daß ihm die Akten noch nicht vollständig gegeben sind. Am wenigsten urtheile, wer nicht einmal weiß, was dem Verfasser Naturphilosophie oder speculative Physik bedeutet, sondern, wenn er ja urtheilen muß, erwarte er die Erklärung des Verfassers, welche in einer besondern Schrift über das Fundament und den innern Organismus eines Systems der speculativen Physik binnen Kurzem erfolgen wird. — Indeß mag der folgende Grundriß die Stelle einer Einleitung vertreten.

Jena, den 20. März 1799.

Grundriß des Ganzen.

Erster Hauptabschnitt.

Beweis, daß die Natur in ihren ursprünglichsten Produkten organisch ist.

I. Da über Natur philosophiren so viel heißt, als die Natur schaffen, so muß vorerst der Punkt gefunden werden, von welchem aus die Natur ins Werden gesetzt werden kann (S. 11—13).

Damit aus einer unendlichen (insofern idealen) produktiven Thätigkeit eine reelle werde, muß sie gehemmt, retardirt werden. Da aber die Thätigkeit eine ursprünglich unendliche ist, so kann es, auch wenn sie gehemmt wird, doch nicht zu endlichen Produkten kommen, und wenn es zu solchen kommt, können es bloß Scheinprodukte seyn, d. h. in jedem einzelnen muß wieder die Tendenz zur unendlichen Entwicklung liegen, jedes Produkt wieder in Produkte zerfallen können (11—20).

II. III. Die Analysis kann also nicht bei irgend etwas stillstehen, was noch Produkt ist, sondern nur bei dem rein Produktiven. Dieses absolut Produktive nur (was kein Substrat mehr hat, sondern Ursache alles Substrats ist), ist das absolut-Hemmende aller Analysis, zu welchem aber eben deßwegen die Analysis (die Erfahrung) nie gelangen kann. Es muß schlechthin in die Natur gesetzt werden, und es ist erstes Postulat aller Naturphilosophie. — Es muß das in der Natur (mechanisch und chemisch) Unüberwindliche seyn; als solches aber wird nur die Ursache aller ursprünglichen Qualität gedacht (S. 19). Dieses absolut Produktive wird durch den Begriff der einfachen Aktion bezeichnet. — (Princip einer dynamischen Atomistik) — (S. 22. u. f.).

Da in der Natur als Objekt ein unendliches Produkt sich evolvirt, so müßte, wenn die absolute Analysis als wirklich gedacht würde, eine unendliche Mannichfaltigkeit einfacher Aktionen, als der Elemente der Natur und aller Construktion der Materie gedacht werden (20).

(Es muß hier gleich erinnert werden, daß es zu dieser absoluten Analysis in der Natur nie kommen kann, daß also jene einfachen Aktionen auch nur die idealen Faktoren der Materie sind).

Diese einfachen Aktionen aber können sich durch nichts voneinander unterscheiden, als die ursprüngliche Figur, die sie produciren (worin wir dem Atomistiker beipflichten. Da es aber zur absoluten Evolution nicht kommt, wegen des allgemeinen, die Natur als Produkt zusammenhaltenden, Zwangs zur Combination (34), so können diese Grundgestalten nicht als existirend gedacht werden, gegen den Atomistiker)[1]. Sie müssen also gedacht werden als sich aufhebend; als ineinander greifend (Cohäsion, 29 u. f.). Das ursprünglichste Produkt dieses Ineinandergreifens ist die ursprünglichste Flüssigkeit — das absolut Incomponible, eben deßwegen absolut Decomponible. — (Ansicht der Wärme-, der elektrischen und der Lichterscheinungen aus diesem Gesichtspunkt (34—36). — Vermittelst dieses Princips würde es zur Aufhebung aller Individualität — also auch alles Produkts, in der Natur kommen. Dieß ist unmöglich. Es muß also ein Gegengewicht in der Natur seyn, dadurch daß die Materie von der andern Seite sich in das absolut Indecomponible verliert. Aber dieses kann wiederum nicht existiren, als insofern es zugleich das absolut Componible ist. — Die Natur kann weder in das eine noch das andere Extrem sich verlieren. Die Natur in ihrer Ursprünglichkeit also ein Mittleres aus beiden (S. 39).

Der Zustand der Gestaltung also der ursprünglichste, in dem die Natur erblickt wird. — Die Natur = einem Produkt, das von Gestalt in Gestalt übergeht, zwar nach einer gewissen Ordnung, wodurch es aber doch abermals zu keinem bestimmten Produkte kommt ohne absolute Hemmung der Bildung. — Es wird bewiesen, daß eine solche nur dann denkbar ist, wenn der Bildungstrieb nach entgegengesetzten Richtungen sich entzweit, was auf einer tiefern Stufe als Geschlechtsverschiedenheit erscheinen wird (44).

Beweis, daß dadurch die Permanenz verschiedener Entwicklungsstufen in der Natur gesichert ist (49 u. f.).

Aber alle diese verschiedenen Produkte = Einem auf verschiedenen Stufen gehemmten Produkt, Abweichungen von Einem ursprünglichen Ideal. Beweis aus der Continuität der dynamischen Stufenfolge in der Natur (63 u. f.), und daraus die Grundaufgabe der ganzen Naturphilosophie: die dynamische Stufenfolge in der Natur abzuleiten.

IV. Es sind individuelle Produkte in die Natur gesetzt worden, aber die Natur geht auf einen allgemeinen Organismus. — Ankämpfen der Natur gegen alles Individuelle.

Deduktion der nothwendigen Wechselbestimmung der Receptivität und der Thätigkeit in allem Organischen (was sich tiefer unten als

[1] Wenn man die Natur als Objekt für reell, und nicht als durch Evolution, sondern als durch Synthesis entstanden, ansieht (wie man denn auf dem empirischen Standpunkt nicht anders kann), ist die Atomistik nothwendig, sie sey nun mechanisch oder dynamisch. — Durch die transscendentale Ansicht, zu welcher die speculative Physik zuletzt sich erhebt, ändert sich alles völlig um.

Erregbarkeit darstellt) (S. 73), und Aufhebung dieser Wechselbestimmung in den entgegengesetzten Systemen

a) der chemischen Physiologie, welche in den Organismus bloße Receptivität (kein Subjekt) setzt.

b) dem System, das eine absolute (durch keine Receptivität vermittelte) Thätigkeit — eine absolute Kraft zu leben, in den Organismus setzt (S. 81). Vereinigung beider Systeme im Dritten (S. 79 ff.).

Aber wenn in den Organismus als das Vermittelnde seiner Thätigkeit nothwendig Receptivität gesetzt wird, so liegt in ihm selbst die Voraussetzung einer ihm entgegengesetzten — anorgischen — Welt von bestimmter Einwirkung auf ihn — welche Welt aber eben deßwegen, weil sie eine bestimmte (unveränderliche) ist, selbst wieder unter äußerer Einwirkung stehen (gleichsam in erzwungenem Zustand seyn) muß, um so zusammen mit ihrer organischen Welt wieder gemeinschaftlich ein Inneres zu bilden.

Dieß müßte sich ableiten lassen aus den Bedingungen einer anorgischen Welt überhaupt.

Zweiter Hauptabschnitt.

Deduktion der Bedingungen einer anorgischen Natur.

Deduktion der Möglichkeit eines bloßen Neben- und Außereinander (94). Da ein solches nur als Tendenz zum Ineinander denkbar ist, wird eine Ursache postulirt, die diese Tendenz unterhält.

a) Deduktion der allgemeinen Schwere (94—95). Entgegengesetzte Systeme, das mechanische und
das metaphysische System der Attraktion (98—104).

Drittes aus beiden: System der physischen Attraktion, abgeleitet aus der Theorie der allgemeinen Weltbildung (104—126).

b) Mit der allgemeinen Schwere ist in die Natur die Tendenz zur allgemeinen Intussusception gelegt. Als Hypothese angenommen, daß es zur wirklichen Intussusception komme, so wird die Aktion der Schwere nur der erste Impuls dazu seyn; es wird also, um sie wirklich zu machen, eine von ihr verschiedene Aktion hinzukommen. — Es wird gefordert eine solche in der Natur aufzuzeigen (128).

Beweis, daß das Princip alles chemischen Processes einer bestimmten Sphäre nicht wieder Produkt derselben, sondern einer höheren Sphäre ist. (Deduktion des Sauerstoffs) 129—131. — Folgerung, daß die positive Aktion in jedem chemischen Processe der niederen Sphäre von der höheren ausgehen muß.

Beweis, daß das Licht in dem uns bekannten Theil des Universums Phänomen einer solchen von den Weltkörpern höherer Ordnung auf die subalternen ausgeübten dynamischen Aktion sey. (Verbrennung = einem Uebergang entgegengesetzter Affinitätssphären ineinander, 131—136).

c) Deduktion eines entgegengesetzten Verhältnisses aller Erdsubstanzen zu jener Aktion — elektrische Verhältnisse der Körper.

Unterschied des elektrischen und chemischen Processes. Das Princip, das in den einen unmittelbar eingreift, ist das mittelbar bestimmende des andern (140—142).

d) Verhältniß der Aktion der Schwere zur chemischen Aktion (143 u. f.).

Dritter Hauptabschnitt.

Wechselbestimmung der organischen und anorgischen Natur.

I. Der höchste Begriff, wodurch der Zusammenhang des Organismus mit einer anorgischen Welt ausgedrückt wird, ist der Begriff der Erregbarkeit. — Duplicität, welche dadurch in den Organismus gesetzt wird, und Ableitung derselben aus der allgemeinen Organisation des Universums (144—148).

Vollständige Vereinigung der entgegengesetzten Systeme, welche den Organismus entweder als bloßes Objekt oder als bloßes Subjekt setzen, im dritten, was ihn als erregbar setzt (148 u. f.). — Ableitung einer Ursache der Erregbarkeit, deren Bedingung Duplicität, die ihrer Tendenz nach chemisch, eben deßwegen ursprünglich nicht-chemisch, und darauf gegründeter vollständiger Beweis der Möglichkeit eines höheren dynamischen Processes (dergleichen der Lebensproceß), der, obgleich selbst nicht chemisch, doch dieselbe Ursache und dieselben Bedingungen hat, wie der chemische Proceß (— 154).

II. Ableitung der einzelnen organischen Funktionen aus dem Begriff der Erregbarkeit.

a) Da die Erregbarkeit Duplicität voraussetzt, — kann die Ursache von jener nicht wieder Ursache von dieser seyn. Es wird also eine Ursache postulirt, die Duplicität nicht mehr voraussetzt — eine Ursache der Sensibilität, als organischen Thätigkeitsquells (— 160).

b) Bestimmung der Thätigkeit, deren Quell sie ist, und der Bedingungen dieser Thätigkeit (im Galvanismus) — Irritabilität (— 171).

c) Erlöschen dieser Thätigkeit im Produkt — Produktionskraft mit allen ihren Zweigen (Nutrition 172—174, Secretion 175—178, Wachsthum 179, Kunsttrieb (thierische Instinkte überhaupt) 180—191. — Metamorphose, Zeugungstrieb 191—194).

III. Folge aus dem Vorhergehenden.

a) Daß die organischen Funktionen eine der andern untergeordnet, daß sie sich entgegengesetzt in Ansehung ihres Erscheinens (Hervortretens) im Individuum sowohl als der ganzen organischen Natur.

b) Daß durch diese Entgegensetzung (weil die höhere Funktion durch das Uebergewicht der untergeordneten verdrängt wird) eine dynamische Stufenfolge in der Natur begründet ist.

c) Beweis dieser dynamischen Stufenfolge (194—196) aus

aa) einer Wechselbestimmung der Sensibilität und Irritabilität (196—203),
bb) — — der Sensibilität und Produktionskraft (203—204),
cc) — — Irritabilität und Produktionskraft (—205) durch die ganze organische Natur.

Schlußfolge: daß es ein und dasselbe Produkt ist, was von der höchsten Stufe der Sensibilität endlich in die Reproduktionskraft der Pflanze sich verliert.

d) Beweis, daß in der allgemeinen und der anorgischen Natur dieselbe dynamische Stufenfolge herrsche wie in der organischen (207—220).

Allgemeines Schema dieser Stufenfolge.

Organische,	Allgemeine,	Anorgische Natur.
Bildungstrieb,	Licht,	Chemischer Proceß,
Irritabilität,	Elektricität,	Elektrischer Proceß,
Sensibilität,	Ursache des Magnetismus?	Magnetismus?[1]

e) Höchste Aufgabe der Naturphilosophie: Welche Ursache aus der allgemeinen Identität der Natur die erste Duplicität (von der alle andern Gegensätze bloße Abkömmlinge sind) hervorgebracht (220).

(Anhang zu III. Theorie der Krankheit, abgeleitet aus der dynamischen Stufenfolge in der Natur (220—239).

IV. Nicht nur die untergeordneten Funktionen des Organismus, sondern auch die ihnen entsprechenden allgemeinen Kräfte (Elektricität, chemischer Proceß) setzen eine ursprüngliche Heterogeneität voraus — die Auflösung jener Aufgabe (welches die Ursache der ursprünglichen Heterogeneität?) ist also zugleich eine Theorie des chemischen Processes, und umgekehrt.

Allgemeine Theorie des chemischen Processes (S. 240—261).

a) Begriff des chemischen Processes (240—242).

b) Materielle Bedingungen des chemischen Processes. — Beweis, daß im chemischen wie im elektrischen Proceß nur Ein Gegensatz herrsche (242—249).

c) Da aller chemische (und elektrische) Proceß vermittelt ist durch eine erste Heterogeneität, so hat diese für die allgemeine Natur dieselbe Funktion, wie die Sensibilität für die organische. — Vollständiger Beweis, daß es der Magnetismus ist, der für die allgemeine Natur das ist, was die Sensibilität für die organische, daß ihm, wie dieser alle organischen, alle dynamischen Kräfte des Universums untergeordnet sind — daß er, wie die Sensibilität in der organischen, allgemein ist in der anorgischen

[1] Da die untergeordneten Kräfte in der allgemeinen wie in der organischen Natur eine ursprüngliche Heterogeneität schon voraussetzen, so wird eine Heterogeneität (aus Homogeneität) hervorbringende Ursache postulirt, an deren Stelle vorerst bloß hypothetisch die Ursache des allgemeinen Magnetismus gesetzt wird.

Natur (und aufgehoben, wo er es ist, nur für die Erscheinung). — Schluß auf die Identität der letzten Ursache der Sensibilität und des Magnetismus (— 257).

d) Vollständige Construktion des chemischen und alles dynamischen Processes (257—261).

aa) Da eine Intussusception zwischen heterogenen Körpern möglich ist, nur insofern das Homogene selbst in sich entzweit wird, so kann kein homogener Zustand absolut, sondern nur Indifferenzzustand seyn. Um diesen zu erklären, muß im Universum eine allgemeine von Produkt zu Produkt sich fortpflanzende Wirkung durch (magnetische) Vertheilung, als das allgemein Bestimmende aller Qualität (und darum der Magnetismus als allgemein) angenommen werden (— 260).

bb) Ferner, um Heterogeneität in die einzelne dynamische Sphäre und dadurch die Möglichkeit einer Aufhebung des dynamischen Indifferenzzustandes zu bringen — eine Mittheilung zwischen der höheren und niederen Affinitätssphäre (durch das Medium des Lichts (— 261). Durch die letztere ist die äußere Bedingung des dynamischen Processes (Heterogeneität), durch jene die innere (Entzweiung im Homogenen selbst) gegeben.

V. Die jetzt abgeleitete dynamische Organisation setzt das Universum als Gerüste voraus.

Deduktion der Kräfte, durch welche (unter Voraussetzung einer ursprünglichen Duplicität in der Natur) die Evolution des Universums bedingt ist,

der expansiven,
der retardirenden und
der Schwerkraft,

welche (in ihrer Unabhängigkeit voneinander) allein die Natur als ein für jeden Moment der Zeit wie des Raums bestimmtes Produkt und eine reelle Construktion der Materie möglich machen (261—268).

I.

Welcher Gegenstand Objekt der Philosophie seyn soll, derselbe muß auch als schlechthin **unbedingt** angesehen werden. Es fragt sich, inwiefern der Natur **Unbedingtheit** könne zugeschrieben werden.

1) Vorerst müssen wir uns des Begriffs des Unbedingten zu versichern suchen: dazu aber bedürfen wir einiger Sätze, die aus der Transscendentalphilosophie als bekannt vorausgesetzt werden.

Erster Satz. Das Unbedingte kann überhaupt nicht in irgend einem einzelnen **Ding**, noch in irgend etwas gesucht werden, von dem man sagen kann, daß es **ist**. Denn was ist, nimmt nur an dem Seyn Theil, und ist nur eine einzelne Form oder Art des Seyns. — Umgekehrt kann man vom Unbedingten niemals sagen, daß es **ist**. Denn es ist das **Seyn selbst**, das in keinem endlichen Produkte sich ganz darstellt, und wovon alles Einzelne nur gleichsam ein besonderer Ausdruck ist.

Erläuterung. Was durch diesen Satz behauptet wird, gilt ganz allgemein und für das Unbedingte in jeder Wissenschaft. Denn obschon zum absolut-Unbedingten im menschlichen Wissen nur die Transscendentalphilosophie sich erhebt, so muß diese doch selbst erweisen, daß jede Wissenschaft, die nur **Wissenschaft** ist, ihr Unbedingtes hat. Der obige Satz gilt also auch für die Naturphilosophie; „es kann in keinem einzelnen Naturding, **als solchem**, das Unbedingte der Natur gesucht werden"; vielmehr offenbart sich in jedem Naturding ein **Princip** des

Seyns, das nicht selbst ist. — Daß nun aber das Unbedingte überhaupt nicht unter dem Prädicat des Seyns gedacht werden könne, folgt von selbst daraus, daß es als Princip alles Seyns an keinem höheren Seyn theilnehmen kann. Denn, wenn alles, was ist, nur gleichsam die Farbe des Unbedingten ist, so muß das Unbedingte selbst — gleich dem Licht, das keines höheren Lichtes bedarf, um sichtbar zu seyn — überall durch sich selbst offenbar werden.

Was ist nun aber der Transscendentalphilosophie das Seyn selbst, von dem alles einzelne Seyn nur eine besondere Form ist? Wenn nach Principien derselben alles, was ist, Construktion des Geistes ist, so ist das Seyn selbst nichts anderes als das Construiren selbst, oder da Construktion überhaupt nur als Thätigkeit vorstellbar ist, nichts anderes als die höchste construirende Thätigkeit, die, obgleich selbst nie Objekt, doch Princip alles Objektiven ist.

Diesem nach weiß die Transscendentalphilosophie von keinem ursprünglichen Seyn[1]. Denn wenn das Seyn selbst nur Thätigkeit ist, so kann auch das einzelne Seyn nur als eine bestimmte Form oder Einschränkung der ursprünglichen Thätigkeit angesehen werden. — Das Seyn soll nun ebensowenig etwas Ursprüngliches seyn in der Naturphilosophie,

> „der Begriff des Seyns als eines Ursprünglichen soll aus der Naturphilosophie (eben sowie aus der Transscendentalphilosophie) schlechthin eliminirt werden".

Dieß und nichts anderes sagt das Obige: „Die Natur soll als unbedingt angesehen werden"[2].

[1] von keinem Seyn an sich.

Bemerkung des Herausgebers. Diese Anmerkung, so wie alle folgenden, mit wenigen jedesmal zu bezeichnenden Ausnahmen, sind einem auf dem Katheder benutzten Handexemplar des Verfassers entnommen. Aus der gleichen Quelle stammen die, der Kürze halber hie und da in den Text selbst aufgenommenen, in [ ] eingeschlossenen Worte.

[2] Der Naturphilosoph behandelt die Natur wie der Transscendentalphilosoph das Ich behandelt. Also die Natur selbst ist ihm ein Unbedingtes. Dieß aber ist nicht möglich, wenn wir von dem objektiven Seyn in der Natur ausgehen. Das objektive Seyn ist in der Naturphilosophie so wenig etwas Ursprüngliches, als in der Transscendentalphilosophie.

Nun ist aber nach allgemeiner Uebereinstimmung die Natur selbst nichts anderes als der Inbegriff alles Seyns[1]; es wäre daher unmöglich, die Natur als ein Unbedingtes anzusehen, wenn nicht im Begriff des Seyns selbst die verborgene Spur der Freiheit entdeckbar wäre[2]. Darum behaupten wir: Alles Einzelne (in der Natur) sey nur eine Form des Seyns selbst, das Seyn selbst aber = absoluter Thätigkeit. Denn, wenn das Seyn selbst = Thätigkeit ist, so kann auch das einzelne Seyn nicht absolute Negation der Thätigkeit seyn. Das Naturprodukt selbst müssen wir uns allerdings unter dem Prädicat des Seyns denken. Aber dieses Seyn selbst ist von einem höheren Standpunkt angesehen nichts anderes als eine continuirlich-wirksame[3] Naturthätigkeit, die in ihrem Produkte erloschen ist. — Ursprünglich aber ist für uns in der Natur überhaupt kein einzelnes Seyn (als ein zu Stande gekommenes) vorhanden, denn sonst ist unser Thun nicht Philosophie, sondern Empirie. — Wir müssen, was Objekt ist, in seinem ersten Ursprung erblicken. Vorerst also ist alles, was in der Natur ist, und die Natur, als Inbegriff des Seyns, selbst für uns gar nicht vorhanden. Ueber die Natur philosophiren heißt die Natur schaffen. Jede Thätigkeit aber erstirbt in ihrem Produkte, denn sie ging nur auf dieses Produkt. Die Natur als Produkt kennen wir also nicht. Wir kennen die Natur nur als thätig, — denn philosophiren läßt sich über keinen Gegenstand, der nicht in Thätigkeit zu versetzen ist. Philosophiren über die Natur heißt, sie aus dem todten Mechanismus, worin sie befangen erscheint, herausheben, sie mit Freiheit gleichsam beleben und in eigne freie Entwicklung versetzen — heißt, mit andern Worten, sich selbst von der gemeinen Ansicht losreißen, welche in der Natur nur, was geschieht — höchstens das Handeln als Faktum, nicht das Handeln selbst im Handeln — erblickt[4].

[1] und insofern wäre die Natur als Objekt genommen.

[2] wenn nicht im Begriff des Seyns selbst die Spur eines höheren Begriffs, des Begriffs der Thätigkeit läge.

[3] gleichförmig-wirksame.

[4] Die ursprüngliche Produktivität der Natur verschwindet in der gewöhnlichen

2) Die erste Frage, wie der Natur Unbedingtheit zugeschrieben werden könne, haben wir durch die Behauptung beantwortet, die Natur müsse als *schlechthin thätig* angesehen werden. Diese Antwort aber treibt uns von selbst auf die neue Frage: wie kann die Natur als schlechthin thätig angesehen werden, oder deutlicher: *in welchem Lichte muß uns die ganze Natur erscheinen, wenn sie absolut thätig*[1] *ist?*

Diese Frage zu beantworten, muß uns der folgende Satz dienen.

Zweiter Satz. Absolute Thätigkeit ist nicht durch ein endliches, sondern nur durch ein **unendliches** Produkt darstellbar.

Erläuterung. Die Naturphilosophie, damit sie nicht in ein leeres Spiel mit Begriffen ausarte, muß für alle ihre Begriffe eine entsprechende *Anschauung* nachweisen. Es fragt sich daher, wie eine absolute Thätigkeit, wenn eine solche in der Natur ist, empirisch, d. h. im Endlichen, sich darstellen werde.

— Möglichkeit der Darstellung des Unendlichen im Endlichen — ist höchstes Problem aller Wissenschaften. Die untergeordneten Wissenschaften lösen dieses Problem für *besondere Fälle*. Die Transscendentalphilosophie hat es in der höchsten *Allgemeinheit* aufzulösen. — Diese Auflösung wird ohne Zweifel auf folgendes Resultat hinauskommen.

Der Schein, der die ganze Untersuchung über das Unendliche in allen Wissenschaften umgibt, rührt von einer Amphibolie dieses Begriffs selbst her. — Das *empirisch-Unendliche* ist nur die äußere Anschauung einer *absoluten (intellektuellen) Unendlichkeit*, deren Anschauung ursprünglich in uns ist, die aber nie zum Bewußtseyn käme ohne äußere, empirische Darstellung; der Beweis davon ist, daß diese Anschauung gerade dann eintritt, wenn die empirisch-unendliche Reihe vor der Einbildungkraft vernichtet wird, („*ich tilge sie, und du liegst ganz vor mir*"). Wenn nämlich nur das Endliche äußerlich

Ansicht über dem Produkt. Für uns muß das Produkt über der Produktivität verschwinden.

[1] produktiv.

angeschaut werden kann, so kann das Unendliche in der äußeren Anschauung gar nicht dargestellt werden, als durch eine Endlichkeit, die nie vollendet, d. h. selbst unendlich ist, mit andern Worten, durch das unendlich Werdende[1], wo dann die Anschauung des Unendlichen in keinem einzelnen Moment liegt, sondern nur in einem endlichen Progressus erzeugt werden soll, — in einem Progressus, den aber keine Einbildungskraft aushält, daher dann die Vernunft sich bestimmt, die Reihe entweder zu vernichten[2], oder, was der Mathematiker thut, wenn er eine Größe als unendlich groß oder klein annimmt, eine idealische Gränze der Reihe anzunehmen, die aber so weit hinausgerückt wird, daß man im praktischen Gebrauch niemals über sie hinaus zu gehen kann genöthigt werden.

Wie muß man sich nun aber eine unendliche Reihe vorstellen, wenn sie nur die äußere Darstellung einer ursprünglichen Unendlichkeit ist? Muß man glauben, daß das Unendliche in ihr durch Zusammensetzung erzeugt werde, oder vielmehr muß man sich jede solche Reihe in Continuität, als Eine ins Unendliche fließende Funktion vorstellen? — Daß in der Mathematik unendliche Reihen aus Größen zusammengesetzt werden, beweist nichts für jene Annahme. Die ursprünglich-unendliche Reihe, wovon alle einzelnen (in der Mathematik) nur Nachahmungen sind, entsteht nicht durch Zusammensetzung, sondern durch Evolution, durch Evolution Einer in ihrem Anfangspunkte schon unendlichen Größe, die durch die ganze Reihe hindurchfließt; in dieser Einen Größe ist ursprünglich die ganze Unendlichkeit concentrirt, die Successionen in der Reihe bezeichnen nur gleichsam die einzelnen Hemmungen[3], welche der Ausbreitung jener Größe in eine unendliche Reihe (einen unendlichen Raum), welche sonst mit unendlicher Geschwindigkeit geschehen und keine reale Anschauung verstatten würde, continuirlich Schranken setzen.

[1] durch das Werdenlassen.

[2] Wenn die Reihe vernichtet wird, bleibt nichts übrig als das Gefühl der unendlichen Tendenz in uns selbst — diese kommt jetzt zur Anschauung, und darauf jener Ausdruck des Dichters. Daraus wird nun klar, daß ursprünglich alle Unendlichkeit eigentlich in uns selbst liegt.

[3] durch die Reflexion.

Der eigentliche Begriff also für eine *empirische* Unendlichkeit ist der Begriff einer *Thätigkeit*[1], die *ins Unendliche fort gehemmt ist*; wie könnte sie aber doch ins Unendliche gehemmt werden, wenn sie nicht ins Unendliche flöße, und wenn nicht in jedem einzelnen Punkt der Linie, die sie beschreibt, noch ihre ganze Unendlichkeit läge?

Folgesätze für die Naturphilosophie,

(die zugleich als Beantwortung unserer zweiten obigen Frage anzusehen sind).

Erster Folgesatz. *Ist die Natur absolute Thätigkeit, so muß diese Thätigkeit als ins Unendliche gehemmt erscheinen*[2]. *(Der ursprüngliche Grund dieser Hemmung aber muß, da die Natur* **schlechthin** *thätig ist, doch nur wieder* **in ihr selbst** *gesucht werden).*

Zweiter Folgesatz. *Die Natur* **existirt** *als Produkt nirgends, alle einzelnen Produkte in der* Natur *sind nur Scheinprodukte, nicht das absolute Produkt, in welchem die absolute Thätigkeit sich erschöpft, und das immer* **wird** *und nie* **ist**[3].

Dem ersten Satz zufolge muß in der Natur eine *ursprüngliche Dualität* schlechthin vorausgesetzt werden. Denn weiter ableiten läßt sie sich nicht, weil sie die Bedingung ist, unter welcher allein ein Unendliches überhaupt endlich darstellbar, d. h. unter welcher überhaupt eine *Natur* möglich ist. Durch diesen ursprünglichen Gegensatz in ihr selbst wird nun die Natur eigentlich erst in sich selbst ganz und beschlossen[4].

[1] Tendenz.

[2] sonst ist keine empirische Darstellung davon möglich.

[3] Die Produktivität ist ursprünglich unendlich; also selbst wenn es zum Produkt kommt, ist dieses Produkt nur Scheinprodukt. Jedes Produkt ist ein Hemmungspunkt, aber in jedem Hemmungspunkt ist noch das Unendliche. (Die letzten Worte des Textes „und das immer *wird* und nie *ist*" sind im Handexemplar gestrichen).

[4] und das soll sie seyn

Da sie sich selbst ihre Sphäre gibt, so kann keine fremde Macht in sie eingreifen; alle ihre Gesetze sind immanent, oder: *die Natur ist ihre eigne Gesetzgeberin* (Autonomie der Natur).

Was in der Natur geschieht, muß sich auch aus den thätigen und bewegenden Principien erklären lassen, die in ihr selbst liegen, oder: *die Natur ist sich selbst genug* (Autarkie der Natur).

Zusammenfassen läßt sich beides in den Satz: *die Natur hat unbedingte Realität*[1], welcher Satz eben das Princip einer Naturphilosophie ist.

Die absolute Naturthätigkeit soll als ins Unendliche gehemmt erscheinen. Diese Hemmung der allgemeinen Naturthätigkeit (ohne welche es nicht einmal zu Scheinprodukten käme) läßt sich nun allerdings als das Werk entgegengesetzter Tendenzen in der Natur vorstellen. (Man denke sich Eine, von Einem Mittelpunkt nach allen Richtungen ausströmende, ursprünglich in sich selbst unendliche Kraft, so wird diese in keinem Punkt des Raums einen Moment verweilen, den Raum also leer lassen, wenn nicht eine entgegenwirkende (retardirende) Thätigkeit ihrer Expansion eine endliche Geschwindigkeit gibt[2]. Allein sobald man unternimmt, aus jenen entgegengesetzten Tendenzen die Construktion eines endlichen Produkts zu Stande zu bringen, begegnet man einer unauflöslichen Schwierigkeit. Denn man setze, daß beide an einem und demselben Punkte zusammentreffen, so werden sich ihre Wirkungen wechselseitig gegeneinander aufheben, und das Produkt wird = 0 seyn. Eben deßwegen aber muß behauptet werden, daß kein Produkt in der Natur das Produkt seyn kann, worin jene entgegengesetzten Thätigkeiten absolut zusammentreffen, d. h. in welchem die Natur selbst zur Ruhe gelangte. Man muß mit Einem Worte alle *Permanenz* in der Natur selbst schlechthin *leugnen*. Man muß behaupten, daß alles *Beharren* nur in der Natur als *Objekt* stattfindet, während die

[1] = die Natur hat ihre Realität aus sich selbst — sie ist ihr eignes Produkt — ein aus sich selbst organisirtes und sich selbst organisirendes Ganzes.

[2] = Kants Repulsiv- und Attraktivkraft, — was bloß der mechanische Ausdruck für etwas Höheres ist.

Thätigkeit der Natur, als Subjekts, unaufhaltsam fortgeht, und während sie selbst aller Permanenz continuirlich entgegenarbeitet. Das Hauptproblem der Naturphilosophie ist nicht, das Thätige in der Natur (denn das ist ihr sehr begreiflich, weil es ihre erste Voraussetzung ist), sondern das Ruhende, Permanente zu erklären. Zu dieser Erklärung aber gelangt sie eben durch jene Voraussetzung, daß das Permanente für die Natur eine Schranke ihrer eignen Thätigkeit sey[1]. Denn, wenn dieß ist, so wird die rastlose Natur gegen gegen jede Schranke ankämpfen; dadurch werden die Hemmungspunkte ihrer Thätigkeit in der Natur, als Objekt, Permanenz erhalten[2]. Die Hemmungspunkte werden für den Philosophen durch Produkte bezeichnet seyn; jedes Produkt dieser Art wird eine bestimmte Sphäre vorstellen, welche die Natur immer neu erfüllt, und in welche sich unaufhörlich der Strom ihrer Kraft ergießt.

Wenn man nun aber fragt (und das ist die Hauptfrage): wie es überhaupt möglich sey, alle diese einzelnen Produkte in der Natur nur als Scheinprodukte anzusehen, so findet sich folgende Antwort: Offenbar

[1] oder vielmehr, daß es permanent werde nur dadurch, daß es eine Schranke für die Produktivität der Natur ist.

[2] Beispiel: Ein Strom fließt in gerader Linie vorwärts, solange er keinem Widerstand begegnet. Wo Widerstand — Wirbel. Ein solcher Wirbel ist jedes ursprüngliche Naturprodukt, jede Organisation z. B. Der Wirbel ist nicht etwas Feststehendes, sondern beständig Wandelbares — aber in jedem Augenblick neu Reproducirtes. Kein Produkt in der Natur ist also fixirt, sondern in jedem Augenblick durch die Kraft der ganzen Natur reproducirt. (Wir sehen eigentlich nicht das Bestehen, sondern das beständige Reproducirtwerden der Naturprodukte). Zu jedem Produkt wirkt die ganze Natur mit. In der Natur sind gewisse Hemmungspunkte ursprünglich ausgesteckt — in der Folge vielleicht: daß nur Ein Hemmungspunkt, von welchem aus die ganze Natur sich entwickelt — vorerst aber können wir uns unendlich viele Hemmungspunkte in der Natur denken — an jedem solchen Punkt wird der Strom der Naturthätigkeit gleichsam gebrochen; ihre Produktivität vernichtet. Aber in jedem Moment kommt gleichsam ein neuer Stoß, eine neue Welle, die diese Sphäre aufs Neue erfüllt. Kurz also: die Natur ist ursprünglich reine Identität — nichts in ihr zu unterscheiden. Nun stellen sich Hemmungspunkte ein, gegen welche als Schranken ihrer Produktivität die Natur beständig ankämpft. Aber indem sie dagegen ankämpft, erfüllt sie diese Sphäre wieder mit ihrer Produktivität.

ist jedes (endliche) Produkt nur ein scheinbares Produkt, wenn in ihm selbst wieder die Unendlichkeit liegt, d. h. wenn es selbst wieder einer unendlichen Entwicklung fähig ist; denn wenn es zu dieser Entwicklung käme, so würde es überhaupt kein permanentes Daseyn haben; jedes Produkt, das jetzt in der Natur fixirt erscheint, würde nur einen Moment existiren, und in continuirlicher Evolution begriffen, stets wandelbar, nur erscheinend vorüberschwinden. Die oben gegebene Antwort auf die Frage: wie die Natur als schlechthin thätig könne angesehen werden, reducirt sich also jetzt auf folgenden

Satz. Die Natur ist schlechthin thätig, wenn in jedem ihrer Produkte der Trieb einer unendlichen Entwicklung liegt.

Unsern weiteren Untersuchungen ist der Gang damit vorgezeichnet. Es fragt sich nämlich zunächst: wie muß ein Produkt beschaffen seyn, das einer unendlichen Entwicklung fähig ist, und findet sich wirklich ein solches Produkt in der Natur vor? — Man bemerke wohl, daß wir mit dieser Frage zugleich auch eine andere beantworten, die schlechterdings beantwortet werden muß, diese nämlich: warum es in einem solchen Produkt doch nur bei der Tendenz zur unendlichen Entwicklung bleibt, warum es dieser Tendenz unerachtet als fixirt erscheint und nicht ins Unendliche sich verliert.

Anmerk. Der Satz: daß in jedem Individuum der Natur das Ganze — das Unendliche — sich spiegle, ist in der Transscendentalphilosophie eher als in der Naturphilosophie gehört worden. Denn jene hat ganz dieselbe Schwierigkeit zu erklären: wie entgegengesetzte Thätigkeiten in der Anschauung des Endlichen zusammentreffen, ohne sich wechselseitig aufzuheben. Man wird leugnen müssen, daß sie in irgend einem Produkte absolut zusammentreffen, man wird behaupten, daß der Geist überhaupt in keinem einzelnen Produkte — daß er überhaupt nicht in der Vereinigung, sondern in dem unendlichen Auseinanderhalten seiner entgegengesetzten Thätigkeiten (die nur durch dieses Auseinanderhalten selbst vereinigt sind) eine Anschauung seiner selbst habe. Man wird behaupten müssen, daß eben deßwegen jede einzelne

Anschauung nur scheinbar-einzeln, und daß eigentlich in jeder einzelnen zugleich die Anschauung des ganzen Universums enthalten sey. Der ursprüngliche Streit des Selbstbewußtseyns — für die transscendentale Schöpfung eben das, was der ursprüngliche Streit der Elemente für die physische — muß wie das Selbstbewußtseyn selbst unendlich seyn; er kann sich daher nicht in irgend einem einzelnen Produkt, sondern nur in einem Produkt, das immer wird, und nie ist, und in jedem Moment des Selbstbewußtseyns neu geschaffen wird, enden. — Um absolut Entgegengesetzte zu vereinigen, dehnt die produktive Einbildungskraft ihr wechselseitiges Aufheben in eine unendliche Reihe aus; durch dieses unendliche Ausdehnen — dieses unendliche Hinausrücken der absoluten Negation kommt allein das Endliche zu Stande.

Einleitung

zu dem

Entwurf eines Systems

der

Naturphilosophie.

Oder

über den Begriff der speculativen Physik

und

die innere Organisation eines Systems dieser Wissenschaft.

1799.

§. 1.

Was wir Naturphilosophie nennen ist eine im System des Wissens nothwendige Wissenschaft.

Die Intelligenz ist auf doppelte Art, entweder blind und bewußtlos, oder frei und mit Bewußtseyn produktiv; bewußtlos produktiv in der Weltanschauung, mit Bewußtseyn in dem Erschaffen einer ideellen Welt.

Die Philosophie hebt diesen Gegensatz auf, dadurch, daß sie die bewußtlose Thätigkeit als ursprünglich identisch und gleichsam aus derselben Wurzel mit der bewußten entsprossen annimmt: diese Identität wird von ihr unmittelbar nachgewiesen in einer entschieden zugleich bewußten und bewußtlosen Thätigkeit, welche in den Produktionen des Genies sich äußert; mittelbar, außer dem Bewußtseyn in den Naturprodukten, insofern in ihnen allen die vollkommenste Verschmelzung des Ideellen mit dem Reellen wahrgenommen wird.

Da die Philosophie die bewußtlose, oder, wie sie auch genannt werden kann, reelle Thätigkeit als identisch setzt mit der bewußten oder ideellen, so wird ihre Tendenz ursprünglich darauf gehen, das Reelle überall auf das Ideelle zurückzuführen, wodurch das entsteht, was man Transscendentalphilosophie nennt. Die Regelmäßigkeit in allen Bewegungen der Natur, die erhabene Geometrie z. B., welche in den Bewegungen der Himmelskörper ausgeübt wird, wird nicht daraus erklärt, daß die Natur die vollkommenste Geometrie, sondern umgekehrt daraus, daß die vollkommenste Geometrie das Producirende der Natur ist, durch welche Erklärungsart das Reelle selbst in die ideelle Welt versetzt wird, und jene Bewegungen in Anschauungen, die nur in uns selbst vorgehen, und denen nichts außer uns entspricht, verwandelt werden. Oder daß die Natur da, wo sie ganz sich selbst überlassen ist, in jedem Uebergange aus flüssigem in festen Zustand freiwillig gleichsam regelmäßige Gestalten hervorbringt, welche Regelmäßigkeit in den Krystallisationen höherer Art, den organischen, sogar noch Zweckmäßigkeit zu werden scheint, oder daß wir im Thierreich, diesem Produkt blinder Naturkräfte, Handlungen, die mit Bewußtseyn geschehenen an Regelmäßigkeit gleichkommen, oder selbst äußere in ihrer Art vollendete Kunstwerke entstehen sehen — dieß alles wird daraus erklärt, daß es eine bewußtlose, aber der bewußten ursprünglich verwandte Produktivität ist, deren bloßen Reflex wir in der Natur sehen, und die auf dem Standpunkt der natürlichen Ansicht als ein und derselbe blinde Trieb erscheinen muß, der von der Krystallisation an bis herauf zum Gipfel organischer Bildung (wo er auf der einen Seite durch den Kunsttrieb wieder zur bloßen Krystallisation zurückkehrt) nur auf verschiedenen Stufen wirksam ist.

Nach dieser Ansicht, da die Natur nur der sichtbare Organismus unseres Verstandes ist, *kann* die Natur nichts anderes als das Regel- und Zweckmäßige produciren, und die Natur ist *gezwungen* es zu produciren. Aber *kann* die Natur nichts als das Regelmäßige produciren, und producirt sie es mit Nothwendigkeit, so folgt, daß sich auch in der als selbständig und reell gedachten Natur und dem Verhältniß ihrer Kräfte wiederum der Ursprung solcher regel- und zweckmäßigen Produkte als nothwendig muß nachweisen lassen, *daß also das Ideelle auch hinwiederum aus dem Reellen entspringen und aus ihm erklärt werden muß.*

Wenn es nun Aufgabe der Transscendentalphilosophie ist, das Reelle dem Ideellen unterzuordnen, so ist es dagegen Aufgabe der Naturphilosophie, das Ideelle aus dem Reellen zu erklären: beide Wissenschaften sind also Eine, nur durch die entgegengesetzten Richtungen ihrer Aufgaben sich unterscheidende Wissenschaft; da ferner beide Richtungen nicht nur gleich möglich, sondern gleich nothwendig sind, so kommt auch beiden im System des Wissens gleiche Nothwendigkeit zu.

§. 2.

Wissenschaftlicher Charakter der Naturphilosophie.

Die Naturphilosophie als das Entgegengesetzte der Transscendentalphilosophie ist von der letzteren hauptsächlich dadurch geschieden, daß sie die Natur (nicht zwar insofern sie Produkt, aber insofern sie produktiv zugleich und Produkt ist) als das Selbständige setzt, daher sie am kürzesten als der Spinozismus der Physik bezeichnet werden kann. Es folgt von selbst daraus, daß in dieser Wissenschaft keine idealistischen Erklärungsarten stattfinden, dergleichen die Transscendentalphilosophie wohl geben kann, da ihr die Natur nichts anderes als Organ des Selbstbewußtseyns und alles in der Natur nur darum nothwendig ist, weil nur durch eine solche Natur das Selbstbewußtseyn vermittelt werden kann, welche Erklärungsart aber für die Physik und unsere mit ihr auf gleichem Standpunkt stehende Wissenschaft so sinnlos ist, als die ehemaligen teleologischen Erklärungsarten und die Einführung einer allgemeinen Finalität der Ursachen in die dadurch entstaltete Naturwissenschaft. Denn jede idealistische Erklärungsart aus ihrem eigenthümlichen Gebiet in das der Naturerklärung herübergezogen, artet in den abenteuerlichsten Unsinn aus, wovon die Beispiele bekannt sind. Die erste Maxime aller wahren Naturwissenschaft, alles auch aus Natur-Kräften zu erklären, wird daher von unsrer Wissenschaft in ihrer größten Ausdehnung angenommen, und selbst bis auf dasjenige Gebiet ausgedehnt, vor welchen alle Naturerklärung bis jetzt stillzustehen gewohnt ist, z. B. selbst auf diejenigen organischen Erscheinungen, welche ein Analogon der Vernunft vorauszusetzen scheinen. Denn gesetzt, daß in den Handlungen der Thiere wirklich etwas ist, was ein solches Analogon voraussetzt, so würde, den Realismus als Princip angenommen, nichts weiter daraus folgen, als daß auch das, was wir Vernunft nennen, ein bloßes

Spiel höherer uns nothwendig unbekannter Naturkräfte ist. Denn da alles Denken zuletzt auf ein Produciren und Reproduciren zurückkommt, so ist nichts Unmögliches in dem Gedanken, daß dieselbe Thätigkeit, durch welche die Natur in jedem Moment sich neu reproducirt, im Denken nur durch das Mittelglied des Organismus reproduktiv sey (ungefähr ebenso, wie durch die Einwirkung und das Spiel des Lichts die von ihm unabhängig existirende Natur wirklich immateriell und gleichsam zum zweitenmal geschaffen wird), wobei es natürlich ist, daß, was die Grenze unseres Anschauungsvermögens macht, auch nicht mehr in die Sphäre unsrer Anschauung selbst fallen kann.

§. 3.

Die Naturphilosophie ist speculative Physik.

Unsere Wissenschaft ist dem Bisherigen zufolge ganz und durchein realistisch, sie ist also nichts anderes als Physik, sie ist nur speculative Physik; der Tendenz nach ganz dasselbe, was die Systeme der alten Physiker und was in neuern Zeiten das System des Wiederherstellers der Epikurischen Philosophie, le Sage's mechanische Physik ist, durch welche nach langem wissenschaftlichem Schlaf der speculative Geist in der Physik zuerst wieder geweckt worden ist. Es kann hier nicht umständlich bewiesen werden (denn der Beweis dafür fällt selbst in die Sphäre unsrer Wissenschaft), daß auf dem mechanischen oder atomistischen Wege, der von le Sage und seinen glücklichsten Vorgängern eingeschlagen worden ist, die Idee einer speculativen Physik nicht zu realisiren ist. Denn da das erste Problem dieser Wissenschaft, die absolute Ursache der Bewegung (ohne welche die Natur nichts in sich Ganzes und Beschlossenes ist) zu erforschen, mechanisch schlechterdings nicht aufzulösen ist, weil mechanisch ins Unendliche fort Bewegung nur aus Bewegung entspringt, so bleibt für die wirkliche Errichtung einer speculativen Physik nur Ein Weg offen, der dynamische, mit der Voraussetzung, daß Bewegung nicht nur aus Bewegung, sondern selbst aus der Ruhe entspringe, daß also auch in der Ruhe der Natur Bewegung sey, und daß alle mechanische Bewegung die bloß secundäre und abgeleitete der einzig primitiven und ursprünglichen sey, die schon aus den ersten Faktoren der Construktion einer Natur überhaupt (den Grundkräften) hervorquillt.

Indem wir dadurch deutlich machen, wodurch unser Unternehmen sich von allen ähnlichen bisher gewagten unterscheide, haben wir zugleich den Unterschied der speculativen Physik von der sogenannten empirischen angedeutet; welcher Unterschied sich hauptsächlich darauf reducirt, daß jene einzig und allein mit den ursprünglichen Bewegungsursachen in der Natur, also allein mit den dynamischen Erscheinungen, diese dagegen, weil sie nie auf einen letzten Bewegungs-Quell in der Natur kommt, nur mit den sekundären Bewegungen, und selbst mit den ursprünglichen nur als mechanischen (also auch der mathematischen Construktion fähigen) sich beschäftigt, da jene überhaupt auf das innere Triebwerk und das, was an der Natur nicht-objektiv ist, diese hingegen nur auf die Oberfläche der Natur, und das, was an ihr objektiv und gleichsam Außenseite ist, sich richtet.

§. 4.

Von der Möglichkeit einer speculativen Physik.

Da unsere Untersuchung nicht sowohl auf die Naturerscheinungen selbst als auf ihre letzten Gründe gerichtet und unser Geschäft nicht sowohl diese aus jenen als jene aus diesen abzuleiten ist, so ist unsere Aufgabe keine andere als die: eine Naturwissenschaft im strengsten Sinne des Worts aufzustellen, und um zu erfahren, ob eine speculative Physik möglich sey, müssen wir wissen, was zur Möglichkeit einer Naturlehre als Wissenschaft gehöre.

a) Der Begriff des Wissens wird hier in seiner strengsten Bedeutung genommen, und dann ist es leicht einzusehen, daß man in diesem Sinne des Worts eigentlich nur von solchen Objekten wissen kann, von welchen man die Principien ihrer Möglichkeit einsieht, denn ohne diese Einsicht ist meine ganze Kenntniß des Objekts, z. B. einer Maschine, deren Construktion mir unbekannt ist, ein bloßes Sehen, d. h. ein bloßes Ueberzeugtseyn von seiner Existenz, dagegen der Erfinder dieser Maschine das vollkommenste Wissen von ihr hat, weil er gleichsam die Seele dieses Werks ist, und weil sie in seinem Kopfe präexistirt hat, ehe er sie in der Wirklichkeit darstellte.

In die innere Construktion der Natur zu blicken wäre nun freilich unmöglich, wenn nicht ein Eingriff durch Freiheit in die Natur möglich wäre. Die Natur handelt zwar offen und frei, aber sie handelt nie isolirt, sondern unter dem Zuströmen einer Menge von Ursachen, die erst ausgeschlossen werden müssen, um ein reines Resultat zu erhalten. Die Natur muß also gezwungen werden, unter bestimmten Bedingungen, die in ihr gewöhnlich entweder gar nicht oder nur durch andere modificirt existiren, zu handeln. — Ein solcher Eingriff in die Natur heißt Experiment. Jedes Experiment ist eine Frage an die Natur, auf welche zu antworten sie gezwungen wird. Aber jede Frage enthält ein verstecktes Urtheil a priori; jedes Experiment, das Experiment ist, ist Prophezeiung; das Experimentiren selbst ein Hervorbringen der Erscheinungen. — Der erste Schritt zur Wissenschaft geschieht also in der Physik wenigstens dadurch, daß man die Objekte dieser Wissenschaft selbst hervorzubringen anfängt.

b) Wir wissen nur das Selbsthervorgebrachte, das Wissen im strengsten Sinne des Worts ist also ein reines Wissen a priori. Die Construktion vermittelst des Experiments ist noch immer kein absolutes Selbsthervorbringen der Erscheinungen. Es ist nicht davon die Rede, daß vieles in der Naturwissenschaft comparativ a priori gewußt werden kann, wie z. B. in der Theorie der elektrischen, magnetischen, oder auch der Lichterscheinungen ein so einfaches in jeder Erscheinung wiederkehrendes Gesetz ist, daß der Erfolg jedes Versuchs vorhergesagt werden kann; hier folgt mein Wissen unmittelbar aus dem bekannten Gesetz, ohne Vermittelung besonderer Erfahrung. Aber woher kommt mir denn das Gesetz selbst? Es ist davon die Rede, daß alle Erscheinungen in Einem absoluten und nothwendigen Gesetze zusammenhangen, aus welchem sie alle abgeleitet werden können, kurz, daß man in der Naturwissenschaft alles, was man weiß, absolut a priori wisse. Daß nun das Experiment niemals auf ein solches Wissen führe, ist daraus einleuchtend, daß es nie über die Naturkräfte, deren es sich selbst als Mittel bedient, hinauskommen kann.

Da die letzten Ursachen der Naturerscheinungen selbst nicht mehr erscheinen, so muß man entweder darauf Verzicht thun sie je einzusehen, oder man muß sie schlechthin in die Natur setzen, in die Natur hineinlegen. Nun hat aber, was wir in die Natur hineinlegen, keinen andern als den Werth einer Voraussetzung (Hypothese), und die darauf gegründete Wissenschaft muß ebenso hypothetisch seyn, wie das Princip selbst. Dieß wäre nur in Einem Falle zu vermeiden, wenn nämlich jene Voraussetzung selbst unwillkürlich und ebenso nothwendig wäre als die Natur selbst. Angenommen z. B. was angenommen werden muß, daß der Inbegriff der Erscheinungen nicht eine bloße Welt, sondern nothwendig eine Natur, d. h. daß dieses Ganze nicht bloß Produkt, sondern zugleich produktiv sey, so folgt, daß es in diesem Ganzen niemals zur absoluten Identität kommen kann, weil diese ein absolutes Uebergehen der Natur, insofern sie produktiv ist, in die Natur als Produkt, d. h. eine absolute Ruhe, herbeiführen würde; jenes Schweben der Natur zwischen Produktivität und Produkt wird also als eine allgemeine Duplicität der Principien, wodurch die Natur in beständiger Thätigkeit erhalten und verhindert wird in ihrem Produkt sich zu erschöpfen, erscheinen müssen, allgemeine Dualität als Princip aller Naturerklärung aber so nothwendig seyn als der Begriff der Natur selbst.

Diese absolute Voraussetzung muß ihre Nothwendigkeit in sich selbst tragen, aber sie muß noch überdieß auf empirische Probe gebracht werden, denn *wofern nicht aus dieser Voraussetzung alle Naturerscheinungen sich ableiten lassen, wenn im ganzen Zusammenhange der Natur eine einzige Erscheinung ist, die nicht nach jenem Princip nothwendig ist, oder ihm gar widerspricht, so ist die Voraussetzung eben dadurch schon als falsch erklärt*, und hört von diesem Augenblick an auf als Princip zu gelten.

Durch diese Ableitung aller Naturerscheinungen eben aus einer absoluten Voraussetzung verwandelt sich unser Wissen in eine Construktion der Natur selbst, d. h. in eine Wissenschaft der Natur a priori. Ist also jene Ableitung selbst möglich, welches nur durch die That selbst bewiesen werden kann, so ist auch Naturlehre als Naturwissenschaft, es ist eine rein speculative Physik möglich, welches zu beweisen war.

Anmerk. Es würde dieser Anmerkung nicht bedürfen, wenn nicht die noch immer herrschende Verwirrung an sich deutlicher Begriffe einige Erklärung hierüber nothwendig machte.

Der Satz: die Naturwissenschaft müsse alle ihre Sätze a priori ableiten können, ist zum Theil so verstanden worden: die Naturwissenschaft müsse der Erfahrung ganz und gar entbehren und ohne alle Vermittelung der Erfahrung ihre Sätze aus sich selbst herausspinnen können, welcher Satz so ungereimt ist, daß selbst Einwürfe dagegen Mitleid verdienen. — Wir wissen nicht nur dieß oder jenes, sondern wir wissen ursprünglich überhaupt nichts als durch Erfahrung, und mittelst der Erfahrung, und insofern besteht unser ganzes Wissen aus Erfahrungssätzen. Zu Sätzen a priori werden diese Sätze nur dadurch, daß man sich ihrer als nothwendiger bewußt wird, und so kann jeder Satz, sein Inhalt sey übrigens welcher er wolle, zu jener Dignität erhoben werden, da der Unterschied zwischen Sätzen a priori und a posteriori nicht etwa, wie mancher sich eingebildet haben mag, ein ursprünglich an den Sätzen selbst haftender Unterschied, sondern ein Unterschied ist, der bloß in Absicht auf unser Wissen und die Art unseres Wissens von diesen Sätzen gemacht wird, so daß jeder Satz, der für mich bloß historisch ist, ein Erfahrungssatz, derselbe aber, sobald ich unmittelbar oder mittelbar die Einsicht in seine innere Nothwendigkeit erlange, ein Satz a priori wird. Nun muß es aber überhaupt möglich seyn, jedes ursprüngliche Naturphänomen als ein schlechthin nothwendiges zu erkennen; denn wenn in der Natur überhaupt kein Zufall, so kann auch kein ursprüngliches Phänomen der Natur zufällig seyn, vielmehr schon darum, weil die Natur ein System ist, muß es für alles, was in ihr geschiehet oder zu Stande kommt, einen nothwendigen Zusammenhang in irgend einem die ganze Natur zusammenhaltenden Princip geben. — Die Einsicht in diese innere Nothwendigkeit aller Naturerscheinungen wird freilich noch vollkommener, sobald man bedenkt, daß es kein wahres System gibt, das nicht zugleich ein organisches Ganzes wäre. Denn wenn in jedem organischen Ganzen sich alles wechselseitig trägt und unterstützt, so mußte diese Organisation als Ganzes ihren Theilen präexistiren, nicht das Ganze konnte aus den Theilen, sondern die Theile mußten aus dem Ganzen entspringen. Nicht also **wir kennen** die Natur, sondern die Natur **ist** a priori, d. h. alles Einzelne in ihr ist zum Voraus bestimmt durch das Ganze oder durch die Idee einer Natur überhaupt. Aber ist die Natur a priori, so muß es auch möglich seyn, sie als etwas, das a priori ist, zu erkennen, und dieß eigentlich ist der Sinn unsrer Behauptung.

Eine solche Wissenschaft verträgt wie jede das Hypothetische nicht, noch das bloß Wahrscheinliche, sondern sie geht auf das Evidente und Gewisse. Nun mögen wir zwar wohl gewiß seyn, daß jede Naturerscheinung, sey es auch durch noch so viele Zwischenglieder, zusammenhängt mit den letzten Bedingungen einer Natur; die Zwischenglieder selbst aber können uns unbekannt seyn und noch in den Tiefen der Natur verborgen liegen. Diese Zwischenglieder aufzufinden, ist das Werk der experimentirenden Nachforschung. Die speculative Physik hat nichts zu thun als den Mangel dieser Zwischenglieder aufzuzeigen [1]; da aber jede neue Entdeckung uns in eine neue Unwissenheit zurückwirft, und indem der eine Knoten sich löst, ein neuer sich schürzt, so ist begreiflich, daß die vollständige Entdeckung aller Zwischenglieder im Zusammenhang der Natur, daß also auch unsere Wissenschaft selbst eine unendliche Aufgabe ist. — Nichts aber hat den ins Unendliche gehenden Progressus dieser Wissenschaft mehr aufgehalten, als die Willkür in Erdichtungen, womit so lange der

[1] So wird es z. B. durch den ganzen Verlauf unsrer Untersuchung sehr klar werden, daß, um die dynamische Organisation des Universums in allen ihren Theilen evident zu machen, uns noch jenes Centralphänomen fehlt, von dem schon Baco spricht, das sicher in der Natur liegt, aber noch nicht durch Experimente aus ihr herausgehoben ist. (Anmerkung des Originals. Vergl. hierzu S. 320, Anmerk.)

Mangel an gegründeter Einsicht verborgen werden sollte. Dieses Fragmentarische unsrer Kenntnisse leuchtet erst dann ein, wenn man das bloß Hypothetische vom reinen Ertrag der Wissenschaft absondert, und darauf ausgeht, jene Bruchstücke des großen Ganzen der Natur wieder in einem System zu sammlen. Es ist daher begreiflich, daß speculative Physik (die Seele des wahren Experiments) von jeher die Mutter aller großen Entdeckungen in der Natur gewesen ist.

§. 5.

Von einem System der speculativen Physik überhaupt.

Bis jetzt ist die Idee einer speculativen Physik abgeleitet und entwickelt worden; ein anderes Geschäft ist, zu zeigen, wie diese Idee realisirt und wirklich ausgeführt werden müsse.

Der Verfasser würde sich hierüber geradezu auf den Entwurf eines Systems der Naturphilosophie berufen, wenn er nicht Ursache hätte zu erwarten, daß viele selbst von denen, welche jenen Entwurf ihrer Aufmerksamkeit werth halten können, zum voraus mit gewissen Ideen daran kommen werden, welche er eben nicht vorausgesetzt hat, noch vorausgesetzt wissen will.

Was die Einsicht in die Tendenz jenes Entwurfs erschweren kann, ist (abgerechnet die Mängel der Darstellung) hauptsächlich folgendes:

1) Daß mancher, vielleicht durch das Wort Naturphilosophie geleitet, transscendentale Ableitungen von Naturphänomenen, dergleichen in verschiedenen Bruchstücken anderwärts existiren, zu finden hofft, und überhaupt die Naturphilosophie als einen Theil der Transscendentalphilosophie ansehen wird, da sie doch eine ganz eigne, von jeder andern ganz verschiedene und unabhängige Wissenschaft bildet.

2) Daß die bis jetzt verbreiteten Begriffe von dynamischer Physik von denjenigen, welche der Verfasser aufstellt, sehr verschieden, und mit ihnen zum Theil im Widerspruch sind. Ich rede nicht von den Vorstellungsarten, welche sich mehrere, deren Geschäft eigentlich das bloße Experiment ist, hierüber gemacht haben; z. B. wo es dynamisch erklärt

seyn soll, wenn man ein galvanisches Fluidum leugnet, statt dessen aber gewisse Schwingungen in den Metallen annimmt; denn diese, wenn sie merken, daß sie von der Sache nichts verstanden, werden von selbst zu ihren ehemaligen, für sie gemachten Vorstellungen zurückkehren. Ich rede von Vorstellungsarten, welche durch Kant in philosophische Köpfe gebracht worden sind, und welche sich hauptsächlich darauf reduciren, daß wir in der Materie nichts als Raumerfüllung mit bestimmtem Grade, in aller Differenz der Materie also auch bloße Differenz der Raumerfüllung (d. h. der Dichtigkeit), in allen dynamischen (qualitativen) Veränderungen also auch bloße Veränderungen im Verhältniß der Repulsiv- und Attraktiv-Kräfte erblicken. Allein nach dieser Vorstellungsart werden alle Phänomene der Natur nur auf ihrer tiefsten Stufe erblickt, und die dynamische Physik dieser Philosophen fängt eben da an, wo sie eigentlich aufhören sollte. So ist es freilich gewiß, daß das letzte Resultat jedes dynamischen Processes ein veränderter Grad der Raumerfüllung, d. h. eine veränderte Dichtigkeit ist; da nun der dynamische Proceß der Natur Einer, und die einzelnen dynamischen Processe nur verschiedene Zerfällungen des Einen Grundprocesses sind, so werden selbst die magnetischen und elektrischen Erscheinungen aus diesem Standort angesehen nicht Wirkungen von bestimmten Materien, sondern Veränderungen des *Bestehens der Materie selbst*, und da dieses von der Wechselwirkung der Grundkräfte abhängt, zuletzt Veränderungen im Verhältnisse der Grundkräfte selbst seyn. Wir leugnen nun freilich gar nicht, daß diese Erscheinungen auf der äußersten Stufe ihrer Erscheinung Veränderungen im Verhältniß der Grundsätze seyen; wir leugnen nur, daß diese Veränderungen *sonst nichts* seyen; vielmehr sind wir überzeugt, daß dieses sogenannte dynamische Princip als Erklärungsgrund aller Naturerscheinungen allzu oberflächlich und dürftig ist, um die eigentliche Tiefe und die Mannichfaltigkeit natürlicher Erscheinungen zu erreichen, da vermöge desselben in der That keine qualitative Veränderung der Materie *als* solche (denn die Dichtigkeitsveränderung ist nur das äußere Phänomen einer höheren Veränderung) construirbar ist. Den Beweis für diese Behauptung zu führen, liegt uns nicht ob, ehe von der entgegengesetzten Seite durch die That selbst jenes Erklärungsprincip als die Natur erschöpfend gerechtfertigt, und die große Kluft zwischen jener Art von dynamischer Philosophie und den empirischen Kenntnissen der Physik, z. B. in Ansehung der so verschiedenen Wirkungsart der Grundstoffe, ausgefüllt ist, welches wir aber, geradezu zu sagen, für unmöglich halten.

Es möge uns also verstattet seyn, an die Stelle der bisherigen dynamischen Vorstellungsart ohne weiteres die unsrige zu setzen, wobei es ohne Zweifel von selbst klar werden wird, wodurch diese von jener sich unterscheide, und durch welche von beiden die Naturlehre am gewissesten zur Naturwissenschaft erhoben werden könne.

§. 6.

Innere Organisation des Systems der speculativen Physik.

I.

Der Untersuchung über das Princip der speculativen Physik müssen Untersuchungen über den Unterschied des Speculativen und des Empirischen überhaupt vorangehen. Es kommt hierbei hauptsächlich auf die Ueberzeugung an, daß zwischen Empirie und Theorie ein solcher vollkommener Gegensatz ist, daß es kein Drittes geben kann, worin beide zu vereinigen sind, daß also der Begriff einer Erfahrungswissenschaft ein Zwitterbegriff ist, bei dem sich nichts Zusammenhängendes, oder der sich vielmehr überhaupt nicht denken läßt. Was reine Empirie ist, ist nicht Wissenschaft, und umgekehrt, was Wissenschaft ist, ist nicht Empirie. Dieses soll nicht etwa zur Herabsetzung der Empirie, sondern dazu gesagt seyn, um sie in ihrem wahren und eigenthümlichen Lichte darzustellen. Reine Empirie, ihr Objekt sey welches es wolle, ist Geschichte (das absolut Entgegengesetzte der Theorie), und umgekehrt, nur Geschichte ist Empirie [1].

[1] Daß nur jene warmen Lobpreiser der Empirie, die sie auf Kosten der Wissenschaft erheben, dem Begriff der Empirie treu uns nicht ihre eignen Urtheile und das in die Natur Hineingeschlossene, den Objekten Aufgedrungene für Empirie

Die Physik als Empirie ist nichts als Sammlung von Thatsachen, von Erzählungen des Beobachteten, des unter natürlichen oder veranstalteten Umständen Geschehenen. In dem, was man jetzt Physik nennt, läuft Empirie und Wissenschaft bunt durcheinander, und eben deßwegen ist sie weder jenes noch dieses.

Unser Zweck ist eben, in Ansehung dieses Objekts Wissenschaft und Empirie wie Seele und Leib zu scheiden, und indem wir in die Wissenschaft nichts aufnehmen, was nicht einer Construktion a priori fähig ist, die Empirie von aller Theorie zu entkleiden und ihrer ursprünglichen Nacktheit wiederzugeben.

Der Gegensatz zwischen Empirie und Wissenschaft beruht nun eben darauf, daß jene ihr Objekt im Seyn als etwas Fertiges und zu Stande Gebrachtes, die Wissenschaft dagegen das Objekt im Werden und als ein erst zu Stande zu Bringendes betrachtet. Da die Wissenschaft von nichts ausgehen kann, was Produkt, d. h. Ding, ist, so muß sie von dem Unbedingten ausgehen; die erste Untersuchung der speculativen Physik ist die über das Unbedingte der Naturwissenschaft.

II.

Da diese Untersuchung im Entwurf aus den höchsten Principien geführt wird, so kann das Folgende nur als Erläuterung jener Untersuchungen angesehen werden.

Da alles, von dem man sagen kann, daß es *ist*, bedingter Natur ist, so kann nur das *Seyn selbst* das Unbedingte seyn. Aber da das einzelne Seyn als ein bedingtes sich nur als bestimmte Einschränkung der produktiven Thätigkeit (des einzigen und letzten Substrats aller Realität) denken läßt, so ist das *Seyn selbst* dieselbe produktive Thätigkeit *in ihrer Uneingeschränktheit gedacht*. Für die Naturwissenschaft ist also die Natur ursprünglich nur Produktivität, und von dieser als ihrem Princip muß die Wissenschaft ausgehen.

verkaufen wollten; denn so viele auch davon reden zu können glauben, so gehört doch wohl etwas mehr dazu, als viele sich einbilden, das Geschehene aus der Natur rein herauszusehen, und treu so wie es gesehen worden wiederzugeben. (Anm. des Orig.)

Insofern wir das Ganze der Objekte nur als den Inbegriff des Seyns kennen, ist uns dieses Ganze als eine bloße Welt, d. h. ein bloßes Produkt. Es wäre freilich unmöglich, in der Naturwissenschaft sich zu einem höheren Begriff als dem des Seyns zu erheben, wenn nicht alles Beharren (was im Begriff des Seyns gedacht wird) täuschend und eigentlich ein continuirliches und gleichförmiges Wiederentstehen wäre.

Insofern wir das Ganze der Objekte nicht bloß als Produkt, sondern nothwendig zugleich als produktiv setzen, erhebt es sich für uns zur Natur, und diese Identität des Produkts und der Produktivität, und nichts anderes, ist selbst im gemeinen Sprachgebrauch durch den Begriff der Natur bezeichnet.

Die Natur als bloßes Produkt (natura naturata) nennen wir Natur als Objekt (auf diese allein geht alle Empirie). Die Natur als Produktivität (natura naturans) nennen wir Natur als Subjekt (auf diese allein geht alle Theorie).

Da das Objekt nie unbedingt ist, so muß etwas schlechthin Nichtobjektives in die Natur gesetzt werden, dieses absolut Nichtobjektive ist eben jene ursprüngliche Produktivität der Natur. In der gemeinen Ansicht verschwindet sie über dem Produkt; in der philosophischen verschwindet umgekehrt das Produkt über der Produktivität.

Jene Identität der Produktivität und des Produkts im ursprünglichen Begriff der Natur wird ausgedrückt durch die gewöhnlichen Ansichten der Natur als eines Ganzen, das von sich selbst die Ursache zugleich und die Wirkung und in seiner (durch alle Erscheinungen hindurchgehenden) Duplicität wieder identisch ist. Ferner stimmt mit diesem Begriff überein die Identität des Ideellen und Reellen, die im Begriff jedes Naturprodukts gedacht wird, und in Ansehung welcher allein auch die Natur der Kunst entgegengesetzt werden kann. Denn wenn in der Kunst der Begriff der That, der Ausführung, vorangeht, so sind in der Natur vielmehr Begriff und That gleichzeitig und Eins, der Begriff geht unmittelbar in das Produkt über und läßt sich nicht von ihm trennen.

Diese Identität wird aufgehoben durch die empirische Ansicht, welche in der Natur nur die *Wirkung* erblickt (obgleich wegen der beständigen Ausschweifung der Empirie in das Feld der Wissenschaft selbst in der bloß empirischen Physik Maximen gehört werden, die einen Begriff von der Natur als Subjekt voraussetzen, wie z. B.: die Natur wählt den kürzesten Weg; die Natur ist sparsam in Ursachen und verschwenderisch in Wirkungen); dieselbe wird aufgehoben durch die Speculation, welche in der Natur nur die *Ursache* erblickt.

III.

Nur von der Natur als Objekt kann man sagen, daß sie *ist*, nicht von der Natur als Subjekt, denn diese ist das Seyn oder die Produktivität selbst.

Diese absolute Produktivität soll in eine empirische Natur übergehen. Im Begriff der absoluten Produktivität wird der Begriff einer *ideellen* Unendlichkeit gedacht. Die ideelle Unendlichkeit soll zu einer empirischen werden.

Aber empirische Unendlichkeit ist ein unendliches Werden. — Jede unendliche Reihe ist nichts als Darstellung einer intellektuellen oder ideellen Unendlichkeit. Die ursprünglich unendliche Reihe (das Ideal aller unendlichen Reihen) ist die, worin unsere intellektuelle Unendlichkeit sich evolvirt, die *Zeit*. Die Thätigkeit, welche diese Reihe unterhält, ist dieselbe, welche unser Bewußtseyn unterhält; das Bewußtseyn aber ist stetig. Die Zeit also, als Evolution jener Thätigkeit, kann nicht durch Zusammensetzung erzeugt werden. Da nun alle anderen unendlichen Reihen nur Nachahmungen der ursprünglich-unendlichen Reihe, der Zeit, sind, so kann keine unendliche Reihe anders als stetig seyn. Das Hemmende in der ursprünglichen Evolution (ohne welches diese mit unendlicher Geschwindigkeit geschehen müßte) ist nichts anderes als die *ursprüngliche Reflexion*; die Nothwendigkeit der Reflexion auf unser Handeln in jedem Moment (die beständige Duplicität in der Identität) ist der geheime Kunstgriff, wodurch unser Daseyn *Dauer* erhält. — Die absolute Continuität existirt also nur für die Anschauung, nicht aber für die

Reflexion. Anschauung und Reflexion sind sich entgegengesetzt. Die unendliche Reihe ist stetig für die produktive Anschauung, unterbrochen und zusammengesetzt für die Reflexion. Auf diesem Widerspruch zwischen Anschauung und Reflexion beruhen jene Sophismen, womit die Möglichkeit aller Bewegung bestritten wird, und welche durch die produktive Anschauung in jedem Moment gelöst werden. Für die Anschauung z. B. geschieht die Wirkung der Schwerkraft mit vollkommener Continuität, für die Reflexion ruck- und stoßweise. Daher sind alle Gesetze der Mechanik, wodurch das, was eigentlich nur Objekt der produktiven Anschauung ist, Objekt der Reflexion wird, eigentlich nur Gesetze für die Reflexion. — Daher die erdichteten Begriffe der Mechanik; die Zeitatomen, in welchen die Schwerkraft wirkt; das Gesetz, daß das Moment der Sollicitation unendlich klein ist, weil sonst in endlicher Zeit eine unendliche Geschwindigkeit erzeugt würde u. s. f. Daher endlich, daß keine unendliche Reihe in der Mathematik wirklich als stetig, sondern nur als ruck- und stoßweise fortrückend vorgestellt werden kann.

Diese ganze Untersuchung über den Gegensatz zwischen der Reflexion und der Produktivität der Anschauung dient nur, um den allgemeinen Satz daraus abzuleiten, daß in aller Produktivität, und nur in ihr, absolute Continuität sey, welcher Satz wichtig ist für die Betrachtung der ganzen Natur, da z. B. das Gesetz, daß in der Natur kein Sprung, daß eine Continuität der Formen in ihr sey u. s. w. auf die ursprüngliche Produktivität der Natur eingeschränkt wird, in welcher allerdings Continuität seyn muß, während auf dem Standpunkte der Reflexion in der Natur alles gesondert und ohne Continuität, gleichsam nebeneinander gestellt, erscheinen muß; daher wir beiden Recht geben müssen, sowohl denen, welche die Continuität in der Natur, z. B. der organischen behaupten, als denen, welche sie leugnen, nach der Verschiedenheit des Standpunkts, auf welchem sich beide befinden, womit dann zugleich der Gegensatz zwischen dynamischer und atomistischer Physik abgeleitet ist, indem, wie sich bald zeigen wird, beide sich nur dadurch unterscheiden, daß jene auf dem Standpunkt der Anschauung, diese auf dem der Reflexion steht.

IV.

Diese allgemeinen Grundsätze vorausgesetzt, können wir sicherer zu unserm Zwecke gelangen und den innern Organismus unsers Systems auseinanderlegen.

a) Im Begriff des Werdens wird der Begriff der Allmählichkeit gedacht. Aber eine absolute Produktivität wird empirisch sich darstellen als ein Werden mit unendlicher Geschwindigkeit, wodurch für die Anschauung nichts Reelles entsteht.

(Da die Natur als unendliche Produktivität eigentlich als in unendlicher Evolution begriffen gedacht werden muß, so ist das Bestehen, das Ruhen der Naturprodukte (der organischen z. B.) nicht als ein absolutes Ruhen, sondern nur als eine Evolution mit unendlich kleiner Geschwindigkeit oder mit unendlicher Tardität vorzustellen. Aber bis jetzt ist nicht einmal die Evolution mit endlicher, geschweige denn mit unendlich kleiner Geschwindigkeit construirt).

b) Daß die Evolution der Natur mit endlicher Geschwindigkeit geschehe und so Objekt der Anschauung werde, ist nicht denkbar ohne ein ursprüngliches Gehemmtseyn der Produktivität.

c) Aber ist die Natur absolute Produktivität, so kann der Grund dieses Gehemmtseyns nicht *außer* ihr liegen. Die Natur ist ursprünglich *nur* Produktivität, es kann also in dieser Produktivität nichts Bestimmtes seyn (denn alle Bestimmung ist Negation), also kann es auch durch sie nicht zu Produkten kommen. — Soll es zu Produkten kommen, so muß die Produktivität aus einer unbestimmten eine bestimmte, d. h. sie muß *als reine* Produktivität aufgehoben werden. Läge nun der Bestimmungsgrund der Produktivität außer der Natur, so wäre die Natur nicht ursprünglich absolute Produktivität. — Es soll allerdings in die Natur Bestimmtheit, d. h. Negativität, kommen, aber diese Negativität muß von einem höheren Standpunkte angesehen wieder Positivität seyn.

d) Aber fällt der Grund jenes Gehemmtseyns *in die Natur selbst*, so hört die Natur auf *reine Identität* zu seyn. (Die Natur, insofern sie *nur* Produktivität ist, ist reine Identität, und es läßt sich in ihr schlechterdings nichts unterscheiden. Soll in ihr etwas unterschieden werden, so muß in ihr die Identität aufgehoben werden, die Natur muß nicht Identität, sondern Duplicität seyn.

Die Natur muß ursprünglich sich selbst Objekt werden, diese Verwandlung des *reinen* Subjekts in ein *Selbst-Objekt* ist ohne ursprüngliche Entzweiung in der Natur selbst undenkbar.

Diese Duplicität läßt sich also nicht weiter physikalisch ableiten, denn als Bedingung aller Natur überhaupt ist sie Princip aller physikalischen Erklärung, und alle physikalische Erklärung kann nur darauf gehen, alle Gegensätze, die in der Natur erscheinen, auf jenen ursprünglichen Gegensatz im Innern der Natur, *der selbst nicht mehr erscheint*, zurückzuführen. — Warum ist kein ursprüngliches Phänomen der Natur ohne jene Dualität, wenn nicht in der Natur ins Unendliche fort alles sich wechselseitig Subjekt und Objekt, und die Natur ursprünglich schon Produkt und produktiv zugleich ist? —

e) Ist die Natur ursprünglich Duplicität, so müssen schon in der ursprünglichen Produktivität der Natur entgegengesetzte Tendenzen liegen. (Der positiven Tendenz muß eine andere, die gleichsam antiproduktiv, die Produktion hemmend ist, entgegengesetzt werden; nicht als die verneinende, sondern als die negative, die reell entgegengesetzte der ersten). Nur dann ist in der Natur des Begrenztseyns unerachtet keine Passivität, wenn auch das Begrenzende wieder positiv und ihre ursprüngliche Duplicität ein Widerstreit reell entgegengesetzter Tendenzen ist.

f) Damit es zum Produkt komme, müssen diese entgegengesetzten Tendenzen zusammentreffen. Aber da sie als *gleich* gesetzt werden (denn es ist kein Grund sie als ungleich zu setzen), so werden sie, wo sie zusammentreffen, sich wechselseitig aneinander vernichten, das Produkt ist also $= 0$, und es kommt abermals nicht zum Produkt.

Dieser unvermeidliche, obgleich bisher eben nicht sehr bemerkte Widerspruch (nämlich, daß das Produkt nur durch die Concurrenz entgegengesetzter Tendenzen entstehen kann, diese entgegengesetzten Tendenzen aber sich wechselseitig vernichten) ist nur auf folgende Art auflösbar:

Es ist schlechterdings kein *Bestehen* eines Produkts denkbar, *ohne* ein beständiges Reproducirtwerden. Das Produkt muß gedacht werden als in jedem Moment vernichtet, und in jedem Moment neu reproducirt. Wir sehen nicht eigentlich das Bestehen des Produkts, sondern nur das beständige Reproducirtwerden.

(Es ist ohne Zweifel sehr begreiflich, daß die Reihe 1 — 1 + 1 ..... unendlich gedacht weder = 1 noch = o ist. Aber tiefer liegt der Grund, warum diese Reihe unendlich gedacht = ½ ist. Es ist Eine absolute Größe (= 1), die in dieser Reihe, immer vernichtet, immer wiederkehrt, und durch dieses Wiederkehren nicht sich selbst, aber doch das Mittlere zwischen sich selbst und dem Nichts producirt. — Die Natur als Objekt ist das in einer solchen unendlichen Reihe zu Stande Kommende und = einem Bruch der ursprünglichen Einheit, wozu die nie aufgehobene Duplicität den Zähler abgibt).

g) Ist das Bestehen des Produkts ein beständiges Reproducirtwerden, so ist auch alles Beharren nur in der Natur als Objekt, in der Natur als Subjekt ist nur unendliche Thätigkeit.

Das Produkt ist ursprünglich nichts als ein bloßer Punkt, bloße Grenze, erst indem die Natur gegen diesen Punkt ankämpft, wird er zur erfüllten Sphäre, zum Produkt gleichsam erhoben. (Man denke sich einen Strom, derselbe ist reine Identität, wo er einem Widerstand begegnet, bildet sich ein Wirbel, dieser Wirbel ist nichts Feststehendes, sondern in jedem Augenblick Verschwindendes, in jedem Augenblick wieder Entstehendes. — In der Natur ist ursprünglich nichts zu unterscheiden; noch sind gleichsam alle Produkte aufgelöst und unsichtbar in der allgemeinen Produktivität. Erst wenn die Hemmungspunkte gegeben sind, werden sie allmählich abgesetzt, und treten aus der allgemeinen Identität hervor. — An jedem solchen Punkt bricht sich der Strom (die Produktivität wird vernichtet), aber in jedem Moment kommt eine neue Welle, welche die Sphäre erfüllt).

Die Naturphilosophie hat nicht das Produktive der Natur zu erklären, denn wenn sie dieses nicht ursprünglich in die Natur setzt, so wird sie es nie in die Natur bringen. Zu erklären hat sie das Permanente. Aber daß etwas in der Natur permanent werde, ist selbst nur aus jenem Ankämpfen der Natur gegen alle Permanenz erklärbar. Die Produkte würden als bloße Punkte erscheinen, wenn die Natur nicht durch ihr Andringen selbst ihnen Umfang und Tiefe gäbe, und die Produkte selbst würden nur einen Moment dauern, wenn die Natur nicht in jedem Moment gegen sie andränge.

h) Jenes Scheinprodukt, das in jedem Moment reproducirt wird, kann nicht ein wirklich unendliches Produkt seyn, denn sonst würde die Produktivität sich in ihm wirklich erschöpfen; gleichwohl kann es auch kein endliches Produkt seyn, denn es ist die Kraft der ganzen Natur, die sich darein ergießt. Es müßte also endlich und unendlich zugleich seyn, es müßte nur scheinbar endlich, aber in unendlicher Entwicklung seyn.

Der Punkt, wo dieses Produkt ursprünglich hinfällt, ist der allgemeine Hemmungspunkt der Natur, der Punkt, von wo aus alle Evolution der Natur beginnt. Aber dieser Punkt liegt in der Natur, so wie sie evolvirt ist, nicht da oder dort, sondern überall, wo ein Produkt ist.

Jenes Produkt ist ein endliches, aber da die unendliche Produktivität der Natur in ihm sich concentrirt, muß es den Trieb zur unendlichen Entwicklung haben. — Und so gelangten wir allmählich und durch alle bisherigen Zwischenglieder zur Construktion jenes unendlichen Werdens, der empirischen Darstellung einer ideellen Unendlichkeit.

Wir erblicken in dem, was man Natur nennt (d. h. in dieser Sammlung einzelner Objekte) nicht das Urprodukt selbst, sondern seine Evolution (daher der Hemmungspunkt nicht Einer bleiben kann). — Wodurch diese Evolution wieder absolut gehemmt ist, was geschehen muß, wenn es zu einem fixirten Produkt kommen soll, ist noch nicht erklärt. —

Aber durch jenes Produkt evolvirt sich eine ursprüngliche Unendlichkeit, diese Unendlichkeit kann nie abnehmen. Die Größe, welche in einer unendlichen Reihe sich evolvirt, ist in jedem Punkt der Linie noch unendlich, also wird die Natur in jedem Punkt der Evolution noch unendlich seyn.

Es ist nur Ein ursprünglicher Hemmungspunkt der Produktivität, aber es können unzählige Hemmungspunkte der Evolution gedacht werden. Jeder solcher Punkt ist uns durch ein Produkt bezeichnet, aber in jedem Punkt der Evolution ist die Natur noch unendlich, also ist die Natur in jedem Produkt noch unendlich, und in jedem liegt der Keim eines Universums [1].

(Wodurch der unendliche Trieb im Produkt gehemmt, ist noch unbeantwortet. Jene ursprüngliche Hemmung in der Produktivität der Natur, erklärt nur, warum die Evolution mit endlicher Geschwindigkeit, nicht aber, warum sie mit unendlich kleiner geschieht).

i) Das Produkt evolvirt sich ins Unendliche. In dieser Evolution kann also nichts vorkommen, was nicht noch Produkt (Synthesis) wäre, und was nicht in neue Faktoren zerfallen könnte, deren jeder wieder seine Faktoren hat.

Selbst durch eine ins Unendliche fortgesetzte Analysis also könnte man in der Natur auf nichts kommen, was absolut einfach wäre.

k) Denkt man sich aber die Evolution als vollendet (obgleich sie nie vollendet seyn kann), so könnte die Evolution nicht stillestehen bei etwas, das noch Produkt ist, sondern nur bei dem rein Produktiven.

Es entsteht die Frage, ob ein Letztes der Art, das nicht mehr Substrat, sondern Ursache alles Substrats, nicht mehr Produkt, sondern absolut produktiv ist, in der Erfahrung — nicht vorkomme, denn dieß ist undenkbar — sondern zum wenigsten sich nachweisen lasse?

l) Da es den Charakter des Unbedingten trägt, müßte es sich darstellen als etwas, das, obgleich selbst nicht im Raum, doch Princip aller Raumerfüllung ist. (S. den Entwurf S. 15 [oben S. 20]).

[1] Ein Reisender nach Italien macht die Bemerkung, daß an dem großen Obelisk zu Rom die ganze Weltgeschichte sich demonstriren läßt; — so an jedem Naturprodukt. Jeder Mineralkörper ist ein Fragment der Geschichtsbücher der Erde. Aber was ist die Erde? — Ihre Geschichte ist verflochten in die Geschichte der ganzen Natur, und so geht vom Fossil durch die ganze anorgische und organische Natur herauf bis zur Geschichte des Universums — Eine Kette. (Anmerk des Originals.)

Was den Raum *erfüllt*, ist nicht die Materie, denn die Materie ist der erfüllte Raum selbst. Was also den Raum erfüllt, kann nicht Materie seyn. Nur was ist, ist im Raum, nicht das *Seyn selbst*.

Es ist von selbst klar, daß von dem, was nicht im Raum *ist*, auch keine positive äußere Anschauung möglich ist. Es müßte also wenigstens *negativ* darstellbar seyn. Dieß geschieht auf folgende Art.

Was im Raum ist, ist als solches mechanisch und chemisch zerstörbar. Was weder mechanisch noch chemisch zerstörbar ist, müßte also *jenseits* der Raumes liegen. Etwas der Art aber ist nur der letzte Grund aller *Qualität*; denn obgleich eine Qualität durch die andere ausgelöscht werden kann, so geschieht es doch nur in einem dritten Produkt C, zu dessen Bildung und Unterhaltung A und B (die entgegengesetzten Faktoren von C) fortwirken müssen.

Aber dieses Unzerstörbare, was nur als *reine Intensität* denkbar ist, ist als Ursache alles Substrats zugleich das Princip aller Theilbarkeit ins Unendliche. (Ein Körper ins Unendliche getheilt erfüllt mit seinem kleinsten Theil noch in demselben Grade den Raum).

Was also rein produktiv ist, ohne *Produkt* zu seyn, ist nur der letzte Grund der *Qualität*. Aber jede Qualität ist eine bestimmte, die Produktivität aber ursprünglich unbestimmt. In den Qualitäten erscheint also die Produktivität schon als gehemmt, und da sie in ihnen überhaupt am ursprünglichsten erscheint, erscheint sie in ihnen am *ursprünglichsten gehemmt*.

Hier ist der Punkt, wo unsere Vorstellungsart von den Vorstellungsarten der insgemein so genannten dynamischen Physik sich trennt.

Unsere Behauptung ist kurz gesagt diese: Wäre die unendliche Evolution der Natur *vollendet* (was unmöglich ist), so würde sie zerfallen in ursprüngliche und einfache *Aktionen*, oder wenn es erlaubt ist, so sich auszudrücken, in einfache Produktivitäten. Unsere Behauptung ist also nicht: *es gebe* in der Natur solche einfache *Aktionen*, sondern nur, sie seyen die ideellen Erklärungsgründe der Qualität; diese Entelechien lassen sich nicht wirklich aufzeigen, sie existiren nicht. Zu beweisen ist also hier nicht mehr, als behauptet wird, nämlich daß solche ursprüngliche Produktivitäten gedacht werden müssen als Erklärungsgründe aller Qualität. Dieser Beweis ist folgender:

Daß nichts, was im Raume ist, d. h. daß überhaupt nichts mechanisch einfach sey, bedarf keines Beweises. Was also wahrhaft einfach ist, kann nicht im Raum, sondern muß jenseits des Raums gedacht werden. Aber jenseits des Raums gedacht wird nur die reine Intensität. Dieser Begriff der reinen Intensität wird ausgedrückt durch den Begriff der Aktion. Nicht das Produkt dieser Aktion ist einfach, wohl aber die Aktion selbst abstrahirt vom Produkt, und diese muß einfach seyn, damit das Produkt ins Unendliche theilbar sey. Denn wenn auch die Theile dem Verschwinden nahe sind, muß die Intensität noch bleiben. Und diese reine Intensität ist das, was selbst bei der unendlichen Theilung das Substrat erhält.

Wenn also Atomistik die Behauptung ist, welche etwas Einfaches als ideellen Erklärungsgrund der Qualität behauptet, so ist unsere Philosophie Atomistik. Aber da sie das Einfache in etwas setzt, das nur produktiv ist, ohne Produkt zu seyn, so ist sie dynamische Atomistik[1].

So viel ist klar, daß, wenn man ein absolutes Zertrennen der Natur in ihre Faktoren annimmt, das Letzte, was übrig bleibt, etwas seyn muß, was allem Zertrennen absolut widersteht, d. h. das Einfache. Aber das Einfache läßt sich nur dynamisch denken, und als solches ist es gar nicht im Raume [es bezeichnet nur das jenseits aller Raumerfüllung Gedachte], es ist also auch keine Anschauung davon möglich als durch sein Produkt. Es ist für dasselbe auch kein Maß gegeben als sein Produkt. Denn rein gedacht ist es der bloße Ansatz zum Produkt (wie der Punkt nur Ansatz zur Linie ist), mit Einem Wort reine Entelechie. Aber was nicht an sich selbst, sondern nur in seinem Produkte erkannt wird, wird schlechthin empirisch erkannt. Muß also jede ursprüngliche Qualität als Qualität

[1] Vgl. oben S. 23, Anmerk. 1.

(nicht etwa als Substrat, dem die Qualität bloß inhärirt) gedacht werden als reine Intensität, reine Aktion, so sind Qualitäten überhaupt nur das absolut Empirische unsrer Naturkenntniß, wovon keine Construktion möglich ist, und in Ansehung welcher der Naturphilosophie nichts übrig bleibt, als der Beweis, daß sie die absolute Grenze ihrer Construktion sind [1].

Die Frage nach dem Grund der Qualität setzt die Evolution der Natur als vollendet, d. h. sie setzt etwas bloß Gedachtes voraus, und kann daher auch nur durch einen ideellen Erklärungsgrund beantwortet werden. Jene Frage nimmt den Standpunkt der Reflexion (auf das Produkt), da die ächte Dynamik immer auf dem Standpunkt der Anschauung bleibt. —

(Es muß aber hier sogleich bemerkt werden, daß wenn der Erklärungsgrund der Qualität als ein ideeller vorgestellt wird, nur von der Erklärung der Qualität, insofern sie absolut gedacht wird, die Rede ist. Es ist nicht die Rede von der Qualität, insofern sie z. B. im dynamischen Processe sich zeigt. Für die Qualität, insofern sie relativ ist, gibt es allerdings einen [nicht bloß ideellen, sondern wirklich reellen] Erklärungs- und Bestimmungsgrund; die Qualität ist dann bestimmt durch die entgegengesetzte, mit der sie in Conflikt gesetzt ist, und diese Entgegensetzung ist selbst wieder bestimmt durch eine höhere Entgegensetzung, und so ins Unendliche zurück; so daß, wenn jene allgemeine Organisation sich auflösen könnte, auch alle Materie in dynamische Unthätigkeit, d. h. absoluten Mangel der Qualität, zurücksinken würde. (Die Qualität ist eine höhere Potenz der Materie, zu der sie sich selbst wechselseitig erhebt). Es wird in der Folge bewiesen, daß der dynamische Proceß ein begrenzter sey für jede einzelne Sphäre, weil nur dadurch feste Beziehungspunkte für die Qualitätsbestimmung entstehen. Jene Begrenzung des dynamischen Processes, d. h. die eigentliche Qualitäts-Bestimmung, geschieht durch keine andere Kraft, als durch welche die Evolution der Natur überhaupt schlechthin begrenzt wird, und dieses Negative ist das einzige in den Dingen Unzerlegbare, durch nichts Ueberwältigte. — Die

[1] Vgl. oben S. 24, Anmerk. 1.

absolute Relativität aller Qualität läßt sich aus dem elektrischen Verhältniß der Körper beweisen, da derselbe Körper, welcher mit jenem positiv, mit diesem negativ ist, und umgekehrt. Nun möchte es aber künftig wohl bei dem Satz (welcher auch schon im Entwurf liegt) bleiben: Alle Qualität ist Elektricität, und umgekehrt die Elektricität eines Körpers ist auch seine Qualität (denn alle Qualitätsdifferenz ist gleich der Elektricitätsdifferenz und alle [chemische] Qualität ist reducibel auf Elektricität.) — Alles, was für uns sensibel ist (sensibel im engern Sinne des Worts, wie Farben, Geschmack u. s. w.) ist ohne Zweifel für uns sensibel nur durch Elektricität, und das einzig unmittelbar Sensible möchte wohl die Elektricität seyn [1], worauf schon die allgemeine Dualität jedes Sinnes (Entwurf S. 185 [oben S. 170]) führt, da in der Natur eigentlich nur eine Dualität ist. Im Galvanismus reducirt die Sensibilität als Reagens alle Qualität der Körper, für welche sie Reagens ist, auf eine ursprüngliche Differenz. Alle Körper, die in einer Kette überhaupt den Geschmacks- oder den Gesichtssinn afficiren, ihre Differenz sey sonst noch so groß, sind alle entweder alkalisch oder sauer, erregen negativen oder positiven Blitz, und hier immer erscheinen sie in einer höheren als der bloß chemischen Potenz thätig.

Die Qualität, absolut gedacht, ist inconstruktibel, weil Qualität überhaupt nichts Absolutes ist, und es überhaupt keine andere Qualität gibt, als die, welche Körper wechselseitig in Bezug aufeinander zeigen, und alle Qualität etwas ist, vermöge dessen der Körper gleichsam über sich selbst gehoben wird.

Alle bisher unternommene Construktion der Qualität reducirt sich auf die beiden Versuche: Qualitäten durch Figuren auszudrücken, also für jede ursprüngliche Qualität eine eigenthümliche Figur in der Natur anzunehmen, oder aber die Qualität durch analytische Formeln (wo Attraktiv- und Repulsiv-Kraft die negativen und positiven Größen

[1] Volta fragt schon aus Gelegenheit der Sinnesaffektion durch Galvanismus: „Könnte das elektrische Fluidum nicht die unmittelbare Ursache eines jeden Geschmacks seyn? Könnte es nicht die Ursache der Sensation aller andern Sinne seyn?" (Anmerkung des Originals.)

dazu geben) auszudrücken. Wegen der Richtigkeit auch dieses Versuchs kann man sich am kürzesten auf die Leerheit der ihm gemäßen Erklärungen berufen. Daher wir uns hier auf die einzige Anmerkung einschränken, daß durch die Construktion aller Materie aus den beiden Grundkräften zwar verschiedene Dichtigkeitsgrade, nimmermehr aber verschiedene Qualitäten *als* Qualitäten construirt werden, denn obgleich alle dynamischen (qualitativen) Veränderungen auf ihrer tiefsten Stufe als Veränderungen der Grundkräfte erscheinen, so erblicken wir auf jener Stufe doch nur das Produkt des Processes, nicht den *Proceß selbst*, und jene Veränderungen sind *das zu Erklärende*, der Erklärungsgrund also muß ohne Zweifel in etwas Höherem gesucht werden. —[1]

Es ist nur ein ideeller Erklärungsgrund der Qualität möglich, weil dieser Erklärungsgrund selbst etwas bloß Ideelles voraussetzt. Wer nach dem letzten Grund der Qualität fragt, setzt sich in den Anfangspunkt der Natur zurück. Aber wo ist dieser Anfangspunkt, und besteht nicht alle Qualität eben darin, daß die Materie durch die allgemeine Verkettung verhindert wird in ihre Ursprünglichkeit zurückzukehren?

Von jenem Punkte aus, wo Reflexion und Anschauung sich trennen, welche Trennung aber selbst nur unter Voraussetzung der vollendeten Evolution möglich ist, trennt sich die Physik in die beiden entgegengesetzten Richtungen, in welche sich die beiden Systeme, das atomistische und das dynamische, getheilt haben.

Das *dynamische* System *leugnet* die absolute Evolution der Natur, und geht von der Natur als Synthesis (= der Natur als Subjekt) zu der Natur als Evolution (= der Natur als Objekt), das *atomistische* System geht von der Evolution als dem Ursprünglichen zu der Natur als Synthesis; jenes vom Standpunkt der Anschauung zu dem der Reflexion, dieses vom Standpunkt der Reflexion zu dem der Anschauung.

Beide Richtungen sind gleich möglich. Ist nur die Analysis richtig, so muß sich durch die Analysis wieder die Synthesis, so wie durch

[1] Vgl. oben S. 28, Anmerk. 1.

die Synthesis auch wieder die Analysis finden lassen. Aber ob die Analysis richtig ist, erkennt man nur daran, daß man von ihr wieder auf die Synthesis kommt. Die Synthesis ist und bleibt also das absolut Vorausgesetzte.

Die Aufgaben des einen Systems kehren sich in dem andern gerade um; was der atomistischen Physik Ursache der Zusammensetzung der Natur ist, ist der dynamischen das Hemmende der Evolution. Jene erklärt die Zusammensetzung der Natur durch Cohäsionskraft, wodurch doch niemals wahre Continuität in sie kommt; diese erklärt umgekehrt die Cohäsion durch die Continuität der Evolution. (Alle Continuität ist ursprünglich nur in der Produktivität).

Beide Systeme gehen von etwas bloß Ideellem aus. Die absolute Synthesis ist ebenso gut bloß ideell als die absolute Analysis. Das Reelle findet sich erst in der Natur als Produkt, aber die Natur, weder als absolute Involution, noch als absolute Evolution gedacht, ist das Produkt; das Produkt ist das zwischen beiden Extremen Begriffene.

Die erste Aufgabe für beide Systeme ist, das Produkt, d. h. das worin jene Entgegengesetzten reell werden, zu construiren. Beide rechnen mit bloß ideellen Größen, solange das Produkt nicht construirt ist; die Richtungen nur, in welchen sie dazu gelangen, sind sich entgegengesetzt. Beide Systeme haben, sofern sie bloß mit ideellen Faktoren zu thun haben, gleichen Werth, und eines ist die Probe des andern. — Was in den Tiefen der produktiven Natur verborgen ist, muß in der Natur als Natur als Produkt widerstrahlen, und so muß das atomistische System der beständige Reflex des dynamischen seyn. Es ist in dem Entwurf absichtlich von beiden Richtungen die der atomistischen Physik gewählt worden. Es wird zum Verständniß unsrer Wissenschaft nicht wenig beitragen, wenn wir, was dort im Produkt gezeigt worden ist, hier in der Produktivität aufzeigen.

m) In der reinen Produktivität der Natur ist schlechterdings nichts Unterscheidbares jenseits der Entzweiung;

nur *die in sich selbst entzweite Produktivität gibt das Produkt.*

Da die absolute Produktivität nur auf das Produciren an sich, nicht auf das Produciren eines Bestimmten geht, so wird die Tendenz der Natur, vermöge welcher es in ihr zum Produkt kommt, die *negative* der Produktivität seyn.

So wenig in der Natur, insofern sie reell ist, Produktivität ohne Produkt seyn kann, so wenig Produkt ohne Produktivität. Die Natur kann beiden Extremen nur sich annähern, und es muß aufgezeigt werden, *daß* sie beiden sich annähert.

α) Die reine Produktivität geht ursprünglich auf Gestaltlosigkeit.

Wo die Natur in Gestaltlosigkeit sich verliert, erschöpft sich die Produktivität in ihr. (Dieß ist es, was man durch das Latentwerden ausdrückt). — Umgekehrt, wo die Gestalt überwindet, wo also die Produktivität *begrenzt* wird, tritt die Produktivität hervor; sie erscheint nicht etwa als (darstellbares) Produkt, sondern *als* Produktivität, obgleich ins Produkt übergehende, wie in den Erscheinungen der Wärme. (Der Begriff imponderabler Materien ist nur ein *symbolischer* Begriff).

β) Geht die Produktivität auf Gestaltlosigkeit, so ist sie, objektiv angesehen, das absolut Gestaltlose.

(Man hat die Kühnheit des atomistischen Systems nur wenig begriffen. — Die in ihm herrschende Idee eines absolut formlosen, nirgends als bestimmte Materie Darstellbaren, ist nichts anderes als Symbol der der Produktivität sich annähernden Natur. — Je näher der Produktivität, desto näher der Gestaltlosigkeit.

γ) Die Produktivität erscheint als Produktivität nur wo ihr Grenzen gesetzt werden.

Was überall und in allem ist, ist eben deßwegen nirgends. — Fixirt wird die Produktivität nur durch die Begrenzung. — Die *Elektricität existirt* erst in dem Moment, wo die Grenzen gegeben sind, und es ist eine Armseligkeit der Vorstellungsart, in ihren Phänomenen etwas anderes als Phänomene der (begrenzten) Produktivität zu suchen. — Die Bedingung des **Lichts** ist ein Gegensatz im elektrischen und galvanischen wie im chemischen Proceß, und selbst das Licht, das ohne unser Zuthun uns kommt (das Phänomen der von der Sonne ringsum ausgeübten Produktivität) setzt jenen Gegensatz voraus [1].

δ) **Nur die begrenzte Produktivität gibt den Ansatz zum Produkt.** (Die Erklärung des Produkts muß mit dem Entstehen des festen Punkts anfangen, wo der Ansatz beginnt. — **Die Bedingung aller Gestaltung ist Dualität.** (Dieß ist der tiefere Sinn in Kants Construktion der Materie aus entgegengesetzten Kräften).

Die elektrischen Erscheinungen sind das allgemeine Schema für die Construktion der Materie überhaupt.

ε) **In der Natur kann es weder zur reinen Produktivität noch zum reinen Produkt kommen.**

Jene ist absolute Negation alles Produkts, dieses Negation aller Produktivität.

(Annäherung zu jener ist das absolut Decomponible, zu diesem das absolut Indecomponible der Atomistik. Jenes kann nicht gedacht werden, ohne zugleich das absolut Incomponible, dieses nicht, ohne zugleich das absolut Componible zu seyn).

Die Natur wird also ursprünglich das Mittlere aus beiden seyn, und so gelangen wir zum Begriff **einer auf dem Uebergang ins Produkt begriffenen Produktivität, oder eines Produkts, das ins Unendliche produktiv ist.** — Wir halten uns an die letztere Bestimmung.

Der Begriff des Produkts (des fixirten) und des Produktiven (des freien) ist sich entgegengesetzt. — Da das von uns Postulirte schon

[1] Es ist den vorhandenen **Experimenten** nach wenigstens nicht unmöglich, Licht- und Elektricitätserscheinungen als Eines anzusehen, da im prismatischen Bild die Farben als einander entgegengesetzt, und das in der Regel in die Mitte fallende weiße Licht als der Indifferenzpunkt wenigstens betrachtet werden **kann**: und der **Analogie** nach wird man eben **diese** Construktion der Lichterscheinungen für die ächte zu halten versucht. (Anmerkung des Originals.)

Produkt ist, so kann es, wenn es produktiv ist, nur auf bestimmte Art produktiv seyn. Aber bestimmte Produktivität ist (aktive) Gestaltung. Jenes Dritte müßte also im Zustand der Gestaltung seyn.

Aber das Produkt soll ins Unendliche produktiv seyn (jener Uebergang soll nie absolut geschehen); es wird also zwar in jedem Moment auf bestimmte Art produktiv seyn, die Produktivität wird bleiben, nicht aber das Produkt.

(Es könnte die Frage entstehen, wie hier nur überhaupt ein Uebergang von Gestalt in Gestalt möglich sey, wenn keine Gestalt fixirt ist. Allein daß es zu momentanen Gestalten komme, ist schon dadurch möglich gemacht, daß die Evolution nicht mit unendlicher Geschwindigkeit geschehen kann, wo also allerdings für jeden Moment wenigstens die Gestalt eine bestimmte ist).

Das Produkt wird erscheinen als in unendlicher Metamorphose begriffen.

(Auf dem Standpunkt der Reflexion als beständig auf dem Sprung vom Flüssigen ins Feste, ohne doch je die gesuchte Gestalt zu treffen. — Organisationen, die nicht im gröberen Element leben, leben wenigstens auf dem tiefen Grund des Luftmeers — viele gehen durch Metamorphosen aus dem einen Element ins andere über; und was scheint das Thier, dessen Lebensfunktionen fast alle in Contraktionen bestehen, anders zu seyn als ein solcher Sprung?)

Die Metamorphose wird nicht regellos geschehen können. Denn sie muß innerhalb des ursprünglichen Gegensatzes bleiben und ist dadurch in Grenzen eingeschlossen[1].

(Diese Regelmäßigkeit wird sich durch nichts anderes als eine innere Verwandtschaft der Gestalten ausdrücken, welche Verwandtschaft wieder nicht denkbar ist ohne einen Grundtypus, der allen zu Grunde liegt — und den sie, unter mannichfaltigen Abweichungen zwar, aber doch alle ausdrücken).

Aber auch mit einem solchen Produkt haben wir nicht, was wir

[1] Daher, wo der Gegensatz aufgehoben oder verrückt wird, die Metamorphose unregelmäßig wird. — Denn was ist auch Krankheit als Metamorphose? (Anmerkung des Originals.)

suchten, ein Produkt, das, ins Unendliche produktiv, dasselbe bleibt. Daß das Produkt dasselbe bleibt, scheint undenkbar, weil es ohne absolutes Hemmen, Aufheben der Produktivität nicht denkbar ist. — Das Produkt müßte gehemmt werden, wie die Produktivität gehemmt wurde; denn es ist immer noch produktiv; gehemmt durch Entzweiung und daraus resultirende Begrenzung. Aber es müßte zugleich erklärt werden, wie das produktive Produkt auf einzelnen Bildungsstufen gehemmt werden könne, ohne daß es aufhöre produktiv zu seyn, oder wie durch die Entzweiung selbst die Fortdauer der Produktivität gesichert sey.

Wir haben den Leser auf diesem Wege bis zur Aufgabe des vierten Abschnitts des Entwurfs geführt, und überlassen ihm, die Auflösung nebst den Folgesätzen, die sie herbeiführt, dort selbst zu suchen. — Wir suchen vorher noch anzudeuten, wie das abgeleitete Produkt vom Standpunkt der Reflexion aus erscheinen müsse.

Das Produkt ist die Synthesis, in welcher die entgegengesetzten Extreme sich berühren, die durch das absolut Decomponible auf der einen und das Indecomponible auf der andern Seite bezeichnet sind. — Wie in die von ihm vorausgesetzte absolute Discontinuität Continuität komme, versucht der Atomistiker durch Cohäsions-, plastische Kraft u. s. w. zu erklären. Vergebens, denn Continuität ist nur die Produktivität selbst.

Die Mannichfaltigkeit der Gestalten, welche jenes Produkt in der Metamorphose annimmt, wurde erklärt durch die Verschiedenheit der Entwicklungsstufen, so daß mit jeder Entwicklungsstufe eine eigenthümliche Gestalt parallel geht. — Der Atomistiker setzt in die Natur gewisse Grundgestalten, und da in ihr alles nach Gestalt strebt, und alles, was nur sich gestaltet, auch seine eigenthümliche Gestalt hat, so müssen die Grundgestalten, aber freilich nur als angedeutet in der Natur, nicht als actu vorhanden, zugegeben werden.

Auf dem Standpunkt der Reflexion muß das Werden jenes Produkts erscheinen als ein beständiges Streben der ursprünglichen Aktionen nach Produktion einer bestimmten Gestalt und beständige Wiedervernichtung jener Gestalten.

So würde das Produkt nicht Produkt einer einfachen Tendenz seyn — es wäre nur sichtbarer Ausdruck einer inneren Proportion, eines inneren Gleichgewichts der ursprünglichen Aktionen, welche sich wechselseitig weder auf absolute Gestaltlosigkeit reduciren, noch auch wegen des allgemeinen Conflikts eine bestimmte und fixirte Gestalt produciren lassen.

Bis hieher (solange wir bloß mit ideellen Faktoren zu thun hatten) waren entgegengesetzte Richtungen der Untersuchung möglich; von jetzt an, da wir ein reelles Produkt in seinen Entwicklungen zu verfolgen haben, gibt es nur Eine Richtung.

m) Durch die unvermeidliche Trennung der Produktivität in entgegengesetzte Richtungen auf jeder einzelnen Entwicklungsstufe wird das Produkt selbst in *einzelne Produkte* getrennt, durch welche aber eben deßwegen nur verschiedene Entwicklungsstufen bezeichnet sind.

Daß dieß so sey, läßt sich *entweder* in den Produkten selbst aufzeigen, welches geschieht, wenn man sie in Ansehung ihrer Gestaltung untereinander vergleicht, und eine Continuität der Bildung aufsucht, welche Idee, weil Continuität nie in den *Produkten* (für die Reflexion), sondern immer nur in der *Produktivität* ist, sich nicht vollkommen realisiren läßt.

Um die Continuität in der Produktivität zu finden, muß die Stufenfolge jenes *Uebergangs der Produktivität ins Produkt* genauer aufgestellt werden, als bisher geschehen ist. — Dadurch daß die Produktivität *begrenzt* wird (s. oben), wird vorerst nur der Ansatz zum Produkt, nur der feste Punkt für die Produktivität überhaupt gegeben. — Es muß gezeigt werden, *wie* die Produktivität allmählich sich materialisirt und in immer fixirtere Produkte sich verwandelt, welches dann eine *dynamische Stufenfolge in der Natur* geben würde, und was auch der eigentliche Gegenstand der Grundaufgabe des ganzen Systems ist.

(Zum voraus mag Folgendes als Erläuterung dienen. — Es wird vorerst eine Entzweiung der Produktivität gefordert, die Ursache, wodurch diese Entzweiung bewirkt wird, bleibt vorerst ganz aus der Untersuchung. — Durch die Entzweiung ist vielleicht ein Wechsel von Contraktion und Expansion bedingt. Dieser Wechsel ist nicht etwas in der Materie, sondern die Materie selbst, und die erste Stufe der ins Produkt übergehenden Produktivität. — Zum Produkt kann es nicht kommen als durch Stillstand jenes Wechsels, durch ein Drittes also, was jenen Wechsel selbst fixirt, und so wäre die Materie auf der tiefsten Stufe — (in der ersten Potenz) — angeschaut, jener Wechsel in Ruhe oder im Gleichgewicht angeschaut, so wie umgekehrt wieder durch Aufhebung jenes Dritten die Materie zur höheren Potenz erhoben werden könnte. — Nun wär' es ja möglich, daß jene so eben abgeleiteten Produkte auf ganz verschiedenen Stufen der Materialität oder jenes Ueberganges stünden, oder daß diese verschiedenen Stufen in dem einen sich mehr oder weniger unterscheiden ließen als in dem andern — es wäre also dadurch eine dynamische Stufenfolge jener Produkte wirklich aufzuzeigen).

n) Bei der Auflösung der Aufgabe selbst bleiben wir vorerst, unbekannt wohin sie uns führe, in der bisher genommenen Richtung.

Es sind einzelne (individuelle) Produkte in die Natur gebracht; aber in diesen Produkten soll sich immer noch die Produktivität, als Produktivität, unterscheiden lassen. Die Produktivität soll noch nicht absolut übergegangen seyn ins Produkt. Das Bestehen des Produkts soll eine beständige Selbstreproduktion seyn.

Es entsteht die Aufgabe, wodurch jenes absolute Uebergehen — Erschöpfen der Produktivität im Produkt — verhindert, oder wodurch sein Bestehen eine beständige Selbstreproduktion werde.

Es ist schlechthin undenkbar, wie die überall gegen das Produkt tendirende Thätigkeit verhindert werde ganz darin überzugehen, wenn nicht durch äußere Einflüsse jener Uebergang verhindert, und das Produkt, wenn es bestehen soll, in jedem Moment genöthigt wird sich neu zu produciren.

Nun ist aber bis jetzt noch keine Spur einer dem Produkt (der organischen Natur) entgegengesetzten Ursache aufgefunden — eine solche Ursache kann also vorerst bloß postulirt werden. (Wir glaubten in jenem Produkt die ganze Natur sich erschöpfen zu sehen, und bemerken erst hier, daß, um jenes Produkt zu begreifen, schon *etwas anderes* vorausgesetzt werden, und ein neuer Gegensatz in die Natur kommen muß.

Die Natur war uns bisher absolute *Identität* in der Duplicität — hier kommen wir auf einen Gegensatz, der *innerhalb* jener Identität wieder stattfinden soll. — Jener Gegensatz muß in dem abgeleiteten Produkt selbst sich aufweisen lassen, wenn er überhaupt abzuleiten ist).

Das abgeleitete Produkt ist eine nach *außen gehende* Thätigkeit — diese läßt sich *als* solche nicht unterscheiden ohne eine von *außen nach innen* gehende (auf sich selbst gerichtete) Thätigkeit in demselben Produkt, und diese Thätigkeit läßt sich wiederum nicht denken, wenn sie nicht von außen *zurückgedrängt* (reflektirt) wird.

In den entgegengesetzten Richtungen, die *durch diese Entgegensetzung entstehen*, liegt *das Princip für die Construktion aller Lebenserscheinungen* — jene entgegengesetzten Richtungen aufgehoben, bleibt das Leben entweder als *absolute Thätigkeit*, oder als *absolute Receptivität* zurück, da es ursprünglich nur als die vollkommenste *Wechselbestimmung* der Receptivität und der Thätigkeit möglich ist.

Wir verweisen den Leser deßhalb auf den Entwurf selbst, und machen ihn hier nur aufmerksam auf die höhere Stufe der Construktion, welche wir hier erreicht haben.

Wir haben oben (g) das Entstehen eines *Produkts* überhaupt erklärt durch ein Ankämpfen der Natur gegen den ursprünglichen Hemmungspunkt, wodurch dieser Punkt zur erfüllten Sphäre erhoben wird und so Permanenz erhält. — Hier, da wir ein Ankämpfen einer *äußeren* Natur nicht gegen einen *bloßen* Punkt, sondern gegen ein *Produkt* ableiten, erhebt sich für uns jene erste Construktion zur *zweiten* Potenz gleichsam, wir haben ein doublirtes Produkt (und so möchte sich denn in der Folge wohl zeigen, daß die organische Natur überhaupt nur die höhere Potenz der anorgischen ist, und daß sie eben dadurch über diese sich erhebt, daß in ihr auch das, was schon Produkt ist, *wieder* Produkt wird).

Da das Produkt, welches wir als das ursprünglichste abgeleitet haben, uns selbst auf eine ihm entgegengesetzte Natur treibt, so ist klar, daß unsere Construktion der Entstehung eines Produkts überhaupt unvollständig war, und daß wir unserer Aufgabe — (die Aufgabe der ganzen Wissenschaft ist: das Entstehen eines fixirten Produkts zu construiren) — bei weitem noch nicht Genüge geleistet haben.

Ein produktives Produkt kann als solches nur unter dem Einfluß äußerer Kräfte bestehen, weil nur dadurch die Produktivität unterbrochen, im Produkt zu erlöschen verhindert wird. — Für diese äußeren Kräfte muß es nun wieder eine eigenthümliche Sphäre geben; jene Kräfte müssen in einer Welt liegen, die nicht produktiv ist. Aber diese Welt muß eben deßwegen eine in jeder Rücksicht fixirte und unveränderlich bestimmte Welt seyn. Die Aufgabe, wie es in der Natur zum Produkt komme, ist also durch alles Bisherige nur einseitig aufgelöst. „Das Produkt wird gehemmt durch Entzweiung der Produktivität auf jeder einzelnen Entwicklungsstufe". Aber dieß gilt nur für das produktive Produkt, aber hier ist die Rede von einem nichtproduktiven Produkt.

Der Widerspruch, dem wir hier begegnen, ist nur dadurch aufzulösen, daß ein allgemeiner Ausdruck für die Construktion eines Produkts überhaupt (abgesehen davon, ob es produktiv ist, oder aufgehört hat es zu seyn) gefunden wird.

* * *

Da die Existenz einer Welt, die nicht produktiv (unorganisch) ist, vorerst bloß postulirt wird, um die produktive zu erklären, so können auch die Bedingungen einer solchen nur hypothetisch aufgestellt werden, und da wir dieselbe vorerst überhaupt nur aus dem Gegensatz gegen die produktive kennen, so müssen auch jene Bedingungen nur aus diesem Gegensatz abgeleitet werden. — (Es erhellt daraus von selbst, was auch im Entwurf erinnert ist, daß auch dieser zweite Abschnitt, wie der erste, durchgängig bloß hypothetische Wahrheit hat, weil weder die organische noch die anorgische Natur erklärt ist, ohne die Construktion beider auf einen gemeinschaftlichen Ausdruck gebracht zu haben, welches aber erst durch den synthetischen Theil möglich ist. — Dieser muß auf die höchsten und allgemeinsten Principien für die Construktion einer Natur überhaupt führen, daher wir auch den Leser, dem es um Kenntniß unseres Systems zu thun ist, ganz auf denselben verweisen müssen. — Die hypothetische Deduktion einer anorgischen Welt und ihrer Bedingungen können wir hier um so eher übergehen, da sie im Entwurf hinlänglich ausgeführt ist, und eilen zu der allgemeinsten und höchsten Aufgabe unsrer Wissenschaft.

* * *

Die allgemeinste Aufgabe der speculativen Physik läßt sich jetzt so ausdrücken: die Construktion organischer und anorgischer Produkte auf einen gemeinschaftlichen Ausdruck zu bringen.

Wir können nur die Hauptsätze jener Auflösung und auch von diesen hauptsächlich nur jene herausheben, die im Entwurf selbst (dritter Hauptabschnitt) nicht vollständig ausgeführt worden sind.

A.

Wir stellen hier gleich zu Anfang als Princip auf, daß, da das organische Produkt das Produkt in der zweiten Potenz ist, die **organische** Construktion des Produkts wenigstens Sinnbild der **ursprünglichen** Construktion **alles** Produkts seyn muß.

a) Damit die Produktivität nur überhaupt an einem Punkte fixirt werde, müssen Grenzen gegeben seyn. Da Grenzen die Bedingung der ersten Erscheinung sind, so kann die Ursache, wodurch Grenzen hervorgebracht werden, nicht mehr erscheinen, sie geht in das Innere der Natur oder des jedesmaligen Produkts zurück.

In der organischen Natur wird diese Begrenzung der Produktivität gegeben durch das, was wir Sensibilität nennen, und was gedacht werden muß als erste Bedingung der Construktion des organischen Produkts (Entw. S. 169 [oben S. 155]).

b) Der unmittelbare Effekt der begrenzten Produktivität ist ein Wechsel von Contraktion und Expansion in der schon gegebenen, und wie wir jetzt wissen, zum zweitenmal gleichsam construirten Materie.

c) Wo dieser Wechsel stillesteht, geht die Produktivität ins Produkt, und wo er wieder hergestellt wird, das Produkt in Produktivität über. — Denn da das Produkt ins Unendliche produktiv bleiben soll, so müssen sich im Produkt jene drei Stufen der Produktivität **unterscheiden** lassen; der absolute Uebergang der letztern ins Produkt ist der Untergang des Produkts selbst.

d) So wie diese drei Stufen im Individuum unterscheidbar sind, so müssen sie in der ganzen organischen Natur unterscheidbar seyn, und die Stufenfolge der Organisationen ist nichts anderes als eine Stufenfolge der Produktivität selbst. — (Die Produktivität erschöpft sich bis zu dem Grade c im Produkt A, und kann mit dem Produkte B nur da anfangen, wo es mit A aufhörte, d. h. mit dem Grade d, und so herab bis zum Verschwinden aller Produktivität. — Kennte man den absoluten Grad der Produktivität, der Erde z. B. (der durch ihr Verhältniß zur Sonne bestimmt ist), so wäre die Grenze der Organisation auf ihr dadurch genauer zu bestimmen, als durch die unvollständige Erfahrung, — die schon darum unvollständig seyn muß, weil die Katastrophen der Natur ohne Zweifel die äußersten Glieder der Kette verschlungen haben. — Die eigentliche Naturgeschichte, die nicht die Produkte, sondern die Natur selbst zum Objekt hat, verfolgt die Eine der Freiheit sich gleichsam wehrende Produktivität durch alle Wendungen und Krümmungen hindurch bis zu dem Punkt, wo sie im Produkt zu ersterben endlich gezwungen ist).

Auf jener dynamischen Stufenfolge im Individuum, wie in der ganzen organischen Natur, beruht die Construktion aller organischen Erscheinungen (Entw. S. 220 — 279 [oben S. 195 ff.]).

B.[1]

Diese Sätze zur Allgemeinheit erweitert, führen auf folgende Grundsätze einer allgemeinen Theorie der Natur.

[1] Von hier folgen wieder, wie im Entwurf, Zusätze in Noten (wie schon bisher einige mit [] in den Text aufgenommen wurden). Sie sind aus einem Handexemplar des Verfassers excerpirt. D. H.

a) Die Produktivität soll ursprünglich begrenzt werden. Da jenseits der begrenzten Produktivität [nur] reine Identität ist, so kann die Begrenzung nicht gegeben werden durch eine schon vorhandene Differenz, also durch eine in der Produktivität selbst entstehende Entgegensetzung, auf welche, als erstes Postulat, wir hier zurückkommen[1].

b) Diese Differenz, rein gedacht, ist die erste Bedingung aller [Natur-]Thätigkeit, die Produktivität wird zwischen Entgegengesetzten (den ursprünglichen Grenzen) angezogen und zurückgestoßen[2], in diesem Wechsel von Expansion und Contraktion entsteht nothwendig ein Gemeinschaftliches, aber nur im Wechsel Bestehendes. — Soll es außer dem Wechsel bestehen, so muß der Wechsel selbst fixirt werden. — Das Thätige im Wechsel ist die in sich selbst entzweite Produktivität.

c) Es fragt sich:

α) Wodurch jener Wechsel überhaupt fixirt werden könne. — Er kann nicht fixirt werden durch irgend etwas, das im Wechsel selbst als Glied begriffen ist, also durch ein Drittes.

β) Aber dieses Dritte muß eingreifen können in jenen ursprünglichen Gegensatz; aber außer jenem Gegensatz ist nichts[3] — es [jenes Dritte] muß also ursprünglich schon in demselben begriffen seyn, als etwas, was durch den Gegensatz, und wodurch hinwiederum der Gegensatz vermittelt ist. Denn sonst ist kein Grund, warum es in jenem Gegensatz ursprünglich begriffen seyn sollte.

[1] Das erste Postulat der Naturwissenschaft ist ein Gegensatz in der reinen Identität der Natur. Dieser Gegensatz muß ganz rein gedacht werden, nicht etwa mit einem andern Substrat als dem der Thätigkeit; denn er ist ja Bedingung alles Substrats. Wer keine Thätigkeit, keine Entgegensetzung ohne Substrat denken kann, kann überhaupt nicht philosophiren. Denn alles Philosophiren geht erst auf Deduktion eines Substrats.

[2] Die elektrischen Erscheinungen sind das Schema der zwischen Produktivität und Produkt schwebenden Natur. Dieser Zustand des Schwebens, des Wechsels von Anziehungs- und Zurückstoßungskraft ist der eigentliche Zustand des Bildens.

[3] Denn er ist das Einzige, was uns gegeben ist, um daraus alles entstehen zu lassen.

Der Gegensatz ist Aufhebung der Identität. Aber die Natur ist ursprünglich Identität. — Es wird also in jenem Gegensatz wieder ein Streben nach Identität seyn müssen. Dieses Streben ist [unmittelbar] bedingt durch den Gegensatz; denn wäre kein Gegensatz, so wäre Identität, absolute Ruhe, und auch kein Streben nach Identität [1]. — Wäre hinwiederum nicht in dem Gegensatz wieder Identität, so könnte der Gegensatz selbst nicht fortdauern.

Identität aus Differenz hervorgegangen ist Indifferenz, jenes Dritte also ein Streben nach Indifferenz, das durch die Differenz selbst, und wodurch hinwiederum diese bedingt ist. — (Die Differenz ist als Differenz gar nicht aufzufassen, und ist nichts für die Anschauung, als durch ein Drittes, was sie erhält — woran der Wechsel selbst haftet).

Jenes Dritte also ist das Einzige, was in jenem ursprünglichen Wechsel das Substrat ist. — Das Substrat aber setzt den Wechsel ebenso gut wie der Wechsel das Substrat voraus — und es ist hier kein Erstes und kein Zweites, sondern Differenz und Streben nach Indifferenz ist der Zeit nach schlechthin Eines und zugleich.

Hauptsatz: Keine Identität der Natur ist absolut, sondern alle nur Indifferenz [2].

Da jenes Dritte selbst den ursprünglichen Gegensatz voraussetzt, so kann dadurch nicht der Gegensatz selbst absolut aufgehoben werden, die Bedingung der Fortdauer des Dritten [jener dritten Thätigkeit oder der Natur] ist die beständige Fortdauer des Gegensatzes, so wie umgekehrt, daß der Gegensatz fortdauert durch die Fortdauer des Dritten bedingt ist.

Aber wie soll denn der Gegensatz als fortdauernd gedacht werden?

Wir haben Einen ursprünglichen Gegensatz, zwischen dessen Grenzen die ganze Natur fallen soll; setzen wir, daß die Faktoren jenes Gegen-

[1] Also jenes Dritte muß 1) durch den Gegensatz unmittelbar bedingt seyn; 2) durch jenes Dritte muß hinwiederum der Gegensatz bedingt seyn. Wodurch ist nun der Gegensatz bedingt? Er ist Gegensatz nur durch jenes Streben nach Identität. Denn wo kein Streben zur Einheit ist, ist kein Gegensatz.

[2] Die Natur ist eine Thätigkeit, die beständig nach Identität strebt, also eine Thätigkeit, die, um als solche fortzudauern, den Gegensatz beständig voraussetzt.

satzes wirklich ineinander übergehen, oder in irgend einem Dritten [einem einzelnen Produkt] absolut zusammentreffen können, so ist der Gegensatz aufgehoben, und mit ihm jenes Streben, und damit alle Thätigkeit der Natur. — Daß aber der Gegensatz fortdaure, ist nur dadurch denkbar, daß er unendlich ist — daß die äußersten Grenzen ins Unendliche auseinander gehalten werden, so daß immer nur vermittelnde Glieder der Synthesis, nie die letzte und absolute Synthesis selbst producirt werden kann, wobei es nie zum absoluten, sondern immer nur zu relativen Indifferenzpunkten kommt, und jede entstandene Indifferenz einen neuen, noch unaufgehobenen Gegensatz übrig läßt, dieser wieder in Indifferenz übergeht, welche abermals den ursprünglichen Gegensatz nur zum Theil aufhebt. Durch den ursprünglichen Gegensatz und das Streben nach Indifferenz kommt ein Produkt zu Stande, aber das Produkt hebt den Gegensatz nur zum Theil auf; durch das Aufheben dieses Theils, d. h. durch das Entstehen des Produkts selbst, entsteht also ein vom aufgehobenen verschiedener neuer Gegensatz, durch diesen ein vom ersten verschiedenes Produkt, aber auch dieses läßt den absoluten Gegensatz unaufgehoben, es wird also abermals Dualität, und durch diese ein Produkt entstehen, und so ins Unendliche fort.

Man setze, durch das Produkt A werden die Gegensätze c und d vereinigt, aber außerhalb jener Vereinigung noch fällt der Gegensatz b und e. Dieser hebt sich auf in B, aber auch dieses Produkt läßt den Gegensatz a und f unaufgehoben — setzt man, daß a und f die äußersten Grenzen bezeichnen, so wird die Vereinigung von diesen eben das Produkt seyn, zu dem es nie kommen kann.

Zwischen den Aeußersten a und f liegen die Gegensätze c und d, b und e, aber die Reihe dieser Zwischengegensätze ist unendlich, alle diese Zwischengegensätze sind begriffen in dem Einen absoluten Gegensatz. — In dem Produkt A wird von a nur c und von f nur d aufgehoben, was von a übrig bleibt, heiße b, was von f, e, so werden diese zwar kraft des absoluten Strebens nach Indifferenz wieder vereinigt, aber sie lassen einen neuen Gegensatz unaufgehoben — und so bleibt zwischen a und f eine unendliche Reihe mittlerer Gegensätze, und das Produkt, worin jene sich absolut aufheben, ist nie, sondern *wird* nur.

Diese ins Unendliche fortgehende Bildung ist so vorzustellen. — Der ursprüngliche Gegensatz müßte in dem Urprodukt A sich aufheben. Das Produkt müßte in den Indifferenzpunkt von a und f fallen, aber da der Gegensatz ein absoluter ist, der nur in einer unendlich fortgesetzten (nie wirklichen) Synthesis aufgehoben werden kann, so muß A gedacht werden als der Mittelpunkt einer unendlichen Peripherie (deren Durchmesser die unendliche Linie a f). Da in dem Produkt von a und f nur c und d vereinigt sind, so entsteht in ihm die neue Entzweiung b und e, das Produkt wird also sich nach entgegengesetzten Richtungen trennen, in dem Punkt, wo das Streben nach Indifferenz das Uebergewicht erlangt, wird b und e zu einem neuen, von dem ersten verschiedenen Produkt zusammentreten — aber zwischen a und f liegen noch unendlich viele Gegensätze; der Indifferenzpunkt B ist also Mittelpunkt einer Peripherie, die in der ersten begriffen, aber selbst wieder unendlich ist u. s. f.

Der Gegensatz von b und e in B wird **unterhalten** durch A, weil es [A] ihn *unvereinigt* läßt; [eben]so wird der Gegensatz in C durch B *unterhalten*, weil B von a und f abermals *nur einen Theil* aufhebt. Aber der Gegensatz in C wird durch B unterhalten, nur insofern A den Gegensatz in B unterhält[1]. Was also *aus* jenem Gegensatz in C und B resultirt — [setze man z. B. das Resultat davon sey die allgemeine Gravitation] — wird *verursacht* durch den gemeinschaftlichen Einfluß von A, so daß B und C, und die unendlich vielen Produkte, die noch zwischen a und f als Mittelglieder fallen — in Bezug auf A nur *Ein* Produkt sind. — Die *Differenz*, welche nach der Vereinigung von c und d in A übrig bleibt, ist nur *Eine*, in welche dann wieder B, C u. s. w. sich theilen.

[1] Auf B wird der ganze von A nicht aufgehobene Gegensatz übergetragen. Aber in B kann es sich wiederum nicht ganz aufheben, also übergetragen auf C. Der Gegensatz in C also unterhalten durch B, aber nur insofern als A den Gegensatz, der Bedingung von B ist, unterhält.

Aber die Fortdauer des Gegensatzes ist für jedes Produkt Bedingung des Strebens nach Indifferenz, also wird durch A ein Streben nach Indifferenz in B, und durch B in C unterhalten. — Aber der Gegensatz, den A unaufgehoben läßt, ist nur Einer, also ist auch jene Tendenz in B, in C und so ins Unendliche fort nur bedingt und unterhalten durch A.

Die so bestimmte Organisation ist keine andere als die Organisation des Universums im Gravitationssysteme. — Die Schwerkraft ist einfach, aber ihre Bedingung ist Duplicität. — Indifferenz geht nur aus Differenz hervor. — Die aufgehobene Dualität ist die Materie, insofern sie nur Masse ist.

Der absolute Indifferenzpunkt existirt nirgends, sondern ist auf mehrere einzelne gleichsam vertheilt. — Das Universum, das sich vom Centrum gegen die Peripherie bildet, sucht den Punkt, wo auch die äußersten Gegensätze der Natur sich aufheben; die Unmöglichkeit dieses Aufhebens sichert die Unendlichkeit des Universums.

Von jedem Produkt A wird der nichtaufgehobene Gegensatz auf ein neues B übergetragen; jenes wird dadurch Ursache der Dualität und der Gravitation für B. — (Jenes Uebertragen ist das, was man Wirkung durch Vertheilung nennt, deren Theorie erst von diesem Punkt aus Licht erhält)[1]. — So unterhält z. B. die Sonne, weil sie nur relative Indifferenz ist, soweit ihre Wirkungssphäre reicht, den Gegensatz, welcher Bedingung der Schwere auf den untergeordneten Weltkörpern ist[2].

[1] Vertheilung ist nämlich immer nur da, wo in einem Produkt der Gegensatz nicht absolut, sondern nur relativ aufgehoben ist.

[2] Das Streben nach Indifferenz erlangt das Uebergewicht über den Gegensatz in größerer oder in geringerer Entfernung vom Körper, der die Vertheilung ausübt (so wie z. B. in gewisser Entfernung die Wirkung durch Vertheilung, die ein magnetischer oder elektrischer Körper auf einen andern ausübt, als aufgehoben erscheint). Die Verschiedenheit dieser Entfernung ist Grund der Verschiedenheit der Weltkörper in einem und demselben System, indem nämlich ein Theil der Materie der Indifferenz eher unterliegt, als der übrige. Da also die Bedingung alles Produkts Differenz ist, so muß diese als Quelle aller Existenz in jedem Moment wieder entstehen, aber auch als wieder aufgehoben gedacht

Die Indifferenz wird in jedem Moment aufgehoben, und in jedem Moment wiederhergestellt. Daher wirkt die Schwere in den ruhenden Körper, wie in den bewegten. — Das allgemeine Wiederherstellen der Dualität und das Wiederaufheben in jedem Moment kann [nämlich] nur als nisus gegen ein Drittes erscheinen; dieses Dritte ist [also die bloße Null, es ist] abstrahirt von der Tendenz, nichts [= o], also bloß idealisch (nur die Richtung bezeichnend) — ein Punkt[1]. Die Schwere [der Schwerpunkt] ist für jedes Totalprodukt nur Eine [denn der Gegensatz Einer], und so auch der relative Indifferenzpunkt nur Einer. Der Indifferenzpunkt des einzelnen Körpers bezeichnet nur die Richtungslinie seiner Tendenz gegen den allgemeinen Indifferenzpunkt; daher jener Punkt als der einzige betrachtet werden kann, worin die Schwere wirkt; so wie das, wodurch die Körper allein Bestand für uns erlangen, nur jene Tendenz nach außen ist[2].

Das vertikale Fallen gegen diesen Punkt ist nicht eine einfache, sondern eine zusammengesetzte Bewegung, und es ist zu verwundern, daß man dieß nicht eher eingesehen[3].

Die Schwere ist nicht etwa proportional der Masse (denn was ist diese Masse als ein Abstraktum der specifischen Schwere, das ihr nun hypostasirt habt?), sondern umgekehrt die Masse eines Körpers ist nur Ausdruck des Moments, womit der Gegensatz in ihm sich aufhebt.

werden. Durch dieses beständige Wiederentstehen und Wiederaufleben geschieht die Schöpfung in jedem Moment aufs neue.

[1] Es ist eben die Null, in welche die Natur beständig zurückzukehren strebt, und in welche sie zurückkehren würde, wenn der Gegensatz je aufgehoben wäre. Denken wir uns den ursprünglichen Zustand der Natur = 0 (Mangel an Realität). Nun kann die Null freilich gedacht werden als sich trennend in 1 — 1 (denn dieß = 0); setzen wir aber, daß diese Trennung nicht unendlich ist (wie in der unendlichen Reihe 1 — 1 + 1 — 1 .....), so wird die Natur beständig zwischen der Null und der Einheit gleichsam schweben, — und dieß ist eben ihr Zustand.

[2] Baader über das pythagoräische Quadrat, 1798. (Anmerk des Originals).

[3] Ausgenommen den denkenden Verfasser einer Recension meiner Schrift von der Weltseele in den Würzb. gel. Anz., der einzigen, die ich bis jetzt über diese Schrift kenne. (Anmerk. des Originals).

d) Durch das Bisherige ist die Construktion der Materie im Allgemeinen vollendet, nicht aber die der specifischen Differenz der Materie.

Was alle Materie von B C u. s. f. in Bezug auf A unter sich gemein hat, ist die durch A nicht aufgehobene Differenz, welche in B und C abermals nur zum Theil sich aufhebt — also auch die durch jene Differenz vermittelte Schwere.

Was also B und C von A unterscheidet, ist die durch A nicht aufgehobene Differenz, welche Bedingung der Schwere für B und C wird. — Ebenso, was C von B unterscheidet (wenn C ein B untergeordnetes Produkt ist), ist die durch B nicht aufgehobene Differenz, welche auf C wieder übergetragen wird. Die Schwerkraft ist also nicht für den höheren und subalternen Weltkörper dieselbe, und es ist so viel Mannichfaltigkeit in den Centralkräften der Attraktion als in ihren Bedingungen. (Vgl. den Entw. S. 119 [oben S. 112]).

Wodurch in den Produkten A, B, C, welche, sofern sie einander entgegengesetzt werden, absolut homogene Produkte vorstellen, [weil der Gegensatz für das ganze Produkt derselbe], wieder eine Differenz einzelner Produkte möglich ist, ist, daß ein verschiedenes Verhältniß der Faktoren in der Aufhebung möglich ist, so daß in X z. B. der positive Faktor, in Y der negative das Uebergewicht hat (was den einen Körper positiv-, den andern negativ-elektrisch macht. — Alle Differenz nur Differenz der Elektricität)[1].

e) Daß die Identität der Materie nicht absolute Identität, sondern nur Indifferenz sey, ist beweisbar nur aus der Möglichkeit der Wiederaufhebung der Identität, und den Phänomenen, welche sie begleiten[2]. Es sey uns erlaubt, jenes Wiederaufheben und die daraus resultirenden Phänomene der Kürze halber unter dem Ausdruck dyna-

[1] Hiebei wird vorausgesetzt, daß das, was wir die Qualität der Körper nennen, und was wir als etwas Homogenes und als aller Homogeneität Grund anzusehen gewohnt sind, eigentlich nur Ausdruck einer aufgehobenen Differenz ist.

[2] Der letzte Theil dieses Satzes lautet im Handexemplar: Diese Construktion der Qualität müßte sich nun in der Erfahrung nachweisen lassen durch Wiederaufhebung der Identität und der Phänomene, welche sie begleiten.

mischer Proceß zu begreifen, wobei es, wie sich versteht, noch ganz unentschieden bleibt, ob etwas der Art überall wirklich sey.

Es wird nun gerade so viele Stufen des dynamischen Processes geben, als es Stufen des Uebergangs aus Differenz in Indifferenz gibt.

α) Die erste Stufe wird bezeichnet seyn durch Objekte, in welchen das Wiederentstehen und Wiederaufheben des Gegensatzes in jedem Moment selbst noch Objekt der Wahrnehmung ist.

Das ganze Produkt wird in jedem Moment neu reproducirt [1], d. h. der Gegensatz, der in ihm sich aufhebt, entsteht in jedem Augenblick aufs neue, aber dieses Wiederentstehen der Differenz verliert sich unmittelbar in die allgemeine Schwere [2]; jenes Wiederentstehen kann also nur wahrgenommen werden an einzelnen Objekten, welche unter sich zu gravitiren scheinen, indem, wenn dem einen Faktor des Gegensatzes sein entgegengesetzter (in einem andern) angeboten wird, beide Faktoren gegeneinander schwer werden, wo also die allgemeine Schwere nicht aufgehoben, sondern innerhalb der allgemeinen eine specielle stattfindet. — Solche zwei Produkte sind in Bezug aufeinander die Erde und die Magnetnadel, in welcher das beständige Wiederaufheben der Indifferenz an der Gravitation gegen die Pole [3], das beständige Zurücksinken in Identität [4] an der Gravitation gegen den allgemeinen Indifferenzpunkt unterschieden wird. — Hier wird also nicht das Objekt, sondern das Reproducirtwerden des Objekts selbst Objekt [5].

[1] Jeder Körper muß gedacht werden als in jedem Moment reproducirt, also auch jedes Totalprodukt.

[2] Das Allgemeine aber wird nie wahrgenommen, eben deßwegen weil es allgemein ist.

[3] wodurch eben bestätigt wird, was oben gesagt wurde, daß das Fallen gegen den Mittelpunkt eine zusammengesetzte Bewegung.

[4] die Aufhebung der entgegengesetzten Bewegungen durcheinander.

[5] oder das Objekt wird auf der ersten Stufe des Werdens oder des Uebergangs aus Differenz in Indifferenz erblickt. Die Erscheinungen des Magnetismus eben dienen gleichsam zum Anstoß, uns auf den Standpunkt jenseits des Produkts zu versetzen, was nothwendig ist, um das Produkt zu construiren.

β) Auf der ersten Stufe erscheint in der Identität des Produkts wieder seine Duplicität, auf der zweiten Stufe wird der Gegensatz selbst sich trennen und an verschiedene Körper (A und B) vertheilen. Dadurch, daß der Eine Faktor des Gegensatzes in A, der andere in B ein relatives Uebergewicht erlangt, wird nach demselben Gesetze wie bei α) eine Gravitation der Faktoren gegeneinander, und dadurch neue Indifferenz entstehen, welche, wenn das relative Gleichgewicht in jedem wiederhergestellt ist, in Zurückstoßung ausschlägt[1]. — (Wechsel von Anziehung und Zurückstoßung, zweite Stufe, auf welcher die Materie erblickt wird) — Elektricität.

γ) Auf der zweiten Stufe hatte der Eine Faktor des Produkts nur ein relatives Uebergewicht[2], auf der dritten wird er ein absolutes erlangen — durch die zwei Körper A und B wird der ursprüngliche Gegensatz wieder vollkommen repräsentirt — die Materie wird auf die erste Stufe des Werdens zurückkehren.

Auf der ersten Stufe ist noch **reine** Differenz, ohne Substrat [denn aus ihr entstand erst ein Substrat], auf der zweiten Stufe sind es die einfachen Faktoren zweier **Produkte**, die sich entgegengesetzt sind, auf der dritten sind es die **Produkte selbst**, die sich entgegengesetzt sind; hier ist die Differenz in der dritten Potenz.

Wenn zwei Produkte einander absolut entgegengesetzt sind[3], so muß in jedem einzelnen die Indifferenz der Schwere (durch welche es allein ist) aufgehoben werden, und sie müssen gegeneinander gravitiren[4]. (Auf der zweiten Stufe war nur ein wechselseitiges

[1] es wird die entgegengesetzte Wirkung — eine negative Anziehung, d. h. Zurückstoßung erfolgen. — Zurückstoßung und Anziehung verhalten sich wie positive und negative Größe. Zurückstoßung nur negative Anziehung, Anziehung nur negative Zurückstoßung: sowie also das Maximum der Anziehung erreicht ist, geht es in sein Entgegengesetztes, in Zurückstoßung, über.

[2] Bezeichnet man die Faktoren durch + und — Elektricität, so hatte auf der zweiten Stufe + Elektricität über — Elektricität ein relatives Uebergewicht.

[3] Wenn nicht mehr die einzelnen Faktoren zweier Produkte, sondern die ganzen Produkte selbst einander absolut entgegengesetzt sind.

[4] Denn Produkt ist etwas, worin der Gegensatz sich aufhebt, aber er hebt sich nur auf durch die Indifferenz der Schwere. Wo also zwei Produkte einander

Graviren der Faktoren gegeneinander — hier ist ein Gravitiren der Produkte[1]. — Dieser Proceß also greift zuerst auch das Indifferente des **Produkts** an, d. h. die Produkte selbst lösen sich auf.

Wo gleiche Differenz ist, ist auch gleiche Indifferenz, die Differenz der Produkte also kann auch nur mit einer Indifferenz der Produkte enden. — (Alle bisher abgeleitete Indifferenz war nur Indifferenz substratloser oder wenigstens einfacher Faktoren. — Hier ist die Rede von einer Indifferenz der Produkte). Jenes Streben wird nicht ruhen, ehe ein gemeinschaftliches Produkt da ist. Das Produkt, indem es sich bildet, geht von beiden Seiten durch alle Mittelglieder, die zwischen den beiden Produkten liegen, hindurch [z. B. durch alle Mittelstufen der specifischen Schwere], bis es den Punkt findet, bei welchem es der Indifferenz unterliegt und das Produkt fixirt wird.

Allgemeine Anmerkung.

Vermöge [In] der ersten Construktion wird das Produkt als Identität aufgestellt; diese Identität löst sich zwar wieder in einen Gegensatz auf, der aber nicht mehr ein an Produkten haftender Gegensatz, sondern ein Gegensatz in der Produktivität selbst ist. — Das Produkt also als Produkt ist [war] Identität. — Aber auch in der Sphäre der Produkte entsteht wieder Duplicität auf der zweiten Stufe, und erst auf der dritten wird auch die Duplicität der Produkte wieder Identität der Produkte[2] — Es ist also auch hier ein Fortgang von Thesis zur Antithesis und von da zur Synthesis. — Die letzte Synthesis der

entgegengesetzt sind, muß in jedem einzelnen die Indifferenz absolut aufgehoben seyn, und die ganzen Produkte müssen gegeneinander gravitiren.

[1] Im elektrischen Proceß ist nicht das ganze Produkt thätig, sondern nur der Eine Faktor des Produkts, der das relative Uebergewicht über den andern hat. Im chemischen Proceß, wo das ganze Produkt thätig ist, muß auch die Indifferenz des ganzen Produkts aufgehoben werden.

[2] Wir haben also folgendes Schema des dynamischen Processes:
Erste Stufe: Einheit des Produkts — Magnetismus.
Zweite Stufe: Duplicität der Produkte — Elektricität.
Dritte Stufe: Einheit der Produkte — chemischer Proceß.

Materie — schließt sich in dem chemischen Proceß, soll sie noch weiter zusammengesetzt werden, so muß auch dieser Kreis wieder sich öffnen.

Wir müssen es unsern Lesern selbst überlassen, zu ermessen, auf welche Schlüsse die hier vorgetragenen Principien führen, und welcher allgemeine Zusammenhang durch sie in die Naturerscheinungen gebracht werde. — Um jedoch Eine Probe zu geben, so ist, wenn in dem chemischen Proceß das Band der Schwere sich löst, die Erscheinung des Lichts, welche den chemischen Proceß in seiner größten Vollkommenheit (als Verbrennungsproceß) begleitet, eine sonderbare Erscheinung, welche weiter verfolgt bestätigt, was im Entw. S. 146 [oben S. 136] gesagt wird: „die Aktion des Lichts muß mit der Aktion der Schwere, welche die Centralkörper ausüben, in geheimem Zusammenhang stehen". — Denn wird nicht jene Indifferenz der Schwere in jedem Moment aufgelöst, da ja die Schwere als immer thätig ein beständiges Aufheben der Indifferenz voraussetzt? — So bewirkt also die Sonne durch die auf die Erde ausgeübte Vertheilung ein allgemeines Auseinandergehen der Materie in den ursprünglichen Gegensatz (und dadurch die Schwere). Jenes allgemeine Aufheben der Indifferenz ist es, was uns (belebten) als Licht erscheint; wo also jene Indifferenz sich auflöst (im chemischen Proceß), da muß uns Licht erscheinen. — Nach dem Vorhergehenden ist es Ein Gegensatz, der vom Magnetismus an durch die Elektricität endlich in die chemischen Erscheinungen sich verliert[1]. Im chemischen Proceß nämlich

[1] Die Schlüsse, die sich aus dieser Construktion der dynamischen Erscheinungen ziehen lassen, sind zum Theil im Vorhergehenden schon anticipirt. Folgendes dient zu weiterer Erklärung.

Der chemische Proceß z. B. in seiner größten Vollkommenheit ist Verbrennungsproceß. Nun habe ich schon bei anderer Gelegenheit gezeigt, daß der Lichtzustand des verbrennenden Körpers nichts anderes als das Maximum seines positiv-elektrischen Zustandes ist. Denn es ist ja immer der positiv-elektrische, der auch der verbrennliche ist. Sollte nun diese Coexistenz der Lichterscheinung mit dem chemischen Proceß in seiner größten Vollkommenheit uns nicht Aufschluß geben über den Grund aller Lichterscheinung in der Natur?

Was geschieht denn im chemischen Proceß? Zwei ganze Produkte gravitiren gegeneinander. Die Indifferenz des einzelnen wird also absolut aufgehoben. Dieses absolute Aufheben der Indifferenz setzt den ganzen Körper in

wird das ganze Produkt + E oder — E (der positiv-elektrische Körper ist bei absolut unverbrannten immer auch der verbrennlichere[1], dagegen das absolut Unverbrennliche Ursache aller negativ-elektrischen Beschaffenheit ist), und wenn es erlaubt ist einmal die Sache umzukehren, was sind denn die Körper selbst als verdichtete (gehemmte) Elektricität? — Im chemischen Proceß löst sich der ganze Körper in + E oder — E auf. Das Licht ist überall Erscheinung des positiven Faktors im ursprünglichen Gegensatz; wo daher der Gegensatz hergestellt wird, ist für uns Licht, weil überhaupt nur der positive Faktor angeschaut, und der negative nur empfunden wird. — Ist nun der Zusammenhang der täglichen und jährlichen Abweichung der Magnetnadel mit dem Licht begreiflich — und, wenn in jedem chemischen Proceß der Gegensatz sich löst, — begreiflich, daß Licht Ursache und Anfang alles chemischen Processes ist[2]?

Lichtzustand, sowie ihn das Partielle im elektrischen Proceß in partiellen Lichtzustand setzt. Also wird auch wohl das Licht, was von der Sonne uns zuzuströmen scheint, nichts anderes als Phänomen der in jedem Moment aufgehobenen Indifferenz seyn. Denn da die Schwere nie aufhört zu wirken, so muß auch ihre Bedingung — der Gegensatz — als in jedem Moment wieder entstehend betrachtet werden. Wir hätten also an dem Licht eine beständige sichtbare Erscheinung der Schwerkraft, und es wäre erklärt, warum gerade die Körper des Weltsystems, welche Hauptsitz der Schwere sind, auch Hauptquell des Lichts sind, erklärt, in welchem Zusammenhang denn die Aktion des Lichts mit der der Schwere steht.

Die mannichfachen Wirkungen des Lichts auf die Abweichungen der Magnetnadel, auf die atmosphärische Elektricität, auf die organische Natur wären eben dadurch erklärt, daß das Licht Phänomen der beständig aufgehobenen Indifferenz — also Phänomen des beständig wieder angefachten dynamischen Processes ist.

Es ist also Ein Gegensatz, der in allen dynamischen Phänomenen — in denen des Magnetismus, der Elektricität und des Lichts herrscht, z. B. der Gegensatz, der Bedingung der elektrischen Erscheinungen ist, muß schon mit eingehen in die erste Construktion der Materie. Denn alle Körper sind ja elektrisch.

[1] Oder umgekehrt vielmehr, der verbrennlichere ist immer auch der positiv-elektrische; woraus erhellt, daß der Körper, der verbrennt, nur das Maximum von + Elektricität erreicht hat.

[2] So ist es auch. Was ist denn das absolute Unverbrennliche? Ohne Zweifel nur das, womit alles andere verbrennt — der Sauerstoff. Aber eben dieses absolut Unverbrennliche, der Sauerstoff, ist auch Princip der negativen Elektricität, und es bestätigt sich also, was ich schon in den Ideen zu einer Philosophie der

f) Der dynamische Proceß ist nichts anderes als die zweite Construktion der Materie, und so viele Stufen des dynamischen Processes es gibt, so viele Stufen in der ursprünglichen Construktion der Materie.

Natur (I. Bd., S. 130) gesagt habe, daß der Sauerstoff ein Princip negativer Art, und also gleichsam Repräsentant der Attraktivkraft ist, während das Phlogiston, oder, was dasselbe, positive Elektricität, Repräsentant des Positiven oder der Repulsivkraft ist. Es ist schon längst davon die Rede, daß die magnetischen, elektrischen, chemischen und endlich selbst die organischen Erscheinungen in Einen großen Zusammenhang verflochten werden. Dieser Zusammenhang muß aufgestellt werden. — Sicher läßt sich der Zusammenhang der Elektricität mit dem Verbrennungsproceß noch durch viele Experimente darstellen. Eines der neuesten, was mir bekannt ist, will ich hier anführen. Es findet sich in Scherers Journal der Chemie. Wenn eine Leidnerflasche mit Eisenfeilspänen gefüllt und öfter geladen und entladen wird, und man nimmt nach Verfluß einiger Zeit jenes Eisen heraus und bringt es auf einen Isolator, z. B. Papier, so fängt es an sich zu erhitzen, wird rothglühend, und verwandelt sich in ein Eisenoxyd. — Dieser Versuch verdient sehr wiederholt und genauer untersucht zu werden — er könnte leicht zu Neuem führen.

Jener große Zusammenhang, den eine wissenschaftliche Physik aufstellen muß, erstreckt sich über die ganze Natur. Es muß also, einmal aufgestellt, über die Geschichte der ganzen Natur ein neues Licht verbreiten. So ist es z. B. gewiß, daß alle Geologie ausgehen muß vom Erdmagnetismus. Aber durch den Magnetismus muß wieder die Erdelektricität bestimmt seyn. Der Zusammenhang von Nord und Süd mit dem Magnetismus zeigt sich ja sogar durch unregelmäßige Bewegungen der Magnetnadel. — Aber mit der allgemeinen Elektricität, welche ebenso wie die Schwere und wie der Magnetismus ihren Indifferenzpunkt hat — hängt wieder der allgemeine Verbrennungsproceß — hängen die vulkanischen Erscheinungen zusammen.

Also ist gewiß, daß vom allgemeinen Magnetismus bis herab zu den vulkanischen Erscheinungen Eine Kette geht. Indessen sind dieß alles nur einzelne Versuche.

Um jenen Zusammenhang in volle Evidenz zu setzen, fehlt uns das Centralphänomen oder das Centralexperiment, von dem schon Baco weissagt — ich meine das Experiment, in welchem alle jene Funktionen der Materie, Magnetismus, Elektricität u. s. w. in Einem Phänomen so zusammenlaufen, daß die einzelne unterscheidbar ist — daß nicht das eine unmittelbar sich in das andere verliert, sondern jede gesondert dargestellt werden kann, ein Experiment, was, wenn es erfunden ist, für die gesammte Natur das seyn muß, was der Galvanismus für die organische Natur ist. Man vergl. hiezu die Rede über Faraday's neueste Entdeckung (1832), S. 15. Sämmtliche Werke, 1. Abth, letzter Band. D. H.

Dieser Satz ist der umgekehrte des Satzes e)[1]. Was im dynamischen Proceß am Produkt wahrgenommen wird, geschieht jenseits des Produkts mit den einfachen Faktoren aller Dualität.

Der erste Ansatz zur ursprünglichen Produktion ist die Begrenzung der Produktivität durch den ursprünglichen Gegensatz, der als Gegensatz (und als Bedingung aller Construktion) nur noch im Magnetismus unterschieden wird; die zweite Stufe der Produktion ist der Wechsel von Expansion und Contraktion, der als solcher nur noch in der Elektricität sichtbar wird; die dritte Stufe endlich ist der Uebergang jenes Wechsels in Indifferenz, der als solcher nur noch in den chemischen Erscheinungen erkannt wird.

Magnetismus, Elektricität und chemischer Proceß sind die Kategorien der ursprünglichen Construktion der Natur [der Materie] — diese entzieht sich uns und liegt jenseits der Anschauung, jene sind das davon Zurückbleibende, Feststehende, Fixirte — die allgemeinen Schemate der Construktion der Materie[2].

Und — um hier den Kreis in dem Punkte wieder zu schließen, von dem er anfing, wie in der organischen Natur in der Stufenfolge der Sensibilität, der Irritabilität und des Bildungstriebs in jedem Individuum das Geheimniß der Produktion der ganzen organischen Natur liegt, so liegt in der Stufenfolge des Magnetismus, der Elektricität und des chemischen Processes, so wie sie auch am einzelnen Körper unterschieden werden kann, das Geheimniß der Produktion der Natur aus sich selbst [der gesammten Natur][3].

[1] Beweis: Alle dynamischen Erscheinungen sind Erscheinungen des Uebergangs aus Differenz in Indifferenz. Aber eben in diesem Uebergang wird die Materie ursprünglich construirt.

[2] In der schon erwähnten Rede über Faraday's neueste Entdeckung citirt der Verfasser diese Stelle (S. 75 der Originalausgabe), sowie §. 56 ff. der (ebenfalls vor Erfindung der Volta'schen Säule geschriebenen) Allgemeinen Darstellung des dynamischen Processes (Zeitschr. für spec. Phys. Bd. 1, Heft 2; Bd. IV. dieser Gesammtausgabe) als Beweis seiner Vorausbehauptung der durch die späteren Entdeckungen bestätigten Einheit des elektrischen und des chemischen Gegensatzes und des gleichen Zusammenhangs zwischen den magnetischen und chemischen Erscheinungen. (Man vergl. hiezu übrigens auch die Anmerk. 2 der Seite 319). D. H.

[3] Jedes Individuum ist Ausdruck der ganzen Natur. So wie die Existenz des

C.

Wir sind jetzt der Auflösung unsrer Aufgabe, die Construktion der organischen und anorgischen Natur auf einen gemeinschaftlichen Ausdruck zu bringen, näher gerückt.

Die anorgische Natur ist das Produkt der *ersten*, die organische das Produkt der *zweiten* Potenz [1] — (so wurde oben festgesetzt; es wird sich bald zeigen, daß sie Produkt einer noch höheren Potenz ist); — darum erscheint diese in Bezug auf jene zufällig, jene in Bezug auf diese nothwendig. Die anorgische Natur kann ihren Anfang nehmen aus *einfachen* Faktoren, die organische nur aus *Produkten*, die wieder zu Faktoren werden. Darum wird eine anorgische Natur überhaupt erscheinen als von jeher gewesen, die organische als *entstanden*.

In der organischen Natur kann es zur Indifferenz auf dem Wege nicht kommen, auf welchem es in der anorgischen dazu kommt, weil das Leben eben in dem beständigen *Verhindern, daß es zur Indifferenz komme* [im Verhindern des absoluten Uebergangs der Produktivität ins Produkt] besteht, wodurch freilich nur ein Zustand herauskommen kann, der der Natur gleichsam abgezwungen ist.

Durch die Organisation wird die Materie, die durch den chemischen Proceß schon zum zweitenmal zusammengesetzt ist, noch einmal zurückversetzt in den Anfangspunkt der Bildung (der oben beschriebene Kreis noch einmal geöffnet); es ist kein Wunder, daß die immer wieder in die Bildung zurückgeworfene Materie endlich als das vollkommenste Produkt wiederkehre.

einzelnen organischen Individuums auf jener Stufenfolge beruht, so die ganze organische Natur. Den ganzen Reichthum und die Mannichfaltigkeit ihrer Produkte erhält die organische Natur nur dadurch, daß sie das Verhältniß jener drei Funktionen beständig verändert. — Ebenso bringt die unorganische Natur den ganzen Reichthum ihrer Produkte dadurch hervor, daß sie das Verhältniß jener drei Funktionen der Materie ins Unendliche verändert; denn Magnetismus, Elektricität und chemischer Proceß sind Funktionen der Materie überhaupt, und nur insofern Kategorien für die Construktion aller Materie. Dieß, daß jene drei nicht Erscheinungen einzelner Materien, sondern *Funktionen der Materie überhaupt*, ist der eigentliche und innerste Sinn der dynamischen Physik, die sich eben dadurch weit über alle andere Physik erhebt.

[1] Das organische Produkt nämlich kann nur gedacht werden als bestehend unter dem Ankämpfen einer äußeren Natur.

Dieselben Stufen, welche die Produktion der Natur ursprünglich durchläuft, durchläuft auch die Produktion des organischen Produkts, nur daß diese auf der ersten Stufe schon mit Produkten der einfachen Potenz wenigstens anfängt. — Auch die organische Produktion beginnt mit Begrenzung, nicht der ursprünglichen Produktivität, sondern der Produktivität eines Produkts, auch die organische Bildung geschieht durch den Wechsel von Expansion und Contraktion, wie die ursprüngliche, aber es ist ein Wechsel, der nicht in der einfachen Productivität, sondern in der zusammengesetzten statt hat.

Aber im chemischen Proceß ist das alles auch[1], und im chemischen Proceß kommt es doch zur Indifferenz. Der Lebensproceß muß also wieder die höhere Potenz des chemischen seyn, und wenn das Grundschema von diesem Duplicität, wird das Schema von jenem Triplicität seyn müssen [wird jener ein Proceß der dritten Potenz seyn]. Aber das Schema der Triplicität ist [wirklich] das [Grundschema] des galvanischen Processes (Ritters Beweis ꝛc. S. 172), also steht der galvanische Proceß (oder der Proceß der Erregung) eine Potenz höher als der chemische, und das Dritte, was diesem fehlt und was jener hat, verhindert, daß es zur Indifferenz im organischen Produkt komme[2].

Da es die Erregung zur Indifferenz im einzelnen Produkt nicht kommen läßt, und der Gegensatz doch da ist (denn noch immer folgt uns jener ursprüngliche Gegensatz)[3], so bleibt der Natur nichts übrig,

[1] Auch der chemische Proceß hat nicht substratlose oder einfache Faktoren, er hat Produkte zu Faktoren.

[2] Dieselbe Ableitung ist schon im Entwurf S. 177 [ob. S. 163] gegeben. — Was die dynamische Aktion sey, welche nach dem Entwurf auch Ursache der Erregbarkeit ist, ist jetzt wohl klar genug. Es ist die allgemeine Aktion, die überall durch Aufhebung der Indifferenz bedingt ist, und die zuletzt gegen Intussusception (Indifferenz der Produkte) tendirt, wo sie nicht wie im Proceß der Erregung beständig daran verhindert wird. (Anmerk. des Originals).

[3] Der Abgrund von Kräften, in den wir hier hinabsehen, öffnet sich schon durch die Eine Frage: welchen Grund in der ersten Construktion unserer Erde es wohl haben möge, daß keine Erzeugung neuer Individuen anders als unter Bedingung entgegengesetzter Potenzen auf ihr möglich ist? Vergl. eine Aeußerung von Kant über diesen Gegenstand in seiner Anthropologie. (Anmerk. des Originals).

als Trennung der Faktoren in *verschiedenen* Produkten[1]. — Die Bildung des einzelnen Produkts kann eben deßwegen keine vollendete Bildung, und das Produkt kann nie aufhören produktiv zu seyn[2]. — Der Widerspruch in der Natur ist der, daß das Produkt *produktiv* (d. h. Produkt der dritten Potenz seyn), und daß doch das Produkt *als* Produkt der dritten Potenz in Indifferenz übergehen soll[3].

Diesen Widerspruch sucht die Natur dadurch zu lösen, daß sie die *Indifferenz* selbst durch *Produktivität* vermittelt, aber auch dieß gelingt nicht, denn der Akt der Produktivität ist nur der zündende Funke eines neuen Erregungsprocesses; das Produkt der Produktivität ist eine *neue Produktivität*. — In diese als ihr Produkt geht nun freilich die Produktivität des *Individuums* über, das Individuum hört also schneller oder langsamer auf produktiv zu seyn, aber eben damit hört es auch auf Produkt der dritten Potenz zu seyn, und den Indifferenzpunkt erreicht die Natur mit ihm erst, nachdem es zu einem Produkt der zweiten Potenz herabgekommen ist[4].

[1] Es können die beiden Faktoren nie *Eines* seyn, sondern müssen in verschiedene *Produkte* getrennt seyn — damit so die Differenz permanent sey.

[2] Es kommt in dem Produkt zur Indifferenz der ersten und selbst der zweiten Potenz (es kommt z. B. durch die Erregung selbst zu einem Ansatz von *Masse* [d. h. zur Indifferenz der ersten Ordnung], und selbst zu *chemischen Produkten* [d. h. zur Indifferenz der zweiten Ordnung], aber zur Indifferenz der dritten Potenz kann es nicht kommen, weil diese selbst ein widersprechender Begriff ist. (Anm. des Originals).

[3] Das Produkt ist produktiv nur dadurch, daß es Produkt der dritten Potenz ist. Nun ist aber der Begriff des produktiven Produkts selbst ein Widerspruch. Was Produktivität ist, ist nicht Produkt, und was Produkt ist, ist nicht Produktivität. Also ist ein Produkt der dritten Potenz selbst ein widersprechender Begriff. Man sieht eben daraus, welch' ein höchst künstlicher und der Natur gleichsam abgedrungener — wider ihren Willen bestehender — Zustand das Leben ist.

[4] Aus welchen Widersprüchen das Leben hervorgehe, und daß es überhaupt nur ein gesteigerter Zustand *gemeiner* Naturkräfte sey, zeigt nichts mehr, als der Widerspruch der Natur in dem, was sie durch die *Geschlechter* zu erreichen versucht, ohne es erreichen zu können. — Die Natur *haßt* das Geschlecht, und wo es entsteht, entsteht es wider ihren Willen. Die Trennung der Geschlechter ist ein unvermeidliches Schicksal, dem sie, nachdem sie einmal organisch ist, sich fügen muß, und das sie nie verwinden kann. — Durch jenen Haß gegen die Trennung selbst sieht sie sich in den Widerspruch verwickelt, daß sie, was ihr

Und nun das Resultat von dem allem? — Die Bedingung des organischen (wie des anorgischen) Produkts ist Dualität. Allerdings, aber organisches *produktives Produkt* ist es nur dadurch, daß die *Differenz* **nie** *Indifferenz wird*.

Es ist [insofern] also *unmöglich*, die Construktion des organischen und anorgischen Produkts auf einen *gemeinschaftlichen* Ausdruck zu bringen, und die Aufgabe ist unrichtig, also auch die Auflösung unmöglich. Die Aufgabe setzt voraus, organisches und anorgisches Produkt seyen sich *entgegengesetzt*, da doch jenes nur die *höhere Potenz* von diesem und nur durch die höhere Potenz der Kräfte hervorgebracht ist, durch welche auch dieses hervorgebracht wird. — Sensibilität ist nur die höhere Potenz des Magnetismus, Irritabilität nur die höhere Potenz der Elektricität, Bildungstrieb nur die höhere Potenz des chemischen Processes. — Aber Sensibilität und Irritabilität und Bildungstrieb sind alle nur begriffen in jenem *Einem* Proceß der Erregung. (Der Galvanismus afficirt sie alle).[1] Aber sind sie nur die höheren Funktionen des Magnetismus, der Elektricität u. s. w., so muß es auch

zuwider ist, aufs sorgfältigste ausbilden und auf den Gipfel der Existenz führen muß, als ob es ihr darum zu thun wäre, da sie doch immer nur nach der Rückkehr in die Identität der Gattung verlangt, welche aber an die (nie aufzuhebende) Duplicität der Geschlechter als an eine unvermeidliche Bedingung gefesselt ist. — Daß sie das Individuum nur gezwungen und der Gattung wegen ausbildet, erhellt daraus, daß ihr, wo sie in einer Gattung das Individuum länger erhalten zu wollen *scheint* (obgleich dieß nie der Fall ist), dagegen die Gattung unsicherer wird, indem sie die Geschlechter weiter auseinander halten und gleichsam voreinander flüchten muß. In dieser Region der Natur ist der Verfall des Individuums minder sichtbar schnell, als da wo die Geschlechter sich näher sind, wie in der schnell hinwelkenden Blume, wo sie bei ihrem Entstehen schon in den Einen Kelch wie in das Brautbett gefaßt sind, wo aber eben deßwegen auch die *Gattung gesicherter* ist.

Die Natur ist *das trägste Thier* und verwünscht die Trennung, weil diese allein ihr den Zwang der Thätigkeit auferlegt; sie ist nur thätig um jenes Zwangs los zu werden. — Die Entgegengesetzten müssen ewig sich fliehen, um sich ewig zu suchen, und sich ewig suchen, um sich nie zu finden; nur in *diesem* Widerspruch liegt der Grund aller Thätigkeit der Natur. (Anmerk. des Originals).

[1] Seine Wirkung auf Reproduktionskraft (sowie Rückwirkung besonderer Zustände dieser Kraft auf galvanische Erscheinungen) ist noch weniger beachtet, als wohl nöthig und nützlich wäre. S. den Entw. S. 193 [ob. S. 177]. (Anmerk. des Originals).

für diese wieder eine solche höhere Synthesis in der Natur geben[1], welche aber ohne Zweifel nur in der Natur, insofern sie als Ganzes betrachtet absolut organisch ist, gesucht werden kann.

Und dieß ist denn auch das Resultat, auf welches jede ächte Naturwissenschaft führen muß, daß nämlich der Unterschied zwischen organischer und anorgischer Natur nur in der Natur als Objekt sey, und daß die Natur als ursprünglich-produktiv über beiden schwebe[2].

Es ist noch Eine Bemerkung übrig, die wir machen können, nicht so sehr ihres eignen Interesses wegen, als um das zu rechtfertigen, was wir oben über das Verhältniß unsers Systems zu dem bisher sogenannten dynamischen gesagt haben. — Wenn man nämlich fragt, als was jener ursprüngliche, in dem Produkt aufgehobene, oder vielmehr fixirte Gegensatz in dem Produkt auf dem Standpunkt der Reflexion sich zeigen werde, so kann man, was man durch Analysis davon in dem Produkt findet, nicht besser bezeichnen, als durch Expansiv- und Attraktiv- (oder retardirende) Kraft, wozu denn doch immer noch die Schwerkraft als das Dritte hinzukommen muß, wodurch jene Entgegengesetzten erst das werden, was sie sind.

Indeß gilt diese Bezeichnung nur für den Standpunkt der Reflexion oder der Analysis, und kann zur Synthesis gar nicht gebraucht werden, und so hört unser System gerade da auf, wo Kants und seiner Nachfolger dynamische Physik anfängt, nämlich bei dem Gegensatz wie er in dem **Produkt** sich vorfindet.

Und hiermit übergibt der Verfasser diese Anfangsgründe einer speculativen Physik den denkenden Köpfen des Zeitalters, indem er sie bittet, in dieser — keine geringen Aussichten eröffnenden Wissenschaft gemeine Sache zu machen, und was ihm an Kräften, Kenntnissen oder äußern Verhältnissen abgeht, durch die ihrigen zu ersetzen.

[1] Vergl. oben die Anm. S. 14 [hier S. 279]. (Anmerkung des Originals.)

[2] Daß es also auch dieselbe Natur ist, welche durch dieselben Kräfte die organischen und die allgemeinen Naturerscheinungen hervorbringt, nur daß diese Kräfte in der organischen Natur in einem gesteigerten Zustand sind.

System

des

transscendentalen Idealismus.

1800.

Vorrede.

Daß ein System, welches die ganze, nicht bloß im gemeinen Leben sondern selbst in dem größten Theil der Wissenschaften herrschende Ansicht der Dinge völlig verändert und sogar umkehrt, wenn schon seine Principien auf das strengste bewiesen sind, einen fortdauernden Widerspruch selbst bei solchen finde, welche die Evidenz seiner Beweise zu fühlen oder wirklich einzusehen im Stande sind, kann seinen Grund allein in dem Unvermögen haben, von der Menge einzelner Probleme zu abstrahiren, welche unmittelbar mit einer solchen veränderten Ansicht die geschäftige Einbildungskraft aus dem ganzen Reichthum der Erfahrung herbeiführt, und dadurch das Urtheil verwirrt und beunruhigt. Man kann die Kraft der Beweise nicht leugnen, auch weiß man nichts, was gewiß und evident wäre, an die Stelle jener Principien zu setzen, aber man fürchtet sich vor den als ungeheuer vorgespiegelten Consequenzen, die man aus denselben zum voraus hervorgehen sieht, und verzweifelt alle jene Schwierigkeiten zu lösen, welche die Principien in ihrer Anwendung unfehlbar finden müssen. Da man aber von jedem, welcher an philosophischen Untersuchungen überhaupt Antheil nimmt, mit Recht verlangen kann, daß er jeder Abstraktion fähig sey, und die Principien in der höchsten Allgemeinheit aufzufassen wisse, in welcher das Einzelne völlig verschwindet, und in der, wenn sie nur die höchste ist, sicher auch die Auflösung für alle möglichen Aufgaben zum voraus enthalten ist, so ist es natürlich, daß bei der ersten Errichtung des Systems alle ins Einzelne herabsteigenden Untersuchungen entfernt, und nur das Erste, was nöthig ist, die Principien ins Reine gebracht und außer allen Zweifel gesetzt werden. Indeß findet doch ein jedes System den sichersten Probirstein seiner Wahrheit darin, daß es nicht nur zuvor unauflösliche Probleme mit Leichtigkeit auflöst, sondern selbst ganz neue bisher nicht gedachte hervorruft, und aus einer allgemeinen Erschütterung des für wahr Angenommenen eine neue Art der Wahrheit hervorgehen läßt. Es ist dieß aber eben das Eigenthümliche des transscendentalen Idealismus, daß er, sobald er einmal zugestanden ist, in die Nothwendigkeit setzt, alles Wissen von vorne gleichsam entstehen zu lassen, was schon längst für ausgemachte Wahrheit gegolten hat, aufs neue unter die Prüfung zu nehmen, und gesetzt auch, daß es die Prüfung bestehe, wenigstens unter ganz neuer Form und Gestalt aus derselben hervorgehen zu lassen.

Der Zweck des gegenwärtigen Werkes ist nun eben dieser, den transscendentalen Idealismus zu dem zu erweitern, was er wirklich seyn soll, nämlich zu einem System des gesammten Wissens, also den Beweis jenes Systems nicht bloß im Allgemeinen, sondern durch die That selbst zu führen, d. h. durch die wirkliche Ausdehnung seiner Principien auf alle möglichen Probleme in Ansehung der Hauptgegenstände des Wissens, welche entweder schon vorher aufgeworfen aber nicht aufgelöst waren, oder aber erst durch das System selbst möglich gemacht worden und neu entstanden sind. Es folgt daraus von selbst, daß diese Schrift Fragen und Gegenstände berühren muß, welche bei sehr vielen von solchen, die sich jetzt wohl in philosophischen Dingen ein Urtheil herausnehmen, noch gar nicht in Anregung oder zur Sprache gekommen sind, indem sie noch an den ersten Anfangsgründen des Systems hangen, über welche sie, sey es aus ursprünglicher Untüchtigkeit auch nur zu begreifen, was mit ersten Principien alles Wissens verlangt wird, oder aus Vorurtheil, oder aus was immer für andern Gründen, nicht hinwegkommen können. Auch ist für diese Klasse, obgleich die Untersuchung, wie sich versteht, bis auf die ersten Grundsätze zurückgeht, doch von dieser Schrift wenig zu erwarten, da in Ansehung der ersten Untersuchungen in derselben nichts vorkommen kann, was nicht entweder in den Schriften des

Erfinders der Wissenschaftslehre, oder in denen des Verfassers schon längst gesagt wäre, nur daß in der gegenwärtigen Bearbeitung die Darstellung in Ansehung einiger Punkte eine größere Deutlichkeit erlangt haben mag, als sie zuvor gehabt hat, durch welche aber doch ein ursprünglicher Mangel des Sinns wenigstens nimmermehr ersetzt werden kann. Das Mittel übrigens, wodurch der Verfasser seinen Zweck, den Idealismus in der ganzen Ausdehnung darzustellen, zu erreichen versucht hat, ist, daß er alle Theile der Philosophie in Einer Continuität und die gesammte Philosophie als das, was sie ist, nämlich als fortgehende Geschichte des Selbstbewußtseyns, für welche das in der Erfahrung Niedergelegte nur gleichsam als Denkmal und Document dient, vorgetragen hat. Es kam, um diese Geschichte genau und vollständig zu entwerfen, hauptsächlich darauf an, die einzelnen Epochen derselben und in denselben wiederum die einzelnen Momente nicht nur genau zu sondern, sondern auch in einer Aufeinanderfolge vorzustellen, bei der man durch die Methode selbst, mittelst welcher sie gefunden wird, gewiß seyn kann, daß kein nothwendiges Mittelglied übersprungen sey, und so dem Ganzen einen inneren Zusammenhang zu geben, an welchen keine Zeit rühren könne, und der für alle fernere Bearbeitung gleichsam als das unveränderliche Gerüste dastehe, auf welches alles aufgetragen werden muß. Was den Verfasser hauptsächlich angetrieben hat, auf die Darstellung jenes Zusammenhangs, welcher eigentlich eine Stufenfolge von Anschauungen ist, durch welche das Ich bis zum Bewußtseyn in der höchsten Potenz sich erhebt, besonderen Fleiß zu wenden, war der Parallelismus der Natur mit dem Intelligenten, auf welchen er schon längst geführt worden ist, und welchen vollständig darzustellen weder der Transscendental- noch der Natur-Philosophie allein, sondern nur beiden Wissenschaften möglich ist, welche eben deßwegen die beiden ewig entgegengesetzten seyn müssen, die niemals in Eins übergehen können. Der überzeugende Beweis der ganz gleichen Realität beider Wissenschaften in theoretischer Rücksicht, welche der Verfasser bis dahin nur behauptet hat, ist daher in der Transscendental-Philosophie und insbesondere in derjenigen Darstellung davon zu suchen, welche das gegenwärtige Werk enthält, welches darum als ein nothwendiges Gegenstück zu seinen Schriften über die Natur-Philosophie zu betrachten ist. Denn es wird eben durch dasselbe offenbar, daß dieselben Potenzen der Anschauung, welche in dem Ich sind, bis zu einer gewissen Grenze auch in der Natur aufgezeigt werden können, und da jene Grenze eben die der theoretischen und praktischen Philosophie ist, daß es sonach für die bloß theoretische Betrachtung gleich gültig ist, das Objektive oder das Subjektive zum Ersten zu machen, indem für das Letztere nur die praktische Philosophie (welche aber in jener Betrachtung gar keine Stimme hat), entscheiden kann, daß also auch der Idealismus kein rein theoretisches Fundament hat, insofern also, wenn man nur theoretische Evidenz zugibt, niemals die Evidenz haben kann, welcher die Naturwissenschaft fähig ist, deren Fundament sowohl als Beweise ganz und durchaus theoretisch sind. Es werden eben aus diesen Erklärungen auch diejenigen Leser, welche mit der Natur-Philosophie bekannt sind, den Schluß ziehen, daß es einen in der Sache selbst, ziemlich tief, liegenden Grund hat, warum der Verfasser diese Wissenschaft der Transscendental-Philosophie entgegengesetzt, und von ihr völlig abgesondert hat, indem zuverlässig, wenn unsere ganze Aufgabe bloß die wäre, die Natur zu erklären, wir niemals auf den Idealismus wären getrieben worden.

Was nun aber die Deduktionen anbelangt, welche von den Hauptgegenständen der Natur, der Materie überhaupt und ihren allgemeinen Funktionen, dem Organismus u. s. w. in dem vorliegenden Werk geführt worden sind, so sind es zwar idealistische, deßwegen aber doch nicht (was viele als gleichbedeutend ansehen) teleologische Ableitungen, welche im Idealismus ebenso wenig als in einem andern System befriedigend seyn können. Denn wenn ich z. E. auch beweise, daß es zum Behuf der Freiheit oder der praktischen Zwecke nothwendig ist, daß es Materie mit diesen oder jenen Bestimmungen gebe, oder daß die Intelligenz ihr Handeln auf die Außenwelt als durch einen Organismus vermittelt anschaue, so läßt mir doch dieser Beweis noch immer die Frage unbeantwortet, wie und durch welchen Mechanismus denn die Intelligenz gerade eben das anschaue, was zu jenem Behuf nothwendig ist. Vielmehr müssen alle Beweise, welche der Idealist für das Daseyn bestimmter Außendinge führt, aus dem ursprünglichen Mechanismus des Anschauens selbst, d. h. durch eine wirkliche Construktion der Objekte geführt werden. Die bloß teleologische Wendung der Beweise würde darum, weil die Beweise idealistisch sind, doch das eigentliche Wissen um keinen Schritt weiter bringen, da bekanntlich die teleologische Erklärung eines Objekts mich schlechterdings nichts über seinen wirklichen Ursprung lehren kann.

Die Wahrheiten der praktischen Philosophie können in einem Systeme des transscendentalen Idealismus selbst nur als Mittelglieder vorkommen, und was eigentlich von der praktischen Philosophie demselben anheimfällt, ist nur das Objektive in ihr, welches in seiner größten Allgemeinheit die Geschichte ist, welche in einem System des Idealismus ebenso gut transscendental deducirt zu werden verlangt, als das Objektive der ersten Ordnung oder die Natur. Diese Deduktion der Geschichte führt zugleich auf den Beweis, daß das, was wir als den letzten Grund der Harmonie zwischen dem Subjektiven und Objektiven des Handelns anzusehen haben, zwar als ein absolut Identisches gedacht werden muß, welches aber als substantielles oder als persönliches Wesen vorzustellen, um nichts besser wäre, als es in ein bloßes Abstraktum zu setzen, welche Meinung man dem Idealismus nur durch das gröbste Mißverständniß aufbürden konnte.

Was die Grundsätze der Teleologie betrifft, so wird der Leser ohne Zweifel von selbst einsehen, daß sie den einzigen Weg anzeigen, die Coexistenz des Mechanismus mit der Zweckmäßigkeit in der Natur auf eine begreifliche Weise zu erklären. — Endlich wegen der Lehrsätze über die Philosophie der Kunst, durch welche das Ganze geschlossen wird, bittet der Verfasser diejenigen, welche für dieselben etwa ein besonderes Interesse haben mögen, zu bedenken, daß die ganze Untersuchung, welche an sich betrachtet eine unendliche ist, hier bloß in der Beziehung auf das System der Philosophie angestellt wird, durch welche eine Menge Seiten dieses großen Gegenstandes zum voraus von der Betrachtung ausgeschlossen werden mußten.

Schließlich bemerkt der Verfasser, daß es ein Nebenzweck gewesen sey, eine so viel möglich allgemein lesbare und verständliche Darstellung des transscendentalen Idealismus zu geben, und daß ihm dieß schon durch die Methode, welche er gewählt hat, einigermaßen gelungen seyn könne, davon hat ihn eine zweimalige Erfahrung bei dem öffentlichen Vortrag des Systems überzeugt.

Diese kurze Vorrede aber wird hinreichend seyn, in denjenigen, welche mit dem Verfasser auf demselben Punkte stehen, und an der Auflösung derselben Aufgaben mit ihm arbeiten, einiges Interesse für dieses Werk zu erwecken, die nach Unterricht und Auskunft Begierigen einzuladen, diejenigen aber, welche weder des ersten sich bewußt sind, noch das andere aufrichtig verlangen, zum voraus davon zurückzuschrecken, wodurch denn auch alle ihre Zwecke erreicht sind.

Jena, Ende März 1800.

Uebersicht.[1]

[1] Vom Herausgeber hinzugefügt.

Einleitung.

§. 1.

Begriff der Transscendental-Philosophie.

1. Alles Wissen beruht auf der Uebereinstimmung eines Objektiven mit einem Subjektiven. — Denn man weiß nur das Wahre; die Wahrheit aber wird allgemein in die Uebereinstimmung der Vorstellungen mit ihren Gegenständen gesetzt.

2. Wir können den Inbegriff alles bloß Objektiven in unserm Wissen Natur nennen; der Inbegriff alles Subjektiven dagegen heiße das Ich, oder die Intelligenz. Beide Begriffe sind sich entgegengesetzt. Die Intelligenz wird ursprünglich gedacht als das bloß Vorstellende, die Natur als das bloß Vorstellbare, jene als das Bewußte, diese als das Bewußtlose. Nun ist aber in jedem Wissen ein wechselseitiges Zusammentreffen beider (des Bewußten und des an sich Bewußtlosen) nothwendig; die Aufgabe ist: dieses Zusammentreffen zu erklären.

3. Im Wissen selbst — indem ich weiß — ist Objektives und Subjektives so vereinigt, daß man nicht sagen kann, welchem von beiden die Priorität zukomme. Es ist hier kein Erstes und kein Zweites, beide sind gleichzeitig und Eins. — Indem ich diese Identität erklären will, muß ich sie schon aufgehoben haben. Um sie zu erklären, muß ich, da mir außer jenen beiden Faktoren des Wissens (als

Erklärungsprincip) sonst nichts gegeben ist, nothwendig den einen dem andern *vorsetzen*, von dem einen *ausgehen*, um von ihm auf den andern zu kommen; von *welchem* von beiden ich ausgehe, ist durch die Aufgabe nicht bestimmt.

4. Es sind also nur zwei Fälle möglich.

A. *Entweder wird das Objektive zum Ersten gemacht, und gefragt: wie ein Subjektives zu ihm hinzukomme, das mit ihm übereinstimmt.*

Der Begriff des Subjektiven ist nicht *enthalten* im Begriff des Objektiven, vielmehr schließen sich beide gegenseitig aus. Das Subjektive muß also zum Objektiven *hinzukommen*. – Im Begriff *der Natur* liegt es nicht, daß auch ein Intelligentes sey, was sie vorstellt. Die Natur, so scheint es, würde seyn, wenn auch nichts wäre, was sie vorstellte. Die Aufgabe kann also auch so ausgedrückt werden: Wie kommt zu der Natur das Intelligente hinzu, oder wie kommt die Natur dazu, vorgestellt zu werden?

Die Aufgabe nimmt die Natur oder das Objektive als *Erstes* an. Sie ist also ohne Zweifel Aufgabe der *Naturwissenschaft*, die dasselbe thut. – Daß die Naturwissenschaft der Auflösung jener Aufgabe wirklich – und ohne es zu wissen – wenigstens sich *nähere*, kann hier nur kurz gezeigt werden.

Wenn alles *Wissen* gleichsam zwei Pole hat, die sich wechselseitig voraussetzen und fordern, so müssen sie in allen Wissenschaften sich suchen; es muß daher nothwendig *zwei* Grundwissenschaften geben, und es muß unmöglich seyn, von dem einen Pol auszugehen, ohne auf den andern getrieben zu werden. Die nothwendige Tendenz aller *Naturwissenschaft* ist also, von der Natur aufs Intelligente zu kommen. Dieß und nichts anderes liegt dem Bestreben zu Grunde, in die Naturerscheinungen *Theorie* zu bringen. – Die höchste Vervollkommnung der Naturwissenschaft wäre die vollkommene Vergeistigung aller Naturgesetze zu Gesetzen des Anschauens und des Denkens. Die Phänomene (das Materielle) müssen völlig verschwinden, und nur die Gesetze (das Formelle) bleiben. Daher kommt es, daß, je mehr in der Natur selbst das Gesetzmäßige hervorbricht, desto mehr die Hülle verschwindet, die Phänomene selbst geistiger werden, und zuletzt völlig aufhören. Die optischen Phänomene sind nichts anderes als eine Geometrie, deren Linien durch das Licht gezogen werden, und dieses Licht selbst ist schon von zweideutiger Materialität. In den Erscheinungen des Magnetismus verschwindet schon alle materielle Spur, und von den Phänomenen der Gravitation, welche selbst Naturforscher nur als unmittelbar geistige Einwirkung begreifen zu können glaubten, bleibt nichts zurück als ihr Gesetz, dessen Ausführung im Großen der Mechanismus der Himmelsbewegungen ist. — Die vollendete Theorie der Natur würde diejenige seyn, kraft welcher die ganze Natur sich in eine Intelligenz auflöste. — Die todten und bewußtlosen Produkte der Natur sind nur mißlungene Versuche der Natur sich selbst zu reflektiren, die sogenannte todte Natur aber überhaupt eine unreife Intelligenz, daher in ihren Phänomenen noch bewußtlos schon der intelligente Charakter durchblickt. — Das höchste Ziel, sich selbst ganz Objekt zu werden, erreicht die Natur erst durch die höchste und letzte Reflexion, welche nichts anderes als der Mensch, oder, allgemeiner, das ist, was wir Vernunft nennen, durch welche zuerst die Natur vollständig in sich selbst zurückkehrt, und wodurch offenbar wird, daß die Natur ursprünglich identisch ist mit dem, was in uns als Intelligentes und Bewußtes erkannt wird.

Dieß mag hinreichend seyn, zu beweisen, daß die Naturwissenschaft die nothwendige Tendenz hat, die Natur intelligent zu machen; eben durch diese Tendenz wird sie zur Natur-Philosophie, welche die Eine nothwendige Grundwissenschaft der Philosophie ist[1].

B. Oder das Subjektive wird zum Ersten gemacht, und die Aufgabe ist die: wie ein Objektives hinzukomme, das mit ihm übereinstimmt.

[1] Die weitere Ausführung des Begriffs einer Naturphilosophie und ihrer nothwendigen Tendenz ist in den Schriften des Verfassers: Entwurf eines Systems der Naturphilosophie, verbunden mit der Einleitung zu diesem Entwurf, und den Erläuterungen, welche das erste Heft der Zeitschrift für speculative Physik enthalten wird [Band IV. dieser Gesammtausgabe], zu suchen.

Wenn alles Wissen auf der Uebereinstimmung dieser beiden beruht (1), so ist die Aufgabe diese Uebereinstimmung zu erklären ohne Zweifel die höchste für alles Wissen, und wenn, wie allgemein zugestanden wird, die Philosophie die höchste und oberste aller Wissenschaften ist, ohne Zweifel die *Hauptaufgabe* der *Philosophie*.

Aber die Aufgabe fordert nur Erklärung jenes Zusammentreffens überhaupt, und läßt völlig unbestimmt, wovon die Erklärung ausgehe, was sie zum Ersten und was sie zum Zweiten machen soll. — Da auch beide Entgegengesetzte sich wechselseitig nothwendig sind, so muß das Resultat der Operation dasselbe seyn, von welchem Punkte man ausgeht.

Das *Objektive* zum Ersten zu machen, und das Subjektive daraus abzuleiten, ist, wie so eben gezeigt worden, Aufgabe der *Natur-Philosophie*.

Wenn es also eine *Transscendental-Philosophie* gibt, so bleibt ihr nur die entgegengesetzte Richtung übrig, *vom Subjektiven, als vom Ersten und Absoluten, auszugehen, und das Objektive aus ihm entstehen zu lassen*. In die beiden möglichen Richtungen der Philosophie haben sich also Natur- und Transscendental-Philosophie getheilt, und wenn *alle* Philosophie darauf ausgehen muß, *entweder* aus der Natur eine Intelligenz, *oder* aus der Intelligenz eine Natur zu machen, so ist die Transscendental-Philosophie, welche diese letztere Aufgabe hat, *die andere nothwendige Grundwissenschaft der Philosophie*.

§. 2.

Folgesätze.

Wir haben durch das Bisherige nicht nur den Begriff der Transscendental-Philosophie deducirt, sondern dem Leser zugleich einen Blick in das ganze System der Philosophie verschafft, das, wie man sieht, durch zwei Grundwissenschaften vollendet wird, die, einander entgegengesetzt im Princip und der Richtung, sich wechselseitig suchen und ergänzen. Nicht das ganze System der Philosophie, sondern nur die Eine Grundwissenschaft desselben soll hier aufgestellt, und dem abgeleiteten Begriff zufolge vorerst genauer charakterisirt werden [1].

1) Wenn der Transscendental-Philosophie das Subjektive — das Erste, und einziger Grund aller Realität, einziges Erklärungsprincip alles andern ist (§. 1), so beginnt sie nothwendig mit dem allgemeinen Zweifel an der Realität des Objektiven.

Wie der nur aufs Objektive gerichtete Natur-Philosoph nichts so sehr zu verhindern sucht als Einmischung des Subjektiven in sein Wissen, so umgekehrt der Transscendental-Philosoph nichts so sehr als Einmischung des Objektiven in das rein subjektive Princip des Wissens. — Das Ausscheidungsmittel ist der absolute Skepticismus — nicht der halbe, nur gegen die gemeinen Vorurtheile der Menschen gerichtete, der doch nie auf den Grund sieht, sondern der durchgreifende Skepticismus, der nicht gegen einzelne Vorurtheile, sondern gegen das Grundvorurtheil sich richtet, mit welchem alle andern von selbst fallen müssen. Denn außer den künstlichen, in den Menschen hineingebrachten Vorurtheilen gibt es weit ursprünglichere, nicht durch Unterricht oder Kunst, sondern durch die Natur selbst in ihn gelegte, die, außer dem Philosophen, allen übrigen statt der Principien alles Wissens, und dem bloßen Selbstdenker sogar als Probierstein aller Wahrheit gelten.

Das Eine Grundvorurtheil, auf welches alle andern sich reduciren, ist kein anderes, als daß es Dinge außer uns gebe; ein Fürwahrhalten, das, weil es nicht auf Gründen noch auf Schlüssen beruht (denn es gibt keinen einzigen probehaltigen Beweis dafür), und doch durch keinen entgegengesetzten Beweis sich ausrotten läßt (naturam furca expellas, tamen usque redibit), Ansprüche macht auf unmittelbare Gewißheit, da es sich doch auf etwas von uns ganz Verschiedenes, ja uns Entgegengesetztes bezieht, von dem man gar nicht einsieht, wie es in das unmittelbare Bewußtseyn komme, — für nichts

[1] Erst durch die Vollendung des Systems der Transscendental-Philosophie wird man der Nothwendigkeit einer Natur-Philosophie, als ergänzender Wissenschaft, inne werden, und dann auch aufhören, an jene Forderungen zu machen, welche nur eine Natur-Philosophie erfüllen kann.

mehr als für ein Vorurtheil — zwar für ein angeborenes und ursprüngliches — aber deßwegen nicht minder für Vorurtheil geachtet werden kann.

Den Widerspruch, daß ein Satz, der seiner Natur nach nicht unmittelbar gewiß seyn kann, doch ebenso blindlings und ohne Gründe wie ein solcher angenommen wird, weiß der Transscendental-Philosoph nicht zu lösen, als durch die Voraussetzung, daß jener Satz versteckterweise, und ohne daß man es bis jetzt einsieht, — nicht zusammenhange, sondern identisch und eins und dasselbe sey mit einem unmittelbar Gewissen, und diese Identität aufzuzeigen, wird eigentlich das Geschäft der Transscendental-Philosophie seyn.

2) Nun gibt es aber selbst für den gemeinen Vernunftgebrauch nichts unmittelbar Gewisses außer dem Satz: Ich bin; der, weil er außerhalb des unmittelbaren Bewußtseyns selbst die Bedeutung verliert, die individuellste aller Wahrheiten, und das absolute Vorurtheil ist, das zuerst angenommen werden muß, wenn irgend etwas anderes gewiß seyn soll. — Der Satz: Es gibt Dinge außer uns, wird also für den Transscendental-Philosophen auch nur gewiß seyn durch seine Identität mit dem Satze: Ich bin, und seine Gewißheit wird auch nur gleich seyn der Gewißheit des Satzes, von welchem er die seinige entlehnt.

Das transscendentale Wissen würde sich diesem nach vom gemeinen durch zwei Punkte unterscheiden.

Erstens, daß ihm die Gewißheit vom Daseyn der Außendinge ein bloßes Vorurtheil ist, über das es hinaus geht, um seine Gründe aufzusuchen. (Es kann dem Transscendentalphilosophen nie darum zu thun seyn, das Daseyn der Dinge an sich zu beweisen, sondern nur, daß es ein natürliches und nothwendiges Vorurtheil ist, äußere Gegenstände als wirklich anzunehmen).

Zweitens, daß es die beiden Sätze: Ich bin, und: Es sind Dinge außer mir, die im gemeinen Bewußtseyn zusammenfließen, trennt (den einen dem andern vorsetzt), eben um ihre Identität beweisen und den unmittelbaren Zusammenhang, der in jenem nur gefühlt wird, wirklich aufzeigen zu können. Durch den Akt dieser Trennung selbst, wenn er vollständig ist, versetzt er sich in die transscendentale Betrachtungsart, welche keineswegs eine natürliche, sondern eine künstliche ist.

3) Wenn dem Transscendental-Philosophen nur das Subjektive ursprüngliche Realität hat, so wird er auch nur das Subjektive im Wissen sich unmittelbar zum Objekt machen: das Objektive wird ihm nur indirekt zum Objekt werden, und anstatt daß im gemeinen Wissen das Wissen selbst (der Akt des Wissens) über dem Objekt verschwindet, wird im transscendentalen umgekehrt über dem Akt des Wissens das Objekt als solches verschwinden. Das transscendentale Wissen ist also ein Wissen des Wissens, insofern es rein subjektiv ist.

So gelangt z. B. von der Anschauung nur das Objektive zum gemeinen Bewußtseyn, das Anschauen selbst verliert sich im Gegenstand; indeß die transscendentale Betrachtungsart vielmehr nur durch den Akt des Anschauens hindurch das Angeschaute erblickt. — So ist das gemeine Denken ein Mechanismus, in welchem Begriffe herrschen, aber ohne als Begriffe unterschieden zu werden; indeß das transscendentale Denken jenen Mechanismus unterbricht, und, indem es des Begriffs als Akts sich bewußt wird, zum Begriff des Begriffs sich erhebt. — Im gemeinen Handeln wird über dem Objekt der Handlung das Handeln selbst vergessen; das Philosophiren ist auch ein Handeln, aber nicht ein Handeln nur, sondern zugleich ein beständiges Selbstanschauen in diesem Handeln.

Die Natur der transscendentalen Betrachtungsart muß also überhaupt darin bestehen, daß in ihr auch das, was in allem andern Denken, Wissen oder Handeln das Bewußtseyn flieht, und absolut nicht-objektiv ist, zum Bewußtseyn gebracht, und objektiv wird, kurz, in einem beständigen sich-selbst-Objekt-Werden des Subjektiven.

Die transscendentale Kunst wird eben in der Fertigkeit bestehen sich beständig in dieser Duplicität des Handelns und des Denkens zu erhalten.

§. 3.

Vorläufige Eintheilung der Transscendental-Philosophie.

Vorläufig ist diese Eintheilung, weil die Principien der Eintheilung erst in der Wissenschaft selbst abgeleitet werden können.

Wir gehen auf den Begriff der Wissenschaft zurück.

Die Transscendental-Philosophie hat zu erklären, wie das Wissen überhaupt möglich sey, vorausgesetzt, daß das Subjektive in demselben als das Herrschende oder Erste angenommen werde.

Es ist also nicht ein einzelner Theil, noch ein besonderer Gegenstand des Wissens, sondern das Wissen selbst, und das Wissen überhaupt, was sie sich zum Objekt macht.

Nun reducirt sich aber alles Wissen auf gewisse ursprüngliche Ueberzeugungen, oder ursprüngliche Vorurtheile; diese einzelnen Ueberzeugungen muß die Transscendental-Philosophie auf Eine ursprüngliche Ueberzeugung zurückführen; diese Eine, aus welcher alle anderen abgeleitet werden, wird ausgedrückt im ersten Princip dieser Philosophie, und die Aufgabe ein solches zu finden heißt nichts anderes, als das absolut-Gewisse zu finden, durch welches alle andere Gewißheit vermittelt ist.

Die Eintheilung der Transscendental-Philosophie selbst wird bestimmt durch jene ursprünglichen Ueberzeugungen, deren Gültigkeit sie in Anspruch nimmt. Diese Ueberzeugungen müssen vorerst im gemeinen Verstande aufgesucht werden. — Wenn man sich also auf den Standpunkt der gemeinen Ansicht zurückversetzt, so findet man folgende Ueberzeugungen tief eingegraben in dem menschlichen Verstand.

A. Daß nicht nur unabhängig von uns eine Welt von Dingen außer uns existire, sondern auch daß unsere Vorstellungen so mit ihnen übereinstimmen, daß an den Dingen *nichts anderes* ist, als was wir an ihnen vorstellen. — Der Zwang in unsern objektiven Vorstellungen wird daraus erklärt, daß die Dinge unveränderlich bestimmt, und durch diese Bestimmtheit der Dinge mittelbar auch unsere Vorstellungen bestimmt seyen. Durch diese erste und ursprünglichste Ueberzeugung ist die erste Aufgabe der Philosophie bestimmt: zu erklären, wie Vorstellungen absolut übereinstimmen können mit ganz unabhängig von ihnen existirenden Gegenständen. — Da auf der Annahme, daß die Dinge gerade das sind, was wir an ihnen vorstellen, daß wir also allerdings die Dinge erkennen, wie sie an sich sind, die Möglichkeit aller Erfahrung beruht (denn was wäre die Erfahrung, und wohin würde sich z. B. die Physik verirren, ohne jene Voraussetzung der absoluten Identität des Seyns und des Erscheinens?) — so ist die Auflösung dieser Aufgabe identisch mit der theoretischen Philosophie, welche die Möglichkeit der Erfahrung zu untersuchen hat.

B. Die zweite ebenso ursprüngliche Ueberzeugung ist, daß Vorstellungen, die ohne Nothwendigkeit, durch Freiheit, in uns entstehen, aus der Welt des Gedankens in die wirkliche Welt übergehen und objektive Realität erlangen können.

Diese Ueberzeugung ist der ersten entgegengesetzt. Nach der ersten wird angenommen: die Gegenstände seyen unveränderlich bestimmt, und durch sie unsere Vorstellungen; nach der andern: die Gegenstände seyen veränderlich, und zwar durch die Causalität von Vorstellungen in uns. Nach der ersten Ueberzeugung findet ein Uebergang aus der wirklichen Welt in die Welt der Vorstellung, oder ein Bestimmtwerden der Vorstellung durch ein Objektives, nach der zweiten ein Uebergang aus der Welt der Vorstellung in die wirkliche, oder ein Bestimmtwerden des Objektiven durch eine (frei entworfene) Vorstellung in uns statt.

Durch diese zweite Ueberzeugung ist ein zweites Problem bestimmt, dieses: wie durch ein bloß Gedachtes ein Objektives veränderlich sey, so, daß es mit dem Gedachten vollkommen übereinstimme.

Da auf jener Voraussetzung die Möglichkeit alles freien Handelns beruht, so ist die Auflösung dieser Aufgabe praktische Philosophie.

C. Aber mit diesen beiden Problemen sehen wir uns in einen Widerspruch verwickelt. — Nach B wird gefordert eine Herrschaft des Gedankens (des Ideellen) über die Sinnenwelt; wie ist aber eine solche denkbar, wenn (nach A) die Vorstellung in ihrem Ursprung schon nur die Sklavin des Objektiven ist? — Umgekehrt, ist die wirkliche Welt etwas von uns ganz Unabhängiges, wornach (als ihrem Urbild) unsere Vorstellung sich richten muß (nach A), so ist unbegreiflich, wie hinwiederum die wirkliche Welt sich nach Vorstellungen in uns richten könne (nach B). — Mit Einem Wort, über der theoretischen Gewißheit geht uns die praktische, über der praktischen die theoretische verloren; es ist unmöglich, daß zugleich in unserem Erkenntniß Wahrheit, und in unserem Wollen Realität sey.

Dieser Widerspruch muß aufgelöst werden, wenn es überhaupt eine Philosophie gibt — und die Auflösung dieses Problems, oder die Beantwortung der Frage: wie können die Vorstellungen zugleich als sich richtend nach den Gegenständen, und die Gegenstände als sich richtend nach den Vorstellungen gedacht werden? ist nicht die erste, aber die höchste Aufgabe der Transscendental-Philosophie.

Es ist leicht einzusehen, daß dieses Problem weder in der theoretischen noch in der praktischen Philosophie aufgelöst werden kann, sondern in einer höheren, die das verbindende Mittelglied beider, und weder theoretisch noch praktisch, sondern beides zugleich ist.

Wie zugleich die objektive Welt nach Vorstellungen in uns, und Vorstellungen in uns nach der objektiven Welt sich bequemen, ist nicht zu begreifen, wenn nicht zwischen den beiden Welten, der ideellen und der reellen, eine vorherbestimmte Harmonie existirt. Diese vorherbestimmte Harmonie aber ist selbst nicht denkbar, wenn nicht die Thätigkeit, durch welche die objektive Welt producirt ist, ursprünglich identisch ist mit der, welche im Wollen sich äußert, und umgekehrt.

Nun ist es allerdings eine produktive Thätigkeit, welche im Wollen sich äußert; alles freie Handeln ist produktiv, nur mit Bewußtseyn produktiv. Setzt man nun, da beide Thätigkeiten doch nur im Princip Eine seyn sollen, daß dieselbe Thätigkeit, welche im freien Handeln mit Bewußtseyn produktiv ist, im Produciren der Welt ohne Bewußtseyn produktiv sey, so ist jene vorausbestimmte Harmonie wirklich, und der Widerspruch gelöst.

Setzt man, dieß alles verhalte sich wirklich so, so wird jene ursprüngliche Identität der im Produciren der Welt geschäftigen Thätigkeit mit der, welche im Wollen sich äußert, in den Produkten der ersten sich darstellen, und diese Produkte werden erscheinen müssen als Produkte einer zugleich bewußten und bewußtlosen Thätigkeit.

Die Natur, als Ganzes sowohl, als in ihren einzelnen Produkten, wird als ein mit Bewußtseyn hervorgebrachtes Werk, und doch zugleich als Produkt des blindesten Mechanismus erscheinen müssen; sie ist zweckmäßig, ohne zweckmäßig erklärbar zu seyn. — Die Philosophie der Naturzwecke, oder die Teleologie ist also jener Vereinigungspunkt der theoretischen und praktischen Philosophie.

D. Es ist bisher nur überhaupt die Identität der bewußtlosen Thätigkeit, welche die Natur hervorgebracht hat, und der bewußten, die im Wollen sich äußert, postulirt worden, ohne daß entschieden wäre, wohin das Princip jener Thätigkeit falle, ob in die Natur, oder in uns.

Nun ist aber das System des Wissens nur alsdann als vollendet zu betrachten, wenn es in sein Princip zurückkehrt. — Die Transscendental-Philosophie wäre also nur alsdann vollendet, wenn sie jene Identität — die höchste Auflösung ihres ganzen Problems — in ihrem Princip (im Ich) nachweisen könnte.

Es wird also postulirt, daß im Subjektiven, im Bewußtseyn selbst, jene zugleich bewußte und bewußtlose Thätigkeit aufgezeigt werde.

Eine solche Thätigkeit ist allein die ästhetische, und jedes Kunstwerk ist nur zu begreifen als Produkt einer solchen. Die idealische Welt der Kunst und die reelle der Objekte sind also Produkte einer und derselben Thätigkeit; das Zusammentreffen beider (der bewußten und der bewußtlosen) ohne Bewußtseyn gibt die wirkliche, mit Bewußtseyn die ästhetische Welt.

Die objektive Welt ist nur die ursprüngliche, noch bewußtlose Poesie des Geistes; das allgemeine Organon der Philosophie — und der Schlußstein ihres ganzen Gewölbes — die Philosophie der Kunst.

§. 4.

Organ der Transscendental-Philosophie.

1. Das einzig unmittelbare Objekt der transscendentalen Betrachtung ist das Subjektive (§ 2); das einzige Organ dieser Art zu philosophiren also der innere Sinn, und ihr Objekt von der Art, daß es nicht einmal so wie das der Mathematik Objekt der äußern Anschauung werden kann. — Das Objekt der Mathematik ist freilich so wenig außerhalb des Wissens vorhanden, als das der Philosophie. Das ganze Daseyn der Mathematik beruht auf der Anschauung, sie existirt also auch nur in der Anschauung, aber diese Anschauung selbst ist eine äußere. Dazu kommt, daß es doch der Mathematiker nie unmittelbar mit der Anschauung (der Construktion) selbst, sondern nur mit dem Construirten zu thun hat, was sich allerdings äußerlich darstellen läßt, indeß der Philosoph lediglich auf den Akt der Construktion selbst sieht, der ein absolut innerer ist.

2. Noch mehr, die Objekte des Transscendental-Philosophen existiren gar nicht, als insofern sie frei producirt werden. — Zu dieser Produktion kann man nicht nöthigen, so wie man etwa durch die äußere Verzeichnung einer mathematischen Figur nöthigen kann dieselbe innerlich anzuschauen. Gleichwohl beruht ebenso, wie die Existenz einer mathematischen Figur auf dem äußern Sinn beruht, die ganze Realität eines philosophischen Begriffs einzig auf dem innern Sinn. Das ganze Objekt dieser Philosophie ist kein anderes als das Handeln der Intelligenz nach bestimmten Gesetzen. Dieses Handeln ist nur zu begreifen durch eigne unmittelbare innere Anschauung, und diese ist wieder nur durch Produktion möglich. Aber nicht genug. Im Philosophiren ist man nicht bloß das Objekt, sondern immer zugleich das Subjekt der Betrachtung. Zum Verstehen der Philosophie sind also zwei Bedingungen erforderlich, erstens, daß man in einer beständigen innern Thätigkeit, in einem beständigen Produciren jener ursprünglichen Handlungen der Intelligenz, zweitens, daß man in beständiger Reflexion auf dieses Produciren begriffen, mit Einem Wort,

daß man immer zugleich das Angeschaute (Producirende) und das Anschauende sey.

3. Durch diese beständige Duplicität des Producirens und Anschauens soll Objekt werden, was sonst durch nichts reflektirt wird. — Es kann hier nicht, wohl aber in der Folge bewiesen werden, daß dieses Reflektirtwerden des absolut Unbewußten und nicht-Objektiven nur durch einen ästhetischen Akt der Einbildungskraft möglich ist. Indeß ist aus dem, was schon hier bewiesen worden ist, so viel offenbar, daß alle Philosophie produktiv ist. Die Philosophie beruht also ebenso gut wie die Kunst auf dem produktiven Vermögen, und der Unterschied beider bloß auf der verschiedenen Richtung der produktiven Kraft. Denn anstatt daß die Produktion in der Kunst nach außen sich richtet, um das Unbewußte durch Produkte zu reflektiren, richtet sich die philosophische Produktion unmittelbar nach innen, um es in intellektueller Anschauung zu reflektiren. — Der eigentliche Sinn, mit dem diese Art der Philosophie aufgefaßt werden muß, ist also der ästhetische, und eben darum die Philosophie der Kunst das wahre Organon der Philosophie (§. 3).

Aus der gemeinen Wirklichkeit gibt es nur zwei Auswege, die Poesie, welche uns in eine idealische Welt versetzt, und die Philosophie, welche die wirkliche Welt ganz vor uns verschwinden läßt. — Man sieht nicht ein, warum der Sinn für Philosophie eben allgemeiner verbreitet seyn sollte, als der für Poesie, besonders unter der Klasse von Menschen, die, sey es durch Gedächtnißwerk (nichts tödtet unmittelbarer das Produktive), oder durch todte, alle Einbildungskraft vernichtende Spekulation das ästhetische Organ völlig verloren haben.

4. Es ist unnöthig, sich mit den Gemeinplätzen von Wahrheitssinn, von gänzlicher Sorglosigkeit wegen der Resultate aufzuhalten, obgleich man fragen möchte, welche andere Ueberzeugung dem noch heilig seyn könne, der die gewisseste (daß Dinge außer uns sind) in Anspruch nimmt. — Eher können wir noch einen Blick werfen auf die sogenannten Ansprüche des gemeinen Verstandes.

Der gemeine Verstand hat in Sachen der Philosophie gar keine

Ansprüche, als die, welche jeder Gegenstand der Untersuchung hat, vollkommen erklärt zu werden.

Es ist nicht etwa darum zu thun, zu beweisen, daß wahr sey, was er für wahr hält, sondern nur darum, die Unvermeidlichkeit seiner Täuschungen aufzudecken. — Es bleibt dabei, daß die objektive Welt nur zu den nothwendigen Einschränkungen gehört, welche das Selbstbewußtseyn (das Ich bin) möglich machen; für den gemeinen Verstand ist es genug, wenn aus dieser Ansicht selbst wiederum die Nothwendigkeit der seinigen abgeleitet wird.

Zu diesem Behuf ist es nothwendig, nicht nur, daß das innere Triebwerk unserer geistigen Thätigkeit aufgeschlossen, der Mechanismus des nothwendigen Vorstellens enthüllt, sondern auch, daß gezeigt werde, durch welche Eigenthümlichkeit unserer Natur es nothwendig ist, daß, was bloß in unserem Anschauen Realität hat, uns als etwas außer uns Vorhandenes reflektirt wird.

Wie die Naturwissenschaft den Idealismus aus dem Realismus hervorbringt, indem sie die Naturgesetze zu Gesetzen der Intelligenz vergeistigt, oder zum Materiellen das Formelle hinzufügt (§. 1), so die Transscendental-Philosophie den Realismus aus dem Idealismus, dadurch, daß sie die Gesetze der Intelligenz zu Naturgesetzen materialisirt, oder zum Formellen das Materielle hinzubringt.

Erster Hauptabschnitt.

Vom Princip des transscendentalen Idealismus.

Erster Abschnitt.

Von der Nothwendigkeit und Beschaffenheit eines höchsten Princips des Wissens.

1. Es wird indeß als Hypothese angenommen, daß in unserem Wissen überhaupt Realität sey, und gefragt: was die Bedingungen dieser Realität seyen. — Ob in unserem Wissen wirklich Realität sey, wird davon abhangen, ob diese erst abgeleiteten Bedingungen nachher wirklich sich aufzeigen lassen.

Wenn alles Wissen auf der Uebereinstimmung eines Objektiven und Subjektiven beruht (Einl. §. 1), so besteht unser ganzes Wissen aus Sätzen, die nicht unmittelbar wahr sind, die ihre Realität von etwas anderem entlehnen.

Die bloße Zusammenstellung eines Subjektiven mit einem Subjektiven begründet kein eigentliches Wissen. Und umgekehrt, das eigentliche Wissen setzt ein Zusammentreffen von Entgegengesetzten voraus, deren Zusammentreffen nur ein vermitteltes seyn kann.

Es muß also etwas allgemein Vermittelndes in unserem Wissen geben, was einziger Grund des Wissens ist.

2. Es wird als Hypothese angenommen, in unserem Wissen sey ein System, das heißt, es sey ein Ganzes, was sich selbst trägt und

in sich selbst zusammenstimmt. — Der Skeptiker leugnet diese Voraussetzung, wie die erste, und sie ist, wie jene, nur durch die That selbst zu beweisen. — Was wäre es denn, wenn auch unser Wissen, ja wenn unsere ganze Natur in sich selbst widersprechend wäre? — Also nur angenommen, unser Wissen sey ein ursprüngliches Ganzes, dessen Grundriß das System der Philosophie seyn soll, so wird wiederum vorläufig nach den Bedingungen eines solchen gefragt.

Da jedes wahre System (wie z. B. das des Weltbaues) den Grund seines Bestehens in sich selbst haben muß, so muß, wenn es ein System des Wissens gibt, das Princip desselben innerhalb des Wissens selbst liegen.

3. Dieses Princip kann nur Eines seyn. Denn alle Wahrheit ist sich absolut gleich. Es mag wohl Grade der Wahrscheinlichkeit geben, die Wahrheit hat keine Grade; was wahr ist, ist gleich wahr. — Daß aber die Wahrheit aller Sätze des Wissens eine absolut gleiche sey, ist unmöglich, wenn sie ihre Wahrheit von verschiedenen Principien (Vermittlungsgliedern) entlehnen, es muß also nur Ein (vermittelndes) Princip in allem Wissen seyn.

4. Dieses Princip ist mittelbar oder indirekt Princip jeder Wissenschaft, aber unmittelbar und direkt nur Princip der Wissenschaft alles Wissens, oder der Transscendental-Philosophie.

Durch die Aufgabe, eine Wissenschaft des Wissens, d. h. eine solche, welche das Subjektive zum Ersten und Höchsten macht, aufzustellen, wird man also unmittelbar auf ein höchstes Princip alles Wissens getrieben.

Alle Einwendungen gegen ein solches absolut höchstes Princip des Wissens sind schon durch den Begriff der Transscendental-Philosophie abgeschnitten. Alle entspringen nur daher, daß man die Beschränktheit der ersten Aufgabe dieser Wissenschaft übersieht, welche gleich anfangs von allem Objektiven abstrahirt und nur das Subjektive im Auge behält.

Es ist gar nicht die Rede von einem absoluten Princip des Seyns, denn gegen ein solches gelten alle jene Einwürfe, sondern von einem absoluten Princip des Wissens.

Nun ist aber offenbar, daß, wenn es nicht eine absolute Grenze des Wissens — etwas gäbe, das uns, selbst ohne daß wir uns seiner bewußt sind, im Wissen absolut fesselt und bindet, und das uns, indem wir wissen, nicht einmal zum Objekt wird, eben deßwegen, weil es Princip alles Wissens ist — daß es alsdann überhaupt nie zu einem Wissen, nicht einmal zu einem einzelnen kommen könnte.

Der Transscendental-Philosoph fragt nicht: welcher letzte Grund unseres Wissens mag außer demselben liegen? sondern: was ist das Letzte in unserem Wissen selbst, über das wir nicht hinauskönnen? — Er sucht das Princip des Wissens innerhalb des Wissens (es ist also selbst etwas, das gewußt werden kann).

Die Behauptung: es gibt ein höchstes Princip des Wissens, ist nicht wie die: es gibt ein absolutes Princip des Seyns, eine positive, sondern eine negative, einschränkende Behauptung, in der nur so viel liegt: es gibt irgend ein Letztes, von welchem alles Wissen sich anfängt, und jenseits dessen kein Wissen ist.

Da der Transscendental-Philosoph (Einl. §. 1) überall nur das Subjektive sich zum Objekt macht, so behauptet er auch nur, daß es subjektiv, das heißt, daß es für uns irgend ein erstes Wissen gebe; ob es, abstrahirt von uns, jenseits dieses ersten Wissens noch überhaupt etwas gebe, kümmert ihn vorerst gar nicht, und darüber muß die Folge entscheiden.

Dieses erste Wissen ist für uns nun ohne Zweifel das Wissen von uns selbst, oder das Selbstbewußtseyn. Wenn der Idealist dieses Wissen zum Princip der Philosophie macht, so ist dieß der Beschränktheit seiner ganzen Aufgabe gemäß, die außer dem Subjektiven des Wissens nichts zum Objekt hat. — Daß das Selbstbewußtseyn der feste Punkt sey, an den für uns alles geknüpft ist, bedarf keines Beweises. — Daß nun aber dieses Selbstbewußtseyn nur die Modification eines höheren Seyns — (vielleicht eines höheren Bewußtseyns, und dieses eines noch höheren, und so ins Unendliche fort) seyn könne — mit Einem Wort, daß auch das Selbstbewußtseyn noch etwas überhaupt Erklärbares seyn möge, erklärbar aus etwas, von dem wir nichts wissen können, weil eben durch das Selbstbewußtseyn die ganze Synthesis unsers Wissens erst gemacht wird — geht uns als Transscendental-Philosophen nichts an; denn das Selbstbewußtseyn ist uns nicht eine Art des Seyns, sondern eine Art des Wissens, und zwar die höchste und äußerste, die es überhaupt für uns gibt.

Es läßt sich sogar, um noch weiter zu gehen, beweisen, und ist zum Theil schon oben (Einl. §. 1) bewiesen worden, daß selbst, wenn das Objektive willkürlich als das Erste gesetzt wird, wir doch nie über das Selbstbewußtseyn hinauskommen. Wir werden alsdann in unsern Erklärungen entweder ins Unendliche zurückgetrieben, vom Begründeten zum Grund, oder wir müssen die Reihe willkürlich abbrechen, dadurch, daß wir ein Absolutes, das von sich selbst die Ursache und die Wirkung — Subjekt und Objekt — ist, und da dieß ursprünglich nur durch Selbstbewußtseyn möglich ist, dadurch, daß wir wieder ein Selbstbewußtseyn als Erstes setzen; dieß geschieht in der Naturwissenschaft, für welche das Seyn ebenso wenig ursprünglich ist wie für die Transscendental-Philosophie (s. den Entwurf eines Systems der Naturphilosophie S. 5 [oben S. 12]), und welche das einzig Reelle in ein Absolutes setzt, das von sich selbst Ursache und Wirkung ist — in die absolute Identität des Subjektiven und Objektiven, die wir Natur nennen und die in der höchsten Potenz wieder nichts anderes als Selbstbewußtseyn ist.

Der Dogmatismus, dem das Seyn das Ursprüngliche ist, kann überhaupt nur durch einen unendlichen Regressus erklären; denn die Reihe von Ursachen und Wirkungen, an welchen seine Erklärung fortläuft, könnte nur durch etwas, was zugleich Ursache und Wirkung von sich ist, geschlossen werden; aber eben dadurch würde er in Naturwissenschaft verwandelt, welche selbst wiederum in ihrer Vollendung in das Princip des transscendentalen Idealismus zurückkehrt. (Der consequente Dogmatismus existirt nur im Spinozismus; der Spinozismus kann aber als reelles System wiederum nur als Naturwissenschaft fortdauern, deren letztes Resultat wieder Princip der Transscendental-Philosophie wird).

Aus dem allem ist offenbar, daß das Selbstbewußtseyn den ganzen auch ins Unendliche erweiterten Horizont unsers Wissens umgrenzt, und in jeder Richtung das Höchste bleibt. Jedoch bedarf es zum gegenwärtigen Zweck dieser weitaussichtigen Gedanken nicht, sondern nur der Reflexion über den Sinn unserer ersten Aufgabe. — Jeder wird ohne Zweifel folgendes Räsonnement verständlich und evident finden.

Es ist mir vorerst bloß darum zu thun, in mein Wissen selbst ein System zu bringen, und innerhalb des Wissens selbst dasjenige zu suchen, wodurch alles einzelne Wissen bestimmt ist. — Nun ist aber ohne Zweifel das, wodurch alles in meinem Wissen bestimmt ist, das Wissen von mir selbst. — Da ich mein Wissen nur in sich selbst begründen will, so frage ich nicht weiter nach dem letzten Grund jenes ersten Wissens (des Selbstbewußtseyns), der, wenn es einen solchen gibt, nothwendig außerhalb des Wissens liegen muß. Das Selbstbewußtseyn ist der lichte Punkt im ganzen System des Wissens, der aber nur vorwärts, nicht rückwärts leuchtet. — Selbst zugegeben, daß dieses Selbstbewußtseyn nur die Modification eines von ihm unabhängigen Seyns wäre, was freilich keine Philosophie begreiflich machen kann, so ist es für mich jetzt keine Art des Seyns, sondern eine Art des Wissens, und nur in dieser Qualität betrachte ich es hier. Durch die Beschränktheit meiner Aufgabe, die mich ins Unendliche zurück in den Umkreis des Wissens einschließt, wird es mir ein Selbständiges und zum absoluten Princip — nicht alles Seyns, sondern alles Wissens, da alles Wissen (nicht nur das meinige) davon ausgehen muß. — Daß das Wissen überhaupt, daß insbesondere dieses erste Wissen abhängig sey von einer von ihm unabhängigen Existenz, hat noch kein Dogmatiker bewiesen. Es ist bis jetzt ebenso möglich, daß alle Existenz nur die Modification eines Wissens, als daß alles Wissen nur die Modification einer Existenz ist. — Jedoch davon ganz abstrahirt, ganz abgesehen davon, ob das Nothwendige überhaupt die Existenz, das Wissen bloß das Accidens der Existenz ist — für unsere Wissenschaft wird das Wissen eben dadurch selbständig, daß wir dasselbe bloß, so wie es in sich selbst begründet, d. h. insofern es bloß subjektiv ist, in Betrachtung ziehen.

Ob es *absolut* selbständig ist, mag bis dahin unentschieden bleiben, wo durch die Wissenschaft selbst entschieden wird, ob irgend etwas gedacht werden kann, was nicht aus diesem Wissen selbst abzuleiten ist.

Gegen die Aufgabe selbst, oder vielmehr gegen die *Bestimmung* der Aufgabe kann der Dogmatiker schon deßwegen nichts einwenden, weil ich meine Aufgabe ganz willkürlich *einschränken*, nur nicht willkürlich *erweitern* kann, auf etwas, was, wie zum voraus einzusehen ist, niemals in die Sphäre meines Wissens fallen kann, wie ein letzter Grund des Wissens außer dem Wissen. — Die einzig mögliche Einwendung dagegen ist die, daß die so bestimmte Aufgabe nicht Aufgabe der Philosophie, ihre Auflösung nicht Philosophie sey.

Allein was Philosophie *sey*, ist eben die bis jetzt unausgemachte Frage, deren Beantwortung nur das Resultat der Philosophie selbst seyn kann. *Daß* die Auflösung dieser Aufgabe Philosophie sey, kann nur durch die That selbst beantwortet werden, *dadurch, daß man zugleich mit dieser Aufgabe alle die Probleme auflöst, die man von jeher in der Philosophie aufzulösen suchte.*

Wir behaupten indeß mit demselben Recht, mit welchem der Dogmatiker das Gegentheil behauptet, was man bisher unter Philosophie verstanden, sey nur als Wissenschaft des Wissens möglich, und habe nicht das *Seyn*, sondern das *Wissen* zum Objekt; ihr Princip könne also auch nicht ein Princip des Seyns, sondern nur ein Princip des Wissens seyn. — Ob, vom Wissen zum Seyn zu gelangen, aus dem vorerst nur zum Behuf unserer Wissenschaft als selbständig *angenommenen* Wissen alles Objektive abzuleiten, und jenes dadurch zur absoluten Selbständigkeit zu erheben, ob uns dieß sicherer gelingen werde, als dem Dogmatiker der entgegengesetzte Versuch, aus dem als selbständig angenommenen Seyn ein Wissen hervorzubringen, darüber muß die Folge entscheiden.

5. Durch die erste Aufgabe unserer Wissenschaft, zu versuchen, ob vom Wissen, als solchem (insofern es Akt ist), ein Uebergang zum Objektiven in ihm (das kein Akt, sondern ein Seyn, ein Bestehen ist), gefunden werden könne, durch diese Aufgabe schon ist das Wissen als

selbständig gesetzt; und gegen die Aufgabe selbst ist vor dem Experiment nichts einzuwenden.

Durch diese Aufgabe selbst ist also zugleich gesetzt, daß das Wissen ein absolutes Princip in sich selbst habe, und dieses innerhalb des Wissens selbst liegende Princip soll zugleich Princip der Transscendental-Philosophie als Wissenschaft seyn.

Nun ist aber jede Wissenschaft ein Ganzes von Sätzen unter bestimmter Form. Soll also durch jenes Princip das ganze System der Wissenschaft begründet seyn, so muß es nicht nur den Inhalt, sondern auch die Form dieser Wissenschaft bestimmen.

Es wird allgemein angenommen, der Philosophie komme eine eigenthümliche Form zu, die man die systematische nennt. — Diese Form unabgeleitet vorauszusetzen, geht in andern Wissenschaften an, welche die Wissenschaft der Wissenschaft schon voraussetzen, nicht aber in dieser Wissenschaft selbst, die eben die Möglichkeit einer solchen überhaupt zum Objekt hat.

Was ist wissenschaftliche Form überhaupt, und welches ist ihr Ursprung? Diese Frage muß durch die Wissenschaftslehre für alle andern Wissenschaften beantwortet werden. — Aber diese Wissenschaftslehre ist selbst schon Wissenschaft, es würde also einer Wissenschaftslehre der Wissenschaftslehre bedürfen, aber diese selbst würde wieder Wissenschaft seyn, und so ins Unendliche fort. — Es fragt sich, wie dieser Cirkel, da er offenbar unauflöslich ist, erklärbar sey.

Dieser für die Wissenschaft unvermeidliche Cirkel ist nicht zu erklären, wenn er nicht im Wissen selbst (dem Objekt der Wissenschaft) ursprünglich seinen Sitz hat, so nämlich, daß der ursprüngliche Inhalt des Wissens die ursprüngliche Form, und umgekehrt, die ursprüngliche Form des Wissens den ursprünglichen Inhalt desselben voraussetzt, und beide wechselseitig durcheinander bedingt sind. — Zu diesem Behuf also müßte in der Intelligenz selbst ein Punkt gefunden werden, wo durch einen und denselben untheilbaren Akt des ursprünglichsten Wissens zugleich Inhalt und Form entsteht. — Die Aufgabe, diesen Punkt zu finden, müßte identisch seyn mit der, das Princip alles Wissens zu finden.

Das Princip der Philosophie muß also ein solches seyn, in welchem der Inhalt durch die Form, und hinwiederum die Form durch den Inhalt bedingt ist, und nicht eines das andere, sondern beide wechselseitig sich voraussetzen. — Gegen ein erstes Princip der Philosophie ist unter anderm auch auf folgende Weise argumentirt worden. Das Princip der Philosophie muß sich in einem Grundsatz ausdrücken lassen: dieser Grundsatz soll ohne Zweifel kein bloß formeller, sondern ein materieller seyn. Nun steht aber jeder Satz, sein Inhalt sey welcher er wolle, unter den Gesetzen der Logik. Also setzt jeder materielle Grundsatz bloß dadurch, daß er ein solcher ist, höhere Grundsätze, die der Logik, voraus. — Es fehlt zu dieser Argumentation nichts, als daß man sie umkehre. Man denke sich irgend einen formellen Satz, z. B. A=A, als den höchsten; was an diesem Satze logisch ist, ist bloß die Form der Identität zwischen A und A; aber woher kommt mir denn A selbst? Wenn A ist, so ist es gleich sich selbst; aber woher ist es denn? Diese Frage kann ohne Zweifel nicht aus dem Satz selbst, sondern nur aus einem höheren beantwortet werden. Die Analysis A=A setzt die Synthesis A voraus. Also ist offenbar, daß kein formelles Princip gedacht werden kann, ohne ein materielles, noch ein materielles, ohne ein formelles vorauszusetzen.

Aus diesem Cirkel, daß jede Form einen Inhalt, jeder Inhalt eine Form voraussetzt, ist gar nicht herauszukommen, wenn nicht irgend ein Satz gefunden wird, in welchem wechselseitig Form durch Inhalt, und Inhalt durch Form bedingt und möglich gemacht ist.

Die erste falsche Voraussetzung jenes Arguments ist also die der Grundsätze der Logik als *unbedingter*, das heißt von keinen höhern Sätzen abzuleitender. — Nun entstehen uns aber die logischen Grundsätze bloß dadurch, daß wir, was in den andern bloß Form ist, selbst wieder zum Inhalt der Sätze machen; die Logik kann also überhaupt nur durch Abstraktion von bestimmten Sätzen entstehen. Entsteht sie auf *wissenschaftliche* Art, so kann sie nur durch Abstraktion von den *obersten* Grundsätzen des Wissens entstehen, und da diese als Grundsätze hinwiederum *selbst schon* die logische Form voraussetzen, so müssen sie von der Art seyn, daß in ihnen beides, Form und Gehalt, wechselseitig sich bedingt und herbeiführt.

Nun kann aber doch diese Abstraktion nicht eher gemacht werden, als diese höchsten Grundsätze des Wissens aufgestellt sind, die Wissenschaftslehre selbst zu Stande gebracht ist. Dieser neue Cirkel, daß die Wissenschaftslehre zugleich die Logik begründen, und doch nach Gesetzen der Logik zu Stande gebracht werden soll, findet dieselbe Erklärung, wie der vorhin aufgezeigte. Da in den höchsten Grundsätzen des Wissens Form und Gehalt durcheinander bedingt sind, so muß die Wissenschaft des Wissens zugleich das Gesetz und die vollkommenste Ausübung der wissenschaftlichen Form, und der Form sowohl als dem Gehalt nach absolut autonomisch seyn.

Zweiter Abschnitt.

Deduktion des Princips selbst.

Wir sprechen von einer Deduktion des höchsten Princips. Es kann nicht davon die Rede seyn, das Princip aus einem höheren abzuleiten, überhaupt nicht von einem Beweis seines Inhalts. Der Beweis kann nur auf die Dignität dieses Princips, oder darauf gehen, zu beweisen, es sey das höchste und trage alle jene Charaktere an sich, die einem solchen zukommen.

Diese Deduktion kann auf sehr verschiedene Art geführt werden. Wir wählen diejenige, welche uns, indem sie die leichteste ist, zugleich den wahren Sinn des Princips am unmittelbarsten sehen läßt.

1) Daß überhaupt ein Wissen möglich sey — nicht dieses oder jenes bestimmte, sondern irgend eines, wenigstens ein Wissen des Nichtwissens, gibt selbst der Skeptiker zu. Wissen wir irgend etwas, so ist dieses Wissen entweder ein bedingtes, oder ein unbedingtes. — Bedingt? — so wissen wir es nur, weil es zusammenhängt mit etwas Unbedingtem. Also kommen wir auf jeden Fall auf ein unbedingtes Wissen (Daß irgend etwas in unserem Wissen seyn müsse, was wir nicht wieder aus etwas Höherem wissen, ist schon im vorhergehenden Abschnitt bewiesen).

Es fragt sich nur, was man denn unbedingt wisse.

2) Unbedingt weiß ich nur das, dessen Wissen einzig durch das Subjektive, nicht durch ein Objektives bedingt ist. — Nun wird behauptet, nur ein solches Wissen, was in identischen Sätzen ausgedrückt ist, sey allein durch das Subjektive bedingt. Denn in dem Urtheil A=A wird ganz von dem Inhalt des Subjekts A abstrahirt. Ob A überhaupt Realität hat oder nicht, ist für dieses Wissen ganz gleichgültig. Wenn nun also ganz von der Realität des Subjekts abstrahirt wird, so wird A betrachtet, bloß insofern es in uns gesetzt, von uns vorgestellt wird; ob dieser Vorstellung etwas außer uns entspreche, wird gar nicht gefragt. Der Satz ist evident und gewiß, ganz abgesehen davon, ob A etwas wirklich Existirendes, oder bloß Eingebildetes, oder selbst Unmögliches ist. Denn der Satz sagt nur so viel: indem ich A denke, denke ich nichts anderes als A. Das Wissen in diesem Satz ist also bloß durch mein Denken (das Subjektive) bedingt, d. h. nach der Erklärung, es ist unbedingt.

3) Aber in allem Wissen wird ein Objektives gedacht als zusammentreffend mit dem Subjektiven. In dem Satz A=A aber ist kein solches Zusammentreffen. Alles ursprüngliche Wissen geht also über die Identität des Denkens hinaus, und der Satz A=A muß selbst ein solches Wissen voraussetzen. — Nachdem ich A denke, denke ich es freilich als A; aber wie komme ich denn dazu, A zu denken? Ist es ein frei entworfener Begriff, so begründet er kein Wissen; ist es ein mit dem Gefühl der Nothwendigkeit entstandener Begriff, so muß er objektive Realität haben.

Wenn nun alle Sätze, in welchen Subjekt und Prädikat nicht bloß durch die Identität des Denkens, sondern etwas dem Denken Fremdartiges, von ihm Verschiedenes vermittelt sind, synthetische heißen, so besteht unser ganzes Wissen aus lauter synthetischen Sätzen, und nur in solchen ist ein wirkliches Wissen, d. h. ein solches, das sein Objekt außer sich hat.

4) Nun sind aber synthetische Sätze nicht unbedingt — durch sich selbst gewiß, denn dieß sind nur identische oder analytische (2). Soll

also in synthetischen Sätzen — und dadurch in unserem ganzen Wissen — Gewißheit seyn, so müssen sie zurückgeführt werden auf ein unbedingt Gewisses, das heißt auf die Identität des Denkens überhaupt, was sich aber widerspricht.

5) Dieser Widerspruch wäre nur dadurch aufzulösen, daß irgend ein Punkt gefunden würde, worin das Identische und Synthetische Eins ist, oder irgend ein Satz, der, indem er identisch, zugleich synthetisch, und indem er synthetisch, zugleich identisch ist.

Wie wir in Ansehung solcher Sätze, in welchen ein ganz fremdartiges Objektives mit einem Subjektiven zusammentrifft (und dieß geschieht in jedem synthetischen Urtheil A=B; das Prädicat, der Begriff, repräsentirt hier immer das Subjektive, das Subjekt das Objektive) zur Gewißheit gelangen können, ist nicht zu begreifen,

a) wenn nicht überhaupt etwas absolut wahr ist. Denn gäbe es in unserem Wissen einen unendlichen Regressus von Princip auf Princip, so müßten wir, um zum Gefühl jenes Zwangs (der Gewißheit des Satzes) zu gelangen, bewußtlos wenigstens, jene unendliche Reihe rückwärts durchlaufen, was offenbar ungereimt ist. Ist die Reihe wirklich unendlich, so kann sie auf keine Art durchlaufen werden. Ist sie nicht unendlich, so gibt es etwas Absolutwahres. — Gibt es ein solches, so muß unser ganzes Wissen und jede einzelne Wahrheit in unserem Wissen verflochten seyn mit jener absoluten Gewißheit; das dunkle Gefühl dieses Zusammenhangs bringt jenes Gefühl des Zwangs hervor, mit dem wir irgend einen Satz für wahr halten. — Dieses dunkle Gefühl soll durch die Philosophie in deutliche Begriffe aufgelöst werden, dadurch, daß jener Zusammenhang und die Hauptzwischenglieder desselben aufgezeigt werden.

b) Jenes Absolutwahre kann nur ein identisches Wissen seyn; da nun aber alles wahre Wissen ein synthetisches ist, so muß jenes Absolutwahre, indem es ein identisches Wissen ist, nothwendig zugleich wieder ein synthetisches seyn; wenn es also ein Absolutwahres gibt, so muß es auch einen Punkt geben, wo unmittelbar aus dem identischen

Wissen das synthetische, und aus dem synthetischen das identische entspringt.

6) Um die Aufgabe, einen solchen Punkt zu finden, auflösen zu können, müssen wir ohne Zweifel in den Gegensatz zwischen identischen und synthetischen Sätzen noch tiefer eindringen.

In jedem Satz werden zwei Begriffe miteinander verglichen, d. h. sie werden einander entweder gleich oder ungleich gesetzt. Im identischen Satze nun wird bloß *das Denken mit sich selbst* verglichen. — Der synthetische Satz hingegen geht hinaus über *das bloße Denken*; dadurch, daß ich das Subjekt des Satzes denke, denke ich nicht auch das Prädikat, das Prädikat kommt zum Subjekt *hinzu*; der Gegenstand ist also hier nicht *bloß* bestimmt durch sein Denken, er wird als *reell* betrachtet, denn reell ist eben, was durch das *bloße* Denken nicht erschaffen werden kann.

Wenn nun ein identischer Satz der ist, wo der Begriff nur mit dem Begriff, ein synthetischer der, wo der Begriff mit dem von ihm verschiedenen Gegenstand verglichen wird, so heißt die Aufgabe, einen Punkt zu finden, wo das identische Wissen zugleich synthetisch ist, so viel als: *einen Punkt finden, in welchem das Objekt und sein Begriff, der Gegenstand und seine Vorstellung ursprünglich, schlechthin und ohne alle Vermittlung Eins sind.*

Daß diese Aufgabe mit der, ein Princip alles Wissens zu finden, identisch ist, läßt sich noch kürzer so darthun. — Wie Vorstellung und Gegenstand übereinstimmen können, ist schlechthin unerklärbar, wenn nicht im Wissen selbst ein Punkt ist, wo beide *ursprünglich* Eins — oder wo *die vollkommenste Identität des Seyns und des Vorstellens ist.*

7) Da nun die Vorstellung das Subjektive, das Seyn aber das Objektive ist, so heißt die Aufgabe aufs genauste bestimmt so viel: *den Punkt zu finden, wo Subjekt und Objekt unvermittelt* Eines sind.

8) Durch diese immer nähere Einschränkung der Aufgabe ist sie nun auch so gut als gelöst. — Jene unvermittelte Identität des Subjekts und Objekts kann nur da existiren, wo das *Vorgestellte* zugleich

auch das Vorstellende, das Angeschaute auch das Anschauende ist. — Aber diese Identität des Vorgestellten mit dem Vorstellenden ist nur im Selbstbewußtseyn; also ist der gesuchte Punkt im Selbstbewußtseyn gefunden.

Erläuterungen.

a) Wenn wir jetzt zurücksehen auf den Grundsatz der Identität A=A, so finden wir, daß wir unmittelbar aus diesem unser Princip ableiten konnten. — In jedem identischen Satz, wurde behauptet, werde das Denken mit sich selbst verglichen, was denn ohne Zweifel durch einen Denkakt geschieht. Der Satz A=A setzt also ein Denken voraus, das unmittelbar sich selbst zum Objekt wird; aber ein solcher sich selbst zum Objekt werdender Denkakt ist nur im Selbstbewußtseyn. Wie man aus einem Satz der Logik bloß als solchem etwas Reelles herausklauben könne, ist freilich nicht einzusehen, wohl aber, wie man durch Reflexion auf den Denkakt in diesem Satze etwas Reelles, z. B. aus den logischen Funktionen des Urtheils Kategorien, und so aus jedem identischen Satz den Akt des Selbstbewußtseyns finden könne.

b) Daß im Selbstbewußtseyn Subjekt und Objekt des Denkens Eins seyen, kann jedem nur durch den Akt des Selbstbewußtseyns selbst klar werden. Es gehört dazu, daß man zugleich diesen Akt vornehme, und in diesem Akt wieder auf sich reflektire. — Das Selbstbewußtseyn ist der Akt, wodurch sich das Denkende unmittelbar zum Objekt wird, und umgekehrt, dieser Akt und kein anderer ist das Selbstbewußtseyn. — Dieser Akt ist eine absolut-freie Handlung, zu der man wohl angeleitet, aber nicht genöthigt werden kann. — Die Fertigkeit, sich in diesem Akt anzuschauen, sich als Gedachtes und als Denkendes zu unterscheiden und in dieser Unterscheidung wieder als identisch anzuerkennen, wird in der Folge beständig vorausgesetzt.

c) Das Selbstbewußtseyn ist ein Akt, aber durch jeden Akt kommt uns etwas zu Stande. — Jedes Denken ist ein Akt, und jedes bestimmte Denken ein bestimmter Akt; aber durch jedes solches entsteht uns auch ein bestimmter Begriff. Der Begriff ist nichts anderes als der Akt des Denkens selbst, und abstrahirt von diesem Akt ist er nichts. Durch den Akt des Selbstbewußtseyns muß uns gleichfalls ein Begriff entstehen, und dieser ist kein anderer als der des Ich. Indem ich mir durch das Selbstbewußtseyn zum Objekt werde, entsteht mir der Begriff des Ich, und umgekehrt, der Begriff des Ich ist nur der Begriff des Selbstobjektwerdens.

d) Der Begriff des Ich kommt durch den Akt des Selbstbewußtseyns zu Stande, außer diesem Akt ist also das Ich nichts, seine ganze Realität beruht nur auf diesem Akt, und es ist selbst nichts als dieser Akt. Das Ich kann also nur vorgestellt werden als Akt überhaupt, und es ist sonst nichts. –

Ob das äußere Objekt nichts von seinem Begriffe Verschiedenes, ob auch hier Begriff und Objekt Eines, ist eine Frage, die erst entschieden werden muß; daß aber der Begriff des Ich, d. h. der Akt, wodurch das Denken überhaupt sich zum Objekt wird, und das Ich selbst (das Objekt) absolut Eins seyen, bedarf keines Beweises, da das Ich offenbar außer diesem Akt nichts ist, und überhaupt nur in diesem Akt ist.

Es ist hier also jene ursprüngliche Identität des Denkens und des Objekts, des Erscheinens und Seyns, die wir suchten, und die sonst nirgends angetroffen wird. Das Ich ist gar nicht vor jenem Akt, wodurch das Denken sich selbst zum Objekt wird, es ist also selbst nichts anderes als das sich Objekt werdende Denken, und sonach absolut nichts außer dem Denken. – Daß so vielen diese Identität des Gedachtwerdens und des Entstehens beim Ich verborgen bleibt, hat allein darin seinen Grund, daß sie weder den Akt des Selbstbewußtseyns mit Freiheit vollziehen, noch in diesem Akt auf das in demselben Entstehende reflektiren können. – Was das Erste betrifft, so ist zu bemerken, daß wir das Selbstbewußtseyn als Akt wohl unterscheiden vom bloß empirischen Bewußtseyn; was wir insgemein Bewußtseyn nennen, ist etwas nur an Vorstellungen von Objekten Fortlaufendes, was die Identität im Wechsel der Vorstellungen unterhält, also bloß empirischer Art, indem ich dadurch freilich meiner selbst, aber nur als des Vorstellenden bewußt bin. — Der Akt aber, von welchem hier die Rede ist, ist ein solcher, wodurch ich meiner nicht mit dieser oder jener Bestimmung, sondern ursprünglich bewußt werde, und dieses Bewußtseyn heißt im Gegensatz gegen jenes, reines Bewußtseyn, oder Selbstbewußtseyn κατ' ἐξοχήν.

Die Genesis dieser beiden Arten von Bewußtseyn läßt sich noch auf folgende Art deutlich machen. Man überlasse sich ganz der unwillkürlichen Succession der Vorstellungen, so werden diese Vorstellungen, so mannichfaltig und verschieden sie seyn mögen, doch als zu Einem identischen Subjekt gehörig erscheinen. Reflektire ich auf diese Identität des Subjekts in den Vorstellungen, so entsteht mir der Satz: Ich denke. Dieses Ich denke ist es, was alle Vorstellungen begleitet und die Continuität des Bewußtseyns zwischen ihnen unterhält. — Macht man aber von allem Vorstellen sich frei, um seiner ursprünglich bewußt zu werden, so entsteht — nicht der Satz: Ich denke, sondern der Satz: Ich bin, welcher ohne Zweifel ein höherer Satz ist. In dem Satz: Ich denke, liegt schon der Ausdruck einer Bestimmung oder Affektion des Ich; der Satz: Ich bin, dagegen ist ein unendlicher Satz, weil es ein Satz ist, der kein wirkliches Prädicat hat, der aber eben deßwegen die Position einer Unendlichkeit möglicher Prädicate ist.

e) Das Ich ist nichts von seinem Denken Verschiedenes, das Denken des Ichs und das Ich selbst sind absolut Eins; das Ich also überhaupt nichts außer dem Denken, also auch kein Ding, keine Sache, sondern das ins Unendliche fort Nichtobjektive. Dieß ist so zu verstehen. Das Ich ist allerdings Objekt, aber nur für sich selbst, es ist also nicht ursprünglich in der Welt der Objekte, es wird erst zum Objekt, dadurch daß es sich selbst zum Objekt macht, und es wird Objekt nicht für etwas Aeußeres, sondern immer nur für sich selbst. —

Alles andere, was nicht Ich ist, ist ursprünglich Objekt, eben deßwegen nicht Objekt für sich selbst, sondern für ein Anschauendes außer ihm. Das ursprünglich Objektive ist immer nur ein Erkanntes, nie ein Erkennendes. Das Ich wird nur durch sein Selbsterkennen ein Erkanntes. — Die Materie heißt eben deßwegen selbstlos, weil sie kein Inneres hat, und ein nur in fremder Anschauung Begriffenes ist.

f) Ist das Ich kein Ding, keine Sache, so kann man auch nach keinem Prädicat des Ichs fragen, es hat keines, als eben dieses, daß es kein Ding ist. Der Charakter des Ichs liegt eben darin, daß es kein anderes Prädicat hat als das des Selbstbewußtseyns.

Dasselbe Resultat läßt sich nun auch von andern Seiten her ableiten.

Was höchstes Princip des Wissens ist, kann seinen Erkenntnißgrund nicht wieder in etwas Höherem haben. Es muß also auch für uns sein principium essendi und cognoscendi Eins seyn und in Eins zusammenfallen.

Eben deßwegen kann dieses Unbedingte nicht in irgend einem D i n g gesucht werden; denn was Objekt ist, ist auch ursprünglich Objekt des Wissens, anstatt daß das, was P r i n c i p alles Wissens ist, gar nicht ursprünglich, oder an sich, sondern nur d u r c h e i n e n b e s o n d e r e n A k t d e r F r e i h e i t Objekt des Wissens werden kann.

Das Unbedingte kann also in der Welt der Objekte überhaupt nicht gesucht werden (daher selbst für die Naturwissenschaft das rein Objektive, die Materie, nichts Ursprüngliches, sondern ebenso gut Schein ist, als für die Transscendental-Philosophie).

Unbedingt heißt, was schlechterdings nicht zum Ding, zur Sache werden kann. Das erste Problem der Philosophie läßt sich also auch so ausdrücken: etwas zu finden, was schlechterdings nicht als Ding gedacht werden kann. Aber ein solches ist nur das Ich, und umgekehrt, das Ich ist, was an sich nichtobjektiv ist.

g) Wenn nun das Ich schlechterdings kein Objekt — kein Ding ist, so scheint es schwer zu erklären, wie denn überhaupt ein Wissen von ihm möglich sey, oder welche Art des Wissens wir vor ihm haben.

Das Ich ist reiner Akt, reines Thun, was schlechthin nichtobjektiv seyn muß im Wissen, eben deßwegen, weil es P r i n c i p alles Wissens ist. Soll es also Objekt des Wissens werden, so muß dieß durch eine vom gemeinen Wissen ganz verschiedene Art zu wissen geschehen. Dieses Wissen muß

a) ein absolut-freies seyn, eben deßwegen, weil alles andere Wissen nicht frei ist, also ein Wissen, wozu nicht Beweise, Schlüsse, überhaupt Vermittlung von Begriffen führen, also überhaupt ein Anschauen;

b) ein Wissen, dessen Objekt nicht von ihm unabhängig ist, also ein Wissen, das zugleich ein Produciren seines Objekts ist — eine Anschauung, welche überhaupt frei producirend, und in welcher das Producirende mit dem Producirten eins und dasselbe ist.

Eine solche Anschauung wird im Gegensatz gegen die sinnliche, welche nicht als Produciren ihres Objekts erscheint, wo also das Anschauen selbst vom Angeschauten verschieden ist, intellektuelle Anschauung genannt.

Eine solche Anschauung ist das Ich, weil durch das Wissen des Ichs von sich selbst das Ich selbst (das Objekt) erst entsteht. Denn da das Ich (als Objekt) nichts anderes ist als eben das Wissen von sich selbst, so entsteht das Ich eben nur dadurch, daß es von sich weiß; das Ich selbst also ist ein Wissen, das zugleich sich selbst (als Objekt) producirt.

Die intellektuelle Anschauung ist das Organ alles transscendentalen Denkens. Denn das transscendentale Denken geht eben darauf, sich durch Freiheit zum Objekt zu machen, was sonst nicht Objekt ist; es setzt ein Vermögen voraus, gewisse Handlungen des Geistes zugleich zu produciren und anzuschauen, so daß das Produciren des Objekts und das Anschauen selbst absolut Eines ist, aber eben dieses Vermögen ist das Vermögen der intellektuellen Anschauung.

Das transscendentale Philosophiren muß also beständig begleitet seyn von der intellektuellen Anschauung: alles vorgebliche Nichtverstehen jenes Philosophirens hat seinen Grund nicht in seiner eignen Unverständlichkeit, sondern in dem Mangel des Organs, mit dem es aufgefaßt werden muß. Ohne diese Anschauung hat das Philosophiren selbst kein Substrat, was das Denken trüge und unterstützte; jene Anschauung ist es, was im transscendentalen Denken an die Stelle der objektiven Welt tritt und gleichsam den Flug der Speculation trägt. Das Ich selbst ist ein Objekt, das dadurch ist, daß es von sich weiß, d. h. es ist ein beständiges intellektuelles Anschauen; da dieses sich selbst Producirende einziges Objekt der Transscendental-Philosophie ist, so ist die intellektuelle Anschauung für diese eben das, was für die Geometrie der Raum ist. So wie ohne Anschauung des Raums die Geometrie absolut unverständlich wäre, weil alle ihre Construktionen nur verschiedene Arten und Weisen sind jene Anschauung einzuschränken, so ohne die intellektuelle Anschauung alle Philosophie, weil alle ihre Begriffe nur verschiedene Einschränkungen des sich selbst zum Objekt habenden Producirens, d. h. der intellektuellen Anschauung sind. (Vergl. Fichtes Einleitung in die Wissenschaftslehre im Philosophischen Journal).

Warum unter dieser Anschauung etwas Mysteriöses — ein besonderer nur von einigen vorgegebener Sinn verstanden worden, davon ist kein Grund anzugeben, als daß manche desselben wirklich entbehren, welches aber ohne Zweifel ebensowenig befremdend ist, als daß sie noch manches andern Sinns entbehren, dessen Realität ebensowenig in Zweifel gezogen werden kann.

h) Das Ich ist nichts anderes als ein sich selbst zum Objekt werdendes Produciren, d. h. ein intellektuelles Anschauen. Nun ist aber dieses intellektuelle Anschauen selbst ein absolut freies Handeln, diese Anschauung kann also nicht demonstrirt, sie kann nur gefordert werden; aber das Ich ist selbst nur diese Anschauung, also ist das Ich, als Princip der Philosophie, selbst nur etwas, das postulirt wird. —

Seit Reinhold die wissenschaftliche Begründung der Philosophie sich zum Zweck gesetzt hatte, war viel von einem ersten Grundsatz die Rede, von welchem die Philosophie ausgehen müßte, und unter welchem man insgemein einen Lehrsatz verstand, in welchem die ganze Philosophie involvirt seyn sollte. Allein es ist leicht einzusehen, daß die Transscendental-Philosophie von keinem Theorem ausgehen kann, schon darum, weil sie vom Subjektiven, d. h. von demjenigen ausgeht, was nur durch einen besondern Akt der Freiheit objektiv werden kann. Ein

Theorem ist ein Satz, der auf ein Daseyn geht. Die Transscendental-Philosophie geht aber von keinem Daseyn, sondern von einem freien Handeln aus, und ein solches kann nur postulirt werden. Jede Wissenschaft, die nicht empirisch ist, muß durch ihr erstes Princip schon allen Empirismus ausschließen, d. h. ihr Objekt nicht als schon vorhanden voraussetzen, sondern es hervorbringen. So verfährt z. B. die Geometrie, indem sie nicht von Lehrsätzen, sondern von Postulaten ausgeht. Dadurch, daß die ursprünglichste Construktion in ihr postulirt, und dem Lehrling selbst überlassen wird sie hervorzubringen, wird er gleich anfangs an die Selbstconstruktion gewiesen. — Ebenso die Transscendental-Philosophie. Ohne die transscendentale Denkart schon mitzubringen, muß man sie unverständlich finden. Es ist daher nothwendig, daß man sich gleich anfangs durch Freiheit in jene Denkart versetze, und dieß geschieht mittelst des freien Akts, wodurch das Princip entsteht. Wenn Transscendental-Philosophie ihre Objekte überhaupt nicht voraussetzt, so kann sie am wenigsten ihr erstes Objekt, das Princip voraussetzen, sie kann es als ein frei zu construirendes nur postuliren, und so wie das Princip ihre eigne Construktion ist, so sind es auch alle ihre übrigen Begriffe, und die ganze Wissenschaft hat nur mit eignen, freien Constructionen zu thun.

Ist das Princip der Philosophie ein Postulat, so wird das Objekt dieses Postulats die ursprüglichste Construktion für den innern Sinn, d. h. das Ich, nicht insofern es auf diese oder jene besondere Weise bestimmt ist, sondern das Ich überhaupt, als Produciren seiner selbst, seyn. Durch diese ursprüngliche Construktion, und in dieser Construktion kommt nun allerdings etwas Bestimmtes zu Stande, wie durch jeden bestimmten Akt des Geistes etwas Bestimmtes zu Stande kommt. Aber das Produkt ist außer der Construktion schlechterdings nichts, es ist überhaupt nur, indem es construirt wird, und abstrahirt von der Construktion so wenig als die Linie des Geometers. — Auch diese Linie ist nichts Existirendes, denn die Linie an der Tafel ist ja nicht die Linie selbst, und wird als Linie nur erkannt, dadurch, daß sie an die ursprüngliche Anschauung der Linie selbst gehalten wird.

Was das Ich sey, ist eben deßwegen so wenig demonstrabel, als was die Linie sey; man kann nur die Handlung beschreiben, wodurch es entsteht. — Könnte die Linie demonstrirt werden, so brauchte sie nicht postulirt zu werden. Ebenso ist es mit jener transscendentalen Linie des Producirens, welche in der Transscendental-Philosophie ursprünglich angeschaut werden muß, und aus welcher alle andern Construktionen der Wissenschaft erst hervorgehen.

Was das Ich sey, erfährt man nur dadurch, daß man es hervorbringt, denn im Ich allein ist die Identität des Seyns und des Producirens ursprünglich. (Vergl. allgemeine Uebersicht der philosophischen Literatur im neuen philosophischen Journal, 10. Heft)[1].

i) Was uns durch den ursprünglichen Akt der intellektuellen Anschauung entsteht, kann in einem Grundsatz ausgedrückt werden, den man ersten Grundsatz der Philosophie nennen kann. — Nun entsteht uns aber durch intellektuelle Anschauung das Ich, insofern es sein eigen Produkt, Producirendes zugleich und Producirtes ist. Diese Identität zwischen dem Ich, insofern es das Producirende ist, und dem Ich als dem Producirten, wird ausgedrückt in dem Satz das Ich = Ich, welcher Satz, da er Entgegengesetzte sich gleich setzt, keineswegs ein identischer, sondern ein synthetischer ist.

Durch den Satz Ich = Ich wird also der Satz A = A in einen synthetischen verwandelt, und wir haben den Punkt gefunden, wo das identische Wissen unmittelbar aus dem synthetischen, und das synthetische aus dem identischen entspringt. Aber in diesen Punkt fällt auch (Abschn. I) das Princip alles Wissens. In dem Satz Ich = Ich muß also das Princip alles Wissens ausgedrückt seyn, weil eben dieser Satz der einzig mögliche zugleich identische und synthetische ist. —

Auf denselben Punkt konnte uns die bloße Reflexion auf den Satz A = A führen. — Der Satz A = A scheint allerdings identisch, allein er könnte gar wohl auch synthetische Bedeutung haben, wenn nämlich das eine A dem andern entgegengesetzt wäre. Man müßte also an

[1] Abhandlungen zur Erläuterung des Idealismus der Wissenschaftslehre, Bd. I, S. 401.

die Stelle von A einen Begriff substituiren, der eine ursprüngliche Duplicität in der Identität ausdrückte, und umgekehrt.

Ein solcher Begriff ist der eines Objekts, das zugleich sich selbst entgegengesetzt, und sich selbst gleich ist. Aber ein solches ist nur ein Objekt, was von sich selbst zugleich die Ursache und die Wirkung, Producirendes und Produkt, Subjekt und Objekt ist. — Der Begriff einer ursprünglichen Identität in der Duplicität, und umgekehrt, ist also nur der Begriff eines Subjekt-Objekts, und ein solches kommt ursprünglich nur im Selbstbewußtseyn vor. —

Die Naturwissenschaft geht von der Natur, als dem zugleich Produktiven und Producirten willkürlich aus, um das Einzelne aus jenem Begriff abzuleiten. Unmittelbares Objekt des Wissens ist jene Identität nur im unmittelbaren Selbstbewußtseyn; in der höchsten Potenz des sich-selbst-Objektwerdens, in welche sich der Transscendental-Philosoph gleich anfangs — nicht willkürlich, aber durch Freiheit versetzt, und die ursprüngliche Duplicität in der Natur ist zuletzt selbst nur daraus zu erklären, daß die Natur als Intelligenz angenommen wird.

k) Der Satz Ich=Ich erfüllt zugleich die zweite Forderung, welche an das Princip des Wissens gemacht wird, daß es zugleich Form und Gehalt des Wissens begründe. Denn der oberste formale Grundsatz A=A ist eben nur möglich durch den Akt, der im Satz Ich=Ich ausgedrückt ist — durch den Akt des sich selbst Objekt werdenden, mit sich selbst identischen Denkens. Weit entfernt also, daß der Satz Ich=Ich unter dem Grundsatz der Identität stünde, wird vielmehr dieser durch jenen bedingt. Denn wäre Ich nicht = Ich, so könnte auch A nicht = A seyn, weil die Gleichheit, die in jenem Satz gesetzt wird, doch nur eine Gleichheit zwischen dem Subjekt, das urtheilt, und demjenigen, in welchem A als Objekt gesetzt ist, d. h. eine Gleichheit zwischen dem Ich als Subjekt und Objekt, ausdrückt.

Allgemeine Anmerkungen.

1) Der Widerspruch, der durch die voranstehende Deduktion aufgelöst ist, war folgender: die Wissenschaft des Wissens kann von nichts

Objektivem ausgehen, denn sie beginnt eben mit dem allgemeinen Zweifel an der Realität des Objektiven. Das Unbedingt-Gewisse kann also für sie nur in dem absolut Nichtobjektiven liegen, welches auch die Nichtobjektivität der identischen Sätze (als der einzig unbedingt gewissen) beweist. Wie nun aber aus diesem ursprünglich Nichtobjektiven ein Objektives entspringe, wäre nicht zu begreifen, wenn nicht jenes Nichtobjektive ein Ich wäre, d. h. ein Princip, das sich selbst Objekt wird. — Nur was nicht ursprünglich Objekt ist, kann sich selbst zum Objekt machen, und dadurch Objekt werden. Aus dieser ursprünglichen Duplicität in ihm selbst entfaltet sich für das Ich alles Objektive, das in sein Bewußtseyn kommt, und nur jene ursprüngliche Identität in der Duplicität ist es, die in alles synthetische Wissen Vereinigung und Zusammenhang bringt.

2) Ueber den Sprachgebrauch dieser Philosophie mögen einige Bemerkungen nöthig seyn.

Kant findet es in seiner Anthropologie merkwürdig, daß dem Kind, sobald es anfange von sich selbst durch Ich zu sprechen, eine neue Welt aufzugehen scheine. Es ist dieß in der That sehr natürlich; es ist die intellektuelle Welt, die sich ihm öffnet, denn was zu sich selbst Ich sagen kann, erhebt sich eben dadurch über die objektive Welt, und tritt aus fremder Anschauung in seine eigne. — Die Philosophie muß ohne Zweifel von demjenigen Begriff ausgehen, der die ganze Intellektualität in sich befaßt, und aus welchem sie sich entwickelt.

Es ist eben daraus zu ersehen, daß im Begriff des Ich etwas Höheres als der bloße Ausdruck der Individualität liegt, daß es der Akt des Selbstbewußtseyns überhaupt ist, mit welchem gleichzeitig allerdings das Bewußtseyn der Individualität eintreten muß, der aber selbst nichts Individuelles enthält. — Nur von dem Ich als Akt des Selbstbewußtseyns überhaupt ist bis jetzt die Rede, und aus ihm erst muß alle Individualität abgeleitet werden.

Ebensowenig als unter dem Ich, als Princip, das individuelle gedacht wird, wird das empirische — im empirischen Bewußtseyn vorkommende Ich gedacht. Das reine Bewußtseyn auf verschiedene Art bestimmt und eingeschränkt, gibt das empirische, beide sind also bloß durch ihre Schranken verschieden: hebt die Schranken des empirischen auf, und ihr habt das absolute Ich, von dem hier die Rede ist. — Das reine Selbstbewußtseyn ist ein Akt, der außerhalb aller Zeit liegt und alle Zeit erst constituirt; das empirische Bewußtseyn ist das nur in der Zeit und der Succession der Vorstellungen sich erzeugende. —

Die Frage: ob das Ich ein Ding an sich oder eine Erscheinung sey — diese Frage ist an sich widersinnig. Es ist überhaupt kein Ding, weder Ding an sich noch Erscheinung.

Das Dilemm, womit man hierauf antwortet: alles muß entweder etwas seyn oder nichts u. s. w. beruht auf der Zweideutigkeit des Begriffs Etwas. Soll Etwas überhaupt etwas Reelles im Gegensatz gegen das bloß Eingebildete bezeichnen, so muß das Ich wohl etwas Reelles seyn, da es Princip aller Realität ist. Aber ebenso klar ist, daß es eben deßwegen, weil es Princip aller Realität ist, nicht in demselben Sinne reell seyn kann, wie das, welchem bloß abgeleitete Realität zukommt. Die Realität, welche jene für die einzig wahre halten, die der Dinge, ist eine bloß geliehene und nur der Wiederschein jener höheren. — Das Dilemm beim Lichte betrachtet, heißt also ebenso viel als: alles ist entweder ein Ding oder nichts; welches sogleich als falsch einleuchtet, da es allerdings einen höheren Begriff gibt als den des Dings, nämlich den des Handelns, der Thätigkeit.

Dieser Begriff muß wohl höher seyn als der des Dings, da die Dinge selbst nur als Modificationen einer auf verschiedene Weise eingeschränkten Thätigkeit zu begreifen sind. — Das Seyn der Dinge besteht wohl nicht in einer bloßen Ruhe oder Unthätigkeit. Denn selbst alle Raumerfüllung ist nur ein Grad von Thätigkeit, und jedes Ding nur ein bestimmter Grad von Thätigkeit, mit welchem der Raum erfüllt wird.

Da dem Ich auch keines von den Prädicaten zukommt, die den Dingen zukommen, so erklärt sich daraus das Paradoxon, daß man vom Ich nicht sagen kann, daß es ist. Man kann nämlich vom Ich nur deßwegen nicht sagen, daß es ist, weil es das Seyn selbst ist. Der ewige, in keiner Zeit begriffene Akt des Selbstbewußtseyns, den wir Ich nennen, ist das, was allen Dingen das Daseyn gibt, was also selbst keines andern Seyns bedarf, von dem es getragen wird, sondern sich selbst tragend und unterstützend, objektiv als das ewige Werden, subjektiv als das unendliche Produciren erscheint.

3) Ehe wir zur Aufstellung des Systems selbst schreiten, ist es nicht unnütz zu zeigen, wie das Princip zugleich theoretische und praktische Philosophie begründen könne, welches als nothwendiger Charakter des Princips sich von selbst versteht.

Daß das Princip Princip der theoretischen und praktischen Philosophie zugleich sey, ist nicht möglich, ohne daß es selbst theoretisch und praktisch zugleich sey. Da nun ein theoretisches Princip ein Lehrsatz, ein praktisches aber ein Gebot ist, so wird in der Mitte zwischen beiden etwas liegen müssen — und dieß ist das Postulat, welches an die praktische Philosophie grenzt, weil es eine bloße Forderung ist, an die theoretische, weil es eine rein theoretische Construktion fordert. — Woher das Postulat seine zwingende Kraft entlehne, erklärt sich zugleich daraus, daß es praktischen Forderungen verwandt ist. Die intellektuelle Anschauung ist etwas, das man fordern und anmuthen kann; wer das Vermögen einer solchen nicht hat, sollte es wenigstens haben.

4) Was jeder, der uns bisher aufmerksam gefolgt ist, von selbst einsieht, ist, daß der Anfang und das Ende dieser Philosophie Freiheit ist, das absolut Indemonstrable, was sich nur durch sich selbst beweist. Was in allen andern Systemen der Freiheit den Untergang droht, wird in diesem System aus ihr selbst abgeleitet. — Das Seyn ist in diesem System nur die aufgehobene Freiheit. In einem System, das das Seyn zum Ersten und Höchsten macht, muß nicht nur das Wissen die bloße Copie eines ursprünglichen Seyns, sondern auch alle Freiheit nur nothwendige Täuschung seyn, weil man das Princip nicht kennt, dessen Bewegungen ihre scheinbaren Aeußerungen sind.

Zweiter Hauptabschnitt.

Allgemeine Deduktion des transscendentalen Idealismus.

Vorerinnerung.

1) Der Idealismus ist schon in unserem ersten Grundsatze ausgedrückt. Denn weil das Ich unmittelbar durch sein Gedachtwerden auch *ist* (denn es ist nichts anderes als das Sichselbstdenken), so ist der Satz Ich = Ich = dem Satz: Ich *bin*, anstatt daß der Satz A = A nur so viel sagt: *wenn* A gesetzt ist, so ist es sich selbst gleich gesetzt. Die Frage: *ist* es denn gesetzt? ist vom Ich gar nicht möglich. Ist nun der Satz: Ich bin, Princip aller Philosophie, so kann es auch keine Realität geben, als die der Realität dieses Satzes gleich ist. Aber dieser Satz sagt nicht, daß ich für irgend etwas außer mir, sondern nur, daß ich *für mich* selbst bin. Also wird auch alles, was überhaupt ist, nur für das Ich seyn können, eine andere Realität wird es überhaupt nicht geben.

2) Der allgemeinste Beweis der allgemeinen Idealität des Wissens ist also der in der *Wissenschaftslehre* geführte durch unmittelbare Schlüsse aus dem Satz: Ich *bin*. Es ist aber noch ein anderer Beweis davon möglich, der faktische, der in einem *System des transscendentalen Idealismus selbst* dadurch geführt wird, daß man das ganze System des Wissens wirklich aus jenem Princip ableitet. Da

es nun hier nicht um Wissenschaftslehre, sondern um das System des Wissens selbst nach Grundsätzen des transscendentalen Idealismus zu thun ist, so können wir auch von der Wissenschaftslehre nur das allgemeine Resultat angeben, um von dem durch sie bestimmten Punkte aus unsere Deduktion des genannten Systems des Wissens anfangen zu können.

3) Wir würden sogleich zur Aufstellung der theoretischen und praktischen Philosophie selbst gehen, wenn nicht diese Eintheilung selbst erst durch die Wissenschaftslehre deducirt werden müßte, welche ihrer Natur nach weder theoretisch noch praktisch, sondern beides zugleich ist. Wir werden also vorerst den Beweis des nothwendigen Gegensatzes zwischen theoretischer und praktischer Philosophie — den Beweis, daß sich beide wechselseitig voraussetzen, und keine ohne die andere möglich ist, führen müssen, wie ihn die Wissenschaftslehre führt, um auf diese allgemeinen Principien das System beider selbst aufführen zu können.

Der Beweis, daß alles Wissen aus dem Ich abgeleitet werden müsse, und daß es keinen andern Grund der Realität der Wissens gebe, läßt immer noch die Frage: wie denn das ganze System des Wissens (z. B. die objektive Welt mit allen ihren Bestimmungen, die Geschichte u. s. w.) durch das Ich gesetzt sey, unbeantwortet. Es läßt sich auch dem hartnäckigsten Dogmatiker demonstriren, daß die Welt doch nur in Vorstellungen bestehe, die volle Ueberzeugung aber kommt erst dadurch, daß man den Mechanismus ihres Entstehens aus dem innern Princip der geistigen Thätigkeit vollständig darlegt; denn es wird wohl niemand seyn, der, wenn er sieht, wie die objektive Welt mit allen ihren Bestimmungen ohne irgend eine äußere Affektion aus dem reinen Selbstbewußtseyn sich entwickelt, noch eine von demselben unabhängige Welt nöthig finde, welches ungefähr die Meinung der mißverstandenen Leibnizischen prästabilirten Harmonie ist[1]. Aber ehe dieser Mechanismus selbst abgeleitet wird, entsteht die Frage, wie wir dazu kommen,

[1] Nach derselben producirt zwar jede einzelne Monade die Welt aus sich selbst, aber doch existirt diese zugleich unabhängig von den Vorstellungen; allein nach Leibniz selbst besteht die Welt, insofern sie reell ist, selbst wieder nur aus Monaden, mithin beruht alle Realität am Ende doch nur auf Vorstellkräften.

einen solchen Mechanismus überhaupt anzunehmen. Wir betrachten in dieser Ableitung das Ich als völlig blinde Thätigkeit. Wir wissen, daß das Ich ursprünglich nur Thätigkeit ist; aber wie kommen wir dazu, es als blinde Thätigkeit zu setzen? Diese Bestimmung muß zum Begriff der Thätigkeit erst hinzukommen. Daß man sich auf das Gefühl des Zwangs in unserem theoretischen Wissen beruft, und dann so schließt: da das Ich ursprünglich nur Thätigkeit ist, so ist jene Gezwungenheit nur als blinde (mechanische) Thätigkeit zu begreifen, ist als Berufung auf ein Faktum in einer Wissenschaft wie die unsrige nicht erlaubt; vielmehr muß das Daseyn jener Gezwungenheit aus der Natur des Ichs selbst erst deducirt werden; zudem setzt die Frage nach dem Grund jener Gezwungenheit eine ursprünglich freie Thätigkeit voraus, die mit jener gebundenen Eine ist. Und so ist es auch. Die Freiheit ist das einzige Princip, auf welches alles aufgetragen ist, und wir erblicken in der objektiven Welt nichts außer uns Vorhandenes, sondern nur die innere Beschränktheit unserer eignen freien Thätigkeit. Das Seyn überhaupt ist nur Ausdruck einer gehemmten Freiheit. Es ist also unsere freie Thätigkeit, die im Wissen gefesselt ist. Aber hinwiederum würden wir keinen Begriff einer eingeschränkten Thätigkeit haben, wenn nicht zugleich eine uneingeschränkte in uns wäre. Diese nothwendige Coexistenz einer freien, aber begrenzten, und einer unbegrenzbaren Thätigkeit in einem und demselben identischen Subjekt muß, wenn sie überhaupt ist, *nothwendig* seyn, und diese Nothwendigkeit zu deduciren, gehört der *höheren* Philosophie, welche theoretisch und praktisch zugleich ist.

Wenn also das System der Philosophie selbst in theoretische und praktische zerfällt, so muß sich *allgemein* beweisen lassen, daß das Ich ursprünglich schon und kraft seines Begriffs nicht eingeschränkte (obgleich freie) Thätigkeit seyn kann, ohne zugleich uneingeschränkte Thätigkeit zu seyn, und umgekehrt. Dieser Beweis muß der theoretischen und praktischen Philosophie selbst vorangehen.

Daß dieser Beweis der nothwendigen Coëxistenz beider Thätigkeiten im Ich zugleich ein allgemeiner Beweis des transscendentalen Idealismus überhaupt sey, wird aus dem Beweis selbst erhellen.

Der allgemeine Beweis des transscendentalen Idealismus wird allein aus dem im Vorhergehenden abgeleiteten Satz geführt: durch den Akt des Selbstbewußtseyns wird das Ich sich selbst zum Objekt.

In diesem Satz lassen sich sogleich zwei andere erkennen:

1) Das Ich ist überhaupt nur Objekt für sich selbst, also für nichts Aeußeres. Setzt man eine Einwirkung auf das Ich von außen, so müßte das Ich Objekt seyn für etwas Aeußeres. Allein das Ich ist für alles Aeußere nichts. Auf das Ich als Ich kann also nichts Aeußeres einwirken.

2) Das Ich wird Objekt; also ist es nicht ursprünglich Objekt. Wir halten uns an diesen Satz, um von ihm aus weiter zu schließen.

a) Ist das Ich nicht ursprünglich Objekt, so ist es das Entgegengesetzte des Objekts. Nun ist aber alles Objektive etwas Ruhendes, Fixirtes, das selbst keiner Handlung fähig, sondern nur Objekt des Handelns ist. Also ist das Ich ursprünglich nur Thätigkeit. — Ferner im Begriff des Objekts wird der Begriff eines Begrenzten oder Beschränkten gedacht. Alles Objektive wird eben dadurch, daß es Objekt wird, endlich. Das Ich also ist ursprünglich (jenseits der Objektivität, die durch das Selbstbewußtseyn darein gesetzt wird) unendlich — also unendliche Thätigkeit.

b) Ist das Ich ursprünglich unendliche Thätigkeit, so ist es auch Grund — und Inbegriff aller Realität. Denn läge ein Grund der Realität außer ihm, so wäre seine unendliche Thätigkeit ursprünglich eingeschränkt.

c) Daß diese ursprünglich unendliche Thätigkeit (dieser Inbegriff aller Realität) Objekt für sich selbst, also endlich und begrenzt werde, ist Bedingung des Selbstbewußtseyns. Die Frage ist, wie diese Bedingung denkbar sey. Das Ich ist ursprünglich reines ins Unendliche gehendes Produciren, vermöge dessen allein es niemals zum Produkt käme. Das Ich also, um für sich selbst zu entstehen (um nicht nur Producirendes, sondern zugleich Producirtes zu seyn, wie im Selbstbewußtseyn), muß seinem Produciren Grenzen setzen.

d) Aber das Ich kann sein Produciren nicht begrenzen, ohne sich etwas entgegenzusetzen.

Beweis. Indem das Ich sich als Produciren begrenzt, wird es sich selbst Etwas, d. h. es setzt sich selbst. Aber alles Setzen ist ein bestimmtes Setzen. Alles Bestimmen aber setzt voraus ein absolut Unbestimmtes (z. B. jede geometrische Figur den unendlichen Raum), jede Bestimmung ist also Aufhebung der absoluten Realität, d. h. Negation.

Aber Negation eines Positiven ist nicht möglich durch bloße Privation, sondern allein durch reelle Entgegensetzung, z. B. $1 + 0 = 1$, $1 - 1 = 0$).

Im Begriff des Setzens wird also nothwendig auch der Begriff eines Entgegensetzens gedacht, also in der Handlung des Selbstsetzens auch die eines Setzens von Etwas, was dem Ich entgegengesetzt ist, und die Handlung des Selbstsetzens ist nur darum identisch und synthetisch zugleich.

Jenes ursprünglich Entgegengesetzte des Ichs entsteht aber nur durch die Handlung des Selbstsetzens, und ist abstrahirt von dieser Handlung schlechterdings nichts.

Das Ich ist eine ganz in sich beschlossene Welt, eine Monade, die nicht aus sich heraus, in die aber auch nichts von außen herein kommen kann. Es würde also nie etwas Entgegengesetztes (ein Objektives) in sie kommen, wenn nicht durch die ursprüngliche Handlung des Selbstsetzens zugleich auch jenes gesetzt wäre.

Jenes Entgegengesetzte (das Nicht-Ich) kann also nicht wieder der Erklärungsgrund dieser Handlung seyn, wodurch das Ich für sich selbst endlich wird. Der Dogmatiker erklärt die Endlichkeit des Ichs unmittelbar aus dem Beschränktseyn durch ein Objektives; der Idealist muß seinem Princip zufolge die Erklärung umkehren. Die Erklärung des Dogmatikers leistet nicht, was sie verspricht. Hätten sich, wie er voraussetzt, das Ich und das Objektive ursprünglich in die Realität gleichsam getheilt, so wäre das Ich nicht ursprünglich unendlich, wie es ist, da es erst durch den Akt des Selbstbewußtseyns endlich wird. Da das Selbstbewußtseyn nur als Akt begreiflich ist, so kann es nicht erklärt werden aus etwas, was nur eine Passivität begreiflich macht. Abgesehen davon, daß das Objektive mir erst durch das Endlichwerden entsteht, daß das Ich erst durch den Akt des Selbstbewußtseyns der Objektivität sich aufschließt, daß Ich und Objekt sich entgegengesetzt sind, wie positive und negative Größen, daß also dem Objekt nur diejenige Realität zukommen kann, die im Ich aufgehoben ist, so erklärt der Dogmatiker die Begrenztheit des Ichs nur so, wie sich die eines Objekts erklären läßt, d. h. die Begrenztheit an und für sich, nicht aber ein *Wissen um dieselbe*. Das Ich als Ich aber ist nur dadurch begrenzt, daß es sich als solches anschaut, denn ein Ich ist überhaupt nur, was es für sich selbst ist. Bis zur Erklärung des Begrenztseyns reicht die Erklärung des Dogmatikers, nicht aber bis zur Erklärung des *Selbstanschauens in derselben*. Das Ich soll eingeschränkt werden, ohne daß es aufhöre Ich zu seyn, d. h. nicht für ein Anschauendes außer ihm, sondern für sich selbst. Was ist denn nun jenes Ich, *für* welches das andere eingeschränkt seyn soll? Ohne Zweifel ein Uneingeschränktes; das Ich also soll begrenzt werden, ohne daß es aufhöre unbegrenzt zu seyn. Es fragt sich, wie dieses denkbar sey.

Daß das Ich nicht nur begrenzt sey, sondern auch sich selbst anschaue als solches, oder daß es, indem es begrenzt wird, zugleich unbegrenzt sey, ist nur dadurch möglich, daß es sich *selbst* als begrenzt setzt, die Begrenzung selbst hervorbringt. Das Ich bringt die Begrenzung selbst hervor, heißt: das Ich hebt sich selbst als absolute Thätigkeit, d. h. es hebt sich überhaupt auf. Dieß ist aber ein Widerspruch, der aufgelöst werden muß, wenn nicht die Philosophie in ihren ersten Principien sich widersprechen soll.

e) Daß die ursprünglich unendliche Thätigkeit des Ichs sich selbst begrenze, d. h. in eine endliche verwandle (in Selbstbewußtseyn), ist nur dann begreiflich, wenn sich beweisen läßt, *daß das Ich als Ich unbegrenzt seyn kann, nur insofern es begrenzt ist, und umgekehrt, daß es als Ich begrenzt, nur insofern es unbegrenzt ist.*

f) In diesem Satz sind zwei andere enthalten.

A. Das Ich ist als Ich unbegrenzt, nur indem es begrenzt wird.

Es fragt sich, wie so etwas sich denken lasse.

aa) Das Ich ist alles, was es ist, nur für sich selbst. Das Ich ist unendlich, heißt also, es ist unendlich für sich selbst. — Man setze einen Augenblick, daß Ich sey unendlich, aber ohne es für sich selbst zu seyn, so wäre zwar ein Unendliches, aber dieses Unendliche wäre nicht Ich. (Man versinnliche sich das Gesagte durch das Bild des unendlichen Raums, der ein Unendliches ist, ohne Ich zu seyn, und der gleichsam das aufgelöste Ich, das Ich ohne Reflexion, repräsentirt).

bb) Das Ich ist unendlich für sich selbst, heißt: es ist unendlich für seine Selbstanschauung. Aber das Ich, indem es sich anschaut, wird endlich. Dieser Widerspruch ist nur dadurch aufzulösen, daß das Ich in dieser Endlichkeit sich unendlich wird, d. h. daß es sich anschaut als ein unendliches Werden.

cc) Aber ein Werden läßt sich nicht denken als unter Bedingung einer Begrenzung. Man denke eine unendlich producirende Thätigkeit als sich ausbreitend ohne Widerstand, so wird sie mit unendlicher Schnelligkeit produciren, ihr Produkt ist ein Seyn, nicht ein Werden. Die Bedingung alles Werdens also ist die Begrenzung oder die Schranke.

dd) Aber das Ich soll nicht nur ein Werden, es soll ein unendliches Werden seyn. Damit es ein Werden sey, muß es beschränkt seyn. Damit es ein unendliches Werden sey, muß die Schranke aufgehoben werden. (Wenn die producirende Thätigkeit nicht über ihr Produkt (ihre Schranke) hinausstrebt, so ist das Produkt nicht produktiv, d. h. es ist kein Werden. Wenn aber die Produktion in irgend einem bestimmten Punkte vollendet, die Schranke also aufgehoben ist (denn die Schranke ist nur im Gegensatz gegen die Thätigkeit, die über sie hinausstrebt), so war die producirende Thätigkeit nicht unendlich). Die Schranke soll also aufgehoben werden und zugleich nicht aufgehoben werden. Aufgehoben, damit das Werden ein unendliches, nicht aufgehoben, damit es nie aufhöre, ein Werden zu seyn.

ee) Dieser Widerspruch kann nur durch den Mittelbegriff einer unendlichen Erweiterung der Schranke aufgelöst werden. Die Schranke wird aufgehoben für jeden bestimmten Punkt, aber sie wird nicht absolut aufgehoben, sondern nur ins Unendliche hinausgerückt.

Die (ins Unendliche erweiterte) Begrenztheit ist also Bedingung, unter welcher allein das Ich als Ich unendlich seyn kann.

Die Begrenztheit jenes Unendlichen ist also unmittelbar durch seine Ichheit, d. h. dadurch gesetzt, daß es nicht bloß ein Unendliches, sondern zugleich ein Ich, d. h. ein Unendliches für sich selbst ist.

B. Das Ich ist begrenzt nur dadurch, daß es unbegrenzt ist.

Man setze, dem Ich werde eine Grenze gesetzt ohne sein Zuthun. Diese Grenze falle in jeden beliebigen Punkt C. Geht die Thätigkeit des Ichs nicht bis zu diesem Punkt, oder gerade nur bis zu diesem Punkt, so ist er keine Grenze für das Ich. Allein daß die Thätigkeit des Ichs auch nur bis zu dem Punkt C gehe, kann man nicht annehmen, ohne daß es ursprünglich ins Unbestimmte hin, d. h. unendlich thätig sey. Der Punkt C existirt also für das Ich selbst nur dadurch, daß es über ihn hinausstrebt, aber jenseits dieses Punkts liegt die Unendlichkeit, denn zwischen dem Ich und der Unendlichkeit liegt nichts als dieser Punkt. Also ist das unendliche Streben des Ichs selbst Bedingung, unter welcher es begrenzt wird, d. h. seine Unbegrenztheit ist Bedingung seiner Begrenztheit.

g) Aus den beiden Sätzen A. und B. wird auf folgende Art weiter geschlossen:

aa) Wir konnten die Begrenztheit des Ichs nur deduciren als Bedingung seiner Unbegrenztheit. Nun ist aber die Schranke Bedingung der Unbegrenztheit nur dadurch, daß sie ins Unendliche erweitert wird. Aber das Ich kann die Schranke nicht erweitern, ohne auf sie zu handeln, und nicht auf sie handeln, ohne daß sie unabhängig von diesem Handeln existirt. Die Schranke wird also reell nur durch das Ankämpfen des Ichs gegen die Schranke. Richtete das Ich nicht seine

Thätigkeit dagegen, so wäre sie keine Schranke für das Ich, d. h. (weil sie nur negativ — in Bezug auf das Ich setzbar ist) sie wäre überhaupt nicht.

Die Thätigkeit, welche gegen die Schranke sich richtet, ist nach dem Beweis von B. keine andere, als die ursprünglich ins Unendliche gehende Thätigkeit des Ichs, d. h. diejenige Thätigkeit, welche allein dem Ich jenseits des Selbstbewußtseyns zukommt.

bb) Nun erklärt aber diese ursprünglich unendliche Thätigkeit allerdings, wie die Schranke reell, nicht aber, wie sie auch ideell werden, d. h. sie erklärt wohl das Begrenztseyn des Ichs überhaupt, nicht aber sein Wissen um die Begrenztheit, oder sein Begrenztseyn für sich selbst.

cc) Nun muß aber die Schranke zugleich reell und ideell seyn. Reell, d. h. unabhängig vom Ich, weil das Ich sonst nicht wirklich begrenzt ist, ideell, abhängig vom Ich, weil das Ich sonst sich nicht selbst setzt, anschaut als begrenzt. Beide Behauptungen, die, daß die Schranke reell, und die, daß sie bloß ideell sey, sind aus dem Selbstbewußtseyn zu deduciren. Das Selbstbewußtseyn sagt, daß das Ich für sich selbst begrenzt sey; damit es begrenzt sey, muß die Schranke unabhängig seyn von der begrenzten Thätigkeit, damit begrenzt für sich selbst, abhängig vom Ich. Der Widerspruch dieser Behauptungen ist also nur aufzulösen durch einen Gegensatz, der im Selbstbewußtseyn selbst statthat. Die Schranke ist abhängig vom Ich heißt: es ist in ihm eine andere Thätigkeit außer der begrenzten, von welcher sie unabhängig seyn muß. Es muß also außer jener ins Unendliche gehenden Thätigkeit, die wir, weil sie allein reell begrenzbar ist, die reelle nennen wollen, eine andere im Ich seyn, die wir die ideelle nennen können. Die Schranke ist reell für die ins Unendliche gehende, oder — weil eben diese unendliche Thätigkeit im Selbstbewußtseyn begrenzt werden soll — für die objektive Thätigkeit des Ichs, ideell also für eine entgegengesetzte, nichtobjektive, an sich unbegrenzbare Thätigkeit, welche jetzt genauer charakterisirt werden muß.

dd) Es sind außer jenen beiden Thätigkeiten, deren eine wir vorerst bloß postuliren als nothwendig zur Erklärung der Begrenztheit des

Ichs, keine andern Faktoren des Selbstbewußtseyns gegeben. Die zweite ideelle oder nichtobjektive Thätigkeit muß also von der Art seyn, daß durch sie zugleich der Grund des Begrenztwerdens der objektiven und des Wissens um dieses Begrenztseyn gegeben ist. Da nun die ideelle ursprünglich nur als die anschauende (subjektive) von jener gesetzt ist, um durch sie die Begrenztheit des Ichs als Ich zu erklären, so muß angeschaut- und begrenzt werden für die zweite, objektive Thätigkeit eins und dasselbe seyn. Dieß ist zu erklären aus dem Grundcharakter des Ich. Die zweite Thätigkeit, wenn sie Thätigkeit eines Ich seyn soll, muß zugleich begrenzt werden und angeschaut werden als begrenzt, denn eben in dieser Identität des Angeschautwerdens und Seyns liegt die Natur des Ich. Dadurch, daß die reelle Thätigkeit begrenzt ist, muß sie auch angeschaut, und dadurch, daß sie angeschaut wird, auch begrenzt werden, beides muß absolut Eines seyn.

ee) Beide Thätigkeiten, ideelle und reelle, setzen sich wechselseitig voraus. Die reelle ursprünglich ins Unendliche strebende, aber zum Behuf des Selbstbewußtseyns zu begrenzende Thätigkeit ist nichts ohne ideelle, für welche sie in ihrer Begrenztheit unendlich ist (nach dd). Hinwiederum ist die ideelle Thätigkeit nichts, ohne anzuschauende, begrenzbare, eben deßwegen reelle.

Aus dieser wechselseitigen Voraussetzung beider Thätigkeiten zum Behuf des Selbstbewußtseyns wird der ganze Mechanismus des Ich abzuleiten seyn.

ff) So wie sich beide Thätigkeiten wechselseitig voraussetzen, so auch Idealismus und Realismus. Reflektire ich bloß auf die ideelle Thätigkeit, so entsteht mir Idealismus, oder die Behauptung, daß die Schranke bloß durch das Ich gesetzt ist. Reflektire ich bloß auf die reelle Thätigkeit, so entsteht mir Realismus, oder die Behauptung, daß die Schranke unabhängig vom Ich ist. Reflektire ich auf beide zugleich, so entsteht mir ein Drittes aus beiden, was man Ideal-Realismus nennen kann, oder was wir bisher durch den Namen transscendentaler Idealismus bezeichnet haben.

gg) In der theoretischen Philosophie wird die Idealität der

Schranke erklärt (oder: wie die Begrenztheit, die ursprünglich nur für das freie Handeln existirt, Begrenztheit für das Wissen werde), die praktische Philosophie hat die Realität der Schranke (oder: wie die Begrenztheit, die ursprünglich eine bloß subjektive ist, objektiv werde) zu erklären. Theoretische Philosophie also ist Idealismus, praktische Realismus, und nur beide zusammen das vollendete System des transscendentalen Idealismus.

Wie sich Idealismus und Realismus wechselseitig voraussetzen, so theoretische und praktische Philosophie, und im Ich selbst ist ursprünglich Eins und verbunden, was wir zum Behuf des jetzt aufzustellenden Systems trennen müssen.

Dritter Hauptabschnitt.

System der theoretischen Philosophie nach Grundsätzen des transscendentalen Idealismus.

Vorerinnerung.

1) Das Selbstbewußtseyn, von dem wir ausgehen, ist Ein absoluter Akt, und mit diesem Einen Akt ist nicht nur das Ich selbst mit allen seinen Bestimmungen, sondern, wie aus dem vorhergehenden Abschnitt hinlänglich deutlich ist, auch alles andere gesetzt, was für das Ich überhaupt gesetzt ist. Unser erstes Geschäft in der theoretischen Philosophie wird also die Deduktion dieses absoluten Akts seyn.

Um aber den ganzen Inhalt dieses Akts zu finden, sind wir genöthigt ihn auseinanderzulegen und in mehrere einzelne Akte gleichsam zu zersplittern. Diese einzelnen Akte werden vermittelnde Glieder jener Einen absoluten Synthesis seyn.

Aus diesen einzelnen Akten allen zusammengenommen lassen wir successiv, vor unsern Augen gleichsam entstehen, was durch die Eine absolute Synthesis, in der sie alle befaßt sind, zugleich und auf einmal gesetzt ist.

Das Verfahren dieser Deduktion ist folgendes:

Der Akt des Selbstbewußtseyns ist ideell und reell zugleich und durchaus. Durch denselben wird, was reell gesetzt ist, unmittelbar auch ideell, und was ideell gesetzt wird, auch reell gesetzt. Diese durchgängige Identität des ideellen und reellen Gesetztseyns im Akt des

Selbstbewußtseyns kann in der Philosophie nur als successiv entstehend vorgestellt werden. Dieß geht auf folgende Art zu.

Der Begriff, von dem wir ausgehen, ist der des Ichs, d. h. des Subjekt-Objekts, zu dem wir uns durch absolute Freiheit erheben. Durch jenen Akt nun ist für uns, die wir philosophiren, etwas in das Ich als Objekt, deßwegen aber noch nicht in das Ich als Subjekt gesetzt (für das Ich selbst ist in einem und demselben Akt, was reell gesetzt ist, auch ideell gesetzt), unsere Untersuchung wird also so lange fortgehen müssen, bis dasselbe, was für uns in das Ich als Objekt gesetzt ist, auch in das Ich als Subjekt für uns gesetzt ist, d. h. so lange, bis für uns das Bewußtseyn unseres Objekts mit dem unsrigen zusammentrifft, also bis das Ich selbst für uns bis zu dem Punkt gekommen ist, von dem wir ausgegangen sind.

Dieses Verfahren ist nothwendig gemacht durch unser Objekt und durch unsere Aufgabe, weil wir, was im absoluten Akt des Selbstbewußtseyns absolut vereinigt ist — Subjekt und Objekt — zum Behuf des Philosophirens, d. h. um jene Vereinigung vor unsern Augen entstehen zu lassen, beständig auseinanderhalten müssen.

2) Die Untersuchung wird sich dem Vorhergehenden zufolge in zwei Abschnitte theilen. Vorerst werden wir die absolute Synthesis, die im Akt des Selbstbewußtseyns enthalten ist, ableiten, hernach die Mittelglieder dieser Synthesis aufsuchen müssen.

I.

Deduktion der absoluten im Akt des Selbstbewußtseyns enthaltenen Synthesis.

1. Wir gehen von dem im Vorhergehenden bewiesenen Satz aus: die Schranke muß zugleich ideell und reell seyn. Ist dieß, so muß, weil eine ursprüngliche Vereinigung von Ideellem und Reellem nur in einem absoluten Akt denkbar ist, die Schranke durch einen Akt gesetzt seyn, und dieser Akt selbst muß zugleich ideell und reell seyn.

2. Aber ein solcher Akt ist nur das Selbstbewußtseyn, also muß auch alle Begrenztheit erst durch das Selbstbewußtseyn gesetzt und mit dem Selbstbewußtseyn gegeben seyn.

a) Der ursprüngliche Akt des Selbstbewußtseyns ist zugleich ideell und reell. Das Selbstbewußtseyn ist in seinem Princip bloß ideell, aber durch dasselbe entsteht uns das Ich als bloß reell. Durch den Akt der Selbstanschauung wird das Ich unmittelbar auch begrenzt; angeschaut werden und Seyn ist eins und dasselbe.

b) Durch das Selbstbewußtseyn allein wird die Schranke gesetzt, sie hat also keine andere Realität, als die sie durch das Selbstbewußtseyn erlangt. Dieser Akt ist das Höhere, das Begrenztseyn, das Abgeleitete. Für den Dogmatiker ist das Beschränktseyn das Erste, das Selbstbewußtseyn das Zweite. Dieß ist undenkbar, weil das Selbstbewußtseyn Akt, und die Schranke, um Schranke des Ichs zu seyn, zugleich abhängig und unabhängig vom Ich seyn muß. Dieß läßt sich (Abschn. II.) nur dadurch denken, daß das Ich = ist einer Handlung, in welcher zwei entgegengesetzte Thätigkeiten sind, eine, die begrenzt wird, von welcher eben deßwegen die Schranke unabhängig ist, und eine, die begrenzend, eben deßwegen unbegrenzbar ist.

3) Diese Handlung ist eben das Selbstbewußtseyn. Jenseits des Selbstbewußtseyns ist das Ich bloße Objektivität. Dieses bloß Objektive (eben deßwegen ursprünglich Nichtobjektive, weil Objektives ohne Subjektives unmöglich ist) ist das Einzige an sich, was es gibt. Erst durch das Selbstbewußtseyn kommt die Subjektivität hinzu. Dieser ursprünglich bloß objektiven, im Bewußtseyn begrenzten Thätigkeit wird entgegengesetzt die begrenzende, welche ebendeßwegen selbst nicht Objekt werden kann. — Zum Bewußtseyn kommen und begrenzt seyn ist eins und dasselbe. Bloß das, was an mir begrenzt ist, so zu sagen, kommt zum Bewußtseyn; die begrenzende Thätigkeit fällt außerhalb alles Bewußtseyns, eben darum, weil sie Ursache alles Begrenztseyns ist. Die Begrenztheit muß als unabhängig von mir erscheinen, weil ich nur mein Begrenztseyn erblicken kann, nie die Thätigkeit, wodurch es gesetzt ist.

4) Diese Unterscheidung zwischen begrenzender und begrenzter

Thätigkeit vorausgesetzt, ist weder die begrenzende noch die begrenzte Thätigkeit die, welche wir Ich nennen. Denn das Ich ist nur im Selbstbewußtseyn, aber weder durch diese noch durch jene isolirt gedacht entsteht uns das Ich des Selbstbewußtseyns.

a) Die begrenzende Thätigkeit kommt nicht zum Bewußtseyn, wird nicht Objekt, sie ist also die Thätigkeit des reinen Subjekts. Aber das Ich des Selbstbewußtseyns ist nicht reines Subjekt, sondern Subjekt und Objekt zugleich.

b) Die begrenzte Thätigkeit ist nur die, die zum Objekt wird, das bloß Objektive im Selbstbewußtseyn. Aber das Ich des Selbstbewußtseyns ist weder reines Subjekt noch reines Objekt, sondern beides zugleich.

Weder durch die begrenzende noch durch die begrenzte Thätigkeit für sich kommt es also zum Selbstbewußtseyn. Es ist sonach eine dritte aus beiden zusammengesetzte Thätigkeit, durch welche das Ich des Selbstbewußtseyns entsteht.

5) Diese dritte zwischen der begrenzten und der begrenzenden schwebende Thätigkeit, durch welche das Ich erst entsteht, ist, weil Produciren und Seyn vom Ich eins ist, nicht anderes als das Ich des Selbstbewußtseyns selbst.

Das Ich ist also selbst eine zusammengesetzte Thätigkeit, das Selbstbewußtseyn selbst ein synthetischer Akt.

6) Um diese dritte, synthetische, Thätigkeit genauer zu bestimmen, muß erst der Streit der entgegengesetzten Thätigkeiten, aus denen sie zusammengeht, genauer bestimmt werden.

a) Jener Streit ist nicht sowohl ein Streit ursprünglich dem Subjekt als vielmehr den Richtungen nach entgegengesetzter Thätigkeiten, da beide Thätigkeiten eines und desselben Ichs sind. Der Ursprung beider Richtungen ist dieser. — Das Ich hat die Tendenz das Unendliche zu produciren, diese Richtung muß gedacht werden als gehend nach außen (als centrifugal), aber sie ist als solche nicht unterscheidbar, ohne eine nach innen auf das Ich als Mittelpunkt zurückgehende Thätigkeit. Jene nach außen gehende, ihrer Natur nach unendliche Thätigkeit ist das Objektive im Ich, diese auf das Ich zurückgehende ist nichts anderes als das Streben sich in jener Unendlichkeit anzuschauen. Durch diese Handlung überhaupt trennt sich Inneres und Aeußeres im Ich, mit dieser Trennung ist ein Widerstreit im Ich gesetzt, der nur aus der Nothwendigkeit des Selbstbewußtseyns zu erklären ist. Warum das Ich sich seiner ursprünglich bewußt werden müsse, ist nicht weiter zu erklären, denn es *ist* nichts anderes als Selbstbewußtseyn. Aber im Selbstbewußtseyn eben ist ein Streit entgegengesetzter Richtungen nothwendig.

Das Ich des Selbstbewußtseyns ist das nach diesen entgegengesetzten Richtungen gehende. Es besteht nur in diesem Streit, oder vielmehr es ist selbst dieser Streit entgegengesetzter Richtungen. So gewiß das Ich seiner selbst bewußt ist, so gewiß muß jener Widerstreit entstehen und unterhalten werden. Es fragt sich, *wie* er unterhalten werde.

Zwei entgegengesetzte Richtungen heben sich auf, vernichten sich, der Widerstreit also, so scheint es, kann nicht fortdauern. Daraus würde absolute Unthätigkeit entstehen; denn da das Ich nichts ist als Streben sich selbst gleich zu seyn, so ist der einzige Bestimmungsgrund zur Thätigkeit für das Ich ein fortdauernder Widerspruch in ihm selbst. Nun vernichtet aber jeder Widerspruch an und für sich sich selbst. Kein Widerspruch kann bestehen, als etwa *durch* das Bestreben selbst ihn zu unterhalten oder zu denken, durch dieses Dritte selbst kommt eine Art von Identität, eine wechselseitige Beziehung der beiden entgegengesetzten Glieder aufeinander in ihn.

Der ursprüngliche Widerspruch im Wesen des Ichs selbst ist weder aufzuheben, ohne daß das Ich selbst aufgehoben wird, noch kann er an und für sich fortdauern. Er wird nur fortdauern durch die Nothwendigkeit fortzudauern, d. h. durch das aus ihm resultirende Streben ihn zu unterhalten und dadurch Identität in ihn zu bringen.

(Es kann schon aus dem Bisherigen geschlossen werden, daß die im Selbstbewußtseyn ausgedrückte Identität keine ursprüngliche, sondern eine hervorgebrachte und vermittelte ist. Das Ursprüngliche ist der Streit entgegengesetzter Richtungen im Ich, die Identität das daraus Resultirende. Ursprünglich sind wir uns zwar nur der Identität bewußt, aber durch das Nachforschen nach den Bedingungen des Selbstbewußtseyns hat sich gezeigt, daß sie nur eine vermittelte, synthetische seyn kann).

Das Höchste, dessen wir uns bewußt werden, ist die Identität des Subjekts und Objekts, allein diese ist an sich unmöglich, sie kann es nur durch ein Drittes, Vermittelndes seyn. Da das Selbstbewußtseyn eine Duplicität von Richtungen ist, so muß das Vermittelnde eine Thätigkeit seyn, die zwischen entgegengesetzten Richtungen schwebt.

b) Bis jetzt haben wir die beiden Thätigkeiten nur in ihrer entgegengesetzten Richtung betrachtet, es ist noch unentschieden, ob beide gleich unendlich sind, oder nicht. Da aber vor dem Selbstbewußtseyn kein Grund ist eine oder die andere als endlich zu setzen, so wird auch der Streit jener beiden Thätigkeiten (denn daß sie überhaupt im Widerstreit sind, ist so eben gezeigt worden) ein unendlicher seyn. Dieser Streit wird also auch nicht in einer einzigen Handlung, sondern nur in einer unendlichen Reihe von Handlungen vereinigt werden können. Da wir nun die Identität des Selbstbewußtseyns (die Vereinigung jenes Widerstreits) in der Einen Handlung des Selbstbewußtseyns denken, so muß in dieser Einen Handlung eine Unendlichkeit von Handlungen enthalten, d. h. sie muß eine absolute Synthesis seyn, und wenn für das Ich alles nur durch sein Handeln gesetzt ist, eine Synthesis, durch welche alles gesetzt ist, was für das Ich überhaupt gesetzt ist.

Wie das Ich zu dieser absoluten Handlung getrieben, oder wie jenes Zusammendrängen einer Unendlichkeit von Handlungen in Einer absoluten möglich sey, ist nur auf folgende Art einzusehen.

Im Ich sind ursprünglich Entgegengesetzte, Subjekt und Objekt; beide heben sich auf, und doch ist keines ohne das andere möglich. Das Subjekt behauptet sich nur im Gegensatz gegen das Objekt, das Objekt nur im Gegensatz gegen das Subjekt, d. h. keines von beiden kann reell werden, ohne das andere zu vernichten, aber bis zur Vernichtung des einen durch das andere kann es nie kommen, eben deßwegen, weil jedes nur im Gegensatze gegen das andere das ist, was es ist. Beide sollen also vereinigt seyn, denn keines kann das andere vernichten, doch können sie auch nicht zusammen bestehen. Der Streit ist also nicht sowohl ein Streit zwischen beiden Faktoren, als zwischen dem Unvermögen, die unendlich Entgegengesetzten zu vereinigen, auf der einen, und der Nothwendigkeit es zu thun, wenn nicht die Identität des Selbstbewußtseyns aufgehoben werden soll, auf der andern Seite. Gerade dieß, daß Subjekt und Objekt absolut Entgegengesetzte sind, setzt das Ich in die Nothwendigkeit eine Unendlichkeit von Handlungen in Einer absoluten zusammenzudrängen. Wäre im Ich keine Entgegensetzung, so wäre in ihm überhaupt keine Bewegung, keine Produktion, also auch kein Produkt. Wäre die Entgegensetzung nicht eine absolute, so wäre die vereinigende Thätigkeit gleichfalls nicht absolut, nicht nothwendig und unwillkürlich.

7) Der bisher deducirte Progressus von einer absoluten Antithesis zur absoluten Synthesis läßt sich nun auch ganz formell vorstellen. Wenn wir das objektive Ich (die Thesis) als absolute Realität vorstellen, so wird das ihm Entgegengesetzte absolute Negation seyn müssen. Aber absolute Realität ist eben deßwegen, weil sie absolut ist, keine Realität, beide Entgegengesetzte also sind in der Entgegensetzung bloß ideell. Soll das Ich reell, d. h. sich selbst Objekt werden, so muß Realität in ihm aufgehoben werden, d. h. es muß aufhören absolute Realität zu seyn. Aber ebenso: soll das Entgegensetzte reell werden, so muß es aufhören absolute Negation zu seyn. Sollen beide reell werden, so müssen sie in die Realität gleichsam sich theilen. Aber diese Theilung der Realität zwischen beiden, dem Sub- und Objektiven, ist eben nicht möglich, als durch eine dritte, zwischen beiden schwebende Thätigkeit des Ichs, und diese dritte ist wiederum nicht möglich, wenn nicht beide Entgegengesetzte selbst Thätigkeiten des Ichs sind.

Dieser Fortgang von Thesis zur Antithesis und von da zur Synthesis ist also in dem Mechanismus des Geistes ursprünglich gegründet, und insofern er bloß formell ist (z. B. in der wissenschaftlichen Methode), abstrahirt von jenem ursprünglichen, materiellen, welchen die Transscendental-Philosophie aufstellt.

II.

Deduktion der Mittelglieder der absoluten Synthesis.

Vorerinnerung.

Zu dieser Deduktion sind uns durch das Bisherige folgende Data gegeben.

1. Das Selbstbewußtseyn ist der absolute Akt, durch welchen für das Ich alles gesetzt ist.

Unter diesem Akt wird nicht etwa der mit Freiheit hervorgebrachte, den der Philosoph postulirt, und welcher eine höhere Potenz des ursprünglichen ist, sondern der ursprüngliche, der, weil er Bedingung alles Begrenzt- und Bewußtseyns ist, selbst nicht zum Bewußtseyn kommt, verstanden. Es entsteht vor allem die Frage, von welcher Art jener Akt sey, ob er ein willkürlicher oder unwillkürlicher sey. Jener Akt kann weder willkürlich noch unwillkürlich genannt werden; denn diese Begriffe gelten nur in der Sphäre der Erklärbarkeit überhaupt; eine Handlung, die willkürlich oder unwillkürlich ist, setzt schon Begrenztheit (Bewußtseyn) voraus. Diejenige Handlung, welche Ursache alles Begrenztseyns und aus keiner andern mehr erklärbar ist, muß absolut frei seyn. Absolute Freiheit aber ist identisch mit absoluter Nothwendigkeit. Könnten wir uns z. B. ein Handeln in Gott denken, so müßte es absolut frei seyn, aber diese absolute Freiheit wäre zugleich absolute Nothwendigkeit, weil in Gott kein Gesetz und kein Handeln denkbar ist, was nicht aus der innern Nothwendigkeit seiner Natur hervorgeht. Ein solcher Akt ist der ursprüngliche des Selbstbewußtseyns, absolut frei, weil er durch nichts außer dem Ich bestimmt ist, absolut nothwendig, weil er aus der innern Nothwendigkeit der Natur des Ichs hervorgeht.

Nun entsteht aber die Frage, wodurch der Philosoph sich jenes ursprünglichen Akts versichere, oder um ihn wisse. Offenbar nicht unmittelbar, sondern nur durch Schlüsse. Ich finde nämlich durch Philosophie, daß ich mir selbst in jedem Augenblick nur durch einen solchen

Akt entstehe, ich schließe also, daß ich ursprünglich gleichfalls nur durch einen solchen entstanden seyn kann. Ich finde, daß das Bewußtseyn einer objektiven Welt in jeden Moment meines Bewußtseyns verflochten ist, ich schließe also, daß etwas Objektives ursprünglich schon in die Synthesis des Selbstbewußtseyns mit eingehen und aus dem evolvirten Selbstbewußtseyn wieder hervorgehen muß.

Wenn nun aber der Philosoph auch jenes Akts als Akts sich versichert, wie versichert er sich seines bestimmten Gehalts? Ohne Zweifel durch die freie Nachahmung dieses Akts, mit welcher alle Philosophie beginnt. Woher weiß denn aber der Philosoph, daß jener secundäre, willkürliche Akt identisch sey mit jenem ursprünglichen und absolut freien? Denn wenn durch das Selbstbewußtseyn alle Begrenzung, also auch alle Zeit erst entsteht, so kann jener ursprüngliche Akt nicht in die Zeit selbst fallen; daher kann man vom Vernunftwesen an sich so wenig sagen, es habe angefangen zu seyn, als man sagen kann, es habe seit aller Zeit existirt, das Ich als Ich ist absolut ewig, d. h. außer aller Zeit; nun fällt aber jener secundäre Akt nothwendig in einen bestimmten Zeitmoment, woher weiß der Philosoph, daß dieser mitten in die Zeitreihe fallende Akt übereinstimmt mit jenem außer aller Zeit fallenden, durch welchen alle Zeit erst constituirt wird? — Das Ich, einmal in die Zeit versetzt, ist ein steter Uebergang von Vorstellung zu Vorstellung; nun steht es allerdings in seiner Gewalt, diese Reihe durch Reflexion zu unterbrechen, mit der absoluten Unterbrechung jener Succession beginnt alles Philosophiren, von jetzt an wird dieselbe Succession willkürlich, die vorher unwillkürlich war; aber woher weiß der Philosoph, daß dieser in die Reihe seiner Vorstellungen durch Unterbrechung gekommene Akt derselbe sey mit jenem ursprünglichen, mit welchem die ganze Reihe beginnt?

Wer nur überhaupt einsieht, daß das Ich nur durch eignes Handeln entsteht, wird auch einsehen, daß mir durch die willkürliche Handlung mitten in der Zeitreihe, durch welche nur das Ich entsteht, nichts anderes entstehen kann, als was mir ursprünglich und jenseits aller Zeit dadurch entsteht. Nun dauert überdieß jener ursprüngliche Akt des

Selbstbewußtseyns immer fort, denn die ganze Reihe meiner Vorstellungen ist nichts anderes als Evolution jener Einen Synthesis. Dazu gehört, daß ich mir in jedem Augenblick ebenso entstehen kann, wie ich mir ursprünglich entstehe. Was ich bin, bin ich nur durch mein Handeln (denn ich bin absolut frei), aber durch dieses bestimmte Handeln entsteht mir immer nur das Ich, also muß ich schließen, daß es auch ursprünglich durch dasselbe Handeln entsteht. —

Eine allgemeine Reflexion, welche an das Gesagte sich anschließt, findet hier ihre Stelle. Wenn die erste Construktion der Philosophie Nachahmung einer ursprünglichen ist, so werden alle ihre Construktionen nur solche Nachahmungen seyn. Solange das Ich in der ursprünglichen Evolution der absoluten Synthesis begriffen ist, ist nur Eine Reihe von Handlungen, die der ursprünglichen und nothwendigen; sobald ich diese Evolution unterbreche, und mich freiwillig in den Anfangspunkt der Evolution zurückversetze, entsteht mir eine neue Reihe, in welcher frei ist, was in der ersten nothwendig war. Jene ist das Original, diese die Copie oder Nachahmung. Ist in der zweiten Reihe nicht mehr und nicht weniger als in der ersten, so ist die Nachahmung vollkommen, es entsteht eine wahre und vollständige Philosophie. Im entgegengesetzten Falle entsteht eine falsche und unvollständige.

Philosophie überhaupt ist also nichts anderes als freie Nachahmung, freie Wiederholung der ursprünglichen Reihe von Handlungen, in welchen der Eine Akt des Selbstbewußtseyns sich evolvirt. Die erste Reihe ist in Bezug auf die zweite reell, diese in Bezug auf jene ideell. Es scheint unvermeidlich, daß in die zweite Reihe Willkür sich einmische, denn die Reihe wird frei begonnen und fortgeführt, aber die Willkür darf nur formell seyn, und nicht den Inhalt der Handlung bestimmen.

Die Philosophie, weil sie das ursprüngliche Entstehen des Bewußtseyns zum Objekt hat, ist die einzige Wissenschaft, in welcher jene doppelte Reihe ist. In jeder andern Wissenschaft ist nur Eine Reihe. Das philosophische Talent besteht nun eben nicht allein darin, die Reihe der ursprünglichen Handlungen frei wiederholen zu können, sondern hauptsächlich darin, sich in dieser freien Wiederholung wieder der ursprünglichen Nothwendigkeit jener Handlungen bewußt zu werden.

2) *Das Selbstbewußtseyn* (das Ich) *ist ein Streit absolut entgegengesetzter Thätigkeiten.* Die eine, ursprünglich ins Unendliche gehende, werden wir die *reelle, objektive, begrenzbare* nennen, die andere, die Tendenz sich in jener Unendlichkeit anzuschauen, heißt die *ideelle, subjektive, unbegrenzbare.*

3) *Beide Thätigkeiten werden ursprünglich als gleich unendlich gesetzt.* Die begrenzbare als endlich zu setzen ist uns schon durch die ideelle (die reflektirende der ersten) ein Grund gegeben. Wie also die ideelle Thätigkeit begrenzt werden könne, muß erst abgeleitet werden. Der Akt des Selbstbewußtseyns, von dem wir ausgehen, erklärt uns zunächst nur, wie die objektive, nicht wie die subjektive Thätigkeit begrenzt werde, und da die ideelle Thätigkeit als Grund alles Begrenztseyns der objektiven gesetzt ist, so wird sie eben deßwegen nicht als ursprünglich unbegrenzt (daher *begrenzbar* wie diese), sondern als schlechthin *unbegrenzbar* gesetzt. Wenn jene als ursprünglich unbegrenzte, aber eben deßwegen begrenzbare, der Materie nach frei, aber der Form nach eingeschränkt ist, so wird diese als ursprünglich unbegrenzbare, eben deßwegen, wenn sie begrenzt wird, der Materie nach nicht frei, und nur der Form nach frei seyn. Auf dieser Unbegrenzbarkeit der ideellen Thätigkeit beruht alle Construktion der theoretischen Philosophie, in der praktischen möchte sich wohl das Verhältniß umkehren.

4) Da sonach (2. 3.) im Selbstbewußtseyn ein unendlicher Widerstreit ist, so ist in dem Einen absoluten Akt, von dem wir ausgehen, eine Unendlichkeit von Handlungen, welche ganz zu durchschauen Gegenstand einer unendlichen Aufgabe ist, — (wenn sie je vollständig gelöst wäre, so müßte uns der ganze Zusammenhang der objektiven Welt, und alle Bestimmungen der Natur bis ins unendlich Kleine herab enthüllt seyn) — vereinigt und zusammengedrängt. Die Philosophie kann also nur diejenigen Handlungen, die in der Geschichte des Selbstbewußtseyns gleichsam Epoche machen, aufzählen, und in ihrem Zusammenhang miteinander aufstellen. (So ist z. B. die Empfindung eine Handlung des

Ichs, die, wenn alle Zwischenglieder derselben dargelegt werden könnten, uns auf eine Deduktion aller Qualitäten in der Natur führen müßte, was unmöglich ist).

Die Philosophie ist also eine Geschichte des Selbstbewußtseyns, die verschiedene Epochen hat, und durch welche jene Eine absolute Synthesis successiv zusammengesetzt wird.

5) Das progressive Princip in dieser Geschichte ist die ideelle als unbegrenzbar vorausgesetzte Thätigkeit. Die Aufgabe der theoretischen Philosophie: die Idealität der Schranke zu erklären, ist = der, zu erklären, wie auch die bis jetzt als unbegrenzbar angenommene ideelle Thätigkeit begrenzt werden könne.

Erste Epoche,

von der ursprünglichen Empfindung bis zur produktiven Anschauung.

A.

Aufgabe:

zu erklären, wie das Ich dazu komme, sich als begrenzt anzuschauen.

Auflösung.

1) Indem die entgegengesetzten Thätigkeiten des Selbstbewußtseyns sich in einer dritten durchdringen, entsteht ein Gemeinschaftliches aus beiden.

Es fragt sich: welche Charaktere dieses Gemeinschaftliche haben werde. Da es Produkt entgegengesetzter unendlicher Thätigkeiten ist, ist es nothwendig ein Endliches. Es ist nicht der Streit jener Thätigkeiten in Bewegung gedacht, es ist der fixirte Streit. Es vereinigt entgegengesetzte Richtungen, aber Vereinigung entgegengesetzter Richtungen = Ruhe. Doch muß es etwas Reelles seyn, denn die Entgegengesetzten, welche vor der Synthesis bloß ideell sind, sollen durch die Synthesis reell werden. Es ist also nicht zu denken als eine Vernichtung beider Thätigkeiten aneinander, sondern als ein Gleichgewicht, auf das sie sich wechselseitig reduciren, und dessen Fortdauer durch die fortdauernde Concurrenz beider Thätigkeiten bedingt ist.

(Das Produkt könnte also charakterisirt werden als ein reelles Unthätiges, oder als ein unthätiges Reelles. Was reell ist, ohne thätig zu seyn, ist der bloße Stoff, ein bloßes Produkt der Einbildungskraft, was ohne Form nie existirt, und auch hier nur als Mittelglied der Untersuchung vorkommt. — Die Unbegreiflichkeit des Hervorbringens (Schaffens) der Materie auch dem Stoff nach verliert sich durch diese Erklärung schon hier. Aller Stoff ist bloßer Ausdruck eines Gleichgewichts entgegengesetzter Thätigkeiten, die sich wechselseitig auf ein bloßes Substrat von Thätigkeit reduciren. (Man denke sich den Hebel, beide Gewichte wirken nur auf das Hypomochlion, welches also das gemeinschaftliche Substrat ihrer Thätigkeit ist). — Jenes Substrat entsteht überdieß nicht etwa willkürlich durch freie Produktion, sondern völlig unwillkürlich, mittelst einer dritten Thätigkeit, die so nothwendig ist als die Identität des Selbstbewußtseyns).

Dieses dritte Gemeinschaftliche, wenn es fortdauerte, wäre in der That eine *Construktion des Ichs selbst*, nicht als *bloßen Objekts*, sondern als Subjekts und Objekts zugleich. (Im ursprünglichen Akt des Selbstbewußtseyns strebt das Ich sich bloß Objekt überhaupt zu werden, aber dieß kann es nicht, ohne (*für den Beobachter*) eben dadurch ein *Gedoppeltes* zu werden. Dieser Gegensatz muß sich in einer gemeinschaftlichen Construktion aus beiden, Subjekt und Objekt, aufheben. Wenn nun das Ich in dieser Construktion sich anschaute, so würde es sich nicht mehr bloß als Objekt, sondern als Subjekt und Objekt zugleich (als vollständiges Ich) zum Objekt).

2) *Aber dieses Gemeinschaftliche dauert nicht fort.*

a) Da die ideelle Thätigkeit in jenem Streit selbst mitbegriffen ist, so muß sie auch mit *begrenzt* werden. Beide Thätigkeiten können nicht aufeinander bezogen werden, noch in einem Gemeinschaftlichen sich durchdringen, ohne wechselseitig durcheinander eingeschränkt zu werden. Denn die ideelle Thätigkeit ist nicht nur die verneinende (privative), sondern reell-entgegengesetzte oder negative der andern. Sie ist (soviel wir bis jetzt einsehen) positiv wie die andere, nur im entgegengesetzten Sinn, also auch der Einschränkung ebenso fähig wie die andere.

b) Aber die ideelle Thätigkeit ist als schlechthin unbegrenzbar gesetzt worden, also kann sie auch nicht wirklich begrenzt werden, und da die Fortdauer des Gemeinschaftlichen durch die Concurrenz beider Thätigkeiten bedingt ist (1.), kann auch das Gemeinschaftliche nicht fortdauern.

(Bliebe das Ich bei jener ersten Construktion stehen, oder könnte jenes Gemeinschaftliche wirklich fortdauern, so wäre das Ich leblose Natur, ohne Empfindung und ohne Anschauung. Daß die Natur von der todten Materie herauf bis zur Sensibilität sich bildet, ist in der Naturwissenschaft (für welche das Ich nur die von vorn sich schaffende Natur ist) eben nur dadurch zu erklären, daß auch in ihr das Produkt des ersten Aufhebens der beiden Entgegengesetzten nicht fortdauern kann).

3) Es wurde so eben gesagt (1.), wenn das Ich in jenem Gemeinschaftlichen sich anschaute, so würde es eine vollständige Anschauung von sich selbst (als Subjekt und Objekt) haben; aber diese Anschauung eben ist unmöglich, weil die anschauende Thätigkeit selbst in der Construktion mit begriffen ist. Da aber das Ich unendliche Tendenz sich anzuschauen ist, so ist leicht einzusehen, daß die anschauende Thätigkeit in der Construktion nicht begriffen bleiben kann. Von jener Durchdringung beider Thätigkeiten wird also nur die reelle als begrenzt, die ideelle aber als schlechthin unbegrenzt zurück bleiben.

4) Die reelle Thätigkeit also ist durch den abgeleiteten Mechanismus begrenzt, aber noch ohne es für das Ich selbst zu seyn. Nach der Methode der theoretischen Philosophie, was in das reelle Ich (für den Beobachter) gesetzt ist, auch für das ideelle zu deduciren, wendet sich die ganze Untersuchung auf die Frage, wie das reelle Ich auch für das ideelle begrenzt werden könne, und auf diesem Punkt steht die Aufgabe: zu erklären, wie das Ich dazu komme, sich als begrenzt *anzuschauen*.

a) Die reelle, jetzt begrenzte Thätigkeit soll gesetzt werden als Thätigkeit des Ichs, d. h. es muß ein *Grund der Identität* zwischen ihr und dem Ich aufgezeigt werden. Da diese Thätigkeit dem Ich zugeschrieben, also zugleich von ihm unterschieden werden soll, so muß sich auch ein Unterscheidungsgrund beider aufzeigen lassen.

Was wir hier Ich nennen, ist bloß die ideelle Thätigkeit. Der Beziehungs- und Unterscheidungsgrund muß also in einer von beiden Thätigkeiten gesucht werden. Der Beziehungs- und Unterscheidungsgrund aber liegt immer im Bezogenen, nun ist die ideelle Thätigkeit hier zugleich die beziehende, also muß er in der reellen gesucht werden.

Der Unterscheidungsgrund beider Thätigkeiten ist die in die reelle Thätigkeit gesetzte Grenze, denn die ideelle ist die schlechthin unbegrenzbare, die reelle jetzt die begrenzte. Der Beziehungsgrund beider muß gleichfalls in der reellen gesucht werden, d. h. in der reellen muß selbst etwas Ideelles enthalten seyn. Es fragt sich, wie dieß denkbar sey. Beide sind bloß unterscheidbar durch die Grenze, denn auch die entgegengesetzten Richtungen beider sind eben nur durch die Grenze unterscheidbar. Die Grenze nicht gesetzt, ist im Ich bloße Identität, in der sich nichts unterscheiden läßt. Die Grenze gesetzt, sind in ihm zwei Thätigkeiten, begrenzende und begrenzte, subjektive und objektive. Beide Thätigkeiten haben also das Eine wenigstens gemein, daß sie ursprünglich beide schlechthin nicht objektiv, d. h. weil wir noch keinen andern Charakter der ideellen kennen, beide gleich ideell sind.

b) Dieß vorausgesetzt, können wir auf folgende Art weiter schließen.

Die ideelle, bis jetzt unbegrenzte Thätigkeit ist unendliche Tendenz des Ichs sich in der reellen Objekt zu werden. Vermöge dessen, was in der reellen Thätigkeit ideell ist (was sie zu einer Thätigkeit des Ichs macht) kann sie auf die ideelle bezogen werden, und das Ich sich in ihr anschauen (das erste Sichselbstobjektwerden des Ichs).

Aber das Ich kann die reelle Thätigkeit nicht als identisch anschauen mit sich, ohne zugleich das Negative in ihr, was sie zu einer nichtideellen macht, als etwas sich Fremdes zu finden. Das Positive, was beide zu Thätigkeiten des Ichs macht, haben beide gemein, das Negative gehört nur der reellen an; insofern das anschauende Ich im Objektiven das Positive erkennt, ist Anschauendes und Angeschautes Eins, insofern es in ihm das Negative findet, ist das Findende mit dem Gefundenen nicht mehr Eins. Das Findende ist das schlechthin Unbegrenzbare und Unbegrenzte, das Gefundene das Begrenzte.

Die Grenze selbst erscheint als etwas, von dem abstrahirt, das gesetzt und nicht gesetzt werden kann, als Zufälliges; das Positive in der reellen Thätigkeit als das, wovon nicht abstrahirt werden kann. Die Grenze kann eben deßwegen nur als ein Gefundenes, d. h. dem Ich Fremdes, seiner Natur Entgegengesetztes erscheinen.

Das Ich ist der absolute Grund alles Setzens. Dem Ich ist etwas entgegengesetzt, heißt also: es ist etwas gesetzt, was nicht durch das Ich gesetzt ist. Das Anschauende muß also im Angeschauten etwas (die Begrenztheit) finden, was *nicht durch das Ich* als Anschauendes gesetzt ist.

(Es zeigt sich hier zuerst sehr deutlich der Unterschied zwischen dem Standpunkt des Philosophen und dem seines Objekts. Wir, die wir philosophiren, wissen, daß das Begrenztseyn des Objektiven seinen einzigen Grund im Anschauenden oder Subjektiven hat. Das *anschauende Ich selbst* weiß es nicht, und kann es nicht wissen, wie jetzt deutlich wird. Anschauen und Begrenzen ist ursprünglich Eins. Aber das Ich kann nicht zugleich anschauen und sich anschauen als anschauend, also auch nicht als begrenzend. Es ist darum nothwendig, daß das Anschauende, das im Objektiven nur sich selbst suchende, das Negative in ihm finde als nicht durch sich selbst gesetzt. Wenn der Philosoph gleichfalls behauptet, daß es so sey (wie im Dogmatismus), so ist es, weil er beständig mit seinem Objekt coalescirt und auf demselben Standpunkt mit ihm ist).

Das Negative wird gefunden als nicht gesetzt durch das Ich, und es ist eben deßwegen das, was überhaupt bloß gefunden werden kann (was sich späterhin in das bloß Empirische verwandelt).

Das Ich findet das Begrenztseyn als nichtgesetzt durch sich selbst, heißt so viel als: das Ich findet es gesetzt durch ein dem Ich Entgegengesetztes, d. h. *das Nicht-Ich. Das Ich kann also sich nicht anschauen als begrenzt, ohne dieses Begrenztseyn als Affektion eines Nicht-Ichs anzuschauen.*

Der Philosoph, der auf diesem Standpunkt stehen bleibt, kann das

Empfinden (denn daß das Selbstanschauen in der Begrenztheit, so wie es bis jetzt abgeleitet ist, nichts anderes sey, als das, was in der allgemeinen Sprache Empfinden heißt, ist von selbst offenbar), nicht anders erklären als aus der Affektion eines Dings an sich. Da durch die Empfindung nur die Bestimmtheit in die Vorstellungen kommt, so wird er auch nur diese aus jener Affektion erklären. Denn daß das Ich bei den Vorstellungen bloß empfange, bloße Receptivität sey, kann er wegen der darin begriffenen Spontaneität, und selbst darum nicht behaupten, weil sogar in den Dingen selbst (so wie sie vorgestellt werden) die unverkennbare Spur einer Thätigkeit des Ichs vorkommt. Jene Einwirkung wird also auch nicht von den Dingen, so wie wir sie uns vorstellen, sondern von den Dingen, so wie sie unabhängig von den Vorstellungen sind, herrühren. Was also an den Vorstellungen Spontaneität ist, wird als dem Ich, was Receptivität, als den Dingen an sich angehörig, betrachtet werden. Ebenso, was an den Objekten positiv ist, wird als Produkt des Ich, was daran negativ ist (das Accidentelle), als Produkt des Nicht-Ich angesehen werden.

Daß das Ich sich finde als eingeschränkt durch etwas ihm Entgegengesetztes, ist aus dem Mechanismus des Empfindens selbst abgeleitet worden. Eine Folge davon ist allerdings, daß alles Accidentelle (alles was zur Begrenztheit gehört) uns als das Inconstruktible, aus dem Ich Unerklärbare, erscheinen muß, indeß das Positive an den Dingen als Construktion des Ichs sich begreifen läßt. Allein der Satz, daß das Ich (unser Objekt) sich finde als begrenzt durch ein Entgegengesetztes, wird eingeschränkt dadurch, daß das Ich dieses Entgegengesetzte doch nur in sich findet.

Es wird nicht behauptet, es sey im Ich etwas ihm absolut Entgegengesetztes, sondern das Ich finde in sich etwas als ihm absolut entgegengesetzt. Das Entgegengesetzte ist im Ich, heißt: es ist dem Ich absolut entgegengesetzt; das Ich findet etwas als sich entgegengesetzt, heißt: es ist dem Ich entgegengesetzt nur in Bezug auf sein Finden und die Art dieses Findens; und so ist es auch.

Das Findende ist die unendliche Tendenz sich selbst anzuschauen, in welcher das Ich rein ideell und absolut unbegrenzbar ist. Das, worin gefunden wird, ist nicht das reine, sondern das afficirte Ich. Findendes und das, worin gefunden wird, sind sich also selbst entgegengesetzt. Was im Gefundenen ist, ist für das Findende, aber auch nur insofern es das Findende ist, etwas Fremdartiges.

Deutlicher. Das Ich als unendliche Tendenz zur Selbstanschauung findet in sich als dem Angeschauten, oder was dasselbe ist (weil Angeschautes und Anschauendes in diesem Akt nicht unterschieden werden) in sich etwas ihm Fremdartiges. Aber was ist denn das Gefundene (oder Empfundene) bei diesem Finden? Das Empfundene ist doch wieder nur das Ich selbst. Alles Empfundene ist ein unmittelbar Gegenwärtiges, schlechthin Unvermitteltes, dieß liegt schon im Begriff des Empfindens. Das Ich findet allerdings etwas Entgegengesetztes, dieses Entgegengesetzte aber doch nur in sich selbst. Aber im Ich ist nichts als Thätigkeit; dem Ich kann also nichts entgegengesetzt seyn als die Negation der Thätigkeit. Das Ich findet etwas Entgegengesetztes in sich, heißt also: es findet in sich aufgehobene Thätigkeit. — Wenn wir empfinden, empfinden wir nie das Objekt; keine Empfindung gibt uns einen Begriff von einem Objekt, sie ist das schlechthin Entgegengesetzte des Begriffs (der Handlung), also Negation von Thätigkeit. Der Schluß von dieser Negation auf ein Objekt als seine Ursache ist ein weit späterer, dessen Gründe sich abermals im Ich selbst aufzeigen lassen.

Wenn nun das Ich immer nur seine aufgehobene Thätigkeit empfindet, so ist das Empfundene nichts vom Ich Verschiedenes, es empfindet nur sich selbst, was der gemeine philosophische Sprachgebrauch schon dadurch ausgedrückt hat, daß er das Empfundene etwas bloß Subjektives nennt.

Zusätze.

1. Die Möglichkeit der Empfindung beruht nach dieser Deduktion

a) auf dem gestörten Gleichgewicht beider Thätigkeiten. — Das Ich kann also auch nicht in der Empfindung schon sich als Subjekt-Objekt, sondern nur als einfaches begrenztes Objekt anschauen, die Empfindung also ist nur diese Selbstanschauung in der Begrenztheit;

b) auf der unendlichen Tendenz des ideellen Ichs sich in dem reellen anzuschauen. Dieß ist nicht möglich, als mittelst dessen, was die ideelle Thätigkeit (das Ich ist jetzt sonst nichts) und die reelle miteinander gemein haben, d. h. vermittelst des Positiven in ihr; das Gegentheil wird also vermittelst des Negativen in ihr geschehen. Das Ich wird also auch jenes Negative in sich nur finden, d. h. nur empfinden können.

2. Die Realität der Empfindung beruht darauf, daß das Ich das Empfundene nicht anschaut als durch sich gesetzt. Es ist Empfundenes, nur insofern es das Ich anschaut als nicht gesetzt durch sich. Daß also das Negative durch das Ich gesetzt sey, können zwar wir, aber unser Objekt, das Ich, kann es nicht sehen, aus dem sehr natürlichen Grund, daß angeschaut und begrenzt werden vom Ich eins und dasselbe ist. Das Ich wird (objektiv) begrenzt dadurch, daß es sich (subjektiv) anschaut; nun kann aber das Ich nicht zugleich sich objektiv anschauen, und sich anschauen als anschauend, also auch nicht sich anschauen als begrenzend. Auf dieser Unmöglichkeit, im ursprünglichen Akt des Selbstbewußtseyns zugleich sich Objekt zu werden und sich anzuschauen als sich Objekt werdend, beruht die Realität aller Empfindung.

Die Täuschung, als ob das Begrenztseyn etwas dem Ich absolut Fremdes sey, was nur durch Affektion eines Nicht-Ich erklärbar ist, entsteht also bloß dadurch, daß der Akt, wodurch das Ich Begrenztes wird, ein von dem, wodurch es sich anschaut, als begrenzt verschiedener Akt ist, nicht zwar der Zeit nach, denn im Ich ist alles zugleich, was wir successiv vorstellen, wohl aber der Art nach.

Der Akt, wodurch das Ich sich selbst begrenzt, ist kein anderer als der des Selbstbewußtseyns, bei welchem, als Erklärungsgrund alles Begrenztseyns, wir schon deßwegen stehen bleiben müssen, weil, wie irgend eine Affektion von außen sich in ein Vorstellen oder Wissen verwandle, schlechthin unbegreiflich ist. Gesetzt auch, daß ein Objekt auf das Ich wie auf ein Objekt wirke, so könnte doch eine solche Affektion immer nur etwas Homogenes, d. h. wiederum nur ein objektives Bestimmtseyn hervorbringen. Denn das Gesetz der Causalität gilt nur zwischen gleichartigen Dingen (Dingen derselben Welt), und reicht nicht aus einer Welt in die andere. Wie also ein ursprüngliches Seyn sich in ein Wissen verwandle, wäre nur dann begreiflich, wenn sich zeigen ließe, daß auch die Vorstellung selbst eine Art des Seyns sey, welches allerdings die Erklärung des Materialismus ist, ein System, das dem Philosophen erwünscht seyn müßte, wenn es nur wirklich leistete, was es verspricht. Allein so wie der Materialismus bis jetzt ist, ist er völlig unverständlich, und so wie er verständlich wird, ist er vom transscendentalen Idealismus in der That nicht mehr verschieden. — Das Denken als eine materielle Erscheinung zu erklären, ist nur dadurch möglich, daß man die Materie selbst zu einem Gespenst, zur bloßen Modifikation einer Intelligenz macht, deren gemeinschaftliche Funktionen das Denken und die Materie sind. Mithin treibt der Materialismus selbst auf das Intelligente als das Ursprüngliche zurück. Es kann freilich ebensowenig davon die Rede seyn, das Seyn aus dem Wissen so zu erklären, daß jenes die Wirkung von diesem wäre, es ist zwischen beiden überhaupt kein Causalitäts-Verhältniß möglich, und beide können nie zusammentreffen, wenn sie nicht wie im Ich ursprünglich Eins sind. Das Seyn (die Materie), als produktiv betrachtet, ist ein Wissen, das Wissen, als Produkt betrachtet, ein Seyn. Ist das Wissen überhaupt produktiv, so muß es ganz und durchein, nicht nur zum Theil, produktiv seyn, es kann nichts von außen in das Wissen kommen, denn alles, was ist, ist mit dem Wissen identisch, und nichts ist außer ihm. Wenn der eine Faktor der Vorstellung im Ich liegt, so muß es auch der andere, denn im Objekt sind beide unzertrennlich. Man setze z. B., nur der Stoff gehöre den Dingen an, so muß dieser Stoff, ehe er zum Ich gelangt, wenigstens im Uebergange vom Ding zur Vorstellung, formlos seyn, was ohne Zweifel undenkbar ist.

Wenn nun aber die ursprüngliche Begrenztheit durch das Ich selbst gesetzt ist, wie kommt es dazu sie zu empfinden, d. h. als etwas ihm Entgegengesetztes anzusehen? Alle Realität der Erkenntniß haftet an der Empfindung, und eine Philosophie, welche die Empfindung nicht erklären kann, ist darum schon eine mißlungene. Denn ohne Zweifel beruht die Wahrheit aller Erkenntnisse auf dem Gefühl des Zwangs, das sie begleitet. Das Seyn (die Objektivität) drückt immer nur ein Begrenztseyn der anschauenden oder producirenden Thätigkeit aus. In diesem Theil des Raums ist ein Cubus, heißt nichts anderes als: in diesem Theil des Raums kann meine Anschauung nur in der Form des Cubus thätig seyn. Der Grund aller Realität der Erkenntniß ist also der von der Anschauung unabhängige Grund der Begrenztheit. Ein System, das diesen Grund aufhebt, wäre ein dogmatischer, transscendenter Idealismus. Es wird gegen den transscendentalen Idealismus zum Theil mit Gründen gestritten, die nur gegen jenen beweisend sind, von dem man gar nicht einsieht, wie er einer Widerlegung bedürfe, sowie er auch nie in eines Menschen Kopf gekommen ist. Wenn derjenige Idealismus ein dogmatischer ist, welcher behauptet, die Empfindung sey unerklärbar aus Eindrücken von außen, in der Vorstellung sey nichts, auch nicht das Accidentelle, was einem Ding an sich angehöre, ja es lasse sich bei einem solchen Eindruck auf das Ich nicht einmal etwas Vernünftiges denken, so ist es der unsrige allerdings. Die Realität des Wissens aber würde nur ein Idealismus aufheben, der die ursprüngliche Begrenztheit frei und mit Bewußtseyn hervorbringen ließe, anstatt daß der transscendentale uns in Ansehung derselben so wenig frei seyn läßt, als es der Realist nur immer verlangen mag. Er behauptet nur, das Ich empfinde niemals das Ding selbst (denn ein solches existirt in diesem Moment noch nicht), oder auch etwas von dem Ding in das Ich Uebergehendes, sondern unmittelbar nur sich selbst, seine eigne aufgehobene Thätigkeit. Er unterläßt nicht zu erklären, warum es dessen unerachtet nothwendig sey, daß wir jene nur durch die ideelle Thätigkeit gesetzte Beschränktheit als etwas dem Ich völlig Fremdes anschauen.

Diese Erklärung gibt der Satz, daß der Akt, wodurch das Ich *objektiv* begrenzt wird, ein von dem, wodurch es *für sich selbst* begrenzt wird, verschiedener Akt ist. Der Akt des Selbstbewußtseyns erklärt nur das Begrenztwerden der objektiven Thätigkeit. Aber das Ich, insofern es ideell ist, ist eine unendliche Selbstreproduktion (vis sui reproductiva in infinitum); die ideelle Thätigkeit weiß von keiner Begrenztheit, indem sie auf die ursprüngliche Grenze trifft; durch sie *findet* sich also das Ich nur als begrenzt. Der Grund, daß das Ich in dieser Handlung sich begrenzt findet, kann nicht in der gegenwärtigen Handlung liegen, er liegt in einer *vergangenen*. In der gegenwärtigen ist also das Ich begrenzt *ohne sein Zuthun*, aber daß es sich begrenzt findet ohne sein Zuthun, ist auch alles, was in der Empfindung liegt und Bedingung aller Objektivität des Wissens ist. Dafür nun, daß uns die Begrenztheit erscheine als etwas von uns Unabhängiges, nicht durch uns Hervorgebrachtes, dafür ist durch den Mechanismus des Empfindens, dadurch gesorgt, daß der Akt, wodurch alle Begrenztheit gesetzt wird, als Bedingung alles Bewußtseyns, selbst nicht zum Bewußtseyn kommt.

3. *Alle Begrenztheit entsteht uns nur durch den Akt des Selbstbewußtseyns.* Es ist nöthig bei diesem Satz noch zu verweilen, da es ohne Zweifel dieser ist, der die meisten Schwierigkeiten in dieser Lehre macht.

Die ursprüngliche Nothwendigkeit seiner selbst bewußt zu werden, auf sich selbst zurückzugehen, ist schon die Begrenztheit, aber es ist die Begrenztheit ganz und vollständig.

Nicht für jede einzelne Vorstellung entsteht eine neue Begrenztheit; mit der im Selbstbewußtseyn enthaltenen Synthesis ist die Begrenztheit ein für allemal gesetzt, es ist diese Eine ursprüngliche, innerhalb welcher das Ich beständig bleibt, aus der es nie herauskommt, und die in den einzelnen Vorstellungen nur auf verschiedene Weise sich entwickelt.

Die Schwierigkeiten, die man in dieser Lehre findet, haben großentheils ihren Grund in der Nichtunterscheidung der ursprünglichen und der abgeleiteten Begrenztheit.

Die ursprüngliche Begrenztheit, welche wir mit allem Vernunftwesen gemein haben, besteht darin, daß wir überhaupt endlich sind. Vermöge derselben sind wir nicht von andern Vernunftwesen, sondern von der Unendlichkeit geschieden. Aber alle Begrenztheit ist nothwendig eine *bestimmte*; es läßt sich nicht denken, daß eine Begrenztheit überhaupt entstehe, ohne daß zugleich eine bestimmte entstehe; die bestimmte muß also durch einen und denselben Akt mit der Begrenztheit überhaupt entstehen. Der Akt des Selbstbewußtseyns ist Eine absolute Synthesis, alle Bedingungen des Bewußtseyns entstehen durch diesen Einen Akt zugleich, also auch die bestimmte Begrenztheit, welche ebenso, wie die Begrenztheit überhaupt, Bedingung des Bewußtseyns ist.

Daß ich überhaupt begrenzt bin, folgt unmittelbar aus der unendlichen Tendenz des Ichs sich Objekt zu werden; die Begrenztheit überhaupt ist also erklärbar, aber die Begrenztheit überhaupt läßt die bestimmte völlig frei, und doch entstehen beide durch einen und denselben Akt. Beides zusammengenommen, daß die bestimmte Begrenztheit nicht bestimmt seyn kann durch die Begrenztheit überhaupt, und daß sie doch mit dieser zugleich und durch Einen Akt entsteht, macht, daß sie das Unbegreifliche und Unerklärbare der Philosophie ist. So gewiß freilich, als ich überhaupt begrenzt bin, muß ich es auf bestimmte Art seyn, und diese Bestimmtheit muß ins Unendliche gehen, diese ins Unendliche gehende Bestimmtheit macht meine ganze Individualität; nicht also, daß ich auf bestimmte Art begrenzt bin, sondern die Art dieser Begrenztheit selbst ist das Unerklärbare. Es läßt sich z. B. im Allgemeinen wohl ableiten, daß ich zu einer bestimmten Ordnung von Intelligenzen, nicht aber gerade daß ich zu dieser Ordnung gehöre, daß ich in dieser Ordnung eine bestimmte Stelle, nicht aber, daß ich gerade diese einnehme. So läßt sich als nothwendig ableiten, daß es überhaupt ein System unserer Vorstellungen gebe, nicht aber, daß wir auf diese bestimmte Sphäre von Vorstellungen eingeschränkt seyen. Wenn wir freilich die bestimmte Begrenztheit schon voraussetzen, läßt sich aus dieser die Begrenztheit der einzelnen Vorstellungen ableiten; die bestimmte Begrenztheit ist alsdann nur das, worin wir die Begrenztheit aller einzelnen Vorstellungen zusammenfassen, also aus ihnen auch wieder ableiten können; z. B. wenn wir einmal voraussetzen, daß dieser bestimmte Theil des Universums und in demselben dieser bestimmte Weltkörper die unmittelbare Sphäre unserer äußeren Anschauung sey, so läßt sich wohl auch ableiten, daß in dieser bestimmten Begrenztheit diese bestimmten Anschauungen nothwendig sind. Denn könnten wir unser ganzes Planetensystem vergleichen, so könnten wir ohne Zweifel ableiten, warum unsere Erde gerade aus diesen und keinen andern Materien besteht, warum sie gerade diese und keine anderen Phänomene zeigt, warum also, diese Anschauungssphäre einmal vorausgesetzt, in der Reihe unserer Anschauungen eben diese und keine anderen vorkommen. Nachdem wir einmal durch die ganze Synthesis unseres Bewußtseyns in diese Sphäre versetzt sind, so wird in derselben nichts vorkommen können, was ihr widerspräche und nicht nothwendig wäre. Dieß folgt aus der ursprünglichen Consequenz unseres Geistes, die so groß ist, daß jede Erscheinung, die uns jetzt eben vorkommt, diese bestimmte Begrenztheit voraussetzt, dergestalt nothwendig ist, daß, wenn sie nicht vorkäme, das ganze System unserer Vorstellungen in sich selbst widersprechend wäre.

B.

Aufgabe:

zu erklären, wie das Ich sich selbst als empfindend anschaue.

Erklärung.

Das Ich empfindet, indem es sich selbst als ursprünglich begrenzt anschaut. Dieses Anschauen ist eine Thätigkeit, aber das Ich kann nicht zugleich anschauen und sich anschauen als anschauend. Es wird also in dieser Handlung sich gar keiner Thätigkeit bewußt; daher wird im Empfinden überall nicht der Begriff einer Handlung, sondern nur der eines Leidens gedacht. Im gegenwärtigen Moment ist das Ich *für sich selbst* nur das *Empfundene*. Denn das Einzige, was überhaupt empfunden wird, ist seine reale eingeschränkte Thätigkeit, welche allerdings dem Ich zum Objekt wird. Es ist auch Empfindendes, aber bloß für uns, die wir philosophiren, nicht für sich selbst. Der Gegensatz, welcher zugleich mit der Empfindung gesetzt wird (der zwischen dem Ich und dem Ding an sich), ist eben deßwegen auch nicht für das Ich selbst, sondern nur für uns im Ich gesetzt.

Dieser Moment des Selbstbewußtseyns soll künftig der der ursprünglichen Empfindung heißen. Es ist derjenige, in welchem das Ich sich in der ursprünglichen Begrenztheit anschaut, ohne daß es dieser Anschauung sich bewußt, oder ohne daß ihm diese Anschauung selbst wieder zum Objekt würde. In diesem Moment ist das Ich im Empfundenen ganz fixirt und gleichsam verloren.

Die Aufgabe ist also genauer bestimmt diese: wie das Ich, das bis jetzt bloß Empfundenes war, Empfindendes und Empfundenes zugleich werde.

Aus dem ursprünglichen Akt des Selbstbewußtseyns konnte nur das Begrenztseyn deducirt werden. Sollte das Ich begrenzt seyn für sich selbst, so mußte es sich als solches anschauen; diese Anschauung, das Vermittelnde des unbegrenzten Ichs mit dem begrenzten, war der Akt der Empfindung, von welchem aber aus dem angezeigten Grunde im Bewußtseyn die bloße Spur einer Passivität zurückbleibt. Jener Akt des Empfindens muß also selbst wieder zum Objekt gemacht, und gezeigt werden, wie auch dieser ins Bewußtseyn komme. Es ist leicht vorauszusehen, daß wir diese Aufgabe nur durch einen neuen Akt werden lösen können.

Dieß ist ganz gemäß dem Gang der synthetischen Methode. — Zwei Gegensätze a und b (Subjekt und Objekt) werden vereinigt durch die Handlung x, aber in x ist ein neuer Gegensatz, c und d (Empfindendes und Empfundenes), die Handlung x wird also selbst wieder zum Objekt; sie ist selbst nur erklärbar durch eine neue Handlung = z, welche vielleicht wieder einen Gegensatz enthält u. s. f.

Auflösung.

I.

Das Ich empfindet, wenn es in sich findet etwas ihm Entgegengesetztes, d. h. weil das Ich nur Thätigkeit ist, eine reelle Negation der Thätigkeit, ein Afficirtseyn. Aber um Empfindendes zu seyn für sich selbst, muß das Ich (das ideelle) jene Passivität, welche bis jetzt bloß im reellen ist, *in sich* setzen, welches ohne Zweifel nur durch *Thätigkeit* geschehen kann.

Wir sind hier eben an dem Punkt, um welchen der Empirismus von jeher herumgegangen ist, ohne ihn aufklären zu können. Der Eindruck von außen erklärt mir auch nur die Passivität der Empfindung, er erklärt höchstens eine Rückwirkung auf das einwirkende Objekt, ohngefähr wie ein gestoßener elastischer Körper den andern zurückstößt, oder ein Spiegel das auf ihn fallende Licht reflektirt; aber er erklärt nicht die Rückwirkung, das Zurückgehen des Ichs *auf sich selbst*, erklärt nicht, wie es den Eindruck von außen auf sich als Ich, als Anschauendes, bezieht. Das Objekt geht nie in sich selbst zurück, und bezieht keinen Eindruck auf sich; es ist eben deßwegen ohne Empfindung.

Das Ich kann also nicht Empfindendes seyn für sich selbst, ohne überhaupt *thätig* zu seyn. Das Ich nun, was hier thätig ist, kann nicht das begrenzte seyn, sondern nur das unbegrenzbare. Aber dieses ideelle Ich ist *unbegrenzt* nur im Gegensatz gegen die objektive, jetzt begrenzte Thätigkeit, also nur *inwiefern es über die Grenze hinausgeht*. Wenn man darauf reflektirt, was in jeder Empfindung vorgeht, so wird man finden, daß in jeder etwas seyn muß, was um den Eindruck *weiß*, aber doch von ihm unabhängig ist, und über ihn hinausgeht; denn selbst das Urtheil, daß der Eindruck von einem Objekt herrühre, setzt eine Thätigkeit voraus, die nicht an dem Eindruck haftet, sondern auf etwas *jenseits* des Eindrucks geht. Das Ich also ist nicht Empfindendes, wenn nicht in ihm eine *über die Grenze hinausgehende* Thätigkeit ist. Vermöge derselben soll das Ich, um für sich selbst empfindend zu seyn, das Fremdartige in sich (das ideelle) aufnehmen; dieses Fremdartige ist aber selbst wieder im Ich, es ist die aufgehobene Thätigkeit des Ichs. Das Verhältniß dieser beiden Thätigkeiten muß jetzt der Folge wegen genauer bestimmt werden. Die unbegrenzte Thätigkeit ist *ursprünglich* ideell, wie jede Thätigkeit des Ichs, wie es also auch die reelle ist, im *Gegensatz* gegen die reelle aber, nur insofern sie über die Grenze *hinausgeht*. Die begrenzte ist reell, inwiefern nur darauf reflektirt wird, daß sie begrenzt ist, ideell aber, inwiefern darauf reflektirt wird, daß sie dem Princip nach der ideellen gleich ist; sie ist also reell oder ideell, je nachdem sie angesehen wird. Ferner ist offenbar, daß die ideelle als ideelle überhaupt nur im Gegensatz gegen die reelle unterscheidbar ist, und umgekehrt, was sich durch die einfachsten Experimente bestätigen läßt, wie z. B. ein erdichtetes Objekt als solches nur im Gegensatz gegen ein reelles, und hinwiederum jedes reelle als solches nur im Gegensatz gegen ein der Beurtheilung untergelegtes erdichtetes unterscheidbar ist. Dieß vorausgesetzt, lassen sich folgende Schlüsse ziehen.

1) Das Ich soll Empfindendes seyn für sich selbst, heißt: es soll das Entgegengesetzte thätig in sich aufnehmen. Aber dieses Entgegengesetzte ist nichts anderes als die Grenze oder der Hemmungspunkt, und dieser liegt nur in der reellen Thätigkeit, welche von der ideellen allein durch die Grenze unterscheidbar ist. Das Ich soll das Entgegengesetzte sich zueignen, heißt also: es soll dasselbe in seine ideelle Thätigkeit aufnehmen. Dieß ist nun nicht möglich, ohne *daß die Grenze in die ideelle Thätigkeit fällt*, und zwar müßte dieß mittelst einer Thätigkeit des Ichs selbst geschehen. (Die ganze theoretische Philosophie hat, wie jetzt immer deutlicher wird, nur dieses Problem zu lösen, wie die Schranke ideell, oder, wie auch die ideelle (anschauende) Thätigkeit begrenzt werde. Es war zum voraus einzusehen, daß das (oben A. 2.) gestörte Gleichgewicht zwischen der ideellen und reellen Thätigkeit wiederhergestellt werden müßte, so gewiß das Ich Ich ist. *Wie* es wiederhergestellt werde, ist unsere einzige fernere Aufgabe). — Aber die Grenze fällt nur in die Linie der *reellen* Thätigkeit, und umgekehrt eben jene Thätigkeit des Ichs ist die reelle, in welche die Grenze fällt. Ferner die ideelle und reelle Thätigkeit sind ursprünglich, abstrahirt von der Grenze, ununterscheidbar, den Trennungspunkt zwischen beiden macht nur die Grenze. Die Thätigkeit ist also nur ideell, d. h. als ideelle zu unterscheiden jenseits der Grenze, oder insofern sie über die Grenze hinausgeht.

Die Grenze soll in die ideelle Thätigkeit fallen, heißt also: die

Grenze soll jenseits der Grenze fallen; welches ein offenbarer Widerspruch ist. Dieser Widerspruch muß aufgelöst werden.

2) Das ideelle Ich könnte darauf ausgehen die Grenze aufzuheben, und indem es dieselbe aufhöbe, fiele die Grenze nothwendig auch in die Linie der ideellen Thätigkeit, aber die Grenze soll nicht aufgehoben werden, die Grenze soll als Grenze, d. h. unaufgehoben, in die ideelle Thätigkeit aufgenommen werden.

Oder das ideelle Ich könnte sich selbst begrenzen, also eine Grenze hervorbringen. — Allein auch damit wäre nicht erklärt, was erklärt werden soll. Denn alsdann wäre die ins ideelle Ich gesetzte Grenze nicht dieselbe mit der im reellen gesetzten, was doch seyn soll. Wenn wir auch annehmen wollten, daß das bis jetzt rein ideelle Ich sich selbst Objekt und dadurch begrenzt würde, so wären wird doch dadurch um keinen Schritt weiter, sondern auf den ersten Punkt der Untersuchung zurück versetzt, wo das bis dahin rein ideelle Ich sich zuerst in ein Sub- und Objektives trennt und gleichsam zersetzt.

Es bleibt also nichts übrig, als ein Mittleres zwischen dem Aufheben und Hervorbringen. Ein solches ist das Bestimmen. Was ich bestimmen soll, muß unabhängig von mir da seyn. Aber indem ich es bestimme, wird es durch das Bestimmen selbst wieder ein von mir Abhängiges. Ferner, indem ich ein Unbestimmtes bestimme, hebe ich es auf als Unbestimmtes, und bringe es hervor als Bestimmtes.

Die ideelle Thätigkeit müßte also die Grenze bestimmen.

Es entstehen hier sogleich zwei Fragen:

a) Was es denn heiße: durch ideelle Thätigkeit wird die Grenze bestimmt.

Von der Grenze ist jetzt im Bewußtseyn nichts übrig als die Spur einer absoluten Passivität. Da das Ich im Empfinden des Akts sich nicht bewußt wird, bleibt nur das Resultat zurück. Diese Passivität ist bis jetzt völlig unbestimmt. Aber Passivität überhaupt ist so wenig denkbar, als Begrenztheit überhaupt. Alle Passivität ist eine bestimmte, so gewiß als sie nur durch Negation von Thätigkeit möglich ist. Die Grenze würde also bestimmt, wenn die Passivität bestimmt würde.

Jene bloße Passivität ist der bloße Stoff der Empfindung, das rein Empfundene. Die Passivität würde bestimmt, wenn das Ich ihr eine bestimmte Sphäre — einen bestimmten Wirkungskreis gäbe (wenn man diesen uneigentlichen Ausdruck hier verstatten will). Das Ich wäre alsdann nur innerhalb dieser Sphäre passiv, außerhalb derselben aktiv.

Jene Handlung des Bestimmens wäre also ein Produciren, der Stoff dieses Producirens die ursprüngliche Passivität.

Es entsteht nun aber die zweite Frage:

b) Wie dieses Produciren selbst gedacht werden könne.

Das Ich kann die Sphäre nicht produciren, ohne thätig zu seyn, aber es kann ebensowenig die Sphäre als eine Sphäre der Begrenztheit produciren, ohne eben dadurch selbst begrenzt zu werden. — Indem das Ich das Begrenzende ist, ist es thätig, insofern es aber das Begrenzende der Begrenztheit ist, wird es selbst ein Begrenztes.

Jene Handlung des Producirens ist also die absolute Vereinigung von Aktivität und Passivität. Das Ich ist in dieser Handlung passiv, denn es kann die Begrenztheit nicht bestimmen, ohne sie schon vorauszusetzen. Aber umgekehrt auch das (ideelle) Ich wird hier begrenzt, nur insofern es darauf ausgeht die Begrenztheit zu bestimmen. In jener Handlung ist also eine Thätigkeit, welche ein Leiden, und umgekehrt ein Leiden, welches Thätigkeit voraussetzt.

Ehe wir auf diese Vereinigung von Passivität und Aktivität in einer Handlung selbst wieder reflektiren, können wir zusehen, was wir denn durch eine solche Handlung gewonnen hätten, wenn sie wirklich im Ich sich aufzeigen ließe.

Das Ich war im vorhergehenden Moment des Bewußtseyns nur *Empfundenes* für sich selbst, nicht Empfindendes. In der gegenwärtigen Handlung wird es *Empfindendes* für sich selbst. Es wird sich Objekt überhaupt, weil es begrenzt wird. Es wird sich aber als aktiv (als empfindend) Objekt, weil es nur in seinem Begrenzen begrenzt wird.

Das (ideelle) Ich wird sich also *als in seiner Aktivität begrenzt* zum Objekt.

Das Ich wird hier nur begrenzt, insofern es *thätig* ist. Der Empirismus hat leicht den Eindruck zu erklären, weil er es völlig ignorirt, daß das Ich, um als Ich begrenzt (d. h. um empfindend) zu werden, schon thätig seyn muß. — Hinwiederum ist das Ich hier nur thätig, insofern es schon begrenzt ist, und eben dieses wechselseitige Bedingtseyn von Thätigkeit und Leiden wird in der Empfindung gedacht, sofern sie mit Bewußtseyn verbunden ist.

Aber eben deßwegen, weil das Ich hier Empfindendes für sich selbst wird, hört es vielleicht auf *Empfundenes* zu seyn, so wie es in der vorhergehenden Handlung, da es Empfundenes war, nicht Empfindendes für sich selbst seyn konnte. Das Ich als Empfundenes würde also aus dem Bewußtseyn verdrungen, und an seine Stelle träte etwas anderes ihm Entgegengesetztes.

So ist es auch. Die abgeleitete Handlung ist ein *Produciren*. In diesem Produciren ist nun das ideelle Ich völlig frei. Der Grund also, warum es im Produciren dieser Sphäre begrenzt wird, kann nicht in ihm selbst, er muß *außer ihm* liegen. Die Sphäre ist eine Produktion des Ichs, aber die Grenze der Sphäre ist keine Produktion desselben, insofern es producirt, und da es im gegenwärtigen Moment des Bewußtseyns *nur* producirend ist, überhaupt kein Produkt des Ichs. Sie ist also nur Grenze zwischen dem Ich und dem ihm Entgegengesetzten, dem *Ding an sich*, sie ist also jetzt weder *im* Ich, noch *außer* dem Ich, sondern nur das Gemeinschaftliche, worin das Ich und sein Entgegengesetztes sich berühren.

Mithin wäre durch diese Handlung, wenn sie nur selbst ihrer Möglichkeit nach begreiflich wäre, auch jener Gegensatz zwischen dem Ich und dem Ding an sich, mit Einem Wort alles, was im Vorhergehenden nur für den Philosophen gesetzt war, auch für das Ich selbst deducirt.

II.

Wir sehen nun freilich aus dieser ganzen Erörterung, daß die gegebene Auflösung des Problems ohne Zweifel die richtige ist, aber diese Auflösung selbst ist noch nicht zu begreifen, und es möchten uns wohl noch einige Mittelglieder derselben fehlen.

Es zeigte sich nämlich durch diese Auflösung allerdings, daß das ideelle Ich nicht passiv werden kann, ohne vorher schon thätig zu seyn, daß also ein bloßer Eindruck auf das ideelle (anschauende) Ich auf keinen Fall die Empfindung erklärt, aber es zeigte sich auch, daß das ideelle Ich wiederum auf die bestimmte Art nicht thätig seyn kann, ohne schon leidend zu seyn, es zeigte sich mit Einem Wort, daß in jener Handlung Aktivität und Passivität sich wechselseitig voraussetzen.

Nun möchte freilich die letzte Handlung, wodurch die Empfindung vollständig in das Ich gesetzt wird, eine solche seyn, aber zwischen derselben und der ursprünglichen Empfindung müssen noch Mittelglieder liegen, weil wir uns mit jener Handlung schon in den unauflöslichen Cirkel versetzt sehen, der die Philosophen von jeher umgetrieben hat, und den wir, wenn wir unserem bisherigen Gang getreu bleiben wollen, erst vor unsern Augen müssen entstehen lassen, um ihn selbst vollständig zu begreifen. Daß wir in jenen Cirkel gerathen müssen, ist durch das Vorhergehende allerdings abgeleitet, nicht aber, wie. Und insofern ist unsere ganze Aufgabe wirklich nicht gelöst. Die Aufgabe war, zu erklären: wie die ursprüngliche Grenze in das ideelle Ich übergehe. Es ist aber offenbar, daß ein solcher erster Uebergang durch alles Bisherige nicht begreiflich gemacht ist. Wir erklärten jenen Uebergang durch ein Begrenzen der Begrenztheit, das wir dem ideellen Ich zuschrieben. — Aber wie kommt nur das Ich überhaupt dazu, die Passivität zu begrenzen? — Wir gestanden selbst, daß diese Thätigkeit ein Leiden im ideellen Ich schon voraussetzte, so wie freilich umgekehrt auch dieses Leiden jene Thätigkeit voraussetzt. Wir müssen dem Entstehen dieses Cirkels auf den Grund kommen, und können nur dadurch hoffen unsere Aufgabe vollständig zu lösen.

Wir gehen zurück auf den zuerst aufgestellten Widerspruch. Das Ich ist alles, was es ist, nur für sich selbst. Es ist also auch ideell nur für sich selbst, ideell nur, inwiefern es sich als ideell setzt oder anerkennt. Verstehen wir unter ideeller Thätigkeit nur die Thätigkeit des Ichs überhaupt, insofern sie bloß von ihm ausgeht und allein in ihm begründet ist, so ist das Ich ursprünglich nichts als ideelle Thätigkeit. Fällt die Grenze in das Ich, so fällt sie allerdings in seine ideelle Thätigkeit. Aber diese ideelle Thätigkeit, welche und insofern sie begrenzt ist, wird nicht anerkannt als ideelle, eben deßwegen weil sie begrenzt ist. Anerkannt als ideelle wird nur diejenige Thätigkeit, welche und insofern sie über die Grenze hinausgeht. Diese über die Grenze hinausgehende Thätigkeit soll also begrenzt werden, ein Widerspruch, der schon in der Forderung liegt: das Ich soll als empfindend (d. h. als Subjekt) Objekt werden, und welcher sich nicht auflösen läßt, als *wenn das Hinausgehen über die Grenze und das Begrenztwerden für das ideelle Ich eins und dasselbe ist*, oder wenn das Ich, eben dadurch daß es ideell ist, reell wird.

Gesetzt dieß wäre so, gesetzt, daß das Ich durch das bloße Hinausgehen über die Grenze begrenzt würde, so wäre es, indem es über sie hinausgeht, noch ideell, es würde also als ideell oder *in* seiner Idealität reell und begrenzt.

Es fragt sich, wie etwas der Art denkbar sey.

Wir werden auch diese Aufgabe nur dadurch lösen können, daß wir die Tendenz sich selbst anzuschauen als *unendlich* gesetzt haben. — Im Ich ist von der ursprünglichen Empfindung nichts als die Grenze, bloß als solche, zurückgeblieben. Das Ich ist für uns nicht ideell, als insofern es über die Grenze hinausgeht, schon indem es empfindet. Aber es kann nicht als ideell (d. h. als empfindend) sich selbst anerkennen, ohne seine über die Grenze hinausgegangene Thätigkeit entgegenzusetzen der innerhalb der Grenze gehemmten oder reellen. Beide sind unterscheidbar nur in der wechselseitigen Entgegensetzung und Beziehung aufeinander. Diese aber ist wiederum nicht möglich als durch eine dritte Thätigkeit, welche innerhalb und außerhalb der Grenze zugleich ist.

Diese *dritte*, *zugleich* ideelle und reelle Thätigkeit ist ohne Zweifel die (1.) abgeleitete producirende Thätigkeit, in welcher Aktivität und Passivität wechselseitig durcheinander bedingt seyn sollten.

Wir können jetzt also die Mittelglieder jener producirenden Thätigkeit aufstellen, und sie selbst vollständig ableiten. — Es sind folgende:

1) Das Ich, als unendliche Tendenz sich selbst anzuschauen, war schon im vorhergehenden Moment empfindend, d. h. sich anschauend als begrenzt. Aber Grenze ist nur zwischen zwei Entgegengesetzten, also konnte das Ich sich nicht als begrenzt anschauen, ohne nothwendig auf etwas jenseits der Grenze, d. h. über die Grenze hinauszugehen. Eine solche über die Grenze hinausgehende Thätigkeit war schon mit der Empfindung für uns gesetzt, aber sie soll auch für das Ich selbst gesetzt seyn, und nur insofern wird das Ich sich als empfindend zum Objekt.

2) Nicht nur das bisher Objektive, sondern auch das Subjektive im Ich muß Objekt werden. Dieß geschieht dadurch, daß ihm die über die Grenze hinausgehende Thätigkeit zum Objekt wird. Aber das Ich kann keine Thätigkeit anschauen als hinausgehend über die Grenze, ohne diese Thätigkeit entgegenzusetzen und zu beziehen auf eine andere, welche nicht über die Grenze hinausgeht. Diese Anschauung seiner selbst in seiner ideellen und reellen, in seiner über die Grenze hinausgehenden, empfindenden, und seiner innerhalb der Grenze gehemmten, empfundenen Thätigkeit, ist nicht möglich, als durch eine dritte, zugleich innerhalb der Grenze gehemmte und über sie hinausgehende, zugleich ideelle und reelle Thätigkeit, und diese Thätigkeit ist es, in welcher das Ich sich als empfindend zum Objekt wird. Insofern das Ich empfindend ist, ist es ideell, insofern Objekt, reell, diejenige Thätigkeit also, durch welche es als empfindend Objekt wird, muß eine zugleich ideelle und reelle seyn.

Das Problem zu erklären, wie das Ich als empfindend sich anschaue, konnte also auch so ausgedrückt werden: zu erklären, wie das Ich in einer und derselben Thätigkeit ideell und reell werde. Diese zugleich ideelle und reelle Thätigkeit ist jene von uns postulirte producirende, in welcher Aktivität und Passivität wechselseitig durcheinander bedingt sind. Die Genesis jener dritten Thätigkeit erklärt uns also zugleich den Ursprung jenes Cirkels, in den wir uns mit dem Ich versetzt sahen (I.).

Die Genesis dieser Thätigkeit aber ist folgende. Im ersten Akt (dem des Selbstbewußtseyns) wird das Ich überhaupt angeschaut, und dadurch, durch das Angeschautwerden, begrenzt. Im zweiten Akt wird es nicht überhaupt, sondern bestimmt angeschaut als begrenzt, aber es kann nicht angeschaut werden als begrenzt, ohne daß die ideelle Thätigkeit die Grenze überschreitet. Dadurch entsteht im Ich ein Gegensatz zweier Thätigkeiten, die als Thätigkeiten eines und desselben Ichs unwillkürlich in einer dritten vereinigt werden, in welcher ein wechselseitiges Bedingtseyn von Afficirtseyn und Thätigkeit nothwendig ist, oder in welcher das Ich ideell ist, nur insofern es zugleich reell ist, und umgekehrt, wodurch also das Ich sich als empfindend zum Objekt wird.

3) In dieser dritten Thätigkeit ist das Ich schwebend zwischen der über die Grenze hinausgegangenen und der gehemmten Thätigkeit. Durch jenes Schweben des Ichs erhalten beide einen wechselseitigen Bezug aufeinander, und werden als Entgegengesetzte fixirt.

Es fragt sich:

a) als was die ideelle Thätigkeit fixirt wird. Insofern sie überhaupt fixirt wird, hört sie auf reine Thätigkeit zu seyn. Sie wird in derselben Handlung entgegengesetzt der innerhalb der Grenze gehemmten Thätigkeit, sie wird also aufgefaßt als fixirte, aber dem reellen Ich entgegengesetzte Thätigkeit. Insofern sie aufgefaßt wird als fixirt, bekommt sie ein ideelles Substrat, insofern sie aufgefaßt wird als dem reellen Ich entgegengesetzte Thätigkeit, wird sie selbst — aber nur in dieser Entgegensetzung reelle Thätigkeit, sie wird Thätigkeit von etwas dem reellen Ich reell Entgegengesetztem. Dieses dem reellen Ich reell Entgegengesetzte aber ist nichts anderes als das Ding an sich.

Die über die Grenze hinausgegangene, nun zum Objekt gewordene ideelle Thätigkeit verschwindet also jetzt als solche aus dem Bewußtseyn und ist in das Ding an sich verwandelt.

Es ist leicht folgende Bemerkung zu machen. Der einzige Grund der ursprünglichen Begrenztheit ist nach dem Vorhergehenden die anschauende oder ideelle Thätigkeit des Ichs, aber eben diese wird hier als Grund der Begränztheit dem Ich selbst reflektirt, nur nicht eben als Thätigkeit des Ichs, denn das Ich ist jetzt bloß reelles, sondern als eine dem Ich entgegengesetzte. Das Ding an sich ist also nichts anderes als der Schatten der ideellen, über die Grenze hinausgegangenen Thätigkeit, der dem Ich durch die Anschauung zurückgeworfen wird, und insofern selbst ein Produkt des Ichs. Der Dogmatiker, der das Ding an sich für reell ansieht, steht auf demselben Standpunkt, auf welchem das Ich im gegenwärtigen Moment steht. Das Ding an sich entsteht ihm durch ein Handeln, das Entstandene bleibt zurück, nicht die Handlung, wodurch es entstanden ist. Das Ich also ist ursprünglich unwissend darüber, daß jenes Entgegengesetzte sein Produkt ist, und es muß in dieser Unwissenheit bleiben, solang es in den magischen Kreis eingeschlossen ist, den das Selbstbewußtseyn um das Ich beschreibt; der Philosoph nur, der diesen Kreis öffnet, kann hinter jene Täuschung kommen.

Die Deduktion ist jetzt so weit vorgeschritten, daß zuerst etwas außer dem Ich für das Ich selbst da ist. In der gegenwärtigen Handlung geht das Ich zuerst auf etwas jenseits der Grenze, und diese selbst ist jetzt nichts als der gemeinschaftliche Berührungspunkt des Ichs und seines Entgegengesetzten. In der ursprünglichen Empfindung kam nur die Grenze vor, hier etwas jenseits der Grenze, wodurch das Ich die Grenze sich erklärt. Es ist zu erwarten, daß dadurch auch die Grenze eine andere Bedeutung erhalten werde, wie sich bald zeigen wird. Die ursprüngliche Empfindung, in welcher das Ich nur das Empfundene war, verwandelt sich in eine Anschauung, in welcher das Ich zuerst sich selbst Empfindendes wird, aber eben dadurch aufhört Empfundenes zu seyn. Das Empfundene, für das sich als empfindend anschauende Ich, ist die über die Grenze hinausgegangene ideelle (vorher empfindende) Thätigkeit, die aber nun nicht mehr als Thätigkeit des Ichs angeschaut wird. Das ursprünglich Begrenzende der reellen ist das Ich selbst, aber es kann nicht als begrenzend ins Bewußtseyn kommen, ohne sich in das Ding an sich zu verwandeln. Die dritte Thätigkeit, welche hier deducirt ist, ist die, in welcher das Begrenzte und das Begrenzende getrennt zugleich und zusammengefaßt werden.

Es ist noch übrig, zu untersuchen

b) was aus der reellen oder gehemmten Thätigkeit in dieser Handlung werde.

Die ideelle Thätigkeit hat sich in das Ding an sich verwandelt, die reelle also wird durch dieselbe Handlung sich in das dem Ding an sich Entgegengesetzte, d. h. in das Ich an sich verwandeln. Das Ich, was bisher immer Subjekt und Objekt zugleich war, ist jetzt zuerst etwas an sich; das ursprünglich Subjektive des Ichs ist hinübergetragen über die Grenze, und wird dort angeschaut als Ding an sich; was innerhalb der Grenze zurückbleibt, ist das rein Objektive des Ichs.

Die Deduktion steht also jetzt an dem Punkt, wo das Ich und sein Entgegengesetztes nicht etwa nur für den Philosophen, sondern für das Ich selbst sich trennen. Die ursprüngliche Duplicität des Selbstbewußtseyns ist jetzt zwischen dem Ich und dem Ding an sich gleichsam getheilt. Von dem gegenwärtigen Handeln des Ichs bleibt also nicht eine bloße Passivität, sondern es bleiben zwei sich reell Entgegengesetzte, auf welchen die Bestimmtheit der Empfindung beruht, zurück, und damit erst ist die Aufgabe, wie das Ich empfindendes für sich selbst werde, vollständig gelöst. Eine Aufgabe, die bis jetzt keine Philosophie beantworten konnte, am allerwenigsten der Empirismus. Indeß, wenn dieser vergeblich sich bemüht den Uebergang des Eindrucks aus dem bloß passiven Ich in das denkende und aktive zu erklären, so hat doch der Idealist die Schwierigkeit der Aufgabe mit ihm gemein. Denn woher auch die Passivität entstehe, ob aus einem Eindruck des Dings außer uns, oder aus dem ursprünglichen Mechanismus des Geistes selbst, so ist es doch immer Passivität, und der Uebergang, der erklärt werden soll, derselbe. Das Wunder der produktiven Anschauung löst diese Schwierigkeit, und ohne dieselbe ist sie überhaupt nicht zu lösen. Denn es ist offenbar, daß das Ich nicht als empfindend sich anschauen kann, ohne daß es sich als sich selbst entgegengesetzt, und zugleich in begrenzender und begrenzter Thätigkeit, in jener Wechselbestimmung von Aktivität und Passivität anschaue, welche auf die angezeigte Art entsteht, nur daß dieser Gegensatz im Ich selbst, den nur der Philosoph sieht, seinem Objekt, dem Ich, als ein Gegensatz zwischen ihm selbst und etwas außer ihm erscheint.

4) Das Produkt des Schwebens zwischen reeller und ideeller Thätigkeit ist das Ich an sich auf der einen, und das Ding an sich auf der andern Seite, und beide sind die Faktoren der jetzt abzuleitenden Anschauung. Zuvor fragt sich, wie diese beiden durch die abgeleitete Handlung bestimmt seyen.

a) Daß das Ich durch diese Handlung als rein Objektives bestimmt sey, ist so eben bewiesen worden. Aber dieß wird es nur in dem Wechselverhältniß, in welchem es jetzt mit dem Ding an sich steht. Denn wäre das Begrenzende noch in ihm, so wäre es nur dadurch, daß es sich erscheint, anstatt daß es jetzt an sich und gleichsam unabhängig von sich selbst ist, gerade so wie es der Dogmatiker verlangt, der eben nur bis auf diesen Standpunkt sich erhebt.

(Es ist nicht von dem Ich die Rede, was in dieser Handlung thätig ist, denn dieses ist in seiner Begrenztheit ideell, und umgekehrt in seiner Idealität begrenzt, weder Subjekt noch Objekt allein, da es das ganze (vollständige) Ich in sich befaßt, nur daß das, was zum Subjekt gehört, als Ding an sich, was zum Objekt, als Ich an sich erscheint).

b) Das Ding ist vorerst schlechterdings nur bestimmt als das dem Ich absolut Entgegengesetzte. Nun ist aber das Ich bestimmt als Thätigkeit, also auch das Ding nur als eine der Thätigkeit des Ichs entgegengesetzte. Aber alle Entgegensetzung ist eine bestimmte; es ist also unmöglich, daß das Ding dem Ich entgegengesetzt werde, ohne daß es zugleich begrenzt sey. Es erklärt sich hier, was es heiße, das Ich müsse auch die Passivität wieder begrenzen (I.). Die Passivität wird begrenzt dadurch, daß ihre Bedingung, das Ding, begrenzt wird. Die Begrenztheit in der Begrenztheit, welche wir gleich anfangs zugleich mit der Begrenztheit überhaupt entstehen sahen, kommt doch erst mit dem Gegensatz zwischen Ich und Ding an sich ins Bewußtseyn. Das Ding ist bestimmt als dem Ich entgegengesetzte Thätigkeit, und dadurch als Grund der Begrenztheit überhaupt, als selbst begrenzte Thätigkeit, und dadurch als Grund der bestimmten Begrenztheit. Wodurch ist nun das Ding begrenzt? Durch dieselbe Grenze, durch welche auch das Ich begrenzt ist. So viel Grad von Thätigkeit im Ich, so viel Grad von Nichtthätigkeit im Ding, und umgekehrt. Nur durch diese gemeinschaftliche Begrenzung stehen beide in Wechselwirkung. Daß eine und dieselbe Grenze Grenze des Ichs und des Dings sey, d. h. daß das Ding nur begrenzt sey, insoweit das Ich, und das Ich nur, insoweit das Objekt begrenzt ist, kurz, jene Wechselbestimmung von Aktivität und Passivität im Ich in der gegenwärtigen Handlung, sieht nur der Philosoph; in der folgenden Handlung wird sie auch das Ich, aber, wie sich erwarten läßt, unter ganz anderer Form, erblicken. Die Grenze ist noch immer dieselbe, welche ursprünglich durch das Ich selbst gesetzt war, nur daß sie jetzt nicht mehr bloß als Grenze des Ichs, sondern auch als Grenze des Dings erscheint. Das Ding erlangt nur so viel Realität, als im Ich selbst durch sein ursprüngliches Handeln aufgehoben war. Aber so wie das Ich sich selbst, so wird ihm auch das Ding als ohne sein Zuthun begrenzt erscheinen, und, um dieses Resultat wieder anzuknüpfen an den Punkt, von dem wir ausgingen, so wird also hier die ideelle Thätigkeit begrenzt unmittelbar dadurch, daß sie über die Grenze geht und als solche angeschaut wird.

Es läßt sich daraus leicht schließen, wie durch jene Handlung

c) die Grenze bestimmt seyn werde. Da sie Grenze zugleich für das Ich und für das Ding ist, so kann ihr Grund ebensowenig in jenem als in diesem liegen; denn läge er im Ich, so wäre seine Aktivität nicht bedingt durch Passivität; im Ding, so wäre seine Passivität nicht bedingt durch Aktivität, kurz, die Handlung wäre nicht, was sie ist. Da der Grund der Grenze weder im Ich noch im Ding liegt, so liegt er nirgends, sie ist schlechthin, weil sie ist, und sie ist so, weil sie so ist. Sie wird demnach in Bezug auf das Ich sowohl als das Ding als schlechthin zufällig erscheinen. Dasjenige in der Anschauung ist also die Grenze, was für das Ich sowohl als das Ding schlechthin zufällig ist; eine genauere Bestimmung oder Auseinandersetzung ist hier noch nicht möglich, und kann erst in der Folge gegeben werden.

5) Jenes Schweben, von welchem das Ich und Ding an sich als Entgegengesetzte zurückbleiben, kann nicht fortdauern, denn durch diesen

Gegenstand ist ein Widerspruch im Ich selbst (demjenigen, was zwischen beiden schwebt) gesetzt. Aber das Ich ist absolute Identität. So gewiß also Ich = Ich, so gewiß entsteht unwillkürlich und nothwendig eine dritte Thätigkeit, in welcher die beiden Entgegengesetzten in ein relatives Gleichheit gesetzt werden.

Alle Thätigkeit des Ichs geht von einem Widerspruch in ihm selbst aus. Denn da das Ich absolute Identität ist, so bedarf es keines Bestimmungsgrundes zur Thätigkeit, außer einer Duplicität in ihm, und die Fortdauer aller geistigen Thätigkeit hängt von der Fortdauer, d. h. dem beständigen Wiederentstehen jenes Widerspruchs ab.

Der Widerspruch erscheint zwar hier als Gegensatz zwischen dem Ich und etwas außer ihm, ist aber abgeleitetermaßen ein Widerspruch zwischen ideeller und reeller Thätigkeit. Soll das Ich in der ursprünglichen Beschränktheit sich selbst anschauen (empfinden), so muß es zugleich über die Beschränktheit hinausstreben. Eingeschränktheit, Nothwendigkeit, Zwang, dieß alles wird nur gefühlt im Gegensatz gegen eine uneingeschränkte Thätigkeit. Es ist auch nichts Wirkliches ohne Eingebildetes. — Mit der Empfindung selbst schon ist also ein Widerspruch in das Ich gesetzt. Es ist beschränkt zugleich und über die Schranke hinausstrebend.

Dieser Widerspruch kann nicht aufgehoben werden, er kann aber auch nicht fortdauern. Er kann also nur vereinigt werden durch eine dritte Thätigkeit.

Diese dritte Thätigkeit ist eine *anschauende* überhaupt, denn es ist das *ideelle* Ich, was hier als begrenztwerdend gedacht wird.

Aber dieses Anschauen ist ein Anschauen des Anschauens, denn es ist ein Anschauen des Empfindens. — Das Empfinden ist selbst schon ein Anschauen, nur ein Anschauen in der *ersten* Potenz (daher die Einfachheit aller Empfindungen, die Unmöglichkeit sie zu definiren, denn alle Definition ist synthetisch). Das jetzt abgeleitete Anschauen ist also ein Anschauen in der *zweiten* Potenz, oder, was dasselbe ist, ein *produktives Anschauen*.

C.

Theorie der produktiven Anschauung.

Vorerinnerung.

Cartesius sagte als Physiker: gebt mir Materie und Bewegung, und ich werde euch das Universum daraus zimmern. Der Transscendental-Philosoph sagt: gebt mir eine Natur von entgegengesetzten Thätigkeiten, deren eine ins Unendliche geht, die andere in dieser Unendlichkeit sich anzuschauen strebt, und ich lasse euch daraus die Intelligenz mit dem ganzen System ihrer Vorstellungen entstehen. Jede andere Wissenschaft setzt die Intelligenz schon als fertig voraus, der Philosoph betrachtet sie im Werden, und läßt sie vor seinen Augen gleichsam entstehen.

Das Ich ist nur der Grund, auf welchen die Intelligenz mit allen ihren Bestimmungen aufgetragen ist. Der ursprüngliche Akt des Selbstbewußtseyns erklärt uns nur, wie das Ich in Ansehung seiner objektiven Thätigkeit, im ursprünglichen Streben, nicht aber, wie es in seiner subjektiven oder im Wissen eingeschränkt sey. Erst die produktive Anschauung versetzt die ursprüngliche Grenze in die ideelle Thätigkeit, und ist der erste Schritt des Ichs zur Intelligenz.

Die Nothwendigkeit der produktiven Anschauung, welche hier aus dem ganzen Mechanismus des Ichs systematisch deducirt ist, ist als allgemeine Bedingung des Wissens überhaupt unmittelbar aus dessen Begriff abzuleiten; denn, wenn alles Wissen seine Realität von einer unmittelbaren Erkenntniß entlehnt, so ist diese allein in der Anschauung anzutreffen, anstatt daß Begriffe nur Schatten der Realität sind, entworfen durch ein reproduktives Vermögen, den Verstand, welcher selbst ein Höheres voraussetzt, das kein Original außer sich hat, und aus ursprünglicher Kraft aus sich selbst producirt. Daher müßte der uneigentliche Idealismus, d. h. ein System, was alles Wissen in Schein verwandelt, derjenige seyn, welcher alle Unmittelbarkeit in unserer Erkenntniß aufhöbe, z. B. dadurch, daß er von den Vorstellungen unabhängige Originale außer uns setzt, anstatt daß ein System, welches den Ursprung der Dinge in einer Thätigkeit des Geistes sucht, welche ideell und reell zugleich ist, eben deßwegen, weil es der vollkommenste Idealismus ist, zugleich der vollkommenste Realismus seyn müßte. Wenn nämlich der vollkommenste Realismus derjenige ist, welcher die Dinge an sich und unmittelbar erkennt, so ist er nur in einer Natur möglich, welche in den Dingen nur ihre eigne, durch eigne Thätigkeit eingeschränkte Realität erblickt. Denn eine solche Natur würde als die inwohnende Seele der Dinge sie wie ihren unmittelbaren Organismus durchdringen, und gleichwie der Meister am vollkommensten sein Werk erkennt, ihren innern Mechanismus ursprünglich durchschauen.

Dagegen mag man den Versuch anstellen aus der Hypothese, daß in unsrer Anschauung irgend etwas sey, was durch den Anstoß oder Eindruck hinzukommt, die Evidenz der sinnlichen Anschauung zu erklären. Vorerst wird durch Anstoß auf das vorstellende Wesen nicht der Gegenstand selbst, sondern nur seine Wirkung in dasselbe übergehen. Nun ist aber in der Anschauung nicht die bloße Wirkung eines Gegenstands, sondern der Gegenstand selbst unmittelbar gegenwärtig. Wie nun zu dem Eindruck der Gegenstand hinzukomme, könnte man wohl etwa durch Schlüsse zu erklären versuchen, wenn nur nicht in der Anschauung selbst schlechthin nichts von einem Schlusse, oder einer Vermittlung durch Begriffe, etwa die der Ursache und Wirkung, vorkäme, und wenn es nicht der Gegenstand selbst, nicht ein bloßes Produkt des Syllogismus wäre, was in der Anschauung vor uns steht. Oder man könnte das Hinzukommen des Gegenstands zur Empfindung aus einem producirenden Vermögen erklären, das durch äußeren Impuls in Bewegung gesetzt ist, so würde nie das unmittelbare Uebergehen des äußern Gegenstands, dessen, von welchem der Eindruck herrührt, in das Ich erklärt werden, man müßte denn den Eindruck oder den Anstoß von einer Kraft ableiten, welche die Seele ganz besitzen und gleichsam durchdringen könnte. Es ist also immer noch das consequenteste Verfahren des Dogmatismus, den Ursprung der Vorstellungen von Außendingen ins Geheimnißvolle zu spielen, und davon als von einer Offenbarung zu sprechen, welche alle weitere Erklärung unmöglich macht, oder, das unbegreifliche Entstehen eines so Fremdartigen wie der Vorstellung aus dem Eindruck eines äußern Objekts durch eine Kraft begreiflich zu machen, welcher, wie der Gottheit (dem einzigen unmittelbaren Objekt unsrer Erkenntniß nach jenem System) auch das Unmögliche möglich ist.

Es scheint den Dogmatikern nie auch von ferne beigegangen zu seyn, daß in einer Wissenschaft wie die Philosophie keine Voraussetzung gilt, daß vielmehr in einer solchen eben diejenigen Begriffe, welche sonst die gemeinsten und geläufigsten sind, vor allen andern deducirt zu werden verlangen. So ist die Unterscheidung zwischen etwas, das von außen, und etwas, das von innen kommt, eine solche, die ohne Zweifel einer Rechtfertigung und Erklärung bedarf. Aber eben dadurch, daß ich sie erkläre, setze ich eine Region des Bewußtseyns, wo diese Trennung *noch nicht* ist und innere und äußere Welt ineinander begriffen sind. So gewiß ist es, daß eine Philosophie, die nur überhaupt sich zum Gesetz macht nichts unbewiesen und unabgeleitet zu lassen, gleichsam ohne es zu wollen und durch ihre bloße Consequenz Idealismus wird.

Es hat noch kein Dogmatiker unternommen die Art und Weise jener äußern Einwirkung zu beschreiben oder darzuthun, welches doch als nothwendiges Erforderniß einer Theorie, von welcher nichts weniger als die ganze Realität des Wissens abhängt, billiger Weise erwartet werden könnte. Man müßte denn hieher jene allmählichen Sublimationen der Materie zur Geistigkeit rechnen, bei welchen nur das Eine vergessen wird, daß der Geist eine ewige Insel ist, zu der man durch noch so viele Umwege von der Materie aus nie ohne Sprung gelangen kann.

Es läßt sich gegen solche Forderungen mit der vorgeschützten absoluten Unbegreiflichkeit nicht in die Länge Stand halten, da der Trieb jenen Mechanismus zu begreifen, immer wiederkehrt, und eine Philosophie, die sich rühmt nichts unbewiesen zu lassen, jenen Mechanismus wirklich entdeckt zu haben vorgibt, man müßte denn in ihren Erklärungen selbst etwas Unbegreifliches finden. Allein alles Unbegreifliche in derselben findet sich nur von dem gemeinen Standort aus, von welchem sich zu entfernen erste Bedingung alles Verstehens in der Philosophie ist. Für wen es z. B. in aller Thätigkeit des Geistes überall nichts Bewußtloses gibt, und keine Region außer der des Bewußtseyns, wird so wenig begreifen, wie die Intelligenz in ihren Produkten sich vergesse, als wie der Künstler in seinem Werk verloren seyn könne. Es gibt für ihn kein anderes als das gemeine moralische Hervorbringen, und überall kein Produciren, in welchem Nothwendigkeit mit Freiheit vereinigt ist.

Daß alle produktive Anschauung aus einem ewigen Widerspruch entspringe, welcher der Intelligenz, die kein anderes Streben hat als das in ihre Identität zurückzukehren, einen beständigen Zwang zur Thätigkeit auferlegt, und sie in der Art ihres Producirens ebenso fesselt und bindet, als die Natur in ihren Hervorbringungen gefesselt erscheint, ist theils im Vorhergehenden schon abgeleitet, und wird durch die ganze Theorie der Anschauung weiter ins Licht gesetzt werden.

Wegen des Worts Anschauung ist zu bemerken, daß dem Begriff schlechterdings nichts Sinnliches beizumischen ist, als ob z. B. das Sehen ausschließend ein Anschauen wäre, obgleich es die Sprache ihm allein zugeeignet hat, wovon sich ein Grund angeben läßt, der ziemlich tief liegt. Der gedankenlose Haufen erklärt sich das Sehen durch den Lichtstrahl; aber was ist denn der Lichtstrahl? Er ist selbst schon ein Sehen, und zwar das ursprüngliche Sehen, das Anschauen selbst.

Die ganze Theorie der produktiven Anschauung geht von dem abgeleiteten und bewiesenen Satz aus: indem die über die Grenze hinausgegangene und die innerhalb der Grenze gehemmte Thätigkeit aufeinander bezogen werden, werden sie als einander entgegengesetzte fixirt, jene als Ding, diese als Ich an sich.

Es könnte hier sogleich die Frage entstehen, wie denn jene als schlechthin unbegrenzbar gesetzte ideelle Thätigkeit fixirt, und damit auch begrenzt werden könne. Die Antwort ist, daß diese Thätigkeit nicht begrenzt wird als anschauende, oder als Thätigkeit des Ichs, denn indem sie begrenzt wird, hört sie auch auf Thätigkeit des Ichs zu seyn, und verwandelt sich in das Ding an sich. Diese anschauende Thätigkeit ist jetzt selbst ein Angeschautes, und darum nicht mehr anschauende. Aber nur die anschauende als solche ist unbegrenzbar.

Die anschauende Thätigkeit, welche an ihre Stelle tritt, ist die in der Produktion begriffene, eben deßwegen zugleich reelle. Diese in der Produktion mitgefesselte ideelle Thätigkeit ist als anschauende noch immer unbegrenzbar. Denn obgleich sie in der produktiven Anschauung mit begrenzt wird, ist sie doch nur für den Moment begrenzt, anstatt daß die reelle fortdauernd begrenzt ist. Wenn sich nun etwa zeigen sollte, daß alles Produciren der Intelligenz auf dem Widerspruch zwischen der unbegrenzbaren ideellen und der gehemmten reellen Thätigkeit beruht, so wird das Produciren so unendlich seyn als jener Widerspruch selbst, und zugleich mit der ideellen in der Produktion mitbegrenzten Thätigkeit ist ein progressives Princip in die Produktion gesetzt. Alles Produciren ist ein endliches für den Moment, aber was auch durch dieses Produciren zu Stande kommt, wird die Bedingung eines neuen Widerspruchs geben, der in ein neues Produciren übergehen wird, und so ohne Zweifel ins Unendliche.

Wäre im Ich nicht eine Thätigkeit, die über jede Grenze hinausgeht, so würde das Ich nie aus seinem ersten Produciren heraustreten, es wäre producirend, und in seinem Produciren begrenzt etwa für ein Anschauendes außer ihm, nicht für sich selbst. Sowie das Ich, um empfindend zu werden für sich selbst, über das ursprünglich Empfundene hinausstreben muß, so, um producirend für sich selbst, über jedes Produkt. Wir werden also mit der produktiven Anschauung in denselben Widerspruch verwickelt seyn wie mit der Empfindung, und durch denselben Widerspruch wird sich auch die produktive Anschauung für uns wieder potenziren wie die einfache in der Empfindung.

Daß dieser Widerspruch unendlich seyn müsse, läßt sich am kürzesten so beweisen:

Es ist im Ich eine unbegrenzbare Thätigkeit, aber diese Thätigkeit ist nicht im Ich, als solchem, ohne daß das Ich sie setzt als seine Thätigkeit. Aber das Ich kann sie nicht anschauen als seine Thätigkeit, ohne sich als Subjekt oder Substrat jener unendlichen Thätigkeit von dieser Thätigkeit selbst zu unterscheiden. Aber eben dadurch entsteht eine neue Duplicität, ein Widerspruch zwischen Endlichkeit und Unendlichkeit. Das Ich als Subjekt jener unendlichen Thätigkeit ist dynamisch (potentia) unendlich, die Thätigkeit selbst, indem sie gesetzt wird als Thätigkeit des Ichs, wird endlich; aber indem sie endlich wird, wird sie aufs neue über die Grenze hinaus ausgedehnt, aber indem sie ausgedehnt wird, auch wieder begrenzt. — Und so dauert dieser Wechsel ins Unendliche fort.

Das auf diese Art zur Intelligenz erhobene Ich ist sonach in einen beständigen Zustand von Expansion und Contraktion versetzt, aber eben dieser Zustand ist der Zustand des Bildens und Producirens. Die Thätigkeit, welche in jenem Wechsel geschäftig ist, wird daher als producirende erscheinen müssen.

I.

Deduktion der produktiven Anschauung.

1) Wir verließen unser Objekt im Zustand des Schwebens zwischen Entgegengesetzten. Diese Entgegengesetzten sind an sich schlechterdings nicht vereinbar, und wenn sie vereinbar sind, sind sie es nur durch das Streben des Ichs sie zu vereinigen, welches allein ihnen Bestand und wechselseitige Beziehung aufeinander gibt.

Beide Entgegengesetzte werden afficirt nur durch das Handeln des Ichs, und sind insofern ein Produkt des Ichs, das Ding an sich sowohl, als das Ich, das hier zuerst als Produkt von sich selbst vorkommt. — Das Ich, dessen Produkt beide sind, erhebt sich eben dadurch zur Intelligenz. Man denke sich das Ding an sich außer dem Ich, diese beiden Entgegengesetzten also in verschiedenen Sphären, so wird zwischen ihnen schlechthin keine Vereinigung möglich seyn, weil sie an sich unvereinbar sind; es wird also, um sie zu vereinigen, eines Höheren bedürfen, was sie zusammenfaßt. Dieses Höhere aber ist das Ich selbst in der höheren Potenz, oder das zur Intelligenz erhobene Ich, von welchem fernerhin immer die Rede ist. Denn jenes Ich, außer welchem das Ding an sich ist, ist nur das objektive oder reelle Ich, das, in welchem es ist, das zugleich ideelle und reelle, d. h. das intelligente.

2) Jene Entgegengesetzten werden nur durch ein Handeln des Ichs zusammengehalten. Aber das Ich hat keine Anschauung seiner selbst in diesem Handeln, die Handlung geht also im Bewußtseyn gleichsam unter, und nur der Gegensatz bleibt als Gegensatz im Bewußtseyn zurück. Aber der Gegensatz konnte eben nicht als Gegensatz im Bewußtseyn zurückbleiben (die Entgegengesetzten hätten sich aneinander vernichtet) ohne eine dritte Thätigkeit, die sie auseinander gehalten (entgegengesetzt) und eben dadurch vereinigt hätte.

Daß der Gegensatz als solcher, oder, daß die beiden Entgegengesetzten als absolut (nicht bloß relativ) Entgegengesetzte ins Bewußtseyn kommen, ist Bedingung der produktiven Anschauung. Die Schwierigkeit ist, eben dieß zu erklären. Denn in das Ich kommt alles nur durch sein Handeln, also auch jener Gegensatz. Aber ist jener Gegensatz durch ein Handeln des Ichs gesetzt, so hört er eben dadurch auf absolut zu seyn. Diese Schwierigkeit ist nur folgendergestalt aufzulösen. Jenes Handeln selbst muß im Bewußtseyn verloren gehen, denn alsdann werden nur die beiden Glieder des Gegensatzes (Ich und Ding an sich) als an sich (durch sich selbst) unvereinbar zurückbleiben. Denn in jener ursprünglichen Handlung waren sie ja nur durch das Handeln des Ichs (also nicht durch sich selbst) zusammengehalten, welches Handeln bloß dazu diente sie ins Bewußtseyn zu bringen, und nachdem es dieß geleistet hat, selbst aus dem Bewußtseyn verschwindet.

Daß jener Gegensatz als solcher im Bewußtseyn zurückbleibt, dadurch ist für das Bewußtseyn ein großes Feld gewonnen. Denn durch denselben ist jetzt eben nicht nur für den Beobachter, sondern für das Ich selbst die Identität des Bewußtseyns schlechthin aufgehoben, das Ich also auf denselben Punkt der Beobachtung geführt, auf welchen wir uns selbst ursprünglich gestellt hatten, nur daß dem Ich auf diesem Punkt mehreres ganz anders erscheinen muß, als es uns erschien. Wir erblickten das Ich ursprünglich in einem Streit von entgegengesetzten Thätigkeiten. Das Ich, ohne um jenen Streit zu wissen, mußte ihn unwillkürlich und blindlings gleichsam vereinigen in einer gemeinschaftlichen Construktion. In dieser Construktion war die ideelle unbegrenzbare Thätigkeit des Ichs als solche mit begriffen, es konnte also von jener Construktion nur die reelle als begrenzt zurückbleiben. Im gegenwärtigen Moment, da jener Streit dem Ich selbst zum Objekt wird, hat er sich für das sich selbst anschauende Ich in den Gegensatz zwischen dem Ich (als objektiver Thätigkeit) und dem Ding an sich verwandelt. Da also die anschauende Thätigkeit jetzt außer dem Conflikt ist (welches eben durch das Erheben des Ichs zur Intelligenz, oder dadurch geschicht, daß dem Ich jener Streit selbst wieder zum Objekt wird), so wird jetzt jener Gegensatz für das Ich selbst in einer gemeinschaftlichen Construktion sich aufheben können. Auch ist offenbar, warum der ursprünglichste Gegensatz für das Ich selbst, obgleich keineswegs für den Philosophen, der zwischen dem Ich und Ding an sich ist.

3) Jener Gegensatz an sich unvereinbarer ist in das Ich nur insofern gesetzt, als ihn das Ich anschaut als solchen, welches Anschauen wir auch bereits abgeleitet, aber bis jetzt nur seinem einen Theil nach betrachtet haben. Denn kraft der ursprünglichen Identität seines Wesens kann das Ich denselben nicht anschauen, ohne in ihm wieder Identität und dadurch eine wechselseitige Beziehung des Ichs auf das Ding und des Dings auf das Ich hervorzubringen. In jenem Gegensatz kommt nun das Ding nur als Thätigkeit vor, obgleich als dem Ich entgegengesetzte Thätigkeit. Dieselbe ist durch das Handeln des Ichs fixirt zwar, aber nur als Thätigkeit. Das Ding also, was bis jetzt abgeleitet ist, ist noch immer ein aktives, thätiges, noch nicht das passive, unthätige der Erscheinung. Dieses werden wir nie erreichen, wenn wir nicht in das Objekt selbst wieder eine Entgegensetzung, und dadurch ein Gleichgewicht bringen. Das Ding an sich ist reine ideelle Thätigkeit, an welcher nichts als ihre Entgegensetzung gegen die reelle Thätigkeit des Ichs erkennbar ist. Wie das Ding, so ist auch das Ich nur Thätigkeit.

Diese entgegengesetzten Thätigkeiten können nicht auseinandergehen, da sie einmal durch die gemeinschaftliche Grenze als Berührungspunkt vereinigt sind. Gleichwohl können sie auch nicht zusammenbestehen, ohne daß sie sich unmittelbar auf ein drittes Gemeinschaftliches reduciren. Erst indem dieß geschieht, heben sie sich als Thätigkeiten auf. Das Dritte, was aus ihnen entsteht, kann nun weder Ich, noch Ding an sich, sondern nur ein in der Mitte zwischen beiden liegendes Produkt seyn. Deßwegen wird dieses Produkt in der Anschauung nicht vorkommen als Ding an sich, oder als das thätige Ding, sondern nur als die Erscheinung jenes Dings. Das Ding, insofern es aktiv und Ursache des Leidens in uns ist, liegt daher jenseits des Moments der Anschauung, oder wird aus dem Bewußtseyn verdrungen durch die produktive Anschauung, welche zwischen dem Ding und dem Ich schwebend etwas hervorbringt, das zwischen beiden in der Mitte liegt, und indem es beide auseinander hält, ein gemeinschaftlicher Ausdruck beider ist.

Daß dieses Dritte Objekt der sinnlichen Anschauung sey, sehen abermals nur wir, nicht das Ich selbst, und auch für uns ist es noch nicht bewiesen, sondern muß erst bewiesen werden.

Dieser Beweis kann kein anderer seyn als folgender. In dem Produkt ist nur, was in der produktiven Thätigkeit ist, und was durch die Synthesis hineingelegt worden, muß sich auch durch Analysis wieder daraus entwickeln lassen. Es muß sich also in dem Produkt die Spur jener beider Thätigkeiten, sowohl der des Ichs als der des Dings, aufzeigen lassen.

Um zu wissen, wodurch jene beiden Thätigkeiten im Produkt sich erkennen lassen, müssen wir erst wissen, wodurch sie überhaupt unterscheidbar sind.

Die eine jener Thätigkeiten ist die des Ichs, welche ursprünglich, d. h. vor der Begrenzung (und diese soll ja erst hier für das Ich selbst erklärt werden), unendlich ist. Nun ist aber kein Grund die dem Ich entgegengesetzte Thätigkeit als endlich zu setzen, sondern, so gewiß die Thätigkeit des Ichs unendlich ist, muß es auch die ihm entgegengesetzte des Dings seyn.

Aber zwei einander entgegengesetzte und außereinander befindliche

Thätigkeiten können schlechterdings nicht als unendlich gedacht werden, wenn beide positiver Natur sind. Denn zwischen gleich positiven Thätigkeiten ist nur relative Entgegensetzung möglich, d. h. eine bloße Entgegensetzung der Richtung nach.

(Z. B. auf einen und denselben Körper wirken zwei gleiche Kräfte A, A, in entgegengesetzter Richtung, so sind erstens beide positiv, so daß, wenn beide mit einander verbunden werden, die doppelte Kraft entsteht; beide sind sich also auch nicht entgegengesetzt ursprünglich oder absolut, sondern bloß durch ihr Verhältniß zu dem Körper; sowie sie aus diesem Verhältniß treten, sind beide wieder positiv. Auch ist es völlig gleichgültig, welche von den beiden positiv oder negativ gesetzt wird. Endlich sind beide nur durch ihre entgegengesetzten Richtungen unterscheidbar).

Wenn also die Thätigkeit des Ichs sowohl als die des Dings beide positiv, also einander nur relativ entgegengesetzt wären, so müßten sich beide auch nur durch ihre Richtungen unterscheiden lassen. Nun sind ja aber beide Thätigkeiten als unendlich gesetzt, und im Unendlichen ist schlechthin keine Richtung, also müssen jene beide Thätigkeiten ursprünglich durch eine höhere als bloß relative Entgegensetzung unterscheidbar seyn. Die eine jener Thätigkeiten müßte die nicht bloß relativ, sondern absolut negative der andern seyn; wie dieß möglich sey, ist noch nicht gezeigt, es wird nur behauptet, daß es so seyn müsse.

(Man setze an die Stelle jener oben bloß relativ entgegengesetzten Kräfte zwei Kräfte, deren eine = A, die andere = — A sey, so ist — A ursprünglich negativ und A absolut entgegengesetzt; wenn ich beide verbinde, so entsteht nicht, wie oben, die doppelte Kraft, der Ausdruck für ihre Verbindung ist: A + (— A) = A — A. Es ist daraus im Vorbeigehen zu sehen, warum die Mathematik den Unterschied zwischen absoluter und relativer Entgegensetzung nicht zu beachten braucht, weil für den Calcul die Formeln a — a und a + (— a), deren jene Ausdruck der relativen, diese der absoluten Entgegensetzung ist, ganz gleichbedeutend sind. Desto wichtiger aber ist dieser Unterschied für Philosophie und Physik, wie sich in der Folge deutlich zeigen wird. A und

— A sind auch nicht bloß unterscheidbar durch ihre entgegengesetzten Richtungen, da die eine nicht bloß in diesem Verhältniß, sondern absolut und ihrer Natur nach negativ ist).

Dieß angewendet auf den vorliegenden Fall, so ist die Thätigkeit des Ichs an sich positiv und der Grund aller Positivität. Denn sie ist charakterisirt worden als ein Streben ins Unendliche sich auszubreiten. Mithin müßte die Thätigkeit des Dings an sich die absolut und ihrer Natur nach negative seyn. Wenn jene ein Streben wäre das Unendliche zu erfüllen, so müßte dagegen diese nur als die einschränkende der ersten denkbar seyn. Sie selbst an und für sich wäre nicht reell, und müßte ihre Realität nur im Gegensatz gegen die andere, durch das beständige Einschränken ihrer Wirkung, beweisen können.

So ist es denn auch. Was uns auf dem gegenwärtigen Standpunkt als Thätigkeit des Dings an sich erscheint, ist nichts anderes als die ideelle in sich zurückgehende Thätigkeit des Ichs, und diese ist nur als die negative der andern vorstellbar. Die objektive oder reelle Thätigkeit besteht für sich, und ist, auch wenn keine anschauende ist, die anschauende dagegen oder einschränkende ist nichts ohne Anzuschauendes oder Einzuschränkendes.

Umgekehrt, daraus, daß beide Thätigkeiten einander absolut entgegengesetzt sind, folgt, daß sie in einem und demselben Subjekt gesetzt seyn müssen. Denn nur, wenn zwei entgegengesetzte Thätigkeiten Thätigkeiten eines und desselben Subjekts sind, kann die eine die absolut entgegengesetzte der andern seyn.

(Z. B. Man denke sich einen Körper, der durch eine von der Erde ausgehende Kraft = A in die Höhe getrieben wird, so wird er wegen der continuirlichen Einwirkung der Schwerkraft durch eine stetige Abweichung von der geraden Linie zur Erde zurückkehren. Nun denkt man sich entweder, daß die Schwere durch Stoß wirke, so sind A und der in entgegengesetzter Richtung kommende Impuls der Schwere B beides positive Kräfte und sich bloß relativ entgegengesetzt, so daß es völlig willkürlich ist, welche von beiden, A oder B, als negativ angenommen wird. Setzt man dagegen, die Ursache der Schwere liege gar nicht außer dem Punkt, von welchem die Kraft A ausgeht, so werden die beiden Kräfte A und B einen gemeinschaftlichen Quell haben, wo dann sogleich sichtbar ist, daß die eine von beiden nothwendig und ursprünglich negativ ist, so wie auch, daß wenn A, die positive, eine Kraft ist, die in der Berührung wirkt, die negative eine solche seyn muß, die auch in die Ferne wirkt. Der erste Fall ist Beispiel einer bloß relativen Entgegensetzung, der zweite einer absoluten. Welcher von beiden angenommen werde, ist für den Calcul freilich, aber nicht für die Naturlehre gleichgültig).

Wenn also beide Thätigkeiten ein und dasselbe Subjekt, das Ich, haben, so versteht es sich von selbst, daß sie einander absolut entgegengesetzt seyn müssen; und umgekehrt, wenn beide einander absolut entgegengesetzt sind, daß sie Thätigkeiten eines und desselben Subjekts sind.

Wenn beide Thätigkeiten zwischen verschiedenen Subjekten getheilt wären, wie dieß hier der Fall zu seyn scheinen könnte, da wir die eine als Thätigkeit des Ichs, die andere als Thätigkeit des Dings gesetzt haben, so könnte ja die ins Unendliche gehende Tendenz des Ichs durch eine in entgegengesetzter Richtung kommende (des Dings an sich) eingeschränkt werden. Allein alsdann müßte das Ding an sich außer dem Ich seyn. Aber das Ding an sich ist nur außer dem r e e l l e n (praktischen) Ich; durch die Magie der Anschauung sind b e i d e vereinigt, und als in Einem identischen Subjekt (der Intelligenz) gesetzte nicht relativ, sondern absolut entgegengesetzte Thätigkeiten.

4) Die entgegengesetzten Thätigkeiten, welche Bedingung der Anschauung seyn sollen, sind jetzt genauer bestimmt, und für beide sind von ihren Richtungen unabhängige Charaktere gefunden. Die eine Thätigkeit, die des Ichs, wird an ihrer positiven Natur, die andere daran erkannt, daß sie überhaupt nur als die einschränkende einer positiven gedacht werden kann. Wir gehen jetzt zur Anwendung dieser Bestimmungen auf die oben aufgeworfene Frage.

In dem Gemeinschaftlichen, was aus der Entgegensetzung beider Thätigkeiten entspringt, muß sich die Spur beider Thätigkeiten aufzeigen, und da wir die Natur beider kennen, muß sich auch das Produkt darnach charakterisiren lassen.

Da das Produkt Produkt entgegengesetzter Thätigkeiten ist, so muß es schon deßwegen ein endliches seyn.

Ferner das Produkt ist gemeinschaftliches Produkt entgegengesetzter Thätigkeiten, also kann keine Thätigkeit die andere aufheben, beide zusammen müssen nicht etwa als identische, sondern als das, was sie sind, als entgegengesetzte Thätigkeiten, die sich wechselseitig das Gleichgewicht halten, im Produkt vorkommen.

Insofern sich beide unter einander das Gleichgewicht halten, werden beide zwar nicht aufhören Thätigkeiten zu seyn, aber sie werden nicht als Thätigkeiten erscheinen. — Man erinnere sich wiederum des Beispiels vom Hebel. Damit der Hebel im Gleichgewicht bleibe, müssen in gleichen Entfernungen vom Ruhepunkt an beiden Enden gleiche Gewichte niederziehen. Jedes einzelne Gewicht zieht, aber es kann nicht zum Effekt kommen (es erscheint nicht als thätig), beide schränken sich ein auf den gemeinschaftlichen Effekt. So in der Anschauung. Die beiden sich das Gleichgewicht haltenden Thätigkeiten hören dadurch nicht auf Thätigkeiten zu seyn, denn das Gleichgewicht existirt nur, insofern beide Thätigkeiten als Thätigkeiten einander entgegengesetzt sind, nur das Produkt ist ein ruhendes.

Aber ferner in dem Produkt, da es ein gemeinschaftliches seyn soll, muß auch die Spur beider Thätigkeiten zu finden seyn. Es werden sich also in dem Produkt zwei entgegengesetzte Thätigkeiten unterscheiden lassen, eine Thätigkeit, welche schlechthin positiv ist und die Tendenz hat ins Unendliche sich auszubreiten, die andere, welche als die absolut entgegengesetzte der ersten auf die absolute Endlichkeit geht und eben deßwegen nur als die einschränkende der positiven erkennbar ist.

Nur weil beide Thätigkeiten absolut entgegengesetzt sind, können auch beide unendlich seyn. Beide sind unendlich nur im entgegengesetzten Sinne. (Zur Erläuterung dient die Unendlichkeit der Zahlenreihe nach entgegengesetzten Richtungen. Eine endliche Größe überhaupt = 1 kann ins Unendliche vermehrt werden, so daß immer noch ein Theiler für sie gefunden wird, setzt man aber, daß sie über alle Schranken vermehrt sey, so ist sie $\frac{1}{0}$, d. h. das Unendlichgroße. Dieselbe kann ins Unendliche vermindert werden dadurch, daß sie ins Unendliche getheilt wird, setzt man nun daß der Theiler über alle Schranken hinaus wachse, so ist sie $= \frac{1}{\infty}$, d. h. das Unendlichkleine).

Die eine jener Thätigkeiten würde also, wenn sie uneingeschränkt wäre, das positiv Unendliche, die andere unter gleicher Bedingung das negativ Unendliche produciren.

In dem gemeinschaftlichen Produkt muß also die Spur von zwei Thätigkeiten angetroffen werden, deren eine in ihrer Schrankenlosigkeit das positiv, die andere das negativ Unendliche hervorbringen würde.

Aber ferner, diese beide Thätigkeiten können einander nicht absolut entgegengesetzt seyn, ohne Thätigkeiten eines und desselben identischen Subjekts zu seyn. Sie können also auch nicht in einem und demselben Produkt vereinigt seyn, ohne eine dritte, welche die synthetische beider ist. Im Produkt wird also außer jenen beiden Thätigkeiten auch noch die Spur einer dritten, synthetischen beider entgegengesetzten, vorkommen müssen.

Nachdem die Charaktere des Produkts vollständig abgeleitet sind, bedarf es nur noch des Beweises, daß sie alle in dem zusammentreffen, was wir Materie nennen.

II.

Deduktion der Materie.

1) Die beiden Thätigkeiten, die im Produkt sich das Gleichgewicht halten, können nur als fixirte ruhende Thätigkeiten, d. h. als Kräfte, erscheinen.

Die eine dieser Kräfte wird ihrer Natur nach positiv seyn, so daß sie, wenn sie durch keine entgegengesetzte eingeschränkt wäre, unendlich sich ausbreiten würde. — Daß der Materie eine solche unendliche Expansivkraft zukomme, davon wird nur der transscendentale Beweis geführt. So gewiß als die eine der beiden Thätigkeiten, aus welchen das Produkt construirt ist, ihrer Natur nach ins Unendliche strebt, so gewiß muß der eine Faktor des Produkts auch eine unendliche Expansivkraft seyn.

Diese unendliche Expansivkraft, welche im Produkt concentrirt ist, würde nun, sich selbst überlassen, sich ins Unendliche ausbreiten. Daß sie also in einem endlichen Produkt zurückgehalten wird, ist nur durch eine entgegengesetzte negative, hemmende Kraft zu begreifen, welche als das Entsprechende der begrenzenden Thätigkeit des Ichs im gemeinschaftlichen Produkt sich gleichfalls muß aufzeigen lassen.

Wenn also das Ich im gegenwärtigen Moment reflektiren könnte auf seine Construktion, so würde es sie als Gemeinschaftliches aus zwei sich das Gleichgewicht haltenden Kräften finden, deren eine für sich selbst das Unendlichgroße produciren würde, indeß die andere in ihrer Uneingeschränktheit das Produkt aufs Unendlichkleine reduciren würde. — Allein das Ich ist im gegenwärtigen Moment noch nicht reflektirend.

2) Bis jetzt haben wir bloß auf die entgegengesetzte Natur beider Thätigkeiten und der ihnen entsprechenden Kräfte Rücksicht genommen, aber von der entgegengesetzten Natur beider hangen auch ihre entgegengesetzten Richtungen ab. Wir können also die Frage aufwerfen, wie sich beide Kräfte auch durch ihre bloßen Richtungen unterscheiden werden, welche Frage uns zur genaueren Bestimmung des Produkts führen und den Weg zu einer neuen Untersuchung bahnen wird, da es ohne Zweifel eine sehr wichtige Frage ist: wie Kräfte, die als von einem und demselben Punkt aus wirkend gedacht werden, in entgegengesetzter Richtung wirken können.

Die eine der beiden Thätigkeiten wurde angenommen als ursprünglich aufs positiv Unendliche gehend. Aber im Unendlichen ist keine Richtung. Denn Richtung ist Determination, Determination aber = Negation. Die positive Thätigkeit wird also im Produkt erscheinen müssen als eine an sich völlig richtungslose, und eben deßwegen nach allen Richtungen gehende Thätigkeit. Es muß aber wiederum bemerkt werden, daß jene nach allen Richtungen gehende Thätigkeit auch nur auf dem Standpunkt der Reflexion als solche unterschieden wird, denn im Moment des Producirens wird die Thätigkeit von ihrer Richtung überall nicht unterschieden, und wie das Ich selbst diese Unterscheidung mache, wird Objekt einer besonderen Aufgabe seyn. Es fragt sich nun: durch welche Richtung sich die der positiven entgegengesetzte Thätigkeit im Produkt unterscheiden werde. Was sich zum voraus erwarten läßt, daß wenn die positive alle Richtungen in sich vereinigt, diese nur Eine Richtung haben werde, läßt sich streng beweisen. — Im Begriff der Richtung wird auch der Begriff der Expansivität gedacht. Wo keine Expansivität, ist auch keine Richtung. Da nun die negative Kraft der Expansivkraft absolut entgegengesetzt ist, so muß sie erscheinen als eine Kraft, die aller Richtung entgegenwirkt, die also, wenn sie uneingeschränkt wäre, eine absolute Negation aller Richtung im Produkt seyn würde. Aber die Negation aller Richtung ist die absolute Grenze, der bloße Punkt. Jene Thätigkeit wird also erscheinen als eine solche, welche alle Expansion auf den bloßen Punkt zurückzubringen bestrebt ist. Dieser Punkt wird ihre Richtung andeuten, sie wird also nur die Eine Richtung gegen diesen Punkt haben. Man denke sich die Expansivkraft als vom gemeinschaftlichen Mittelpunkt C aus nach allen Richtungen CA, CB u. s. w. wirkend, so wird dagegen die negative oder Attraktivkraft von allen Richtungen her gegen den Einen Punkt C zurückwirken. — Es gilt aber auch von dieser Richtung wieder, was von den Richtungen der positiven Kraft erinnert wurde. Thätigkeit und Richtung sind auch hier absolut Eins, das Ich selbst unterscheidet sie nicht.

Ebensowenig als die Richtungen der positiven und negativen Thätigkeit von den Thätigkeiten selbst unterschieden werden, werden auch jene Richtungen voneinander unterschieden. Wie das Ich dazu komme, diese Unterscheidung zu machen, durch welche es zuerst den Raum als Raum, die Zeit als Zeit unterscheidet, ist Gegenstand einer späteren Untersuchung.

3. Die wichtigste Frage, die uns jetzt noch in Ansehung des Verhältnisses der beiden Kräfte übrig ist, ist die: wie denn in einem und demselben Subjekt Thätigkeiten von entgegengesetzten Richtungen vereinigt seyn können. Wie zwei von verschiedenen Punkten ausgehende Kräfte in entgegengesetzten Richtungen wirken können, ist begreiflich; nicht so leicht, wie zwei Kräfte, die von einem und demselben Punkt ausgehen. Wenn CA, CB u. s. w. die Linien sind, in welchen die

positive Kraft wirkt, so wird dagegen die negative Kraft in der entgegengesetzten Richtung, also in den Richtungen AC, BC u. s. w. wirken müssen. Nun lasse man die positive Kraft in A begrenzt werden, so würde die negative, wenn sie, um auf den Punkt A zu wirken, erst alle Zwischenpunkte zwischen C und A durchlaufen müßte, von der Expansivkraft schlechterdings nicht unterscheidbar seyn, denn sie würde ganz in derselben Richtung mit dieser wirken. Da sie nun in der entgegengesetzten Richtung mit der positiven wirkt, so wird auch das umgekehrte für sie gelten, d. h. sie wird unmittelbar, und ohne die einzelnen Punkte zwischen C und A zu durchlaufen, auf den Punkt A wirken, und die Linie A begrenzen.

Wenn also die Expansivkraft nur in Continuität wirkt, so wird dagegen die Attraktivkraft oder die retardirende Kraft unmittelbar oder in die Ferne wirken.

Das Verhältniß beider Kräfte wäre diesem nach so bestimmt. — Da die negative Kraft unmittelbar auf den Begrenzungspunkt wirkt, so wird innerhalb des Begrenzungspunkts nichts als Expansivkraft seyn, jenseits dieses Punkts aber wird die in der entgegengesetzten Richtung der Expansivkraft (obgleich von demselben Punkte aus) wirkende Attraktivkraft ihre Wirkung nothwendig ins Unendliche erstrecken.

Denn da sie eine Kraft ist, welche unmittelbar wirkt, und es für sie keine Ferne gibt, so muß sie gedacht werden, als in alle Weite, mithin ins Unendliche wirkend.

Das Verhältniß der beiden Kräfte ist also jetzt dasselbe, wie das der objektiven und subjektiven Thätigkeit jenseits der Produktion. — So wie die innerhalb der Grenze gehemmte und die über die Grenze hinaus ins Unendliche gehende Thätigkeit nur die Faktoren der produktiven Anschauung sind, so sind auch die durch die gemeinschaftliche (beiden schlechthin zufällige) Grenze geschiedene Repulsiv- und Attraktivkraft (deren jene innerhalb des Grenzpunkts gehemmt ist, diese aber ins Unendliche geht, indem die ihr mit der Repulsivkraft gemeinschaftliche Grenze auch nur Grenze für sie ist in Bezug auf jene) nur die Faktoren zur Construktion der Materie, nicht das Construirende selbst.

Das Construirende kann nur eine dritte Kraft seyn, welche die synthetische beider ist und der synthetischen Thätigkeit des Ichs in der Anschauung entspricht. Es war nur vermöge dieser dritten synthetischen Thätigkeit zu begreifen, wie die beiden Thätigkeiten als einander absolut entgegengesetzt in einem und demselben identischen Subjekt gesetzt werden konnten. Die Kraft, welche dieser Thätigkeit im Objekt entspricht, wird also diejenige seyn, vermöge welcher jene beiden sich schlechthin entgegengesetzten Kräfte in einem und demselben identischen Subjekt gesetzt werden.

(Kant, in seinen metaphysischen Anfangsgründen der Naturwissenschaft, nennt die Attraktivkraft eine durchdringende Kraft, allein dieß geschieht nur aus dem Grunde, weil er die Attraktivkraft schon als Schwerkraft (also nicht rein) betrachtet, deßwegen er auch nur zweier Kräfte zur Construktion der Materie bedarf, indeß wir deren drei als nothwendig deduciren. — Die Attraktivkraft rein, d. h. als bloßer Faktor der Construktion, gedacht, ist zwar eine unmittelbar in die Ferne wirkende, nicht aber durchdringende Kraft, denn es ist nichts zu durchdringen, wo nichts ist. Die durchdringende Eigenschaft erlangt sie erst dadurch, daß sie in die Schwerkraft aufgenommen wird. Die Schwerkraft selbst ist nicht identisch mit der Attraktivkraft, obgleich diese nothwendig in sie mit eingeht. Die Schwerkraft ist auch nicht eine einfache Kraft, wie diese, sondern, wie aus der Deduktion erhellt, eine zusammengesetzte Kraft).

Durch die Schwerkraft erst, die eigentlich produktive und schöpferische, wird die Construktion der Materie vollendet, und es bleibt uns jetzt nichts übrig, als aus dieser Construktion die hauptsächlichsten Folgesätze zu ziehen.

Folgesätze.

Es ist eine Forderung, welche an eine transscendentale Untersuchung mit allem Recht gemacht werden kann, zu erklären, warum die Materie nothwendig als nach drei Dimensionen ausgedehnt angeschaut werden muß, wovon, soviel uns bekannt ist, bis jetzt keine Erklärung versucht worden ist; wir halten es daher für nothwendig, die Deduktion der drei Dimensionen der Materie unmittelbar aus den drei Grundkräften, welche zur Construktion der Materie gehören, hier beizufügen.

Nach den vorhergehenden Untersuchungen müssen in der Construktion der Materie drei Momente unterschieden werden.

a) Der erste Moment ist der, wo die beiden entgegengesetzten Kräfte als in einem und demselben Punkt vereinigt gedacht werden. Von diesem Punkt aus wird die Expansivkraft nach allen Richtungen wirken können, welche Richtungen aber nur mittelst der entgegengesetzten Kraft unterschieden werden, die allein den Grenz- also auch den Richtungspunkt gibt. Diese Richtungen sind aber nicht etwa mit Dimensionen zu verwechseln, denn die Linie hat, nach welcher Richtung sie auch gezogen werde, immer nur Eine Dimension, nämlich die der Länge. Die negative Kraft gibt der an sich richtungslosen Expansivkraft die bestimmte Direktion. Nun ist aber bewiesen worden, die negative Kraft wirke nicht mittelbar, sondern unmittelbar auf den Grenzpunkt. Setzt man also, es wirke von dem Punkt C, als gemeinschaftlichem Sitz beider Kräfte, aus die negative Kraft unmittelbar auf den Grenzpunkt der Linie, der vorerst noch ganz unbestimmt bleiben kann, so wird wegen ihrer Wirkung in die Ferne bis zu einer gewissen Entfernung von C schlechterdings nichts von der negativen Kraft angetroffen werden, sondern nur die positive herrschend seyn, alsdann aber wird in der Linie irgend ein Punkt A kommen, wo beide Kräfte, die positive und die in der entgegengesetzten Richtung kommende negative, miteinander im Gleichgewicht stehen, welcher Punkt also weder positiv noch negativ, sondern völlig indifferent seyn wird. Von diesem Punkt an wird die Herrschaft der negativen Kraft zunehmen, bis sie an irgend einem bestimmten Punkte, B, das Uebergewicht erlangt, an welchem also bloß die negative Kraft herrschend seyn, und wo eben deßwegen die Linie schlechthin begrenzt wird. Der Punkt A wird der gemeinschaftliche Grenzpunkt beider Kräfte, B aber der Grenzpunkt der ganzen Linie seyn.

Die drei Punkte, welche in der eben construirten Linie sich befinden, C, von welchem an bis zu A nur die positive Kraft herrschend ist, A, welcher ein bloßer Gleichgewichtspunkt beider Kräfte ist, endlich B, wo nur die negative Kraft herrschend ist, sind dieselben, welche noch am Magnet unterschieden werden.

Es ist also, ohne daß wir es beabsichtigt hätten, zugleich mit der ersten Dimension der Materie, der Länge, auch der Magnetismus deducirt worden, woraus sich nun mehrere wichtige Folgen ziehen lassen, deren weitere Ausführung in diesem Werk nicht gegeben werden kann. Es erhellt z. B. aus dieser Deduktion, daß wir in den magnetischen Erscheinungen die Materie noch im ersten Moment der Construktion, wo die beiden entgegengesetzten Kräfte in einem und demselben Punkt vereinigt sind, erblicken; daß sonach der Magnetismus nicht die Funktion einer einzelnen Materie, sondern eine Funktion der Materie überhaupt, also eine wirkliche Kategorie der Physik ist; daß jene drei Punkte, welche uns die Natur am Magnet aufbewahrt hat, indeß sie in den andern Körpern verwischt sind, nichts anderes als die a priori abgeleiteten drei Punkte sind, welche zur reellen Construktion der Länge gehören; daß also der Magnetismus überhaupt das allgemein Construirende der Länge ist, u. s. w. Ich bemerke nur noch, daß uns diese Deduktion auch einen Aufschluß über das Physische des Magnetismus gibt, den man durch Experimente vielleicht nie hätte finden können, nämlich, daß der positive Pol (oben der Punkt C) der Sitz beider Kräfte ist. Denn daß uns — M nur an dem entgegengesetzten Punkt B erscheint, ist nothwendig, da die negative Kraft nur in der Ferne wirken kann. Dieses Eine vorausgesetzt, sind die drei Punkte in der magnetischen Linie nothwendig. Umgekehrt das Daseyn dieser drei Punkte im Magnet beweist, daß die negative Kraft eine in die Ferne wirkende Kraft ist, so wie die ganze Coincidenz unsrer a priori construirten Linie mit der des Magnets die Richtigkeit unsrer ganzen Deduktion beweist.

b) In der eben construirten Linie ist der Punkt B der Grenzpunkt der Linie überhaupt, A der gemeinschaftliche Grenzpunkt beider Kräfte. Durch die negative Kraft ist überhaupt eine Grenze gesetzt; wird nun die negative Kraft als Grund der Begrenztheit selbst begrenzt, so entsteht eine Begrenztheit der Begrenztheit, und diese fällt in den Punkt A, die *gemeinschaftliche* Grenze beider Kräfte.

Da die negative Kraft ebenso gut unendlich ist als die positive, so wird die Grenze in A für sie ebenso *zufällig* seyn wie für die positive Kraft.

Wenn aber A beiden Kräften zufällig ist, so kann die Linie CAB auch gedacht werden als getrennt in die zwei Linien, CA und AB, die durch die Grenze A voneinander geschieden sind.

Dieser Moment, welcher die beiden entgegengesetzten Kräfte als völlig außereinander und durch die Grenze geschieden vorstellt, ist der zweite in der Construktion der Materie, und derselbe, welcher in der Natur durch die Elektricität repräsentirt wird. Denn wenn ABC einen Magnet vorstellt, dessen positiver Pol A, der negative C, der Nullpunkt B ist, so entsteht mir das Schema der Elektricität unmittelbar dadurch, daß ich jenen Einen Körper in AB und BC getrennt vorstelle, deren jeder die eine der beiden Kräfte ausschließend repräsentirt. Der strenge Beweis aber für jene Behauptung ist folgender.

Solange die beiden entgegengesetzten Kräfte in einem und demselben Punkte vereinigt gedacht werden, kann nichts entstehen als die oben construirte Linie, weil durch die negative Kraft die Richtung der positiven so bestimmt ist, daß sie schlechthin nur nach dem Einen Punkte gehen kann, in welchen die Grenze fällt. Das Gegentheil wird also geschehen, sobald beide Kräfte außereinander sind. Es sey der Punkt C, in welchem beide Kräfte vereinigt sind. Man denke sich diesen Punkt als ruhend, so sind rings um diesen Punkt eine unzählige Menge von Punkten, nach welchen er, wenn er bloß mechanisch beweglich wäre, sich bewegen könnte. Nun ist aber in diesem Punkt eine Kraft, welche nach allen diesen Richtungen zugleich gehen kann, nämlich die ursprünglich richtungslose, d. h. aller Richtungen fähige Expansivkraft. Diese Kraft wird also allen diesen Richtungen zugleich, aber in jeder einzelnen Linie, die sie beschreibt, doch unveränderlich, nur dieser Einen Richtung folgen können, solange die negative Kraft nicht von ihr getrennt ist; sie wird also auch nach allen Richtungen nur in der reinen Dimension der Länge wirken. Das Gegentheil wird geschehen, sobald beide Kräfte völlig außereinander sind. Sowie nämlich der Punkt C sich bewegt (er bewege sich z. B. in der Richtung CA), ist er in der nächsten Stelle schon, in welche er tritt, wieder von unzähligen Punkten umgeben, nach welchen allen er sich bewegen kann. Die jetzt ganz ihrer

Tendenz nach allen Richtungen sich zu verbreiten überlassene Expansivkraft wird also von jedem Punkte der Linie CA aus wieder nach allen Richtungen Linien werfen, welche mit der Linie CA Winkel bilden, und also zur Dimension der Länge die der Breite hinzubringen. Dasselbe gilt aber auch von allen den Linien, welche der noch als ruhend angenommene Punkt C nach den übrigen Richtungen ausstrahlt, keine dieser Linien wird also jetzt noch eine reine Länge vorstellen.

Daß nun dieser Moment der Construktion in der Natur durch die Elektricität repräsentirt werde, erhellt daraus, daß sie nicht, wie der Magnetismus, bloß in der Länge wirkt, die Länge sucht und von ihr geleitet wird, sondern zu der reinen Länge des Magnetismus die Dimension der Breite hinzubringt, indem sie sich in einem Körper, dem sie mitgetheilt wird, über die ganze Oberfläche verbreitet; daß sie aber ebensowenig wie jener in die Tiefe wirkt, sondern, wie bekannt, bloß Länge und Breite sucht.

c) So gewiß die beiden jetzt völlig getrennten Kräfte ursprünglich Kräfte eines und desselben Punkts sind, so gewiß muß durch die Entzweiung ein Streben in beiden entstehen sich wieder zu vereinigen. Dieß kann aber nur vermittelst einer dritten Kraft geschehen, welche in die beiden entgegengesetzten Kräfte eingreifen, und in welcher diese sich durchdringen können. Diese wechselseitige Durchdringung beider Kräfte mittelst einer dritten erst gibt dem Produkt die Undurchdringlichkeit, und bringt mit dieser Eigenschaft zu den beiden ersten Dimensionen die dritte, nämlich die Dicke hinzu, wodurch erst die Construktion der Materie vollendet wird.

Im ersten Moment der Construktion waren die beiden Kräfte, obgleich in Einem Subjekt vereinigt, doch getrennt, so wie in der oben construirten Linie CAB von C bis A nur positive, von A bis B nur negative Kraft ist; im zweiten sind sie sogar an verschiedene Subjekte vertheilt. Im dritten Momente werden beide zu einem gemeinschaftlichen Produkt so vereinigt seyn, daß in dem ganzen Produkt nicht ein Punkt ist, in welchem nicht beide Kräfte zugleich wären, dergestalt, daß jetzt das ganze Produkt indifferent ist.

Dieser dritte Moment der Construktion ist in der Natur durch den chemischen Proceß bezeichnet. Denn daß durch die zwei Körper im chemischen Proceß nur der ursprüngliche Gegensatz der beiden Kräfte repräsentirt wird, ist dadurch offenbar, daß sie sich wechselseitig durchdringen, welches nur von Kräften gedacht werden kann. Daß aber durch beide Körper der ursprüngliche Gegensatz repräsentirt werde, ist wiederum nicht denkbar, ohne daß in jedem Körper die eine von beiden Kräften das absolute Uebergewicht erlange.

So wie durch die dritte Kraft, in welcher die beiden Entgegengesetzten sich so durchdringen, daß das ganze Produkt in jedem Punkt Attraktiv- und Repulsivkraft zugleich ist, zu den beiden ersten Dimensionen die dritte erst hinzukommt, ebenso ist der chemische Proceß die Ergänzung der beiden ersten, von welchen jener nur die Länge, der zweite nur Länge und Breite sucht, bis endlich der chemische Proceß nach allen drei Dimensionen zugleich wirkt, in welchem eben deßwegen auch allein eine wirkliche Durchdringung möglich ist.

Es läßt sich, wenn die Construktion der Materie diese drei Momente durchläuft, a priori erwarten, daß diese drei Momente an einzelnen Naturkörpern auch mehr oder weniger unterscheidbar seyn werden; es läßt sich sogar a priori die Stelle der Reihe bestimmen, an welcher irgend einer jener Momente besonders hervortreten oder verschwinden muß, z. B. daß der erste Moment nur an den starrsten Körpern unterscheidbar, dagegen an den flüssigen schlechthin unerkennbar seyn müsse, welches sogar ein Princip a priori für die Unterscheidung der Naturkörper, z. B. in flüssige und feste, und ihrer Ordnung untereinander abgibt.

Wenn man statt des specielleren Ausdrucks chemischer Proceß, worunter überhaupt jeder Proceß, insofern er ins Produkt übergeht, verstanden wird, einen allgemeinen sucht, so wird man vorzüglich darauf aufmerken müssen, daß nach den bisher abgeleiteten Grundsätzen die Bedingung des reellen Produkts überhaupt eine Triplicität von Kräften ist, daß also a priori in der Natur ein Proceß gesucht werden muß, in welchem vor andern diese Triplicität der Kräfte erkennbar ist. Ein solcher ist der **Galvanismus**, welches nicht ein einzelner Proceß, sondern der allgemeine Ausdruck für alle ins Produkt übergehenden Processe ist.

Allgemeine Anmerkung zu der ersten Epoche.

Es wird wohl kein Leser seyn, welcher nicht im Verlauf der Untersuchung folgende Bemerkung gemacht hätte.

In der ersten Epoche des Selbstbewußtseyns ließen sich drei Akte unterscheiden, diese drei Akte scheinen sich in den drei Kräften der Materie und in den drei Momenten ihrer Construktion wiederzufinden. Diese drei Momente der Construktion geben uns drei Dimensionen der Materie, und diese drei Stufen des dynamischen Processes. Es ist sehr natürlich auf den Gedanken zu kommen, daß unter diesen verschiedenen Formen immer nur eine und dieselbe Triplicität wiederkehre. Um diesen Gedanken zu entwickeln, und den indeß bloß vermutheten Zusammenhang vollständig einzusehen, wird eine Vergleichung jener drei Acte des Ichs mit den drei Momenten in der Construktion der Materie nicht unnütz seyn.

Die Transcendental-Philosophie ist nichts anderes als ein beständiges Potenziren des Ichs, ihre ganze Methode besteht darin, das Ich von einer Stufe der Selbstanschauung zur andern bis dahin zu führen, wo es mit allen den Bestimmungen gesetzt wird, die im freien und bewußten Akt des Selbstbewußtseyns enthalten sind.

Der erste Akt, von welchem die ganze Geschichte der Intelligenz ausgeht, ist der Akt des Selbstbewußtseyns, insofern er nicht frei, sondern noch unbewußt ist. Derselbe Akt, welchen der Philosoph gleich anfangs postulirt, als bewußtlos gedacht, gibt den ersten Akt unsers Objekts, des Ichs.

In diesem Akt ist das Ich für uns zwar, aber nicht für sich selbst Subjekt und Objekt zugleich, es stellt gleichsam jenen in der Construktion der Materie bemerkten Punkt vor, in welchem die beiden Thätigkeiten, die ursprünglich unbegrenzte und die begrenzende, noch vereinigt sind.

Das Resultat dieses Akts ist abermals nur für uns, nicht für das Ich selbst, ein Begrenztwerden der objektiven durch die subjektive Thätigkeit. Die begrenzende Thätigkeit aber als eine in die Ferne wirkende, selbst unbegrenzbare, muß nothwendig gedacht werden als über den Begrenzungspunkt hinausstrebend.

Es sind also in diesem ersten Akt ganz dieselben Bestimmungen enthalten, durch welche auch der erste Moment der Construktion der Materie ausgezeichnet ist.

In diesem Akt entsteht wirklich eine gemeinschaftliche Construktion aus dem Ich als Objekt und als Subjekt, aber diese Construktion ist nicht für das Ich selbst da. Dadurch wurden wir auf einen zweiten Akt getrieben, welcher ein Selbstanschauen des Ichs in jener Begrenztheit ist. Da das Ich sich des Gesetztseyns der Begrenztheit durch sich selbst nicht bewußt werden kann, so ist jenes Anschauen nur ein Finden, oder ein Empfinden. Da also das Ich in diesem Akt sich seiner eignen Thätigkeit, durch welche es begrenzt ist, nicht bewußt wird, so ist zugleich und unmittelbar mit dem Empfinden auch der Gegensatz zwischen dem Ich und dem Ding an sich nicht für das Ich, wohl aber für uns gesetzt.

Auf andere Ausdrücke gebracht, heißt dieß ebenso viel als: In diesem zweiten Act trennen sich, nicht für das Ich, aber für uns, die beiden ursprünglich in ihm vereinigten Thätigkeiten in zwei völlig verschiedene und außereinander befindliche Thätigkeiten, nämlich in die des Ichs auf der einen und die des Dings auf der andern Seite. Die Thätigkeiten, welche ursprünglich Thätigkeiten eines identischen Subjekts sind, vertheilen sich an verschiedene Subjekte.

Daraus erhellt, daß der zweite Moment, den wir in der Construktion der Materie annehmen, nämlich der Moment, wo die beiden Kräfte Kräfte verschiedener Subjekte werden, für die Physik ganz dasselbe ist, was jener zweite Akt der Intelligenz für die Transscendental-Philosophie ist. Auch ist jetzt offenbar, daß schon mit dem ersten und zweiten Akt die Anlage zur Construktion der Materie gemacht wird, oder daß das Ich, ohne es zu wissen, schon vom ersten Akt an auf die Construktion der Materie gleichsam ausgeht.

Eine andere Bemerkung, welche uns die Identität des Dynamischen und Transscendentalen noch näher zeigt, und in dem von dem gegenwärtigen Punkt aus sich erstreckenden weitgehenden Zusammenhang einen Blick werfen läßt, ist folgende. Jener zweite Akt ist der Akt der Empfindung. Was ist denn nun das, was uns durch Empfindung zum Objekt wird? Nichts anderes als Qualität. Aber alle Qualität ist nur Elektricität, ein Satz, der in der Naturphilosophie bewiesen wird. Aber Elektricität eben ist das, wodurch in der Natur jener zweite Moment in der Construktion bezeichnet ist. Man könnte also sagen, daß, was in der Intelligenz die Empfindung ist, in der Natur die Elektricität sey.

Die Identität des dritten Akts mit dem dritten Moment der Construktion der Materie bedarf wirklich keines Beweises. Es ist also offenbar, daß das Ich, indem es die Materie construirt, eigentlich sich selbst construirt. Der dritte Act ist derjenige, wodurch das Ich sich als empfindend zum Objekt wird. Dieß ist aber abgeleiteter Maßen nicht möglich, ohne daß die beiden vorher völlig getrennten Thätigkeiten in einem und demselben identischen Produkt dargestellt werden. Dieses Produkt, welches die Materie ist, ist also eine vollständige Construktion des Ichs, nur nicht für das Ich selbst, welches noch mit der Materie identisch ist. Wenn das Ich im ersten Akte nur als Objekt, im zweiten nur als Subjekt angeschaut wird, so wird es in diesem als beides zugleich zum Objekt, versteht sich für den Philosophen, nicht für sich selbst. Für sich selbst wird es in diesem Akt nur als Subjekt zum Objekt. Daß es nur als Materie erscheint, ist nothwendig, da es in diesem Akt zwar Subjekt-Objekt ist, aber ohne sich als solches anzuschauen. Der Begriff des Ichs, von welchem der Philosoph ausgeht, ist der Begriff eines Subjekts-Objekts, das seiner selbst als eines solchen bewußt ist. Ein solches ist die Materie nicht; durch dieselbe wird sich also auch das Ich nicht als Ich zum Objekt. Nun ist aber die Transscendental-Philosophie erst dann vollendet, wenn das Ich sich selbst ebenso zum Objekt wird, wie es dem Philosophen wird. Also kann auch der Kreis dieser Wissenschaft mit der gegenwärtigen Epoche nicht geschlossen seyn.

Das Resultat der bis jetzt angestellten Vergleichung ist, daß die drei Momente in der Construktion der Materie den drei Akten in der Intelligenz wirklich entsprechen. Wenn also jene drei Momente der Natur eigentlich drei Momente in der Geschichte des Selbstbewußtseyns sind, so ist offenbar genug, daß wirklich alle Kräfte des Universums zuletzt auf vorstellende Kräfte zurückkommen, ein Satz, auf welchem der Leibnizische Idealismus beruht, der, gehörig verstanden, vom transscendentalen in der That nicht verschieden ist. Wenn Leibniz die Materie den Schlafzustand der Monaden, oder wenn sie Hemsterhuis den geronnenen Geist nennt, so liegt in diesen Ausdrücken ein Sinn, der sich aus den jetzt vorgetragenen Grundsätzen sehr leicht einsehen läßt. In der That ist die Materie nichts anderes als der Geist im Gleichgewicht seiner Thätigkeiten angeschaut. Es braucht nicht weitläufig gezeigt zu werden, wie durch diese Aufhebung alles Dualismus oder alles reellen Gegensatzes zwischen Geist und Materie, indem diese selbst nur der erloschene Geist, oder umgekehrt jener die Materie, nur im Werden erblickt, ist, einer Menge verwirrender Untersuchungen über das Verhältniß beider ein Ziel gesetzt wird.

Eben so wenig bedarf es einer weitern Auseinandersetzung, um zu zeigen, daß diese Ansicht zu weit höheren Begriffen über das Wesen und die Dignität der Materie führt, als alle anderen, z. B. die atomistische, welche die Materie aus Atomen zusammensetzt, ohne daran zu denken, daß wir dadurch ihrem eigentlichen Wesen um keinen Schritt näher kommen, indem die Atomen selbst nur Materie sind.

Die a priori abgeleitete Construktion der Materie gibt die Grundlage zu einer allgemeinen Theorie der Naturerscheinungen, in welcher man Hoffnung hat, sich aller Hypothesen und Erdichtungen entschlagen zu können, deren die atomistische Physik nie aufhören wird zu bedürfen. Ehe der atomistische Physiker nur wirklich bis zur Erklärung einer Naturerscheinung kommt, ist er genöthigt eine Menge Voraussetzungen zu machen, z. B. von Materien, denen er ganz willkürlich und ohne den geringsten Beweis eine Menge Eigenschaften zuschreibt, bloß deßwegen, weil er gerade diese, und keine andern, zur Erklärung brauchen kann. Da es einmal ausgemacht ist, daß die letzten Ursachen der natürlichen Erscheinungen durch Hülfe der Erfahrungen niemals erforscht werden können, so bleibt nichts übrig, als entweder überall darauf Verzicht zu thun sie zu kennen, oder dieselben gleich der atomistischen Physik zu erdichten, oder aber sie a priori aufzufinden, welches die einzige Quelle eines Wissens ist, die uns außer der Erfahrung übrig bleibt.

Zweite Epoche.

Von der produktiven Anschauung bis zur Reflexion.

Vorerinnerung.

Die erste Epoche schließt mit der Erhebung des Ichs zur Intelligenz. Die beiden völlig getrennten und in ganz verschiedenen Sphären befindlichen Thätigkeiten sind durch die dritte in sie eingreifende wieder in ein und dasselbe Produkt gesetzt. Durch dieses Eingreifen einer dritten Thätigkeit in beide wird auch die Thätigkeit des Dings wieder zu einer Thätigkeit des Ichs, welches eben dadurch selbst zur Intelligenz erhoben wird.

Aber das Ich, indem es anschauend ist, ist auch im Produciren völlig gefesselt und gebunden, und kann nicht zugleich Anschauendes seyn und Angeschautes. Die Produktion ist nur darum eine völlig blinde und bewußtlose. Nach der hinlänglich bekannten Methode der Transscendental-Philosophie tritt also jetzt die Frage ein, wie das Ich, welches bis jetzt bloß für uns anschauend und Intelligenz ist, dasselbe auch für sich selbst werde, oder als solches sich anschaue. Nun läßt sich aber schlechterdings kein Grund denken, der das Ich bestimmte, sich selbst als produktiv anzuschauen, wenn nicht in der Produktion selbst ein Grund liegt, der die ideelle im Produciren mitbegriffene Thätigkeit des Ichs in sich zurücktreibt, und sie dadurch über das Produkt hinauszugehen veranlaßt. Die Frage, wie das Ich sich selbst als produktiv erkenne, ist also gleichbedeutend mit der: wie das Ich dazu komme, sich selbst von seiner Produktion loszureißen und über dieselbe hinauszugehen.

Ehe wir uns auf die Beantwortung dieser Frage selbst einlassen, wird folgende Anmerkung dienen, einen vorläufigen Begriff von dem Inhalt der nächsten Epoche zu geben.

Der ganze Gegenstand unsrer Untersuchung ist nur die Erklärung des Selbstbewußtseyns. Alle Handlungen des Ichs, die wir bisher abgeleitet haben, oder ferner ableiten werden, sind nur die Mittelglieder, durch welche hindurch unser Objekt zum Selbstbewußtseyn gelangt. Das Selbstbewußtseyn ist selbst ein bestimmtes Handeln, also müssen auch alle jene Mittelglieder bestimmte Handlungen seyn. Aber durch jede bestimmte Handlung entsteht dem Ich ein bestimmtes Produkt. Nun war es dem Ich nicht um das Produkt, sondern um sich selbst zu thun. Es will nicht das Produkt, sondern in dem Produkt sich selbst anschauen. Nun wäre es aber möglich, und es ist, wie sich bald zeigen wird, sogar nothwendig, daß dem Ich eben durch das Streben in der Produktion sich selbst anzuschauen, die Bedingung eines neuen Produkts entstehe, und so ins Unendliche fort, wenn nicht etwa eine neue, bis jetzt unbekannte Begrenztheit hinzukommt, dergestalt, daß wir nicht einsehen können, wie das Ich, nachdem es einmal ins Produciren gerathen ist, aus demselben je wieder herauskomme, da die Bedingung alles Producirens und der Mechanismus desselben beständig wiederhergestellt wird.

Indem wir also zu erklären versuchen, wie das Ich aus der Produktion heraustrete, werden wir unser Objekt vielmehr in eine ganze Reihe von Produktionen verwickeln. Wir werden also die Hauptaufgabe dieser Epoche nur sehr indirekt auflösen können, und ebenso wie unserem Objekt wird uns, statt dessen, was wir suchten, so lange etwas ganz anderes entstehen, bis wir uns etwa durch eine aus absoluter Spontaneität geschehende Reflexion aus diesem Kreis herausversetzen. Zwischen diesem Punkt der absoluten Reflexion und dem gegenwärtigen Punkt des Bewußtseyns liegt als Zwischenglied die ganze Mannichfaltigkeit der objektiven Welt, ihrer Produkte und Erscheinungen.

Da unsere ganze Philosophie auf dem Standpunkt der Anschauung, nicht auf dem der Reflexion steht, auf welchem z. B. Kant mit seiner

Philosophie befindlich ist, so werden wir auch die jetzt beginnende Reihe von Handlungen der Intelligenz als Handlungen, nicht etwa als Begriffe von Handlungen, oder als Kategorien ableiten. Denn wie jene Handlungen zur Reflexion gelangen, ist die Aufgabe einer späteren Epoche des Selbstbewußtseyns.

D.

Aufgabe:

zu erklären, wie das Ich dazu komme sich selbst als produktiv anzuschauen.

Auflösung.

I.

Darauf, daß das Ich sich anschaue als einfache Thätigkeit, müssen wir Verzicht thun, nachdem es einmal producirend geworden ist. Daß es sich aber als producirend anschaue, läßt sich nicht denken, wenn ihm nicht unmittelbar durch die Produktion wieder eine ideelle Thätigkeit entsteht, vermöge welcher es sich in derselben anschaut.

Es werde also indeß nur als Hypothese angenommen, das Ich habe eine Anschauung seiner selbst in seinem Produciren, um indeß die Bedingungen einer solchen Anschauung zu finden. Finden sich diese Bedingungen im Bewußtseyn etwa wirklich vor, so werden wir alsdann schließen, daß eine solche Anschauung wirklich statthabe, und das Resultat derselben zu finden suchen.

Soll das Ich sich selbst als producirend anschauen, so muß es, dieß ist das Erste, was wir hierüber festsetzen können, nothwendig sich zugleich von sich selbst, insofern es nicht producirend ist, unterscheiden. Denn indem es sich als producirend anschaut, schaut es sich ohne Zweifel an als ein Bestimmtes, aber es kann sich nicht als ein Bestimmtes anschauen, ohne sich etwas anderes entgegenzusetzen, was es gleichfalls seyn könnte. —

Um die Untersuchung zu erleichtern, fragen wir sogleich, was denn jenes Nichtproducirende im Ich seyn werde, dem das Producirende entgegengesetzt werden muß. Es läßt sich hier schon so viel wenigstens einsehen. Das Ich, insofern es producirend ist, ist nicht eine einfache, sondern eine zusammengesetzte Thätigkeit (in dem Sinn des Worts, in welchem man z. B. von einer zusammengesetzten Bewegung in der Mechanik spricht). Das Nichtproducirende im Ich muß also dem Produktiven als *einfache* Thätigkeit entgegengesetzt werden.

Aber ferner, die produktive und diese einfache Thätigkeit müssen, um einander entgegengesetzt zu werden, zugleich wieder in einem höheren Begriffe zusammenstimmen. In Bezug auf denselben müssen beide als Eine Thätigkeit, ihre Verschiedenheit also als etwas bloß Zufälliges erscheinen. Es müßte sich zeigen, daß, irgend etwas gesetzt, beide Thätigkeiten verschieden, irgend etwas nicht gesetzt, beide Thätigkeiten identisch sind.

Es müßten ferner wieder drei Thätigkeiten im Ich seyn, eine einfache und eine zusammengesetzte, und eine dritte, welche beide voneinander unterschiede und aufeinander bezöge. Diese dritte Thätigkeit muß nun nothwendig selbst eine einfache seyn, denn ohne das könnte sie die zusammengesetzte nicht als solche unterscheiden. Jene einfache Thätigkeit, auf welche die zusammengesetzte bezogen wird, ist also zugleich die beziehende, und wenn die beziehende charakterisirt ist, so ist es auch die, welche bezogen wird.

Nun kann aber die beziehende Thätigkeit keine andere seyn, als die oben von uns postulirte, unmittelbar durch die Produktion wieder entstehende ideelle Thätigkeit. Diese geht eben deßwegen, weil sie ideell ist, nur auf das Ich selbst, und ist nichts anderes als jene einfache anschauende Thätigkeit, die wir gleich anfangs in das Ich gesetzt haben. Der Beziehungsgrund beider Thätigkeiten wäre also der, daß sie beide *anschauend*, der Unterscheidungsgrund aber, daß die eine eine einfache, die andere eine zusammengesetzte anschauende Thätigkeit ist.

Sollen beide Thätigkeiten als anschauend gesetzt werden, so müßten beide aus Einem Princip entsprungen seyn. Die Bedingung, unter welcher beide verschieden sind, muß also in Bezug auf das Princip als zufällig erscheinen. Dieses Zufällige ist beiden gemein; was also zufällig ist für die produktive, ist auch zufällig für die einfache. Läßt sich nun in der Produktion ein Zufälliges finden, was zugleich die gemeinschaftliche Grenze beider Thätigkeiten machen könnte?

Um dieß zu erfahren, kehre man die Frage um. Was ist denn das Wesentliche, Nothwendige in der Produktion? Das Nothwendige ist, was Bedingung des Producirens selbst ist, das Zufällige oder Accidentelle wird sonach das Entgegengesetzte, also das Einschränkende oder Begrenzende der Produktion seyn.

Das Einschränkende der Produktion ist die dem Ich entgegengesetzte Thätigkeit des Dings an sich. Aber diese kann für die Produktion nicht zufällig seyn, denn sie ist nothwendige Bedingung des Producirens. Nicht also das Einschränkende selbst wird das Zufällige seyn, sondern das Einschränkende des Einschränkenden.

Deutlicher. Die Thätigkeit des Dings an sich erklärt mir nur überhaupt eine Einschränkung der jetzt produktiven Thätigkeit, nicht das Zufällige dieser Beschränkung, oder daß die Einschränkung diese bestimmte ist. Die Thätigkeit des Dings ist an und für sich ebensowenig begrenzt als die des Ichs.

Daß die Thätigkeit des Dings an sich das Begrenzende des Ichs ist, erklärt sich daraus, daß sie ihm entgegengesetzt ist; daß sie aber das Ich auf bestimmte Art begrenzt, was selbst nicht möglich ist, ohne daß sie gleichfalls begrenzt sey, dieß läßt sich nicht mehr aus jener Entgegensetzung herleiten. Sie könnte dem Ich immerhin entgegengesetzt seyn, ohne es auf diese bestimmte Art zu seyn.

Das Nothwendige der Produktion liegt also in der Entgegensetzung überhaupt, das Zufällige in der Grenze der Entgegensetzung. Aber diese ist nichts anderes als die zwischen dem Ich und dem Dinge liegende gemeinschaftliche Grenze. Die Grenze ist gemeinschaftlich, d. h. sie ist Grenze ebensowohl für das Ding als für das Ich.

Ziehen wir unsere Schlüsse zusammen, so erhalten wir als Resultat folgendes. Die beiden, im Princip identischen, anschauenden Thätigkeiten sind unterschieden durch die zufällige Grenze des Ichs und des Dings an sich, oder: was Grenze des Ichs und des Dings ist, ist auch die Grenze jener beiden anschauenden Thätigkeiten.

Die einfache anschauende Thätigkeit hat nur das Ich selbst zum Objekt, die zusammengesetzte das Ich und das Ding zugleich. Die letztere geht eben deßwegen zum Theil über die Grenze, oder sie ist in- und außerhalb der Grenze zugleich. Nun ist aber das Ich nur diesseits der Grenze Ich, denn jenseits der Grenze hat es sich für sich selbst in das Ding an sich verwandelt. Die Anschauung, die über die Grenze hinausgeht, geht also zugleich über das Ich selbst hinaus, und erscheint insofern als äußere Anschauung. Die einfache anschauende Thätigkeit bleibt innerhalb des Ichs, und kann insofern innere Anschauung heißen.

Das Verhältniß beider anschauenden Thätigkeiten ist sonach folgendes. Die einzige Grenze der innern und äußern Anschauung ist die Grenze des Ichs und des Dings an sich. Diese Grenze hinweggenommen, fließen innere und äußere Anschauung zusammen. Der äußere Sinn fängt da an, wo der innere aufhört. Was uns als Objekt des äußern erscheint, ist nur ein Begrenzungspunkt des innern, beide, äußerer und innerer Sinn, sind also auch ursprünglich identisch, denn der äußere ist nur der begrenzte innere. Der äußere Sinn ist nothwendig auch innerer, da hingegen der innere nicht nothwendig auch äußerer ist. Alle Anschauung ist in ihrem Princip intellektuell, daher die objektive Welt nur die unter Schranken erscheinende intellektuelle. —

Das Resultat der ganzen Untersuchung besteht in folgendem. Soll das Ich sich selbst anschauen als producirend, so müssen erstens innere und äußere Anschauung in ihm sich trennen, zweitens es muß eine Beziehung beider aufeinander stattfinden. Es entsteht also zunächst die Frage, was denn das Beziehende der beiden Anschauungen seyn werde.

Das Beziehende ist nothwendig etwas beiden Gemeinschaftliches. Nun hatte aber die innere Anschauung nichts gemein mit der äußeren als äußerer, wohl aber hat umgekehrt die äußere Anschauung etwas gemein mit der inneren, denn der äußere Sinn ist auch innerer. Das Beziehende des äußeren und inneren Sinns ist also selbst wieder der innere Sinn.

Wir fangen hier zuerst an zu begreifen, wie das Ich etwa dazu kommen könnte, äußere und innere Anschauung sich entgegenzusetzen und aufeinander zu beziehen. Dieß würde nämlich nie geschehen, wenn nicht das Beziehende, der innere Sinn, selbst mitbegriffen wäre in der äußeren Anschauung als das eigentlich thätige und construirende Princip; denn, wenn der äußere Sinn der begrenzte innere ist, so werden wir dagegen den inneren als solchen als ursprünglich unbegrenzbar setzen müssen. Der innere Sinn ist daher nichts anderes als die gleich anfangs in das Ich gesetzte unbegrenzbare Tendenz des Ichs sich selbst anzuschauen, welche hier nur zuerst als innerer Sinn unterschieden wird, also dieselbe Thätigkeit, welche im vorhergehenden Akt unmittelbar durch ihr Hinausgehen über die Grenze begrenzt wurde.

Sollte das Ich sich selbst in der äußern Anschauung als anschauend erkennen, so müßte es die äußere Anschauung beziehen auf die jetzt wiederhergestellte ideelle, die aber nun als innere erscheint. Aber das Ich selbst ist nur diese ideelle Anschauung, denn die zugleich ideelle und reelle ist etwas ganz anderes; also wäre Beziehendes, und das, worauf bezogen wird, in dieser Handlung eins und dasselbe. Nun könnte freilich die äußere Anschauung bezogen werden auf die innere, denn beide sind verschieden, und doch ist wiederum ein Grund der Identität zwischen beiden. Aber das Ich kann die äußere Anschauung nicht beziehen auf die innere als innere, denn es kann nicht in einer und derselben Handlung die äußere Anschauung auf sich beziehen, und indem es bezieht, zugleich wieder auf sich als Beziehungsgrund reflektiren. Es könnte also die äußere Anschauung nicht auf die innere, als innere, beziehen, denn es wäre, nach der Voraussetzung, selbst nichts als innere Anschauung; und sollte es die innere Anschauung anerkennen als solche, so mußte es noch etwas anderes als diese seyn.

In der vorhergehenden Handlung war das Ich producirend, aber Producirendes und Producirtes fielen in Eins zusammen, das Ich und sein Objekt waren eins und dasselbe Wir suchen jetzt eine Handlung, in welcher das Ich sich als Producirendes erkennen sollte. Wäre dieß möglich, so würde von einem Angeschauten gar nichts im Bewußtseyn vorkommen. Aber die produktive Anschauung könnte, wenn sie erkannt würde, als solche nur im Gegensatz gegen die innere erkannt werden. Nun würde aber die innere selbst nicht anerkannt werden als innere, eben deßwegen weil das Ich in dieser Handlung sonst nichts wäre als innere Anschauung, also könnte auch die äußere Anschauung nicht anerkannt werden als solche, und da sie nur als äußere Anschauung anerkennbar ist, überhaupt nicht anerkannt werden als Anschauung. Mithin würde von dieser ganzen Handlung im Bewußtseyn nichts zurückbleiben als auf der einen Seite das Angeschaute (losgetrennt von der Anschauung), auf der andern das Ich als ideelle Thätigkeit, die aber jetzt innerer Sinn ist.

Im empirischen Bewußtseyn kommt von einer äußern Anschauung als Akt schlechthin nichts vor, und darf nichts vorkommen, es ist aber eine sehr wichtige Untersuchung, wie in demselben das Objekt und der noch immer unbegrenzte und, wie z. B. in Entwerfung von Schematen u. s. w., völlig freie innere Sinn nebeneinander bestehen können. — Ebensowenig als die äußere Anschauung als Akt kommt auch das Ding an sich im Bewußtseyn vor, es ist, durch das sinnliche Objekt aus dem Bewußtseyn verdrungen, bloß ideeller Erklärungsgrund des Bewußtseyns, und liegt, wie das Handeln der Intelligenz selbst, für die Intelligenz jenseits des Bewußtseyns. Als Erklärungsgrund braucht das Ding an sich nur eine Philosophie, die einige Stufen höher steht als das empirische Bewußtseyn. Der Empirismus wird sich nie soweit versteigen. Kant hat durch das Ding an sich, das er in die Philosophie einführte, wenigstens den ersten Anstoß gegeben, der die Philosophie über das gemeine Bewußtseyn hinaus führen konnte, und wenigstens angedeutet, daß der Grund des im Bewußtseyn vorkommenden Objekts nicht selbst wieder im Bewußtseyn liegen könne, nur daß er nicht einmal deutlich gedacht, geschweige denn erklärt hat, daß jener jenseits des Bewußtseyns liegende Erklärungsgrund am Ende doch nur unsere eigne ideelle, zum Ding an sich nur hypostasirte Thätigkeit sey.

II.

Das Resultat der hypothetisch angenommenen Beziehung wäre das sinnliche Objekt (getrennt von der Anschauung als Akt) auf der einen Seite, und der innere Sinn auf der andern. Beides zusammen macht das Ich empfindend mit Bewußtseyn. Denn was wir innern Sinn nennen, ist nichts anderes als das mit Bewußtseyn Empfindende im Ich. Im ursprünglichen Akt der Empfindung war das Ich empfindend, ohne es für sich selbst zu seyn, d. h. es war empfindend ohne Bewußtseyn. Durch den eben abgeleiteten Akt, von welchem aber aus den angezeigten Gründen im Ich nichts zurückbleiben kann als das sinnliche Objekt auf der einen und der innere Sinn auf der andern Seite, zeigt es sich, daß das Ich durch die produktive Anschauung empfindend wird mit Bewußtseyn.

Nach dem hinlänglich bekannten Gang der Transscendental-Philosophie muß also die Aufgabe, wie das Ich sich als producirend erkenne, jetzt so bestimmt werden: wie das Ich sich als empfindend mit Bewußtseyn zum Objekt werde. Oder, da Empfindung mit Bewußtseyn und innerer Sinn dasselbe ist, wie das Ich auch als innerer Sinn sich zum Objekt werde.

Die ganze Folge der Untersuchung wird also jene eben (I.) abgeleitete Handlung der Beziehung zum Objekt haben und dieselbe begreiflich zu machen suchen müssen.

Es ist leicht folgendes einzusehen. Das Ich kann sich selbst als empfindend mit Bewußtseyn nur dadurch unterscheiden, daß es das Objekt als das bloß Angeschaute, mithin Bewußtlose, sich selbst als dem Bewußten (mit Bewußtseyn Empfindenden) entgegensetzt.

Nun ist das Objekt, transscendental angesehen, nichts anderes als die äußere oder produktive Anschauung selbst. Nur das Ich kann sich dieser Anschauung nicht als solcher bewußt werden. Das Objekt muß also dem innern Sinn ebenso entgegengesetzt seyn, wie ihm der äußere Sinn entgegengesetzt war. Aber die Entgegensetzung beider Anschauungen, der innern und äußern, machte allein die zwischen beiden befindliche Grenze. Das Objekt ist also nur Objekt, insofern es durch dieselbe Grenze begrenzt ist, durch welche innerer und äußerer Sinn geschieden waren, welche also jetzt nicht mehr Grenze des innern und äußern Sinns, sondern Grenze des mit Bewußtseyn empfindenden Ichs und des völlig bewußtlosen Objekts ist.

Das Ich kann sich also das Objekt nicht entgegensetzen, ohne die Grenze als Grenze anzuerkennen. Wie ist denn nun die Grenze bestimmt worden? — Als zufällig in jeder Rücksicht, zufällig für das Ding, wie für das Ich. Inwiefern ist sie aber überhaupt Grenze für das Ich? Sie ist nicht etwa Grenze der Thätigkeit, sondern Grenze des Leidens im Ich, versteht sich des Leidens im realen und objektiven Ich. Die Passivität des Ichs wurde eben dadurch begrenzt, daß ihr Grund in ein Ding an sich gesetzt wurde, was nothwendig selbst ein begrenztes war. Was aber Grenze für das Ding an sich (die ideelle Thätigkeit) ist, ist Grenze der Passivität des reellen Ichs, nicht seiner Aktivität, denn diese ist schon durch das Ding an sich selbst eingeschränkt.

Was die Grenze für das Ding sey, beantwortet sich nun von selbst. Ich und Ding sind sich so entgegengesetzt, daß, was Passivität im einen, Aktivität im andern ist. Ist also die Grenze Grenze der Passivität des Ichs, so ist sie nothwendig Grenze der Aktivität des Dings, und nur insofern gemeinschaftliche Grenze beider.

Die Grenze kann also auch als Grenze nur anerkannt werden, wenn sie als Grenze der Aktivität des Dings anerkannt wird. Es fragt sich, wie dieß zu denken sey.

Durch die Grenze soll die Aktivität des Dings eingeschränkt werden, und sie soll nicht etwa nur dem Ich, sondern ebenso auch dem Ding zufällig seyn. Ist sie dem Ding zufällig, so muß das Ding ursprünglich und an und für sich unbegrenzte Thätigkeit seyn. Daß also die Aktivität des Dings eingeschränkt wird, muß unerklärbar seyn aus ihm selbst, also erklärbar nur aus einem Grund außer ihm.

Wo ist dieser Grund zu suchen? Im Ich? Allein diese Erklärung läßt sich auf dem gegenwärtigen Standpunkt gar nicht mehr machen. Daß das Ich unbewußt auch wieder Ursache dieser Begrenzung des Dings (der ideellen Thätigkeit) und dadurch seiner eignen Passivität,

d. h., wie sich bald zeigen wird, seiner besondern Begrenztheit, ist, kann das Ich selbst nicht wissen. Daß also die Aktivität des Dings, und dadurch mittelbar die Passivität des Ichs begrenzt ist, davon kann das Ich selbst den Grund in nichts suchen, als in etwas, das jetzt ganz außerhalb des Bewußtseyns liegt, aber doch in den gegenwärtigen Moment des Bewußtseyns mit eingreift. So gewiß also das Ich die Grenze anerkennen muß als Grenze, so gewiß muß es auch über die Grenze hinausgehen, und ihren Grund in etwas suchen, was jetzt nicht mehr ins Bewußtseyn fällt. Dieses Unbekannte, was wir indeß durch A bezeichnen wollen, liegt also nothwendig jenseits des Producirens vom gegenwärtigen Objekt, was wir durch B bezeichnen können. Indem also das Ich B producirte, mußte A schon s e y n. Im gegenwärtigen Moment des Bewußtseyns ist also an demselben nichts mehr zu ändern, es ist gleichsam aus der Hand des Ichs, denn es liegt jenseits seines gegenwärtigen Handelns, und ist für das Ich unveränderlich bestimmt. Ist A einmal gesetzt, so muß auch B gerade so und nicht anders gesetzt werden, als es nun eben gesetzt ist. Denn A enthält den Grund seiner bestimmten Begrenztheit.

Aber dieses Grunds A ist sich das Ich jetzt nicht mehr bewußt. Die bestimmte Begrenztheit von B wird also zwar für das Ich eine zufällige seyn, weil es sich des Grunds derselben nicht bewußt ist, aber für uns, die wir um denselben wissen, eine nothwendige. —

Zur Erläuterung noch folgende Bemerkung! — Daß B dieses bestimmte ist, soll seinen Grund in einem A haben, was jetzt ganz außerhalb des Bewußtseyns liegt. Aber daß dieses A dieses bestimmte ist, hat vielleicht seinen Grund wieder in etwas anderem, das noch weiter zurück liegt, und so vielleicht ins Unendliche zurück, wenn wir nicht etwa auf einen allgemeinen Grund kommen, der die ganze Reihe bestimmt. Dieser allgemeine Grund kann nun nichts anderes seyn, als was wir gleich zu Anfang die Begrenztheit in der Begrenztheit genannt haben, welche aber jetzt noch nicht vollständig abgeleitet, deren Grund aber, soviel wir schon hier einsehen können, einzig auf jener gemeinschaftlichen Grenze, der ideellen und reellen Thätigkeit, beruht. —

Soll das Ich die Grenze zwischen sich und dem Objekt anerkennen als zufällig, so muß es dieselbe anerkennen als bedingt durch etwas, das ganz außer dem gegenwärtigen Moment liegt. Es fühlt sich also zurückgetrieben auf einen Moment, dessen es sich nicht bewußt werden kann. Es fühlt sich zurückgetrieben, denn es kann nicht wirklich zurück. Es ist also im Ich ein Zustand des Nichtkönnens, ein Zustand des Zwangs. Was den Grund des bestimmten Begrenztseyns von B enthält, ist schon realiter und unabhängig vom Ich vorhanden. Es wird also im Ich in Bezug auf A nur ein ideelles Produciren oder ein Reproduciren stattfinden. Aber alles Reproduciren ist frei, weil es eine ganz ideelle Thätigkeit ist. A muß zwar gerade so bestimmt seyn, daß es den Grund des bestimmten Begrenztseyns von B enthält, im Reproduciren von A wird also das Ich zwar nicht material, aber doch formal frei seyn. Dagegen war es im Produciren von B weder materialiter noch formaliter frei, denn nachdem einmal A war, mußte es B gerade als ein so bestimmtes produciren, und konnte an seiner Stelle nichts anderes produciren. Das Ich ist also hier in einer und derselben Handlung zugleich formaliter frei und formaliter gezwungen. Eines ist durch das andere bedingt. Das Ich könnte sich in Ansehung von B nicht gezwungen fühlen, wenn es nicht zurückgehen könnte auf einen früheren Moment, wo B noch nicht war, wo es sich in Ansehung desselben frei fühlte. Aber umgekehrt auch, es würde sich nicht zurückgetrieben fühlen, wenn es sich nicht in dem gegenwärtigen gezwungen fühlte.

Der Zustand des Ichs im gegenwärtigen Moment ist also kurz dieser. Es fühlt sich zurückgetrieben auf einen Moment des Bewußtseyns, in den es nicht zurückkehren kann. Die gemeinschaftliche Grenze des Ichs und des Objekts, der Grund der zweiten Begrenztheit, macht die Grenze des gegenwärtigen und eines vergangenen Moments. Das Gefühl dieses Zurückgetriebenwerdens auf einen Moment, in den es nicht realiter zurückkehren kann, ist das Gefühl der Gegenwart. Das Ich findet sich also im ersten Moment seines Bewußtseyns schon in einer Gegenwart begriffen. Denn es kann das Objekt nicht sich entgegensetzen, ohne sich eingeschränkt und gleichsam contrahirt zu fühlen auf Einen Punkt. Dieses Gefühl ist kein anderes als was man durch das Selbstgefühl bezeichnet. Mit demselben fängt alles Bewußtseyn an, und durch dasselbe setzt sich das Ich zuerst dem Objekt entgegen.

Im Selbstgefühl wird der innere Sinn, d. h. die mit Bewußtseyn verbundene Empfindung sich selbst zum Objekt. Es ist eben deßwegen von der Empfindung völlig verschieden, in welcher nothwendig etwas vom Ich Verschiedenes vorkommt. In der vorhergehenden Handlung war das Ich innerer Sinn, aber ohne es für sich selbst zu seyn.

Wie wird denn nun aber das Ich sich als innerer Sinn zum Objekt? Einzig und allein dadurch, daß ihm die Zeit (nicht die Zeit, insofern sie schon äußerlich angeschaut wird, sondern die Zeit als bloßer Punkt, als bloße Grenze) entsteht. Indem das Ich sich das Objekt entgegensetzt, entsteht ihm das Selbstgefühl, d. h. es wird sich als reine Intensität, als Thätigkeit, die nur nach einer Dimension sich expandiren kann, aber jetzt auf Einen Punkt zusammengezogen ist, zum Objekt, aber eben diese nur nach einer Dimension ausdehnbare Thätigkeit ist, wenn sie sich selbst Objekt wird, Zeit. Die Zeit ist nicht etwas, was unabhängig vom Ich abläuft, sondern das Ich selbst ist die Zeit in Thätigkeit gedacht.

Da nun das Ich in derselben Handlung sich das Objekt entgegensetzt, so wird ihm das Objekt als Negation aller Intensität, d. h. es wird ihm als reine Extensität erscheinen müssen.

Das Ich kann also das Objekt sich nicht entgegensetzen, ohne daß in ihm innere und äußere Anschauung sich trennen nicht nur, sondern auch als solche zum Objekt werden.

Nun ist aber die Anschauung, durch welche der innere Sinn sich zum Objekt wird, die Zeit (es ist hier aber von der reinen Zeit die Rede, d. h. von der Zeit in ihrer völligen Unabhängigkeit vom Raum), die Anschauung, wodurch der äußere Sinn sich zum Objekt wird, der Raum. Also kann das Ich sich das Objekt nicht entgegensetzen, ohne daß ihm auf der einen Seite durch die Zeit der innere, auf der andern durch den Raum der äußere Sinn zum Objekt werde.

III.

In der ersten Construktion des Objekts war innerer und äußerer Sinn zugleich begriffen. Das Objekt erscheint als reine Extensität, nur wenn der äußere Sinn dem Ich zum Objekt wird, weil es nämlich der innere Sinn selbst ist, welchem der äußere zum Objekt wird, also beide nicht mehr vereinigt seyn können, welches aber in der ursprünglichen Construktion nicht der Fall war. Das Objekt ist also weder bloß innerer, noch bloß äußerer Sinn, sondern innerer und äußerer Sinn zugleich, so, daß beide wechselseitig durcheinander eingeschränkt werden.

Um also das Objekt als die Vereinigung der beiden Anschauungsarten genauer, als es bisher geschehen ist, zu bestimmen, müssen wir die entgegengesetzten Glieder der Synthesis strenger noch, als bisher geschehen, unterscheiden.

Was ist denn also innerer Sinn, und was ist äußerer, beide in ihrer Uneingeschränktheit gedacht?

Der innere Sinn ist nichts anderes als die in sich selbst zurückgetriebene Thätigkeit des Ichs. Denken wir uns den inneren Sinn als schlechthin uneingeschränkt durch den äußeren, so wird das Ich im höchsten Zustand des Gefühls seine ganze unbegrenzbare Thätigkeit gleichsam concentrirt seyn auf einen einzigen Punkt. Denken wir uns dagegen den äußeren Sinn als uneingeschränkt durch den inneren, so wäre er absolute Negation aller Intensität, das Ich wäre ganz aufgelöst, es wäre kein Widerstand in ihm.

Der innere Sinn also in seiner Uneingeschränktheit gedacht wird repräsentirt durch den Punkt, durch die absolute Grenze, oder durch das Sinnbild der Zeit in ihrer Unabhängigkeit vom Raum. Denn die Zeit an und für sich gedacht ist nur die absolute Grenze, daher die Synthesis der Zeit mit dem Raum, die aber bis jetzt noch gar nicht abgeleitet ist, nur durch die Linie oder durch den expandirten Punkt ausgedrückt werden kann.

Das Entgegengesetzte des Punkts oder die absolute Extensität ist die Negation aller Intensität, der unendliche Raum, gleichsam das aufgelöste Ich.

Im Objekt selbst, d. h. im Produciren, können also Raum und Zeit nur zugleich und ungetrennt voneinander entstehen. Beide sind sich entgegengesetzt, eben deßwegen, weil sie einander wechselseitig einschränken. Beide für sich sind gleich unendlich, nur im entgegengesetzten Sinn. Die Zeit wird nur durch den Raum, der Raum nur durch die Zeit endlich. Eins wird durch das andere endlich, heißt, eins wird durch das andere bestimmt und gemessen. Daher das ursprünglichste Maß der Zeit der Raum, den ein gleichförmig bewegter Körper in ihr durchläuft, das ursprünglichste Maß des Raums die Zeit, welche ein gleichförmig bewegter Körper braucht ihn zu durchlaufen. Beide zeigen sich also als absolut unzertrennlich.

Nun ist aber der Raum nichts anderes als der zum Objekt werdende äußere Sinn, die Zeit nichts anderes als der zum Objekt werdende innere Sinn, was also von Raum und Zeit gilt, gilt auch von äußerem und innerem Sinn. Das Objekt ist äußerer Sinn, bestimmt durch inneren Sinn. Die Extensität ist also im Objekt nicht bloße Raumgröße, sondern Extensität bestimmt durch Intensität, mit Einem Wort das, was wir Kraft nennen. Denn die Intensität einer Kraft kann nur gemessen werden durch den Raum, in den sie sich ausbreiten kann, ohne = 0 zu werden. So wie umgekehrt dieser Raum wieder durch die Größe jener Kraft für den inneren Sinn bestimmt ist. Was also im Objekt dem inneren Sinn entspricht, ist die Intensität, was dem äußeren, die Extensität. Aber Intensität und Extensität sind wechselseitig durcheinander bestimmt. Das Objekt ist nichts anderes als fixirte, bloß gegenwärtige Zeit, aber die Zeit ist fixirt einzig und allein durch den Raum, der erfüllt ist, und die Raumerfüllung ist bestimmt einzig und allein durch die Zeitgröße, die selbst nicht im Raum, sondern extensione prior ist. Was also die Raumerfüllung bestimmt, hat eine bloße Existenz in der Zeit, was umgekehrt die Zeit fixirt, hat eine bloße Existenz im Raume. Nun ist aber dasjenige im Objekt, was eine bloße Existenz in der Zeit hat, eben das, wodurch das Objekt dem inneren Sinn angehört, und die Größe des Objekts für den inneren Sinn ist allein bestimmt durch die gemeinschaftliche Grenze des inneren und äußeren Sinns, welche Grenze als schlechthin zufällig erscheint. Also wird dasjenige am Objekt, was dem inneren Sinn entspricht, oder was nur eine Größe in der Zeit hat, als das schlechthin Zufällige oder Accidentelle erscheinen, dasjenige hingegen, was am Objekt dem äußeren Sinn entspricht, oder was eine Größe in dem Raume hat, wird als das Nothwendige oder als das Substantielle erscheinen.

So wie also das Objekt Extensität und Intensität zugleich ist, ebenso ist es auch Substanz und Accidens zugleich, beide sind in ihm unzertrennlich, und nur durch beide zusammen wird das Objekt vollendet.

Was am Objekt Substanz ist, hat nur eine Größe im Raum, was Accidenz, nur eine Größe in der Zeit. Durch den erfüllten Raum wird die Zeit fixirt, durch die Größe in der Zeit wird der Raum auf bestimmte Art erfüllt.

Wenn wir nun mit diesem Resultat zurückgehen auf die Frage, von welcher diese Untersuchung ausgegangen ist, so ergibt sich folgendes. — Das Ich mußte das Objekt sich entgegensetzen, um es als Objekt anzuerkennen. Aber in dieser Entgegensetzung wurde dem Ich äußerer und innerer Sinn zum Objekt, d. h. für uns, die wir philosophiren, ließ sich im Ich Raum und Zeit, im Objekt Substanz und Accidens unterscheiden. — Daß Substanz und Accidens unterscheidbar waren, beruhte also bloß darauf, daß dem einen nur ein Seyn in der Zeit, dem andern nur ein Seyn in dem Raume zukommt. Nur durch das Accidentelle der Anschauung ist das Ich auf die Zeit überhaupt eingeschränkt; denn die Substanz, da sie nur ein Seyn im Raume hat, hat auch ein von der Zeit völlig unabhängiges Seyn, und läßt die Intelligenz in Ansehung der Zeit völlig uneingeschränkt.

Da nun auf diese Art, und durch die im Vorhergehenden deducirte Handlung des Ichs für den Philosophen im Ich Raum und Zeit, im Objekt Substanz und Accidens unterscheidbar geworden sind, so fragt sich jetzt, der bekannten Methode gemäß, wie auch dem Ich selbst Raum und Zeit, und dadurch Substanz und Accidens unterscheidbar werden.

Die Zeit ist nur der sich zum Objekt werdende innere Sinn, der Raum der ihm zum Objekt werdende äußere Sinn. Sollen also beide wieder zum Objekt werden, so kann dieß nur durch ein potenzirtes Anschauen, d. h. durch ein produktives, geschehen. Beide sind Anschauungen des Ichs, die dem Ich nur dadurch wieder zum Objekt werden können, daß sie aus dem Ich herauskommen. Was heißt denn nun außer dem Ich? — Das Ich ist im gegenwärtigen Moment bloß innerer Sinn. Außer dem Ich also ist, was nur für den äußeren Sinn ist. Beide, Raum und Zeit, können dem Ich also nur durch Produktion zum Objekt werden, d. h., weil das Ich aufgehört hat zu produciren (denn es ist jetzt nur innerer Sinn), dadurch, daß das Ich jetzt aufs neue producirt. — Nun sind aber in jedem Produciren Raum und Zeit ebenso wie innerer und äußerer Sinn synthetisch vereinigt. Also wäre auch durch dieses zweite Produciren nichts gewonnen, wir stünden mit demselben wieder eben da, wo wir mit dem ersten standen, wenn nicht etwa dieses zweite Produciren dem ersten entgegengesetzt wäre, so daß es dem Ich unmittelbar durch die Entgegensetzung gegen das erste zum Objekt würde. — Daß aber das zweite dem ersten entgegengesetzt, ist nur dann zu denken, wenn etwa das erste das Einschränkende des zweiten ist. — Daß also das Ich überhaupt fortführe zu produciren, davon könnte auf keinen Fall der Grund im ersten Produciren, denn dieses ist nur das Einschränkende des zweiten, und setzt ein Einzuschränkendes oder das Materiale des Einschränkens schon voraus, sondern es müßte in der eignen Unendlichkeit des Ichs liegen.

Es könnte also nicht davon, daß das Ich überhaupt von der gegenwärtigen Produktion zu einer folgenden übergeht, sondern nur davon, daß das folgende Objekt mit dieser bestimmten Begrenztheit producirt wird, der Grund im ersten Produciren liegen. Mit Einem Wort, nur das Accidentelle des zweiten Producirens könnte durch das erste bestimmt seyn. Wir bezeichnen das erste Produciren durch B, das zweite durch C. Enthält nun B nur den Grund des Accidentellen in C, so kann es auch nur ein Accidentelles in B seyn, wodurch das in C bestimmt ist. Denn daß C durch B auf diese bestimmte Art begrenzt ist, ist nur dadurch möglich, daß B selbst auf bestimmte Art begrenzt ist, d. h. nur vermöge dessen, was in ihm selbst accidentell ist.

Um die Untersuchung zu erleichtern, und damit man sogleich sehe, wohin sie zielt, bemerken wir, daß wir uns der Deduktion des Causalitätsverhältnisses nähern. Da dieß eben ein Punkt ist, von welchem aus sich leichter als von vielen andern in die Art, wie im transscendentalen Idealismus die Kategorien deducirt werden, eindringen läßt, so möge es uns erlaubt seyn, eine allgemeine Reflexion über unser Verfahren vorauszuschicken.

Wir deduciren das Causalitätsverhältniß als die nothwendige Bedingung, unter welcher allein das Ich das gegenwärtige Objekt als Objekt anerkennen kann. Wäre die Vorstellung in der Intelligenz überhaupt stehend, bliebe die Zeit fixirt, so wäre in der Intelligenz nicht nur keine Mannichfaltigkeit von Vorstellungen (dieß versteht sich von selbst), sondern auch nicht einmal das gegenwärtige Objekt würde als gegenwärtig anerkannt.

Die Succession im Causalitätsverhältnisse ist eine nothwendige. Es ist überhaupt ursprünglich keine willkürliche Succession in den Vorstellungen denkbar. Die Willkür, welche z. B. bei der Auffassung der einzelnen Theile eines Ganzen als eines organischen oder eines Kunstprodukts stattfindet, ist zuletzt selbst in einem Causalitätsverhältnisse gegründet. Ich gehe aus, von welchem Theil des ersteren ich wolle, so werde ich immer vom einen auf den andern, und von diesem auf jenen zurückgetrieben, weil im Organischen alles wechselseitig Ursache und Wirkung ist. So ist es freilich beim Kunstprodukt nicht, hier ist kein Theil Ursache des andern, aber doch setzt einer den andern voraus im produktiven Verstande des Künstlers. So ist es überall, wo sonst die Succession in den Vorstellungen willkürlich scheint, z. B. in der Auffassung der einzelnen Theile der anorgischen Natur, in welcher gleichfalls eine allgemeine Wechselwirkung aller Theile ist.

Alle Kategorien sind Handlungsweisen, durch welche uns erst die Objekte selbst entstehen. Es gibt für die Intelligenz kein Objekt, wenn es kein Causalitätsverhältniß gibt, und dieses Verhältniß ist eben deßwegen von den Objekten unzertrennlich. Wenn geurtheilt wird, A sey die Ursache von B, so heißt dieß so viel: die Succession, die zwischen beiden stattfindet, findet nicht nur in meinen Gedanken sondern in den Objekten selbst statt. Weder A noch B könnten überhaupt *seyn*, wenn sie nicht in diesem Verhältniß wären. Hier ist also nicht nur eine Succession überhaupt, sondern eine Succession, die Bedingung der Objekte selbst ist. Was kann denn nun im Idealismus unter jenem Gegensatz zwischen dem was bloß in Gedanken und dem was in den Objekten selbst ist verstanden werden? Die Succession ist eine objektive, heißt idealistisch so viel als: ihr Grund liegt nicht in meinem freien und bewußten Denken, sondern in meinem bewußtlosen Produciren. Der Grund jener Succession liegt nicht in uns, heißt so viel: wir sind uns dieser Succession nicht bewußt, ehe sie geschieht, sondern ihr Geschehen und das Bewußtwerden derselben ist eins und dasselbe. Die Succession muß uns als unzertrennlich von den Erscheinungen, so wie diese Erscheinungen als unzertrennlich von jener Succession vorkommen. Für die Erfahrung gibt es demnach dasselbe Resultat, ob die Succession an die Dinge, oder ob die Dinge an die Succession gefesselt sind. Nur daß beide überhaupt unzertrennlich sind, ist das Urtheil des gemeinen Verstandes. Es ist also in der That höchst ungereimt, die Succession durch das Handeln der Intelligenz, die Objekte dagegen unabhängig von derselben entstehen zu lassen. Wenigstens sollte man beide, die Succession wie die Objekte, für gleich unabhängig von den Vorstellungen ausgeben.

Wir kehren in den Zusammenhang zurück Wir haben jetzt zwei Objekte B und C. Was war denn nun B? Es war Substanz und Accidens unzertrennlich vereinigt. Insofern es Substanz ist, ist es nichts anderes als die fixirte Zeit selbst; denn dadurch, daß uns die Zeit fixirt wird, entsteht uns die Substanz, und umgekehrt. Wenn es also auch eine Aufeinanderfolge in der Zeit gibt, so muß die Substanz selbst wieder das in der Zeit Beharrende seyn. Diesem nach kann die Substanz auch weder entstehen noch vergehen. Sie kann nicht entstehen; denn man setze etwas als entstehend, so muß ein Moment vorhergegangen seyn, in welchem es noch nicht war, jener Moment mußte aber selbst fixirt werden, also mußte in jenem Moment selbst etwas Beharrendes seyn. Also ist das jetzt Entstehende nur eine Bestimmung des Beharrenden, nicht das Beharrende selbst, welches immer dasselbe ist. Die Substanz kann ebensowenig vergehen; denn indem etwas vergeht, muß selbst etwas Beharrendes zurückbleiben, durch welches der Moment des Vergehens fixirt wird. Also war das, was verging, nicht das Beharrende selbst, sondern nur eine Bestimmung des Beharrenden.

Wenn also kein Objekt das andere der Substanz nach hervorbringen oder vernichten kann, so wird auch nur das Accidentelle des folgenden Objekts bestimmt seyn können durch das Vorhergehende, und umgekehrt nur das Accidentelle des letzteren wird das seyn können, wodurch das Accidentelle des ersten bestimmt ist.

Dadurch nun, daß B ein Accidentelles in C bestimmt, trennt sich im Objekt Substanz und Accidens, die Substanz beharrt, während die Accidenzen wechseln — der Raum ruht, während die Zeit verfließt, beide werden also dem Ich als getrennt zum Objekt. Aber eben dadurch sieht sich auch das Ich in einen neuen Zustand, nämlich in den der unwillkürlichen S u c c e s s i o n der Vorstellungen versetzt, und dieser Zustand ist es jetzt, auf welchen die Reflexion sich richten muß.

„Das Accidentelle von B enthält den Grund eines Accidentellen in C". — Dieß ist abermals nur uns bekannt, die wir dem Ich zusehen. Nun muß aber auch die Intelligenz selbst das Accidentelle von B als den Grund von dem in C anerkennen, dieß aber ist nicht möglich, ohne daß beide B und C in einer und derselben Handlung sich entgegengesetzt, und wieder aufeinander bezogen werden. Daß sich beide e n t g e g e n g e s e t z t werden, ist offenbar, denn B wird durch C verdrungen aus dem Bewußtseyn, und tritt in den vergangenen Moment zurück, B ist Ursache, C Wirkung, B das Einschränkende, C das Eingeschränkte. Wie aber beide aufeinander b e z o g e n werden können, ist nicht zu begreifen, da das Ich jetzt nichts anderes ist als eine Succession von ursprünglichen Vorstellungen, deren eine die andere verdrängt.

(Durch denselben Grund, durch welchen das Ich von B auf C, wird es auch von C auf D u. s. f. getrieben werden). Nun wurde freilich festgesetzt, nur Accidenzen können entstehen und vergehen, nicht Substanzen. Aber was ist denn die Substanz? Sie ist selbst nur die fixirte Zeit. Also können auch die Substanzen nicht bleiben (es versteht sich für das Ich; denn die Frage, wie die Substanzen etwa für sich beharren mögen, hat gar keinen Sinn); denn die Zeit ist jetzt überhaupt nicht fixirt, sondern fließend (gleichfalls nicht an sich, sondern nur für das Ich), die Substanzen können also nicht fixirt werden, weil das Ich selbst nicht fixirt ist, denn das Ich ist jetzt nichts als diese Succession selbst. —

Dieser Zustand der Intelligenz, in welchem sie *nur* Succession von Vorstellungen ist, ist übrigens ein bloß intermediärer Zustand, den nur der Philosoph in ihr annimmt, weil sie nothwendig durch diesen Zustand hindurch zu dem folgenden gelangt. —

Gleichwohl müssen die Substanzen bleiben, wenn eine Entgegensetzung zwischen C und B möglich seyn soll. Es ist aber unmöglich, daß die Succession fixirt werde, wenn nicht etwa dadurch, daß entgegengesetzte Richtungen in sie kommen. Die Succession hat nur Eine Richtung. Diese Eine Richtung von der Succession abstrahirt macht eben die Zeit, die äußerlich angeschaut nur Eine Dimension hat.

Aber entgegengesetzte Richtungen könnten in die Succession nur dadurch kommen, daß das Ich, indem es von B auf C getrieben wird, zugleich wieder auf B zurückgetrieben wird; denn alsdann werden die entgegengesetzten Richtungen sich aufheben, die Succession wird fixirt, und eben dadurch auch die Substanzen. Nun kann aber das Ich von C auf B zurückgetrieben werden ohne Zweifel nur auf dieselbe Art, auf welche es von B auf C getrieben wurde. Nämlich ebenso, wie B den Grund einer Bestimmung in C enthielte, müßte C hinwiederum den Grund einer Bestimmung in B enthalten. Nun kann aber diese Bestimmung in B nicht gewesen seyn, ehe C war; denn das Accidentelle von C soll ja den Grund davon enthalten, C aber entsteht dem Ich als dieses Bestimmte erst im gegenwärtigen Moment, C als Substanz mag etwa vorher schon gewesen seyn, aber davon weiß das Ich jetzt nichts, es entsteht ihm überhaupt erst, indem es ihm als dieses Bestimmte entsteht, also müßte auch jene Bestimmung in B, deren Grund C enthalten soll, erst in diesem Moment entstehen. Also in einem und demselben untheilbaren Moment, in welchem C durch B bestimmt wird, müßte hinwiederum auch B durch C bestimmt werden. Nun sind sich aber B und C im Bewußtseyn entgegengesetzt worden, also muß nothwendig ein Setzen in C ein Nichtsetzen in B seyn, und umgekehrt, so daß, die Bestimmung von C durch B als positiv angenommen, die von B durch C als die negative von jener gesetzt werden muß.

Es braucht kaum erinnert zu werden, daß wir durch das Bisherige alle Bestimmungen des Verhältnisses der Wechselwirkung abgeleitet haben. Es ist überhaupt kein Causalitätsverhältniß construirbar ohne Wechselwirkung, denn es ist keine Beziehung der Wirkung auf die Ursache möglich, d. h. die oben geforderte Entgegensetzung ist unmöglich, wenn nicht die Substanzen als Substrate des Verhältnisses durcheinander fixirt werden. Aber sie können nicht fixirt werden, als wenn das Causalitätsverhältniß ein wechselseitiges ist. Denn stehen die Substanzen nicht in Wechselwirkung, so können zwar allerdings beide ins Bewußtseyn gesetzt werden, aber nur so, daß die eine gesetzt wird, wenn die andere nicht gesetzt wird, und umgekehrt, nicht aber, daß in demselben untheilbaren Moment, in welchem die eine gesetzt wird, auch die andere gesetzt werde, welches nothwendig ist, wenn das Ich beide als im Causalitätsverhältniß stehend anerkennen soll. Dieß, daß beide, nicht jetzt die eine, und dann die andere, sondern daß beide zugleich gesetzt werden, läßt sich nur dann denken, wenn beide durcheinander gesetzt werden, d. h. wenn jede Grund einer Bestimmung in der andern ist, welche der in sie selbst gesetzten proportional und entgegengesetzt ist, d. h. wenn beide miteinander in Wechselwirkung stehen.

Durch die Wechselwirkung wird die Succession fixirt, es wird Gegenwart, und dadurch jenes Zugleichseyn von Substanz und Accidens im Objekt wieder hergestellt, B und C sind beide zugleich Ursache und

Wirkung. Als Ursache ist jedes Substanz, denn es kann als Ursache erkannt werden nur insofern es als beharrend angeschaut wird, als Wirkung ist es Accidens. Durch die Wechselwirkung werden also Substanz und Accidens wieder synthetisch vereinigt. Die Möglichkeit das Objekt anzuerkennen als solches ist daher für das Ich durch die Nothwendigkeit der Succession und der Wechselwirkung bedingt, deren jene die Gegenwart aufhebt (damit das Ich über das Objekt hinausgehen könne), diese aber sie wiederherstellt.

Daß B und C, welche dadurch, daß sie in einem und demselben Moment wechselseitig Grund von Bestimmungen ineinander sind, auch außer diesem Moment zugleich seyen, ist damit noch nicht abgeleitet. Für die Intelligenz selbst gilt jenes Zugleichseyn nur einen Moment, denn da die Intelligenz fortwährend producirt, und bis jetzt kein Grund gegeben ist, durch welchen das Produciren selbst wieder begrenzt würde, so wird sie auch immer wieder in den Strom der Succession fortgerissen werden. Wie also die Intelligenz dazu komme, ein Zugleichseyn aller Substanzen in der Welt, d. h. eine allgemeine Wechselwirkung anzunehmen, ist damit noch nicht erklärt.

Mit der Wechselwirkung zugleich ist auch der Begriff der Coexistenz abgeleitet. Alles Zugleichseyn ist nur durch ein Handeln der Intelligenz, und die Coexistenz ist nur Bedingung der ursprünglichen Succession unserer Vorstellungen. Die Substanzen sind nichts von der Coexistenz Verschiedenes. Die Substanzen werden als Substanzen fixirt, heißt: es wird Coexistenz gesetzt, und umgekehrt, Coexistenz ist nichts anderes als ein wechselseitiges Fixiren der Substanzen durcheinander. Wird nun dieses Handeln der Intelligenz ideell, d. h. mit Bewußtseyn, reproducirt, so entsteht mir dadurch der Raum als bloße Form der Coexistenz oder des Zugleichseyns. Ueberhaupt wird erst durch die Kategorie der Wechselwirkung der Raum Form der Coexistenz, in der Kategorie der Substanz kommt er nur als Form der Extensität vor. Der Raum ist also nichts anderes als ein Handeln der Intelligenz. Wir können den Raum als die angehaltene Zeit, die Zeit dagegen als den fließenden Raum definiren. Im Raum für sich betrachtet ist alles nur nebeneinander, wie in der objektiv gewordenen Zeit alles nacheinander ist. Beide, Raum und Zeit, können also nur in der Succession als solche Objekt werden, weil in derselben der Raum ruht, während die Zeit verfließt. Synthetisch vereinigt zeigen sich beide, der Raum und die objektiv gewordene Zeit, in der Wechselwirkung. Das Zugleichseyn eben ist diese Vereinigung, das Nebeneinanderseyn im Raum verwandelt sich, wenn die Bestimmung der Zeit hinzukommt, in ein Zugleichseyn. Ebenso das Nacheinanderseyn in der Zeit, wenn die Bestimmung des Raums hinzukommt. — In der Zeit allein ist ursprünglich Richtung, obgleich der Punkt, der ihr Richtung gibt, in der Unendlichkeit liegt; aber eben deßwegen, weil die Zeit ursprünglich Richtung hat, wird in ihr auch nur Eine Richtung unterschieden. Im Raum ist ursprünglich keine Richtung, denn alle Richtungen heben sich in ihm gegenseitig auf, er ist als ideelles Substrat aller Succession selbst absolute Ruhe, absoluter Mangel der Intensität, und insofern Nichts. — Was die Philosophen von jeher in Ansehung des Raums zweifelhaft gemacht hat, ist eben, daß er alle Prädikate des Nichts hat, und doch nicht für Nichts geachtet werden kann. — Eben deßwegen, weil im Raum ursprünglich keine Richtung ist, sind, wenn einmal Richtung in ihn kommt, alle Richtungen in ihm. Nun gibt es aber vermöge des bloßen Causalitätsverhältnisses nur Eine Richtung, ich kann nur von A auf B, nicht hinwiederum von B auf A kommen, und erst vermöge der Kategorie der Wechselwirkung werden alle Richtungen gleich möglich.

Die bisherigen Untersuchungen enthalten die vollständige Deduktion der Kategorien der Relation, und da es ursprünglich keine andern als diese gibt, die Deduktion aller Kategorien, nicht für die Intelligenz selbst (denn wie diese dazu komme sie als solche anzuerkennen, kann erst in der folgenden Epoche erklärt werden), wohl aber für den Philosophen. Wenn man die Tafel der Kategorien bei Kant betrachtet, so findet man, daß immer die beiden ersten jeder Klasse sich entgegengesetzt sind, und daß die dritte die Vereinigung von beiden ist. — Durch das Verhältniß von Substanz und Accidens z. B. ist nur Ein Objekt bestimmt, durch das Verhältniß von Ursach und Wirkung ist eine Mehrheit von Objekten bestimmt, durch die Wechselwirkung werden auch diese wieder zu Einem Objekt vereinigt. — Im ersten Verhältniß ist etwas als vereinigt gesetzt, das im zweiten wieder aufgehoben, und erst im dritten wieder synthetisch verbunden ist. Ferner die beiden ersten Kategorien sind nur ideelle Faktoren, und nur die dritte aus beiden das Reelle. Es kann also im ursprünglichen Bewußtseyn, oder in der Intelligenz selbst, insofern sie im Mechanismus des Vorstellens begriffen ist, weder das einzelne Objekt als Substanz und Accidens, noch auch ein reines Causalitätsverhältniß (in welchem nämlich Succession nach Einer Richtung wäre) vorkommen, sondern die Kategorie der Wechselwirkung ist diejenige, wodurch erst das Objekt für das Ich zugleich Substanz und Accidens und Ursache und Wirkung wird. Insofern das Objekt Synthesis des inneren und äußeren Sinns ist, steht es nothwendig mit einem vergangenen und folgenden Moment in Berührung. Im Causalitätsverhältniß wird jene Synthesis aufgehoben, indem die Substanzen für den äußeren Sinn beharren, während die Accidenzen vor dem inneren vorübergehen. Aber das Causalitätsverhältniß kann selbst als solches nicht anerkannt werden, ohne daß beide Substanzen, die darin begriffen sind, wieder zu Einer verbunden werden, und so geht diese Synthesis fort bis zur Idee der Natur, in welcher zuletzt alle Substanzen zu Einer verbunden werden, die nur mit sich selbst in Wechselwirkung ist.

Mit dieser absoluten Synthesis würde alle unwillkürliche Succession der Vorstellungen fixirt. Da wir aber bis jetzt keinen Grund einsehen, wie das Ich je ganz aus der Succession heraustreten solle, und da wir nur relative Synthesen, nicht aber die absolute, begreifen, so sehen wir zum voraus, daß die Vorstellung der Natur als der absoluten Totalität, worin alle Gegensätze aufgehoben und alle Succession von Ursachen und Wirkungen zu einem absoluten Organismus vereinigt ist, nicht durch den ursprünglichen Mechanismus des Vorstellens, der sie nur von Objekt zu Objekt fortführt, und innerhalb dessen alle Synthesis bloß relativ ist, sondern nur durch einen *freien* Akt der Intelligenz möglich ist, den wir aber bis jetzt selbst nicht begreifen.

Wir haben im Verlauf der gegenwärtigen Untersuchung mit Absicht mehrere einzelne Punkte unerörtert gelassen, um den Zusammenhang der Deduktion weniger zu unterbrechen, es ist aber jetzt nöthig, unsere Aufmerksamkeit darauf zu wenden. So ist z. B. bis jetzt nur vorausgesetzt worden, es liege in der Intelligenz selbst der Grund eines fortwährenden Producirens. Denn daß das Ich überhaupt fortfuhr zu produciren, davon konnte der Grund nicht im ersten Produciren, sondern er mußte in der Intelligenz überhaupt liegen. Dieser Grund muß schon in unseren früheren Grundsätzen enthalten seyn.

Das Ich ist weder ursprünglich produktiv, noch ist es auch produktiv mit Willkür. Es ist ein ursprünglicher Gegensatz, wodurch das Wesen und die Natur der Intelligenz constituirt wird. Nun ist aber das Ich ursprünglich reine und absolute Identität, in welche es beständig zurückzukehren suchen muß, aber die Rückkehr in diese Identität ist an die ursprüngliche Duplicität, als an eine nie völlig aufgehobene Bedingung, gefesselt. Sobald nun die Bedingung des Producirens, Duplicität, gegeben ist, muß das Ich produciren, und ist, so gewiß es eine ursprüngliche Identität ist, gezwungen zu produciren. Wenn also im Ich ein fortwährendes Produciren ist, so ist dieß nur dadurch möglich, daß die Bedingung alles Producirens, jener ursprüngliche Streit entgegengesetzter Thätigkeiten, im Ich ins Unendliche wiederhergestellt wird. Nun sollte aber dieser Streit in der produktiven Anschauung enden. Aber wird er wirklich geendet, so geht die Intelligenz ganz und gar ins Objekt über, es ist ein Objekt, aber keine Intelligenz. Die Intelligenz ist nur Intelligenz, solange jener Streit dauert; sobald er geendet ist, ist sie nicht mehr Intelligenz, sondern Materie, Objekt. So gewiß also alles Wissen überhaupt auf jenem Gegensatz der Intelligenz und des Objekts beruht, so gewiß kann jener Gegensatz in keinem einzelnen Objekt sich aufheben. Wie es denn doch zu einem endlichen Objekt komme, läßt sich schlechterdings nicht erklären, wenn nicht jedes Objekt nur scheinbar einzeln ist und bloß als Theil eines unendlichen Ganzen producirt werden kann. Daß aber der Gegensatz nur in einem unendlichen Objekt sich aufhebe, läßt sich nur dann denken, wenn er selbst ein unendlicher ist, so daß immer nur vermittelnde Glieder der Synthesis möglich sind, niemals aber die beiden äußersten Faktoren jenes Gegensatzes ineinander übergehen können.

Aber läßt sich denn nicht wirklich auch aufweisen, daß jener Gegensatz unendlich seyn muß, da der Streit der beiden Thätigkeiten, auf welchem er beruht, nothwendig ewig ist? Die Intelligenz kann nie ins Unendliche sich ausbreiten, denn daran wird sie verhindert durch ihr Streben in sich zurückzukehren. Sie kann aber ebensowenig absolut in sich selbst zurückkehren, denn daran verhindert sie jene Tendenz das Unendliche zu seyn. Es ist also hier keine Vermittlung möglich, und alle Synthesis ist nur eine relative.

Will man aber, daß der Mechanismus des Producirens genauer bestimmt werde, so werden wir ihn nur auf folgende Art denken können. In der Unmöglichkeit den absoluten Gegensatz aufzuheben auf der einen, und der Nothwendigkeit ihn aufzuheben auf der andern Seite, wird ein Produkt entstehen, aber in diesem Produkt kann der Gegensatz nicht absolut, sondern nur zum Theil aufgehoben seyn; außerhalb des Gegensatzes, der durch dieses Produkt aufgehoben ist, wird ein noch unaufgehobener liegen, welcher in einem zweiten Produkt abermals aufgehoben werden kann. So wird also jedes Produkt, das entsteht, dadurch, daß es den unendlichen Gegensatz nur zum Theil aufhebt, Bedingung eines folgenden Produkts, welches, weil es abermals den Gegensatz nur zum Theil aufhebt, Bedingung eines dritten wird. Alle diese Produkte werden eins dem andern, und zuletzt alle dem ersten untergeordnet seyn, weil jedes vorhergehende Produkt den Gegensatz unterhält, der Bedingung des folgenden ist. Wenn wir überlegen, daß die der produktiven Thätigkeit entsprechende Kraft die eigentlich synthetische der Natur, oder die Schwerkraft ist, so werden wir uns überzeugen, daß diese Unterordnung keine andere als die Unterordnung von Weltkörpern unter Weltkörpern ist, welche im Universum statthat, dergestalt, daß die Organisation desselben in Systeme, wo eins durch das andere in seinem Seyn erhalten wird, nichts anderes als eine Organisation der Intelligenz selbst ist, die durch alle diese Produkte hindurch immer nur den absoluten Gleichgewichtspunkt mit sich selbst sucht, welcher Punkt aber in der Unendlichkeit liegt.

Nun verwickelt uns aber eben diese Erklärung des Mechanismus im Produciren der Intelligenz unmittelbar in eine neue Schwierigkeit. Alles empirische Bewußtseyn fängt an mit einem gegenwärtigen Objekt, und mit dem ersten Bewußtseyn schon sieht sich die Intelligenz in einer bestimmten Succession von Vorstellungen begriffen. Nun ist aber das einzelne Objekt nur als Theil eines Universums möglich, und die Succession vermöge des Causalitätsverhältnisses setzt selbst schon nicht nur eine Mehrheit von Substanzen, sondern eine Wechselwirkung oder ein dynamisches Zugleichseyn aller Substanzen voraus. Der Widerspruch ist also der, daß die Intelligenz, insofern sie ihrer bewußt wird, nur an einem bestimmten Punkte der Successionsreihe eingreifen kann, daß sie also eine Totalität von Substanzen, und eine allgemeine Wechselwirkung der Substanzen als Bedingungen einer möglichen Succession unabhängig von sich schon voraussetzen muß, indem sie ihrer bewußt wird.

Dieser Widerspruch ist schlechthin nur aufzulösen durch Unterscheidung der absoluten und der endlichen Intelligenz, und dient zugleich als ein neuer Beweis, daß wir, ohne es zu wissen, das Ich mit dem Produciren schon auch in die zweite, oder in die bestimmte Begrenztheit versetzt hatten. Die genauere Auseinandersetzung dieses Verhältnisses ist folgende.

Daß ein Universum, d. h. eine allgemeine Wechselwirkung der Substanzen überhaupt ist, ist nothwendig, wenn das Ich überhaupt ursprünglich beschränkt ist. Vermöge dieser ursprünglichen Beschränktheit, oder, was dasselbe ist, vermöge des ursprünglichen Streits des Selbstbewußtseyns, entsteht dem Ich das Universum, nicht allmählich, sondern durch Eine absolute Synthesis. Aber diese ursprüngliche oder erste Beschränktheit, welche aus dem Selbstbewußtseyn allerdings erklärbar ist, erklärt mir die aus dem Selbstbewußseyn nicht mehr, insofern also überhaupt nicht erklärbare, besondere Beschränktheit nicht. Die besondere, oder wie wir sie in der Folge auch nennen werden, die zweite Beschränktheit ist eben diejenige, vermöge welcher die Intelligenz gleich im ersten Anfang des empirischen Bewußtseyns sich erscheinen muß als in einer Gegenwart, in einem bestimmten Moment der Zeitreihe begriffen. Was nun in dieser Reihe der zweiten Beschränktheit vorkommt, ist durch die erste alles schon gesetzt, nur mit dem Unterschied, daß durch diese alles zugleich gesetzt ist, und die absolute Synthesis dem Ich nicht durch Zusammensetzung aus Theilen, sondern als ein Ganzes entsteht; auch nicht in der Zeit, denn alle Zeit ist erst durch jene Synthesis gesetzt, anstatt daß im empirischen Bewußtseyn jenes Ganze nur durch allmähliche Synthesis der Theile, also nur durch successive Vorstellungen erzeugt werden kann. Insofern nun die Intelligenz nicht in der Zeit, sondern ewig ist, ist sie nichts anderes als jene absolute Synthesis selbst, und insofern hat sie weder angefangen noch kann sie aufhören zu produciren; insofern sie aber begrenzt ist, kann sie auch nur als an einem bestimmten Punkt eingreifend in die Successionsreihe erscheinen. Nicht etwa, als ob die unendliche Intelligenz von der endlichen verschieden, und etwa außer der endlichen Intelligenz eine unendliche *wäre*. Denn nehme ich die besondere Beschränktheit der endlichen hinweg, so ist sie die absolute Intelligenz selbst. Setze ich diese Beschränktheit, so ist die absolute eben dadurch als absolut aufgehoben, und es ist jetzt nur eine endliche Intelligenz. Auch ist das Verhältniß nicht so vorzustellen, als ob die absolute Synthesis und jenes Eingreifen an einem bestimmten Punkte ihrer Evolution zwei verschiedene Handlungen wären, vielmehr in einer und derselben ursprünglichen Handlung entsteht der Intelligenz zugleich das Universum und der bestimmte Punkt der Evolution, an welchen ihr empirisches Bewußtseyn geknüpft ist, oder kürzer, durch einen und denselben Akt entsteht der Intelligenz die erste und die zweite Beschränktheit, welche letztere nur deßwegen als unbegreiflich erscheint, weil sie mit der ersten zugleich gesetzt wird, ohne daß sie doch ihrer Bestimmtheit nach aus ihr abgeleitet werden könnte. Diese Bestimmtheit wird also als das schlechthin und in jeder Rücksicht Zufällige erscheinen, was der Idealist nur aus einem absoluten Handeln der Intelligenz, der Realist hingegen aus dem, was er Verhängniß oder Schicksal nennt, erklären kann. Es ist aber leicht einzusehen, warum der Intelligenz der Punkt, von welchem ihr Bewußtseyn anfängt, erscheinen muß als völlig ohne ihr Zuthun bestimmt; denn eben deßwegen, weil an diesem Punkte erst das Bewußtseyn, und mit ihm die Freiheit entsteht, muß das, was jenseits dieses Punkts liegt, als völlig unabhängig von der Freiheit erscheinen.

Wir sind jetzt in der Geschichte der Intelligenz so weit vorgerückt, daß wir sie bereits eingeschränkt haben auf eine bestimmte Successionsreihe, in welche ihr Bewußtseyn nur an einem bestimmten Punkte eingreifen kann. Unsere eben angestellte Untersuchung betraf nur die Frage, wie sie in diese Succession habe hereinkommen können; da wir nun gefunden haben, daß der Intelligenz zugleich mit der ersten auch die zweite Beschränktheit entstehen muß, so sehen wir hintennach, daß wir sie im ersten Ansatz zum Bewußtseyn nicht anders finden konnten, als wir sie wirklich fanden, nämlich als begriffen in einer bestimmten Successionsreihe. Die eigentliche Aufgabe der Transscendental-Philosophie ist durch diese Untersuchungen um vieles heller geworden. Jeder kann sich selbst als den Gegenstand dieser Untersuchungen betrachten. Aber um sich selbst zu erklären, muß er erst alle Individualität in sich aufgehoben haben, denn diese eben ist es, welche erklärt werden soll. Werden alle Schranken der Individualität hinweggenommen, so bleibt nichts zurück als die absolute Intelligenz. Werden auch die Schranken der Intelligenz wieder aufgehoben, so bleibt nichts zurück als das absolute Ich. Die Aufgabe ist nun eben diese: wie aus einem Handeln des absoluten Ichs die absolute Intelligenz, und wie wiederum aus einem Handeln der absoluten Intelligenz das ganze System der Beschränktheit, welche meine Individualität constituirt, sich erklären lasse. Wenn nun aber alle Schranken aus der Intelligenz hinweggenommen sind, was bleibt denn noch als Erklärungsgrund eines bestimmten Handelns übrig? Ich bemerke, daß, wenn ich aus dem Ich auch alle Individualität, und selbst die Schranken, kraft welcher es Intelligenz ist, hinwegnehme, ich doch den Grundcharakter des Ichs, daß es sich selbst zugleich Subjekt und Objekt ist, nicht aufheben konnte. Also ist das Ich an sich und seiner Natur nach, noch ehe es auf besondere Weise beschränkt wird, bloß dadurch, daß es sich selbst Objekt ist, ursprünglich eingeschränkt in seinem Handeln. Aus dieser ersten oder ursprünglichen Eingeschränktheit seines Handelns entsteht dem Ich unmittelbar die absolute Synthesis jenes unendlichen Streits, welcher der Grund jener Eingeschränktheit ist. Bliebe nun die Intelligenz Eins mit der absoluten Synthesis, so würde zwar ein Universum, aber es würde keine Intelligenz seyn. Soll eine Intelligenz seyn, so muß sie aus jener Synthesis heraustreten können, um sie mit Bewußtseyn wieder zu erzeugen; aber dieß ist abermals unmöglich, ohne daß in jene erste Beschränktheit eine besondere oder zweite kommt, welche nun nicht mehr darin bestehen kann, daß die Intelligenz überhaupt ein Universum, sondern daß sie das Universum gerade von diesem bestimmten Punkte aus anschaut. Die Schwierigkeit also, welche auf den ersten Blick unauflöslich scheint, nämlich, daß alles, was ist, erklärbar seyn soll aus einem Handeln des Ichs, und daß doch die Intelligenz nur an einem bestimmten Punkte einer schon vorher determinirten Successionsreihe eingreifen kann, löst sich durch die Unterscheidung zwischen der absoluten und der bestimmten Intelligenz. Jene Successionsreihe, in welche dein Bewußtseyn eingegriffen hat, ist nicht bestimmt durch dich, insofern du dieses Individuum bist, denn insofern bist du nicht das Producirende, sondern gehörst selbst zum Producirten. Jene Successionsreihe ist nur Entwicklung einer absoluten Synthesis, mit der schon alles gesetzt ist, was geschieht oder geschehen wird. Daß du gerade diese bestimmte Successionsreihe vorstellst, ist nothwendig, damit du diese bestimmte Intelligenz seyest. Es ist nothwendig, daß dir diese Reihe als eine unabhängig von dir prädeterminirte erscheine, welche du nicht von vorne produciren kannst. Nicht, als ob sie etwa an sich abgelaufen wäre; denn daß, was jenseits deines Bewußtseyns liegt, dir erscheine als unabhängig von dir, darin besteht eben deine besondere Beschränktheit. Diese hinweggenommen, gibt es keine Vergangenheit, dieselbe gesetzt, ist sie gerade ebenso nothwendig, und ebenso, d. h. nicht weniger, aber auch nicht mehr reell, als diese. Außer der bestimmten Beschränktheit liegt die Sphäre der absoluten Intelligenz, für welche nichts angefangen hat noch irgend etwas wird, denn für sie ist alles zugleich, oder vielmehr sie selbst ist alles. Der Grenzpunkt zwischen der absoluten, ihrer selbst als solchen unbewußten, und der bewußten Intelligenz ist also bloß die Zeit. Für die reine Vernunft gibt es keine Zeit, für sie *ist* alles, und alles zugleich, für die Vernunft, insofern sie empirisch ist, entsteht alles, und, was ihr entsteht, alles nur successiv.

Ehe wir nun von diesem Punkte aus die Geschichte der Intelligenz weiter verfolgen, müssen wir unsere Aufmerksamkeit noch auf einige genauere Bestimmungen jener Succession wenden, die uns zugleich mit ihrer Deduktion gegeben sind, aus welchen wir, wie sich zum voraus erwarten läßt, noch mehrere andere Folgerungen werden ziehen können.

a) Die Successionsreihe ist, wie wir wissen, nichts anderes als die Evolution der ursprünglichen und absoluten Synthesis; was also in jener Reihe vorkommt, ist durch jene schon zum voraus bestimmt. Mit der ersten Begrenztheit sind alle Bestimmungen des Universums gesetzt, mit der zweiten, vermöge welcher ich *diese* Intelligenz bin, alle Bestimmungen, unter welchen dieses Objekt in mein Bewußtseyn kommt.

b) Jene absolute Synthesis ist eine Handlung, die außer aller Zeit geschieht. Mit jedem empirischen Bewußtseyn beginnt die Zeit gleichsam aufs neue; gleichwohl setzt jedes empirische Bewußtseyn eine Zeit schon als verflossen voraus, denn es kann nur an einem bestimmten Punkte der Evolution beginnen. Deßwegen kann die Zeit für das empirische Bewußtseyn nie angefangen haben, und es gibt für die empirische Intelligenz keinen Anfang in der Zeit, als den durch absolute Freiheit. Insofern kann man sagen, daß jede Intelligenz, nur nicht für sich selbst, sondern objektiv angesehen, ein absoluter Anfang in der Zeit ist, ein absoluter Punkt, der in die zeitlose Unendlichkeit gleichsam hingeworfen und gesetzt wird, von welchem nun erst alle Unendlichkeit in der Zeit beginnt.

Es ist ein sehr gewöhnlicher Einwurf gegen den Idealismus, daß uns die Vorstellungen von äußeren Dingen völlig unwillkürlich kommen, daß wir dagegen schlechterdings nichts vermögen, und daß wir, weit entfernt sie zu produciren, sie vielmehr hinnehmen müssen, wie sie uns gegeben werden. Allein daß uns die Vorstellungen so erscheinen müssen, ist aus dem Idealismus selbst abzuleiten. Das Ich muß, um das Objekt überhaupt als Objekt anschauen zu können, einen vergangenen Moment als Grund des Gegenwärtigen setzen, die Vergangenheit entsteht also immer wieder nur durch das Handeln der Intelligenz, und ist nur insofern nothwendig, als dieses Zurückgehen des Ichs nothwendig ist. Daß mir aber im gegenwärtigen Moment nichts anderes entstehen kann, als mir nun eben entsteht, davon ist der Grund einzig und allein in der unendlichen Consequenz des Geistes zu suchen. Es kann mir jetzt nur ein Objekt mit diesen und keinen anderen Bestimmungen entstehen, weil ich im vergangenen Moment ein solches producirt hatte, was den Grund gerade dieser und keiner anderen Bestimmungen enthielt. Wie die Intelligenz sich durch Eine Produktion sogleich in ein ganzes System von Dingen verwickelt sehen könne, läßt sich analogisch an unzähligen anderen Fällen nachweisen, wo die Vernunft einzig kraft ihrer Consequenz durch Eine Voraussetzung in das verwickeltste System sich versetzt sieht, selbst da, wo die Voraussetzung völlig willkürlich ist. Es gibt z. B. kein verwickelteres System, als das Gravitationssystem, welches, um entwickelt zu werden, die höchsten Anstrengungen des menschlichen Geistes erfordert hat, und doch ist es ein höchst einfaches Gesetz, was den Astronomen in dieses Labyrinth von Bewegungen geführt, und aus demselben wieder heraus geleitet hat. Ohne Zweifel ist unser Decimalsystem ein völlig willkürliches, und doch sieht sich der Mathematiker durch jene Eine Voraussetzung in Consequenzen verflochten, welche (wie z. B. die merkwürdigen Eigenschaften der Decimalbrüche) vielleicht noch keiner derselben vollständig entwickelt hat. —

Im gegenwärtigen Produciren ist also die Intelligenz niemals frei, weil sie im vorhergehenden Moment producirt hat. Durch das erste Produciren ist die Freiheit des Producirens auf immer gleichsam verwirkt. Aber es gibt eben für das Ich kein erstes Produciren; denn daß die Intelligenz sich erscheint, als hätte sie überhaupt vorzustellen angefangen, gehört ebenfalls nur zu ihrer besonderen Beschränktheit.

Diese hinweggenommen, ist sie ewig, und hat nie angefangen zu produciren. Wenn geurtheilt wird, die Intelligenz habe angefangen zu produciren, so ist es immer wieder sie selbst, die nach einem bestimmten Gesetze so urtheilt; also folgt daraus allerdings, daß die Intelligenz für sich selbst, nimmer aber daß sie objektiv oder an sich angefangen vorzustellen.

Es ist eine Frage, der der Idealist nicht entgehen kann, wie er denn dazu komme, eine Vergangenheit anzunehmen, oder was ihm für eine solche Bürgschaft leiste. Das Gegenwärtige erklärt sich jeder aus seinem Produciren; aber, wie kommt er zu der Annahme, daß etwas war, ehe er producirte? Ob eine Vergangenheit an sich gewesen sey, diese Frage ist so transscendent als die Frage, ob ein Ding an sich sey. Die Vergangenheit *ist* nur durch die Gegenwart, also für jeden selbst nur durch seine ursprüngliche Beschränktheit, diese Beschränktheit hinweggenommen, ist alles, was geschehen ist, so wie was geschieht, Produktion der Einen Intelligenz, welche nicht angefangen hat noch aufhören wird zu seyn. —

Wenn man die *absolute* Intelligenz, welcher nicht empirische, sondern absolute Ewigkeit zukommt, durch Zeit überhaupt bestimmen will, so ist sie alles, was ist, was war, und was seyn wird. Aber die *empirische* Intelligenz, um etwas, d. h. um eine bestimmte zu seyn, muß aufhören alles, und außer der Zeit zu seyn. Ursprünglich gibt es für sie nur eine Gegenwart, durch ihr unendliches Streben wird der gegenwärtige Augenblick Bürge des künftigen, aber diese Unendlichkeit ist jetzt nicht mehr absolute, d. h. zeitlose, sondern empirische durch Succession von Vorstellungen erzeugte Unendlichkeit. Die Intelligenz strebt zwar in jedem Moment die absolute Synthesis darzustellen, wie Leibniz sagt: die Seele bringe in jedem Moment die Vorstellung des Universums hervor. Allein da sie es durch absolutes Handeln nicht vermag, versucht sie es durch successives, in der Zeit fortschreitendes darzustellen.

c) Da die Zeit an und für sich oder ursprünglich die bloße Grenze bezeichnet, so kann sie äußerlich angeschaut, d. h. mit dem Raum verbunden, nur als fließender Punkt, d. h. als Linie, angeschaut werden.

Aber die Linie ist die ursprünglichste Anschauung der Bewegung, alle Bewegung wird als Bewegung angeschaut, nur insofern sie als Linie angeschaut wird. Die ursprüngliche Succession der Vorstellungen äußerlich angeschaut, ist also Bewegung. Da es nun aber die Intelligenz ist, welche durch die ganze Successionsreihe hindurch nur ihre eigne Identität sucht, und da diese Identität in jedem Moment durch Uebergang von Vorstellung zu Vorstellung aufgehoben würde, wenn sie die Intelligenz nicht immer wieder herzustellen suchte, so muß der Uebergang von Vorstellung zu Vorstellung durch eine Größe geschehen, welche stetig, d. h. von welcher kein Theil der schlechthin kleinste ist.

Nun ist es die Zeit, in welcher dieser Uebergang geschieht, also wird die Zeit eine solche Größe seyn. Und da alle ursprüngliche Succession in der Intelligenz äußerlich als Bewegung erscheint, so wird das Gesetz der Stetigkeit ein Grundgesetz aller Bewegung seyn.

Dieselbe Eigenschaft wird vom Raum auf dieselbe Art bewiesen.

Da die Succession und alle Veränderungen in der Zeit nichts anderes als Evolutionen der absoluten Synthesis sind, durch welche alles zum voraus bestimmt ist, so muß der letzte Grund aller Bewegung in den Faktoren jener Synthesis selbst gesucht werden; nun sind aber diese Faktoren keine anderen als die des ursprünglichen Gegensatzes, also wird auch der Grund aller Bewegung in den Faktoren jenes Gegensatzes zu suchen seyn. Jener ursprüngliche Gegensatz kann nur in einer unendlichen Synthesis und im endlichen Objekt nur momentan aufgehoben werden. Der Gegensatz entsteht in jedem Moment aufs neue, und wird in jedem Moment wieder aufgehoben. Dieses Wiederentstehen und Wiederaufheben des Gegensatzes in jedem Moment muß der letzte Grund aller Bewegung seyn. Dieser Satz, welcher Grundsatz einer dynamischen Physik ist, hat, wie alle Grundsätze untergeordneter Wissenschaften, in der Transscendal-Philosophie seine Stelle.

IV.

In der so eben beschriebenen Succession ist es der Intelligenz nicht um dieselbe, denn sie ist völlig unwillkürlich, sondern um sich selbst zu thun. Sie sucht sich selbst, aber eben dadurch flieht sie sich selbst. Nachdem sie einmal in diese Succession versetzt ist, kann sie sich selbst nicht mehr anders als thätig in der Succession anschauen. Nun hatten wir aber bereits eine Selbstanschauung der Intelligenz in dieser Succession deducirt, durch die Wechselwirkung nämlich. Aber die Wechselwirkung konnten wir bis jetzt nur als relative, nicht aber als absolute Synthesis, oder als eine Anschauung der ganzen Succession der Vorstellungen begreiflich machen. Es läßt sich nun schlechterdings nicht denken, wie die ganze Succession zum Objekt werde, ohne ein Begrenztwerden dieser Succession.

Hier sehen wir uns also auf eine dritte Begrenztheit getrieben, welche die Intelligenz in einen noch engeren Kreis versetzt als alle bisherige, die wir uns aber begnügen müssen indeß bloß zu postuliren. Die erste Beschränktheit des Ichs war die, daß es überhaupt Intelligenz wurde, die zweite die, daß es von einem gegenwärtigen Moment ausgehen muß, oder nur eingreifen konnte an einem bestimmten Punkte der Succession. Aber von diesem Punkte an wenigstens konnte die Reihe ins Unendliche gehen. Wenn nun aber diese Unendlichkeit nicht wieder begrenzt wird, so ist schlechthin nicht zu begreifen, wie die Intelligenz aus ihrem Produciren heraustreten und sich selbst als produktiv anschauen könne. Bis jetzt war die Intelligenz und die Succession selbst Eines; jetzt muß sie die Succession sich entgegensetzen, um sich in ihr anzuschauen. Nun läuft aber die Succession nur an dem Wechsel der Accidenzen fort, angeschaut werden aber kann die Succession nur dadurch, daß das Substantielle in ihr als beharrend angeschaut wird. Aber das Substantielle in jener unendlichen Succession ist nichts anderes als die absolute Synthesis selbst, welche nicht entstand, sondern ewig ist. Aber die Intelligenz hat keine Anschauung der absoluten Synthesis, d. h. des Universums, ohne daß es ihr endlich werde. Die Intelligenz kann also auch die Succession nicht anschauen, ohne daß ihr das Universum in der Anschauung begrenzt werde.

Nun kann aber die Intelligenz so wenig aufhören zu produciren als Intelligenz zu seyn. Also wird ihr jene Succession von Vorstellungen nicht begrenzt werden können, ohne innerhalb dieser Begrenztheit wieder unendlich zu seyn. Um dieß sogleich deutlich zu machen, so ist in der Außenwelt ein beständiger Wechsel von Veränderungen, welche sich aber nicht ins Unendliche verlieren, sondern eingeschränkt sind auf einen bestimmten Kreis, in welchen sie beständig zurückkehren. Dieser Wechsel von Veränderungen ist also endlich und unendlich zugleich, endlich, weil er eine gewisse Grenze nie überschreitet, unendlich, weil er beständig in sich selbst zurückkehrt. Die Kreislinie ist die ursprüngliche Synthesis der Endlichkeit und der Unendlichkeit, in welche auch die gerade Linie sich auflösen muß. Die Succession geschieht nur scheinbar in gerader Linie, und fließt beständig in sich selbst zurück.

Die Intelligenz muß aber die Succession anschauen als in sich selbst zurücklaufend; ohne Zweifel wird ihr durch diese Anschauung ein neues Produkt entstehen, sie wird also wieder nicht dazu kommen die Succession anzuschauen, denn anstatt derselben entsteht ihr etwas ganz anderes. Die Frage ist: von welcher Art jenes Produkt seyn werde.

Man kann sagen, die organische Natur führe den sichtbarsten Beweis für den transscendentalen Idealismus, denn jede Pflanze ist ein Symbol der Intelligenz. Wenn für jene der Stoff, den sie unter bestimmter Form sich aneignet oder sich anbildet, in der umgebenden Natur präformirt ist, woher sollte denn dieser der Stoff kommen, da sie absolut und einzig ist? Weil sie also den Stoff ebenso wie die Form aus sich producirt, ist sie das absolut Organische. In der ursprünglichen Succession der Vorstellungen erscheint sie uns als eine Thätigkeit, welche unaufhörlich von sich selbst zugleich die Ursache und die Wirkung ist, Ursache, insofern sie producirend, Wirkung, insofern sie Producirtes ist. Der Empirismus, welcher alles von außen in die Intelligenz kommen läßt, erklärt die Natur der Intelligenz in der That bloß mechanisch. Ist die Intelligenz nur überhaupt organisch, wie sie es denn ist, so hat sie auch alles, was für sie ein Aeußeres ist, von innen heraus sich angebildet, und was ihr Universum ist, ist nur das gröbere und entferntere Organ des Selbstbewußtseyns, wie der individuelle Organismus das feinere und unmittelbarere Organ desselben ist.

Eine Deduktion der organischen Natur hat hauptsächlich vier Fragen zu beantworten.

1) Warum ist eine organische Natur überhaupt nothwendig?

2) Warum ist eine Stufenfolge in der organischen Natur nothwendig?

3) Warum ist ein Unterschied zwischen belebter und unbelebter Organisation?

4) Was ist der Grundcharakter aller Organisation?

1. Die Nothwendigkeit der organischen Natur ist auf folgende Art zu deduciren.

Die Intelligenz muß sich selbst in ihrem produktiven Uebergehen von Ursache zu Wirkung, oder in der Succession ihrer Vorstellungen anschauen, insofern diese in sich selbst zurückläuft. Aber dieß kann sie nicht, ohne jene Succession permanent zu machen, oder sie in Ruhe darzustellen. Die in sich selbst zurückkehrende, in Ruhe dargestellte, Succession ist eben die Organisation. Der Begriff der Organisation schließt nicht allen Begriff der Succession aus. Die Organisation ist nur die in Grenzen eingeschlossene und als fixirt vorgestellte Succession. Der Ausdruck der organischen Gestalt ist Ruhe, obgleich dieses beständige Reproducirtwerden der ruhenden Gestalt nur durch einen continuirlichen inneren Wechsel möglich ist. So gewiß also, als die Intelligenz in der ursprünglichen Succession der Vorstellungen von sich selbst die Ursache zugleich und die Wirkung ist, und so gewiß jene Succession eine begrenzte ist, muß die Succession ihr zum Objekt werden als Organisation, welches die erste Auflösung unseres Problems ist, wie die Intelligenz sich selbst als produktiv anschaue.

2. Nun ist aber die Succession innerhalb ihrer Grenzen wieder endlos. Die Intelligenz ist also ein unendliches Bestreben sich zu organisiren. Also wird auch im ganzen System der Intelligenz alles zu Organisation streben, und über ihre Außenwelt der allgemeine Trieb zur Organisation verbreitet seyn müssen. Es wird daher auch eine Stufenfolge der Organisation nothwendig seyn. Denn die Intelligenz,

insofern sie empirisch ist, hat das continuirliche Streben, das Universum, das sie nicht durch absolute Synthesis darstellen kann, wenigstens successiv in der Zeit hervorzubringen. Die Aufeinanderfolge in ihren ursprünglichen Vorstellungen ist also nichts anderes als successive Darstellung oder Entwicklung der absoluten Synthesis, nur daß auch diese Entwicklung vermöge der dritten Beschränktheit nur bis zu einer gewissen Grenze gelangen kann. Diese Evolution begrenzt und als begrenzt angeschaut, ist die Organisation.

Die Organisation im allgemeinen ist also nichts anderes als das verkleinerte und gleichsam zusammengezogene Bild des Universums. Nun ist aber die Succession selbst allmählich, d. h. sie kann in keinem einzelnen Moment sich ganz entwickeln. Je weiter aber die Succession fortrückt, desto weiter entwickelt sich auch das Universum. Also wird auch die Organisation in dem Verhältniß, wie die Succession fortrückt, eine größere Ausdehnung gewinnen, und einen größeren Theil des Universums in sich darstellen. Dieß wird also eine Stufenfolge geben, welche der Entwicklung des Universums parallel geht. Das Gesetz dieser Stufenfolge ist, daß die Organisation ihren Kreis beständig erweitert, wie ihn die Intelligenz beständig erweitert. Ginge diese Erweiterung, oder ginge die Evolution des Universums ins Unendliche, so würde auch die Organisation ins Unendliche gehen, die Grenze der ersteren ist auch Grenze der letzteren.

Zur Erläuterung möge folgendes dienen. Je tiefer wir in der organischen Natur herabsteigen, desto enger wird die Welt, welche die Organisation in sich darstellt, desto kleiner der Theil des Universums, der in der Organisation sich zusammenzieht. Die Welt der Pflanze ist wohl die engste, weil in ihre Sphäre eine Menge Naturveränderungen gar nicht fallen. Weiter schon, aber doch noch sehr eingeschränkt ist der Kreis von Veränderungen, welchen die untersten Klassen des Thierreichs in sich darstellen, indem z. B. die edelsten Sinne, der des Gesichts und Gehörs, noch verschlossen liegen, und kaum der Gefühlssinn, d. h. die Receptivität für das unmittelbar Gegenwärtige, sich aufthut. — Was wir an den Thieren Sinn nennen, bezeichnet nicht etwa ein

Vermögen, Vorstellungen durch äußere Eindrücke zu erlangen, sondern nur ihr Verhältniß zum Universum, das weiter oder eingeschränkter seyn kann. Was aber von den Thieren überhaupt zu halten sey, erhellt daraus, daß durch sie in der Natur derjenige Moment des Bewußtseyns bezeichnet ist, bei welchem sich gegenwärtig unsere Deduktion befindet. — Geht man in der Reihe der Organisationen aufwärts, so findet man, daß die Sinne allmählich in der Ordnung sich entwickeln, in welcher sich durch sie die Welt der Organisation erweitert [1]. Weit eher z. B. öffnet sich der Gehörsinn, weil durch ihn die Welt des Organismus nur auf eine sehr nahe Entfernung erweitert wird. Weit später der göttliche Sinn des Gesichts, weil durch ihn die Welt in eine Weite ausgedehnt wird, welche selbst die Einbildungskraft zu ermessen unfähig ist. Leibniz bezeugt eine so große Verehrung für das Licht, daß er bloß deßwegen den Thieren höhere Vorstellungen zuschreibt, weil sie der Eindrücke des Lichts empfänglich seyen. Allein auch wo dieser Sinn mit seiner äußeren Hülle hervortritt, bleibt es immer noch ungewiß, wie weit der Sinn selbst sich erstrecke, und ob das Licht nicht bloß für die höchste Organisation Licht ist.

3. Die Organisation überhaupt ist die in ihrem Lauf gehemmte und gleichsam erstarrte Succession. Nun sollte aber die Intelligenz nicht nur die Succession ihrer Vorstellungen überhaupt, sondern sich selbst, und zwar als thätig in dieser Succession, anschauen. Soll sie sich selbst als thätig in der Succession Objekt werden (es versteht sich, äußerlich, denn die Intelligenz ist jetzt nur äußerlich anschauend), so muß sie die Succession anschauen als unterhalten durch ein inneres Princip der Thätigkeit. Nun ist aber die innerliche Succession äußerlich angeschaut Bewegung. Also wird sie sich nur in einem Objekt anschauen können, das ein inneres Princip der Bewegung in sich selbst hat. Aber ein solches Objekt heißt lebendig. Die Intelligenz muß also sich selbst nicht nur als Organisation überhaupt, sondern als lebendige Organisation anschauen.

[1] Ich muß wegen dieses Gesetzes auf die Rede über die Verhältnisse der organischen Kräfte von Herrn Kielmeyer verweisen, wo es aufgestellt und bewiesen ist.

Es erhellt nun aber eben aus dieser Deduktion des Lebens, daß es in der organischen Natur allgemein seyn muß, daß also jener Unterschied zwischen belebten und unbelebten Organisationen in der Natur selbst nicht stattfinden kann. Da die Intelligenz durch die ganze organische Natur sich selbst als thätig in der Succession anschauen soll, so muß auch jede Organisation im weiteren Sinne des Wortes Leben, d. h. ein inneres Princip der Bewegung, in sich selbst haben. Das Leben mag wohl mehr oder weniger eingeschränkt seyn; die Frage also; woher jener Unterschied? reducirt sich auf die vorhergehende: woher die Stufenfolge in der organischen Natur?

Diese Stufenfolge der Organisationen aber bezeichnet nur verschiedene Momente der Evolution des Universums. So wie nun die Intelligenz durch die Succession beständig die absolute Synthesis darzustellen strebt, ebenso wird die organische Natur beständig als ringend nach dem allgemeinen Organismus, und im Kampf gegen eine anorgische Natur erscheinen. Die Grenze der Succession in den Vorstellungen der Intelligenz wird auch die Grenze der Organisation seyn. Nun muß es aber eine absolute Grenze des Anschauens der Intelligenz geben; diese Grenze ist für uns das Licht. Denn obgleich es unsere Anschauungssphäre fast ins Unermeßliche erweitert, so kann doch die Grenze des Lichts nicht die Grenze des Universums seyn, und es ist nicht bloße Hypothese, daß jenseits der Lichtwelt mit einem uns unbekannten Lichte eine Welt strahlt, welche nicht mehr in die Sphäre unsrer Anschauung fällt. — Wenn nun also die Intelligenz die Evolution des Universums, soweit es in ihre Anschauung fällt, in einer Organisation anschaut, so wird sie dieselbe als identisch mit sich selbst anschauen. Denn es ist die Intelligenz selbst, welche durch alle Labyrinthe und Krümmungen der organischen Natur hindurch sich selbst als produktiv zurückzustrahlen sucht. Aber in keiner von den untergeordneten Organisationen stellt sich die Welt der Intelligenz vollständig dar. Nur wenn sie bis zur vollkommensten Organisation gelangt, in welcher ihre ganze Welt sich contrahirt, wird sie diese Organisation als identisch mit sich selbst erkennen. Deßwegen wird die

Intelligenz nicht nur überhaupt als organisch sich erscheinen, sondern als auf dem Gipfel der Organisation stehend. Sie kann die übrigen Organisationen nur als Mittelglieder ansehen, durch welche hindurch allmählich die vollkommenste von den Fesseln der Materie sich loswindet, oder durch welche hindurch sie sich selbst vollständig zum Objekt wird. Sie wird also auch den übrigen Organisationen nicht die gleiche Dignität mit sich selbst zugestehen.

Die Grenze ihrer Welt, oder, was dasselbe ist, die Grenze der Succession ihrer Vorstellungen, ist auch die Grenze der Organisation für die Intelligenz. So besteht also die von uns sogenannte dritte Beschränktheit darin, daß die Intelligenz sich selbst erscheinen muß als organisches Individuum. Durch die Nothwendigkeit sich als organisches Individuum anzuschauen wird ihr ihre Welt vollends begrenzt, und umgekehrt dadurch, daß die Succession ihrer Vorstellungen eine begrenzte wird, wird sie selbst organisches Individuum.

4. Der Grundcharakter der Organisation ist, daß sie aus dem Mechanismus gleichsam hinweggenommen, nicht nur als Ursache, oder Wirkung, sondern, weil sie beides zugleich von sich selbst ist, durch sich selbst besteht. Wir hatten das Objekt erst bestimmt als Substanz und Accidens, aber es konnte nicht als solches angeschaut werden, ohne auch Ursache und Wirkung zu seyn, und hinwiederum, es konnte nicht als Ursache und Wirkung angeschaut werden, ohne daß die Substanzen fixirt wurden. Aber wo fängt denn die Substanz an, und wo hört sie auf? Ein Zugleichseyn aller Substanzen verwandelt alle in Eine, die nur in ewiger Wechselwirkung mit sich selbst begriffen ist; dieß ist die absolute Organisation. Die Organisation ist also die höhere Potenz der Kategorie der Wechselwirkung, welche, allgemein gedacht, auf den Begriff der Natur oder der allgemeinen Organisation führt, in Bezug auf welche alle einzelnen Organisationen selbst wieder Accidenzen sind. Der Grundcharakter der Organisation ist also, daß sie mit sich selbst in Wechselwirkung, Producirendes und Produkt zugleich sey, welcher Begriff Princip aller organischen Naturlehre ist, aus welchem alle weiteren Bestimmungen der Organisation a priori abgeleitet werden können.

Da wir jetzt auf dem Gipfel aller Produktion, nämlich bei der organischen stehen, so wird uns ein Rückblick auf die ganze Reihe vergönnt seyn. Wir können in der Natur jetzt drei Potenzen der Anschauung unterscheiden, die einfache, den Stoff, welche durch die Empfindung in sie gesetzt ist, die zweite, oder die Materie, welche durch die produktive Anschauung gesetzt ist, die dritte endlich, welche durch die Organisation bezeichnet ist.

Da nun die Organisation nur die produktive Anschauung in der zweiten Potenz ist, so werden die Kategorien der Construktion der Materie überhaupt, oder der allgemeinen Physik, auch Kategorien der organischen Construktion und der organischen Naturlehre seyn, nur daß sie in dieser gleichfalls als potenzirt gedacht werden müssen. Ferner, ebenso, wie durch jene drei Kategorien der allgemeinen Physik die drei Dimensionen der Materie bestimmt sind, so durch die drei der organischen die drei Dimensionen des organischen Produkts. Und wenn der Galvanismus, wie gesagt, der allgemeine Ausdruck des ins Produkt übergehenden Processes ist, und Magnetismus, Elektricität und chemische Kraft mit dem Produkt potenzirt die drei Kategorien der organischen Physik geben, so werden wir uns den Galvanismus als die Brücke vorstellen müssen, über welche jene allgemeinen Naturkräfte in Sensibilität, Irritabilität und Bildungstrieb übergehen.

Der Grundcharakter des Lebens insbesondere wird darin bestehen, daß es eine in sich selbst zurückkehrende, fixirte und durch ein inneres Princip unterhaltene Aufeinanderfolge ist, und so wie das intellektuelle Leben, dessen Bild es ist, oder die Identität des Bewußtseyns nur durch die Continuität der Vorstellungen unterhalten wird, ebenso das Leben nur durch die Continuität der inneren Bewegungen, und ebenso wie die Intelligenz in der Succession ihrer Vorstellungen beständig um das Bewußtseyn kämpft, so muß das Leben in einem beständigen Kampf gegen den Naturlauf, oder in dem Bestreben seine Identität gegen ihn zu behaupten, gedacht werden.

Nachdem wir die Hauptfragen, welche an eine Deduktion der organischen Natur gemacht werden können, beantwortet haben, wenden wir unsere Aufmerksamkeit noch auf ein einzelnes Resultat dieser Deduktion, nämlich daß in der Stufenfolge der Organisationen nothwendig eine vorkommen muß, welche die Intelligenz als identisch mit sich selbst anzuschauen genöthigt ist. Wenn nun die Intelligenz nichts anderes ist als eine Evolution von ursprünglichen Vorstellungen, und wenn diese Succession im Organismus dargestellt werden soll, so wird jene Organisation, welche die Intelligenz als identisch mit sich selbst erkennen muß, in jedem Moment der vollkommene Abdruck ihres Innern seyn. Wo nun die den Vorstellungen entsprechenden Veränderungen des Organismus fehlen, da können auch jene Vorstellungen der Intelligenz nicht zum Objekt werden. Wenn wir uns transscendent ausdrücken wollen, so hat z. B. der Blindgeborene allerdings eine Vorstellung des Lichts für einen Beobachter außer ihm, da es hiezu nur des innern Anschauungsvermögens bedarf, nur daß ihm diese Vorstellung nicht zum Objekt wird; obgleich, weil im Ich nichts ist, was es nicht selbst in sich anschaut, transscendental angesehen, jene Vorstellung in ihm wirklich nicht ist. Der Organismus ist die Bedingung, unter welcher allein die Intelligenz sich als Substanz oder Subjekt der Succession unterscheiden kann von der Succession selbst, oder unter welcher allein diese Succession etwas von der Intelligenz Unabhängiges werden kann. Daß es uns nun scheint, als ob es einen Uebergang aus dem Organismus in die Intelligenz gebe, so nämlich, daß durch eine Affektion des ersten eine Vorstellung in der letzteren verursacht werde, ist bloße Täuschung, weil wir eben von der Vorstellung nichts wissen können, ehe sie uns durch den Organismus zum Objekt wird, die Affektion des letzteren also im Bewußtseyn der Vorstellung vorangeht, und sonach nicht als bedingt durch sie, vielmehr als ihre Bedingung erscheinen muß. Nicht die Vorstellung selbst, wohl aber das Bewußtseyn derselben ist durch die Affektion des Organismus bedingt, und wenn der Empirismus seine Behauptung auf das letztere einschränkt, so ist nichts gegen ihn einzuwenden.

Wenn also überhaupt von einem Uebergang die Rede seyn kann, wo gar nicht zwei entgegengesetzte Objekte, sondern eigentlich nur Ein

Objekt ist, so kann eher von einem Uebergang aus der Intelligenz in den Organismus, als von einem entgegengesetzten die Rede seyn. Denn da der Organismus selbst nur eine Anschauungsart der Intelligenz ist, so muß ihr nothwendig alles, was in ihr ist, unmittelbar im Organismus zum Objekt werden. Es ist nur diese Nothwendigkeit, alles, was in uns ist, also auch die Vorstellung als solche, nicht etwa nur das Objekt derselben, als außer uns anzuschauen, worauf die ganze sogenannte Abhängigkeit des Geistigen vom Materiellen beruht. Sobald z. B. der Organismus nicht mehr vollkommener Reflex unseres Universums ist, dient er auch nicht mehr als Organ der Selbstanschauung, d. h. er ist krank; wir fühlen uns selbst als krank nur wegen jener absoluten Identität des Organismus mit uns. Aber der Organismus ist selbst nur krank nach Naturgesetzen, d. h. nach Gesetzen der Intelligenz selbst. Denn die Intelligenz ist in ihrem Produciren nicht frei, | sondern durch Gesetze eingeschränkt und gezwungen. Wo also mein Organismus nach Naturgesetzen krank seyn muß, bin ich auch genöthigt ihn als solchen anzuschauen. Das Krankheitsgefühl entsteht durch nichts anderes als durch die Aufhebung der Identität zwischen der Intelligenz und ihrem Organismus, das Gesundheitsgefühl dagegen, wenn man anders eine ganz leere Empfindung Gefühl nennen kann, ist das Gefühl des gänzlichen Verlorenseyns der Intelligenz im Organismus, oder, wie ein trefflicher Schriftsteller sich ausdrückt, der Durchsichtigkeit des Organismus für den Geist.

Zu jener Abhängigkeit, nicht des Intellektuellen selbst, wohl aber des Bewußtseyns des Intellektuellen vom Physischen, gehört auch die Zu- und Abnahme der geistigen Kräfte mit den organischen, und selbst die Nothwendigkeit sich als geboren zu erscheinen. Ich, als dieses bestimmte Individuum, war überhaupt nicht, ehe ich mich anschaute als dieses, noch werde ich dasselbe seyn, sowie diese Anschauung aufhört. Da nach Naturgesetzen ein Zeitpunkt nothwendig ist, wo der Organismus, als ein durch eigne Kraft allmählich sich zerstörendes Werk aufhören muß Reflex der Außenwelt zu seyn, so ist die absolute Aufhebung der Identität zwischen dem Organismus und der Intelligenz, welche in der Krankheit nur partiell ist, d. h. der Tod, ein Naturereigniß, was selbst in die ursprüngliche Reihe von Vorstellungen der Intelligenz fällt.

Was von der blinden Thätigkeit der Intelligenz gilt, nämlich daß der Organismus ihr beständiger Abdruck sey, wird auch für die freie Thätigkeit gelten müssen, wenn es eine solche in der Intelligenz gibt, was wir bis jetzt nicht abgeleitet haben. Es wird also auch jeder freiwilligen Succession der Vorstellungen in der Intelligenz eine freie Bewegung in ihrem Organismus entsprechen müssen, wohin nicht nur etwa die im engeren Sinn sogenannte willkürliche Bewegung, sondern auch Gebärde, Sprache, kurz alles, was Ausdruck eines inneren Zustandes ist, gehört. Wie aber eine frei entworfene Vorstellung der Intelligenz in eine äußere Bewegung übergehe, eine Frage, welche in die praktische Philosophie gehört, und welche nur darum hier berührt wird, weil sie doch nur nach den eben vorgetragenen Grundsätzen beantwortet werden kann, bedarf einer ganz anderen Auflösung als die umgekehrte, wie durch eine Veränderung im Organismus eine Vorstellung in der Intelligenz bedingt seyn könne. Denn insofern die Intelligenz bewußtlos producirt, ist ihr Organismus mit ihr unmittelbar identisch, so daß, was sie äußerlich anschaut, ohne weitere Vermittlung durch den Organismus reflektirt wird. Z. B. nach Naturgesetzen ist es nothwendig, daß unter diesen oder jenen Verhältnissen, z. B. der allgemeinen Erregungsursachen, der letztere als krank erscheine; diese Bedingungen gegeben, ist die Intelligenz nicht mehr frei, das Bedingte vorzustellen oder nicht, der Organismus w i r d krank, weil die Intelliganz ihn so vorstellen muß. Aber von der Intelligenz, insofern sie frei thätig ist, wird ihr Organismus unterschieden, also folgt aus einem Vorstellen der ersteren nicht unmittelbar ein Seyn in dem letzteren. Ein Causalitätsverhältniß zwischen einer freien Thätigkeit der Intelligenz und einer Bewegung ihres Organismus ist so wenig denkbar, als das umgekehrte Verhältniß, da beide gar nicht wirklich, sondern nur ideell entgegengesetzt sind. Es bleibt also nichts übrig, als zwischen der Intelligenz, insofern sie frei thätig, und insofern sie bewußtlos anschauend ist, eine Harmonie zu setzen, welche nothwendig eine präſtabilirte ist. Allerdings also bedarf auch der transscendentale Idealismus einer vorherbestimmten Harmonie, zwar nicht, um die Uebereinstimmung von Veränderungen im Organismus mit unwillkürlichen Vorstellungen, wohl aber, um die Uebereinstimmung von organischen Veränderungen mit willkürlichen Vorstellungen zu erklären; auch nicht einer präſtabilirten Harmonie, wie die Leibnizische nach der gewöhnlichen Auslegung, die zwischen der Intelligenz und dem Organismus unmittelbar, sondern einer solchen, die zwischen der freien und der bewußtlos producirenden Thätigkeit stattfindet, da es nur der letzteren bedarf, um einen Uebergang aus der Intelligenz in die Außenwelt zu erklären.

Wie aber eine solche Harmonie selbst möglich sey, können wir weder einsehen, noch brauchen wir es auch einzusehen, solange wir uns auf dem gegenwärtigen Gebiet befinden.

V.

Aus dem jetzt vollständig abgeleiteten Verhältniß der Intelligenz zum Organismus ist offenbar, daß sie im gegenwärtigen Moment des Bewußtseyns in ihrem Organismus, den sie als ganz identisch mit sich anschaut, sich verliert, und also abermals nicht zur Anschauung ihrer selbst gelangt.

Nun ist aber zugleich dadurch, daß sich für die Intelligenz ihre ganze Welt im Organismus zusammenzieht, der Kreis des Producirens für sie geschlossen. Es muß also die letzte Handlung, wodurch in die Intelligenz das vollständige Bewußtseyn gesetzt wird (denn dieselbe zu finden, war unsere einzige Aufgabe; alles andere, was in die Auflösung dieser Aufgabe fiel, entstand uns nur beiläufig gleichsam, und ebenso absichtslos, als der Intelligenz selbst), ganz außerhalb der Sphäre des Producirens fallen, d. h. die Intelligenz selbst muß vom Produciren sich völlig losreißen, wenn das Bewußtseyn entstehen soll, welches ohne Zweifel abermals nur durch eine Reihe von Handlungen wird geschehen können. Ehe wir nun diese Handlungen selbst ableiten können, ist es nöthig, wenigstens im Allgemeinen die Sphäre zu kennen, in welche jene dem Produciren entgegengesetzten Handlungen fallen. Denn daß diese Handlungen dem Produciren entgegengesetzt seyn müssen, ist schon daraus zu schließen, daß sie das Produciren begrenzen sollen.

Wir fragen also, ob etwa in dem bisherigen Zusammenhang uns irgend eine dem Produciren entgegengesetzte Handlung vorgekommen ist. — Indem wir die Reihe von Produktionen ableiteten, durch welche das Ich allmählich dazu gelangte sich als produktiv anzuschauen, zeigte sich zwar keine Thätigkeit, durch welche die Intelligenz sich vom Produciren überhaupt losriß, wohl aber konnte das Gesetztwerden jedes abgeleiteten Produkts in das eigne Bewußtseyn der Intelligenz allein durch ein beständiges Reflektiren der letzteren auf das Producirte erklärt werden, nur daß uns durch jedes Reflektiren die Bedingung eines neuen Producirens entstand. Wir mußten also, um den Progressus im Produciren zu erklären, eine Thätigkeit in unser Objekt setzen, vermöge welcher es über jedes einzelne Produciren hinausstrebt, nur daß es durch dieses Hinausstreben selbst sich immer in neue Produktionen verwickelte. Wir können daher zum voraus wissen, daß jene von uns jetzt postulirte Reihe von Handlungen in die Sphäre der Reflexion überhaupt gehöre.

Aber das Produciren ist jetzt für die Intelligenz geschlossen, so daß sie durch keine neue Reflexion in die Sphäre desselben zurückkehren kann. Das Reflektiren, was wir jetzt ableiten werden, muß also von demjenigen, welches dem Produciren beständig parallel ging, ganz verschieden seyn, und wenn es ja, wie wohl möglich ist, nothwendig von einem Produciren begleitet würde, so wird dieses Produciren im Gegensatz gegen jenes nothwendige ein freies seyn. Und hinwiederum, wenn das Reflektiren, was die bewußtlose Produktion begleitete, ein nothwendiges war, wird jenes vielmehr, das wir jetzt suchen, ein freies seyn müssen. Vermittelst desselben wird die Intelligenz nicht etwa nur ihr einzelnes Produciren, sondern das Produciren überhaupt und schlechthin begrenzen.

Der Gegensatz zwischen Produciren und Reflektiren wird dadurch am sichtbarsten werden, daß, was wir bis jetzt vom Standpunkt der Anschauung erblickt haben, uns vom Standpunkt der Reflexion ganz anders erscheinen wird.

Wir wissen jetzt also wenigstens im Allgemeinen und zum voraus die Sphäre, in welche jene Reihe von Handlungen überhaupt gehört, durch welche die Intelligenz sich vom Produciren überhaupt losreißt, nämlich in die Sphäre der freien Reflexion. Und wenn diese freie Reflexion im Zusammenhang mit dem vorher Abgeleiteten stehen soll, so wird ihr Grund unmittelbar in der dritten Begrenztheit liegen müssen, welche uns gerade ebenso in die Epoche der Reflexion treiben wird, wie uns die zweite Begrenztheit in die des Producirens trieb. Allein diesen Zusammenhang wirklich aufzuzeigen, sehen wir uns bis jetzt noch völlig außer Stande, und können nur behaupten, daß ein solcher seyn werde.

Allgemeine Anmerkung zur zweiten Epoche.

Die Einsicht in den ganzen Zusammenhang der in der letzten Epoche abgeleiteten Reihe von Handlungen beruht darauf, daß man den Unterschied wohl fasse zwischen dem, was wir die erste oder ursprüngliche, und dem, was wir die zweite oder besondere Beschränktheit genannt haben.

Nämlich die ursprüngliche Grenze war an das Ich gesetzt schon im ersten Akt des Selbstbewußtseyns durch die ideelle Thätigkeit, oder, wie es dem Ich nachher erschien, durch das Ding an sich. Durch das Ding an sich war nun aber bloß das objektive oder reelle Ich begrenzt. Allein das Ich, sobald es producirend ist, also in der ganzen zweiten Periode, ist nicht mehr bloß reell, sondern ideell und reell zugleich. Durch jene ursprüngliche Grenze kann sich also das jetzt producirende Ich als solches nicht begrenzt fühlen, auch darum, weil diese Grenze jetzt ins Objekt übergegangen ist, welches eben die gemeinschaftliche Darstellung vom Ich und vom Ding an sich ist, in welchem daher auch jene ursprüngliche durch das Ding an sich gesetzte Begrenztheit gesucht werden muß, so wie sie auch wirklich in ihm aufgezeigt worden ist.

Wenn also jetzt noch *das* Ich sich als begrenzt fühlt, so kann es sich nur als producirend begrenzt fühlen, und dieses kann wiederum nur vermöge einer zweiten Grenze geschehen, welche Grenze des Dings ebenso wie des Ichs seyn muß.

Nun sollte aber diese Grenze Grenze des Leidens im Ich seyn, allein dieß ist sie nur für das reelle oder objektive, eben deßwegen aber Grenze der Aktivität des ideellen oder subjektiven. Das Ding an sich wird begrenzt, heißt: das ideelle Ich wird begrenzt. Es ist also offenbar, daß durch das Produciren die Grenze wirklich ins ideelle Ich übergegangen ist. Dieselbe Grenze, welche das Ideelle in seiner Thätigkeit begrenzt, begrenzt das reelle Ich in seinem Leiden. Durch die Entgegensetzung zwischen ideeller und reeller Thätigkeit überhaupt ist die erste Begrenztheit, durch das Maß oder durch die Grenze dieser Entgegensetzung, welche, sobald sie als Entgegensetzung anerkannt wird, was eben in der produktiven Anschauung geschieht, nothwendig eine bestimmte seyn muß, ist die zweite gesetzt.

Ohne es zu wissen, war also das Ich unmittelbar dadurch, daß es producirend wurde, in die zweite Begrenztheit versetzt, d. h. auch seine ideelle Thätigkeit war begrenzt worden. Diese zweite Begrenztheit muß für das an sich unbegrenzbare Ich nothwendig schlechthin zufällig seyn. Sie ist schlechthin zufällig, heißt: sie hat ihren Grund in einem absoluten freien Handeln des Ichs selbst. Das objektive Ich ist auf diese bestimmte Art begrenzt, weil das ideelle gerade auf diese bestimmte Art gehandelt hat. Aber daß das ideelle auf diese bestimmte Art gehandelt hat, setzt selbst schon eine Bestimmtheit in ihm voraus. Also muß jene zweite Grenze dem Ich als abhängig zugleich und als unabhängig von seiner Thätigkeit erscheinen. Dieser Widerspruch ist allein dadurch aufzulösen, daß diese zweite Begrenztheit nur eine *gegenwärtige* ist, und also ihren Grund in einem vergangenen Handeln des Ichs haben muß. Inwiefern darauf reflektirt wird, daß die Grenze eine gegenwärtige ist, ist sie vom Ich unabhängig, inwiefern darauf, daß sie überhaupt ist, ist sie durch ein Handeln des Ichs selbst gesetzt. Jene Begrenztheit der ideellen Thätigkeit kann daher dem Ich nur als eine Begrenztheit der Gegenwart erscheinen; unmittelbar dadurch also, daß das Ich empfindend mit Bewußtseyn wird, entsteht ihm die Zeit als absolute Grenze, durch welche es sich als empfindend mit Bewußtseyn, d. h. als innerer Sinn, zum Objekt wird. Nun war aber das Ich in der vorhergehenden Handlung (in der des Producirens) nicht bloß innerer Sinn, sondern, was freilich nur der Philosoph sieht, innerer und äußerer Sinn zugleich, denn es war ideelle und reelle Thätigkeit zugleich. Es kann sich also nicht als innerer Sinn zum Objekt werden, ohne daß ihm der äußere Sinn zugleich zum Objekt wird, und wenn jener als absolute Grenze angeschaut wird, kann dieser nur als nach allen Richtungen hin unendliche Thätigkeit angeschaut werden.

Unmittelbar dadurch also, daß die ideelle Thätigkeit in der Produktion begrenzt wird, wird dem Ich der innere Sinn durch die Zeit in ihrer Unabhängigkeit vom Raum, der äußere Sinn durch den Raum in seiner Unabhängigkeit von der Zeit zum Objekt; beide also kommen nicht als Anschauungen, deren das Ich sich nicht bewußt werden kann, sondern nur als Angeschaute im Bewußtseyn vor.

Nun muß aber dem Ich Zeit und Raum selbst wieder zum Objekt werden, welches die *zweite Anschauung* dieser Epoche ist, und durch welche in das Ich eine neue Bestimmung, nämlich die *Succession der Vorstellungen*, gesetzt wird, vermöge welcher es für das Ich überhaupt kein erstes Objekt gibt, indem es ursprünglich nur eines zweiten durch die Entgegensetzung gegen das erste als sein Einschränkendes bewußt werden kann, wodurch also die zweite Begrenztheit vollständig ins Bewußtseyn gesetzt wird.

Nun muß aber dem Ich das Causalitätsverhältniß selbst wieder zum Objekt werden, welches durch *Wechselwirkung*, die dritte Anschauung in dieser Epoche, geschieht.

So sind also die drei Anschauungen dieser Epoche nichts anderes als die Grundkategorien alles Wissens, nämlich die der Relation.

Die Wechselwirkung ist selbst nicht möglich, ohne daß dem Ich die Succession selbst wieder eine begrenzte wird, welches durch die *Organisation* geschieht, welche, insofern sie den höchsten Punkt der Produktion bezeichnet, und als Bedingung einer dritten Begrenztheit, zu einer neuen Reihe von Handlungen überzugehen zwingt.

Dritte Epoche.

Von der Reflexion bis zum absoluten Willensakt.

I.

In der Reihe der bis jetzt abgeleiteten synthetischen Handlungen war keine anzutreffen, durch welche das Ich unmittelbar zum Bewußtseyn seiner eignen Thätigkeit gelangt wäre. Da nun aber der Kreis von synthetischen Handlungen geschlossen, und durch die vorhergehenden Deduktionen völlig erschöpft ist, so kann diejenige Handlung oder die Reihe von Handlungen, durch welche das Bewußtseyn des Abgeleiteten in das Ich selbst gesetzt wird, nicht synthetischer, sondern nur analytischer Art seyn. Der Standpunkt der Reflexion ist also identisch mit dem Standpunkt der Analysis, es kann also auch von demselben aus keine Handlung im Ich gefunden werden, die nicht schon synthetisch in dasselbe gesetzt wäre. Wie aber das Ich selbst auf den Standpunkt der Reflexion gelange, dieß ist weder bis jetzt erklärt, noch kann es vielleicht überhaupt in der theoretischen Philosophie erklärt werden. Dadurch, daß wir jene Handlung, vermöge welcher die Reflexion in das Ich gesetzt wird, auffinden, wird sich der synthetische Faden wieder anknüpfen und von jenem Punkt aus ohne Zweifel ins Unendliche reichen.

Da die Intelligenz, solange sie anschauend ist, mit dem Angeschauten Eins und von demselben gar nicht verschieden ist, so wird sie zu keiner Anschauung ihrer selbst durch die Produkte gelangen können, ehe sie *sich selbst* von den *Produkten* abgesondert hat, und da *sie selbst* nichts anderes als die bestimmte *Handlungsweise ist, wodurch das Objekt entsteht*, so wird sie zu sich selbst nur dadurch gelangen können, daß sie ihr Handeln als solches absondert von dem, was ihr in diesem Handeln entsteht, oder, was dasselbe ist, vom Producirten.

Wir können bis jetzt schlechthin nicht wissen, ob ein solches Absondern in der Intelligenz überhaupt möglich sey oder stattfinde; es wird gefragt, was, ein solches vorausgesetzt, in der Intelligenz seyn werde.

Jenes Absondern des Handelns vom Producirten heißt im gewöhnlichen Sprachgebrauch Abstraktion. Als die erste Bedingung der Reflexion erscheint also die Abstraktion. Solange die Intelligenz nichts von ihrem Handeln Verschiedenes ist, ist kein Bewußtseyn desselben möglich. Durch die Abstraktion selbst wird sie etwas von ihrem Produciren Verschiedenes, welches letztere aber eben deßwegen jetzt nicht mehr als ein Handeln, sondern nur als ein Producirtes erscheinen kann.

Nun ist aber die Intelligenz, d. h. jenes Handeln, und das Objekt ursprünglich Eines. Das Objekt ist dieses bestimmte, weil die Intelligenz gerade so und nicht anders producirt hat. Mithin wird das Objekt auf der einen und das Handeln der Intelligenz auf der andern Seite, da beide einander erschöpfen und völlig congruiren, wieder in einem und demselben Bewußtseyn zusammenfallen. — Dasjenige, was uns entsteht, wenn wir das Handeln als solches vom Entstandenen absondern, heißt Begriff. Die Frage, wie unsere Begriffe mit den Objekten übereinstimmen, hat also transscendental keinen Sinn, insofern diese Frage eine ursprüngliche Verschiedenheit beider voraussetzt. Das Objekt und sein Begriff, und umgekehrt Begriff und Objekt sind jenseits des Bewußtseyns eins und dasselbe, und die Trennung beider entsteht erst gleichzeitig mit dem entstehenden Bewußtseyn. Eine Philosophie, die vom Bewußtseyn ausgeht, wird daher jene Uebereinstimmung nie erklären können, noch ist sie überhaupt zu erklären ohne ursprüngliche Identität, deren Princip nothwendig jenseits des Bewußtseyns liegt.

Im Produciren selbst, wo das Objekt noch gar nicht als Objekt existirt, ist das Handeln selbst mit dem Entstehenden identisch. Diesen Zustand des Ichs kann man sich durch ähnliche, in welchen kein äußeres Objekt als solches ins Bewußtseyn kommt, obgleich das Ich nicht aufhört zu produciren oder anzuschauen, erläutern. Im Schlafzustand z. B. wird nicht das ursprüngliche Produciren aufgehoben, es ist die freie Reflexion, die zugleich mit dem Bewußtseyn der Individualität unterbrochen wird. Objekt und Anschauung sind völlig ineinander verloren, und eben deßwegen ist in der Intelligenz für sie selbst weder das eine noch das andere. Die Intelligenz, wenn sie nicht alles nur für sich selbst wäre, würde in diesem Zustand anschauend seyn für eine Intelligenz außer ihr, sie ist es aber nicht für sich selbst, und darum überhaupt nicht. Ein solcher Zustand ist der bis jetzt abgeleitete unseres Objekts.

Solange nicht die Handlung des Producirens rein und abgesondert vom Producirten uns zum Objekt wird, existirt alles nur in uns, und ohne jene Trennung würden wir wirklich alles bloß in uns selbst anzuschauen glauben. Denn daß wir die Objekte im R a u m anschauen müssen, erklärt noch nicht, daß wir sie außer uns anschauen, denn wir könnten auch den Raum bloß in uns anschauen, und ursprünglich schauen wir ihn wirklich bloß in uns an. Die Intelligenz ist da, wo sie anschaut; wie kommt sie denn nun dazu, die Objekte a u ß e r sich anzuschauen? Es ist nicht einzusehen, warum uns nicht die ganze Außenwelt wie unser Organismus vorkommt, in welchem wir überall, wo wir empfinden, unmittelbar gegenwärtig zu seyn glauben. So wie wir unsern Organismus, auch nachdem sich die Außendinge von uns getrennt haben, in der Regel gar nicht außer uns anschauen, wenn er nicht durch eine besondere Abstraktion von uns unterschieden wird, so könnten wir auch die Objekte ohne ursprüngliche Abstraktion nicht als von uns verschieden erblicken. Daß sie also von der Seele gleichsam sich ablösen und in den Raum außer uns treten, ist nur durch die Trennung des Begriffs vom Produkt, d. h. des Subjektiven vom Objektiven, überhaupt möglich.

Wenn nun aber Begriff und Objekt ursprünglich so übereinstimmen, daß in keinem von beiden mehr oder weniger ist als im andern, so ist eine Trennung beider schlechthin unbegreiflich, ohne eine besondere Handlung, durch welche sich beide im Bewußtseyn entgegengesetzt werden. Eine solche Handlung ist die, welche durch das Wort U r t h e i l sehr expressiv bezeichnet wird, indem durch dasselbe zuerst getrennt wird, was bis jetzt unzertrennlich vereinigt war, der Begriff und die Anschauung. Denn im Urtheil wird nicht etwa Begriff mit Begriff, sondern es werden Begriffe mit Anschauungen verglichen. Das Prädicat ist an sich vom Subjekt nicht verschieden, denn es wird ja, eben im Urtheil, eine Identität beider gesetzt. Also ist eine Trennung von Subjekt und Prädikat überhaupt nur dadurch möglich, daß jenes die Anschauung, dieses den Begriff repräsentirt. Im Urtheil sollen also Begriff und Objekt erst sich entgegengesetzt, dann wieder aufeinander bezogen, und als einander gleich gesetzt werden. Diese Beziehung ist nun aber bloß durch Anschauung möglich. Allein diese Anschauung kann nicht dieselbe seyn mit der produktiven, denn sonst wären wir um keinen Schritt weiter, sondern es muß eine bis jetzt uns völlig unbekannte Anschauungsart seyn, welche erst abgeleitet zu werden verlangt.

Da durch dieselbe Objekt und Begriff aufeinander bezogen werden sollen, so muß es eine solche seyn, welche an den Begriff auf der einen und an das Objekt auf der andern Seite grenzt. Da nun der Begriff die Handlungsweise ist, wodurch das Objekt der Anschauung überhaupt entsteht, also die Regel, nach welcher das Objekt überhaupt construirt wird, das Objekt dagegen nicht die Regel, sondern der Ausdruck der Regel selbst ist, so muß eine Handlung gefunden werden, in welcher die Regel selbst als Objekt, oder in welcher umgekehrt das Objekt als Regel der Construktion überhaupt angeschaut würde.

Eine solche Anschauung ist der Schematismus, welchen jeder nur aus eigner innerer Erfahrung kennen lernen, und den man, um ihn kenntlich zu machen und die Erfahrung zu leiten, nur beschreiben und von allem andern, was ihm ähnlich ist, absondern kann.

Das Schema muß unterschieden werden sowohl vom Bild als vom Symbol, mit welchem es sehr häufig verwechselt wird. Das Bild ist immer von allen Seiten so bestimmt, daß zur völligen Identität des Bildes mit dem Gegenstand nur der bestimmte Theil des Raums fehlt, in welchem der letztere sich befindet. Das Schema dagegen ist nicht eine von allen Seiten bestimmte Vorstellung, sondern nur Anschauung der Regel, nach welcher ein bestimmter Gegenstand hervorgebracht werden kann. Es ist Anschauung, also nicht Begriff, denn es ist das, was den Begriff mit dem Gegenstand vermittelt. Es ist aber auch nicht Anschauung des Gegenstandes selbst, sondern nur Anschauung der Regel, nach welcher ein solcher hervorgebracht werden kann.

Am deutlichsten läßt sich, was das Schema sey, durch das Beispiel des mechanischen Künstlers erklären, welcher einen Gegenstand von bestimmter Form einem Begriffe gemäß hervorbringen soll. Was ihm etwa mitgetheilt werden kann, ist der Begriff des Gegenstandes, allein daß ohne irgend ein Vorbild außer ihm unter seinen Händen allmählich die Form entsteht, welche mit dem Begriff verbunden ist, ist ohne eine innerlich, obgleich sinnlich angeschaute Regel, welche ihn in der Hervorbringung leitet, schlechthin unbegreiflich. Diese Regel ist das Schema, in welchem durchaus nichts Individuelles enthalten, und welches ebensowenig ein allgemeiner Begriff ist, nach welchem ein Künstler nichts hervorbringen könnte. Nach diesem Schema wird er erst nur den rohen Entwurf des Ganzen hervorbringen, von da zur Ausbildung der einzelnen Theile gehen, bis allmählich in seiner inneren Anschauung das Schema dem Bild sich annähert, welches ihn wiederum begleitet, bis gleichzeitig mit der vollständig eintretenden Bestimmung des Bildes auch das Kunstwerk selbst vollendet wird.

Das Schema zeigt sich im gemeinsten Verstandesgebrauch als das allgemeine Mittelglied der Anerkennung jedes Gegenstandes als eines bestimmten. Daß ich, sowie ich einen Triangel erblicke, er sey nun von welcher Art er wolle, in demselben Augenblick das Urtheil fälle, diese Figur sey ein Triangel, setzt eine Anschauung von einem Triangel überhaupt, der weder stumpf- noch spitz- noch rechtwinklich ist, voraus, und wäre vermöge eines bloßen Begriffs vom Triangel so wenig als vermöge eines bloßen Bilds von demselben möglich; denn da das letztere nothwendig ein bestimmtes ist, so wäre die Congruenz des wirklichen mit dem bloß eingebildeten Triangel, wenn sie auch wäre, eine bloß zufällige, welches zur Formation eines Urtheils nicht zulänglich ist.

Es läßt sich aus eben dieser Nothwendigkeit des Schematismus schließen, daß der ganze Mechanismus der Sprache auf demselben beruhen wird. Man setze z. B. daß irgend ein mit Schulbegriffen völlig unbekannter Mensch von irgend einer Thierart nur gewisse Exemplarien oder nur einige Racen kenne, so wird er doch, sobald er ein Individuum einer ihm noch unbekannten Race derselben Art sieht, das Urtheil fällen, daß es zu dieser Art gehöre; vermöge eines allgemeinen Begriffs kann er dieses nicht; denn woher sollte ihm doch der allgemeine Begriff kommen, da es selbst Naturforschern sehr oft höchst schwer fällt, über allgemeine Begriffe von irgend einer Gattung sich zu vergleichen?

Die Anwendung der Lehre vom ursprünglichen Schematismus auf die Erforschung des Mechanismus der Ursprachen, der ältesten Ansichten der Natur, deren Reste uns in den Mythologien der alten Völker aufbewahrt sind, endlich auf die Kritik der wissenschaftlichen Sprache, deren Ausdrücke fast alle ihren Ursprung aus dem Schematismus verrathen, würde das Durchgreifende jener Operation durch alle Geschäfte des menschlichen Geistes am offenbarsten darstellen.

Um alles zu erschöpfen, was sich über die Natur des Schemas sagen läßt, muß noch bemerkt werden, daß es eben dasselbe für Begriffe ist, was das Symbol für Ideen ist. Das Schema bezieht sich daher immer und nothwendig auf einen empirischen, entweder wirklichen oder hervorzubringenden Gegenstand. So ist z. B. von jeder organischen Gestalt, wie der menschlichen, nur ein Schema möglich, anstatt daß es z. B. von der Schönheit, von der Ewigkeit u. s. w. nur Symbole gibt. Da nun der ästhetische Künstler nur nach Ideen arbeitet, und doch auf der andern Seite, um das Kunstwerk unter empirischen Bedingungen darzustellen, wieder einer mechanischen Kunst bedarf, so ist offenbar, daß für ihn die Stufenfolge von der Idee bis zum Gegenstand die doppelte von der des mechanischen Künstlers ist.

Nachdem nun der Begriff des Schemas völlig bestimmt ist (es ist nämlich die sinnlich angeschaute Regel der Hervorbringung eines empirischen Gegenstandes), können wir in den Zusammenhang der Untersuchung zurückkehren.

Es sollte erklärt werden, wie das Ich dazu komme, sich selbst als thätig im Produciren anzuschauen. Dieß wurde erklärt aus der Abstraktion; die Handlungsweise, wodurch das Objekt entsteht, mußte vom Entstandenen selbst getrennt werden. Dieß geschah durch das Urtheil.

Aber das Urtheil war selbst nicht möglich ohne Schematismus. Denn im Urtheil wird eine Anschauung einem Begriff gleich gesetzt; damit dieß geschehe, muß etwas seyn, was die Vermittlung beider macht, und dieß ist allein das Schema.

Nun wird aber die Intelligenz durch jenes Vermögen vom einzelnen Objekt zu abstrahiren, oder, was dasselbe ist, durch das empirische Abstraktionsvermögen, nie dazu gelangen, vom Objekt sich loszureißen; denn eben durch den Schematismus wird Begriff und Objekt wieder vereinigt, also setzt jenes Abstraktionsvermögen in der Intelligenz selbst ein höheres voraus, damit das Resultat derselben ins Bewußtseyn gesetzt werde. Soll die empirische Abstraktion überhaupt fixirt werden, so kann es nur durch ein Vermögen geschehen, kraft dessen nicht nur die Handlungsweise, wodurch das bestimmte Objekt, sondern die Handlungsweise, wodurch das Objekt überhaupt entsteht, vom Objekt selbst unterschieden wird.

II.

Es fragt sich nun, um diese höhere Abstraktion genauer zu charakterisiren,

a) was aus dem Anschauen werde, wenn aller Begriff daraus hinweggenommen wird (denn im Objekt ist ursprünglich Anschauung und Begriff vereinigt, nun soll aber von der Handlungsweise überhaupt abstrahirt, also aller Begriff aus dem Objekt hinweggenommen werden).

In jeder Anschauung muß zweierlei unterschieden werden, das Anschauen als solches, oder das Anschauen, insofern es ein Handeln überhaupt ist, und das Bestimmende der Anschauung, was macht, daß die Anschauung Anschauung eines Objekts ist, mit Einem Wort, der Begriff der Anschauung.

Das Objekt ist dieses bestimmte, weil ich auf diese bestimmte Art gehandelt habe, aber diese bestimmte Handlungsweise eben ist der Begriff, das Objekt ist also bestimmt durch den Begriff; mithin geht ursprünglich der Begriff dem Objekt selbst voran, zwar nicht der Zeit, wohl aber dem Rang nach. Der Begriff ist das Bestimmende, das Objekt das Bestimmte.

Also ist der Begriff nicht, wie insgemein vorgegeben wird, das Allgemeine, sondern vielmehr die Regel, das Einschränkende, das Bestimmende der Anschauung, und wenn der Begriff unbestimmt heißen kann, ist er es nur insofern, als er nicht das Bestimmte, sondern das Bestimmende ist. Das Allgemeine ist also das Anschauen, oder Produciren, und nur dadurch, daß in dieses an sich unbestimmte Anschauen ein Begriff kommt, wird es Anschauung eines Objekts. Die gewöhnliche Erklärung des Ursprungs der Begriffe, wenn sie nicht bloß Erklärung des empirischen Ursprungs von Begriffen seyn soll, diejenige nämlich, nach welcher mir dadurch, daß ich von mehreren einzelnen Anschauungen das Bestimmte vertilge, und nur das Allgemeine behalte, der Begriff entstehen soll, läßt sich sehr leicht in ihrer Oberflächlichkeit darstellen. Denn um jene Operation vorzunehmen, muß ich ohne Zweifel jene Anschauungen miteinander vergleichen; aber wie komme ich dazu, ohne schon von einem Begriff geleitet zu seyn? Denn woher wissen wir denn, daß jene einzelnen uns gegebenen Objekte derselben Art sind, wenn nicht das erste uns schon zum Begriff geworden ist? Also setzt jenes empirische Verfahren, von mehreren einzelnen das Gemeinschaftliche aufzufassen, schon die Regel es aufzufassen, d. h. den Begriff, und also ein Höheres als jenes empirische Abstraktionsvermögen, selbst schon voraus.

Wir unterscheiden also in der Anschauung das Anschauen selbst, und den Begriff oder das Bestimmende des Anschauens. In der ursprünglichen Anschauung ist beides vereinigt. Soll also durch die höhere Abstraktion, die wir im Gegensatz gegen die empirische die transscendentale nennen wollen, *aller* Begriff aus der Anschauung hinweggenommen werden, so wird die letztere gleichsam *frei*, denn alle Beschränktheit kommt in sie nur durch den Begriff. Von demselben entkleidet, wird also das Anschauen ein völlig und in jeder Rücksicht unbestimmtes.

Wird die Anschauung völlig unbestimmt, absolut begrifflos, so bleibt von ihr nichts mehr übrig als das allgemeine Anschauen selbst, welches, wenn es selbst wieder angeschaut wird, der *Raum* ist.

Der Raum ist das begrifflose Anschauen, also schlechthin kein Begriff, der etwa von den Verhältnissen der Dinge erst abstrahirt wäre; denn obgleich mir der Raum durch Abstraktion entsteht, ist er doch kein abstrakter Begriff, weder in dem Sinn, wie es die Kategorien sind, noch in dem, wie es empirische oder Gattungsbegriffe sind; denn gäbe es einen Gattungsbegriff des Raums, so müßte es mehrere Räume geben, anstatt daß es nur Einen unendlichen Raum gibt, den jede Begrenzung im Raum, d. h. jeder einzelne Raum, schon voraussetzt. Da der Raum durchaus nur ein Anschauen ist, so ist er nothwendig auch ein Anschauen ins Unendliche, dergestalt, daß auch der kleinste Theil des Raums noch selbst ein Anschauen, d. h. ein Raum, nicht etwa bloße Grenze ist, worauf allein die unendliche Theilbarkeit des Raums beruht. Daß endlich die Geometrie, welche, obgleich sie alle Beweise lediglich aus der Anschauung, und doch ebenso allgemein als aus Begriffen führt, ganz allein dieser Eigenschaft des Raums ihr Daseyn verdanke, ist so allgemein anerkannt, daß es hier keiner weiteren Ausführung bedarf.

b) Was wird aus dem Begriff, wenn alle Anschauung aus ihm hinweggenommen ist?

Indem der ursprüngliche Schematismus durch transscendentale Abstraktion sich aufhebt, muß, wenn an dem einen Pol die begrifflose Anschauung entsteht, gleichzeitig am andern der anschauungslose Begriff entstehen. Wenn die Kategorien, so wie sie in der vorhergehenden Epoche abgeleitet sind, bestimmte Anschauungsarten der Intelligenz sind, so muß, wenn sie von der Anschauung entkleidet werden, die bloße *reine Bestimmtheit* zurückbleiben. Diese ist es, welche durch den logischen Begriff bezeichnet wird. Wenn also ein Philosoph ursprünglich nur auf dem Standpunkt der Reflexion oder Analysis steht, so wird er auch die Kategorien bloß als lediglich formelle Begriffe, also auch bloß aus der Logik, deduciren können. Aber abgesehen davon, daß die verschiedenen Funktionen des Urtheils in der Logik selbst noch einer Ableitung bedürfen, und daß, weit entfernt, daß die Transscendental-Philosophie ein Abstractum der Logik ist, diese vielmehr von jener abstrahirt werden muß, so ist es doch bloße Täuschung, zu glauben, daß die Kategorien, nachdem sie von dem Schematismus der Anschauung getrennt sind, noch als reelle Begriffe zurückbleiben, da sie, von der Anschauung entkleidet, bloß logische Begriffe, mit derselben verbunden, aber nicht mehr bloße Begriffe, sondern wirkliche Anschauungsformen sind. Die Unzulänglichkeit einer solchen Ableitung wird sich noch durch andere Mängel verrathen, z. B. daß sie den Mechanismus der Kategorien, den besondern sowohl als den allgemeinen, obgleich er sichtbar genug ist, nicht enthüllen kann. So ist es allerdings eine auffallende Eigenheit der sogenannten dynamischen Kategorien, daß jede derselben ihr Correlatum hat, indeß dieß bei den sogenannten mathematischen nicht der Fall ist, welche Eigenheit aber sehr leicht erklärbar ist, sobald man weiß, daß in den dynamischen Kategorien innerer und äußerer Sinn noch ungetrennt ist, indeß von den mathematischen die eine nur dem inneren, die andere nur dem äußeren Sinn angehört. Ebenso, daß überall, und in jeder Klasse drei Kategorien sind, wovon die beiden ersten sich entgegengesetzt, die dritte aber die Synthesis von beiden ist, beweist, daß der allgemeine Mechanismus der Kategorien auf einem höheren Gegensatz beruht, der von dem Standpunkt der Reflexion aus nicht mehr erblickt wird, für welchen es also einen höheren weiter zurückliegenden geben muß. Da ferner dieser Gegensatz durch alle Kategorien hindurchgeht, und es Ein Typus ist, der allen zu Grunde liegt, so gibt es ohne Zweifel auch nur Eine Kategorie, und da wir aus dem ursprünglichen Mechanismus der Anschauung nur die Eine der Relation ableiten konnten, so ist zu erwarten, daß diese jene Eine ursprüngliche sey, welches durch die nähere Ansicht sich wirklich bestätigt. Wenn bewiesen werden kann, daß vor oder jenseits der Reflexion das Objekt gar nicht durch die mathematischen Kategorien bestimmt sey, daß vielmehr durch dieselben nur das Subjekt, sey es insofern es anschauend oder insofern es empfindend ist, bestimmt sey, so wie z. B. das Objekt doch wohl nicht an sich, sondern nur in Bezug auf das zugleich anschauende und reflektirende Subjekt E i n e s ist; wenn dagegen bewiesen werden kann, daß das Objekt schon in der ersten Anschauung, und ohne daß eine

Reflexion sich darauf richtet, als Substanz und Accidens bestimmt seyn muß: so folgt daraus doch wohl, daß die mathematischen Kategorien den dynamischen überhaupt untergeordnet seyn, oder daß diese jenen vorangehen, die letzteren also eben deßwegen nur getrennt vorstellen können, was jene als vereint vorstellen, weil die nur auf dem Standpunkt der Reflexion entstehende Kategorie, solange nicht auch hier wieder eine Entgegensetzung des äußeren und inneren Sinns vorgegangen ist, welches in den Kategorien der Modalität geschieht, auch nur entweder dem inneren oder äußeren Sinn angehören, und also auch kein Correlat haben kann. Kürzer möchte der Beweis sich dadurch führen lassen, daß im ursprünglichen Mechanismus des Anschauens die beiden ersten Kategorien nur durch die dritte vorkommen, die dritte der mathematischen aber die Wechselwirkung immer schon voraussetzt, indem z. B. weder eine Allheit von Objekten denkbar ist ohne eine allgemeine wechselseitige Voraussetzung der Objekte durcheinander, noch auch eine Limitation des einzelnen Objekts, ohne die Objekte wechselseitig durcheinander limitirt, d. h. in allgemeiner Wechselwirkung zu denken. Es bleiben also von den vier Klassen der Kategorien nur die dynamischen als ursprünglich zurück, und wenn ferner gezeigt werden kann, daß auch die der Modalität nicht in demselben Sinne, d. h. ebenso ursprünglich, Kategorien seyn können, wie die der Relation, so bleiben als die einzigen Grundkategorien nur die letzteren zurück. Nun kommt aber wirklich im ursprünglichen Mechanismus der Anschauung kein Objekt als möglich oder unmöglich vor, so wie jedes als Substanz und Accidens vorkommt. Als möglich, als wirklich und nothwendig erscheinen die Objekte erst durch den höchsten Reflexionsakt, der bis jetzt noch gar nicht einmal abgeleitet ist. Sie drücken eine bloße Beziehung des Objekts auf das gesammte Erkenntnißvermögen (inneren und äußeren Sinn) aus, dergestalt, daß weder durch den Begriff der Möglichkeit, noch selbst durch den der Wirklichkeit in den Gegenstand selbst irgend eine Bestimmung gesetzt wird. Jene Beziehung des Objekts auf das gesammte Erkenntnißvermögen ist aber doch ohne Zweifel erst dann möglich, wenn sich das Ich vom Objekt, d. h. von seiner ideellen zugleich und reellen Thätigkeit völlig losgerissen hat, d. h. also nur durch den höchsten Reflexionsakt. In Bezug auf denselben können die Kategorien der Modalität alsdann wieder ebenso die höchsten heißen, wie die der Relation in Bezug auf die Synthesis der produktiven Anschauung, woraus aber eben offenbar wird, daß sie keine ursprünglich in der ersten Anschauung vorkommende Kategorien sind.

III.

Die transscendentale Abstraktion ist Bedingung des Urtheils, aber nicht das Urtheil selbst. Sie erklärt nur, wie die Intelligenz dazu kommt Objekt und Begriff zu trennen, nicht aber, wie sie beide im Urtheil wieder vereinigt. Wie der an sich völlig anschauungslose Begriff mit der an sich völlig begrifflosen Anschauung des Raums sich zum Objekt wieder verbinde, ist ohne ein Vermittelndes nicht denkbar. Aber was den Begriff und die Anschauung überhaupt vermittelt, ist das Schema. Also wird auch die transscendentale Abstraktion wieder aufgehoben werden durch einen Schematismus, den wir zum Unterschied gegen den früher abgeleiteten den transscendentalen nennen werden.

Das empirische Schema wurde erklärt als die sinnlich angeschaute Regel, wornach ein Gegenstand empirisch hervorgebracht werden kann. Das transscendentale also wird die sinnliche Anschauung der Regel seyn, nach welcher ein Objekt überhaupt, oder transscendental hervorgebracht werden kann. Insofern nun das Schema eine Regel enthält, insofern ist es nur Objekt einer inneren Anschauung, insofern es Regel der Construktion eines Objekts ist, muß es doch äußerlich als ein im Raum Verzeichnetes angeschaut werden. Das Schema ist also überhaupt ein Vermittelndes des inneren und äußeren Sinns. Man wird also das transscendentale Schema als dasjenige erklären müssen, was am ursprünglichsten inneren und äußeren Sinn vermittelt.

Aber das Ursprünglichste, was inneren und äußeren Sinn vermittelt, ist die Zeit, nicht insofern sie bloß innerer Sinn, d. h. absolute Grenze, ist, sondern insofern sie selbst wieder zum Objekt der äußeren Anschauung wird, also die Zeit, insofern sie Linie, d. h. nach Einer Richtung ausgedehnte Größe ist.

Wir verweilen bei diesem Punkt, um den eigentlichen Charakter der Zeit genauer zu bestimmen.

Die Zeit ist vom Standpunkt der Reflexion angesehen ursprünglich nur eine Anschauungsform des inneren Sinns, da sie nur in Ansehung der Succession unserer Vorstellungen statthat, welche von diesem Standpunkt aus bloß in uns ist, anstatt daß wir das Zugleichseyn der Substanzen, was Bedingung des inneren und äußeren Sinns ist, nur außer uns anschauen können. Dagegen ist vom Standpunkt der Anschauung aus die Zeit ursprünglich schon äußere Anschauung, weil nämlich auf demselben zwischen Vorstellungen und Gegenständen kein Unterschied ist. Wenn also für die Reflexion die Zeit nur innere Anschauungsform ist, so ist sie für die Anschauung beides zugleich. Aus dieser Eigenschaft der Zeit läßt sich unter anderem einsehen, warum sie, indeß der Raum nur Substrat der Geometrie ist, Substrat der gesammten Mathematik ist, und warum selbst alle Geometrie auf Analysis zurückgeführt werden kann; eben daraus erklärt sich das Verhältniß zwischen der geometrischen Methode der Alten und der analytischen der Neueren, durch welche, obgleich beide sich entgegengesetzt sind, doch ganz dasselbe zu Stand gebracht wird.

Nur auf jener Eigenschaft der Zeit, dem äußeren und dem inneren Sinn zugleich anzugehören, beruht es, daß sie das allgemeine Vermittlungsglied des Begriffs und der Anschauung, oder das transscendentale Schema ist. Da die Kategorien ursprünglich Anschauungsarten, also nicht vom Schematismus getrennt sind, welches erst durch die transscendentale Abstraktion geschieht, so erhellt daraus

1) daß die Zeit ursprünglich schon in die produktive Anschauung oder die Construktion des Objekts mit eingeht, wie es auch in der vorhergehenden Epoche bewiesen worden;

2) daß aus diesem Verhältniß der Zeit zu den reinen Begriffen auf der einen und der reinen Anschauung oder dem Raum auf der andern Seite der ganze Mechanismus der Kategorien sich ableiten lassen muß;

3) daß, wenn durch die transscendentale Abstraktion der ursprüngliche

Schematismus aufgehoben ist, auch von der ursprünglichen Construktion des Objekts eine völlig veränderte Ansicht entstehen muß, welche, da eben jene Abstraktion Bedingung alles Bewußtseyns ist, auch diejenige seyn wird, welche allein ins Bewußtseyn kommen kann. Also verliert die produktive Anschauung durch das Medium selbst, durch welches sie hindurchgehen muß, um zum Bewußtseyn zu gelangen, ihren Charakter.

Zur Erläuterung des letzten Punkts mögen einige Beispiele dienen.

In jeder Veränderung findet ein Uebergang von einem Zustand in seinen contradiktorisch entgegengesetzten statt, z. B. wenn ein Körper aus der Bewegung nach der Richtung A in eine nach der Richtung — A übergeht. Diese Verbindung contradiktorisch entgegengesetzter Zustände ist in der mit sich selbst identischen und stets nach Identität des Bewußtseyn strebenden Intelligenz nur durch den Schematismus der Zeit möglich. Die Anschauung producirt die Zeit als stetig im Uebergang von A zu — A, um den Widerspruch zwischen Entgegengesetzten zu vermitteln. Durch die Abstraktion wird der Schematismus und mit ihm die Zeit aufgehoben. — Es ist ein bekanntes Sophisma der alten Sophisten, wodurch sie die Möglichkeit einer mitgetheilten Bewegung bestreiten. Nehmt, sagen sie, den letzten Moment der Ruhe eines Körpers und den ersten seiner Bewegung, zwischen beiden ist kein Mittleres. (Dieß ist auch völlig wahr vom Standpunkt der Reflexion aus). Soll also ein Körper in Bewegung gesetzt werden, so geschieht es entweder im letzten Moment seiner Ruhe, oder im ersten seiner Bewegung, aber jenes ist nicht möglich, weil er noch ruht, dieses nicht, weil er schon in Bewegung ist. Dieses Sophisma, welches ursprünglich durch die produktive Anschauung gelöst ist, für die Reflexion aufzulösen, sind die Kunstgriffe der Mechanik ersonnen, welche, da sie den Uebergang eines Körpers z. B. von Ruhe in Bewegung, d. h. die Verbindung contradiktorisch entgegengesetzter Zustände, nur als durch eine Unendlichkeit vermittelt denken kann, während für sie doch die produktive Anschauung aufgehoben ist, welche letztere allein ein Unendliches im Endlichen, d. h. eine Größe, darstellen kann, in welcher, obgleich sie selbst endlich ist, doch kein unendlich kleiner Theil möglich ist, sich genöthigt sieht, zwischen jene beiden Zustände eine Unendlichkeit außereinander befindlicher Zeittheile, deren jeder unendlich klein ist, einzuschalten. Da nun aber jener Uebergang, z. B. von einer Richtung in die entgegengesetzte, doch in endlicher Zeit, obgleich durch unendliche Vermittlung, welches ursprünglich aber nur vermöge der Continuität möglich ist, geschehen soll, so kann auch die Bewegung, welche dem Körper in einem Moment mitgetheilt wird, nur Sollicitation seyn, weil sonst in endlicher Zeit eine unendliche Geschwindigkeit entstünde. Alle diese eigenthümlichen Begriffe sind allein durch die Aufhebung des ursprünglichen Schematismus der Anschauung nothwendig gemacht. Was aber die Bewegung überhaupt betrifft, so ist, weil zwischen je zwei Punkten einer Linie unendlich viele andere gedacht werden müssen, eine Construktion derselben vom Standpunkt der Reflexion aus schlechthin unmöglich, weßhalb auch die Geometrie die Linie postulirt, d. h. fordert, daß sie jeder in produktiver Anschauung selbst hervorbringe, was sie gewiß nicht thun würde, wenn sich das Entstehen einer Linie durch Begriffe mittheilen ließe.

Aus der Eigenschaft der Zeit, transscendentales Schema zu seyn, erhellt von selbst, daß sie kein bloßer Begriff ist, weder ein solcher, der empirisch, noch ein solcher, der transscendental abstrahirt wäre. Denn alles, wovon die Zeit abstrahirt seyn könnte, setzt sie selbst schon als Bedingung voraus. Wäre sie aber eine transscendentale Abstraktion gleich den Verstandesbegriffen, so müßte es, ebenso, wie es z. B. mehrere Substanzen gibt, auch mehrere Zeiten geben, allein die Zeit ist nur Eine; was man verschiedene Zeiten nennt, sind nur verschiedene Einschränkungen der absoluten Zeit. Darum läßt sich auch kein Axiom der Zeit, z. B. daß zwei Zeiten nicht auseinander oder zugleich seyn können, oder irgend ein Satz der Arithmetik, welche ganz auf der Zeitform beruht, aus bloßen Begriffen demonstriren.

Nachdem wir nun den transscendentalen Schematismus abgeleitet, sehen wir uns auch in den Stand gesetzt, den ganzen Mechanismus der Kategorien vollständig auseinander zu legen.

Die erste, allen übrigen zu Grunde liegende Kategorie, die einzige, durch welche das Objekt in der Produktion schon bestimmt ist, ist, wie wir wissen, die der Relation, welche, da sie die einzige Kategorie der Anschauung ist, allein den äußeren und inneren Sinn noch als vereinigt vorstellen wird.

Die erste Kategorie der Relation, Substanz und Accidens, bezeichnet die erste Synthesis des inneren und äußeren Sinns. Wird nun aber von dem Begriff der Substanz sowohl als dem des Accidens der transscendentale Schematismus hinweggenommen, so bleibt nichts zurück als der bloß logische Begriff des Subjekts und des Prädicats. Nimmt man dagegen allen Begriff aus beiden weg, so bleibt die Substanz nur als reine Extensität, oder als Raum, das Accidens nur als absolute Grenze, oder als Zeit, insofern sie bloß innerer Sinn und vom Raum völlig unabhängig ist, zurück. Wie nun aber der an sich völlig anschauungslose Begriff des logischen Subjekts, oder der gleichfalls anschauungslose Begriff des logischen Prädicats, jener zur Substanz, dieser zum Accidens werde, ist nur zu erklären dadurch, daß die Bestimmung der Zeit zu beiden hinzukommt.

Aber diese kommt eben erst durch die zweite Kategorie hinzu, denn erst durch die zweite (nach unsrer Ableitung die Anschauung der ersten) wird das, was in der ersten innerer Sinn ist, für das Ich zur Zeit. Also ist die erste Kategorie überhaupt nur anschaubar durch die zweite, wie zu seiner Zeit bewiesen worden ist; der Grund davon, der sich hier zeigt, ist, daß erst durch die zweite das transscendentale Schema der Zeit hinzukommt.

Die Substanz ist als solche anzuschauen nur dadurch, daß sie angeschaut wird als beharrend in der Zeit, aber sie kann nicht angeschaut werden als beharrend, ohne daß die Zeit, welche bisher nur die absolute Grenze bezeichnete, verfließe (nach Einer Dimension sich ausdehne), welches eben nur durch die Succession des Causalzusammenhangs geschieht. Aber hinwiederum auch, daß irgend eine Succession in der Zeit stattfindet, ist nur anzuschauen im Gegensatz gegen etwas in ihr, oder, weil die im Verfließen angehaltene Zeit = Raum ist, im Raum Beharrendes, welches eben die Substanz ist. Also sind diese beiden Kategorien nur wechselseitig durcheinander, d. h. sie sind nur in einer dritten möglich, welches die Wechselwirkung ist.

Aus dieser Ableitung lassen sich von selbst folgende zwei Sätze abstrahiren, aus welchen der Mechanismus aller übrigen Kategorien begreiflich ist:

1) der Gegensatz, welcher zwischen den beiden ersten Kategorien stattfindet, ist derselbe, welcher ursprünglich zwischen Raum und Zeit stattfindet;

2) die zweite Kategorie in jeder Klasse ist nur darum nothwendig, weil sie das transscendentale Schema zu der ersten hinzubringt. —

Nicht um etwas zu anticipiren, was noch nicht abgeleitet ist, sondern um diese beiden Sätze durch weitere Ausführung deutlicher zu machen, zeigen wir die Anwendung davon auf die sogenannten mathematischen Kategorien, obgleich diese noch nicht als solche abgeleitet sind.

Wir haben bereits angedeutet, daß dieselben keine Kategorien der Anschauung seyen, indem sie bloß auf dem Standpunkt der Reflexion entstehen. Aber eben zugleich mit der Reflexion wird die Einheit zwischen äußerem und innerem Sinn aufgehoben, und dadurch die Eine Grundkategorie der Relation in zwei entgegengesetzte getrennt, deren erste nur das bezeichnet, was am Objekt dem äußeren Sinn angehört, indeß die andere nur das ausdrückt, was am Objekt dem äußerlich angeschauten inneren angehört.

Wird nun, um von der ersteren anzufangen, von der Kategorie der Einheit, welches die erste in der Klasse der Quantität ist, alle Anschauung hinweggenommen, so bleibt nur die logische Einheit zurück. Soll diese mit der Anschauung verbunden werden, so muß die Bestimmung der Zeit hinzukommen. Nun ist aber Größe mit Zeit verbunden Zahl. Also kommt eben erst durch die zweite Kategorie (der Vielheit) die Bestimmung der Zeit hinzu. Denn erst mit der gegebenen Vielheit fängt das Zählen an. Ich zähle nicht, wo nur Eines ist. Die Einheit wird erst durch die Mehrheit zur Zahl. (Daß Zeit und Vielheit erst miteinander kommen, ist auch daraus zu ersehen, daß erst durch die zweite Kategorie der Relation, eben diejenige, durch welche dem Ich zuerst die Zeit in der äußeren Anschauung entsteht, eine Mehrheit von Objekten bestimmt ist. Selbst in der willkürlichen Succession der Vorstellungen entsteht mir eine Mehrheit von Objekten nur dadurch, daß ich eins nach dem andern, d. h. dadurch, daß ich sie überhaupt nur in der Zeit auffasse. In der Zahlenreihe wird 1 nur durch die Mehrheit zur Einheit, d. h. zum Ausdruck der Endlichkeit überhaupt. Dieß läßt sich so beweisen. Ist 1 eine endliche Zahl, so muß es für sie einen möglichen Theiler geben, aber $1/1 = 1$, also ist 1 theilbar nur durch 2, 3 u. s. w., d. h. durch die Vielheit überhaupt; ohne dieselbe ist es $1/0$, d. h. das Unendliche).

Aber ebensowenig als die Einheit ohne Vielheit anschaulich ist, ist es Vielheit ohne Einheit, also setzen beide sich wechselseitig voraus, d. h. sie sind beide nur durch eine dritte gemeinschaftliche möglich.

Derselbe Mechanismus nun zeigt sich in den Kategorien der Qualität. Nehme ich von der Realität die Anschauung des Raums hinweg, welches durch transscendentale Abstraktion geschieht, so bleibt mir nichts zurück als der bloß logische Begriff der Position überhaupt. Verbinde ich diesen Begriff wieder mit der Anschauung des Raums, so entsteht mir die Raumerfüllung, welche aber nicht anzuschauen ist ohne einen Grad, d. h. ohne eine Größe in der Zeit zu haben. Aber der Grad, d. h. die Bestimmung durch die Zeit, kommt eben erst durch die zweite Kategorie, die der Negation, hinzu. Also ist die zweite hier abermals nur nothwendig, weil die erste nur durch sie anschaulich wird, oder weil sie zu jener das transscendentale Schema hinzubringt.

Deutlicher vielleicht so. Denke ich mir das Reelle an den Objekten als uneingeschränkt, so wird es sich ins Unendliche ausbreiten, und da bewiesenermaßen die Intensität im umgekehrten Verhältniß mit der Extensität steht, so bleibt nichts zurück als unendliche Extensität mit Mangel aller Intensität, d. h. der absolute Raum. Denkt man sich dagegen die Negation als das Uneingeschränkte, so bleibt nichts zurück als die unendliche Intensität ohne Extensität, d. h. der Punkt, oder der innere Sinn, insofern er b l o ß innerer Sinn ist. Nehme ich also von der ersten Kategorie die zweite hinweg, so bleibt mir der absolute Raum, nehme ich von der zweiten die erste, so bleibt mir die absolute Zeit (d. h. die Zeit bloß als innerer Sinn).

In der ursprünglichen Anschauung nun entsteht uns weder Begriff, noch Raum, noch Zeit, allein und abgesondert, sondern alles zugleich. Ebenso wie unser Objekt das Ich diese drei Bestimmungen bewußtlos und von selbst zum Objekt verbindet, ebenso ist es auch uns in der Deduktion der produktiven Anschauung ergangen. Durch die transscendentale Abstraktion, welche eben in dem Aufheben jenes Dritten, was die Anschauung bindet, besteht, konnten uns als Bestandtheile derselben nur der anschauungslose Begriff und die begrifflose Anschauung zurückbleiben. Von diesem Standpunkt aus kann die Frage, wie das Objekt möglich sey, nur so ausgedrückt werden: wie ganz anschauungslose Begriffe, die wir als Begriffe a priori in uns finden, so unauflöslich mit der Anschauung verknüpft werden, oder in sie übergehen können, daß sie vom Objekt schlechterdings unzertrennlich sind. Da nun dieser Uebergang nur durch den Schematismus der Zeit möglich ist, so schließen wir, daß auch die Zeit schon in jene ursprüngliche Synthesis mit eingehen mußte. So verändert sich völlig die Ordnung der Construktion, die wir in der vorhergehenden Epoche befolgt haben, indeß doch die transscendentale Abstraktion allein uns dahin bringt, den Mechanismus der ursprünglichen Synthesis mit deutlichem Bewußtseyn aus einander zu legen.

IV.

Die transscendentale Abstraktion wurde postulirt als Bedingung der empirischen, diese als Bedingung des Urtheils. Jedem Urtheil, auch dem gemeinsten, liegt also jene Abstraktion zu Grunde, und das transscendentale Abstraktionsvermögen, oder das Vermögen der Begriffe a priori, ist in jeder Intelligenz so nothwendig als das Selbstbewußtseyn selbst.

Aber die Bedingung kommt vor dem Bedingten nicht zum Bewußtseyn, und die transscendentale Abstraktion verliert sich im Urtheil, oder in der empirischen, welche zugleich mit ihrem Resultat durch sie ins Bewußtseyn erhoben wird.

Wie nun auch die transscendentale Abstraktion nebst ihrem Resultat wieder ins Bewußtseyn gesetzt werde, dieß wird, da wir wissen können, daß im gemeinen Bewußtseyn weder von jener noch von diesem nothwendig etwas vorkommt, und daß es, wenn etwas davon vorkommt, schlechthin zufällig ist, zum voraus zu vermuthen, nur durch eine Handlung möglich seyn, welche in Bezug auf das gemeine Bewußtseyn nicht mehr nothwendig seyn kann (denn sonst müßte sich auch das Resultat derselben immer und nothwendig in ihm vorfinden), welche daher eine Handlung seyn muß, die aus keiner andern in der Intelligenz selbst (sondern etwa aus einer Handlung außer ihr) erfolgt, die also für die Intelligenz selbst eine absolute ist. Bis zum Bewußtseyn der empirischen Abstraktion und des aus ihr Resultirenden möchte das gemeine Bewußtseyn reichen; denn dafür ist noch durch die transscendentale Abstraktion gesorgt, welche aber, vielleicht eben deßwegen, weil durch sie alles, was im empirischen Bewußtseyn überhaupt vorkommt, gesetzt ist, selbst nicht mehr nothwendig, und wenn sie dazu gelangt, nur zufälliger Weise zum Bewußtseyn gelangen wird.

Nun ist aber offenbar, daß das Ich erst dadurch, daß es auch der transscendentalen Abstraktion sich bewußt wird, sich für sich selbst absolut über das Objekt erheben könnte (denn durch die empirische Abstraktion reißt es sich nur vom bestimmten Objekt los), und daß es nur, indem es sich über alles Objekt erhebt, sich selbst als Intelligenz erkennen könne. Da nun aber diese Handlung, welche eine absolute Abstraktion ist, eben deßwegen, weil sie absolut ist, aus keiner andern in der Intelligenz mehr erklärbar ist, so reißt hier die Kette der theoretischen Philosophie ab; und es bleibt in Ansehung derselben nur die absolute Forderung übrig: es *soll* eine solche Handlung in der Intelligenz vorkommen, aber eben damit schreitet die theoretische Philosophie über ihre Grenze, und tritt ins Gebiet der praktischen, welche allein durch kategorische Forderungen setzt.

Ob und wie diese Handlung möglich sey, diese Frage fällt nicht mehr in die Sphäre der theoretischen Untersuchung, aber Eine Frage hat sie noch zu beantworten. — Hypothetisch angenommen, daß eine solche Handlung in der Intelligenz sey, wie wird sie sich selbst, und wie wird sie die Welt der Objekte finden? Ohne Zweifel entsteht ihr durch diese Handlung eben das, was schon durch die transscendentale Abstraktion für uns gesetzt war, und so bringen wir, dadurch, daß wir einen Schritt in die *praktische* Philosophie thun, unser *Objekt* vollends auf den Punkt, den wir verlassen, indem wir in die praktische übergehen.

Die Intelligenz erhebt sich durch eine absolute Handlung über alles Objektive. Es würde für sie in dieser Handlung alles Objektive verschwinden, wenn nicht die ursprüngliche Beschränktheit fortdauerte, aber diese muß fortdauern; denn soll die Abstraktion geschehen, so kann das, wovon abstrahirt wird, nicht aufhören. Da nun die Intelligenz in der abstrahirenden Thätigkeit sich absolut frei, und doch zugleich durch die ursprüngliche Beschränktheit, gleichsam die intellektuelle Schwere, zurückgezogen fühlt in die Anschauung, so wird sie eben erst in dieser Handlung für sich selbst als Intelligenz, also nicht mehr bloß als reelle Thätigkeit, wie in der Empfindung, noch bloß als ideelle, wie in der produktiven Anschauung, sondern als beides zugleich, begrenzt, d. h. Objekt. Sie erscheint sich als begrenzt durch die produktive Anschauung. Aber die Anschauung als Akt ist untergegangen im Bewußtseyn, und nur das Produkt ist geblieben. Sie erkennt sich als begrenzt durch produktive Anschauung, heißt also eben soviel als: sie erkennt sich als begrenzt durch die objektive Welt. Hier zuerst also stehen die objektive Welt und die Intelligenz im Bewußtseyn selbst einander gegenüber, ebenso wie wir es im Bewußtseyn durch die erste philosophische Abstraktion finden.

Die Intelligenz kann nun die transscendentale Abstraktion fixiren, welches aber schon durch Freiheit, und zwar durch eine besondere Richtung der Freiheit geschieht. Daraus erklärt sich, warum Begriffe a priori nicht in jedem Bewußtseyn, und warum sie in keinem immer und nothwendig vorkommen. Sie können vorkommen, aber sie müssen nicht vorkommen.

Da durch die transscendentale Abstraktion alles sich trennt, was in der ursprünglichen Synthesis der Anschauung vereinigt war, so wird dieß alles, obgleich immer durch Freiheit, der Intelligenz als getrennt zum Objekt werden, z. B. die Zeit, abgesondert vom Raum und vom Objekt, der Raum als Form des Zugleichseyns, die Objekte, wie wechselseitig eins dem andern seine Stelle im Raum bestimmt, wobei aber die Intelligenz sich völlig frei findet in Ansehung des Objekts, von welchem die Bestimmung ausgeht.

Im Allgemeinen aber richtet sich ihre Reflexion entweder auf das Objekt, wodurch ihr die bereits abgeleitete Kategorie der Anschauung oder der Relation entsteht.

Oder sie reflektirt auf sich selbst. Ist sie zugleich reflektirend und anschauend, so entsteht ihr die Kategorie der Quantität, welche mit dem Schema verbunden Zahl ist, die aber eben deßwegen keine ursprüngliche ist.

Ist sie zugleich reflektirend und empfindend, oder reflektirt sie auf den Grad, in welchem ihr die Zeit erfüllt ist, so entsteht ihr die Kategorie der Qualität.

Oder endlich durch den höchsten Reflexionsakt reflektirt sie zugleich auf das Objekt und auf sich, insofern sie zugleich ideelle und reelle Thätigkeit ist. Reflektirt sie zugleich auf das Objekt und auf sich als reelle (freie) Thätigkeit, so entsteht ihr die Kategorie der Möglichkeit. Reflektirt sie zugleich auf das Objekt und auf sich als ideelle (begrenzte) Thätigkeit, so entsteht ihr dadurch die Kategorie der Wirklichkeit.

Auch hier wieder kommt erst durch die zweite Kategorie die Bestimmung der Zeit zu der ersten hinzu. Denn die Begrenztheit der ideellen Thätigkeit besteht nach dem in der vorhergehenden Epoche Abgeleiteten eben darin, daß sie das Objekt als gegenwärtig erkennt. Wirklich also ist ein Objekt, das in einem bestimmten Moment der Zeit gesetzt ist, möglich dagegen, was durch die auf die reelle reflektirende Thätigkeit in die Zeit überhaupt gesetzt und gleichsam hingeworfen wird.

Vereinigt die Intelligenz auch noch diesen Widerspruch zwischen reeller und ideeller Thätigkeit, so entsteht ihr der Begriff der **Nothwendigkeit**. Nothwendig ist, was in aller Zeit gesetzt ist; alle Zeit aber ist die Synthesis für die Zeit überhaupt und für bestimmte Zeit, weil, was in alle Zeit gesetzt ist, ebenso bestimmt, wie in die einzelne, und doch ebenso frei, wie in die Zeit überhaupt gesetzt ist.

Die negativen Correlata der Kategorien dieser Classe verhalten sich nicht, wie die der Relation, da sie in der That nicht Correlata, sondern contradiktorisch-Entgegengesetzte der positiven sind. Auch sind sie keine wirklichen Kategorien, d. h. keine Begriffe, wodurch ein Objekt der Anschauung auch nur für die Reflexion bestimmt wäre, sondern vielmehr, wenn die positiven Kategorien dieser Klasse die höchsten für die Reflexion, oder die Syllepsis aller anderen sind, sind dagegen jene (die negativen) das absolut Entgegengesetzte des Ganzen der Kategorien.

Da die Begriffe der Möglichkeit, der Wirklichkeit und der Nothwendigkeit durch den höchsten Reflexionsakt entstehen, so sind sie nothwendig auch diejenigen, mit welchen das ganze Gewölbe der theoretischen Philosophie sich schließt. Daß aber diese Begriffe schon auf dem Uebergang der theoretischen in die praktische Philosophie stehen, werden die Leser theils schon jetzt voraussehen, theils aber deutlicher noch erkennen, wenn wir nun das System der praktischen Philosophie selbst aufstellen.

Allgemeine Anmerkung zur dritten Epoche.

Die letzte Untersuchung, welche die ganze theoretische Philosophie schließen muß, ist ohne Zweifel über den Unterschied zwischen Begriffen a priori und a posteriori, welcher wohl schwerlich anders als dadurch, daß man ihren Ursprung in der Intelligenz selbst aufzeigt, deutlich gemacht werden kann. Das Eigenthümliche des transscendentalen Idealismus, in Ansehung dieser Lehre, ist eben dieß, daß er auch den sogenannten Begriffen a priori ihren Ursprung noch nachweisen kann, welches freilich nur dadurch möglich ist, daß er sich in eine jenseits des gemeinen Bewußtseyns liegende Region versetzt, anstatt daß eine auf das letztere sich einschränkende Philosophie diese Begriffe in der That nur als vorhanden und gleichsam daliegend vorfinden kann, wodurch sie sich in die unauflöslichen Schwierigkeiten verwickelt, welche den Vertheidigern dieser Begriffe von jeher entgegengesetzt worden sind.

Dadurch, daß wir den Ursprung der sogenannten Begriffe a priori jenseits des Bewußtseyns versetzen, wohin für uns auch der Ursprung der objektiven Welt fällt, behaupten wir mit derselben Evidenz und dem gleichen Rechte, unsere Erkenntniß sey ursprünglich ganz und durchaus empirisch, und sie sey ganz und durchaus a priori.

Alle unsere Erkenntniß ist ursprünglich empirisch, eben deßwegen, weil uns Begriff und Objekt ungetrennt und zugleich entstehen. Denn sollten wir ursprünglich eine Erkenntniß a priori haben, so müßte uns erst der Begriff des Objekts, und dann demselben gemäß das Objekt selbst entstehen, welches allein eine wirkliche Einsicht in das Objekt a priori verstatten würde. Umgekehrt heißt alle diejenige Kenntniß empirisch, welche mir, wie z. B. durch ein physikalisches Experiment, dessen Erfolg ich nicht vorher wissen kann, ganz ohne mein Zuthun entsteht. Nun kommt uns aber alle Kenntniß der Objekte ursprünglich so von uns unabhängig, daß wir erst, nachdem es da ist, einen Begriff davon entwerfen, diesen Begriff aber nicht mittheilen können, als selbst wieder mittelst der völlig unwillkürlichen Anschauung. Alle Erkenntniß ist also ursprünglich rein empirisch.

Aber eben deßwegen, weil unsere ganze Erkenntniß ursprünglich ganz und durchaus empirisch ist, ist sie ganz und durchaus a priori. Denn wäre sie nicht ganz unsere Produktion, so würde uns entweder unser ganzes Wissen von außen gegeben, was unmöglich ist, weil es in unserem Wissen sonst nichts Nothwendiges und Allgemeingültiges gäbe; es bleibt also nichts übrig, als daß uns einiges von außen, anderes aber aus uns selbst komme. Also kann unser Wissen nur dadurch ganz und durchaus empirisch seyn, daß es ganz und durchaus aus uns selbst kommt, d. h. ganz und durchaus a priori ist.

Insofern nämlich das Ich alles aus sich producirt, insofern ist alles, nicht etwa nur dieser oder jener Begriff, oder wohl gar nur die

Form des Denkens, sondern das ganze Eine und untheilbare Wissen a priori.

Aber insofern wir uns dieses Producirens nicht bewußt sind, insofern ist in uns nichts a priori, sondern alles a posteriori. Daß wir uns unsrer Erkenntniß als einer solchen, die a priori ist, bewußt werden, dazu gehört, daß wir uns der Handlung des Producirens überhaupt, abgesondert vom Producirten, bewußt werden. Aber eben in dieser Operation geht uns, auf die im Vorhergehenden abgeleitete Weise, alles Materielle (alle Anschauung) vom Begriff verloren, und es kann nichts als das rein Formelle zurückbleiben. Insofern gibt es allerdings Begriffe a priori für uns, und zwar rein formelle, aber diese Begriffe sind auch nur, insofern wir begreifen, insofern wir auf jene bestimmte Art abstrahiren, also nicht ohne unser Zuthun, sondern durch eine besondere Richtung der Freiheit.

Es gibt also Begriffe a priori, ohne daß es angeborene Begriffe gäbe. Nicht Begriffe, sondern unsere eigne Natur und ihr ganzer Mechanismus ist das uns Angeborene. Diese Natur ist eine bestimmte und handelt auf bestimmte Art, aber völlig bewußtlos, denn sie ist selbst nichts anderes als dieses Handeln; der Begriff dieses Handelns ist nicht in ihr, denn sonst müßte sie ursprünglich etwas von diesem Handeln Verschiedenes seyn, und wenn er in sie kommt, so kommt er in sie erst durch ein neues Handeln, das jenes erste sich zum Objekt macht.

Es ist aber mit jener ursprünglichen Identität des Handelns und des Seyns, welche wir im Begriff des Ichs denken, nicht nur die Vorstellung von angeborenen Begriffen, welche man durch die Entdeckung, daß in allen Begriffen etwas Thätiges sey, schon längst zu verlassen genöthigt war, sondern auch die noch jetzt häufig vorgebrachte, von dem Daseyn jener Begriffe als ursprünglicher Anlagen, völlig unmöglich gemacht, da dieselbe einzig auf der Vorstellnng des Ichs als eines besonderen, von seinem Handeln verschiedenen Substrats gegründet ist. Denn wer uns sagt, daß er sich kein Handeln ohne Substrat zu denken vermöge, gesteht eben dadurch, daß jenes vermeintliche Substrat des

Denkens selbst ein bloßes Produkt seiner Einbildungskraft, also wiederum nur sein eignes Denken sey, das er auf diese Art ins Unendliche zurück als selbständig vorauszusetzen gezwungen ist. Es ist eine bloße Täuschung der Einbildungskraft, daß, nachdem man einem Objekt die einzigen Prädicate, die es hat, hinweggenommen hat, noch etwas, man weiß nicht was, von ihm zurückbleibe. So wird z. B. niemand sagen, die Undurchdringlichkeit sey der Materie eingepflanzt, denn die Undurchdringlichkeit ist die Materie selbst. Warum spricht man denn von Begriffen, die der Intelligenz eingepflanzt seyen, da diese Begriffe die Intelligenz selbst sind? — Die Aristoteliker verglichen die Seele mit einer unbeschriebenen Tafel, auf welche die Züge der Außendinge erst eingegraben würden. Aber, wenn die Seele keine unbeschriebene Tafel ist, ist sie denn deßwegen etwa eine beschriebene.

Wenn die Begriffe a priori Anlagen in uns sind, so haben wir den äußern Anstoß zur Entwicklung dieser Anlagen obenein. Die Intelligenz ist ein ruhendes Vermögen, auf welches die äußeren Dinge gleichsam als Erregungsursachen der Thätigkeit oder als Reize wirken. Allein die Intelligenz ist kein ruhendes Vermögen, was erst in Thätigkeit versetzt würde, denn sonst müßte sie noch etwas anderes als Thätigkeit, müßte mit einem Produkt verbundene Thätigkeit seyn, ungefähr wie es der Organismus, eine schon potenzirte Anschauung der Intelligenz ist. Auch bleiben für jenes Unbekannte, von welchem der Anstoß ausgeht, nachdem man von ihm alle Begriffe a priori hinweggenommen hat, gar keine objektiven Prädicate zurück, man müßte also jenes x etwa in eine Intelligenz setzen, wie Mallebranche, der uns alles in Gott sehen läßt, oder der sinnreiche Berkeley, der das Licht ein Gespräch der Seele mit Gott nennt, welche Ideen aber für ein Zeitalter, das sie nicht einmal versteht, keiner Widerlegung bedürfen.

Wenn also unter Begriffen a priori gewisse ursprüngliche Anlagen des Ichs verstanden werden, so würde man immer noch den Gedanken, alle Begriffe durch äußere Impressionen entstehen zu lassen, mit Recht vorziehen, nicht etwa, als ob sich auch dabei etwas Verständliches denken ließe, sondern weil alsdann wenigstens in unsrer Erkenntniß

Einheit und Ganzheit wäre. — Locke, der Hauptvertheidiger dieser Meinung, streitet gegen das Hirngespinnst von angeborenen Begriffen, das er bei Leibniz, welcher sehr weit davon entfernt war, voraussetzte, ohne zu merken, daß es gleich unverständlich ist, die Ideen in der Seele ursprünglich eingegraben seyn oder sie erst durch die Objekte eingraben zu lassen, noch fällt es ihm je bei sich zu fragen, ob es wohl in diesem Sinn nicht nur keine angeborene, sondern ob es überhaupt eine Idee in dem Sinne gebe, daß sie ein Eindruck auf die Seele wäre, gleichviel wovon.

Alle diese Verwirrungen lösen sich durch den Einen Satz, daß unsere Erkenntniß ursprünglich ebensowenig a priori als a posteriori ist, indem dieser ganze Unterschied bloß und lediglich in Bezug auf das philosophische Bewußtseyn gemacht wird. Aus demselben Grunde, weil nämlich die Erkenntniß ursprünglich, d. h. in Ansehung des Objekts der Philosophie, des Ichs, weder das eine noch das andere ist, kann sie auch nicht das eine zum Theil und zum Theil das andere seyn, welche Behauptung in der That alle Wahrheit oder Objektivität der Erkenntniß a priori unmöglich macht. Denn nicht nur, daß sie die Identität der Vorstellung und des Gegenstandes völlig aufhebt, da Wirkung und Ursache niemals identisch seyn können, muß sie entweder behaupten, daß sich die Dinge nach jenen ursprünglichen Formen in uns gleichsam als ein gestaltloser Stoff bequemen, oder umgekehrt, daß jene Formen sich nach den Dingen richten, wodurch sie alle Nothwendigkeit verlieren. Denn die dritte mögliche Voraussetzung, nach welcher die objektive Welt, und die Intelligenz gleichsam zwei Uhren vorstellten, die ohne voneinander zu wissen, und völlig voneinander abgeschlossen, eben dadurch, daß jede ihren regelmäßigen Gang fortgeht, untereinander übereinstimmen, behauptet etwas völlig Ueberflüssiges und fehlt gegen ein Hauptprincip aller Erklärung: was durch Eines erklärt werden kann, nicht durch mehreres zu erklären, davon nichts zu sagen, daß auch diese, ganz außer den Vorstellungen der Intelligenz liegende objektive Welt doch, weil sie Ausdruck von Begriffen ist, nur wieder durch und für eine Intelligenz existiren kann.

Vierter Hauptabschnitt.

System der praktischen Philosophie nach Grundsätzen des transscendentalen Idealismus.

Es dünkt uns nicht unnöthig, die Leser zum voraus zu erinnern, daß, was wir hier aufzustellen gedenken, nicht etwa eine Moral-Philosophie, sondern vielmehr die transscendentale Deduktion der Denkbarkeit und der Erklärbarkeit der moralischen Begriffe überhaupt sey; auch daß wir diese Untersuchung über das, was an der Moral-Philosophie der Transscendental-Philosophie anheimfällt, in der größten Allgemeinheit führen werden, dergestalt, daß wir das Ganze auf wenige Hauptsätze und Probleme zurückführen, die Anwendung auf einzelne Probleme aber dem Leser selbst überlassen, der auf diese Art am leichtesten erfahren kann, ob er den transscendentalen Idealismus nicht nur gefaßt, sondern, was die Hauptsache ist, ob er diese Art der Philosophie auch als Instrument der Untersuchung zu gebrauchen gelernt habe.

Erster Satz. Die absolute Abstraktion, d. h. der Anfang des Bewußtseyns, ist nur erklärbar aus einem Selbstbestimmen, oder einem Handeln der Intelligenz auf sich selbst.

Beweis. Was unter absoluter Abstraktion verstanden werde, wird als bekannt vorausgesetzt. Es ist die Handlung, vermöge welcher die Intelligenz über das Objektive absolut sich erhebt. Da diese Handlung eine absolute ist, so kann sie durch keine der vorhergehenden Handlungen bedingt seyn, mit derselben wird also der Zusammenhang von Handlungen, in welchem jede folgende durch die vorhergehende nothwendig gemacht ist, gleichsam abgebrochen, und es beginnt eine neue Reihe.

Eine Handlung folgt nicht aus einer vorhergehenden der Intelligenz, heißt: sie ist nicht erklärbar aus der Intelligenz, insofern sie diese bestimmte ist, insofern sie auf bestimmte Art handelt, und da sie überhaupt erklärbar seyn muß, so ist sie nur aus dem Absoluten in der Intelligenz selbst, aus dem letzten Princip alles Handelns in ihr, erklärbar.

Eine Handlung ist nur aus dem Letzten in der Intelligenz selbst erklärbar, muß (da das Letzte in der Intelligenz nichts anderes als ihre ursprüngliche Duplicität ist) ebensoviel heißen als: die Intelligenz muß sich selbst zu dieser Handlung bestimmen. Die Handlung ist also allerdings erklärbar, nur nicht aus einem Bestimmt*seyn* der Intelligenz, sondern aus einem unmittelbaren Selbstbestimmen.

Aber eine Handlung, wodurch die Intelligenz sich selbst bestimmt, ist ein Handeln auf sich selbst. Also die absolute Abstraktion nur erklärbar aus einem solchen Handeln der Intelligenz auf sich selbst, und da die absolute Abstraktion der Anfang alles Bewußtseyns in der Zeit ist, so ist auch der erste Anfang des Bewußtseyns nur aus einem solchen erklärbar, welches zu beweisen war.

Folgesätze.

1) Jenes Selbstbestimmen der Intelligenz heißt *Wollen* in der allgemeinsten Bedeutung des Worts. Daß in jedem Wollen ein Selbstbestimmen sey, daß es wenigstens als ein solches erscheine, kann sich jeder durch innere Anschauung selbst beweisen; ob diese Erscheinung wahr oder täuschend, geht uns hier nichts an. Auch ist nicht etwa von einem bestimmten Wollen, in welchem schon der Begriff eines Objekts vorkäme, sondern vom transscendentalen Selbstbestimmen, vom ursprünglichen Freiheitsakt die Rede. Was aber jene Selbstbestimmung sey, kann man niemand erklären, der es nicht aus eigner Anschauung weiß.

2) Wenn jene Selbstbestimmung das ursprüngliche Wollen ist, so folgt, daß die Intelligenz nur durch das Medium des Wollens sich selbst Objekt werde.

Der Willensakt ist also die vollkommene Auflösung unseres Problems, wie die Intelligenz sich als anschauend erkenne. Die theoretische Philosophie wurde durch drei Hauptakte vollendet. Im ersten, dem noch bewußtlosen Akt des Selbstbewußtseyns, war das Ich Subjekt-Objekt, ohne es für sich selbst zu seyn. Im zweiten, dem Akt der Empfindung, wurde ihm nur seine objektive Thätigkeit zum Objekt. Im dritten, dem der produktiven Anschauung, wurde es sich als empfindend, d. h. als Subjekt zum Objekt. Solange das Ich nur producirend ist, ist es nie als Ich objektiv, eben weil das anschauende immer auf etwas anderes als sich geht, und als das, wofür alles andere objektiv ist, selbst nicht objektiv wird; deßwegen konnten wir durch die ganze Epoche der Produktion hindurch nie dahin gelangen, daß das Producirende, Anschauende sich als solches zum Objekt wurde; nur die produktive Anschauung konnte potenzirt werden (z. B. durch die Organisation), nicht aber die Selbstanschauung des Ichs selbst. Erst im Wollen wird auch diese zur höheren Potenz erhoben, denn durch dasselbe wird das Ich als das G a n z e, was es ist, d. h. als Subjekt und Objekt zugleich, oder als Producirendes, sich zum Objekt. Dieses Producirende löst sich von dem bloß idealen Ich gleichsam ab, und kann jetzt nie wieder ideell werden, sondern ist das ewig und absolut Objektive für das Ich selbst.

3) Da das Ich durch den Akt der Selbstbestimmung sich a l s Ich zum Objekt wird, so fragt sich noch, wie dieser Akt sich zu jenem ursprünglichen des Selbstbewußtseyns, welcher gleichfalls ein Selbstbestimmen ist, durch welchen aber nicht dasselbe geschieht, sich verhalten möge.

Es ist uns durch das Bisherige schon ein Unterscheidungsmerkmal beider gegeben. In jenem ersten Akt war nur der einfache Gegensatz zwischen Bestimmendem und Bestimmtem, welcher gleich war dem Gegensatz zwischen Anschauendem und Angeschautem. Im gegenwärtigen Akt ist nicht dieser einfache Gegensatz, sondern dem Bestimmenden und dem Bestimmten gemeinschaftlich steht ein Anschauendes gegenüber, und beide zusammen, Angeschautes und Anschauendes des ersten Akts, sind hier das Angeschaute.

Der Grund dieses Unterschieds war folgender. In jenem ersten Akt wurde das Ich überhaupt erst, denn es ist nichts anderes als das sich selbst Objekt werdende; also war im Ich noch keine ideelle Thätigkeit, welche zugleich reflektiren konnte auf das Entstehende. In dem gegenwärtigen Akt ist das Ich schon, und es ist nur davon die Rede, daß es sich als das, was es schon ist, zum Objekt werde. Dieser zweite Akt der Selbstbestimmung ist also zwar objektiv angesehen in der That ganz dasselbe, was jener erste und ursprüngliche ist, nur mit dem Unterschiede, daß in dem gegenwärtigen das Ganze des ersten dem Ich zum Objekt wird, anstatt daß im ersten selbst nur das Objektive darin ihm zum Objekt wurde.

Es ist hier ohne Zweifel der schicklichste Ort, zugleich auf die oft wiederholte Frage Rücksicht zu nehmen, durch welches gemeinschaftliche Princip theoretische und praktische Philosophie zusammenhangen.

Es ist die Autonomie, welche insgemein nur an die Spitze der praktischen Philosophie gestellt wird, und welche, zum Princip der ganzen Philosophie erweitert, in ihrer Ausführung transscendentaler Idealismus ist. Der Unterschied zwischen der ursprünglichen Autonomie und derjenigen, von welcher in der praktischen Philosophie die Rede ist, ist nur folgender: vermöge jener ist das Ich absolut sich selbst bestimmend, aber ohne es für sich selbst zu seyn, das Ich gibt sich zugleich das Gesetz, und realisirt es in einer und derselben Handlung, weßhalb es auch nicht sich selbst als gesetzgebendes unterscheidet, sondern die Gesetze nur in seinen Produkten, wie in einem Spiegel, erblickt; dagegen ist das Ich in der praktischen Philosophie als ideell entgegengesetzt nicht dem reellen, sondern dem zugleich ideellen und reellen, eben deßwegen aber nicht mehr ideell, sondern idealisirend. Aber aus demselben Grunde, weil dem zugleich ideellen und reellen, d. h. producirenden Ich ein idealisirendes entgegengesetzt ist, ist das erstere in der praktischen Philosophie nicht mehr anschauend, d. h. bewußtlos, sondern mit Bewußtseyn producirend, d. h. realisirend.

Die praktische Philosophie beruht sonach ganz auf der Duplicität des idealisirenden (Ideale entwerfenden) und des realisirenden Ichs. Das Realisiren nun ist doch wohl auch ein Produciren, also dasselbe, was in der theoretischen Philosophie das Anschauen ist, nur mit dem Unterschied, daß das Ich hier mit Bewußtseyn producirt, so wie hinwiederum in der theoretischen Philosophie das Ich auch idealisirend ist, nur daß hier Begriff und That, Entwerfen und Realisiren eins und dasselbe ist.

Es lassen sich aus diesem Gegensatz zwischen theoretischer und praktischer Philosophie sogleich mehrere wichtige Schlüsse ziehen, von welchen wir hier nur die hauptsächlichsten angeben.

a) In der theoretischen Philosophie, d. h. jenseits des Bewußtseyns, entsteht mir das Objekt gerade so, wie es mir in der praktischen, d. h. diesseits des Bewußtseyns, entsteht. Der Unterschied des Anschauens und des freien Handelns ist nur der, daß das Ich im letzteren für sich selbst producirend ist. Das *Anschauende* ist, wie immer, wenn es bloß das Ich zum Objekt hat, *bloß ideell*, das *Angeschaute* ist das *ganze* Ich, d. h. das zugleich ideelle und reelle. Dasselbe, was in uns handelt, wenn wir frei handeln, ist dasselbe, was in uns anschaut, oder, die anschauende und praktische Thätigkeit ist Eine, das merkwürdigste Resultat des transscendentalen Idealismus, das über die Natur des Anschauens, wie des Handelns, die größten Aufschlüsse gibt.

b) Der absolute Akt der Selbstbestimmung wurde postulirt, um zu erklären, wie die Intelligenz für sich selbst anschauend werde. Nach der öfters wiederholten Erfahrung, die wir hierüber gemacht haben, kann es uns nicht befremdend seyn, wenn wir uns auch durch diesen Akt etwas ganz anderes entstehen sehen, als wir beabsichtigten. Durch die ganze theoretische Philosophie hindurch sahen wir das Bestreben der Intelligenz, ihres Handelns als solchen bewußt zu werden, fortwährend mißlingen. Dasselbe ist auch hier der Fall. Aber eben nur auf diesem Mißlingen, eben nur darauf, daß der Intelligenz, indem sie sich selbst als producirend anschaut, zugleich das vollständige Bewußtseyn entsteht, beruht es, daß die Welt für sie wirklich objektiv wird. Denn eben dadurch, daß die Intelligenz sich als producirend anschaut, trennt sich das bloß ideelle Ich von demjenigen, welches ideell und reell zugleich, also jetzt ganz objektiv und vom bloß ideellen unabhängig ist. In derselben Anschauung wird die Intelligenz producirend mit Bewußtseyn, aber sie sollte sich ihrer selbst als bewußtlos producirend bewußt werden. Dieß ist unmöglich, und nur darum erscheint ihr die Welt als wirklich objektiv, d. h. ohne ihr Zuthun vorhanden. Die Intelligenz wird jetzt nicht aufhören zu produciren, aber sie producirt mit Bewußtseyn, es beginnt hier also eine ganz neue Welt, welche von diesem Punkt aus ins Unendliche gehen wird. Die erste Welt, wenn es erlaubt ist so sich auszudrücken, d. h. die durch das bewußtlose Produciren entstandene, fällt jetzt mit ihrem Ursprung hinter das Bewußtseyn gleichsam. Die Intelligenz wird also auch nie unmittelbar einsehen können, daß sie jene Welt gerade ebenso aus sich producirt, wie diese zweite, deren Hervorbringung mit dem Bewußtseyn beginnt. Ebenso wie aus dem ursprünglichen Akt des Selbstbewußtseyns eine ganze Natur sich entwickelte, wird aus dem zweiten, oder dem der freien Selbstbestimmung eine zweite Natur hervorgehen, welche abzuleiten, der ganze Gegenstand der folgenden Untersuchung ist.

Wir haben bis jetzt nur auf die Identität des Akts der Selbstbestimmung mit dem ursprünglichen des Selbstbewußtseyns, und nur auf das Eine Unterscheidungsmerkmal beider reflektirt, daß dieser bewußtlos, jener bewußt ist, allein es ist noch ein anderes sehr Wichtiges übrig, auf welches ferner Rücksicht genommen werden muß, nämlich daß jener ursprüngliche Akt des Selbstbewußtseyns außerhalb aller Zeit fällt, anstatt daß dieser, welcher nicht den transscendentalen, sondern den empirischen Anfang des Bewußtseyns macht, nothwendig in einen bestimmten Moment des Bewußtseyns fällt.

Nun ist aber jede Handlung der Intelligenz, die für sie in einen bestimmten Moment der Zeit fällt, dem ursprünglichen Mechanismus des Denkens zufolge eine nothwendig zu erklärende Handlung. Es ist aber zugleich unleugbar, daß die Handlung des Selbstbestimmens, von welcher hier die Rede ist, aus keiner in der Intelligenz vorhergehenden erklärbar ist; denn wir wurden zwar auf sie getrieben als Erklärungsgrund, d. h. ideell, nicht aber reell, oder so, daß sie aus einer vorhergehenden Handlung nothwendig erfolgte. — Ueberhaupt, um dieß im Vorbeigehen zu erinnern, solange wir die Intelligenz in ihrem Produciren verfolgten, war jede folgende Handlung durch die vorhergehende bedingt, sobald wir jene Sphäre verließen, kehrte sich die Ordnung völlig um, wir mußten vom Bedingten auf die Bedingung schließen, es war also unvermeidlich, daß wir uns zuletzt auf etwas Unbedingtes, d. h. Unerklärbares, getrieben sahen. Aber dieß kann nicht seyn, den eignen Denkgesetzen der Intelligenz zufolge, und so gewiß als jene Handlung in einen bestimmten Moment der Zeit fällt.

Der Widerspruch ist der, daß die Handlung erklärbar und unerklärbar zugleich seyn soll. Für diesen Widerspruch muß ein vermittelnder Begriff gefunden werden, ein Begriff, der uns bis jetzt in der Sphäre unseres Wissens überhaupt nicht vorgekommen ist. Wir verfahren auch bei der Auflösung des Problems, wie wir bei der Auflösung anderer Probleme verfahren sind, nämlich so, daß wir die Aufgabe immer näher und näher bestimmen, bis die einzig mögliche Auflösung übrig bleibt.

Eine Handlung der Intelligenz ist unerklärbar, heißt: sie ist aus keinem vorhergehenden Handeln, und da wir jetzt kein anderes Handeln kennen als das Produciren: sie ist nicht aus einem vorhergehenden Produciren der Intelligenz erklärbar. Der Satz: die Handlung ist unerklärbar aus einem Produciren, sagt nicht: die Handlung ist absolut unerklärbar. Allein da in der Intelligenz überhaupt nichts ist, als was sie producirt, so kann auch jenes Etwas, wenn es nicht ein Produciren ist, nicht in ihr seyn, denn in ihr muß es doch seyn, da eine Handlung in ihr daraus erklärt werden soll. Die Handlung soll also erklärbar seyn aus etwas, das ein Produciren und doch auch kein Produciren der Intelligenz ist.

Dieser Widerspruch ist auf keine andere Art als auf folgende zu vermitteln: jenes Etwas, was den Grund der freien Selbstbestimmung enthält, muß ein Produciren der Intelligenz seyn, die negative Bedingung dieses Producirens aber außer ihr liegen, jenes, weil in die Intelligenz nichts kommt als durch ihr eignes Handeln, dieses, weil jene Handlung aus der Intelligenz selbst an und für sich nicht erklärbar seyn soll. Hinwiederum muß die negative Bedingung dieses Etwas außer der Intelligenz eine Bestimmung in der Intelligenz selbst, ohne Zweifel eine negative, und da die Intelligenz nur ein Handeln ist, ein Nichthandeln der Intelligenz seyn.

Ist jenes Etwas bedingt durch ein Nichthandeln, und zwar durch ein bestimmtes Nichthandeln der Intelligenz, so ist es etwas, was durch ein Handeln der letzteren ausgeschlossen und unmöglich gemacht werden kann, also selbst ein Handeln, und zwar ein bestimmtes. Die Intelligenz soll also ein Handeln als erfolgend anschauen, und wie alles Uebrige anschauen vermöge eines Producirens in ihr, es soll also keine unmittelbare Einwirkung auf die Intelligenz geschehen, es soll keine positive Bedingung ihres Anschauens außer ihr liegen, sie soll nach wie vor ganz in sich selbst beschlossen seyn; gleichwohl soll sie hinwiederum nicht Ursache jenes Handelns seyn, sondern nur die negative Bedingung davon enthalten, es soll also insofern ganz unabhängig von ihr erfolgen. Mit Einem Wort, jenes Handeln soll nicht direkter Grund eines Producirens in der Intelligenz, aber auch umgekehrt die Intelligenz nicht direkter Grund jenes Handelns seyn, gleichwohl soll die Vorstellung eines solchen Handelns, als eines von ihr unabhängigen, in der Intelligenz, und das Handeln selbst außer ihr so coexistiren, als ob eines durch das andere bestimmt wäre.

Ein solches Verhältniß ist nur denkbar durch eine prästabilirte Harmonie. Das Handeln außer der Intelligenz erfolgt ganz aus sich selbst, sie enthält nur die negative Bedingung desselben, d. h. hätte sie auf bestimmte Art gehandelt, so wäre dieses Handeln nicht erfolgt, aber durch ihr bloßes Nichthandeln wird sie doch nicht direkter oder positiver Grund jenes Handelns, denn dadurch allein, daß sie nicht handelt, würde jene Handlung noch nicht erfolgen, wenn nicht noch etwas außer der Intelligenz wäre, was den Grund jenes Handelns enthielte.

Umgekehrt die Vorstellung oder der Begriff jenes Handelns kommt in die Intelligenz ganz aus ihr selbst, als ob nichts außer ihr wäre, und könnte doch nicht in ihr seyn, wenn jenes Handeln nicht wirklich und unabhängig von ihr erfolgte, also ist auch dieses Handeln wieder nur indirekter Grund einer Vorstellung in der Intelligenz. Diese indirekte Wechselwirkung ist das, was wir unter prästabilirter Harmonie verstehen.

Aber eine solche ist nur denkbar zwischen Subjekten von gleicher Realität, also müßte jenes Handeln ausgehen von einem Subjekt, welchem ganz dieselbe Realität zukäme, wie der Intelligenz selbst, d. h. es müßte ausgehen von einer Intelligenz außer ihr, und so sehen wir uns durch den oben bemerkten Widerspruch auf einen neuen Satz geführt.

Zweiter Satz. Der Akt der Selbstbestimmung, oder das freie Handeln der Intelligenz auf sich selbst ist nur erklärbar aus dem bestimmten Handeln einer Intelligenz außer ihr.

Beweis. Dieser ist in der eben vorgetragenen Deduktion enthalten, und beruht allein auf den zwei Sätzen, daß die Selbstbestimmung zugleich erklärbar seyn muß und unerklärbar aus einem Produciren der Intelligenz. Anstatt uns also länger bei dem Beweise zu verweilen, gehen wir sogleich zu den Problemen über, welche wir aus diesem Lehrsatz, und aus dem für ihn geführten Beweis hervorgehen sehen.

Vorerst also sehen wir allerdings, daß ein bestimmtes Handeln einer Intelligenz außer uns nothwendige Bedingung des Akts der Selbstbestimmung, und dadurch des Bewußtseyns ist, nicht aber wie und auf welche Art ein solches Handeln außer uns auch nur indirekter Grund einer freien Selbstbestimmung in uns seyn könne.

Zweitens. Wir sehen nicht ein, wie auf die Intelligenz irgend eine Einwirkung von außen überhaupt geschehe, also auch nicht, wie die Einwirkung einer andern Intelligenz auf sie möglich sey. Dieser Schwierigkeit ist nun zwar durch unsere Deduktion schon begegnet, indem wir ein Handeln außer der Intelligenz nur als indirekten Grund eines Handelns in ihr deducirt haben. Aber wie läßt sich denn nun jenes indirekte Verhältniß, oder eine solche vorherbestimmte Harmonie zwischen verschiedenen Intelligenzen selbst denken?

Drittens. Wenn diese vorherbestimmte Harmonie etwa dadurch erklärt werden sollte, daß durch ein bestimmtes Nichthandeln in mir für mich nothwendig ein bestimmtes Handeln einer Intelligenz außer mir gesetzt wäre, so ist zu erwarten, daß das letztere, da es an eine zufällige Bedingung (mein Nichthandeln) geknüpft ist, ein freies, daß also auch dieses Nichthandeln von freier Art seyn werde. Nun soll aber das letztere Bedingung eines Handelns seyn, wodurch mir das Bewußtseyn und mit ihm die Freiheit erst entsteht; wie läßt sich ein freies Nichthandeln vor der Freiheit denken?

Diese drei Probleme müssen vor allem aufgelöst werden, ehe wir in unsrer Untersuchung weiter gehen können.

Auflösung des ersten Problems. Durch den Akt der Selbstbestimmung soll ich mir selbst entstehen als Ich, d. h. als Subjekt-Objekt. Ferner, jener Akt soll ein freier seyn; daß ich mich selbst bestimme, davon soll der Grund einzig und allein in mir selbst liegen. Ist jene Handlung eine freie Handlung, so muß ich gewollt haben, was mir durch diese Handlung entsteht, und es muß mir nur entstehen, weil ich es gewollt habe. Nun ist aber das, was mir durch diese Handlung entsteht, das Wollen selbst (denn das Ich ist ein ursprüngliches Wollen). Ich muß also das Wollen schon gewollt haben, ehe ich frei handeln kann, und gleichwohl entsteht mir der Begriff des Wollens, mit dem des Ichs, erst durch jene Handlung.

Dieser offenbare Cirkel ist nur dann aufzulösen, wenn mir das Wollen vor dem Wollen zum Objekt werden kann. Dieß ist unmöglich durch mich selbst, also müßte es eben jener Begriff des Wollens seyn, der mir durch das Handeln einer Intelligenz entstünde.

Es kann also nur ein solches Handeln außer der Intelligenz indirekter Grund der Selbstbestimmung für sie werden, durch welches ihr der Begriff des Wollens entsteht, und die Aufgabe verwandelt sich jetzt in diese, durch welches Handeln ihr denn der Begriff des Wollens entstehen könne.

Es kann nicht ein Handeln seyn, wodurch ihr der Begriff eines wirklichen Objekts entsteht, denn dadurch würde sie auf den Punkt zurückkehren, den sie eben verlassen sollte. Es muß also der Begriff von einem möglichen Objekt seyn, d. h. von etwas, das jetzt nicht ist, aber im folgenden Momente seyn kann. Aber auch dadurch entsteht noch nicht der Begriff des Wollens. Es muß der Begriff eines Objekts seyn, das nur seyn kann, wenn es die Intelligenz realisirt. Nur durch den Begriff eines solchen Objekts kann sich im Ich für das Ich selbst trennen, was im Wollen sich trennt; denn insofern dem Ich der Begriff eines Objekts entsteht, ist es bloß ideell, insofern ihm dieser Begriff als Begriff eines durch sein Handeln zu realisirenden Objekts entsteht, wird es für sich selbst ideell und reell zugleich. Also *kann* es wenigstens durch diesen Begriff sich als Intelligenz zum Objekt werden. Aber es kann auch nur. Daß es sich wirklich so erscheine, dazu gehört, daß es den gegenwärtigen Moment (den der ideellen Begrenztheit) entgegensetze dem folgenden (producirenden), und beide aufeinander beziehe. Hierzu genöthigt werden kann das Ich nur dadurch, daß jenes Handeln eine Forderung ist, das Objekt zu realisiren. Nur durch den Begriff des Sollens entsteht die Entgegensetzung zwischen dem ideellen und producirenden Ich. Ob nun die Handlung, wodurch das Geforderte realisirt wird, wirklich erfolge, ist ungewiß, denn die Bedingung der Handlung, welche gegeben ist (der Begriff des Wollens) ist Bedingung derselben, als einer *freien* Handlung, die Bedingung kann aber nicht dem Bedingten widersprechen, so daß, jene gesetzt, die Handlung nothwendig wäre. Das Wollen selbst bleibt immer frei, und muß frei bleiben, wenn es nicht aufhören soll ein Wollen zu seyn. Nur die Bedingung der Möglichkeit des Wollens muß in dem Ich ohne sein Zuthun hervorgebracht werden. Und so sehen wir denn zugleich vollständig den Widerspruch aufgelöst, daß dieselbe Handlung der Intelligenz erklärbar und unerklärbar zugleich seyn soll. Der Mittelbegriff für diesen Widerspruch ist der Begriff einer Forderung, weil durch die Forderung die Handlung *erklärt* wird, *wenn sie geschieht*, ohne daß sie deßwegen geschehen *müßte*. Sie kann erfolgen, sobald dem Ich der Begriff des Wollens entsteht, oder sobald es sich selbst reflektirt, sich im Spiegel einer andern Intelligenz erblickt, aber sie muß nicht erfolgen.

Wir können uns nicht sogleich auf die weiteren Folgesätze, welche aus dieser Auflösung unseres Problems sich ergeben, einlassen, da wir vor allem die Frage beantworten müssen, wie denn jene Forderung einer Intelligenz außer ihm an das Ich gelangen könne, welche Frage allgemeiner ausgedrückt ebensoviel heißt als: wie denn überhaupt Intelligenzen aufeinander einwirken können.

Auflösung des zweiten Problems. Wir untersuchen jene Frage erst ganz allgemein und ohne Bezug auf den besonderen jetzt vorliegenden Fall, auf welchen sich die Anwendung leicht und von selbst machen läßt.

Daß eine unmittelbare Einwirkung von Intelligenzen nach Principien des transscendentalen Idealismus unmöglich sey, bedarf keines Beweises, auch hat noch keine andere Philosophie eine solche begreiflich gemacht. Es bleibt also schon darum nichts übrig, als eine indirekte Einwirkung zwischen verschiedenen Intelligenzen anzunehmen, und es ist hier nur von den Bedingungen der Möglichkeit einer solchen die Rede.

Vorerst also wird zwischen Intelligenzen, die aufeinander durch Freiheit einwirken sollen, eine prästabilirte Harmonie seyn müssen in Ansehung der gemeinschaftlichen Welt, die sie vorstellen. Denn da alle Bestimmtheit in die Intelligenz nur durch die Bestimmtheit ihrer Vorstellungen kommt, so würden Intelligenzen, die eine ganz verschiedene Welt anschauten, schlechterdings nichts unter sich gemein und keinen Berührungspunkt haben, in welchem sie zusammentreffen könnten. Da ich den Begriff der Intelligenz nur aus mir selbst nehme, so muß eine Intelligenz, welche ich als eine solche anerkennen soll, unter denselben Bedingungen der Weltanschauung mit mir stehen, und weil der Unterschied zwischen ihr und mir nur durch die beiderseitige Individualität gemacht wird, so muß das, was übrig bleibt, wenn ich die Bestimmtheit dieser Individualität hinwegnehme, uns beiden gemein seyn, d. h. wir müssen uns gleich seyn in Ansehung der ersten, der zweiten, und selbst der dritten Beschränktheit, die Bestimmtheit der letzteren hinweggedacht.

Wenn nun aber die Intelligenz alles Objektive aus sich selbst hervorbringt, und es kein gemeinschaftliches Urbild der Vorstellungen gibt, das wir außer uns anschauen, so ist die Uebereinstimmung in den Vorstellungen verschiedener Intelligenzen sowohl in Ansehung des Ganzen der objektiven Welt, als auch in Ansehung der einzelnen Dinge und Veränderungen in demselben Raum und derselben Zeit, welche Uebereinstimmung allein uns zwingt unsern Vorstellungen objektive Wahrheit zuzugestehen, schlechterdings nur aus unsrer gemeinschaftlichen Natur, oder aus der Identität unsrer primitiven sowohl als unsrer abgeleiteten Beschränktheit zu erklären. Denn gleichwie für die einzelne Intelligenz mit der ursprünglichen Beschränktheit alles prädeterminirt ist, was in die Sphäre ihrer Vorstellungen kommen mag, ebenso auch durch die Einheit jener Beschränktheit die durchgängige Uebereinstimmung in den Vorstellungen verschiedener Intelligenzen. Diese gemeinschaftliche Anschauung ist die Grundlage und gleichsam der Boden, auf welchem alle Wechselwirkung zwischen Intelligenzen geschieht, ein Substrat, auf welches sie eben deßwegen beständig zurückkommen, sobald sie sich über das, was nicht unmittelbar durch die Anschauung bestimmt ist, in Disharmonie finden. — Nur daß die Erklärung hier nicht weiter zu gehen sich vermesse, etwa auf ein absolutes Princip, was gleichsam als der gemeinschaftliche Focus der Intelligenzen, oder als Schöpfer und gleichförmiger Einrichter derselben (welches für uns völlig unverständliche Begriffe sind) den gemeinschaftlichen Grund ihrer Uebereinstimmung in objektiven Vorstellungen enthalte. Sondern, so gewiß als eine einzelne Intelligenz ist, mit allen den Bestimmungen ihres Bewußtseyns, die wir abgeleitet haben, so gewiß sind auch andere Intelligenzen mit den gleichen Bestimmungen, denn sie sind Bedingungen des Bewußtseyns der ersten, und umgekehrt.

Nun können aber verschiedene Intelligenzen nur die erste und zweite Beschränktheit, die dritte aber nur überhaupt gemein haben; denn die dritte ist eben diejenige, vermöge welcher die Intelligenz ein bestimmtes Individuum ist. Also scheint es, daß eben durch diese dritte Beschränktheit, insofern dieselbe eine bestimmte ist, alle Gemeinschaft zwischen Intelligenzen aufgehoben sey. Allein es kann eben durch diese Beschränktheit der Individualität wieder eine prästabilirte Harmonie bedingt seyn, wenn wir dieselbe nur als die entgegengesetzte der vorhergehenden annehmen. Denn wenn durch diese, welche in Ansehung ihrer objektiven Vorstellungen stattfindet, etwas Gemeinschaftliches in ihnen gesetzt wird, so wird dagegen, vermöge der dritten Beschränktheit, in jedes Individuum etwas gesetzt, was eben dadurch von allen andern negirt wird, und was eben deßwegen die andern nicht als ihr Handeln, also nur als nicht-ihres, d. h. als das Handeln einer Intelligenz außer ihnen, anschauen können.

Es wird also behauptet: unmittelbar durch die individuelle Beschränktheit jeder Intelligenz, unmittelbar durch die Negation einer gewissen Thätigkeit in ihr, sey diese Thätigkeit für sie gesetzt als Thätigkeit einer Intelligenz außer ihr, welches also eine prästabilirte Harmonie *negativer* Art ist.

Um eine solche zu beweisen, müssen also zwei Sätze bewiesen werden,

1) daß ich, was nicht *meine* Thätigkeit ist, bloß deßwegen, weil es nicht die meinige ist, und ohne daß es einer direkten Einwirkung von außen auf mich bedürfte, anschauen muß als Thätigkeit einer Intelligenz außer mir;

2) daß unmittelbar durch das Setzen meiner Individualität ohne weitere Beschränktheit von außen eine Negation von Thätigkeit in mich gesetzt sey.

Was nun den ersten Satz betrifft, so ist zu bemerken, daß nur von bewußten oder freien Handlungen die Rede ist; nun ist die Intelligenz in ihrer Freiheit allerdings eingeschränkt durch die objektive Welt, wie im Allgemeinen schon im Vorhergehenden bewiesen ist, aber sie ist innerhalb dieser Eingeschränktheit wieder uneingeschränkt, so daß sich ihre Thätigkeit z. B. auf jedes beliebige Objekt richten kann; nun setze man, sie fange an zu handeln, so wird sich ihre Thätigkeit nothwendig auf ein bestimmtes Objekt richten müssen, so, daß sie alle anderen Objekte frei und gleichsam unberührt läßt: nun ist aber nicht zu begreifen, wie sich ihre ursprünglich völlig unbestimmte Thätigkeit auf diese Weise beschränken werde, wenn ihr nicht etwa die Richtung auf die übrigen unmöglich gemacht ist, welches, soviel wir bis jetzt einsehen, nur durch Intelligenzen außer ihr möglich ist. Es ist also Bedingung des Selbstbewußtseyns, daß ich eine Thätigkeit von Intelligenzen außer mir überhaupt anschaue (denn bis jetzt ist die Untersuchung noch völlig allgemein), weil es Bedingung des Selbstbewußtseyns ist, daß meine Thätigkeit sich auf ein bestimmtes Objekt richte. Aber eben diese Richtung meiner Thätigkeit ist etwas, was durch die Synthesis meiner Individualität schon gesetzt und prädeterminirt ist. Also sind auch durch dieselbe Synthesis schon andere Intelligenzen, durch welche ich mich in meinem freien Handeln eingeschränkt anschaue, also auch bestimmte Handlungen dieser Intelligenzen, für mich gesetzt, ohne daß es noch einer besonderen Einwirkung derselben auf mich bedürfte.

Wir unterlassen es, die Anwendung dieser Auflösung auf einzelne Fälle zu zeigen, oder Einwürfen, die wir voraussehen können, sogleich zu begegnen, um vorerst nur die Auflösung selbst durch Beispiele deutlicher zu machen.

Zur Erläuterung also folgendes. — Unter den ursprünglichen Trieben der Intelligenz ist auch ein Trieb nach Erkenntniß, und Erkenntniß ist eines der Objekte, worauf sich ihre Thätigkeit richten kann. Man setze, dieß geschehe, welches freilich nur geschehen wird, wenn die unmittelbaren Objekte der Thätigkeit alle schon präoccupirt sind, so ist ihre Thätigkeit eben dadurch schon eingeschränkt; aber jenes Objekt ist in sich wieder unendlich, sie wird also auch hier wieder beschränkt werden müssen: man setze also, sie richte ihre Thätigkeit auf ein bestimmtes Objekt des Wissens, so wird sie die Wissenschaft dieses Objekts entweder erfinden oder lernen, d. h. sie wird zu dieser Art des Wissens durch fremde Einwirkung gelangen. Wodurch ist nun hier diese fremde Einwirkung gesetzt? Bloß durch eine Negation in ihr selbst; denn entweder ist sie vermöge ihrer individuellen Beschränktheit überhaupt unfähig zu erfinden, oder die Erfindung ist schon gemacht, so ist auch dieß wieder durch die Synthesis ihrer Individualität gesetzt, zu welcher es auch gehört, daß sie erst in diesem bestimmten Zeitalter angefangen hat zu seyn. Also ist sie der fremden Einwirkung überhaupt nur durch Negationen ihrer eignen Thätigkeit hingegeben und gleichsam geöffnet.

Es entsteht nun aber die neue Frage, die wichtigste dieser Untersuchung: wie denn durch die bloße Negation etwas Positives gesetzt seyn könne, so, daß ich, was nicht meine Thätigkeit ist, bloß deßwegen, weil es nicht die meinige ist, anschauen muß, als Thätigkeit einer Intelligenz außer mir. Die Antwort ist folgende: um überhaupt zu wollen, muß ich etwas Bestimmtes wollen, nun könnte ich aber nie etwas Bestimmtes wollen, wenn ich alles wollen könnte, also muß mir durch die unwillkürliche Anschauung schon unmöglich gemacht seyn alles zu wollen, welches aber undenkbar ist, wenn nicht mit meiner Individualität, also mit meiner Selbstanschauung, insofern sie eine durchgängig bestimmte ist, bereits Grenzpunkte meiner freien Thätigkeit gesetzt sind, welche nun nicht selbstlose Objekte, sondern nur andere freie Thätigkeiten, d. h. Handlungen von Intelligenzen außer mir, seyn können.

Wenn also der Sinn der Frage *dieser* ist: warum denn das, was durch mich nicht geschieht, überhaupt geschehen müsse (welches allerdings der Sinn unsrer Behauptung ist, indem wir nämlich unmittelbar durch die Negation einer bestimmten Thätigkeit in der einen Intelligenz, dieselbe positiv in die andere gesetzt seyn lassen), so antworten wir: weil das Reich der Möglichkeit unendlich ist, so muß auch alles, was unter bestimmten Umständen nur überhaupt durch Freiheit möglich ist, *wirklich* seyn, wenn auch nur Eine Intelligenz in ihrem freien Handeln realiter beschränkt seyn soll, und zwar *wirklich* durch Intelligenzen außer ihr, so daß für sie nur das Eine bestimmte Objekt übrig bleibt, auf welches sie ihre Thätigkeit richtet.

Wenn aber etwa von völlig absichtslosen Handlungen ein Einwurf hergenommen würde, so entgegnen wir dadurch, daß solche Handlungen überhaupt nicht zu den freien, also auch nicht zu denjenigen, die ihrer Möglichkeit nach für die moralische Welt prädeterminirt sind, gehören, sondern bloße Naturerfolge, oder Erscheinungen sind, welche, wie alle andern, durch die absolute Synthesis schon vorherbestimmt sind.

Oder wenn man auf folgende Art argumentiren wollte: zugegeben, daß es durch die Synthesis meiner Individualität schon bestimmt ist, daß ich diese Handlung als die einer andern Intelligenz anschaue, so war es doch dadurch nicht bestimmt, daß sie gerade *dieses* Individuum ausüben sollte, so fragen wir dagegen: was ist denn dieses Individuum, als eben dieses so und nicht anders handelnde, oder woraus ist dein Begriff von ihm zusammengesetzt, als eben aus seiner Art zu handeln? Durch die Synthesis deiner Individualität war für dich allerdings nur bestimmt, daß überhaupt ein anderer diese bestimmte Thätigkeit ausübe; aber eben dadurch, daß er sie ausübt, wird ein anderer dieser bestimmte, als welchen du ihn denkst. Daß du also diese Thätigkeit anschauest als Thätigkeit dieses bestimmten Individuums, war nicht durch deine Individualität, wohl aber durch die seinige bestimmt, obgleich du den Grund davon bloß in seiner freien Selbstbestimmung suchen kannst, weßhalb es dir auch als absolut zufällig erscheinen muß, daß es gerade dieses Individuum ist, welches jene Thätigkeit ausübt.

Die bis jetzt abgeleitete und ohne Zweifel begreiflich gemachte Harmonie besteht also darin, daß unmittelbar durch das Setzen einer Passivität in mir, welche zum Behuf der Freiheit nothwendig ist, weil ich nur durch ein bestimmtes Afficirtwerden von außen zur Freiheit gelangen kann, Aktivität außer mir als nothwendiges Correlat und für meine eigne Anschauung gesetzt ist, welche Theorie sonach die umgekehrte der gewöhnlichen ist, so wie überhaupt der transscendentale Idealismus durch die gerade Umkehrung der bisherigen philosophischen Erklärungsarten entsteht. Nach der gemeinen Vorstellung ist durch Aktivität außer mir Passivität in mir gesetzt, so daß jene das Ursprüngliche, diese das Abgeleitete ist. Nach unsrer Theorie ist die unmittelbar durch meine Individualität gesetzte Passivität Bedingung der Aktivität, welche ich außer mir anschaue. Man denke sich, es sey über das Ganze der Vernunftwesen gleichsam ein Quantum von Aktivität ausgebreitet; jedes einzelne derselben hat gleiches Recht an das Ganze, aber um nur überhaupt aktiv zu seyn, muß es auf bestimmte Art thätig seyn; könnte es das ganze Quantum für sich nehmen, so bliebe für alle Vernunftwesen außer ihm nur die absolute Passivität übrig. Durch die Negation von Aktivität in ihm wird also unmittelbar, d. h. nicht etwa nur in Gedanken, sondern, weil alles, was Bedingung des Bewußtseyns ist, äußerlich angeschaut werden muß, auch für die

Anschauung, Aktivität außer ihm, und zwar gerade so viel gesetzt, als in ihm aufgehoben wurde.

Wir gehen zu der zweiten oben unbeantwortet gebliebenen Frage über, nämlich, inwiefern denn unmittelbar durch das Setzen der Individualität nothwendig auch eine Negation von Thätigkeit gesetzt sey. Die Frage ist durch das Bisherige großentheils schon beantwortet.

Nicht nur gehört zur Individualität das Daseyn in einer bestimmten Zeit, und was sonst noch für Beschränkungen durch die organische Existenz gesetzt sind, sondern auch durch das Handeln selbst, und indem gehandelt wird, beschränkt sich die Individualität aufs neue, dergestalt, daß man in gewissem Sinne sagen kann, das Individuum werde immer weniger frei, je mehr es handelt.

Aber um auch nur anfangen zu können zu handeln, muß ich schon beschränkt seyn. Daß meine freie Thätigkeit ursprünglich sich nur auf ein bestimmtes Objekt richtet, wurde im Vorhergehenden daraus erklärt, daß es mir durch andere Intelligenzen schon unmöglich gemacht ist alles zu wollen. Allein es kann mir denn doch durch mehrere Intelligenzen nicht unmöglich gemacht seyn mehreres zu wollen; daß ich also von mehreren Objekten B, C, D gerade C wähle, davon muß der letzte Grund doch nur in mir selbst liegen. Nun kann aber dieser Grund nicht in meiner Freiheit liegen, denn erst durch diese Beschränktheit der freien Thätigkeit auf ein bestimmtes Objekt werde ich meiner bewußt, also auch frei, mithin muß, ehe ich frei, d. h. der Freiheit bewußt bin, meine Freiheit schon eingeschränkt, und gewisse freie Handlungen müssen noch, ehe ich frei bin, für mich unmöglich gemacht seyn. Dahin gehört z. B. das, was man Talent oder Genie nennt, und zwar nicht nur Genie zu Künsten oder Wissenschaften, sondern auch Genie zu Handlungen. Es klingt hart, ist aber deßwegen um nichts weniger wahr, daß, so wie unzählige Menschen zu den höchsten Funktionen des Geistes ursprünglich untüchtig sind, ebenso unzählige nie im Stande seyn werden mit der Freiheit und Erhebung des Geistes selbst über das Gesetz zu handeln, welche nur wenigen Auserlesenen zukommen kann. Dieß eben, daß *freie* Handlungen sogar durch eine unbekannte Nothwendigkeit ursprünglich schon unmöglich gemacht sind, ist es, was die Menschen zwingt, bald die Gunst oder Mißgunst der Natur, bald das Verhängniß des Schicksals anzuklagen oder zu erheben.

Das Resultat der ganzen Untersuchung läßt sich nun aufs kürzeste so zusammenfassen:

Zum Behuf der ursprünglichen Selbstanschauung meiner freien Thätigkeit kann diese freie Thätigkeit nur quantitativ, d. h. unter Einschränkungen, gesetzt werden, Einschränkungen, die, weil die Thätigkeit eine freie und bewußte, nur durch Intelligenzen außer mir möglich sind, dergestalt, daß ich in den Einwirkungen der Intelligenzen auf mich nichts als die ursprünglichen Schranken meiner eignen Individualität erblicke, und sie anschauen müßte, auch wenn wirklich keine andern Intelligenzen außer mir wären. Daß ich nichtsdestoweniger, obgleich andere Intelligenzen nur durch Negationen in mir gesetzt sind, sie als unabhängig von mir existirend anerkennen muß, wird niemand befremden, wer überlegt, daß dieses Verhältniß völlig wechselseitig ist, und kein Vernunftwesen sich als solches bewähren kann, als durch die Anerkennung anderer als solcher.

Wenn wir nun aber die Anwendung von dieser allgemeinen Erklärung auf den vorliegenden Fall machen, so führt uns dieß zu der

Auflösung des dritten Problems. Wenn nämlich alle Einwirkung von Vernunftwesen auf mich gesetzt ist durch Negation der freien Thätigkeit in mir, und doch jene erste Einwirkung, welche Bedingung des Bewußtseyns ist, ehe ich frei bin (denn mit dem Bewußtseyn erst entsteht Freiheit) erfolgen kann, so fragt sich, wie noch vor dem Bewußtseyn der Freiheit die Freiheit in mir eingeschränkt werden könne. Die Beantwortung dieser Frage ist zum Theil schon im Vorhergehenden enthalten, und wir fügen hier bloß die Bemerkung hinzu, daß jene Einwirkung, welche Bedingung des Bewußtseyns ist, nicht etwa als ein einzelner Akt, sondern als fortwährend zu denken ist, denn weder durch die objektive Welt allein, noch durch die erste Einwirkung eines andern Vernunftwesens ist die Fortdauer des Bewußtseyns nothwendig gemacht, sondern es gehört eine fortdauernde Einwirkung dazu, um in der intellektuellen Welt immer aufs neue orientirt zu werden, welches dadurch geschieht, daß durch die Einwirkung eines Vernunftwesens nicht die bewußtlose, sondern die bewußte und freie Thätigkeit, welche durch die objektive Welt nur durchschimmert, in sich reflektirt, und sich als frei zum Objekt wird. Jene fortgehende Einwirkung ist das, was man Erziehung nennt, im weitesten Sinn des Worts, in welchem die Erziehung nie geendigt, sondern als Bedingung des fortdauernden Bewußtseyns fortwährend ist. Nun ist aber nicht zu begreifen, wie jene Einwirkung nothwendig eine fortwährende ist, wenn nicht für jedes Individuum, noch ehe es frei ist, eine gewisse Quantität freier Handlungen (man erlaube uns diesen Ausdruck der Kürze halber zu brauchen) negirt ist. Die unerachtet der immer sich erweiternden Freiheit nie aufhörende Wechselwirkung vernünftiger Wesen ist also allein möglich gemacht durch das, was man Verschiedenheit der Talente und Charaktere nennt, welche eben deßwegen, so sehr sie dem Freiheitstrieb zuwider scheint, doch selbst als Bedingung des Bewußtseyns nothwendig ist. Wie sich aber jene ursprüngliche Beschränktheit selbst in Ansehung moralischer Handlungen, vermöge welcher es z. B. unmöglich ist, daß ein Mensch sein ganzes Leben hindurch einen gewissen Grad von Vortrefflichkeit erreiche, oder daß er der Vormundschaft anderer entwachse, mit der Freiheit selbst sich reimen lasse, darum hat sich die Transscendental-Philosophie nicht zu bekümmern, welche überall nur Erscheinungen zu deduciren hat, und für welche die Freiheit selbst nichts anderes als eine nothwendige Erscheinung ist, deren Bedingungen eben deßhalb eine gleiche Nothwendigkeit haben müssen, indeß die Frage, ob diese Erscheinungen objektiv und an sich wahr seyen, ebensowenig Sinn hat, als die theoretische Frage, ob es Dinge an sich gebe.

Die Auflösung des dritten Problems besteht also allerdings darin, daß in mir ursprünglich schon ein freies, obgleich bewußtloses Nichthandeln, d. h. die Negation einer Thätigkeit, seyn muß, die, wenn sie nicht ursprünglich aufgehoben würde, frei wäre, deren ich mir aber freilich nun, da sie aufgehoben ist, nicht als einer solchen bewußt werden kann.

Mit unserem zweiten Lehrsatz ist zuerst der oben abgerissene Faden der synthetischen Untersuchung wieder angeknüpft. Es war, wie zu seiner Zeit bemerkt wurde, die dritte Beschränktheit, welche den Grund der Handlung, wodurch das Ich für sich selbst als anschauend gesetzt wird, enthalten mußte. Aber eben diese dritte Beschränktheit war die der Individualität, durch welche eben schon das Daseyn und die Einwirkung anderer Vernunftwesen auf die Intelligenz, mit derselben die Freiheit, das Vermögen auf das Objekt zu reflektiren, seiner selbst bewußt zu werden, und die ganze Reihe der freien und bewußten Handlungen zum voraus bestimmt war. Die dritte Begrenztheit, oder die der Individualität, ist also der synthetische Punkt, oder der Wendepunkt der theoretischen und praktischen Philosophie, und jetzt erst sind wir eigentlich auf dem Gebiet der letzteren angelangt, und die synthetische Untersuchung fängt von vorne an.

Da die Beschränktheit der Individualität, und damit die der Freiheit, ursprünglich nur dadurch gesetzt wurde, daß die Intelligenz genöthigt war sich als organisches Individuum anzuschauen, so sieht man hier zugleich den Grund, warum man unwillkürlich, und durch eine Art von allgemeinem Instinkt das, was an der Organisation zufällig ist, den besonderen Bau und Gestalt hauptsächlich der edelsten Organe, als den sichtbaren Ausdruck, und wenigstens als Vermuthungsgrund des Talents, und selbst des Charakters, angesehen hat.

Zusätze.

Wir haben in der so eben angestellten Untersuchung mehrere Nebenfragen mit Absicht unerörtert gelassen, welche jetzt nach Vollendung der Hauptuntersuchung ihre Beantwortung verlangen.

1) Es wurde behauptet: durch Einwirkung anderer Intelligenzen auf ein Objekt könne die bewußtlose Richtung der freien Thätigkeit auf dasselbe unmöglich gemacht werden. Es wurde bei dieser Behauptung schon vorausgesetzt, daß das Objekt an und für sich nicht im Stande sey, die Thätigkeit, welche sich darauf richtet, zu einer bewußten zu erheben, nicht etwa, als ob das Objekt sich gegen mein Handeln absolut

passiv verhalte, was, obgleich das Gegentheil davon noch nicht bewiesen ist, doch sicher auch nicht vorausgesetzt wird, sondern nur, daß es für sich, und ohne die vorhergegangene Einwirkung einer Intelligenz nicht im Stande sey die freie Thätigkeit als solche in sich zu reflektiren. Was kommt denn also durch die Einwirkung einer Intelligenz auf das Objekt hinzu, was das Objekt an und für sich nicht hat?

Es ist uns zur Beantwortung dieser Frage durch das Vorhergehende wenigstens Ein Datum gegeben.

Das Wollen beruht nicht, wie das Produciren, auf dem einfachen Gegensatz zwischen ideeller und reeller Thätigkeit, sondern auf dem gedoppelten, zwischen der ideellen auf der einen, und der ideellen und reellen auf der andern Seite. Die Intelligenz ist im Wollen idealisirend zugleich und realisirend. Wäre sie auch nur realisirend, so würde sie, weil in allem Realisiren außer der reellen eine ideelle Thätigkeit ist, in dem Objekt einen Begriff ausdrücken. Da sie also nicht bloß realisirend, sondern außerdem noch unabhängig vom Realisiren ideell ist, so kann sie im Objekt nicht bloß einen Begriff, sondern sie muß in demselben durch freies Handeln einen Begriff des Begriffs ausdrücken. Insofern nun die Produktion nur auf dem einfachen Gegensatz zwischen ideeller und reeller Thätigkeit beruht, muß der Begriff so zum Wesen des Objekts selbst gehören, daß er von ihm schlechthin ununterscheidbar ist; der Begriff geht nicht weiter, als das Objekt geht, beide müssen sich wechselseitig erschöpfen. Dagegen müßte in einer Produktion, in welcher eine ideelle Thätigkeit der ideellen enthalten ist, der Begriff nothwendig über das Objekt hinausgehen, oder gleichsam über dasselbe hervorragen. Dieß ist aber bloß dadurch möglich, daß der Begriff, der über das Objekt hinausgeht, nur in einem andern, außer demselben sich erschöpfen kann, d. h. dadurch, daß sich jenes Objekt zu etwas anderem wie Mittel zum Zweck verhält. Es ist also der Begriff des Begriffs, und dieser selbst ist der Begriff eines Zwecks außer dem Objekt, der durch das freie Produciren zu ihm hinzukommt. Denn kein Objekt hat an und für sich einen Zweck außer sich, denn, wenn es selbst zweckmäßige Objekte gibt, so können sie nur zweckmäßig seyn in Bezug auf sich selbst, sie sind ihr eigner Zweck. Es ist nur das Kunstprodukt im weitern Sinne des Worts, was einen Zweck außer sich hat. So gewiß also Intelligenzen im Handeln sich wechselseitig einschränken müssen, und dieß ist so nothwendig als das Bewußtseyn selbst, so gewiß müssen auch Kunstprodukte in der Sphäre unserer äußeren Anschauungen vorkommen. *Wie* Kunstprodukte möglich seyen, ohne Zweifel eine wichtige Frage für den transscendentalen Idealismus, ist damit noch nicht beantwortet.

Wenn nun dadurch, daß eine freie und bewußte Thätigkeit darauf sich richtet, zu dem Objekt der Begriff des Begriffs hinzukommt, wenn dagegen in dem Objekt der blinden Produktion der Begriff unmittelbar übergeht ins Objekt, und von demselben nur durch den Begriff des Begriffs unterscheidbar ist, welcher aber der Intelligenz eben erst durch äußere Einwirkung entstehen kann, so wird das Objekt der blinden Anschauung die Reflexion nicht weiter — d. h. auf etwas von ihm Unabhängiges treiben können, die Intelligenz also bei der bloßen Erscheinung stehen lassen, indeß das Kunstprodukt, welches freilich zunächst auch nur meine Anschauung ist, dadurch, daß es den Begriff eines Begriffs ausdrückt, die Reflexion unmittelbar auf eine *Intelligenz außer ihr* (denn eine solche allein ist des potenzirten Begriffs fähig), und dadurch auf etwas *von ihr* absolut Unabhängiges treiben wird. Durch das Kunstprodukt allein also kann die Intelligenz auf etwas, das nicht wieder Objekt, also ihre Produktion, sondern auf etwas, das weit höher ist als alles Objekt, nämlich auf eine *Anschauung* außer ihr, die, weil sie niemals ein Angeschautes werden kann, das erste absolut Objektive, von ihr völlig Unabhängige für sie ist, getrieben werden. Das Objekt nun, was die Reflexion auf etwas außer allem Objekt treibt, setzt der freien Einwirkung einen unsichtbaren ideellen Widerstand entgegen, durch welchen eben deßwegen nicht die objektive, producirende, sondern die zugleich ideelle und producirende in sich reflektirt wird. Wo also nur die jetzt objektive, und nach der Ableitung als physisch erscheinende Kraft Widerstand antrifft, da kann nur Natur seyn, wo aber die bewußte, d. h. jene ideelle Thätigkeit der dritten Potenz, in sich reflektirt wird, ist nothwendig etwas Unsichtbares außer dem Objekt, was eine blinde Richtung der Thätigkeit auf das Objekt schlechthin unmöglich macht.

Es kann nämlich nicht davon die Rede seyn, daß durch die geschehene Einwirkung einer Intelligenz auf das Objekt meine Freiheit in Ansehung desselben absolut aufgehoben werde, sondern nur davon, daß der unsichtbare Widerstand, den ich in einem solchen Objekt antreffe, mich zu einem Entschluß, d. h. zur Selbsteinschränkung, nöthigt, oder daß die Thätigkeit anderer Vernunftwesen, insofern sie durch Objekte fixirt oder dargestellt ist, dazu dient mich zur Selbstbestimmung zu bestimmen, und nur dieß, wie ich etwas Bestimmtes wollen könne, sollte erklärt werden.

2) Nur dadurch, daß Intelligenzen außer mir sind, wird mir die Welt überhaupt objektiv.

Es ist so eben gezeigt worden, daß nur Einwirkungen von Intelligenzen auf die Sinnenwelt mich zwingen etwas als absolut objektiv anzunehmen. Davon ist jetzt nicht die Rede, sondern davon, daß der ganze Inbegriff der Objekte nur dadurch für mich reell wird, daß Intelligenzen außer mir sind. Auch ist nicht von etwas die Rede, was erst durch Angewöhnung oder Erziehung hervorgebracht würde, sondern davon, daß ursprünglich schon mir die Vorstellung von Objekten außer mir gar nicht entstehen kann, als durch Intelligenzen außer mir. Denn

a) daß die Vorstellung von einem Außer mir überhaupt nur durch Einwirkung von Intelligenzen, sey es auf mich oder auf Objekte der Sinnenwelt, denen sie ihr Gepräge aufdrücken, entstehen könne, erhellt schon daraus, daß die Objekte an und für sich nicht außer mir sind, denn wo Objekte sind, bin auch ich, und selbst der Raum, in welchem ich sie anschaue, ist ursprünglich nur in mir. Das einzige ursprüngliche Außer mir ist eine Anschauung außer mir, und hier ist der Punkt, wo zuerst der ursprüngliche Idealismus sich in Realismus verwandelt.

b) Daß ich aber insbesondere zur Vorstellung der Objekte als außer und unabhängig von mir vorhandener genöthigt werde (denn daß mir die Objekte als solche erscheinen, muß als nothwendig deducirt werden, wenn es überhaupt deducirt werden kann), nur durch eine Anschauung außer mir, dieß ist auf folgende Art zu beweisen.

Daß Objekte wirklich außer mir, d. h. unabhängig von mir, existiren, davon kann ich nur dadurch überzeugt werden, daß sie auch dann existiren, wenn ich sie nicht anschaue. Daß die Objekte gewesen sind, ehe das Individuum war, davon kann es nicht dadurch überzeugt werden, daß es sich nur als an einem bestimmten Punkte der Succession eingreifend findet, weil dieß eine bloße Folge seiner zweiten Beschränktheit ist. Die einzige Objektivität, welche die Welt für das Individuum haben kann, ist die, daß sie von Intelligenzen außer ihm angeschaut worden ist. (Es läßt sich eben daraus auch ableiten, daß es Zustände des Nichtanschauens für das Individuum geben muß). Die von uns früher schon vorherbestimmte Harmonie in Ansehung der unwillkürlichen Vorstellungen verschiedener Intelligenzen ist also zugleich als einzige Bedingung abzuleiten, unter welcher die Welt dem Individuum objektiv wird. Für das Individuum sind die andern Intelligenzen gleichsam die ewigen Träger des Universums, und so viel Intelligenzen, so viel unzerstörbare Spiegel der objektiven Welt. Die Welt ist unabhängig von mir, obgleich nur durch das Ich gesetzt, denn sie ruht für mich in der Anschauung anderer Intelligenzen, deren gemeinschaftliche Welt das Urbild ist, dessen Uebereinstimmung mit meinen Vorstellungen allein Wahrheit ist. Wir wollen uns in einer transscendentalen Untersuchung nicht auf die Erfahrung berufen, daß Mißhelligkeit in Ansehung unserer Vorstellungen mit denen anderer uns im Augenblick in Ansehung der Objektivität derselben zweifelhaft macht, nicht darauf, daß für jede unerwartete Erscheinung Vorstellungen anderer gleichsam der Probirstein sind, sondern allein darauf, daß, so wie alles, auch die Anschauung dem Ich nur durch äußere Objekte objektiv werden kann, welche Objekte nun nichts anderes als Intelligenzen außer uns, ebenso viele Anschauungen unseres Anschauens seyn können.

Es folgt also aus dem Bisherigen auch von selbst, daß ein isolirtes Vernunftwesen nicht nur nicht zum Bewußtseyn der Freiheit, sondern auch nicht zu dem Bewußtseyn der objektiven Welt als solcher gelangen könnte, daß also nur Intelligenzen außer dem Individuum und eine nie aufhörende Wechselwirkung mit solchen das ganze Bewußtseyn mit allen seinen Bestimmungen vollendet.

Unsere Aufgabe: wie das Ich sich selbst als anschauend erkenne, ist erst jetzt vollständig aufgelöst. Das Wollen (mit all den Bestimmungen, die nach dem Bisherigen dazu gehören) ist die Handlung, wodurch das Anschauen selbst vollständig ins Bewußtseyn gesetzt wird.

Nach der bekannten Methode unserer Wissenschaft entsteht uns jetzt die neue

E.

Aufgabe:

zu erklären, wodurch dem Ich das Wollen wieder objektiv werde.

Auflösung.

I.

Dritter Satz. Das Wollen richtet sich ursprünglich nothwendig auf ein äußeres Objekt.

Beweis. Durch den freien Akt der Selbstbestimmung vernichtet das Ich gleichsam alle Materie seines Vorstellens, indem es sich in Ansehung des Objektiven völlig frei macht; und nur dadurch eigentlich wird das Wollen zum Wollen. Aber dieses Akts als solchen könnte das Ich sich nicht bewußt werden, wenn ihm das Wollen nicht abermals zum Objekt würde. Dieß ist aber möglich nur dadurch, daß ein Objekt der Anschauung sichtbarer Ausdruck seines Wollens wird. Aber jedes Objekt der Anschauung ist ein bestimmtes, es müßte also dieses bestimmte seyn, nur weil und insofern das Ich auf diese bestimmte Art gewollt hätte. Dadurch allein würde das Ich Selbstursache der Materie seines Vorstellens.

Aber ferner die Handlung, wodurch das Objekt dieses bestimmte wird, darf nicht absolut identisch seyn mit dem Objekt selbst, denn sonst wäre die Handlung ein blindes Produciren, ein bloßes Anschauen. Die

Handlung als solche und das Objekt müssen also unterscheidbar bleiben. Nun ist aber die Handlung, als solche aufgefaßt, Begriff. Daß aber Begriff und Objekt unterscheidbar bleiben, ist nur dadurch möglich, daß das Objekt unabhängig von dieser Handlung existirt, d. h. daß das Objekt ein äußeres ist. — Umgekehrt wird mir das Objekt eben deßwegen nur durch das Wollen ein äußeres, denn das Wollen ist Wollen, nur insofern es sich auf ein von ihm Unabhängiges richtet.

Es erklärt sich auch hier schon, was in der Folge noch vollständiger erklärt wird, warum das Ich sich schlechterdings nicht erscheinen kann als ein Objekt der Substanz nach hervorbringend, warum vielmehr alles Hervorbringen im Wollen nur als ein Formen oder Bilden des Objekts erscheint.

Durch unsern Beweis ist nun allerdings dargethan, daß dem Ich das Wollen als solches nur durch die Richtung auf ein äußeres Objekt objektiv werden kann, aber es ist noch nicht erklärt, woher denn jene Richtung selbst komme.

Es wird bei dieser Frage schon vorausgesetzt, daß die produktive Anschauung fortdaure, indem ich will; oder, daß ich im Wollen selbst bestimmte Objekte vorzustellen gezwungen bin. Keine Wirklichkeit, kein Wollen. Es entsteht also durch das Wollen unmittelbar ein Gegensatz, indem ich durch dasselbe einerseits der Freiheit, also auch der Unendlichkeit bewußt, andererseits durch den Zwang vorzustellen beständig in die Endlichkeit zurückgezogen werde. Es muß also mit diesem Widerspruch eine Thätigkeit entstehen, die zwischen Unendlichkeit und Endlichkeit in der Mitte schwebt. Wir nennen diese Thätigkeit indeß Einbildungskraft bloß der Kürze halber, und ohne dadurch etwa ohne Beweis behaupten zu wollen, das, was man insgemein Einblildungskraft nennt, sey eine solche zwischen Endlichkeit und Unendlichkeit schwebende, oder, was dasselbe ist, eine Theoretisches und Praktisches vermittelnde Thätigkeit, wie sich denn für dieß alles in der Folge der Beweis finden wird. Jenes Vermögen also, was wir indeß Einbildungskraft nennen, wird in jenem Schweben auch nothwendig etwas produciren, das selbst zwischen Unendlichkeit und Endlichkeit schwebt, und was daher auch nur als ein solches aufgefaßt werden kann. Produkte der Art sind, was man I d e e n nennt im Gegensatz gegen Begriffe, und die Einbildungskraft ist eben deßwegen in jenem Schweben nicht Verstand, sondern Vernunft, und hinwiederum, was insgemein theoretische Vernunft heißt, ist nichts anderes als die Einbildungskraft im Dienste der Freiheit. Daß aber Ideen bloße Objekte der Einbildungskraft seyen, die nur in jenem Schweben zwischen Endlichkeit und Unendlichkeit Bestand finden, erhellt daraus, daß sie, zum Objekt des Verstandes gemacht, auf jene unauflöslichen Widersprüche führen, welche Kant unter dem Namen der Antinomien der Vernunft aufgestellt hat, deren Existenz einzig darauf beruht, daß entweder auf das Objekt reflektirt wird, in welchem Fall es nothwendig ein endliches ist, oder daß auf das Reflektiren selbst wieder reflektirt wird, wodurch das Objekt unmittelbar wieder unendlich wird. Da es nun aber offenbar ist, daß, wenn, ob das Objekt einer Idee endlich oder unendlich sey, bloß von der freien Richtung der Reflexion abhängt, das Objekt selbst an sich weder das eine noch das andere seyn kann, so müssen jene Ideen wohl bloße Produkte der Einbildungskraft, d. h. einer solchen Thätigkeit seyn, die weder Endliches noch Unendliches producirt.

Wie nun aber das Ich im Wollen den Uebergang von der Idee zum bestimmten Objekt auch nur in Gedanken mache (denn wie ein solcher Uebergang objektiv möglich sey, wird noch gar nicht gefragt), ist nicht zu begreifen, wenn es nicht abermals etwas Vermittelndes gibt, was für das Handeln eben das ist, was für das Denken bei Ideen das Symbol, oder bei Begriffen das Schema ist. Dieses Vermittelnde ist das I d e a l.

Durch die Entgegensetzung zwischen dem Ideal und dem Objekt entsteht dem Ich zuerst die Entgegensetzung zwischen dem Objekt, wie es die idealisirende Thätigkeit verlangt, und dem Objekt, wie es, dem gezwungenen Denken nach, ist; durch diese Entgegensetzung aber unmittelbar der Trieb, das Objekt, wie es ist, in das Objekt, wie es seyn sollte, zu verwandeln. Wir nennen die hier entstehende Thätigkeit einen Trieb, weil sie einerseits frei, und doch andererseits unmittelbar und ohne alle Reflexion aus einem Gefühl entspringt, welches beides zusammen den Begriff des Triebs vollendet. Nämlich jener Zustand des zwischen dem Ideal und Objekt schwebenden Ichs ist ein Zustand des Gefühls, denn es ist ein Zustand des Beschränktseyns für sich selbst. Aber in jedem Gefühl wird ein Widerspruch gefühlt, und es kann überhaupt nichts gefühlt werden als ein innerer Widerspruch in uns selbst. Durch jeden Widerspruch nun ist unmittelbar die Bedingung zur Thätigkeit gegeben, die Thätigkeit entspringt, sowie nur ihre Bedingung gegeben ist, ohne alle weitere Reflexion, und ist, wenn sie zugleich eine freie Thätigkeit ist, was z. B. die Produktion nicht ist, eben deßwegen, und nur insofern ein Trieb.

Die Richtung auf ein äußeres Objekt äußert sich also durch einen Trieb, und dieser Trieb entsteht unmittelbar aus dem Widerspruch zwischen dem idealisirenden und dem anschauenden Ich, und geht unmittelbar auf die Wiederherstellung der aufgehobenen Identität des Ichs. Dieser Trieb muß so nothwendig Causalität haben, als das Selbstbewußtseyn fortdauern soll (denn noch immer deduciren wir alle Handlungen des Ichs als Bedingungen des Selbstbewußtseyns, weil durch die objektive Welt allein das Selbstbewußtseyn nicht vollendet, sondern nur bis zu dem Punkt geführt ist, an welchem es anfangen kann, von diesem Punkt aus aber nur durch freie Handlungen fortgeführt werden kann); es fragt sich nur, wie jener Trieb Causalität haben könne.

Es wird hier offenbar ein Uebergang aus dem (rein) ideellen ins Objektive (zugleich ideelle und reelle) postulirt. Wir suchen erst die negativen Bedingungen eines solchen Uebergangs aufzustellen, und werden hernach zu den positiven, oder zu denjenigen Bedingungen, unter welchen er wirklich stattfindet, übergehen.

A.

a) Durch die Freiheit öffnet sich dem ideellen Ich unmittelbar die Unendlichkeit, so gewiß, als es nur durch die objektive Welt in Beschränktheit versetzt ist; aber es kann die Unendlichkeit nicht sich zum Objekt machen, ohne sie zu begrenzen; hinwiederum kann die Unendlichkeit nicht absolut, sondern nur zum Behuf des Handelns begrenzt werden, so, daß wenn etwa das Ideal realisirt ist, die Idee weiter ausgedehnt werden kann, und so ins Unendliche. Das Ideal gilt also immer nur für den gegenwärtigen Moment des Handelns, die Idee selbst, welche im Reflektiren auf das Handeln immer wieder unendlich wird, kann nur in einem unendlichen Progressus realisirt werden. Dadurch allein, daß die Freiheit in jedem Moment begrenzt, und doch in jedem wieder unendlich wird, ihrem Streben nach, ist das Bewußtseyn der Freiheit, d. h. die Fortdauer des Selbstbewußtseyns selbst, möglich. Denn die Freiheit ist es, welche die Continuität des Selbstbewußtseyns unterhält. Reflektire ich auf das Produciren der Zeit in meinem Handeln, so wird sie mir freilich eine unterbrochene und aus Momenten zusammengesetzte Größe. Im Handeln selbst aber ist mir die Zeit immer stetig; je mehr ich handle, und je weniger ich reflektire, desto stetiger. Jener Trieb kann also keine Causalität haben als in der Zeit, welches die erste Bestimmung jenes Ueberganges ist. Da nun aber die Zeit objektiv nur als an einer Succession von Vorstellungen, in welcher die folgende durch die vorhergehende bestimmt ist, fortlaufend gedacht werden kann, so muß in diesem freien Produciren gleichfalls eine solche Succession stattfinden, nur daß die Vorstellungen zueinander sich nicht wie Ursache und Wirkung, sondern, weil in jedem bewußten Handeln ein Begriff des Begriffs, d. h. der Begriff eines Zwecks, ist, wie Mittel und Zweck verhalten, welche beide Begriffe sich zu denen der Ursache und Wirkung so verhalten, wie ein Begriff des Begriffs zu einfachen Begriffen überhaupt sich verhält. Es erhellt eben daraus, daß es Bedingung des Bewußtseyns der Freiheit ist, daß ich zu der Realisirung jedes Zwecks nicht unmittelbar, sondern nur durch mehrere Zwischenglieder gelangen kann.

b) Es wurde festgesetzt, die Handlung soll nicht absolut übergehen ins Objekt, denn sonst wäre sie ein Anschauen, das Objekt soll aber immer äußeres, d. h. von meiner Handlung verschiedenes, Objekt bleiben; wie ist dieß denkbar?

Nach a) kann der Trieb nur Causalität haben in der Zeit. Das

Objekt aber ist das der Freiheit Entgegengesetzte; nun soll es aber durch die Freiheit bestimmt werden, es ist hier also ein Widerspruch. Im Objekt sey eine Bestimmung = a, nun verlangt die Freiheit die entgegengesetzte Bestimmung = — a. Für die Freiheit ist dieß kein Widerspruch, wohl aber für die Anschauung. Für dieselbe kann der Widerspruch nur durch das allgemein Vermittelnde, die Zeit, aufgehoben werden. Könnte ich — a außer aller Zeit hervorbringen, so wäre der Uebergang nicht vorstellbar, a und — a wären zugleich. Es soll aber im folgenden Momente etwas seyn, was jetzt nicht ist, nur dadurch ist ein Bewußtseyn der Freiheit möglich. Nun kann aber keine Succession in der Zeit wahrgenommen werden ohne etwas Beharrendes. Der Uebergang von a zu — a in meinen Vorstellungen hebt die Identität des Bewußtseyns auf, die Identität muß also im Uebergang wieder producirt werden. Diese im Uebergang producirte Identität ist die Substanz, und hier ist der Punkt, an welchem dieser Begriff, so wie die übrigen Kategorien der Relation, durch eine nothwendige Reflexion, auch in das gemeine Bewußtseyn gesetzt wird. Ich erscheine mir im Handeln als völlig frei alle Bestimmungen der Dinge zu ändern: nun ist aber das Objekt nichts von seinen Bestimmungen Verschiedenes, und gleichwohl denken wir uns das Objekt bei allem Wechsel seiner Bestimmungen als dasselbe identische, d. h. als Substanz. Die Substanz ist also nichts als das, was alle jene Bestimmungen trägt, und eigentlich nur Ausdruck des beständigen Reflektirens auf das Werden des Objekts. Da wir uns nun nothwendig einen Uebergang des Objekts aus Einem Zustand in den entgegengesetzten denken müssen, wenn wir uns als wirkend auf die Objekte vorstellen, so können wir uns auch nur erscheinen als verändernd die *zufälligen* Bestimmungen, nicht aber das Substantielle der Dinge.

c) Es wurde so eben behauptet: indem ich die zufälligen Bestimmungen der Dinge verändere, müsse eine beständige Reflexion auf das sich verändernde Objekt mein Handeln begleiten. Aber keine Reflexion ist ohne Widerstand. Jene zufälligen Bestimmungen müssen also nicht ohne Widerstand veränderlich seyn, damit das freie Handeln mit stetiger

Reflexion geschehe. Es erhellt eben daraus auch, daß die zufälligen Bestimmungen der Dinge dasjenige an ihnen sind, was im Handeln mich einschränkt, es erklärt sich eben daraus, warum diese secundären Eigenschaften der Dinge (welche Ausdruck der bestimmten Begrenztheit sind), z. B. Härte, Weichheit u. s. w., für die bloße Anschauung gar nicht existiren.

Die bis jetzt abgeleiteteten negativen Bedingungen des Uebergangs aus dem Subjektiven ins Objektive lassen aber noch immer unerklärt, wie denn nun jener Uebergang wirklich geschehe, d. h. wie und unter welchen Bedingungen ich genöthigt sey einen solchen vorzustellen. Daß ein solcher Uebergang überhaupt nicht geschehen könne ohne eine beständige Beziehung zwischen dem Ideal und dem ihm gemäß bestimmten Objekt, welche Beziehung nur durch Anschauung möglich ist, die aber selbst nicht aus dem Ich herausgeht, sondern nur zwischen zwei entgegengesetzten Vorstellungen des Ichs, der frei entworfenen und der objektiven, schwebt, — versteht sich von selbst, und wir gehen daher sogleich zur Hauptaufgabe dieser Untersuchung.

B.

Wir gehen zum Behuf dieser Untersuchung zurück auf die erste Forderung. Es soll durch ein freies Handeln etwas bestimmt seyn in der objektiven Welt.

In der objektiven Welt ist alles nur, insofern es das Ich in ihr anschaut. Etwas ändert sich in der objektiven Welt, heißt also ebenso viel als: es ändert sich etwas in meiner Anschauung, und jene Forderung ist = der: es soll durch ein freies Handeln in mir etwas in meiner äußeren Anschauung bestimmt werden.

Wie etwas aus der Freiheit übergehen könne in die objektive Welt, wäre schlechthin unbegreiflich, wenn diese Welt etwas an sich Bestehendes ist, unbegreiflich selbst vermöge einer prästabilirten Harmonie, welche wiederum nur durch ein Drittes, dessen gemeinschaftliche Modificationen die Intelligenz und die objektive Welt sind, also nur durch etwas möglich wäre, wodurch alle Freiheit im Handeln aufgehoben würde.

Dadurch, daß die Welt selbst nur eine Modification des Ichs ist, bekommt die Untersuchung eine ganz andere Wendung. Die Frage ist nämlich alsdann diese: Wie kann durch eine freie Thätigkeit etwas in mir, insofern ich nicht frei, insofern ich anschauend bin, bestimmt seyn? — Meine freie Thätigkeit hat Causalität, heißt: ich schaue sie an als Causalität habend. Das Ich, welches *handelt*, wird von dem Ich, welches *anschaut*, unterschieden; gleichwohl sollen beide identisch seyn in Bezug auf das Objekt; was durch das Handelnde ins Objekt gesetzt wird, soll auch ins Anschauende gesetzt werden, das handelnde Ich soll das anschauende bestimmen. Denn daß *ich* das bin, was jetzt handelt, weiß ich ja nur aus der Identität desselben mit demjenigen, was die Handlung anschaut, der Handlung sich bewußt ist. Das Handelnde (so scheint es) *weiß* nicht, es ist nur handelnd, nur Objekt, das Anschauende allein weiß, und ist eben deßwegen nur Subjekt; wie kommt denn nun hier die Identität zu Stande, daß im Objekt gerade eben das, was im Subjekt, und im Subjekt eben das, was im Objekt gesetzt ist? —

Wir werden vorerst das Allgemeine der Beantwortung dieser Frage voranschicken, die nähere Erläuterung der einzelnen Punkte aber nachher folgen lassen.

Es soll etwas durch das frei Handelnde bestimmt seyn im objektiv Anschauenden. Was ist denn nun das frei Handelnde? Alles freie Handeln beruht, wie wir wissen, auf dem doppelten Gegensatz zwischen dem ideellen Ich auf der einen und dem zugleich ideellen und reellen auf der andern Seite. — Aber was ist denn das Anschauende? — Eben dieses zugleich ideelle und reelle, was im freien Handeln das Objektive ist. *Das Freihandelnde und das Anschauende sind also, jene ideelle, der producirenden gegenüberstehende Thätigkeit gesetzt, verschieden, dieselbe hinweggedacht, Eins.* Dieß ist nun ohne Zweifel derjenige Punkt, auf welchen sich unsere Aufmerksamkeit vorzüglich richten, und in welchem der Grund jener von uns postulirten Identität zwischen dem frei thätigen und dem objektiv anschauenden Ich gesucht werden muß.

Wir müssen aber, wenn wir hierüber vollkommen ins Klare kommen wollen, die Erinnerung wiederholen, daß alles, was wir bis jetzt abgeleitet haben, nur zur Erscheinung gehörte, oder nur Bedingung war, unter welcher das Ich sich selbst erscheinen sollte, also nicht gleiche Realität mit dem Ich selbst hatte. Was wir nun eben jetzt zu erklären versuchen, wie durch das Ich, insofern es handelt, etwas bestimmt seyn könne in dem Ich, insofern es weiß, dieser ganze Gegensatz zwischen handelndem und anschauendem Ich, gehört ohne Zweifel auch nur zur Erscheinung des Ichs, nicht zum Ich selbst. Das Ich muß sich selbst so erscheinen, als ob in seinem Anschauen, oder weil es sich dessen nicht bewußt wird, in der Außenwelt etwas bestimmt wäre durch sein Handeln. Dieß vorausgesetzt, wird folgende Erklärung verständlich genug seyn.

Es wurde von uns ein Gegensatz gemacht zwischen dem frei handelnden und dem objektiv anschauenden Ich. Nun findet aber dieser Gegensatz nicht objektiv, d. h. im Ich an sich, statt, denn das Ich, was handelt, ist selbst das anschauende, nur hier zugleich angeschaute, objektiv, und dadurch handelnd gewordene Ich. Wäre hier nicht das Ich, welches (mit seiner zugleich ideellen und reellen Thätigkeit) anschaut, zugleich das angeschaute, so würde das Handeln noch immer als ein Anschauen erscheinen, und umgekehrt, daß das Anschauen als ein Handeln erscheint, hat nur darin seinen Grund, daß das Ich hier nicht nur Anschauendes, sondern als Anschauendes Angeschautes ist. Das Anschauende angeschaut ist das Handelnde selbst. Es ist also keine Vermittlung zwischen dem Handelnden und dem äußerlich Anschauenden, also auch an keine Vermittlung zwischen dem Freihandelnden und der Außenwelt zu denken. Vielmehr wie durch ein Handeln des Ichs ein äußeres Anschauen bestimmt seyn könne, wäre schlechthin unbegreiflich, wenn nicht Handeln und Anschauen ursprünglich Eines wären. Mein Handeln, indem ich z. B. ein Objekt bilde, muß zugleich ein Anschauen, und umgekehrt mein Anschauen muß in diesem Fall zugleich ein Handeln seyn; nur das Ich kann diese Identität nicht sehen, weil das objektiv anschauende für das Ich hier nicht Anschauendes, sondern Angeschautes, weil also für das Ich jene Identität zwischen dem Handelnden und dem Anschauenden aufgehoben ist. Die Veränderung, welche durch das freie Handeln in der Außenwelt erfolgt, muß ganz den Gesetzen der produktiven Anschauung gemäß, und als ob die Freiheit gar keinen Theil daran hätte, erfolgen. Die produktive Anschauung handelt gleichsam ganz isolirt, und producirt nach ihren eigenthümlichen Gesetzen, was jetzt eben erfolgt. Daß dem Ich dieses Produciren nicht als ein Anschauen erscheint, davon liegt der Grund allein darin, daß hier der Begriff (die ideelle Thätigkeit) dem Objekt (der objektiven) entgegengesetzt ist, anstatt daß in der Anschauung subjektive und objektive Thätigkeit beide Eins sind. Aber daß der Begriff hier dem Objekt vorangeht, ist wiederum nur der Erscheinung wegen. Geht aber der Begriff nur für die Erscheinung, nicht objektiv oder wirklich dem Objekt voran, so gehört auch das freie Handeln als solches nur zur Erscheinung, und das einzig Objektive ist das Anschauende. — So wie man also sagen kann, daß ich, indem ich anzuschauen glaubte, eigentlich handelnd war, so kann man sagen, daß ich hier, indem ich auf die Außenwelt zu handeln glaube, eigentlich anschauend bin, und alles, was außer dem Anschauen im Handeln vorkommt, gehört eigentlich nur zur Erscheinung des einzig Objektiven, des Anschauens, und umgekehrt, vom Handeln alles abgesondert, was nur zur Erscheinung gehört, bleibt nichts zurück als das Anschauen.

Wir suchen nun das bisher abgeleitete und wie wir glauben hinlänglich bewiesene Resultat noch von andern Seiten her zu erläutern und deutlicher zu machen.

Wenn der transscendentale Idealist behauptet, es gebe keinen Uebergang aus dem Objektiven ins Subjektive, beide seyen ursprünglich Eins, das Objektive nur ein zum Objekt gewordenes Subjektives, so ist es denn wohl eine Hauptfrage, die er zu beantworten hat: wie denn doch umgekehrt ein Uebergang aus dem Subjektiven ins Objektive möglich sey, dergleichen wir beim Handeln anzunehmen genöthigt sind. Wenn in jedem Handeln ein von uns frei entworfener Begriff in die von uns unabhängig existirende Natur übergehen soll, diese Natur aber nicht wirklich unabhängig von uns existirt, wie kann dieser Uebergang gedacht werden?

Ohne Zweifel nur dadurch, daß wir die Welt eben erst durch dieses Handeln selbst für uns objektiv werden lassen. Wir handeln frei, und die Welt wird unabhängig von uns existirend — diese beiden Sätze müßten synthetisch vereinigt werden.

Wenn nun die Welt nichts anderes ist als unser Anschauen, so wird uns die Welt objektiv ohne Zweifel, wenn uns unser Anschauen objektiv wird. Nun wird aber behauptet, unser Anschauen werde uns eben erst durch das Handeln objektiv, und was wir ein Handeln nennen, sey nichts als die Erscheinung unseres Anschauens. Dieß vorausgesetzt, wird unser Satz: „was uns als ein Handeln auf die Außenwelt erscheint, ist idealistisch angesehen nichts anderes als ein fortgesetztes Anschauen", nicht mehr befremdend seyn. Z. B. also, wenn durch ein Handeln irgend eine Veränderung in der Außenwelt hervorgebracht wird, so ist diese Veränderung an sich betrachtet eine Anschauung wie jede andere. Das Anschauen selbst ist also hier das Objektive, das, was der Erscheinung zu Grunde liegt; das, was davon zur Erscheinung gehört, ist das Handeln auf die unabhängig gedachte Sinnenwelt; objektiv ist also hier kein Uebergang aus dem Subjektiven in das Objektive, so wenig als es einen Uebergang aus dem Objektiven in das Subjektive gab. Ich kann mir nur nicht als anschauend erscheinen, ohne ein Subjektives als in das Objektive übergehend anzuschauen.

Die ganze Untersuchung hierüber läßt sich zurückführen auf den allgemeinen Grundsatz des transscendentalen Idealismus, nämlich daß in meinem Wissen das Subjektive nie durch das Objektive bestimmt werden könne. Im Handeln wird nothwendig ein Objekt als bestimmt gedacht durch eine Causalität, die von mir einem Begriff gemäß ausgeübt wird. Wie komme ich nun zu jenem nothwendigen Denken? Wenn ich auch indeß ohne Erklärung annehme, das Objekt sey unmittelbar bestimmt durch mein Handeln, so, daß es sich zu diesem wie Bewirktes zu Bewirkendem verhalte, wie ist es denn nun auch bestimmt für mein Vorstellen, warum bin ich genöthigt, das Objekt gerade auch so anzuschauen, wie ich es durch mein Handeln bestimmt hatte? Mein Handeln ist hier das Objekt, denn das Handeln ist das Entgegengesetzte des Anschauens oder des Wissens. Nun soll aber durch dieses Handeln, durch dieses Objektive etwas in meinem Wissen, etwas in meinem Anschauen bestimmt seyn. Dieß ist nach dem eben angegebenen Grundsatz unmöglich. Durch das Handeln kann nicht mein Wissen davon bestimmt seyn, sondern umgekehrt vielmehr, jedes Handeln muß, wie alles Objektive, ursprünglich schon ein Wissen, ein Anschauen seyn. Dieß ist so offenbar und deutlich, daß man in nichts weiter Schwierigkeit finden kann, als etwa in der Art, wie jene Verwandlung dessen, was objektiv ein Anschauen ist, in ein Handeln zum Behuf des Erscheinens gedacht werden muß. Die Reflexion hat sich hier auf dreierlei zu richten,

a) auf das Objektive, das Anschauen,

b) auf das Subjektive, was auch ein Anschauen ist, aber ein Anschauen des Anschauens. — Wir nennen jenes zum Unterschied von diesem das objektive, dieses das ideelle. —

c) auf die Erscheinung des Objektiven. Nun ist aber bereits bewiesen, daß jenes Objektive, das Anschauen, nicht erscheinen kann, ohne daß der Begriff der Anschauung (das Ideelle) der Anschauung selbst vorangehe. Aber geht der Begriff der Anschauung der Anschauung selbst voran, so daß diese durch jene bestimmt ist, so ist das Anschauen ein Produciren gemäß einem Begriff, d. h. ein freies Handeln. Nun geht ja aber der Begriff der Anschauung selbst voran nur zum Behuf des Objektivwerdens der Anschauung, also ist auch das Handeln nur die Erscheinung des Anschauens, und das, was in ihm objektiv ist, das Produciren an sich abgesehen von dem ihm vorangehenden Begriff.

Wir suchen dieß durch ein Beispiel deutlicher zu machen. Irgend eine Veränderung in der Außenwelt erfolgt durch meine Causalität. Man reflektire erst bloß auf das Erfolgen dieser Veränderung an sich, so heißt: in der Außenwelt erfolgt etwas, ohne Zweifel so viel als: ich producire es, denn es ist in der Außenwelt überhaupt nichts als vermittelst meines Producirens. Insofern dieses mein Produciren ein

Anschauen ist, und es ist nichts anderes, geht der Begriff der Veränderung selbst nicht voran, insofern aber dieses Produciren selbst wieder Objekt werden soll, muß der Begriff vorangehen. Das Objekt, was hier erscheinen soll, ist das Produciren selbst. Im Produciren selbst also, d. h. im Objekt, geht der Begriff der Anschauung nicht voran, er geht nur voran für das ideelle, für das sich selbst als anschauend anschauende Ich, d. h. nur zum Behuf des Erscheinens.

Es klärt sich nun hier zugleich auf, woher uns jetzt zuerst der Unterschied zwischen Objektivem und Subjektivem, zwischen einem An sich und einer bloßen Erscheinung kommt, welchen wir bis jetzt noch gar nicht gemacht hatten. Der Grund ist der, weil wir hier zuerst etwas wahrhaft Objektives haben, nämlich das, was den Grund alles Objektiven enthält, die zugleich ideelle und reelle Thätigkeit, welche jetzt nie wieder subjektiv werden kann, und vom bloß ideellen Ich völlig sich abgelöst hat. In dieser Thätigkeit, insofern sie objektiv ist, ist Ideelles und Reelles gleichzeitig und Eins, insofern sie aber erscheint und im Gegensatz gegen die bloß ideelle, anschauende Thätigkeit, der sie gegenübersteht, jetzt bloß die reelle repräsentirt, geht der Begriff ihr voran, und nur insofern ist sie ein Handeln.

Nach diesen Erläuterungen könnte bloß noch die Frage entstehen, wie die Intelligenz überhaupt anschauend seyn könne, nachdem wir das Produciren für sie in der theoretischen Philosophie geschlossen seyn ließen. Wir antworten: nur das Produciren, insofern es subjektiv war, wurde geschlossen, die Intelligenz, insofern sie objektiv ist, kann nie etwas anderes seyn, als sie ist, nämlich Subjekt und Objekt zugleich, d. h. producirend, nur daß das Produciren jetzt unter den Schranken der ideellen, der producirenden Thätigkeit gegenüberstehenden, wird erfolgen müssen, was wir aber bis jetzt noch nicht abgeleitet haben.

Um uns aber mit dem gemeinen Bewußtseyn in Uebereinstimmung zu setzen, so fragen wir noch, wie wir denn doch dazu kommen, jenes handelnde Objektive für frei zu halten, da es abgeleitetermaßen eine ganz blinde Thätigkeit ist. Es geschieht völlig durch dieselbe Täuschung, durch welche uns auch die objektive Welt objektiv wird. Denn daß jenes

Handeln selbst nur zur objektiven Welt gehöre (also auch von gleicher Realität mit derselben sey), folgt daraus, daß es nur durch das Objektivwerden ein Handeln wird. Es läßt sich von diesem Punkt aus sogar auf den theoretischen Idealismus ein neues Licht zurückwerfen. Wenn die objektive Welt eine bloße Erscheinung ist, so ist es das Objektive in unserm Handeln auch, und umgekehrt, nur wenn die Welt Realität hat, so hat sie auch das Objektive im Handeln. Es ist also eine und dieselbe Realität, welche wir in der objektiven Welt und in unserm Handeln auf die Sinnenwelt erblicken. Dieses Zusammenbestehen, ja dieses wechselseitige Bedingtseyn des objektiven Handelns und der Realität der Welt außer- und durcheinander, ist ein dem transscendentalen Idealismus ganz eigenthümliches, und durch kein anderes System mögliches Resultat.

Inwiefern ist denn nun also das Ich handelnd in der Außenwelt? Es ist handelnd nur vermöge jener Identität des Seyns und Erscheinens, welche schon im Selbstbewußtseyn ausgedrückt ist. — Das Ich ist nur dadurch, daß es sich erscheint, sein Wissen ist ein Seyn. Der Satz Ich = Ich sagt nichts anderes als: Ich, der ich weiß, bin derselbe, der ich bin, mein Wissen und mein Seyn erschöpfen sich wechselseitig, das Subjekt des Bewußtseyns und das der Thätigkeit sind Eines. Derselben Identität zufolge ist also auch mein Wissen und das freie Handeln identisch mit dem freien Handeln selbst, oder der Satz: ich schaue mich an als objektiv handelnd = dem Satz: ich bin objektiv handelnd.

II.

Wenn nun das als ein Handeln Erscheinende, wie wir so eben abgeleitet und bewiesen haben, an sich nur ein Anschauen ist, so folgt, daß alles Handeln durch die Gesetze der Anschauung beständig eingeschränkt seyn muß, daß nichts, was nach Naturgesetzen unmöglich, als durch freies Handeln erfolgend angeschaut werden kann, welches ein neuer Beweis jener Identität ist. Nun enthält aber ein Uebergang aus dem Subjektiven ins Objektive, der doch wenigstens für die Erscheinung wirklich stattfindet, selbst einen Widerspruch gegen Naturgesetze.

Was angeschaut werden soll als wirkend auf das Reelle, muß selbst als reell erscheinen. Ich kann mich daher nicht anschauen als unmittelbar wirkend auf das Objekt, sondern nur als wirkend durch Vermittlung von Materie, welche ich aber, indem ich handle, als identisch anschauen muß mit mir selbst. Die Materie als unmittelbares Organ der freien, nach außen gerichteten Thätigkeit ist organischer Leib, welcher daher als freier und scheinbar willkürlicher Bewegungen fähig erscheinen muß. Jener Trieb, der in meinem Handeln Causalität hat, muß objektiv erscheinen als ein Naturtrieb, der auch ohne alle Freiheit wirken und für sich hervorbringen würde, was er durch Freiheit hervorzubringen scheint. Um aber diesen Trieb anschauen zu können als Naturtrieb, muß ich mir objektiv erscheinen als zu allem Handeln getrieben durch einen Zwang der Organisation (durch Schmerz in der allgemeinsten Bedeutung), und alles Handeln, um objektiv zu seyn, muß, sey es durch noch so viele Mittelglieder, zusammenhangen mit einem physischen Zwang, welcher als Bedingung der erscheinenden Freiheit selbst nothwendig ist.

Ferner die beabsichtigte Veränderung in der Außenwelt erfolgt nur unter dem beständigen Widerstand der Objekte, also successiv. Die Veränderung heiße D, so wird diese bedingt seyn durch die Veränderung C als ihre Ursache, diese aber durch B u. s. w.; diese ganze Reihe von Veränderungen muß also vorhergehen, ehe die finale Veränderung D erfolgen kann. Der vollständige Erfolg kann erst in dem Moment eintreten, wo alle seine Bedingungen in der Außenwelt gegeben sind, widrigenfalls existirt ein Widerspruch gegen Naturgesetze. Etwas, wofür die Bedingungen in der Natur überhaupt nicht gegeben werden können, muß schlechthin unmöglich seyn. Wenn nun aber die Freiheit, um objektiv zu seyn, ganz dem Anschauen gleich und völlig den Gesetzen desselben unterworfen wird, so heben ja eben die Bedingungen, unter welchen die Freiheit erscheinen kann, die Freiheit selbst wieder auf; die Freiheit wird dadurch, daß sie in ihren Aeußerungen ein Naturphänomen ist, auch erklärbar nach Naturgesetzen, und eben dadurch als Freiheit aufgehoben.

Die oben aufgestellte Aufgabe, wie das Wollen selbst dem Ich wieder objektiv werde, und zwar als Wollen, ist also durch das Bisherige nicht gelöst, denn eben dadurch, daß es objektiv wird, hört es auf ein Wollen zu seyn. Es wird also überhaupt keine Erscheinung der absoluten Freiheit (im absoluten Willen) geben, wenn es nicht eine andere als jene bloß objektive gibt, welche nichts anderes ist als Naturtrieb.

Der Grund, warum wir uns in diesen Widerspruch verwickelt haben, ist kein anderer, als daß wir bis jetzt nur auf das Objektive, nach außen Gehende im Wollen reflektirt haben, welches, da es, wie wir jetzt wissen, ursprünglich nur ein Anschauen, also objektiv gar kein Wollen ist, ohne alle weitere Vermittlung in die äußere Welt übergeht. Wenn nun aber davon die Rede ist: wie dem Ich das ganze Wollen (nicht nur jene objektive, zugleich ideelle und reelle Thätigkeit, welche darin begriffen ist, und welche nach den eben geführten Deduktionen nicht frei seyn kann, sondern auch die ihr entgegengesetzte ideelle) zum Objekt werde, so muß eine Erscheinung gefunden werden, in welcher diese beiden als entgegengesetzte vorkommen.

Nun geht aber die Thätigkeit, welche das Objektive im Wollen ist, da sie selbst wieder eine anschauende ist, nothwendig auf etwas Aeußeres. Das Subjektive im Wollen aber, oder die rein ideelle Thätigkeit hat eben jene zugleich ideelle und reelle, welche eben darum das Objektive im Wollen selbst ist, zum unmittelbaren Gegenstand, und geht daher auf nichts Aeußeres, sondern nur auf jenes im Wollen selbst mitbegriffene Objektive.

Die ideelle, im Wollen mitbegriffene Thätigkeit wird also dem Ich nur als die auf das Objektive im Wollen an sich gehende Thätigkeit, dieses Objektive selbst aber nur als eine auf ein Aeußeres, vom Wollen Verschiedenes, gerichtete Thätigkeit objektiv werden können.

Nun ist die objektive Thätigkeit im Wollen an sich, d. h. rein betrachtet (und nur als solche ist sie der ideellen objektiv), nichts als Selbstbestimmung überhaupt. Das Objekt der ideellen Thätigkeit im Wollen ist daher nichts anderes als das reine Selbstbestimmen selbst, oder das Ich selbst. Die ideelle, im Wollen mitbegriffene Thätigkeit wird also dem Ich dadurch objektiv, daß sie ihm als eine nur auf das reine Selbstbestimmen an sich gerichtete Thätigkeit objektiv wird, die objektive dagegen nur dadurch, daß sie ihm als eine auf ein Aeußeres, und zwar blindlings (denn nur insofern ist sie anschauend) gerichtete Thätigkeit objektiv wird.

Um also jene Erscheinung, wodurch dem Ich das ganze Wollen zum Objekt wird, zu finden, müssen wir

1) auf jene bloß auf das reine Selbstbestimmen an sich gerichtete Thätigkeit reflektiren, und fragen, wie eine solche dem Ich zum Objekt werden könne.

Das reine Selbstbestimmen an sich, abstrahirt von allem Zufälligen, welches erst durch die Richtung jener anschauenden, hier objektiven, Thätigkeit auf ein Aeußeres zu ihm hinzukommt, ist, wie bereits gesagt, nichts anderes als das reine Ich selbst, also das Gemeinschaftliche, worauf alle Intelligenzen gleichsam aufgetragen sind, das einzige An sich, was alle Intelligenzen mit einander gemein haben. In jenem ursprünglichen und absoluten Willensakt, den wir als Bedingung alles Bewußtseyns postulirt haben, wird also das reine Selbstbestimmen dem Ich unmittelbar zum Objekt, und mehr ist in diesem Akt nicht enthalten. Nun ist aber schon jener ursprüngliche Willensakt selbst ein absolut freier, mithin kann noch viel weniger der Akt, wodurch dem Ich wieder jener erste zum Objekt wird, oder vermittelst dessen es sich jener auf das reine Selbstbestimmen gerichteten Thätigkeit selbst wieder bewußt wird, theoretisch (als nothwendig) deducirt werden. Gleichwohl ist er Bedingung des fortdauernden Bewußtseyns. Jenes Objektwerden der ideellen Thätigkeit kann also nur durch eine Forderung erklärt werden. Die ideelle, nur auf das reine Selbstbestimmen gerichtete Thätigkeit muß dem Ich durch eine Forderung zum Objekt werden, welche Forderung nun keine andere als die seyn kann: das Ich soll nichts anderes wollen als das reine Selbstbestimmen selbst, denn durch diese Forderung wird ihm jene reine, bloß auf das Selbstbestimmen an sich gerichtete, Thätigkeit als Objekt vorgehalten. Diese Forderung selbst aber ist nichts anderes als der kategorische Imperativ, oder das Sittengesetz, welches Kant so ausdrückt: du sollst nur wollen, was alle Intelligenzen wollen können. Aber was alle Intelligenzen wollen können, ist nur das reine Selbstbestimmen selbst, die reine Gesetzmäßigkeit. Durch das Sittengesetz wird also das reine Selbstbestimmen, das rein Objektive in allem Wollen, insofern es bloß objektiv, nicht selbst wieder anschauend, d. h. auf ein Aeußeres (empirisches) sich richtend, ist, dem Ich zum Objekt. Nur insofern auch ist vom Sittengesetze die Rede in der Transscendental-Philosophie, denn auch das Sittengesetz wird nur deducirt als Bedingung des Selbstbewußtseyns. Dieses Gesetz wendet sich ursprünglich nicht an mich, insofern ich diese bestimmte Intelligenz bin, es schlägt vielmehr alles nieder, was zur Individualität gehört, und vernichtet sie völlig, sondern es wendet sich vielmehr an mich als Intelligenz überhaupt, an das, was das rein Objektive in mir, das Ewige, unmittelbar zum Objekt hat, nicht aber an dieses Objektive selbst, insofern es auf ein vom Ich verschiedenes und unabhängiges Zufälliges gerichtet ist, und ist eben darum allein auch die Bedingung, unter welcher die Intelligenz sich ihres Bewußtseyns bewußt wird.

2) Die Reflexion muß jetzt auf die objektive, auf ein Aeußeres, außer dem Umkreis des Wollens selbst Liegendes gerichtete Thätigkeit sich wenden, und fragen, wie diese dem Ich zum Objekt werde.

Allein diese Frage ist in dem Vorhergehenden großentheils schon beantwortet, und wir können hier also nur die Antwort von einer neuen Seite darzustellen versuchen.

Die objektive, auf etwas vom Wollen Verschiedenes, und außer ihm Vorhandenes gerichtete Thätigkeit soll im Bewußtseyn entgegengesetzt werden jener ideellen, eben auf diese objektive, bloß als solche, und insofern sie ein reines Selbstbestimmen ist, gerichtete Thätigkeit.

Nun konnte aber jene ideelle Thätigkeit dem Ich zum Objekt werden nur durch eine Forderung. Soll also der Gegensatz vollkommen seyn, so muß die objektive Thätigkeit von selbst, d. h. ohne Forderung, objektiv werden, und daß sie objektiv werde, muß vorausgesetzt werden. Das, wodurch sie dem Ich als auf ein Aeußeres gerichtete

Thätigkeit, zu dem sie sich ebenso verhält, wie sich zu ihr die ideelle verhält, objektiv wird, muß also etwas Necessitirtes, und da es doch nur eine Thätigkeit seyn kann, ein bloßer Naturtrieb seyn, wie wir es im Vorhergehenden (I) abgeleitet haben, ein Naturtrieb, der gleich der produktiven Anschauung völlig blindlings wirkt und an sich gar kein Wollen ist, sondern nur durch den Gegensatz gegen das reine, bloß auf das Selbstbestimmen an sich gerichtete Wollen zum Wollen wird. Dieser Trieb, da ich durch denselben meiner bloß als Individuums bewußt werde, ist der, welcher in der Moral der eigennützige genannt wird, sein Objekt das, was man im weitesten Sinn Glückseligkeit nennt.

Es existirt kein Gebot, kein Imperativ der Glückseligkeit. Es ist widersinnig einen solchen zu denken, denn was von selbst, d. h. nach einem Naturgesetz, geschieht, braucht nicht geboten zu werden. Jener Glückseligkeitstrieb (so nennen wir ihn der Kürze halber, die weitere Entwicklung dieses Begriffs gehört in die Moral) ist nichts anderes als die dem Ich wieder objektiv gewordene objektive, auf ein vom Wollen Unabhängiges gehende Thätigkeit, ein Trieb, der also so nothwendig ist, als das Bewußtseyn der Freiheit selbst.

Die Thätigkeit sonach, deren unmittelbares Objekt das reine Selbstbestimmen selbst ist, kann nicht zum Bewußtseyn gelangen, als im Gegensatz gegen eine Thätigkeit, deren Objekt ein Aeußeres ist, auf welches sie ganz blindlings sich richtet. Es ist also so nothwendig, als es ein Bewußtseyn des Wollens gibt, ein Gegensatz zwischen dem, was die sich durch das Sittengesetz zum Objekt werdende, nur auf das Selbstbestimmen an sich gerichtete Thätigkeit, und dem, was der Naturtrieb verlangt. Diese Entgegensetzung muß reell, d. h. beide Handlungen, die durch den sich selbst zum Objekt gewordenen reinen Willen gebotene und die durch den Naturtrieb verlangte, müssen im Bewußtseyn als gleich möglich vorkommen. Es müßte also nach Naturgesetzen keine Handlung erfolgen, denn beide heben sich auf. Erfolgt also eine Handlung, und es erfolgt eine so gewiß, als das Bewußtseyn fortdauert, so kann diese nicht nach Naturgesetzen, d. h. nothwendig, also nur durch freie Selbstbestimmung erfolgt seyn, d. h. durch eine Thätigkeit des Ichs, welche, indem sie zwischen der bis jetzt sogenannten subjektiven und objektiven in der Mitte schwebt, und diese durch jene oder jene durch diese bestimmt, ohne selbst wieder *bestimmt* zu seyn, die Bedingungen hervorbringt, unter welchen, sobald sie gegeben sind, das Handeln, welches immer nur das *Bestimmte* ist, völlig blindlings und gleichsam von selbst erfolgt.

Jener Gegensatz gleich möglicher Handlungen im Bewußtseyn ist also die Bedingung, unter welcher allein der absolute Willensakt dem Ich selbst wieder zum Objekt werden kann. Nun ist aber jener *Gegensatz* eben das, was den absoluten Willen zur *Willkür* macht, also ist die *Willkür* die von uns gesuchte Erscheinung des absoluten Willens, nicht das ursprüngliche Wollen selbst, sondern der zum Objekt gewordene absolute Freiheitsakt, mit welchem alles Bewußtseyn beginnt.

Daß es eine Freiheit des Willens gibt, davon läßt sich das gemeine Bewußtseyn nur durch die Willkür überzeugen, d. h. dadurch, daß wir in jedem Wollen uns einer Wahl zwischen Entgegengesetzten bewußt werden. Nun wird aber behauptet, die Willkür sey nicht der absolute Wille selbst, denn dieser ist, wie im Vorhergehenden bewiesen, nur auf das reine Selbstbestimmen an sich gerichtet, sondern die Erscheinung des absoluten Willens. Wenn also Freiheit = Willkür ist, so ist auch die Freiheit nicht der absolute Wille selbst, sondern nur die Erscheinung desselben. Vom Willen absolut gedacht kann man also nicht sagen, weder daß er frei, noch daß er nicht frei sey, denn das Absolute kann nicht als handelnd nach einem Gesetze gedacht werden, das ihm nicht durch die innere Nothwendigkeit seiner Natur schon vorgeschrieben wäre. Da das Ich im absoluten Willensakt nur das Selbstbestimmen als solches zum Objekt hat, so ist für den Willen absolut gedacht keine Abweichung von demselben möglich, er ist also, wenn er frei genannt werden kann, *absolut* frei, denn was für den erscheinenden Willen Gebot ist, ist für jenen ein Gesetz, das aus der Nothwendigkeit seiner Natur hervorgeht. Soll aber das Absolute sich selbst erscheinen, so muß es sich seinem Objektiven nach von etwas anderem, von etwas Fremdartigem abhängig erscheinen. Aber diese Abhängigkeit gehört doch nicht zum

Absoluten selbst, sondern bloß zu seiner Erscheinung. Dieses Fremdartige, wovon der absolute Wille zum Behuf der Erscheinung abhängig ist, ist der Naturtrieb, im Gegensatz gegen welchen allein sich das Gesetz des reinen Willens in einen Imperativ verwandelt. Der Wille absolut betrachtet aber hat ursprünglich nichts anderes zum Objekt als das reine Selbstbestimmen, d. h. sich selbst. Es kann also auch kein Sollen, kein Gesetz für ihn geben, was forderte, daß er sich selbst Objekt sey. Also ist das Sittengesetz, und die Freiheit, insofern sie in Willkür besteht, selbst nur Bedingung der Erscheinung jenes absoluten Willens, der alles Bewußtseyn constituirt, und insofern auch Bedingung des sich selbst Objekt werdenden Bewußtseyns.

Wir haben nun durch dieses Resultat, ohne es eigentlich zu beabsichtigen, zugleich jenes merkwürdige Problem, das, weit entfernt aufgelöst zu werden, bisher kaum gehörig verstanden worden ist, ich meine das der transscendentalen Freiheit, aufgelöst. Es ist in diesem Problem nicht darüber die Frage, ob das Ich absolut sey, sondern davon, ob es, insofern es nicht absolut, insofern es empirisch ist, frei sey. Nun zeigt sich aber eben durch unsere Auflösung, daß der Wille gerade nur insofern, als er empirisch ist oder erscheint, frei im transscendentalen Sinne genannt werden könne. Denn der Wille, insofern er absolut ist, ist selbst über die Freiheit erhaben, und weit entfernt irgend einem Gesetz unterworfen zu seyn, vielmehr die Quelle alles Gesetzes. Insofern aber der absolute Wille erscheint, kann er, um als absoluter zu erscheinen, nur durch die Willkür erscheinen. Dieses Phänomen, die Willkür, kann daher nicht weiter objektiv erklärt werden, denn es ist nichts Objektives, was an sich Realität hätte, sondern das Absolut-Subjektive, die Anschauung des absoluten Willens selbst, wodurch dieser ins Unendliche fort sich selbst Objekt wird. Aber eben diese Erscheinung des absoluten Willens erst ist die eigentliche Freiheit, oder das, was insgemein unter Freiheit verstanden wird. Da nun das Ich im freien Handeln ins Unendliche fort sich selbst als absoluten Willen anschaut, und in der höchsten Potenz selbst nichts anderes als diese Anschauung des absoluten Willens ist, so ist auch jene Erscheinung der

Willkür so gewiß und unzweifelhaft als das Ich selbst. — Umgekehrt auch, das Phänomen der Willkür läßt sich nur denken als ein absoluter Wille, der aber unter den Schranken der Endlichkeit erscheint, und ist daher eine immer wiederkehrende Offenbarung des absoluten Willens in uns. Es ist aber wohl zu denken, daß, wenn man von dem Phänomen der Willkür aus rückwärts auf das ihm zu Grunde Liegende hätte schließen wollen, man wohl schwerlich jemals die rechte Erklärung desselben getroffen hätte, obgleich Kant in seiner Rechtslehre wenigstens den Gegensatz zwischen dem absoluten Willen und der Willkür, wenn schon nicht das wahre Verhältniß der letzteren zum ersteren angedeutet hat, welches denn ein neuer Beweis von der Vorzüglichkeit der Methode ist, welche kein Phänomen als *gegeben* voraussetzt, sondern jedes, als ob es völlig unbekannt wäre, erst aus seinen Gründen kennen lernt.

Es lösen sich nun aber eben damit auch alle die Zweifel, welche gegen die im Vorhergehenden ausgeführte Behauptung, daß das objektive, als handelnd erscheinende Ich an sich nur anschauend sey, etwa von der allgemeinen Voraussetzung der Willensfreiheit hergenommen werden konnten. Denn es ist nicht jenes *bloß* objektive, und im Handeln, wie im Anschauen, ganz mechanisch sich verhaltende Ich, das in allem freien Handeln das *Bestimmte* ist, welchem man das Prädicat der Freiheit zuschreibt, sondern es ist das zwischen dem Subjektiven und Objektiven des Wollens Schwebende, eins durch das andere Bestimmende, oder *das sich selbst Bestimmende in der zweiten Potenz*, welchem allein die Freiheit zugeschrieben wird, und zugeschrieben werden kann, indeß das Objektive, welches in Bezug auf die Freiheit nur das Bestimmte ist, an und für sich oder abgesehen vom Bestimmenden, noch immer ist, was es vorher war, nämlich ein bloßes Anschauen. Reflektire ich also bloß auf die objektive Thätigkeit als solche, so ist im Ich bloße Naturnothwendigkeit; reflektire ich bloß auf die subjektive, so ist in ihm nur ein absolutes Wollen, welches seiner Natur nach kein anderes Objekt hat als das Selbstbestimmen an sich; reflektire ich endlich auf die über beide gehobene, zugleich die subjektive und objektive bestimmende Thätigkeit, so ist im Ich Willkür, und mit derselben Freiheit des Willens. Aus diesen verschiedenen Richtungen der Reflexion entstehen die verschiedenen Systeme über die Freiheit, deren eines die Freiheit schlechthin leugnet, das andere sie bloß in die reine Vernunft, d. h. in jene ideelle, unmittelbar auf das Selbstbestimmen gehende Thätigkeit, setzt (durch welche Annahme man genöthigt wird, bei allen der Vernunft zuwider bestimmten Handlungen ein bloßes grundloses Quiesciren derselben anzunehmen, wodurch aber eben alle Freiheit des Willens aufgehoben wird), das dritte aber eine über die beiden, ideelle und objektive, hinausgehende Thätigkeit als diejenige, welcher allein Freiheit zukommen kann, deducirt.

Für dieses schlechthin bestimmende Ich gibt es nun auch keine Prädetermination, sondern bloß für das anschauende, objektive. Daß aber für das letztere alles Handeln, insofern es ein in die Außenwelt übergehendes ist, prädeterminirt ist, kann dem Ich, welches über alle Erscheinung erhaben das absolut Bestimmende ist, so wenig Eintrag thun, als daß in der Natur alles prädeterminirt ist, da jenes Objektive in Bezug auf das Freie ein bloß Erscheinendes ist, das an sich keine Realität hat, und gleich der Natur nur die äußere Grundlage seines Handelns ist. Denn davon, daß eine Handlung für die Erscheinung, oder für die bloß anschauende Thätigkeit prädeterminirt ist, kann ich nicht zurückschließen, daß sie es auch für die freie sey, da beide von ganz ungleicher Dignität sind, so daß das bloß Erscheinende zwar von dem Bestimmenden, Nichterscheinenden, ebenso aber auch umgekehrt das Bestimmende von dem Erscheinenden völlig unabhängig ist, und jedes für sich, jenes aus freier Willkür, dieses aber, weil es einmal so bestimmt ist, also ganz nach seinen eigenthümlichen Gesetzen handelt und fortwirkt, welche wechselseitige Unabhängigkeit beider voneinander, obgleich sie übereinstimmen, nun aber einzig durch präſtabilirte Harmonie möglich ist. Hier ist also der Punkt, wo die von uns früher schon abgeleitete vorher bestimmte Harmonie zwischen dem frei Bestimmenden und dem Anschauenden zuerst eintritt, indem jenes von diesem und dieses von jenem so getrennt ist, daß gar kein wechselseitiger Einfluß beider aufeinander möglich wäre, wenn nicht durch etwas außer beiden Liegendes eine Uebereinstimmung zwischen beiden gestiftet wäre. Was aber dieses Dritte sey, wissen wir bis jetzt schlechthin nicht zu erklären, und müssen, zufrieden diesen Punkt, den höchsten der ganzen Untersuchung, vorerst nur angedeutet und aufgezeigt zu haben, seine weitere Aufklärung von den ferneren Nachforschungen erwarten.

Wir bemerken nur noch, daß, wenn es auch für das frei Bestimmende eine Prädetermination gibt, dergleichen wir allerdings im Vorhergehenden behauptet haben, insofern wir eine ursprüngliche Negation der Freiheit als zur Individualität und mittelbar zur Wechselwirkung zwischen Intelligenzen nothwendig gefordert haben, diese Prädetermination doch selbst wieder nur durch Einen ursprünglichen Akt der Freiheit denkbar ist, der freilich nicht zum Bewußtseyn kommt, und wegen dessen wir unsere Leser auf Kants Untersuchungen über das ursprüngliche Böse verweisen müssen.

Wenn wir nun den ganzen Gang der bisherigen Untersuchung nochmals übersehen, so haben wir zuerst die Voraussetzung des gemeinen Bewußtseyns zu erklären gesucht, welches, auf der niedrigsten Stufe der Abstraktion stehend, das Objekt, auf welches gewirkt wird, von dem Wirkenden oder Handelnden selbst unterscheidet, wodurch also die Frage entstand, wie das Objekt durch das darauf Handelnde bestimmt werden könne. Wir antworteten: das Objekt, auf welches gehandelt wird, und das Handeln selbst ist Eines, nämlich beides nur ein Anschauen. Dadurch gewannen wir, daß wir im Wollen nur Ein Bestimmtes hatten, nämlich das Anschauende, welches zugleich das Handelnde ist. Dieses Handelnde Objektive und die Außenwelt existirten also ursprünglich nicht unabhängig voneinander, und was in das eine gesetzt war, war eben dadurch auch in das andere gesetzt. Nun stand aber diesem bloß Objektiven im Bewußtseyn ein Subjektives gegenüber, was dem Ich durch die absolute Forderung zum Objekt wird, indeß ihm jenes bloß Objektive durch eine vom Ich völlig unabhängige Richtung nach außen zum Objekt wurde. Es war also kein Handeln, wodurch dem Ich das ganze Wollen zum Objekt wurde, ohne ein Selbstbestimmendes, welches, über die subjektive wie über die objektive

Thätigkeit erhaben, uns zuerst auf die Frage treiben konnte, wie nun durch dieses schlechthin Bestimmende, über alles Objektive Hinausgehende dennoch das Objektive oder Anschauende bestimmt seyn könne.

Zusätze.

Ehe wir uns aber der Beantwortung dieser Frage überlassen können, stellt sich uns eine andere in den Weg, nämlich: da jene nach außen gehende Thätigkeit (der Trieb), wie nun auch das Ich sich selbst bestimme, ob das Objektive in sich durch das Subjektive, oder das Subjektive durch das Objektive, auf jeden Fall das einzige Vehikel ist, durch welches von dem Ich aus etwas in die Außenwelt gelangen kann, so kann auch durch die Selbstbestimmung jener Trieb nicht aufgehoben werden. Es fragt sich also, in welches Verhältniß durch das Sittengesetz der nach außen gehende Trieb zu der ideellen, bloß auf das reine Selbstbestimmen gerichteten, Thätigkeit gesetzt sey.

Wir können von der Beantwortung dieser Frage nur die Hauptpunkte angeben, da sie hier eigentlich nur als Mittelglied der Untersuchung vorkommt. — Allerdings kann der reine Wille dem Ich nicht zum Objekt werden, ohne zugleich ein äußeres Objekt zu haben. Nun hat ja aber, wie so eben abgeleitet worden, dieses äußere Objekt keine Realität an sich, sondern es ist bloßes Medium des Erscheinens für den reinen Willen, und es soll nichts anderes seyn als der Ausdruck desselben für die Außenwelt. Der reine Wille kann also nicht sich selbst Objekt werden, ohne die Außenwelt mit sich selbst zu identificiren. Nun wird aber im Begriff der Glückseligkeit, wenn er genau analysirt wird, nichts anderes gedacht als eben die Identität des vom Wollen Unabhängigen mit dem Wollen selbst. Also soll Glückseligkeit, das Objekt des Naturtriebs, nur die Erscheinung des reinen Willens, d. h. ein und dasselbe Objekt seyn mit dem reinen Willen selbst. Beide sollen schlechthin Eins seyn, so daß kein *synthetisches* Verhältniß zwischen beiden, etwa wie zwischen Bedingendem und Bedingtem, möglich ist, aber auch, daß beide *unabhängig* voneinander gar nicht existiren können. Wird unter Glückseligkeit etwas verstanden, was auch unabhängig von dem reinen Willen möglich ist, so soll es schlechthin keine geben. Ist aber Glückseligkeit nur die Identität der Außenwelt mit dem reinen Willen, so sind beide ein und dasselbe Objekt, nur von verschiedenen Seiten angesehen. Ebensowenig aber als Glückseligkeit etwas von dem reinen Willen Unabhängiges seyn kann, ebensowenig läßt sich denken, daß ein endliches Wesen einer bloß formalen Sittlichkeit nachstrebe, da ihm die Sittlichkeit selbst nur durch die Außenwelt objektiv werden kann. Das unmittelbare Objekt alles Strebens ist nicht der reine Wille, ebensowenig Glückseligkeit, sondern das äußere Objekt als Ausdruck des reinen Willens. Dieses schlechthin Identische, der in der Außenwelt herrschende reine Wille, ist das einzige und höchste Gut.

Obgleich nun die Natur gegen das Handeln nicht absolut passiv sich verhält, so kann sie doch der Ausführung des höchsten Zwecks keinen absoluten Widerstand entgegensetzen. Die Natur kann nicht handeln im eigentlichen Sinn des Worts. Aber Vernunftwesen können handeln, und eine Wechselwirkung zwischen solchen durch das Medium der objektiven Welt ist sogar Bedingung der Freiheit. Ob nun alle Vernunftwesen ihr Handeln durch die Möglichkeit des freien Handelns aller übrigen einschränken oder nicht, dieß hängt von einem absoluten Zufall, der Willkür, ab. So kann es nicht seyn. Das Heiligste darf nicht dem Zufall anvertraut seyn. Es muß durch den Zwang eines unverbrüchlichen Gesetzes unmöglich gemacht seyn, daß in der Wechselwirkung aller die Freiheit des Individuums aufgehoben werde. Dieser Zwang kann sich nun freilich nicht unmittelbar gegen die Freiheit richten, da kein Vernunftwesen gezwungen, sondern nur bestimmt werden kann sich selbst zu zwingen; auch wird dieser Zwang nicht gegen den reinen Willen, der kein anderes Objekt hat als das allen Vernunftwesen Gemeinschaftliche, das Selbstbestimmen an sich, sondern nur gegen den vom Individuum ausgehenden und auf dasselbe zurückkehrenden eigennützigen Trieb gerichtet seyn können. Gegen diesen Trieb aber kann nichts als Zwangsmittel oder als Waffe gebraucht werden außer ihm selbst. Die Außenwelt müßte gleichsam so organisirt werden, daß sie diesen Trieb, indem er über seine Grenze schreitet, gegen sich selbst zu handeln zwingt, und ihm etwas entgegensetzt, wo das freie Wesen zwar, insofern es Vernunftwesen ist, nicht aber als Naturwesen wollen kann, wodurch das Handelnde mit sich selbst in Widerspruch gesetzt, und wenigstens aufmerksam gemacht wird, daß es in sich selbst entzweit ist.

Die objektive Welt an und für sich kann den Grund eines solchen Widerspruchs nicht in sich enthalten, da sie sich gegen das Wirken freier Wesen als solcher völlig indifferent verhält; der Grund jenes Widerspruchs gegen den eigennützigen Trieb kann also nur von Vernunftwesen in sie gelegt seyn.

Es muß eine zweite und höhere Natur gleichsam über der ersten errichtet werden, in welcher ein Naturgesetz, aber ein ganz anderes, als in der sichtbaren Natur herrscht, nämlich ein Naturgesetz zum Behuf der Freiheit. Unerbittlich, und mit der eisernen Nothwendigkeit, mit welcher in der sinnlichen Natur auf die Ursache ihre Wirkung folgt, muß in dieser zweiten Natur auf den Eingriff in fremde Freiheit der augenblickliche Widerspruch gegen den eigennützigen Trieb erfolgen. Ein solches Naturgesetz, wie das eben geschilderte, ist das Rechtsgesetz, und die zweite Natur, in welcher dieses Gesetz herrschend ist, die Rechtsverfassung, welche daher als Bedingung des fortdauernden Bewußtseyns deducirt ist.

Es erhellt aus dieser Deduktion von selbst, daß die Rechtslehre nicht etwa ein Theil der Moral, oder überhaupt eine praktische Wissenschaft, sondern eine rein theoretische Wissenschaft ist, welche für die Freiheit eben das ist, was die Mechanik für die Bewegung, indem sie nur den Naturmechanismus deducirt, unter welchem freie Wesen als solche in Wechselwirkung gedacht werden können, ein Mechanismus, der nun ohne Zweifel selbst nur durch Freiheit errichtet werden kann, und zu welchem die Natur nichts thut. Denn unfühlend ist die Natur, sagt der Dichter, und, Gott läßt seine Sonne scheinen über Gerechte und Ungerechte, das Evangelium. Eben daraus aber, daß die rechtliche Verfassung nur das Supplement der sichtbaren Natur seyn soll, folgt, daß die rechtliche Ordnung nicht eine moralische ist, sondern eine bloße Naturordnung, über welche die Freiheit so wenig vermögen darf als über die der sinnlichen Natur. Es ist daher kein Wunder, daß alle Versuche, sie in eine moralische umzuwandeln, sich durch ihre eigne Verkehrtheit und den Despotismus in der furchtbarsten Gestalt, die unmittelbare Folge davon, in ihrer Verwerflichkeit darstellen. Denn obgleich die rechtliche Verfassung der Materie nach dasselbe ausübt, was wir eigentlich von einer Vorsehung erwarten, und überhaupt die beste Theodicee ist, welche der Mensch führen kann, so übt sie doch nicht der Form nach dasselbe, oder sie übt es nicht als Vorsehung, d. h. mit Ueberlegung und Vorbedacht, aus. Sie ist anzusehen, wie eine Maschine, die auf gewisse Fälle zum voraus eingerichtet ist, und von selbst, d. h. völlig blindlings, wirkt, sobald diese Fälle gegeben sind; und obwohl diese Maschine von Menschenhänden gebaut und eingerichtet ist, muß sie doch, sobald der Künstler seine Hand davon abzieht, gleich der sichtbaren Natur ihren eignen Gesetzen gemäß und unabhängig, als ob sie durch sich selbst existirte, fortwirken. Wenn daher die Rechtsverfassung in dem Verhältniß, als sie der Natur sich annähert, ehrwürdiger wird, so ist der Anblick einer Verfassung, in welcher nicht das Gesetz, sondern der Wille des Richters, und ein Despotismus herrscht, der das Recht als eine Vorsehung, die in das Innere sieht, unter beständigen Eingriffen in den Naturgang des Rechts ausübt, der unwürdigste und empörendste, den es für ein von der Heiligkeit des Rechts durchdrungenes Gefühl geben kann.

Wenn nun aber die rechtliche Verfassung nothwendige Bedingung der in der Außenwelt bestehenden Freiheit ist, so ist es ohne Zweifel ein wichtiges Problem, wie eine solche auch nur als entstehend gedacht werden kann, da der Wille des Individuums hiezu schlechterdings nichts vermag, und als nothwendiges Supplement etwas von ihm Unabhängiges, nämlich den Willen aller andern, voraussetzt.

Es ist zu erwarten, daß schon das erste Entstehen einer rechtlichen Ordnung nicht dem Zufall, sondern einem Naturzwang überlassen war, der durch die allgemein ausgeübte Gewaltthätigkeit herbeigeführt, die Menschen getrieben hat, eine solche Ordnung, ohne daß sie es selbst wußten, und so, daß sie von den ersten Wirkungen einer solchen unversehens getroffen wurden, entstehen zu lassen. Nun ist aber ferner leicht einzusehen, daß eine Ordnung, welche die Noth gestiftet hat, kein Bestehen in sich haben könne, theils weil das, was aus Noth errichtet wird, auch nur für das nächste Bedürfniß eingerichtet ist, theils weil der Mechanismus einer Verfassung seinen Zwang gegen freie Wesen richtet, die sich nur so lange zwingen lassen, als sie ihren Vortheil dabei finden, und welche unter einem gemeinschaftlichen Mechanismus zu vereinigen, weil es in Sachen der Freiheit kein a priori gibt, zu den Problemen gehört, welche nur durch unendlich viele Versuche aufgelöst werden können, besonders da der Mechanismus, wodurch die Verfassung selbst wieder in Gang gesetzt wird, das Mittelglied zwischen der Idee der Verfassung und der wirklichen Ausführung, von der Verfassung selbst ganz verschieden ist, und nach der Verschiedenheit des Grads der Cultur, des Charakters der Nation u. s. w. ganz verschiedene Modificationen erleiden muß. Es läßt sich also erwarten, daß vorerst bloß temporäre Verfassungen entstehen, welche alle den Keim ihres Untergangs in sich tragen, und weil sie ursprünglich nicht durch Vernunft, sondern durch den Zwang der Umstände gestiftet sind, früher oder später sich auflösen werden, da es natürlich ist, daß ein Volk unter dem Drang der Umstände manche Rechte erst aufgibt, die es nicht auf ewig veräußern kann, und die es früher oder später zurückfordert, wo denn der Umsturz der Verfassung unvermeidlich, und um so gewisser ist, je vollkommener sie in formeller Rücksicht seyn mag, weil, wenn dieß der Fall ist, die machthabende Gewalt jene Rechte gewiß nicht freiwillig zurückgibt, welches schon eine innere Schwäche der Verfassung beweisen würde.

Wenn denn nun aber auch, auf welche Art es geschehe, endlich eine wirklich rechtliche, nicht bloß auf Unterdrückung, was zum Anfang nothwendig ist, gegründete Verfassung zu Stande kommt, so zeigt doch Erfahrung nicht nur, welche freilich ins Unendliche nie hinreichend wird einen allgemeinen Satz zu beweisen, sondern kräftige Schlüsse beweisen, daß selbst das Bestehen einer solchen Verfassung, welche für den einzelnen Staat die möglich vollkommenste ist, vom offenbarsten Zufall abhängig gemacht ist.

Wenn nach dem Vorbild der Natur, welche nichts Selbständiges, oder kein in sich bestehendes System aufstellt, was nicht auf drei voneinander unabhängigen Kräften gegründet ist, die Rechtlichkeit der Verfassung in die Trennung der drei Grundgewalten des Staats als voneinander unabhängiger gesetzt wird, so beweisen eben die Einwürfe, die gegen diese Trennung, obgleich, daß sie zu einer rechtlichen Verfassung nothwendig ist, nicht geleugnet werden kann, mit Recht gemacht werden, eine Unvollkommenheit dieser Verfassung, die doch nicht in ihr selbst liegen kann, sondern außer ihr gesucht werden muß. Da die Sicherheit des einzelnen Staats gegen die übrigen das entschiedenste Uebergewicht der executiven Gewalt über die andern, besonders die legislative, die retardirende Kraft der Staatsmaschine, schlechthin unvermeidlich macht, so wird doch zuletzt das Bestehen des Ganzen nicht auf der Eifersucht der entgegengesetzten Gewalten, diesem höchst oberflächlich ausgedachten Sicherungsmittel, sondern allein auf dem guten Willen derjenigen beruhen, welche die höchste Gewalt in Händen haben. Nun darf aber nichts, was zum Schutz und Schirm des Rechts gehört, vom Zufall abhangen. Daß aber das Bestehen einer solchen Verfassung vom guten Willen unabhängig gemacht werde, wäre wiederum nur durch einen Zwang möglich, dessen Grund aber offenbar nicht in der Verfassung selbst liegen kann, weil dazu eine vierte Gewalt nothwendig wäre, der man entweder die Macht in die Hände gibt, in welchem Fall sie die executive Gewalt selbst ist, oder die man machtlos läßt, in welchem Fall ihre Wirkung vom bloßen Zufall abhängig, und im besten Fall, wenn nämlich das Volk sich auf ihre Seite schlägt, die Insurrektion unvermeidlich ist, welche in einer guten Verfassung so unmöglich seyn muß als in einer Maschine.

Es ist also an kein sicheres Bestehen auch nur einer einzelnen, wenn schon der Idee nach vollkommenen, Staatsverfassung zu denken, ohne eine über den einzelnen Staat hinausgehende Organisation, eine Föderation aller Staaten, die sich wechselseitig untereinander ihre Verfassung garantiren, welche allgemeine wechselseitige Garantie aber wiederum nicht möglich ist, ehe *erstens* die Grundsätze der wahren Rechtsverfassung allgemein verbreitet sind, so, daß einzelne Staaten nur Ein Interesse haben die Verfassung aller zu erhalten, und ehe zweitens diese Staaten sich ebenso wieder Einem gemeinschaftlichen Gesetz unterwerfen, wie zuvor die Individuen, indem sie den einzelnen Staat bildeten, gethan haben, so daß die einzelnen Staaten nun wiederum zu einem Staat der Staaten gehören, und für die Streitigkeiten der Völker untereinander ein allgemeiner Völkerareopag, zusammengesetzt aus Mitgliedern aller cultivirten Nationen, existirt, welchem gegen jedes einzelne rebellische Staatsindividuum die Macht aller übrigen zu Gebot steht.

Wie nun eine solche allgemeine, auch über die einzelnen Staaten wieder sich verbreitende Rechtsverfassung, durch welche diese aus dem Naturstand, in welchem sie bis dahin gegeneinander standen, heraustreten, durch Freiheit zu realisiren sey, welche eben in dem wechselseitigen Verhältniß der Staaten ihr verwegenstes und uneingeschränktestes Spiel treibt, dieß ist schlechthin nicht zu begreifen, wenn nicht eben in jenem Spiel der Freiheit, dessen ganzer Verlauf die Geschichte ist, wiederum eine blinde Nothwendigkeit herrscht, welche zu der Freiheit objektiv das hinzubringt, was durch sie allein nie möglich gewesen wäre.

Und so sehen wir uns durch den Verlauf des Räsonnements auf die oben aufgeworfene Frage nach dem Grund der Identität zwischen der Freiheit, insofern sie in Willkür sich äußert, auf der einen, und dem Objektiven oder Gesetzmäßigen auf der andern Seite zurückgetrieben, welche Frage von jetzt an eine weit höhere Bedeutung bekommt, und in der größten Allgemeinheit beantwortet werden muß.

III.

Das Entstehen der allgemeinen Rechtsverfassung darf nicht dem bloßen Zufall überlassen seyn, und gleichwohl ist eine solche nur von dem freien Spiel der Kräfte, das wir in der Geschichte wahrnehmen, zu erwarten. Es entsteht daher die Frage, ob eine Reihe von Begebenheiten ohne Plan und Zweck überhaupt den Namen der Geschichte verdienen könne, und ob nicht im bloßen B e g r i f f der Geschichte schon auch der Begriff einer Nothwendigkeit liege, welcher selbst die Willkür zu dienen gezwungen ist.

Es kommt hier vor allem darauf an, daß wir uns des Begriffs der Geschichte versichern. —

Nicht alles, was geschieht, ist darum ein Objekt der Geschichte, Naturbegebenheiten z. B. verdanken den historischen Charakter, wenn sie ihn erlangen, bloß dem Einfluß, den sie auf menschliche Handlungen gehabt haben; noch viel weniger aber wird als historisches Objekt angesehen, was nach einer erkannten Regel geschieht, periodisch wiederkehrt, oder überhaupt ein Erfolg, der sich a priori berechnen läßt. Wenn man von einer Naturgeschichte im eigentlichen Sinn des Worts sprechen wollte, so müßte man sich die Natur vorstellen, als ob sie, in ihren Produktionen scheinbar frei, die ganze Mannichfaltigkeit derselben durch stetige Abweichungen von Einem ursprünglichen Original allmählich hervorgebracht hätte, welches alsdann eine Geschichte nicht der Naturobjekte (welche eigentlich Naturbeschreibung ist), sondern der hervorbringenden Natur selbst wäre. Wie würden wir nun die Natur in einer solchen Geschichte erblicken? Wir würden sie gleichsam mit einer und derselben Summe oder Proportion der Kräfte, welche sie nie überschreiten könnte, auf verschiedene Weise schalten und haushalten sehen; wir würden sie also in jenem Hervorbringen zwar in Freiheit, deßwegen aber doch nicht in gänzlicher Gesetzlosigkeit erblicken. Die Natur würde also zum Objekt der Geschichte einerseits durch den Schein von Freiheit in ihren Produktionen, weil wir nämlich die Richtungen ihrer produktiven Thätigkeit nicht a priori bestimmen können, obgleich diese Richtungen ohne allen Zweifel ihr bestimmtes Gesetz haben, andererseits aber durch die Eingeschränktheit und Gesetzmäßigkeit, welche durch die Proportion der ihr zu Gebot stehenden Kräfte in sie gelegt ist, woraus denn offenbar ist, daß Geschichte weder mit absoluter Gesetzmäßigkeit noch auch mit absoluter Freiheit besteht, sondern nur da ist, wo Ein Ideal unter unendlich vielen Abweichungen so realisirt wird, daß zwar nicht das Einzelne, wohl aber das Ganze mit ihm congruirt.

Nun kann aber ferner ein solches successives Realisiren eines Ideals, wo nur der Progressus als Ganzes, gleichsam für eine intellektuelle Anschauung, dem Ideal Genüge thut, nur durch solche Wesen als möglich gedacht werden, welchen der Charakter einer Gattung zukommt, weil nämlich das Individuum eben dadurch, daß es dieß ist, das Ideal zu erreichen unfähig ist, das Ideal aber, welches nothwendig ein bestimmtes ist, doch realisirt werden muß. Wir sehen uns also auf einen neuen Charakter der Geschichte geführt, nämlich, daß es nur eine Geschichte solcher Wesen gibt, welche ein Ideal vor sich haben, das nie durch das Individuum, sondern allein durch die Gattung ausgeführt werden kann. Dazu gehört nun, daß jedes folgende Individuum gerade da eingreife, wo das vorhergegangene aufhörte, daß also zwischen den sich succedirenden Individuen Continuität, und wenn das, was im Progressus der Geschichte realisirt werden soll, etwas nur durch Vernunft und Freiheit Mögliches ist, Tradition oder Ueberlieferung möglich sey.

Es erhellt nun aber aus dieser Deduktion des Begriffs der Geschichte von selbst, daß ebensowenig eine absolut gesetzlose Reihe von Begebenheiten als eine absolut gesetzmäßige den Namen der Geschichte verdiene; es erhellt daraus:

a) daß das Progressive, was in jeder Geschichte gedacht wird, keine Gesetzmäßigkeit von der Art verstatte, durch welche die freie Thätigkeit auf eine bestimmte, immer in sich selbst zurückkehrende Succession von Handlungen eingeschränkt ist;

b) daß überhaupt alles, was nach einem bestimmten Mechanismus erfolgt, oder seine Theorie a priori hat, gar nicht Objekt der Geschichte sey. Theorie und Geschichte sind völlig Entgegengesetzte. Der Mensch hat nur deßwegen Geschichte, weil, was er thun wird, sich nach keiner Theorie zum voraus berechnen läßt. Die Willkür ist insofern die Göttin der Geschichte. Die Mythologie läßt die Geschichte mit dem ersten Schritt aus der Herrschaft des Instinkts in das Gebiet der Freiheit, mit dem Verlust des goldenen Zeitalters, oder mit dem Sündenfall, d. h. mit der ersten Aeußerung der Willkür, beginnen. In den Ideen der Philosophen endet die Geschichte mit dem Vernunftreich, d. h. mit dem goldenen Zeitalter des Rechts, wenn alle Willkür von der Erde verschwunden ist, und der Mensch durch Freiheit an denselben Punkt zurückgekehrt seyn wird, auf welchen ihn ursprünglich die Natur gestellt hatte, und den er verließ, als die Geschichte begann;

c) daß ebensowenig das absolut Gesetzlose, oder eine Reihe von Begebenheiten ohne Zweck und Absicht, den Namen der Geschichte verdiene, und daß nur Freiheit und Gesetzmäßigkeit in Vereinigung, oder das allmähliche Realisiren eines nie völlig verlorenen Ideals durch eine ganze Gattung von Wesen das Eigenthümliche der Geschichte constituire.

Nach diesen jetzt abgeleiteten Hauptcharakteren der Geschichte muß nun die transscendentale Möglichkeit derselben genauer untersucht werden, welches uns auf eine Philosophie der Geschichte führen wird, welche letztere für die praktische Philosophie eben das ist, was die Natur für die theoretische ist.

A.

Die erste Frage, welche an eine Philosophie der Geschichte mit Recht gemacht werden kann, ist ohne Zweifel die, wie eine Geschichte überhaupt denkbar sey, da, wenn alles, was ist, für jeden nur durch sein Bewußtseyn gesetzt ist, auch die ganze vergangene Geschichte für jeden nur durch sein Bewußtsetzn gesetzt seyn kann. Nun behaupten wir auch wirklich, daß kein individuelles Bewußtseyn mit allen den Bestimmungen gesetzt seyn könnte, mit welchen es gesetzt ist, und welche dazu nothwendig gehören, wofern nicht die ganze Geschichte vorhergegangen wäre, welches sich, wenn es auf ein Kunststück ankäme, an Beispielen sehr leicht zeigen ließe. Die vergangene Geschichte gehört also freilich bloß zur Erscheinung, ebenso wie die Individualität des Bewußtseyns selbst, sie ist also nicht mehr, aber auch nicht weniger reell für jeden, als es seine Individualität ist. Diese bestimmte Individualität setzt dieses bestimmte Zeitalter von diesem Charakter, diesem Fortschritt in der Cultur u. s. w. voraus, aber ein solches Zeitalter ist nicht möglich ohne die ganze vergangene Geschichte. Die Historie, welche ohnehin kein anderes Objekt hat als Erklärung des gegenwärtigen Zustands der Welt, könnte also ebenso gut von dem jetzigen Zustand ausgehen, und auf die vergangene Geschichte schließen, und es wäre kein uninteressanter Versuch zu sehen, wie aus jenem die ganze Vergangenheit mit strenger Nothwendigkeit abgeleitet werden könnte.

Wenn nun aber gegen diese Erklärung eingewendet würde, daß doch nicht mit *jedem* individuellen Bewußtseyn die vergangene Geschichte, mit keinem aber die *ganze* Vergangenheit, sondern nur die Hauptbegebenheiten derselben gesetzt seyen, welche als solche eben nur daran erkennbar sind, daß sie ihren Einfluß bis auf die jetzige Zeit und bis auf die Individualität jedes einzelnen erstreckt haben, so erwiedern wir erstens, daß es auch nur für den, und auch für diesen nur insoweit eine Geschichte gibt, auf welchen, und insoweit auf ihn die Vergangenheit gewirkt hat, zweitens, daß, was nur je in der Geschichte *gewesen* ist, auch wirklich mit dem individuellen Bewußtseyn eines jeden, nur nicht eben unmittelbar, wohl aber durch unendlich viele Zwischenglieder hindurch, dergestalt zusammenhange, oder zusammenhangen werde, daß, wenn man jene Zwischenglieder aufzeigen könnte, auch offenbar würde, daß, um dieses Bewußtseyn zusammenzusetzen, die *ganze* Vergangenheit nothwendig war. Nun ist aber freilich gewiß, daß, so wie der größte Theil der Menschen in jedem Zeitalter, ebenso auch eine Menge von Begebenheiten niemals eine Existenz in der Welt gehabt hat, in welche eigentlich die Geschichte gehört. Denn so wenig es zum Andenken bei der Nachwelt genug ist, sich nur als physische Ursache durch physische Wirkungen zu verewigen, so wenig läßt sich auch eine Existenz in der Geschichte dadurch erwerben, daß man bloß intellektuelles Produkt, oder bloßes Mittelglied ist, durch welches als ein bloßes Medium die von der Vergangenheit erworbene Cultur auf die Nachwelt übergeht, ohne daß man selbst Ursache einer neuen Zukunft wäre. Allerdings also ist mit dem Bewußtseyn jeder Individualität nur so viel gesetzt, als bis jetzt fortgewirkt hat, aber eben dieß ist auch das Einzige, was in die Geschichte gehört und in der Geschichte gewesen ist.

Was nun aber die transscendentale *Nothwendigkeit* der Geschichte betrifft, so ist sie in dem Vorhergehenden schon dadurch abgeleitet, daß den Vernunftwesen die universelle rechtliche Verfassung als ein Problem aufgegeben ist, was nur durch die ganze Gattung, d. h. eben nur durch Geschichte realisirbar ist. Wir begnügen uns also hier nur noch den Schluß zu ziehen, daß das einzig wahre Objekt der Historie nur das allmähliche Entstehen der weltbürgerlichen Verfassung seyn kann, denn eben diese ist der einzige Grund einer Geschichte. Alle andere Geschichte, die nicht universell ist, kann nur pragmatisch, d. h. nach dem schon den Alten angegebenen Begriff auf einen bestimmten empirischen Zweck gerichtet seyn. Dagegen ist umgekehrt eine pragmatische Universalgeschichte ein in sich widersprechender Begriff. Alles übrige aber, was sonst gewöhnlich in die Historie aufgenommen wird, Fortgang der Künste, der Wissenschaften u. s. w. gehört eigentlich gar nicht in die Historie *κατ' ἐξοχήν*, oder dient doch in derselben bloß entweder als Document oder als Mittelglied, weil auch die Entdeckungen in Künsten und Wissenschaften hauptsächlich dadurch, daß sie die Mittel sich wechselseitig zu schaden vervielfältigen und erhöhen, und eine Menge anderer vorher ungekannter Uebel herbeiführen, dazu dienen den Fortschritt der Menschheit zur Errichtung einer allgemeinen Rechtsverfassung zu beschleunigen.

B.

Daß im Begriff der Geschichte der Begriff einer unendlichen Progressivität liege, ist in dem Vorhergehenden hinlänglich bewiesen. Daraus kann aber freilich nicht unmittelbar auf die unendliche Perfektibilität der Menschengattung ein Schluß gezogen werden, da diejenigen, welche sie leugnen, ebenso gut auch behaupten könnten, daß der Mensch so wenig als das Thier eine Geschichte habe, sondern daß er auf einen ewigen Cirkel von Handlungen eingeschlossen sey, in welchen er sich, wie Ixion um sein Rad, unaufhörlich bewege, und unter continuirlichen Oscillationen und bisweilen selbst unter scheinbaren Abweichungen von der krummen Linie doch immer wieder an den Punkt zurückfinde, von welchem er ausgegangen war. Um so weniger aber läßt sich über diese Frage ein kluges Resultat erwarten, da diejenigen, welche dafür oder dawider sich vernehmen lassen, über den Maßstab, nach welchem die Fortschritte gemessen werden sollen, in der größten Verworrenheit sich befinden, indem einige auf die moralischen Fortschritte der Menschheit reflektiren, wovon wir wohl den Maßstab zu besitzen wünschten, andere auf den Fortschritt in Künsten und Wissenschaften, welcher aber, von dem historischen (praktischen) Standpunkt aus betrachtet, eher ein Rückschritt, oder wenigstens ein anti-historischer Fortschritt ist, worüber wir uns auf die Geschichte selbst und auf das Urtheil und Beispiel der Nationen, welche in historischem Sinn die klassischen sind (z. B. die Römer), berufen können. Wenn aber das einzige Objekt der Geschichte das allmähliche Realisiren der Rechtsverfassung ist, so bleibt uns auch als historischer Maßstab der Fortschritte des Menschengeschlechts nur die allmähliche Annäherung zu diesem Ziel übrig, dessen endliche Erreichung aber weder aus Erfahrung, soweit sie bis jetzt abgelaufen ist, geschlossen, noch auch theoretisch a priori bewiesen werden kann, sondern nur ein ewiger Glaubensartikel des wirkenden und handelnden Menschen seyn wird.

C.

Wir gehen jetzt aber zu dem Hauptcharakter der Geschichte über, daß sie Freiheit und Nothwendigkeit in Vereinigung darstellen und nur durch diese Vereinigung möglich seyn soll.

Nun ist es aber eben diese Vereinigung von Freiheit und Gesetzmäßigkeit im Handeln, welche wir von einer ganz andern Seite her, als bloß aus dem Begriff der Geschichte, bereits als nothwendig deducirt haben.

Die allgemeine Rechtsverfassung ist Bedingung der Freiheit, weil es ohne sie für die Freiheit keine Bürgschaft gibt. Denn die Freiheit, welche nicht durch eine allgemeine Naturordnung garantirt ist, existirt nur precär, und ist, wie in den meisten unserer jetzigen Staaten, eine nur parasitisch gedeihende Pflanze, welche einer nothwendigen Inconsequenz gemäß im Allgemeinen geduldet wird, doch so, daß der Einzelne seiner Freiheit nie sicher ist. So soll es nicht seyn. Die Freiheit soll keine Vergünstigung seyn, oder ein Gut, das nur gleich einer verbotenen Frucht genossen werden darf. Die Freiheit muß garantirt seyn durch eine Ordnung, welche so offen und so unveränderlich ist wie die der Natur.

Nun kann doch aber diese Ordnung nur durch Freiheit realisirt werden, und ihre Errichtung ist einzig und allein der Freiheit anvertraut. Dieß ist ein Widerspruch. Was erste Bedingung der äußeren Freiheit ist, ist eben deßwegen nothwendig wie die Freiheit selbst. Gleichwohl ist es nur durch Freiheit zu realisiren, d. h. sein Entstehen ist dem Zufall überlassen. Wie ist dieser Widerspruch zu vereinigen?

Er ist nur dadurch zu vereinigen, daß in der Freiheit selbst wieder Nothwendigkeit ist; aber wie läßt sich wiederum eine solche Vereinigung denken?

Wir kommen hier auf das höchste, zwar im Vorhergehenden (II.) bereits ausgesprochene, aber nicht aufgelöste Problem der Transscendental-Philosophie.

Freiheit soll Nothwendigkeit, Nothwendigkeit Freiheit seyn. Nun ist aber Nothwendigkeit im Gegensatz gegen Freiheit nichts anderes als das Bewußtlose. Was bewußtlos in mir ist, ist unwillkürlich; was mit Bewußtseyn, ist durch mein Wollen in mir.

In der Freiheit soll wieder Nothwendigkeit seyn, heißt also ebenso viel als: durch die Freiheit selbst, und indem ich frei zu handeln glaube, soll bewußtlos, d. h. ohne mein Zuthun, entstehen, was ich nicht beabsichtigte; oder anders ausgedrückt: der bewußten, also jener freibestimmenden Thätigkeit, die wir früher abgeleitet haben, soll eine bewußtlose entgegenstehen, durch welche der uneingeschränktesten Aeußerung der Freiheit unerachtet etwas ganz unwillkürlich, und vielleicht selbst wider den Willen des Handelnden, entsteht, was er selbst durch sein Wollen nie hätte realisiren können. Dieser Satz, so paradox er auch scheinen möchte, ist doch nichts anderes als nur der transscendentale Ausdruck des allgemein angenommenen und vorausgesetzten Verhältnisses der Freiheit zu einer verborgenen Nothwendigkeit, die bald Schicksal, bald Vorsehung genannt wird, ohne daß bei dem einen oder dem andern etwas Deutliches gedacht würde, jenes Verhältnisses, kraft dessen Menschen durch ihr freies Handeln selbst, und doch wider ihren Willen, Ursache von etwas werden müssen, was sie nie gewollt, oder kraft dessen umgekehrt etwas mißlingen und zu Schanden werden muß, was sie durch Freiheit und mit Anstrengung aller ihrer Kräfte gewollt haben.

Ein solches Eingreifen einer verborgenen Nothwendigkeit in die menschliche Freiheit wird vorausgesetzt nicht etwa nur von der tragischen Kunst, deren ganze Existenz auf jener Voraussetzung beruht, sondern selbst im Wirken und Handeln; es ist eine Voraussetzung, ohne die man nichts Rechtes wollen kann, und ohne welche kein um die Folgen ganz unbekümmerter Muth, zu handeln wie die Pflicht gebietet, ein menschliches Gemüth begeistern könnte; denn wenn keine Aufopferung möglich ist, ohne die Ueberzeugung, daß die Gattung, zu der man gehört, nie aufhören könne fortzuschreiten, wie ist denn diese Ueberzeugung möglich, wenn sie einzig und allein auf die Freiheit gebaut ist? Es muß hier etwas seyn, das höher ist denn menschliche Freiheit, und auf welches allein im Wirken und Handeln sicher gerechnet werden kann; ohne welches nie ein Mensch wagen könnte, eine Handlung von großen Folgen zu unternehmen, da selbst die vollkommenste Berechnung derselben durch den Eingriff fremder Freiheit so durchaus gestört werden kann, daß aus seiner Handlung etwas ganz anderes resultiren kann, als er beabsichtigte. Die Pflicht selbst kann mir nicht gebieten, in Ansehung der Folgen meiner Handlungen ganz ruhig zu seyn, sobald sie entschieden hat, wenn nicht mein Handeln zwar von mir, d. h. von meiner Freiheit, die Folgen meiner Handlungen aber, oder das, was sich aus ihnen für mein ganzes Geschlecht entwickeln wird, gar nicht von meiner Freiheit, sondern von etwas ganz anderem und Höherem abhängig sind.

Es ist also eine Voraussetzung, die selbst zum Behuf der Freiheit nothwendig ist, daß der Mensch zwar, was das Handeln selbst betrifft, frei, was aber das endliche Resultat seiner Handlungen betrifft, abhängig sey von einer Nothwendigkeit, die über ihm ist, und die selbst im Spiel seiner Freiheit die Hand hat. Diese Voraussetzung nun soll transscendental erklärt werden. Sie aus der Vorsehung oder aus dem Schicksal erklären, heißt, sie gar nicht erklären, denn Vorsehung oder Schicksal ist eben das, was erklärt werden soll. An der Vorsehung zweifeln wir nicht; ebensowenig an dem, was ihr Schicksal nennt, denn wir fühlen seine Eingriffe in unserem eigenen Handeln, im Gelingen und Mißlingen unserer eigenen Entwürfe. Aber was ist denn dieses Schicksal?

Wenn wir das Problem auf transscendentale Ausdrücke reduciren, so heißt es so viel: wie kann uns, indem wir völlig frei, d. h. mit Bewußtseyn, handeln, bewußtlos etwas entstehen, was wir nie beabsichtigten, und was die sich selbst überlassene Freiheit nie zu Stande gebracht hätte?

Was mir ohne Absicht entsteht, entsteht wie die objektive Welt; nun soll mir ja aber durch mein freies Handeln auch etwas Objektives, eine zweite Natur, die Rechtsordnung, entstehen. Aber durch ein freies Handeln kann mir nichts Objektives entstehen, denn alles Objektive als solches entsteht bewußtlos. Wie also jenes zweite Objektive durch freies Handeln entstehen könne, wäre unbegreiflich, wenn nicht der bewußten Thätigkeit eine bewußtlose entgegenstünde.

Aber ein Objektives entsteht mir bewußtlos nur im Anschauen, also heißt jener Satz so viel: das Objektive in meinem freien Handeln muß eigentlich ein Anschauen seyn; wodurch wir denn auf einen früheren Satz zurückkommen, der zum Theil schon erläutert ist, zum Theil aber seine vollkommene Deutlichkeit erst hier erlangen kann.

Es bekommt nämlich hier das Objektive im Handeln eine ganz andere Bedeutung, als es bisher gehabt hat. Nämlich alle meine Handlungen gehen als auf ihren letzten Zweck auf etwas, das nicht durch das Individuum allein, sondern nur *durch die ganze Gattung* realisirbar ist; wenigstens sollen alle meine Handlungen darauf gehen. Der Erfolg meiner Handlungen ist also nicht von mir, sondern vom Willen aller übrigen abhängig, und ich vermag nichts zu jenem Zweck, wenn nicht alle denselben Zweck wollen. Aber dieß eben ist zweifelhaft und ungewiß, ja unmöglich, da bei weitem die meisten sich jenen Zweck nicht einmal denken. Wie läßt sich nun aus dieser Ungewißheit herauskommen? Man könnte sich hier etwa unmittelbar auf eine moralische Weltordnung getrieben glauben, und eine solche als Bedingung der Erreichung jenes Zwecks postuliren. Allein wie will man den Beweis führen, daß diese moralische Weltordnung als objektiv, als schlechthin unabhängig von der Freiheit existirend gedacht werden könne? Die moralische Weltordnung, kann man sagen, existirt, sobald wir sie errichten, aber wo ist sie denn errichtet? Sie ist der gemeinschaftliche Effekt aller Intelligenzen, sofern nämlich alle mittelbar oder unmittelbar nichts anderes als eben eine solche Ordnung wollen. Solang dieß nicht der Fall ist, existirt sie auch nicht. Jede einzelne Intelligenz kann betrachtet werden als ein integrirender Theil Gottes, oder der moralischen Weltordnung. Jedes Vernunftwesen kann sich selbst sagen: auch mir ist die Ausführung des Gesetzes, und die Ausübung des Rechts in meinem Wirkungskreise anvertraut, und auch mir ist ein Theil der moralischen Weltregierung übertragen, aber was bin ich gegen die vielen? Jene Ordnung existirt nur, insofern alle anderen mit mir gleich denken, und jeder sein göttliches Recht ausübt, die Gerechtigkeit herrschend zu machen.

Also: entweder berufe ich mich auf eine *moralische* Weltordnung, so kann ich sie nicht als absolut objektiv denken, oder ich verlange etwas schlechthin Objektives, was schlechthin unabhängig von der *Freiheit* den Erfolg der Handlungen für den höchsten Zweck sichere und gleichsam garantire, so sehe ich mich, weil das einzig Objektive im Wollen das Bewußtlose ist, auf ein *Bewußtloses* getrieben, durch welches der äußere Erfolg aller Handlungen gesichert seyn muß.

Denn nur dann, wenn in dem willkürlichen, d. h. völlig gesetzlosen, Handeln der Menschen wieder eine bewußtlose Gesetzmäßigkeit herrscht, kann ich an eine endliche Vereinigung aller Handlungen zu einem gemeinschaftlichen Zweck denken. Aber Gesetzmäßigkeit ist nur im Anschauen, also ist jene Gesetzmäßigkeit nicht möglich, wenn nicht das, was uns als ein freies Handeln erscheint, objektiv, oder an sich betrachtet, ein Anschauen ist.

Nun ist ja aber hier nicht vom Handeln des Individuums, sondern vom Handeln der *ganzen Gattung* die Rede. Jenes zweite Objektive, was uns entstehen soll, kann nur durch die Gattung, d. h. in der Geschichte, realisirt werden. Die Geschichte aber objektiv angesehen ist nichts anderes als eine Reihe von Begebenheiten, die nur subjektiv als eine Reihe freier Handlungen erscheint. Das Objektive in der Geschichte ist also allerdings ein Anschauen, aber nicht ein Anschauen des Individuums, denn nicht das Individuum handelt in der Geschichte, sondern die Gattung; also müßte das Anschauende, oder das Objektive der Geschichte Eines seyn für die ganze Gattung.

Nun handelt aber doch jedes einzelne Individuum, obgleich das Objektive in allen Intelligenzen dasselbe ist, absolut frei, es würden also die Handlungen verschiedener Vernunftwesen nicht nothwendig zusammenstimmen, vielmehr, je freier das Individuum, desto mehr Widerspruch würde im Ganzen seyn, wenn nicht jenes Objektive, allen Intelligenzen Gemeinschaftliche eine absolute Synthesis wäre, in welcher alle Widersprüche zum voraus aufgelöst und aufgehoben sind. — Daß aus dem völlig gesetzlosen Spiel der Freiheit, das jedes freie Wesen, als ob kein anderes außer ihm wäre, für sich treibt (welches immer als Regel angenommen werden muß), doch am Ende etwas Vernünftiges und Zusammenstimmendes herauskomme, was ich bei jedem Handeln vorauszusetzen genöthigt bin, ist nicht zu begreifen, wenn nicht das Objektive in allem Handeln etwas Gemeinschaftliches ist, durch welches alle Handlungen der Menschen zu Einem harmonischen Ziel gelenkt werden, so, daß sie, wie sie sich auch anstellen mögen, und wie ausgelassen sie ihre Willkür üben, doch ohne, und selbst wider ihren Willen, durch eine ihnen verborgene Nothwendigkeit, durch welche es zum voraus bestimmt ist, daß sie eben durch das Gesetzlose des Handelns, und je gesetzloser es ist, desto gewisser, eine Entwicklung des Schauspiels herbeiführen, die sie selbst nicht beabsichtigen konnten, dahin müssen, wo sie nicht hin wollten. Diese Nothwendigkeit selbst aber kann nur gedacht werden durch eine absolute Synthesis aller Handlungen, aus welcher alles, was geschieht, also auch die ganze Geschichte sich entwickelt, und in welcher, weil sie absolut ist, alles zum voraus so abgewogen und berechnet ist, daß alles, was auch geschehen mag, so widersprechend und disharmonisch es scheinen mag, doch in ihr seinen Vereinigungsgrund habe und finde. Diese absolute Synthesis selbst aber muß in das Absolute gesetzt werden, was das Anschauende und ewig und allgemein Objektive in allem freien Handeln ist.

Nun führt uns aber diese ganze Ansicht doch nur auf einen Naturmechanismus, durch welchen der letzte Erfolg aller Handlungen gesichert, und durch welchen alle ohne Zuthun der Freiheit auf das höchste Ziel der ganzen Gattung gerichtet werden. Denn das ewig und allein Objektive für alle Intelligenzen ist eben die Gesetzmäßigkeit der Natur oder des Anschauens, welches im Wollen etwas von der Intelligenz schlechthin Unabhängiges wird. Diese Einheit des Objektiven für alle Intelligenzen erklärt mir nun aber bloß eine Prädetermination der ganzen Geschichte für die Anschauung durch eine absolute Synthesis, deren bloße Entwicklung in verschiedenen Reihen die Geschichte ist; nicht aber, wie mit dieser objektiven Prädetermination aller Handlungen die Freiheit des Handelns selbst zusammenstimme; jene Einheit erklärt uns also auch nur die Eine Bestimmung im Begriff der Geschichte, nämlich die Gesetzmäßigkeit, welche, wie jetzt erhellt, bloß in Ansehung des Objektiven im Handeln stattfindet (weil nämlich dieses wirklich zur Natur gehört, also ebenso gesetzmäßig seyn muß, als es die Natur ist, weßhalb es auch völlig unnütz wäre, diese objektive Gesetzmäßigkeit des Handelns durch Freiheit hervorbringen zu wollen, da sie ganz mechanisch und gleichsam von selbst sich hervorbringt); aber jene Einheit erklärt mir nicht die andere Bestimmung, nämlich die Coexistenz der Gesetzlosigkeit, d. h. der Freiheit, mit der Gesetzmäßigkeit; mit anderen Worten, sie läßt uns noch immer unerklärt, wodurch denn die Harmonie zwischen jenem Objektiven, was ganz unabhängig von der Freiheit durch seine eigene Gesetzmäßigkeit hervorbringt, was es hervorbringt, und dem Freibestimmenden gestiftet sey.

Es stehen sich auf dem gegenwärtigen Reflexionspunkt einander gegenüber — auf der einen Seite die Intelligenz an sich (das absolut Objektive, allen Intelligenzen Gemeinschaftliche), auf der andern das Freibestimmende, schlechthin Subjektive. Durch die Intelligenz an sich ist die objektive Gesetzmäßigkeit der Geschichte ein für allemal prädeterminirt, aber, da das Objektive und das Freibestimmende ganz voneinander unabhängig, jedes nur von sich abhängig ist, — woher bin ich gewiß, daß die objektive Prädetermination, und die Unendlichkeit des durch Freiheit Möglichen sich wechselseitig erschöpfen, daß also jenes Objektive wirklich eine absolute Synthesis für das Ganze aller freien

Handlungen sey? und wodurch wird denn nun, da die Freiheit absolut ist, und durch das Objektive schlechthin nicht bestimmt seyn kann, doch die fortwährende Uebereinstimmung zwischen beiden gesichert? Wenn das Objektive immer das Bestimmte ist, wodurch ist es denn nun gerade so bestimmt, daß es zu der Freiheit, welche nur in der Willkür sich äußert, objektiv hinzubringt, was in ihr selbst nicht liegen kann, nämlich das Gesetzmäßige? Eine solche prästabilirte Harmonie des Objektiven (Gesetzmäßigen) und des Bestimmenden (Freien) ist allein denkbar durch etwas Höheres, was über beiden ist, was also weder Intelligenz noch frei, sondern gemeinschaftliche Quelle des Intelligenten zugleich und des Freien ist.

Wenn nun jenes Höhere nichts anderes ist als der Grund der Identität zwischen dem absolut Subjektiven und dem absolut Objektiven, dem Bewußten und dem Bewußtlosen, welche eben zum Behuf der Erscheinung im freien Handeln sich trennen, so kann jenes Höhere selbst weder Subjekt noch Objekt, auch nicht beides zugleich, sondern nur die absolute Identität seyn, in welcher gar keine Duplicität ist, und welche eben deßwegen, weil die Bedingung alles Bewußtseyns Duplicität ist, nie zum Bewußtseyn gelangen kann. Dieses ewig Unbewußte, was, gleichsam die ewige Sonne im Reich der Geister, durch sein eignes ungetrübtes Licht sich verbirgt, und obgleich es nie Objekt wird, doch allen freien Handlungen seine Identität aufdrückt, ist zugleich dasselbe für alle Intelligenzen, die unsichtbare Wurzel, wovon alle Intelligenzen nur die Potenzen sind, und das ewig Vermittelnde des sich selbst bestimmenden Subjektiven in uns und des Objektiven oder Anschauenden, zugleich der Grund der Gesetzmäßigkeit in der Freiheit und der Freiheit in der Gesetzmäßigkeit des Objektiven.

Es ist nun aber leicht einzusehen, daß es für jenes absolut-Identische, das schon im ersten Akt des Bewußtseyns sich trennt, und durch diese Trennung das ganze System der Endlichkeit hervorbringt, überhaupt keine Prädicate geben kann, denn es ist das absolut-Einfache, auch keine Prädicate, die vom Intelligenten, oder vom Freien hergenommen wären, daß es also auch nie Objekt des Wissens, sondern nur des ewigen Voraussetzens im Handeln, d. h. des Glaubens, seyn kann.

Wenn nun aber jenes Absolute der eigentliche Grund der Harmonie zwischen dem Objektiven und dem Subjektiven im freien Handeln, nicht nur des Individuums, sondern der ganzen Gattung ist, so werden wir die Spur dieser ewigen und unveränderlichen Identität am ehesten in der Gesetzmäßigkeit finden, welche als das Gewebe einer unbekannten Hand durch das freie Spiel der Willkür in der Geschichte sich hindurchzieht.

Richtet sich nun unsere Reflexion nur auf das Bewußtlose oder Objektive in allem Handeln, so müssen wir alle freie Handlungen, also auch die ganze Geschichte, als schlechthin prädeterminirt annehmen, nicht durch eine bewußte, sondern durch eine völlig blinde Vorherbestimmung, die durch den dunkeln Begriff des Schicksals ausgedrückt wird, welches das System des Fatalismus ist. Richtet sich die Reflexion allein auf das Subjektive, willkürlich Bestimmende, so entsteht uns ein System der absoluten Gesetzlosigkeit, das eigentliche System der Irreligion und des Atheismus, nämlich die Behauptung, daß in allem Thun und Handeln kein Gesetz und keine Nothwendigkeit sey. Erhebt sich aber die Reflexion bis zu jenem Absoluten, was der gemeinschaftliche Grund der Harmonie zwischen der Freiheit und dem Intelligenten ist, so entsteht uns das System der Vorsehung, d. h. Religion, in der einzig wahren Bedeutung des Worts.

Wenn nun aber jenes Absolute, welches überall nur sich offenbaren kann, in der Geschichte wirklich und vollständig sich geoffenbart hätte, oder jemals sich offenbarte, so wäre es eben damit um die Erscheinung der Freiheit geschehen. Diese vollkommene Offenbarung würde erfolgen, wenn das freie Handeln mit der Prädetermination vollständig zusammenträfe. Wäre aber je ein solches Zusammentreffen, d. h. wäre die absolute Synthesis je vollständig entwickelt, so würden wir einsehen, daß alles, was durch Freiheit im Verlauf der Geschichte geschehen ist, in diesem Ganzen gesetzmäßig war, und daß alle Handlungen, obgleich sie frei zu seyn schienen, doch nothwendig waren, eben um dieses Ganze hervorzubringen. Der Gegensatz zwischen der bewußten und der bewußtlosen Thätigkeit ist nothwendig ein unendlicher, denn wäre er je aufgehoben, so wäre auch die Erscheinung der Freiheit aufgehoben, welche einzig und allein auf ihm beruht. Wir können uns also keine Zeit denken, in welcher sich die absolute Synthesis, d. h., wenn wir uns empirisch ausdrücken, der Plan der Vorsehung, vollständig entwickelt hätte.

Wenn wir uns die Geschichte als ein Schauspiel denken, in welchem jeder, der daran Theil hat, ganz frei und nach Gutdünken seine Rolle spielt, so läßt sich eine vernünftige Entwicklung dieses verworrenen Spiels nur dadurch denken, daß es Ein Geist ist, der in allen dichtet, und daß der Dichter, dessen bloße Bruchstücke (disjecti membra poëtae) die einzelnen Schauspieler sind, den objektiven Erfolg des Ganzen mit dem freien Spiel aller einzelnen schon zum voraus so in Harmonie gesetzt hat, daß am Ende wirklich etwas Vernünftiges herauskommen muß. Wäre nun aber der Dichter unabhängig von seinem Drama, so wären wir nur die Schauspieler, die ausführen, was er gedichtet hat. Ist er nicht unabhängig von uns, sondern offenbart und enthüllt er sich nur successiv durch das Spiel unserer Freiheit selbst, so daß ohne diese Freiheit auch er selbst nicht wäre, so sind wir Mitdichter des Ganzen, und Selbsterfinder der besonderen Rolle, die wir spielen. — Der letzte Grund der Harmonie zwischen der Freiheit und dem Objektiven (Gesetzmäßigen) kann also nie vollständig objektiv werden, wenn die Erscheinung der Freiheit bestehen soll. — Durch jede einzelne Intelligenz handelt das Absolute, d. h. ihr Handeln ist *selbst* absolut, insofern weder frei noch unfrei, sondern beides zugleich, *absolut*-frei, und eben deßwegen auch nothwendig. Aber wenn nun die Intelligenz aus dem absoluten Zustand, d. h. aus der allgemeinen Identität, in welcher sich nichts unterscheiden läßt, heraustritt, und sich ihrer bewußt wird (sich selbst unterscheidet), welches dadurch geschieht, daß ihr Handeln ihr objektiv wird, übergeht in die objektive Welt, so trennt sich das Freie und Nothwendige in demselben. Frei ist es nur als innere Erscheinung, und darum sind wir, und glauben wir innerlich immer frei zu seyn, obgleich die Erscheinung unserer Freiheit, oder unsere Freiheit, insofern sie übergeht in die objektive Welt, ebenso unter Naturgesetze tritt wie jede andere Begebenheit.

Es folgt nun aus dem Bisherigen von selbst, welche Ansicht der Geschichte die einzig wahre ist. Die Geschichte als Ganzes ist eine fortgehende, allmählich sich enthüllende Offenbarung des Absoluten. Also man kann in der Geschichte nie die einzelne Stelle bezeichnen, wo die Spur der Vorsehung oder Gott selbst gleichsam sichtbar ist. Denn Gott *ist* nie, wenn Seyn das ist, was in der objektiven Welt sich darstellt; *wäre er*, so wären *wir* nicht: aber er *offenbart* sich fortwährend. Der Mensch führt durch seine Geschichte einen fortgehenden Beweis von dem Daseyn Gottes, einen Beweis, der aber nur durch die ganze Geschichte vollendet seyn kann. Es kommt alles darauf an, daß man jene Alternative einsehe. Ist Gott, d. h. ist die objektive Welt eine vollkommene Darstellung Gottes, oder was dasselbe ist, des vollständigen Zusammentreffens des Freien mit dem Bewußtlosen, so kann nichts *anders* seyn, als es ist. Aber die objektive Welt ist es ja nicht. Oder ist sie etwa wirklich eine vollständige Offenbarung Gottes? — Ist nun die Erscheinung der Freiheit nothwendig unendlich, so ist auch die vollständige Entwicklung der absoluten Synthesis eine unendliche, und die Geschichte selbst eine nie ganz geschehene Offenbarung jenes Absoluten, das zum Behuf des Bewußtseyns, also auch nur zum Behuf der Erscheinung, in das Bewußte und Bewußtlose, Freie und Anschauende sich trennt, *selbst* aber in dem unzugänglichen Lichte, in welchem es wohnt, die ewige Identität und der ewige Grund der Harmonie zwischen beiden ist.

Wir können drei Perioden jener Offenbarung, also auch drei Perioden der Geschichte annehmen. Den Eintheilungsgrund dazu geben uns die beiden Gegensätze, Schicksal und Vorsehung, zwischen welchen in der Mitte die Natur steht, welche den Uebergang von dem einen zum andern macht.

Die erste Periode ist die, in welcher das Herrschende nur noch als Schicksal, d. h. als völlig blinde Macht, kalt und bewußtlos auch das Größte und Herrlichste zerstört; in diese Periode der Geschichte, welche wir die tragische nennen können, gehört der Untergang des Glanzes und der Wunder der alten Welt, der Sturz jener großen Reiche, von denen kaum das Gedächtniß übrig geblieben, und auf deren Größe wir nur aus ihren Ruinen schließen, der Untergang der edelsten Menschheit, die je geblüht hat, und deren Wiederkehr auf die Erde nur ein ewiger Wunsch ist.

Die zweite Periode der Geschichte ist die, in welcher, was in der ersten als Schicksal, d. h. als völlig blinde Macht, erschien, als Natur sich offenbart, und das dunkle Gesetz, das in jener herrschend war, wenigstens in ein offenes Naturgesetz verwandelt erscheint, das die Freiheit und die ungezügeltste Willkür zwingt einem Naturplan zu dienen, und so allmählich wenigstens eine mechanische Gesetzmäßigkeit in der Geschichte herbeiführt. Diese Periode scheint von der Ausbreitung der großen römischen Republik zu beginnen, von welcher an die ausgelassenste Willkür in allgemeiner Eroberungs- und Unterjochungssucht sich äußernd, indem sie zuerst allgemein die Völker untereinander verband, und was bis jetzt von Sitten und Gesetzen, Künsten und Wissenschaften nur abgesondert unter einzelnen Völkern bewahrt wurde, in wechselseitige Berührung brachte, bewußtlos, und selbst wider ihren Willen, einem Naturplan zu dienen gezwungen wurde, der in seiner vollständigen Entwicklung den allgemeinen Völkerbund und den universellen Staat herbeiführen muß. Alle Begebenheiten, die in diese Periode fallen, sind daher auch als bloße Naturerfolge anzusehen, so wie selbst der Untergang des römischen Reichs weder eine tragische noch moralische Seite hat, sondern nach Naturgesetzen nothwendig, und eigentlich nur ein an die Natur entrichteter Tribut war.

Die dritte Periode der Geschichte wird die seyn, wo das, was in den früheren als Schicksal und als Natur erschien, sich als Vorsehung entwickeln und offenbar werden wird, daß selbst das, was bloßes Werk des Schicksals oder der Natur zu seyn schien, schon der Anfang einer auf unvollkommene Weise sich offenbarenden Vorsehung war.

Wann diese Periode beginnen werde, wissen wir nicht zu sagen. Aber wenn diese Periode seyn wird, dann wird auch Gott seyn.

F.

Aufgabe:

zu erklären, wie das Ich selbst der ursprünglichen Harmonie zwischen Subjektivem und Objektivem bewußt werden könne.

Auflösung.

I.

1) Alles Handeln ist nur zu begreifen durch eine ursprüngliche Vereinigung von Freiheit und Nothwendigkeit[1]. Der Beweis ist, daß jedes Handeln, sowohl das des Individuums, als das der ganzen Gattung, als Handeln frei, als objektiver Erfolg aber als unter Naturgesetzen stehend gedacht werden muß. Subjektiv also, für die innere Erscheinung handeln wir, objektiv handeln nie wir, sondern ein anderes gleichsam durch uns.

2) Dieses Objektive, was durch mich handelt, soll nun aber doch wieder ich[2] seyn. Nun bin aber ich nur das Bewußte, jenes andere dagegen das Unbewußte. Also das Unbewußte in meinem Handeln soll identisch seyn mit dem Bewußten. Nun läßt sich aber doch diese Identität im freien Handeln selbst nicht nachweisen, denn eben zum Behuf des freien Handelns (d. h. des Objektivwerdens jenes Objektiven)[3] hebt sie sich auf. Also müßte jene Identität jenseits dieses Objektivwerdens aufgezeigt werden[4]. Aber was im freien Handeln das Objektive, von uns unabhängig, wird, ist diesseits des Erscheinens das Anschauen, also müßte sich jene Identität im Anschauen nachweisen lassen.

Nun läßt sie sich aber im Anschauen selbst nicht nachweisen. Denn entweder ist das Anschauen schlechthin subjektiv, also überhaupt nicht objektiv, oder es wird objektiv [im Handeln], so hat sich in ihm eben

Von hier an sind in ein Handexemplar des Verfassers Zusätze, beziehungsweise Correkturen, hineingeschrieben, welche in den folgenden Noten mitgetheilt werden (einzelnes auch im Text mit [ ]). D. H.

[1] das absolute Postulat alles Handelns ist eine ursprüngliche......

[2] das Freie.

[3] Die Parenthese ist im Handexemplar gestrichen.

[4] jenseits des freien Handelns, jenseits des Punkts aufgezeigt werden, wo mir das Bewußtlose als objektiv gegenübertritt.

zum Behuf des Objektivwerdens jene Identität aufgehoben. Also müßte jene Identität nur etwa in den Produkten des Anschauens nachgewiesen werden.

In dem Objektiven der zweiten Ordnung kann jene Identität nicht aufgezeigt werden, da es eben nur durch Aufhebung derselben, und durch eine Trennung, welche unendlich ist, zu Stande kommt. Dieses Objektive kann freilich nicht anders erklärt werden, als durch die Annahme, daß es ein ursprünglich in Harmonie Gesetztes ist, was im freien Handeln zum Behuf des Erscheinens sich trennt. Dieses Identische soll nun aber erst für das Ich selbst nachgewiesen werden, und da es Erklärungsgrund der Geschichte ist, kann es nicht hinwiederum aus der Geschichte bewiesen werden.

Jene Identität könnte also nur aufgezeigt werden in dem Objektiven der ersten Ordnung.

Wir ließen die objektive Welt durch einen völlig blinden Mechanismus der Intelligenz entstehen. Wie nun aber ein solcher Mechanismus in einer Natur möglich sey, deren Grundcharakter das Bewußtseyn ist, wäre schwer zu begreifen, wenn nicht jener Mechanismus zum voraus schon durch die freie und bewußte Thätigkeit bestimmt wäre. Ebensowenig wäre zu begreifen, wie je ein Realisiren unserer Zwecke in der Außenwelt durch bewußte und freie Thätigkeit möglich wäre, wenn nicht in die Welt, noch ehe sie Objekt eines bewußten Handelns wird, schon kraft jener ursprünglichen Identität der bewußtlosen mit der bewußten Thätigkeit, die Empfänglichkeit für ein solches Handeln gelegt wäre.

Wenn nun aber alle bewußte Thätigkeit zweckmäßig ist, so kann jenes Zusammentreffen der bewußten und bewußtlosen Thätigkeit nur in einem solchen Produkt sich nachweisen lassen, das *zweckmäßig ist, ohne zweckmäßig hervorgebracht zu seyn.* Ein solches Produkt muß die Natur seyn, und dieß eben ist das Princip aller Teleologie, in welcher allein die Auflösung des gegebenen Problems gesucht werden kann[1].

[1] und die Natur, inwiefern sie dieß ist, ist für uns die erste Antwort auf die Frage: wie oder wodurch jene zur Möglichkeit des Handelns postulirte absolute Harmonie der Nothwendigkeit und der Freiheit wieder uns selbst objektiv werden könne.

Fünfter Hauptabschnitt.

Hauptsätze der Teleologie nach Grundsätzen des transscendentalen Idealismus.

So gewiß als die Erscheinung der Freiheit nur zu begreifen ist durch Eine identische Thätigkeit, welche bloß zum Behuf des Erscheinens sich in bewußte und bewußtlose getrennt hat[1], so gewiß muß die Natur, als das [was jenseits jener Trennung liegt und] ohne Freiheit Hervorgebrachte erscheinen als ein Produkt, das zweckmäßig ist, ohne einem Zweck gemäß hervorgebracht zu seyn, d. h. als ein Produkt, das, obgleich Werk des blinden Mechanismus, doch so aussieht, als ob es mit Bewußtseyn hervorgebracht wäre.

Die Natur muß [a)] als zweckmäßiges Produkt erscheinen. Der transscendentale Beweis[2] wird geführt aus der nothwendigen Harmonie der bewußtlosen mit der bewußten Thätigkeit. Der Beweis aus der Erfahrung gehört nicht in die Transscendental-Philosophie, wir gehen daher sogleich zu dem zweiten Satz über. Nämlich

Die Natur ist [b)] nicht zweckmäßig der Produktion [Hervorbringung] nach, d. h., obgleich sie alle Charaktere eines zweckmäßigen Produkts an sich trägt, ist sie doch in ihrem Ursprung nicht

[1] durch Eine absolute Harmonie, welche sich zum Behuf des Erscheinens in bewußte und bewußtlose Thätigkeit getrennt hat.

[2] der speculative und ursprüngliche Beweis.

zweckmäßig, und durch das Bestreben, sie aus einer zweckmäßigen Produktion zu erklären, wird der Charakter der Natur, und eben das, was sie zur Natur macht, aufgehoben. Denn das Eigenthümliche der Natur beruht eben darauf, daß sie in ihrem Mechanismus, und obgleich selbst nichts als blinder Mechanismus, doch zweckmäßig ist. Hebe ich den Mechanismus auf, so hebe ich die Natur selbst auf. Der ganze Zauber, welcher z. B. die organische Natur umgibt, und den man erst mit Hülfe des transscendentalen Idealismus ganz zu durchdringen vermag, beruht auf dem Widerspruch, daß diese Natur, obgleich Produkt blinder Naturkräfte, doch durchaus und durchein zweckmäßig ist. Aber eben dieser Widerspruch, welcher durch die transscendentalen Grundsätze [die des Idealismus] a priori sich deduciren läßt, wird durch die teleologischen Erklärungsarten aufgehoben[1].

Die Natur in ihren zweckmäßigen Formen spricht figürlich zu uns, sagt Kant, die Auslegung ihrer Chiffernschrift gibt uns die Erscheinung der Freiheit in uns. In dem Naturprodukt ist noch beisammen, was sich im freien Handeln zum Behuf des Erscheinens getrennt hat. Jede Pflanze ist ganz, was sie seyn soll, das Freie in ihr ist nothwendig, und das Nothwendige frei. Der Mensch ist ein ewiges Bruchstück, denn entweder ist sein Handeln nothwendig, und dann nicht frei, oder frei, und dann nicht nothwendig und gesetzmäßig. Die vollständige Erscheinung der vereinigten Freiheit und Nothwendigkeit in der Außenwelt gibt mir also allein die organische Natur[2], und dieß ließ sich schon zum voraus aus der Stelle schließen, die sie in der Reihe von Produktionen in der theoretischen Philosophie einnimmt, indem sie unsern Ableitungen zufolge selbst schon ein objektiv gewordenes Produciren, insofern also an das freie Handeln grenzend, jedoch ein bewußtloses Anschauen des Producirens, insofern also selbst wieder ein blindes Produciren ist.

[1] denn in diesen wird die Natur als zweckmäßig in dem Sinn dargestellt, daß die Absicht der Hervorbringung hervorgezogen wird. Das Eigentliche aber ist, daß eben da, wo keine Absicht, kein Zweck ist, die höchste Zweckmäßigkeit erscheint.

[2] im einzelnen oder die Natur im Ganzen, welche ein absolut organisches Wesen ist.

Dieser Widerspruch nun, daß ein und dasselbe Produkt zugleich blindes Produkt und doch zweckmäßig sey, ist schlechthin in keinem System außer dem des transscendentalen Idealismus zu erklären, indem jedes andere entweder die Zweckmäßigkeit der Produkte oder den Mechanismus im Hervorbringen derselben leugnen, also eben jene Coexistenz aufheben muß. Entweder nimmt man an, die Materie bilde sich von selbst zu zweckmäßigen Produkten, wodurch wenigstens begreiflich wird, wie die Materie und der Zweckbegriff sich in den Produkten durchdringen, so schreibt man der Materie entweder absolute Realität bei, welches im Hylozoismus geschieht, ein widersinniges System, insofern es die Materie selbst als intelligent annimmt, oder nicht, so muß die Materie als die bloße Anschauungsweise eines intelligenten Wesens gedacht werden, so daß alsdann der Zweckbegriff und das Objekt eigentlich nicht in der Materie, sondern in der Anschauung jenes Wesens sich durchdringen, wo denn der Hylozoismus selbst wieder auf den transscendentalen Idealismus zurückführt. Oder man nimmt die Materie als absolut unthätig an, und läßt die Zweckmäßigkeit in ihren Produkten hervorgebracht seyn durch eine Intelligenz außer ihr, so nämlich, daß der Begriff dieser Zweckmäßigkeit der Produktion selbst vorangegangen, so ist nicht zu begreifen, wie der Begriff und das Objekt ins Unendliche sich durchdrungen, wie mit Einem Wort das Produkt nicht Kunstprodukt, sondern Naturprodukt sey. Denn der Unterschied des Kunst- und des Naturprodukts beruht eben darauf, daß in jenem der Begriff nur der Oberfläche des Objekts aufgedrückt, in diesem aber in das Objekt selbst übergegangen und von ihm schlechthin unzertrennlich ist. Diese absolute Identität des Zweckbegriffs mit dem Objekt selbst ist nun aber bloß aus einer Produktion zu erklären, in welcher bewußte und bewußtlose Thätigkeit sich vereinigen, aber eine solche ist wiederum nur in einer Intelligenz möglich. Nun läßt sich aber wohl begreifen, wie eine schöpferische Intelligenz sich selbst, nicht aber, wie sie anderen außer sich eine Welt darstellen könne. Also sehen wir uns hier wiederum auf den transscendentalen Idealismus zurückgetrieben.

Die Zweckmäßigkeit der Natur im Ganzen sowohl als in einzelnen Produkten läßt sich nur begreifen aus einer Anschauung, in welcher der Begriff des Begriffs und das Objekt selbst ursprünglich und ununterscheidbar vereinigt sind, denn alsdann wird das Produkt zwar erscheinen müssen als zweckmäßig, weil die Produktion selbst schon bestimmt war durch das Princip, welches in das Freie und nicht Freie zum Behuf des Bewußtseyns sich trennt, und doch kann wiederum der Zweckbegriff nicht als vorangegangen der Produktion gedacht werden, weil in jener Anschauung beide noch ununterscheidbar waren. Daß nun alle teleologischen Erklärungsarten, d. h. diejenigen, welche den Zweckbegriff, das der bewußten Thätigkeit Entsprechende, dem Objekt, welches der bewußtlosen Thätigkeit entspricht, vorangehen lassen, in der That alle wahre Naturerklärung aufheben, und dadurch für das Wissen in seiner Vollkommenheit selbst verderblich werden, erhellt aus dem Bisherigen von selbst so offenbar, daß es keiner weiteren Erklärung, auch nicht einmal durch Beispiele bedarf.

II.

Die Natur in ihrer blinden und mechanischen Zweckmäßigkeit repräsentirt mir allerdings eine ursprüngliche Identität der bewußten und der bewußtlosen Thätigkeit, aber sie repräsentirt mir jene Identität [doch] nicht als eine solche, deren letzter Grund im Ich selbst liegt. Der Transscendental-Philosoph sieht es wohl, daß das Princip derselben [dieser Harmonie] das Letzte in uns ist[1], was schon im ersten Akt des Selbstbewußtseyns sich trennt, und auf welches das ganze Bewußtseyn mit allen seinen Bestimmungen aufgetragen ist, aber das Ich selbst sieht es nicht. Nun war ja aber die Aufgabe der ganzen Wissenschaft eben die, wie dem Ich selbst der letzte Grund der Harmonie zwischen Subjektivem und Objektivem objektiv werde.

Es muß also in der Intelligenz selbst eine Anschauung sich aufzeigen lassen, durch welche in einer und derselben Erscheinung das Ich für sich selbst bewußt und bewußtlos zugleich ist, und erst durch

[1] das An sich, das Wesen der Seele.

eine solche Anschauung bringen wir die Intelligenz gleichsam ganz aus sich selbst heraus, erst durch eine solche ist also auch das ganze [das höchste] Problem der Transscendental-Philosophie (die Uebereinstimmung des Subjektiven und Objektiven zu erklären) gelöst.

Durch die erste Bestimmung, nämlich daß bewußte und bewußtlose Thätigkeit *in einer und derselben Anschauung* objektiv werden, unterscheidet sich diese Anschauung von der, welche wir in der praktischen Philosophie ableiten konnten[1], wo die Intelligenz nur für die innere Anschauung bewußt, für die äußere aber bewußtlos war.

Durch die zweite Bestimmung, nämlich daß das Ich in einer und derselben Anschauung *für sich selbst* bewußt und bewußtlos zugleich werde, unterscheidet sich die hier postulirte Anschauung von der, welche wir in den Naturprodukten haben, wo wir zwar jene Identität erkennen, aber nicht als Identität, deren Princip im Ich selbst liegt. Jede Organisation ist ein Monogramm[2] jener ursprünglichen Identität, aber um sich in diesem Reflex zu erkennen, muß das Ich sich unmittelbar schon in jener Identität erkannt haben.

Wir haben nichts zu thun, als die Merkmale dieser jetzt abgeleiteten Anschauung zu analysiren, um die Anschauung selbst zu finden, welche zum voraus zu urtheilen keine andere als die *Kunstanschauung* seyn kann.

[1] von der Selbstanschauung im *freien* Handeln.
[2] ein verschlungener Zug.

Sechster Hauptabschnitt.

Deduktion eines allgemeinen Organs der Philosophie, oder Hauptsätze der Philosophie der Kunst nach Grundsätzen des transscendentalen Idealismus.

---

§. 1.

Deduktion des Kunstprodukts überhaupt.

Die postulirte Anschauung soll zusammenfassen, was in der Erscheinung der Freiheit und was in der Anschauung des Naturprodukts getrennt existirt, nämlich Identität des Bewußten und Bewußtlosen im Ich und Bewußtseyn dieser Identität. Das Produkt dieser Anschauung wird also einerseits an das Naturprodukt, andererseits an das Freiheitsprodukt grenzen, und die Charaktere beider in sich vereinigen müssen. Kennen wir das Produkt der Anschauung, so kennen wir auch die Anschauung selbst, wir brauchen also nur das Produkt abzuleiten, um die Anschauung abzuleiten.

Das Produkt wird mit dem Freiheitsprodukt gemein haben, daß es ein mit Bewußtseyn Hervorgebrachtes, mit dem Naturprodukt, daß es ein bewußtlos Hervorgebrachtes ist. In der ersten Rücksicht wird es also das Umgekehrte des organischen Naturprodukts seyn. Wenn aus dem organischen Produkt die bewußtlose (blinde) Thätigkeit als bewußte reflektirt wird, so wird umgekehrt aus dem Produkt, von welchem hier die Rede ist, die bewußte Thätigkeit als bewußtlose (objektive) reflektirt werden, oder, wenn das organische Produkt mir die bewußtlose Thätigkeit als bestimmt durch die bewußte reflektirt, so wird umgekehrt das Produkt, welches hier abgeleitet wird, die bewußte Thätigkeit als bestimmt durch die bewußtlose reflektiren. Kürzer: die Natur fängt bewußtlos an und endet bewußt, die Produktion ist nicht zweckmäßig, wohl aber das Produkt. Das Ich in der Thätigkeit, von welcher hier die Rede ist, muß mit Bewußtseyn (subjektiv) anfangen, und im Bewußtlosen oder objektiv enden, das Ich ist bewußt der Produktion nach, bewußtlos in Ansehung des Produkts.

Wie sollen wir uns nun aber eine solche Anschauung transscendental erklären, in welcher die bewußtlose Thätigkeit durch die bewußte bis zur vollkommenen Identität mit ihr gleichsam hindurchwirkt? — Wir reflektiren vorerst darauf, daß die Thätigkeit eine bewußte seyn soll. Nun ist es aber schlechthin unmöglich, daß mit Bewußtseyn etwas Objektives hervorgebracht werde, was doch hier verlangt wird. Objektiv ist nur, was bewußtlos entsteht, das eigentlich Objektive in jener Anschauung muß also auch nicht mit Bewußtseyn hinzugebracht werden können. Wir können uns hierüber unmittelbar auf die Beweise berufen, die schon wegen des freien Handelns geführt worden sind, daß nämlich das Objektive in demselben durch etwas von der Freiheit Unabhängiges hinzukomme. Der Unterschied ist nur der, [a)] daß im freien Handeln die Identität beider Thätigkeiten aufgehoben seyn muß, eben darum, damit das Handeln als frei erscheine, [hier dagegen im Bewußtseyn selbst ohne Negation desselben beide als Eins erscheinen sollen]. Auch [b)] können die beiden Thätigkeiten im freien Handeln nie absolut identisch werden, weßhalb auch das Objekt des freien Handelns nothwendig ein unendliches, nie vollständig realisirtes ist, denn wäre es vollständig realisirt, so fielen die bewußte und die objektive Thätigkeit in Eins zusammen, d. h. die Erscheinung der Freiheit hörte auf. Was nun durch die Freiheit schlechthin unmöglich war, soll durch das jetzt postulirte Handeln möglich seyn, welches aber eben um diesen Preis aufhören muß ein freies Handeln zu seyn, und ein solches wird, in welchem

Freiheit und Nothwendigkeit absolut vereinigt sind. Nun sollte aber doch die Produktion mit Bewußtseyn geschehen, welches unmöglich ist, ohne daß beide [Thätigkeiten] getrennt seyen. Hier ist also ein offenbarer Widerspruch. [Ich stelle ihn nochmals dar]. Bewußte und bewußtlose Thätigkeit, sollen absolut Eins seyn im Produkt, gerade wie sie es im organischen Produkt auch sind, aber sie sollen auf andere Art Eines seyn, beide sollen Eines seyn *für das Ich selbst*. Dieß ist aber unmöglich, außer wenn das Ich sich der Produktion bewußt ist. Aber ist das Ich der Produktion sich bewußt, so müssen beide Thätigkeiten getrennt seyn, denn dieß ist nothwendige Bedingung des Bewußtseyns der Produktion. Beide Thätigkeiten müssen also Eines seyn, denn sonst ist keine Identität, beide müssen getrennt seyn, denn sonst ist Identität, aber nicht für das Ich. Wie ist dieser Widerspruch aufzulösen?

Beide Thätigkeiten müssen getrennt seyn zum Behuf des Erscheinens, des Objektivwerdens der Produktion, gerade so, wie sie im freien Handeln zum Behuf des Objektivwerdens des Anschauens getrennt seyn müssen. Aber sie können nicht *ins Unendliche* getrennt seyn, wie beim freien Handeln, weil sonst das Objektive niemals eine vollständige Darstellung jener Identität wäre [1]. Die Identität beider sollte aufgehoben seyn nur zum Behuf des Bewußtseyns, aber die Produktion soll in Bewußtlosigkeit enden; also muß es einen Punkt geben, wo beide in Eins zusammenfallen, und umgekehrt, wo beide in Eines zusammenfallen, muß die Produktion aufhören als eine freie zu erscheinen [2].

Wenn dieser Punkt in der Produktion erreicht ist, so muß das Produciren absolut aufhören, und es muß dem Producirenden unmöglich seyn weiter zu produciren, denn die Bedingung alles Producirens ist eben die Entgegensetzung der bewußten und der bewußtlosen Thätigkeit, diese sollen hier aber absolut zusammentreffen, es

[1] Das, was für das freie Handeln in einem unendlichen Progressus liegt, soll in der gegenwärtigen Hervorbringung eine *Gegenwart* seyn, in einem Endlichen wirklich, objektiv werden.

[2] Da ist die freie Thätigkeit ganz übergegangen in das Objektive, das Nothwendige. Die Produktion also ist im Beginn frei, das Produkt dagegen erscheint als absolute Identität der freien Thätigkeit mit der nothwendigen.

soll also in der Intelligenz aller Streit aufgehoben, aller Widerspruch vereinigt seyn[1].

Die Intelligenz wird also in einer vollkommenen Anerkennung der im Produkt ausgedrückten Identität, als einer solchen, deren Princip in ihr selbst liegt, d. h. sie wird in einer vollkommenen Selbstanschauung enden[2]. Da es nun die freie Tendenz zur Selbstanschauung in jener Identität war, welche die Intelligenz ursprünglich mit sich selbst entzweite, so wird das Gefühl, was jene Anschauung begleitet, das Gefühl einer unendlichen Befriedigung seyn. Aller Trieb zu produciren steht mit der Vollendung des Produkts stille, alle Widersprüche sind aufgehoben, alle Räthsel gelöst. Da die Produktion ausgegangen war von Freiheit, d. h. von einer unendlichen Entgegensetzung der beiden Thätigkeiten, so wird die Intelligenz jene absolute Vereinigung beider, in welcher die Produktion endet, nicht der Freiheit zuschreiben können, denn gleichzeitig mit der Vollendung des Produkts ist alle Erscheinung der Freiheit hinweggenommen; sie wird sich durch jene Vereinigung selbst überrascht und beglückt fühlen, d. h. sie gleichsam als freiwillige Gunst einer höheren Natur ansehen, die das Unmögliche durch sie möglich gemacht hat.

Dieses Unbekannte aber, was hier die objektive und die bewußte Thätigkeit in unerwartete Harmonie setzt, ist nichts anderes als jenes Absolute[3], welches den allgemeinen Grund der prästabilirten Harmonie zwischen dem Bewußten und dem Bewußtlosen enthält. Wird also jenes Absolute reflektirt aus dem Produkt, so wird es der Intelligenz erscheinen als etwas, das über ihr ist, und was selbst entgegen der Freiheit zu dem, was mit Bewußtseyn und Absicht begonnen war, das Absichtslose hinzubringt.

Dieses unveränderlich Identische, was zu keinem Bewußtseyn

[1] der letzte Passus: Wenn dieser Punkt u. s. w. ist im Handexemplar durchgestrichen.

[2] Denn sie (die Intelligenz) ist selbst das Producirende; zugleich aber hat sich diese Identität von ihr ganz losgerissen: sie ist ihr völlig objektiv geworden, d. i. sie ist sich selbst völlig objektiv geworden.

[3] das Urselbst.

gelangen kann und nur aus dem Produkt widerstrahlt, ist für das Producirende eben das, was für das Handelnde das Schicksal ist, d. h. eine dunkle unbekannte Gewalt, die zu dem Stückwerk der Freiheit das Vollendete oder das Objektive hinzubringt; und wie jene Macht, welche durch unser freies Handeln ohne unser Wissen, und selbst wider unsern Willen, nicht vorgestellte Zwecke realisirt, Schicksal genannt wird, so wird das Unbegreifliche, was ohne Zuthun der Freiheit und gewissermaßen der Freiheit entgegen, in welcher ewig sich flieht, was in jener Produktion vereinigt ist, zu dem Bewußten das Objektive hinzubringt, mit dem dunkeln Begriff des Genies bezeichnet.

Das postulirte Produkt ist kein anderes als das Genieprodukt[1], oder, da das Genie nur in der Kunst möglich ist, das Kunstprodukt.

Die Deduktion ist vollendet, und wir haben zunächst nichts zu thun, als durch vollständige Analysis zu zeigen, daß alle Merkmale der postulirten Produktion in der ästhetischen zusammentreffen.

Daß alle ästhetische Produktion auf einem Gegensatz von Thätigkeiten beruhe, läßt sich schon aus der Aussage aller Künstler, daß sie zur Hervorbringung ihrer Werke unwillkürlich getrieben werden, daß sie durch Produktion derselben nur einen unwiderstehlichen Trieb ihrer Natur befriedigen, mit Recht schließen, denn wenn jeder Trieb von einem Widerspruch ausgeht, so, daß, den Widerspruch gesetzt, die freie Thätigkeit unwillkürlich wird, so muß auch der künstlerische Trieb aus einem solchen Gefühl eines inneren Widerspruchs hervorgehen. Dieser Widerspruch aber, da er den ganzen Menschen mit allen seinen Kräften in Bewegung setzt, ist ohne Zweifel ein Widerspruch, der das Letzte in ihm, die Wurzel seines ganzen Daseyns[2], angreift. Es ist gleichsam, als ob in den seltenen Menschen, welche vor andern Künstler sind im höchsten Sinne des Worts, jenes unveränderlich Identische, auf welches alles Daseyn aufgetragen ist, seine Hülle, mit der es sich in andern umgibt, abgelegt habe, und so wie es unmittelbar von den Dingen afficirt wird, ebenso auch unmittelbar auf alles zurückwirke. Es kann

[1] Produkt des Genies.

[2] das wahre An sich.

also nur der Widerspruch zwischen dem Bewußten und dem Bewußtlosen im freien Handeln seyn, welcher den künstlerischen Trieb in Bewegung setzt, sowie es hinwiederum nur der Kunst gegeben seyn kann, unser unendliches Streben zu befriedigen und auch den letzten und äußersten Widerspruch in uns aufzulösen.

So wie die ästhetische Produktion ausgeht vom Gefühl eines scheinbar unauflöslichen Widerspruchs, ebenso endet sie nach dem Bekenntniß aller Künstler, und aller, die ihre Begeisterung theilen, im Gefühl einer unendlichen Harmonie, und daß dieses Gefühl, was die Vollendung begleitet, zugleich eine Rührung ist, beweist schon, daß der Künstler die vollständige Auflösung des Widerspruchs, die er in seinem Kunstwerk erblickt, nicht [allein] sich selbst, sondern einer freiwilligen Gunst seiner Natur zuschreibt, die, so unerbittlich sie ihn in Widerspruch mit sich selbst setzte, ebenso gnädig den Schmerz dieses Widerspruchs von ihm hinwegnimmt[1]; denn so wie der Künstler unwillkürlich, und selbst mit innerem Widerstreben zur Produktion getrieben wird (daher bei den Alten die Aussprüche: pati Deum u. s. w., daher überhaupt die Vorstellung von Begeisterung durch fremden Anhauch), ebenso kommt auch das Objektive zu seiner Produktion gleichsam ohne sein Zuthun, d. h. selbst bloß objektiv, hinzu. Ebenso wie der verhängnißvolle Mensch nicht vollführt, was er will, oder beabsichtigt, sondern was er durch ein unbegreifliches Schicksal, unter dessen Einwirkung er steht, vollführen muß, so scheint der Künstler, so absichtsvoll er ist, doch in Ansehung dessen, was das eigentlich Objektive in seiner Hervorbringung ist, unter der Einwirkung einer Macht zu stehen, die ihn von allen andern Menschen absondert, und ihn Dinge auszusprechen oder darzustellen zwingt, die er selbst nicht vollständig durchsieht, und deren Sinn unendlich ist. Da nun jenes absolute Zusammentreffen der beiden sich fliehenden Thätigkeiten schlechthin nicht weiter erklärbar, sondern bloß eine Erscheinung ist, die, obschon unbegreiflich[2], doch nicht geleugnet

[1] Im Handexemplar: sondern einer freiwilligen Gunst seiner Natur, also einem Zusammentreffen der bewußtlosen Thätigkeit mit der bewußten zuschreibt.

[2] vom Standpunkt der bloßen Reflexion.

werden kann, so ist die Kunst die einzige und ewige Offenbarung, die es gibt, und das Wunder, das, wenn es auch nur Einmal existirt hätte, uns von der absoluten Realität jenes Höchsten überzeugen müßte.

Wenn nun ferner die Kunst durch zwei voneinander völlig verschiedene Thätigkeiten vollendet wird, so ist das Genie weder die eine noch die andere, sondern das, was über beiden ist. Wenn wir in der einen jener beiden Thätigkeiten, der bewußten nämlich, das suchen müssen, was insgemein *Kunst* genannt wird, was aber nur der eine Theil derselben ist, nämlich dasjenige an ihr, was mit Bewußtseyn, Ueberlegung und Reflexion ausgeübt wird, was auch gelehrt und gelernt, durch Ueberlieferung und durch eigne Uebung erreicht werden kann, so werden wir dagegen in dem Bewußtlosen, was in die Kunst mit eingeht, dasjenige suchen müssen, was an ihr nicht gelernt, nicht durch Uebung, noch auf andere Art erlangt werden, sondern allein durch freie Gunst der Natur angeboren seyn kann, und welches dasjenige ist, was wir mit Einem Wort die *Poesie* in der Kunst nennen können.

Es erhellt aber eben daraus von selbst, daß es eine höchst unnütze Frage wäre, welchem von den beiden Bestandtheilen der Vorzug vor dem andern zukomme, da in der That jeder derselben ohne den andern keinen Werth hat, und nur beide zusammen das Höchste hervorbringen. Denn obgleich das, was nicht durch Uebung erreicht wird, sondern mit uns geboren ist, allgemein als das Herrlichere betrachtet wird, so haben doch die Götter auch die Ausübung jener ursprünglichen Kraft an das ernstliche Bemühen der Menschen, an den Fleiß und die Ueberlegung so fest geknüpft, daß die Poesie, selbst wo sie angeboren ist, ohne die Kunst nur gleichsam todte Produkte hervorbringt, an welchen kein menschlicher Verstand sich ergötzen kann, und welche durch die völlig blinde Kraft, die darin wirksam ist, alles Urtheil und selbst die Anschauung von sich zurückstoßen. Es läßt sich vielmehr umgekehrt noch eher erwarten, daß Kunst ohne Poesie, als daß Poesie ohne Kunst etwas zu leisten vermöge, theils weil nicht leicht ein Mensch von Natur ohne alle Poesie, obgleich viele ohne alle Kunst sind, theils weil das anhaltende Studium der Ideen großer Meister den ursprünglichen Mangel an objektiver Kraft einigermaßen zu ersetzen im Stande ist, obgleich dadurch immer nur ein Schein von Poesie entstehen kann, der an seiner Oberflächlichkeit im Gegensatz gegen die unergründliche Tiefe, welche der wahre Künstler, obwohl er mit der größten Besonnenheit arbeitet, unwillkürlich in sein Werk legt, und welche weder er noch irgend ein anderer ganz zu durchdringen vermag, so wie an vielen anderen Merkmalen, z. B. dem großen Werth, den er auf das bloß Mechanische der Kunst legt, an der Armuth der Form, in welcher er sich bewegt, u. s. w. leicht unterscheidbar ist.

Es erhellt nun aber auch von selbst, daß ebensowenig als Poesie und Kunst einzeln und für sich, ebensowenig auch eine abgesonderte Existenz beider das Vollendete hervorbringen könne[1], daß also, weil die Identität beider nur ursprünglich seyn kann, und durch Freiheit schlechthin unmöglich und unerreichbar ist, das Vollendete nur durch das Genie möglich sey, welches eben deßwegen für die Aesthetik dasselbe ist, was das Ich für die Philosophie, nämlich das Höchste absolut Reelle, was selbst nie objektiv wird, aber Ursache alles Objektiven ist.

§. 2.

Charakter des Kunstprodukts.

a) Das Kunstwerk reflektirt uns die Identität der bewußten und der bewußtlosen Thätigkeit. Aber der Gegensatz dieser beiden ist ein unendlicher, und er wird aufgehoben ohne alles Zuthun der Freiheit. Der Grundcharakter des Kunstwerks ist also eine bewußtlose Unendlichkeit [Synthesis von Natur und Freiheit]. Der Künstler scheint in seinem Werk außer dem, was er mit offenbarer Absicht darein gelegt hat, instinktmäßig gleichsam eine Unendlichkeit dargestellt zu haben, welche ganz zu entwickeln kein endlicher Verstand fähig ist. Um uns nur durch Ein Beispiel deutlich zu machen, so ist die griechische Mythologie, von

[1] Keines vor dem andern hat eine Priorität. Eben nur die Indifferenz beider (der Kunst und der Poesie) ist es, die in dem Kunstwerk reflektirt wird.

der es unleugbar ist, daß sie einen unendlichen Sinn und Symbole für alle Ideen in sich schließt, unter einem Volk und auf eine Weise entstanden, welche beide eine durchgängige Absichtlichkeit in der Erfindung und in der Harmonie, mit der alles zu Einem großen Ganzen vereinigt ist, unmöglich annehmen lassen. So ist es mit jedem wahren Kunstwerk, indem jedes, als ob eine Unendlichkeit von Absichten darin wäre, einer unendlichen Auslegung fähig ist, wobei man doch nie sagen kann, ob diese Unendlichkeit im Künstler selbst gelegen habe, oder aber bloß im Kunstwerk liege. Dagegen in dem Produkt, welches den Charakter des Kunstwerks nur heuchelt, Absicht und Regel an der Oberfläche liegen und so beschränkt und umgrenzt erscheinen, daß das Produkt nichts anderes als der getreue Abdruck der bewußten Thätigkeit des Künstlers und durchaus nur ein Objekt für die Reflexion, nicht aber für die Anschauung ist, welche im Angeschauten sich zu vertiefen liebt, und nur auf dem Unendlichen zu ruhen vermag.

b) Jede ästhetische Produktion geht aus vom Gefühl eines unendlichen Widerspruchs, also muß auch das Gefühl, was die Vollendung des Kunstprodukts begleitet, das Gefühl einer solchen Befriedigung seyn, und dieses Gefühl muß auch wiederum in das Kunstwerk selbst übergehen. Der äußere Ausdruck des Kunstwerks ist also der Ausdruck der Ruhe und der stillen Größe, selbst da, wo die höchste Spannung des Schmerzes oder der Freude ausgedrückt werden soll.

c) Jede ästhetische Produktion geht aus von einer an sich unendlichen Trennung der beiden Thätigkeiten, welche in jedem freien Produciren getrennt sind. Da nun aber diese beiden Thätigkeiten im Produkt als vereinigt dargestellt werden sollen, so wird durch dasselbe ein Unendliches endlich dargestellt. Aber das Unendliche endlich dargestellt ist Schönheit. Der Grundcharakter jedes Kunstwerks, welcher die beiden vorhergehenden in sich begreift, ist also die S c h ö n h e i t, und ohne Schönheit ist kein Kunstwerk. Denn ob es gleich erhabene Kunstwerke gibt, und Schönheit und Erhabenheit in gewisser Rücksicht sich entgegengesetzt sind, indem eine Naturscene z. B. schön seyn kann, ohne deßhalb erhaben zu seyn, und umgekehrt, so ist doch der Gegensatz zwischen Schönheit und Erhabenheit ein solcher, der nur in Ansehung des Objekts, nicht aber in Ansehung des Subjekts der Anschauung stattfindet, indem der Unterschied des schönen und erhabenen Kunstwerks nur darauf beruht, daß, wo Schönheit ist, der unendliche Widerspruch im Objekt selbst aufgehoben ist, anstatt daß, wo Erhabenheit ist, der Widerspruch nicht im Objekt selbst vereinigt, sondern nur bis zu einer Höhe gesteigert ist, bei welcher er in der Anschauung unwillkürlich sich aufhebt, welches alsdann ebensoviel ist, als ob er im Objekt aufgehoben wäre[1]. Es läßt sich auch sehr leicht zeigen, daß die Erhabenheit auf demselben Widerspruch beruht, auf welchem auch die Schönheit beruht, indem immer, wenn ein Objekt erhaben genannt wird, durch die bewußtlose Thätigkeit eine Größe aufgenommen wird, welche in die bewußte aufzunehmen unmöglich ist, wodurch denn das Ich mit sich selbst in einen Streit versetzt wird, welcher nur in einer ästhetischen Anschauung enden kann, welche beide Thätigkeiten in unerwartete Harmonie setzt, nur daß die Anschauung, welche hier nicht im Künstler, sondern im anschauenden Subjekt selbst liegt, völlig unwillkürlich ist, indem das Erhabene (ganz anders als das bloß Abenteuerliche, was der Einbildungskraft gleichfalls einen Widerspruch vorhält, welchen aber aufzulösen nicht der Mühe werth ist) alle Kräfte des Gemüths in Bewegung setzt, um den die ganze intellektuelle Existenz bedrohenden Widerspuuch aufzulösen.

Nachdem nun die Charaktere des Kunstwerks abgeleitet sind, so ist zugleich auch der Unterschied desselben von allen andern Produkten ins Licht gesetzt.

Denn vom organischen Naturprodukt unterscheidet sich das Kunstprodukt hauptsächlich dadurch, [a) daß das organische Wesen noch ungetrennt darstellt, was die ästhetische Produktion nach der Trennung, aber vereinigt darstellt; b)] daß die organische Produktion nicht vom Bewußtseyn,

[1] Statt des letzten Passus im Handexemplar: Denn ob es gleich erhabene Kunstwerke gibt, und die Erhabenheit der Schönheit entgegengesetzt zu werden pflegt, so ist kein wahrer, objektiver Gegensatz zwischen Schönheit und Erhabenheit; das wahrhaft und absolut Schöne ist immer auch erhaben, das Erhabene (wenn dieß wahrhaft) ist auch schön.

also auch nicht von dem unendlichen Widerspruch ausgeht, welcher Bedingung der ästhetischen Produktion ist. Das organische Naturprodukt wird also, [wenn Schönheit durchaus Auflösung eines unendlichen Widerstreits], auch nicht nothwendig schön seyn, und wenn es schön ist, so wird die Schönheit, weil ihre Bedingung in der Natur nicht als existirend gedacht werden kann, als schlechthin zufällig erscheinen, woraus sich das ganz eigenthümliche Interesse an der Naturschönheit, nicht insofern sie Schönheit überhaupt, sondern insofern sie bestimmt Naturschönheit ist, erklären läßt. Es erhellt daraus von selbst, was von der Nachahmung der Natur als Princip der Kunst zu halten sey, da, weit entfernt, daß die bloß zufällig schöne Natur der Kunst die Regel gebe, vielmehr, was die Kunst in ihrer Vollkommenheit hervorbringt, Princip und Norm für die Beurtheilung der Naturschönheit ist.

Wodurch sich das ästhetische Produkt vom gemeinen Kunstprodukt unterscheide, ist leicht zu beurtheilen, da alle ästhetische Hervorbringung in ihrem Princip eine absolut freie ist, indem der Künstler zu derselben zwar durch einen Widerspruch, aber nur durch einen solchen, der in dem Höchsten seiner eignen Natur liegt, getrieben werden kann, anstatt daß jede andere Hervorbringung durch einen Widerspruch veranlaßt wird, der außer dem eigentlich Producirenden liegt, und also auch jede einen Zweck außer sich hat[1]. Aus jener Unabhängigkeit von äußern Zwecken entspringt jene Heiligkeit und Reinheit der Kunst, welche so weit geht, daß sie nicht etwa nur die Verwandtschaft mit allem, was bloß Sinnenvergnügen ist, welches von der Kunst zu verlangen der eigentliche Charakter der Barbarei ist, oder mit dem Nützlichen, welches von der Kunst zu fordern nur einem Zeitalter möglich ist, das die höchsten Efforts des menschlichen Geistes in ökonomische Erfindungen setzt[2], sondern selbst die Verwandtschaft mit allem, was zur Moralität gehört, ausschlägt, ja selbst die Wissenschaft, welche in Ansehung ihrer Uneigennützigkeit am nächsten an die Kunst grenzt, bloß darum, weil sie immer auf einen Zweck außer sich geht, und zuletzt

[1] (absoluten Uebergang ins Objektive).

[2] Runkelrüben.

selbst nur als Mittel für das Höchste (die Kunst) dienen muß, weit unter sich zurückläßt.

Was insbesondere das Verhältniß der Kunst zur Wissenschaft betrifft, so sind sich beide in ihrer Tendenz so sehr entgegengesetzt, daß, wenn die Wissenschaft je ihre ganze Aufgabe gelöst hätte, wie sie die Kunst immer gelöst hat, beide in Eines zusammenfallen und übergehen müßten, welches der Beweis völlig entgegengesetzter Richtungen ist. Denn obgleich die Wissenschaft in ihrer höchsten Funktion mit der Kunst eine und dieselbe Aufgabe hat, so ist doch diese Aufgabe, wegen der Art sie zu lösen, für die Wissenschaft eine unendliche, so, daß man sagen kann, die Kunst sey das Vorbild der Wissenschaft, und wo die Kunst sey, soll die Wissenschaft erst hinkommen. Es läßt sich eben daraus auch erklären, warum und inwiefern es in Wissenschaften kein Genie gibt, nicht etwa, als ob es unmöglich wäre, daß eine wissenschaftliche Aufgabe genialisch gelöst werde, sondern weil dieselbe Aufgabe, deren Auflösung durch Genie gefunden werden kann, auch mechanisch auflösbar ist, dergleichen z. B. das Newtonische Gravitationssystem ist, welches eine genialische Erfindung seyn konnte, und in seinem ersten Erfinder Kepler wirklich war, aber ebenso gut auch eine ganz scientifische Erfindung seyn konnte, was es auch durch Newton geworden ist. Nur das, was die Kunst hervorbringt, ist allein und *nur* durch Genie möglich, weil in jeder Aufgabe, welche die Kunst aufgelöst hat, ein unendlicher Widerspruch vereinigt ist. Was die Wissenschaft hervorbringt, *kann* durch Genie hervorgebracht seyn, aber es ist nicht nothwendig dadurch hervorgebracht. Es ist und bleibt daher in Wissenschaften problematisch, d. h. man kann wohl immer bestimmt sagen, wo es nicht ist, aber nie, wo es ist. Es gibt nur wenige Merkmale, aus welchen in Wissenschaften sich auf Genie schließen läßt; (daß man darauf schließen muß, zeigt schon eine ganz eigne Bewandtniß der Sache). Es ist z. B. sicherlich da nicht, wo ein Ganzes, dergleichen ein System ist, theilweise, und gleichsam durch Zusammensetzung, entsteht. Man müßte also umgekehrt Genie da voraussetzen, wo offenbar die Idee des Ganzen den einzelnen Theilen vorangegangen ist. Denn da die Idee des Ganzen doch nicht deutlich werden kann, als dadurch, daß sie in den einzelnen Theilen sich entwickelt, und doch hinwiederum die einzelnen Theile nur durch die Idee des Ganzen möglich sind, so scheint hier ein Widerspruch zu seyn, der nur durch einen Akt des Genies, d. h. durch ein unerwartetes Zusammentreffen der bewußtlosen mit der bewußten Thätigkeit, möglich ist. Ein anderer Vermuthungsgrund des Genies in Wissenschaften wäre, wenn einer Dinge sagt und Dinge behauptet, deren Sinn er, entweder der Zeit nach, in der er gelebt hat, oder seinen sonstigen Aeußerungen nach, unmöglich ganz durchsehen konnte, wo er also etwas scheinbar mit Bewußtseyn aussprach, was er doch nur bewußtlos aussprechen konnte. Allein daß auch diese Vermuthungsgründe höchst trüglich seyn können, ließe sich sehr leicht auf verschiedene Art beweisen.

Das Genie ist dadurch von allem anderen, was bloß Talent oder Geschicklichkeit ist, abgesondert, daß durch dasselbe ein Widerspruch aufgelöst wird, der absolut und sonst durch nichts anderes auflösbar ist. In allem, auch dem gemeinsten und alltäglichsten Produciren wirkt mit der bewußten Thätigkeit eine bewußtlose zusammen; aber nur ein Produciren, dessen Bedingung ein unendlicher Gegensatz beider Thätigkeiten war, ist ein ästhetisches und nur durch Genie mögliches.

§. 3.

Folgesätze.

Nachdem wir das Wesen und den Charakter des Kunstprodukts so vollständig, als es zum Behuf der gegenwärtigen Untersuchung nöthig war, abgeleitet haben, so ist uns nichts übrig, als das Verhältniß anzugeben, in welchem die Philosophie der Kunst zu dem ganzen System der Philosophie überhaupt steht.

1) Die ganze Philosophie geht aus, und muß ausgehen von einem Princip, das als das absolut Identische schlechthin nichtobjektiv ist. Wie soll nun aber dieses absolut Nichtobjektive doch zum Bewußtseyn hervorgerufen und verstanden werden, was nothwendig ist, wenn es

Bedingung des Verstehens der ganzen Philosophie ist? Daß es durch Begriffe ebensowenig aufgefaßt als dargestellt werden könne, bedarf keines Beweises. Es bleibt also nichts übrig, als daß es in einer unmittelbaren Anschauung dargestellt werde, welche aber wiederum selbst unbegreiflich, und da ihr Objekt etwas schlechthin Nichtobjektives seyn soll, sogar in sich selbst widersprechend zu seyn scheint. Wenn es denn nun aber doch eine solche Anschauung gäbe, welche das absolut Identische, an sich weder Sub- noch Objektive zum Objekt hat, und wenn man sich wegen dieser Anschauung, welche nur eine intellektuelle seyn kann, auf die unmittelbare Erfahrung beriefe, wodurch kann denn nun auch diese Anschauung wieder objektiv, d. h. wie kann außer Zweifel gesetzt werden, daß sie nicht auf einer bloß subjektiven Täuschung beruhe, wenn es nicht eine allgemeine und von allen Menschen anerkannte Objektivität jener Anschauung gibt? Diese allgemein anerkannte und auf keine Weise hinwegzuleugnende Objektivität der intellektuellen Anschauung ist die Kunst selbst. Denn die ästhetische Anschauung eben ist die objektiv gewordene intellektuelle.[1] Das Kunstwerk nur reflektirt mir, was sonst durch nichts reflektirt wird, jenes absolut Identische, was selbst im Ich schon sich getrennt hat; was also der Philosoph schon im ersten Akt des Bewußtseyns sich trennen läßt, wird, sonst für jede Anschauung unzugänglich, durch das Wunder der Kunst aus ihren Produkten zurückgestrahlt.

Aber nicht nur das erste Princip der Philosophie und die erste Anschauung, von welcher sie ausgeht, sondern auch der ganze Mechanismus,

[1] Die ganze Philosophie geht aus, und muß ausgehen von einem Princip, das als das absolute Princip auch zugleich das schlechthin Identische ist. Ein absolut Einfaches, Identisches läßt sich nicht durch Beschreibung, überhaupt nicht durch Begriffe auffassen oder mittheilen. Es kann nur angeschaut werden. Eine solche Anschauung ist das Organ aller Philosophie. – Aber diese Anschauung, die nicht eine sinnliche, sondern eine intellektuelle ist, die nicht das Objektive oder das Subjektive, sondern das absolut Identische, an sich weder Subjektive noch Objektive, zum Gegenstand hat, ist selbst bloß eine innere, die für sich selbst nicht wieder objektiv werden kann: sie kann objektiv werden nur durch eine zweite Anschauung. Diese zweite Anschauung ist die ästhetische. (So lautet der letzte Passus nach dem Handexemplar).

den die Philosophie ableitet, und auf welchem sie selbst beruht, wird erst durch die ästhetische Produktion objektiv.

Die Philosophie geht aus von einer unendlichen Entzweiung entgegengesetzter Thätigkeiten [1]; aber auf derselben Entzweiung beruht auch jede ästhetische Produktion, und dieselbe wird durch jede einzelne Darstellung der Kunst vollständig aufgehoben [2]. Was ist denn nun jenes wunderbare Vermögen, durch welches nach der Behauptung des Philosophen in der produktiven Anschauung ein unendlicher Gegensatz sich aufhebt? Wir haben diesen Mechanismus bisher nicht vollständig begreiflich machen können, weil es nur das Kunstvermögen ist, was ihn ganz enthüllen kann. Jenes produktive Vermögen ist dasselbe, durch welches auch der Kunst das Unmögliche gelingt, nämlich einen unendlichen Gegensatz in einem endlichen Produkt aufzuheben. Es ist das Dichtungsvermögen, was in der ersten Potenz die ursprüngliche Anschauung ist, und umgekehrt [3], es ist nur die in der höchsten Potenz sich wiederholende produktive Anschauung, was wir Dichtungsvermögen nennen. Es ist ein und dasselbe, was in beiden thätig ist, das Einzige, wodurch wir fähig sind auch das Widersprechende zu denken und zusammenzufassen, — die Einbildungskraft. Es sind also auch Produkte einer und derselben Thätigkeit, was uns jenseits des Bewußtseyns als wirkliche, diesseits des Bewußtseyns als idealische, oder als Kunstwelt erscheint. Aber eben dieß, daß, bei sonst ganz gleichen Bedingungen des Entstehens, der Ursprung der einen jenseits, der andern diesseits des Bewußtseyns liegt, macht den ewigen und nie aufzuhebenden Unterschied zwischen beiden.

[1] Die Philosophie läßt alle Produktion der Anschauung hervorgehen aus einer Trennung vorher nicht entgegengesetzter Thätigkeiten.

[2] die letzten Worte „und — aufgehoben" sind im Handexemplar delirt.

[3] Statt der letzten Perioden heißt es im Handexemplar: Jenes produktive Vermögen, wodurch das Objekt entsteht, ist dasselbe, aus welchem auch der Kunst ihr Gegenstand entspringt, nur daß jene Thätigkeit dort getrübt — begrenzt — hier rein und unbegrenzt ist. Das Dichtungsvermögen in seiner ersten Potenz angeschaut ist, das erste Produktionsvermögen der Seele, sofern es in endlichen und wirklichen Dingen sich ausspricht, und umgekehrt . . . .

Denn obgleich die wirkliche Welt ganz aus demselben ursprünglichen Gegensatz hervorgeht, aus welchem auch die Kunstwelt, welche gleichfalls als Ein großes Ganzes gedacht werden muß, und in allen ihren einzelnen Produkten nur das Eine Unendliche darstellt, hervorgehen muß, so ist doch jener Gegensatz jenseits des Bewußtseyns nur insoweit unendlich, daß durch die objektive Welt als Ganzes, niemals aber durch das einzelne Objekt ein Unendliches dargestellt wird, anstatt daß jener Gegensatz für die Kunst ein unendlicher ist in Ansehung jedes einzelnen Objekts, und jedes einzelne Produkt derselben die Unendlichkeit darstellt. Denn wenn die ästhetische Produktion von Freiheit ausgeht, und wenn eben für die Freiheit jener Gegensatz der bewußten und der unbewußten Thätigkeit ein absoluter ist, so gibt es eigentlich auch nur Ein absolutes Kunstwerk, welches zwar in ganz verschiedenen Exemplaren existiren kann, aber doch nur Eines ist, wenn es gleich in der ursprünglichsten Gestalt noch nicht existiren sollte. Es kann gegen diese Ansicht kein Vorwurf seyn, daß mit derselben die große Freigebigkeit, welche mit dem Prädicate des Kunstwerks getrieben wird, nicht bestehen kann. Es ist nichts ein Kunstwerk, was nicht ein Unendliches unmittelbar oder wenigstens im Reflex darstellt. Werden wir z. B. auch solche Gedichte Kunstwerke nennen, welche ihrer Natur nach nur das Einzelne und Subjektive darstellen? Dann werden wir auch jedes Epigramm, das nur eine augenblickliche Empfindung, einen gegenwärtigen Eindruck aufbewahrt, mit diesem Namen belegen müssen, da doch die großen Meister, die sich in solchen Dichtungsarten geübt, die Objektivität selbst nur durch das Ganze ihrer Dichtungen hervorzubringen suchten, und sie nur als Mittel gebrauchten, ein ganzes unendliches Leben darzustellen und durch vervielfältigte Spiegel zurückzustrahlen.

2) Wenn die ästhetische Anschauung nur die objektiv gewordene transscendentale[1] ist, so versteht sich von selbst, daß die Kunst das einzige wahre und ewige Organon zugleich und Document der Philosophie sey, welches immer und fortwährend aufs neue beurkundet, was die Philosophie äußerlich nicht darstellen kann, nämlich das Bewußtlose im

[1] intellektuelle (Correktur).

Handeln und Produciren und seine ursprüngliche Identität mit dem Bewußten. Die Kunst ist eben deßwegen dem Philosophen das Höchste, weil sie ihm das Allerheiligste gleichsam öffnet, wo in ewiger und ursprünglicher Vereinigung gleichsam in Einer Flamme brennt, was in der Natur und Geschichte gesondert ist, und was im Leben und Handeln, ebenso wie im Denken, ewig sich fliehen muß. Die Ansicht, welche der Philosoph von der Natur künstlich sich macht, ist für die Kunst die ursprüngliche und natürliche. Was wir Natur nennen, ist ein Gedicht, das in geheimer wunderbarer Schrift verschlossen liegt. Doch könnte das Räthsel sich enthüllen, würden wir die Odyssee des Geistes darin erkennen, der wunderbar getäuscht, sich selber suchend, sich selber flieht; denn durch die Sinnenwelt blickt nur wie durch Worte der Sinn, nur wie durch halbdurchsichtigen Nebel das Land der Phantasie, nach dem wir trachten. Jedes herrliche Gemälde entsteht dadurch gleichsam, daß die unsichtbare Scheidewand aufgehoben wird, welche die wirkliche und idealische Welt trennt, und ist nur die Oeffnung, durch welche jene Gestalten und Gegenden der Phantasiewelt, welche durch die wirkliche nur unvollkommen hindurchschimmert, völlig hervortreten. Die Natur ist dem Künstler nicht mehr, als sie dem Philosophen ist, nämlich nur die unter beständigen Einschränkungen erscheinende idealische Welt, oder nur der unvollkommene Widerschein einer Welt, die nicht außer ihm, sondern in ihm existirt.

Woher denn nun aber dieser Verwandtschaft der Philosophie und der Kunst unerachtet der Gegensatz beider komme, diese Frage ist schon durch das Vorhergehende hinlänglich beantwortet.

Wir schließen daher mit der folgenden Bemerkung. — Ein System ist vollendet, wenn es in seinen Anfangspunkt zurückgeführt ist. Aber eben dieß ist der Fall mit unserem System. Denn eben jener ursprüngliche Grund aller Harmonie des Subjektiven und Objektiven, welcher in seiner ursprünglichen Identität nur durch die intellektuelle Anschauung dargestellt werden konnte, ist es, welcher durch das Kunstwerk aus dem Subjektiven völlig herausgebracht und ganz objektiv geworden ist, dergestalt, daß wir unser Objekt, das Ich selbst, allmählich bis auf den

Punkt geführt, auf welchem wir selbst standen, als wir anfingen zu philosophiren.

Wenn es nun aber die Kunst allein ist, welcher das, was der Philosoph nur subjektiv darzustellen vermag, mit allgemeiner Gültigkeit objektiv zu machen gelingen kann, so ist, um noch diesen Schluß daraus zu ziehen, zu erwarten, daß die Philosophie, so wie sie in der Kindheit der Wissenschaft von der Poesie geboren und genährt worden ist, und mit ihr alle diejenigen Wissenschaften, welche durch sie der Vollkommenheit entgegengeführt werden, nach ihrer Vollendung als ebenso viel einzelne Ströme in den allgemeinen Ocean der Poesie zurückfließen, von welchem sie ausgegangen waren. Welches aber das Mittelglied der Rückkehr der Wissenschaft zur Poesie seyn werde, ist im Allgemeinen nicht schwer zu sagen, da ein solches Mittelglied in der Mythologie existirt hat, ehe diese, wie es jetzt scheint, unauflösliche Trennung geschehen ist[1]. Wie aber eine neue Mythologie, welche nicht Erfindung des einzelnen Dichters, sondern eines neuen, nur Einen Dichter gleichsam vorstellenden Geschlechts seyn kann, selbst entstehen könne, dieß ist ein Problem, dessen Auflösung allein von den künftigen Schicksalen der Welt und dem weiteren Verlauf der Geschichte zu erwarten ist.

[1] Die weitere Ausführung dieses Gedankens enthält eine schon vor mehrern Jahren ausgearbeitete Abhandlung über *Mythologie*, welche nun binnen Kurzen erscheinen soll. (Anmerk. des Originals).

Allgemeine Anmerkung zu dem ganzen System.

Wenn der Leser, welcher unserem Gang bis hierher aufmerksam gefolgt ist, den Zusammenhang des Ganzen nun nochmals sich überlegt, so wird er ohne Zweifel folgende Bemerkungen machen:

Daß das ganze System zwischen zwei Extreme fällt, deren eines durch die intellektuelle, das andere durch die ästhetische Anschauung bezeichnet ist. Was die intellektuelle Anschauung für den Philosophen ist, das ist die ästhetische für sein Objekt. Die erste, da sie bloß zum Behuf der besonderen Richtung des Geistes, welche er im Philosophiren nimmt, nothwendig ist, kommt im gemeinen Bewußtseyn überhaupt nicht vor; die andere, da sie nichts anderes als die allgemeingültig oder objektiv gewordene intellektuelle ist, kann wenigstens in jedem Bewußtseyn vorkommen. Es läßt sich aber eben daraus auch einsehen, daß und warum Philosophie als Philosophie nie allgemeingültig werden kann. Das eine, welchem die absolute Objektivität gegeben ist, ist die Kunst. Nehmt, kann man sagen, der Kunst die Objektivität, so hört sie auf zu seyn, was sie ist, und wird Philosophie; gebt der Philosophie die Objektivität, so hört sie auf Philosophie zu seyn, und wird Kunst. — Die Philosophie erreicht zwar das Höchste, aber sie bringt bis' zu diesem Punkt nur gleichsam ein Bruchstück des Menschen. Die Kunst bringt den ganzen Menschen, wie er ist, dahin, nämlich zur Erkenntniß des Höchsten, und darauf beruht der ewige Unterschied und das Wunder der Kunst.

Daß ferner der ganze Zusammenhang der Transscendental-Philosophie nur auf einem fortwährenden Potenziren der Selbstanschauung beruhe, von der ersten, einfachsten im Selbstbewußtseyn, bis zur höchsten, der ästhetischen.

Folgende Potenzen sind es, welche das Objekt der Philosophie durchläuft, um das ganze Gebäude des Selbstbewußtseyns hervorzubringen.

Der Akt des Selbstbewußtseyns, in welchem zuerst jenes absolut Identische sich trennt, ist nichts anderes als ein Akt der *Selbstanschauung überhaupt*. Es kann also durch diesen Akt noch nichts Bestimmtes in das Ich gesetzt seyn, da eben erst durch denselben alle Bestimmtheit überhaupt gesetzt wird. In diesem ersten Akt wird jenes Identische zuerst Subjekt und Objekt zugleich, d. h. es wird überhaupt zum Ich — nicht für sich selbst, wohl aber für die philosophirende Reflexion.

(Was das Identische abstrahirt von und gleichsam *vor* diesem Akt sey, kann gar nicht gefragt werden. Denn es ist das, was *nur* durch das Selbstbewußtseyn sich offenbaren und von diesem Akt überall nicht sich trennen kann).

Die zweite Selbstanschauung ist die, vermöge welcher das Ich jene in das Objektive seiner Thätigkeit gesetzte Bestimmtheit anschaut, welches in der Empfindung geschieht. In dieser Anschauung ist das Ich *Objekt für sich selbst*, da es im vorhergehenden Objekt und Subjekt nur für den Philosophen war.

In der dritten Selbstanschauung wird das Ich auch als empfindend sich zum Objekt, d. h. auch das bisher Subjektive im Ich wird zum Objektiven geschlagen; alles im Ich ist also jetzt objektiv, oder das Ich ist *ganz* objektiv, und *als* objektiv Subjekt und Objekt zugleich.

Von diesem Moment des Bewußtseyns wird daher nichts anderes zurückbleiben können, als was nach entstandenem Bewußtseyn als das absolut-Objektive vorgefunden wird (die Außenwelt). — In dieser Anschauung, welche schon eine potenzirte, eben deßwegen produktive ist, ist außer der objektiven und subjektiven Thätigkeit, welche *beide* hier objektiv sind, noch die dritte, die eigentlich anschauende, oder *ideelle*, dieselbe, welche nachher als die **bewußte** zum Vorschein kommt, enthalten, welche aber, da sie nur die dritte aus jenen beiden ist, auch nicht von ihnen sich trennen, noch ihnen entgegengesetzt seyn kann. — In dieser Anschauung ist also schon eine bewußte Thätigkeit mit begriffen, oder das bewußtlose Objektive ist bestimmt durch eine bewußte Thätigkeit, nur daß diese nicht als solche unterschieden wird.

Die folgende Anschauung wird die seyn, vermöge welcher das Ich sich selbst als produktiv anschaut. Da nun aber das Ich jetzt **bloß** objektiv ist, so wird auch diese Anschauung **bloß** objektiv, d. h. abermals bewußtlos, seyn. Es ist in dieser Anschauung zwar eine ideelle Thätigkeit, welche jene anschauende, gleichfalls ideelle, in der vorhergehenden Anschauung mitbegriffene, zum Objekt hat; die anschauende Thätigkeit ist also hier eine ideelle der zweiten Potenz, d. h. eine zweckmäßige Thätigkeit, aber eine bewußtlos zweckmäßige. Was von dieser Anschauung im Bewußtseyn zurückbleibt, wird also zwar als zweckmäßiges, aber nicht als zweckmäßig hervorgebrachtes Produkt erscheinen. Ein solches ist die **Organisation** in ihrer ganzen Ausdehnung.

Durch diese vier Stufen ist das Ich als Intelligenz vollendet. Es ist offenbar, daß bis zu diesem Punkt die Natur mit dem Ich ganz gleichen Schritt hält, daß also der Natur ohne Zweifel nur das Letzte fehlt, wodurch alle jene Anschauungen für dieselbe Bedeutung erlangen, die sie für das Ich haben. Was aber dieses Letzte sey, wird aus dem Folgenden erhellen.

Wenn das Ich fortführe **bloß** objektiv zu seyn, so könnte sich die Selbstanschauung immerhin ins Unendliche potenziren, aber dadurch würde doch nur die Reihe von Produkten in der Natur verlängert, nimmermehr aber das Bewußtseyn entstehen. Das Bewußtseyn ist bloß dadurch möglich, daß jenes bloß Objektive im Ich **dem Ich selbst** objektiv werde. Aber davon kann der Grund **nicht im Ich selbst** liegen. Denn das Ich ist mit jenem **bloß** Objektiven absolut identisch. Er kann also nur außer dem Ich liegen, welches durch fortwährende Begrenzung allmählich zur Intelligenz, und sogar bis zur Individualität eingeschränkt ist. Aber **außer** dem Individuum, d. h. unabhängig von ihm, ist nur die Intelligenz selbst. Aber die Intelligenz selbst muß (nach dem abgeleiteten Mechanismus), wo sie ist, zur Individualität sich beschränken. Der gesuchte Grund außer dem Individuum kann also nur in einem andern Individuum liegen.

Das absolut Objektive kann dem Ich selbst nur durch Einwirkung anderer Vernunftwesen zum Objekt werden. Aber in diesen muß schon die Absicht jener Einwirkung gelegen haben. Also wird die Freiheit in der Natur immer schon vorausgesetzt (die Natur bringt sie nicht hervor), und wo sie nicht als Erstes schon ist, kann sie nicht entstehen. Hier wird also offenbar, daß, obgleich die Natur bis zu diesem Punkt der Intelligenz völlig gleich ist, und dieselben Potenzen mit ihr durchläuft, die Freiheit doch, wenn sie ist (daß sie aber ist, läßt sich theoretisch nicht beweisen), über der Natur (natura prior) seyn muß.

Eine neue Stufenfolge von Handlungen, die durch die Natur nicht möglich sind, sondern sie hinter sich zurücklassen, beginnt also mit diesem Punkt.

Das absolut-Objektive oder die Gesetzmäßigkeit des Anschauens wird dem Ich selbst zum Objekt. Aber das Anschauen wird dem Anschauenden zum Objekt nur durch das Wollen. Das Objektive im Wollen ist das Anschauen selbst, oder die reine Gesetzmäßigkeit der Natur; das Subjektive eine ideelle, auf jene Gesetzmäßigkeit an sich gerichtete Thätigkeit, der Akt, in welchem dieses geschieht, ist der absolute Willensakt.

Dem Ich wird der absolute Willensakt selbst wieder zum Objekt dadurch, daß ihm das Objektive, auf ein Aeußeres Gerichtete im Wollen, als Naturtrieb, das Subjektive, auf die Gesetzmäßigkeit an sich Gerichtete, als absoluter Wille, d. h. als kategorischer Imperativ, zum Objekt wird. Aber dieß ist wiederum nicht möglich ohne eine Thätigkeit, welche über beiden ist. Diese Thätigkeit ist die Willkür, oder die mit Bewußtseyn freie Thätigkeit.

Wenn nun aber auch diese mit Bewußtseyn freie Thätigkeit, welche im Handeln der objektiven entgegengesetzt ist, ob sie gleich mit ihr Eins werden soll, in ihrer ursprünglichen Identität mit der objektiven angeschaut wird, welches durch Freiheit schlechthin unmöglich ist, so entsteht dadurch endlich die höchste Potenz der Selbstanschauung, welche, da sie selbst schon über die Bedingungen des Bewußtseyns hinausliegt, und vielmehr das von vorn sich schaffende Bewußtseyn selbst ist, wo sie ist, als schlechthin zufällig erscheinen muß, welches schlechthin Zufällige in der höchsten Potenz der Selbstanschauung das ist, was durch die Idee des Genies bezeichnet wird.

Dieß sind die unveränderlichen und für alles Wissen feststehenden Momente in der Geschichte des Selbstbewußtseyns, welche in der Erfahrung durch eine continuirliche Stufenfolge bezeichnet sind, die vom einfachen Stoff an bis zur Organisation (durch welche die bewußtlos produktive Natur in sich selbst zurückkehrt), und von da durch Vernunft und Willkür bis zur höchsten Vereinigung von Freiheit und Nothwendigkeit in der Kunst (durch welche die mit Bewußtseyn produktive Natur sich in sich schließt und vollendet) aufgezeigt und fortgeführt werden kann.

Inhalt Band 1–6

Inhalt Band 1

Inhalt Band 2

Seite

Inhalt Band 3

Seite

Inhalt Band 4

Inhalt Band 5

Inhalt Band 6

Seite

Alphabetisches Verzeichnis der suhrkamp taschenbücher wissenschaft